|개정증보판|

한국의 농업정책

이 도서의 국립중앙도서관 출판시도서목록(CIP)은 서지정보유통지원시스템 홈페이지(http://seoji.nl.go.kr)와 국가자료공동목록시스템(http://www.nl.go.kr/kolisnet)에서 이용하실 수 있습니다. (CIP제어번호 : CIP2014007695)

한국의 농업정책

김병택 지음

Developing Process and Future Direction in the korean Agricultural Policy

한울
아카데미

차례

개정증보판 머리말 9

초판 머리말 12

제1장 농업 문제와 농정과제 17

1. 농업 문제 인식 17 | 2. 농가소득 증대방안 19 | 3. 정책 결정 및 재화의 분류 38 | 4. 농업의 특수성 44 | 5. 농업의 공익적 기능 52 | 6. 농업정책의 분류 68

제2장 경제성장과 농정기조 75

1. 농업 문제와 농정기조 75 | 2. 격동기농정 83 | 3. 삼위일체농정 91 | 4. 종합농정 98 | 5. 구조 개선농정 105 | 6. 복지농정 113

제3장 농업 생산·기술정책 118

1. 농업 생산기반 정비 118 | 2. 농업기술 개발 129 | 3. 친환경농업 148

제4장 농산물시장·유통정책 167

1. 농산물시장·유통의 개선과제 167 | 2. 시장·유통정책의 전개 과정 177 | 3. 산지시장 구조와 유통정책 193 | 4. 도매 단계 유통정책 224 | 5. 소매 단계 유통정책 237 | 6. 직거래 및 전자상거래 245

제5장 농산물가격정책 254

1. 농산물가격 변동의 특수성 254 | 2. 농산물가격 안정정책 263 | 3. 농산물가격 지지정책 279 | 4. 쌀 정부매입제 285 | 5. 쌀소득 보전직접지불제 309

제6장 생산요소 보조정책 319

1. 비료정책 319 | 2. 농약정책 328 | 3. 영농 기계화정책 335

제7장 농산물 무역정책 356

1. 국제 분업의 기초 이론 356 | 2. 수입 제한정책의 기초 이론 362 | 3. 농산물 무역정책의 전개 과정 368 | 4. UR 협상 382 | 5. 쌀 재협상 및 무역 분쟁 392 | 6. WTO체제하의 DDA 397 | 7. FTA 404

제8장 농업 구조 조정정책 429

1. 농업 구조의 기본 체계 429 | 2. 농업 구조 조정정책의 전개 과정 436 | 3. 농업인 후계자 육성 449 | 4. 전업농 육성 455 | 5. 영농법인체 육성 461 | 6. 영농 규모화 사업 469

제9장 농지제도 473

1. 농지제도의 기본 골격 473 | 2. 농지 관련 제도의 변천 475 | 3. 농지 소유제도 480 | 4. 농지임대차 관리제도 486 | 5. 농지 보전제도 489

제10장 농외소득정책 501

1. 농외소득의 의의 501 | 2. 농공단지 개발 505 | 3. 특산단지 개발 510 | 4. 농산물 가공산업 육성 517 | 5. 농어촌 관광소득원 개발 523 | 6. 그린투어리즘 528

제11장 농정의 선진화 방안 534

1. 농업이 직면한 대조류 536 | 2. 농업·농촌의 당면 과제 540 | 3. 농정의 선진화 방안 557 | 4. 농정의 비전·이념·목표 564

참고문헌 571

개정증보판 머리말

이 책의 초판이 2002년에 출간되었으니 강산이 한 번 변할 만큼의 세월이 흐르고도 2년이 더 지났다. 그동안 우리의 농업·농촌을 둘러싼 대외여건이 급변해왔고 내부적으로도 큰 변화를 경험했다. 세계 경제의 글로벌화와 다극화의 심화가 대표적인 여건 변화라고 할 수 있다. 이와 더불어 지구온난화의 가속화와 지구촌의 부존자원이 한계를 드러내고 있는 점도 강조할 만하다.

농업 내부에서는 더 심각한 구조적 모순이 드러나고 있다. 특히 농업노동력의 노령화가 지속되어 농업 생산을 담당할 영농주체가 와해되고 있는 실정이다. 이러한 대내외적인 여건 변화 및 구조 변동으로 야기된 농업·농촌 문제를 해결하려는 의도하에 다양한 농업정책이 전개되어왔다.

우리의 농업·농촌이 위기상황에 직면함에 따라 필자는 『한국의 농업정책』을 재정리해야겠다는 지적 욕구를 떨쳐버릴 수 없었다. 개정증보판의 출판 여부와는 무관하게 수년간 초판을 수정하고 보완하는 작업을 지속해왔다. 『한국의 농업정책』 개정증보판을 출간하고 정년퇴임을 맞이하게 되어 교수로서, 그리고 연구자로서 후회 없는 삶을 마감하는 영광을 누릴 수 있게 되었다. 개정증보판에서는 초판을 전면적으로 개편하고 보완했다. 초판에서는 제1장 '농가소득 증대방안'이 총론에 해당했으나 개정증보판에서는 이를 초판 제1장을 보완한 제1장 '농업 문제와 농정과제', 새로 쓴 제2장 '경제성장과 농정기조' 두 개의 장으로 나누었다.

개정증보판의 제3장에서 제10장까지는 각론에 해당하는 장으로 초판을 보완했다. 초판의 총론에 해당했던 제2장 '농업 구조 조정정책'을 개정증보판에서는 각론으로 돌리고 제8장으로 처리했다. 제3장 '농업 생산·기술 정책'에서는 초판을 보완하고 초판에서 다루지 않았던 친환경농업정책을 첨가했다. 제4장 '농산물시장·유통정책'에서는 산지시장과 도매시장 정책과 관련된 내용을 보완하고, 초판에서 다루지 못했던 직거래와 전자상거래를 추가했다.

UR 협상에 의거해 농산물가격 지지정책과 농업 생산요소 보조정책을 펼치는 데 한계가 많아 WTO체제하에서는 둘 다 소극적인 정책에 머물 수밖에 없었다. 따라서 제5장 '농산물가격정책'과 제6장 '생산요소 보조정책'을 수정 보완한 내용은 적다. 제5장에서 '쌀소득 보전직불제'를 첨가시킨 정도에 그쳤다.

개정증보판에서는 제7장 '농산물 무역정책'을 대대적으로 보완했다. WTO 출범 후 2001년 개시된 제9차 다자간무역협상인 도하개발어젠다(Doha Development Agenda: DDA)를 상세하게 다루었다. 또한 2003년에 체결된 한·칠레 자유무역협정(FTA)을 비롯한 자유무역협정 관련 내용을 첨가했다. 아울러 2004년에 타결된 쌀 재협상 관련 내용을 추가했고 한중 간, 한미 간 체결된 쌍무협상을 상세하게 다루었다.

제8장 '농업 구조 조정정책'과 제9장 '농지제도'에서는 초판 발행 이후 추진된 정책을 보완했다. 제10장 '농외소득정책'에서는 근년에 들어와 중요한 정책으로 대두된 그린투어리즘을 상세하게 고찰했다.

이 개정증보판의 백미는 결론 장에 해당하는 제11장 '농정의 선진화 방안'이라 하겠다. 초판에서는 각 장마다 발전방안을 두었으나 개정증보판에서는 이를 종합적으로 정리해 제11장에 제시했다.

기회가 오면 각 분야 전문가들이 분담 집필해 출간하고 싶다는 바람을 초판 머리말에 밝힌 바 있지만 실행하지 못했다. 아쉽지만 후학의 연구과제로 남겨둔다.

초판 머리말에 밝혔듯이 『한국의 농업정책』의 저술 목적은 우선 농업 경제학도의 요긴한 학습서로 활용되고, 농정 담당자와 농업 관련 분야 종사자의 참고자료로 이용되며, 필자의 연구의 버팀목이 되는 것이었다. 개정증보판을 출간하고 필자는 은퇴하므로 세 번째 역할은 무의미하고 이 개정증보판이 첫째 역할과 둘째 역할을 제대로 수행해주었으면 하는 마음이 간절하다.

『한국의 농업정책』 초판이 출판된 이후 필자는 심기일전해 더욱 연구에 전념할 수 있었다. 2004년에는 농림부에서 출간한 『한국 농업·농촌 100년사』의 공동 집필자로 참여하고, 필자의 단독 저서인 『한국의 쌀 정책』을 출판하는 영광을 안기도 했다.

초판 발행 이후 필자는 큰 슬픔을 안기도 했다. 갖은 고생을 마다 않고 육남매를 키우고 공부시킨 부모님 두 분 다 86세를 일기로 우리 곁을 떠나셨다. 필자가 연구자로 접어든 시점부터 이 책 초판이 출간될 때까지 줄곧 재정 지원을 아끼지 않으셨던 매형 거제택시 조호경 사장님도 타계하셨다. 세 분의 영전에 삼가 이 책을 바치는 바이다.

개정증보판을 출간하는 데 많은 분의 도움을 받았다. 자료와 원고 정리에 애써준 조교 김선영 선생과 대학원생 조남욱 군에게 감사의 마음을 전한다. 아울러 치밀하게 편집하고 교정해주신 신유미 씨에게도 감사드린다.

개정증보판 출간의 기쁨을 사랑하는 가족과도 함께 나누고 싶다.

교수요 연구자인 필자의 마지막 소원을 저버리지 않고 개정증보판을 흔쾌히 출판해주신 도서출판 한울 김종수 사장님과 관계자 여러분께 진심으로 감사드리는 바이다.

심혈을 기울여 보완한 개정증보판이 미흡한 점이 많긴 하지만 후학의 연구에 조금이나 보탬이 되고 농업 관련 분야 종사자분들에게도 도움이 되길 바라는 마음 간절하다.

2014년 3월

가좌캠퍼스 연구실에서 김병택

초판 머리말

세계무역기구(WTO) 출범을 계기로 우리 농업은 대전환기를 맞이했다. 쌀을 제외한 전 농산물시장이 개방되고, 국민의 합의하에 지속해온 농업 보조를 매년 삭감해야 하는 등 그야말로 무한경쟁시장에 돌입해 내우외환의 위기에 직면해 있다.

우리 농업이 이러한 위기를 극복하고 국민이 바라는 성과를 올리며 지속적으로 발전해나가려면, 우리 모두 환골탈태의 자세로 지혜를 모아 기존의 농정 기조에서 탈피한 농업정책의 새 틀을 마련해야 할 것이다. 이를 위해서는 우선 지난 농정을 정리, 검토하고 평가해 발전방향을 모색해야 할 것이다.

이런 측면에서 돌아보건대 우리 농정의 발자취를 정리하고 평가한 내용을 담은 간행물이 다수 나온 것은 사실이지만 대개 농정당국이나 국책연구기관에서 주관한 것으로 객관적인 평가를 보장받지 못했다는 지적이 많았다. 또한 내용이 너무 방대하고 산만해 일반 독자가 이해하기 어려울 뿐 아니라 책을 접하기도 쉽지 않다는 지적이 있었다. 이에 따라 좀 더 일관성 있고 논리 정연하며 일목요연하게 우리 농정을 정리한 단행본의 필요성이 대두되었다.

한국의 농업정책은 농업 생산에서 농가 복지에 이르기까지 복잡다기하게 전개되어왔으므로 정책내용을 그 기능 측면에서 접근한다 해도 구성요소가 다양해 각 분야별 전문가들이 분담, 정리하고 평가해야 소기의 성과를 거둘 수 있다.

그러나 그동안 이러한 방법으로 시도해 제시한 단행본을 보면 분담 집필의 장점을 살리지 못하고 오히려 단점만 드러나는 결과를 가져왔다. 즉, 정책내용을 분류 기준에 따라 분류하고 집필자를 선정해 그 연구결과를 편집한 것이 아니라, 연구자 중심으로 또는 정책의 시의성을 기준으로 집필내용을 정하고 편집함에 따라 논리의 비약이 많고 일관성이 결여되는 결과가 초래되었다. 또한 동일한 정책내용을 집필자마다 상반되게 평가, 집필해 독자의 이해를 교란시킨다는 지적을 받았다. 아울러 문장 구성방법이나 문체가 집필자에 따라 각양각색으로 드러나 독자가 이해하기 어렵다는 비난을 받아왔다.

이런 사정을 감안해 과욕이요 만용이라는 비판을 면하지 못할지라도 필자가 한 번 정리해야겠다고 다짐한 바 있었다. 필자는 연구원의 정책연구실에서 연구한 경험이 있고, 유학 시절 농업정책연구실에서 박사과정을 수료했으며, 「미곡정책의 경제분석」이란 논문으로 박사학위를 취득한 후 대학에서 줄곧 농업정책 강의를 담당해왔다. 아울러 중앙정부나 지방정부의 농정자문에 참여해왔으며, 실사구시의 연구 자세로 주로 지역 농업 문제를 대상으로 연구를 수행해왔다. 이런 경험 덕분에 농업 생산에서 판매에 이르기까지 다양한 분야에 걸쳐 농업정책과제를 접하고 연구해 보고서를 작성하기도 했다. 이런 강점을 살리고 농업정책 강의노트와 지금까지 축적된 연구실적을 바탕으로 한국의 농업정책을 체계적으로 정리하고 평가해보려는 욕심을 부리게 되었다.

아울러 이 책을 집필해보고 싶은 강한 욕구는 다음 세 가지에서 비롯되었다. 우선, 농업경제학도를 비롯해 우리 농업정책에 관심을 두고 공부하는 학생들을 위한 교재로 남기고 싶었다. 이런 측면에서 한국의 농업정책의 목적과 수단 나아가 정책효과를 설명할 때 도형을 이용한 이론 분석을 선행시켰다. 물론 전 분야에 이론 분석을 첨부한 것은 아니고, 이론 분석이 농정을 이해하는 데 크게 도움이 될 것으로 판단되는 곳에만 시도했다.

또한 농정 담당자, 농업 관련 분야 종사자가 우리의 농업정책을 체계적으로 이해하고 평가하며 나름의 발전방향을 구상하는 데 도움을 주고 싶었다. 이런 의도하에 가능하면 간결하고 쉬운 문장으로 표현하고자 노력했으며, 사상가로서가 아니라 농업정책을 이해시키는 전도사로서 책무를 다한다는 각오로 글을 썼다. 실무에 바빠 이론 분석을 이해하는 데 시간을 할애할 수 없는 분들은 이를 제쳐두고 건너뛰어도 한국의 농업정책을 이해하는 데 지장이 없도록 체제를 갖추려고 노력했다.

또한 나 자신을 위해서도 정리해두고 싶었다. 농정 분야에 애정과 열정을 쏟으며 강의, 연구하고 농정 현실에도 참여해야 하는 처지를 감안해 농정을 파일로 정리해두고 정책 내용이 변경되거나 새로 도입될 때마다 첨부해 정리한다면 요긴하게 이용될 수 있을 것이라는 판단하에 저술을 결심한 것이다.

이번에는 지나친 욕심을 부려 혼자 정리했지만 기회가 오면 뜻을 같이하는 각 분야 연구자들과 분담해 더 알차고 유익한 책을 만들어보고자 한다.

이 책은 필자 개인의 실적임과 동시에 실질적으로는 많은 분의 연구성과를 정리하고 발전방향을 제시한 것에 지나지 않음에도 선행연구에 대한 예를 제대로 갖추지 못했다. 즉, 농정 현장에서 일하는 분들이 부담 없이 이 책을 읽으려면 문맥의 흐름이 순조로워야 한다는 강박관념에 사로잡혀 인용 문헌을 하나하나 언급하지 않고 각 장별로 후미에 참고문헌으로 제시했다. 이 점 참고문헌의 저자들에게 양해를 구하며 아울러 이 지면을 빌려 그분들의 노고에 깊이 감사드리는 바이다. 특히 한국농촌경제연구원에서 발행한 『농어촌구조개선백서』, 『한국농정40년사』, 농림부에서 발간한 『한국농정50년사』 등의 간행물은 한국의 농업정책을 정리하는 데 큰 도움이 되었음을 밝히며 집필자 제위께 우선 지면을 빌려 감사드리는 바이다.

그동안 필자의 연구 실적을 재정리해 책으로 출간하기까지 많은 분의 도움이 있었다. 육남매를 키우고 공부시키느라 한평생 고생하셨으며 반백이 넘은 필자의 건강을 자나 깨나 걱정하시는 부모님께 이 책을 바치는 바이다. 또한 연구자의 길로 들어선 그날부터 오늘에 이르기까지 항상 격려해주시고 재정적으로 후원해주신 누님과 매형 거제택시 조호경 사장께 심심한 감사를 드리는 바이다. 자료와 원고 정리에 애써준 대학원생 정명종 군과 치밀하게 교정해준 이미숙 선생께도 고마운 마음 전하는 바이다.

그리고 멀리 일본의 대학에서 교수로 근무하며 아들 학비 조달하느라 고생하는 아내 박명희 박사와 미국에서 공부하느라 애쓰고 있는 외아들 정재와 함께 출판의 기쁨을 나누고 싶다. 그러나 무엇보다 출판계의 사정이 여의치 않음에도 흔쾌히 졸고를 출판해주신 도서출판 한울 김종수 사장님과 관계자 여러분들께 진심으로 감사드리는 바이다.

필자의 좁은 식견으로도 이것이 흡족한 책이 되기에는 너무나 부족한 구석이 많지만 후학의 연구에 조금이나마 밑거름이 되고 농업 분야 종사자분들의 실무에 보탬이 되었으면 하는 기대가 간절하다.

2002년 3월

가좌캠퍼스 연구실에서

김병택

제1장
농업 문제와 농정과제

1. 농업 문제 인식

1) 농업 문제와 식량 문제

농산물 생산자와 소비자는 이해가 대립되는 경제주체라는 사실을 전제로 농업과 관련된 문제를 농업 문제와 식량 문제로 대별하기도 한다. 농산물가격이 상대적으로 하락해 농업 생산자가 곤란할 때를 일컬어 농업 문제가 심각하다고 평가한다. 반면, 농산물가격이 상대적으로 크게 올라 소비자가 어려움을 겪는다면 식량 문제가 야기된 것으로 간주한다.

경제성장과 더불어 농업 문제 혹은 식량 문제는 다양한 양상으로 전개되었고 그 대처방안 또한 각양각색이었다. 농업 문제와 식량 문제가 상충관계에 놓여 있다는 전제하에 어느 쪽에 더 비중을 두고 경제정책 혹은 농업정책을 펼쳐나갈 것인지는 사회구성원의 가치관에 따라 좌우된다.

온대기후인 한반도는 식량작물일 경우 연중 한 번 수확하며 농업 기반조건이 상대적으로 열악하다. 더구나 국민 1인당 농지규모가 영세한 탓에 경제성장 과정에서 만성적인 식량 부족을 면하기 어려웠다. 다행히 광복 직후부터 6·25전쟁 회복기까지는 미국의 식량 원조로 위기를 모면할 수 있었고, 1950년대 후반부터 1960년대 중반까지는 미국으로부터 잉여 농산물을 도입해 식량

가격을 안정시켰다.[1)]

1960년대에 들어와 해외 의존형 공업화전략을 추진함으로써 경제성장이 순조롭게 진행되었다. 농산물을 수입할 수 있을 만큼 외환 보유사정이 좋아지자 점진적으로 국내 농산물시장을 개방하기 시작했고, 이에 따라 광복 이후 현재까지 식량 문제는 심각하게 부각되지 않았다고 할 수 있다.

이와는 대조적으로 경제성장 과정에서 농업 문제는 그 양상을 달리하며 지속적으로 대두되어왔다. 경제성장 초기에는 호당 경작규모가 영세하고 농업생산의 기반이 열악해 토지 생산성이 낮았기 때문에 농가는 절대적 빈곤상태에 처해 있었다. 설상가상으로 외국 농산물이 도입되면서 국내 농산물가격이 국제 가격보다 낮은 수준으로 떨어져 경제성장 과정에서 농업이 지속적으로 피해를 입었다고 주장해도 반박할 여지가 없다. 경제성장이 일정 수준에 도달한 개방경제하에서는 국내 농산물가격을 국제 가격보다 높게 지지했지만 농업 구조가 탄력적으로 조정되지 못해 도농 간 소득격차가 심화되었다. 이런 사실을 근거로 광복 이후 현재에 이르기까지 농업 문제는 심각한 양상으로 전개되어왔다고 주장할 수 있다.

2) 농업 문제 인식기준

사회의 가치판단 기준을 근거로 농업·농촌 문제를 인식한 후 이를 농업정책 과제로 설정하고 해결방안을 모색해야 할 것이다.

지금까지 농업 문제를 인식하는 데 적용된 가치 기준은 형평성과 효율성이었다. 농가소득이 상대적으로 낮은 경제 현상을 정책 과제로 대두시켰다면 이를 판단한 가치 기준은 형평성이었다고 주장할 수 있다. 개방경제가 전개됨에 따라 국내 농산물의 국제경쟁력이 낮아져 이를 강화해야 한다는 정책 과제가 대두되었으며 여기에 적용된 가치 기준은 효율성이었다.

---

1) 김형화·김병택, 『경제발전과 미곡정책』(한국농촌경제연구원, 1984), 25~30쪽.

최근 들어 지속가능한 농정 패러다임이 부각됨에 따라 형평성, 효율성과 더불어 환경성, 안전성이 강조되었다. 이 내용은 제11장에서 상세하게 고찰할 것이다.

2. 농가소득 증대방안

1) 농가소득의 정의

가족농(家族農)이 농업 생산을 담당하는 경제주체로 정착되어 있는 소농 구조하에서는 농가소득을 지표로 정책목표를 설정하고 정책수단을 선정한다.

농가소득은 농업과 농가가 처해 있는 사회적·경제적 특수성을 감안하고 경제성장에 부응하면서 시의적절하게 정의되어왔다. 즉, 농가소득을 정의하는 방식이 경제성장과 더불어 다양하게 변해온 것이다. 농가경제 조사대상인 표본농가는 5년마다 개편되었으며, 이 시기에 맞춰 농가소득 또한 정의되었다(〈그림 1-1〉 참조).

농가경제 조사의 분석결과가 발표된 이후부터 1991년까지 농가소득은 농업소득과 농외소득을 합친 것으로 정의되었다. 즉, 농업경영에서 벌어들이는 수익을 농업소득으로 규정하고 이를 제외한 일체의 농가 수입을 농외소득으로 정의했다.

1992년 표본농가를 개편할 때 농가소득에 대한 정의를 재정립했다. 가족이 농업에서 벌어들이는 농업소득과 비농업에서 획득한 농외소득 그리고 이전수입을 합한 것을 농가소득으로 정의했다. 즉, (농가소득)=(농업소득)+(농외소득)+(이전수입)으로 나타낼 수 있다. 여기서 말하는 이전수입은 출타한 가족의 송금, 정부 지원금 등 일체의 보조금을 말한다. 이전수입은 1983년부터 농외소득에서 분리되어 별도의 항목으로 계측되었으나 1991년까지는 농외소득에 포함시켜 발표했다.

〈그림 1-1〉 농가소득 정의의 변천

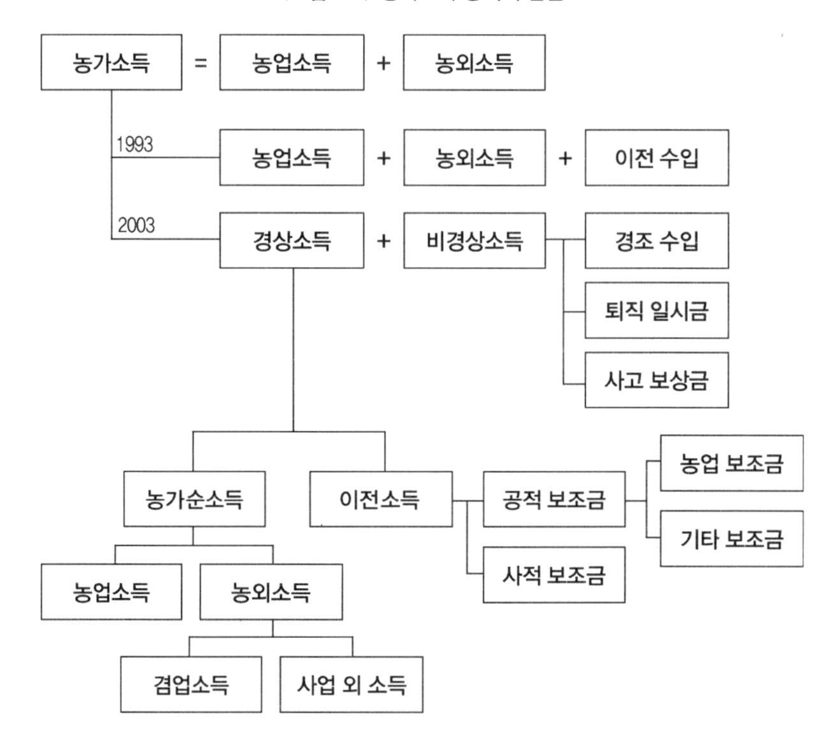

1998년에 표본농가를 개편했을 당시에는 농가소득에 관한 정의를 변경하지 않았으나 2003년 개편에서는 전면 조정되었다. 즉, 농가소득의 구성요건을 경상소득과 비경상소득으로 규정했으며, 경상소득은 농가순소득과 이전소득으로 구분되었다. 농업소득과 농외소득은 농가순소득에 포함된다. 그러므로 (농가소득)=(농업소득)+(농외소득)+(이전소득)+(비경상소득)이라는 정의식으로 나타낸다.

이전소득은 공적 보조금과 사적 보조금으로 이루어지며, 공적 보조금은 농업 보조금과 기타 공적 보조금으로 구분된다. 쌀소득보전직불금을 비롯한 일체의 직불금은 농업 보조금으로서 공적 보조금에 속한다. 또한 연금을 비롯해 사회보장과 관련된 수혜금도 공적 보조금에 포함된다. 출타 가족이나 친인척의 보조금은 사적 보조금에 해당된다. 경조수입, 퇴직일시금, 사고보상금 등

〈표 1-1〉 농가의 경제활동과 농가소득

경제활동	농가소득	비고
· 자기 농장이나 타인의 농장에서 이루어지는 농업 생산 활동	· 농업활동에 의한 조수익에서 농업경비를 제외한 소득 - 1997년부터 농업용 차입금 이자 지출을 사업 외 지출에서 농업경영비로 전환	농업소득
· 농외사업(農外事業) - 임산물, 수산물, 상공업·광업, 농업 분야, 일반 서비스업 - 1982년까지 임산 취득물과 농산가공업에서 얻는 수익이 농업 수입에 포함 - 1983년까지 대동식물 증식액은 겸업소득에 포함	· 농가 가구원의 농업 외 사업수입에서 이를 위한 지출을 제외한 소득 - 1983년부터 농외사업 지출에 포함되었던 감가상각액 제외	농외소득 (겸업소득)
· 농외 취업(農外就業) - 일시 및 계절 취업, 완전 취업 - 농지나 시설 및 장비의 임대 등	· 가족의 임금 및 급여 등 취업 수입(농업 노임 포함)에서 필요한 경비를 제외한 소득 · 농지나 기타 시설 등의 임대료 배당 이자, 잡수입 등	농외소득 (사업 외 소득)
· 정부 지원 또는 출타 가족의 경제활동(가구원의 경제활동과 무관)	· 정부의 피증보조(被贈補助)와 출타 가족의 송금, 사례금, 퇴직금 등 - 1983년부터 사업 외 수입에서 분리해 농외소득에 포함되었다가 1992년 이후 제외	이전수입

자료: 한국농촌경제연구원, 「한국농정50년사」(농림부, 1999), 2129쪽.

은 비경상소득에 포함된다.

일본은 농업소득과 농외소득을 합해 농가소득으로 정의하고, 여기에 이전수입을 합한 것을 '총 농가소득'으로 정의한다.[2)]

농가소득을 정의하는 데는 많은 시행착오가 있었다(〈표 1-1〉 참조). 농업소득은 농업경영에서 벌어들이는 소득이므로 농업조수익(農業粗收益)에서 농업경영비를 공제해 산출한다. 농업조수익은 농산물 생산액, 축산물 생산액, 대동식물(大動植物) 증식액(增殖額)을 합한 것이다.

농업경영비는 현금을 주고 구입한 현금투입재(current input)와 감가상각비

2) 이동필, 「농외소득의 저위요인」, 『한국농촌사회의 변화와 발전』(한국농촌경제연구원, 2003), 334쪽.

를 합해 산출한다. 그러므로 농가의 농업소득이란 한 해 동안 농가의 가족이 농업에서 벌어들인 소득과 농가의 보유자원에 귀속된 보수를 말한다. 그럼에도 1982년까지는 대동식물 증식액은 농업조수익에 포함되지 않고 농외소득으로만 취급되었다. 한편 농외소득은 농업 외의 타 사업을 경영해 벌어들이는 사업소득과 타 분야에 취업해 획득하는 사업 외 소득으로 나뉜다.

산림부산물 채취로 벌어들이는 소득과 농산물 가공업에서 얻는 소득은 농외소득인데도 농업소득에 포함되었다가 1983년에 와서야 분리되었다.

동거하지 않는 가족이 보내는 송금, 직접지불금을 비롯한 정부 지원, 관혼상제에 따른 부조금 등의 이전수입은 엄밀한 의미에서 농가소득과는 무관하다고 할 수 있다. 그런데도 우리는 이를 농외소득으로 취급해왔고 1982년 이후 이전수입으로 분리 계측되었지만 여전히 농외소득으로 정의된다. 1992년부터는 이를 이전수입으로 규정하고 농가소득에 포함시켰다.

2) 농가소득의 장기 변동

농업 종사자는 농업경영에서 획득한 농업소득만으로 도시 가계와 버금가는 수준의 소득을 올려야만 지속적으로 농업을 경영할 수 있다. 그러나 경제성장과 더불어 농업소득의 가계비 충족도는 낮아졌다. 〈표 1-2〉에 제시되어 있는 바와 같이 1975년에는 가계비 지출액에 대한 농업소득의 비율이 100%를 상회했으나 그 이후부터는 매년 낮아졌다.

신품종 도입으로 쌀 생산량이 증가했고 쌀과 보리쌀을 대상으로 미곡연도(米穀年度) 기준 1970년부터 이중가격제(二重價格制)를 실시한 덕분에 농업소득이 증가하면서 1975년 이후 몇 년간은 농업소득으로 가계비를 충당할 수 있었다. 그러나 1980년대에 들어와서는 농업소득만으로 가계비를 충당하기 어려워졌으며 가계비 충족도는 매년 감소했다. 이는 농산물시장 개방에 따른 농업소득 증대의 한계를 단적으로 대변한 것으로 볼 수 있다.

〈그림 1-2〉는 1965년부터 2010년까지의 농가소득을 농업소득과 농외소득

〈표 1-2〉 주요 농가 경제지표

(단위: 천 호, %)

구분	총 농가 호수	전업농 비율*	농업소득률**	가계비 충족도***
1965	2,507	90.7	78.8	87.5
1970	2,483	67.7	75.8	93.3
1975	2,379	80.6	81.9	116.1
1980	2,155	76.2	65.2	82.1
1985	1,926	78.8	64.5	78.8
1990	1,767	59.6	56.8	76.1
1995	1,501	56.5	48.0	70.8
2000	1,384	67.1	47.2	60.5
2005	1,273	62.6	38.7	44.3
2010	1,117	53.3	37.1	36.5

* 총 농가에 대한 전업농의 비율.
** 농가소득에 대한 농업소득의 비율.
*** 가계비에 대한 농업소득의 비율.
자료: 농림부, 「농림업 주요 통계」(해당 연도판).

〈그림 1-2〉 농가소득, 농업소득, 농외소득 변동 추이(1962~2010)

(단위: 천 원)

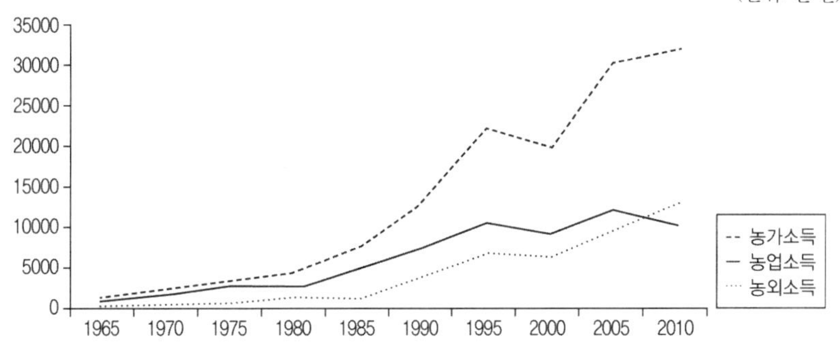

주 1: 경상소득.
주 2: 농외소득은 농가소득에서 농업소득을 공제한 잔여분.
자료: 농림부, 「농림업 주요 통계」(해당 연도판).

으로 양분해 장기 변동추세를 제시한 것이다. 1970년 이후부터 1980년까지 농가소득은 완만하게 증가해오다가 그 이후부터 급증하기 시작했고, 외환위기 직전인 1996년 최고 수준에 달했다가 외환위기 직후 격감했으며, 2002년도에 들어 1996년의 수준을 넘어 계속 상승해왔다.

3) 농가소득 구조 변동

2003년에 농가소득에 대한 정의를 개편했지만, 농가소득의 증감 요인을 파악하려면 농가소득 구성요소의 일관성을 유지해야 한다. 여기서 농가소득은 농업소득, 농외소득, 이전소득 등 세 요소로 구성되어 있다고 간주하고 소득원별 농가소득 자료를 〈표 1-3〉에 제시했다.

농외소득은 농업 외 겸업소득과 사업 외 소득으로 구성된다. 겸업소득에는 산야초를 비롯한 원시취득물 소득과 임업, 수산업, 농산가공, 상공업·광공업, 농업 관련 서비스업 등을 겸업해 얻는 소득이 포함된다. 사업 외 소득에는 농업 노임, 기타 노임, 급료, 농지 임대료를 비롯한 제반 임대료, 배당금 이자, 기타 잡수입 등이 포함된다. 가족이나 타인으로부터 받은 보조금, 사례금, 농어민 연금, 직접지불금, 퇴직금 등을 여기서는 이전소득으로 규정했다.

〈표 1-3〉, 〈표 1-4〉에 나타나 있는 바와 같이 경제성장과 더불어 농가소득은 증가해왔지만 농가소득에서 차지하는 농업소득의 비중은 작아졌고, 농외소득이 차지하는 비중은 커졌다.

경작규모가 상대적으로 영세해 농업소득만으로 도시 가계에 버금가는 수준의 소득을 획득하지 못하는 농가는 농업 이외의 타 사업을 겸업하거나 비농업 분야에 취업해 농외소득을 획득함으로써 가계비를 충당해야 한다.

일본과 대만의 경우 경작규모가 영세한 농가는 농외소득을 획득함으로써 농가계층 간 소득격차가 나타나지 않아 적어도 농업 내부에서는 형평성의 기준으로 판단한 소득격차 문제가 야기되지 않는다는 것을 알 수 있다.

그러나 한국의 경우 경작규모에 따라 농가소득격차가 크다는 점을 통해 규모가 영세한 농가는 농업소득 수준도 낮고 농외소득 수준도 낮다는 사실을 알 수 있다. 이 점을 확인하기 위해 〈표 1-5〉에서 주요 소득원별 소득규모를 경작규모에 따라 비교했다.

경제성장 정책을 추진하는 과정에서 투자 효율을 극대화하고자 성장거점(成長據點)도시 및 산업기지 개발방식을 추진한 결과 농촌 공업화 수준이 낮아

〈표 1-3〉 소득원별 농가소득(1965~2010)

(단위: 천 원, %)

구분	농가소득	농업소득	농외소득			이전수입
			겸업	사업 외	소계	
1965	1,414 (100.0)	1,119 (79.4)	49 (3.2)	246 (17.4)	295 (20.6)	-
1970	2,209 (100.0)	1,675 (75.8)	83 (3.8)	451 (20.4)	534 (24.2)	-
1975	3,167 (100.0)	2,594 (81.9)	79 (2.5)	494 (15.6)	573 (18.1)	-
1980	4,337 (100.0)	2,826 (65.2)	107 (2.4)	1,404 (32.4)	1,511 (34.8)	-
1985	7,203 (100.0)	4,645 (64.5)	269 (3.8)	1,062 (14.7)	1,331 (18.5)	1,227 (17.0)
1990	12,881 (100.0)	7,318 (56.9)	688 (5.5)	2,613 (20.3)	3,319 (25.8)	2,244 (17.3)
1995	21,803 (100.0)	10,469 (48.0)	1,526 (7.0)	5,404 (24.8)	6,913 (31.8)	4,403 (20.2)
2000	19,195 (100.0)	9,066 (47.2)	1,194 (6.6)	4,989 (25.6)	6,183 (32.2)	3,946 (20.6)
2005	30,503 (100.0)	11,815 (38.7)	2,531 (8.3)	7,353 (24.1)	9,884 (32.4)	4,078 (13.4)
2010	32,120 (100.0)	10,098 (31.4)	3,466 (10.8)	9,479 (29.5)	12,946 (40.3)	5,609 (17.5)

주: 경상소득 자료.
자료: 농림부, 「농림업 주요 통계」(해당 연도판).

〈표 1-4〉 소득원별 농가소득 증감률(1965~2010)

(단위: %)

구분	농가소득	농업소득	농외소득			이전수입
			겸업	사업 외	소계	
'65~'70	56.2	49.7	69.4	83.3	81.0	-
'70~'75	43.4	54.9	△4.8	9.5	7.3	-
'75~'80	36.9	8.9	35.4	184.2	163.7	-
'80~'85	66.1	64.4	151.4	△24.4	△11.9	-
'85~'90	78.8	57.5	155.8	146.0	149.4	82.9
'90~'95	69.3	43.1	121.8	106.8	108.3	96.2
'95~'00	△12.0	△13.4	△21.8	△7.7	△10.6	△10.4
'00~'05	85.9	30.3	112.0	47.4	59.9	3.3
'05~'10	5.3	△15.6	36.9	28.9	31.0	37.5

자료: 농림부, 「농림업 주요 통계」(해당 연도판).

졌다. 1980년대에 들어 개방화가 가속되면서 농업소득 증대의 한계에 직면했는데 이에 따라 농외소득의 중요성을 강조하지 않을 수 없었다. 영농 종사자

〈표 1-5〉 경작규모별 농가소득 구성(2010)

(단위: 천 원, %)

	0.5ha 미만	0.5~1.0 ha	1.0~1.5 ha	1.5~2.0 ha	2.0~3.0 ha	3.0~5.0 ha	5.0ha 이상
농가소득	28,194 (100.0)	30,691 (100.0)	28,864 (100.0)	28,362 (100.0)	31,632 (100.0)	41,946 (100.0)	180,605 (100.0)
농업소득	2,531 (9.0)	8,215 (26.8)	9,689 (33.6)	9,728 (34.3)	11,936 (37.7)	20,649 (49.2)	100,664 (55.7)
농외소득	17,384 (61.7)	13,454 (43.8)	11,520 (39.9)	10,139 (35.7)	10,466 (33.1)	11,140 (26.6)	31,324 (17.3)
이전소득	5,431 (19.3)	5,445 (17.7)	4,766 (16.5)	5,488 (19.3)	5,694 (18.0)	6,549 (15.6)	25,754 (14.3)
비경상소득	2,847 (10.1)	3,576 (11.7)	2,888 (10.0)	3,007 (10.6)	3,537 (11.2)	4,209 (10.0)	22,863 (12.7)

자료: 통계청, 「농가경제통계」(2012).

에게 겸업 혹은 농외 취업 기회를 제공하고자 농공단지 조성을 비롯한 농외소득원 개발 사업을 대대적으로 전개했지만 소기의 정책 효과를 거두지 못했다.

경작규모가 상대적으로 영세해 농업소득이 낮은 농가는 겸업하거나 비농업에 취업해 농외소득을 획득해야 할 것이다. 그러나 〈표 1-5〉에 제시된 바와 같이 소농계층에 속하는 농가의 농외소득은 상대적으로 적다. 이것은 농촌의 농외 취업 기회가 낮거나 경작규모가 영세한 농가의 경영주가 농외 취업하기 어려운 처지에 직면해 있다는 사실을 나타낸다. 경작규모가 영세한 계층일수록 경영주의 고령화 비율이 높고 학력수준이 낮은 것으로 밝혀졌다.[3]

경작규모가 영세해 보유 노동력을 경작에 소진하지 못하는 농가의 경영주는 대개 고령이며 상대적으로 학력수준이 낮다. 그러므로 농외 취업 기회가 주어진다 해도 경작규모가 영세한 계층에서 농외 취업이 가능한 농가는 많지 않다고 판단할 수 있다.

수도작 위주의 생산 구조이므로 경작규모가 영세할수록 농업소득 수준이 낮은 것은 당연한 결과다. 그렇다면 농외소득을 획득해 농가소득을 높여야 할 것이다. 그러나 3.0~5.0ha 계층에 속한 농가의 농외소득은 1,114만 원이었고

3) 이동필, 「농외소득의 저위요인」, 343쪽.

1.0~1.5ha 계층에 속한 농가의 농외소득은 1,152만 원으로 양자 간 격차가 크지 않았다(〈표 1-5〉 참조). 더구나 급여나 노임이 포함되어 있는 사업 외 소득 수준이 낮다. 이는 농촌지역에서 농업 이외의 타 산업에 취업할 수 있는 기회가 낮다는 사실로 귀결된다.

농외소득은 크게 증가하지 않았지만 경제성장과 더불어 이전소득은 급증해왔고, 1995년 이후부터 농가소득에서 차지하는 이전소득의 비율이 20%를 상회했다. 이전소득은 주로 출타 가족의 송금이나 사례금이고, 정부의 보조금이나 농업 연금이 차지하는 비중은 미미했다.

경제성장과 더불어 비농업 분야 취업 기회가 확대됨에 따라 농가의 젊은 노동력이 이농해 농업 노동력의 노령화가 가속되어왔다. 농촌에 남아 있는 노령계층은 소득 수준이 낮으므로 출타한 가족의 송금이 가계비에 큰 보탬이 되었다. 이러한 실정 때문에 농가소득에서 차지하는 이전소득의 비율이 상대적으로 높은 편이다.

1980년 이후 개방화에 대응해 농정기조를 전환했다. 즉, 전문화 및 규모화를 통해 농업 생산의 효율성을 높여 국제경쟁력을 강화하고 동시에 농촌 공업화를 추진해 농외소득을 획기적으로 증대시켜 형평성이라는 관점에서 평가한 농가소득 문제를 해결하려 했지만 소기의 정책 효과를 거두지 못했다.

4) 농가소득의 상대적 저위

(1) 도농 간 소득격차

농업소득만으로 도시 가계의 소득 수준과 균형을 맞출 수 있어야 형평성의 측면에서 본 농가소득 문제가 야기되지 않았다고 주장할 수 있다.

그러나 농외소득과 이전소득을 합친 농가소득과 도시 가계가 아닌 도시근로자 가계의 소득 비교에서도 격차가 크게 나타났다. 〈그림 1-3〉과 〈표 1-6〉에 제시된 자료를 근거로 경제성장 과정에서 농업 문제가 항상 심각하게 대두되었다고 주장할 수 있다.

〈그림 1-3〉 도시근로자소득과 농가소득 비교(1965~2010)

(단위: 천 원)

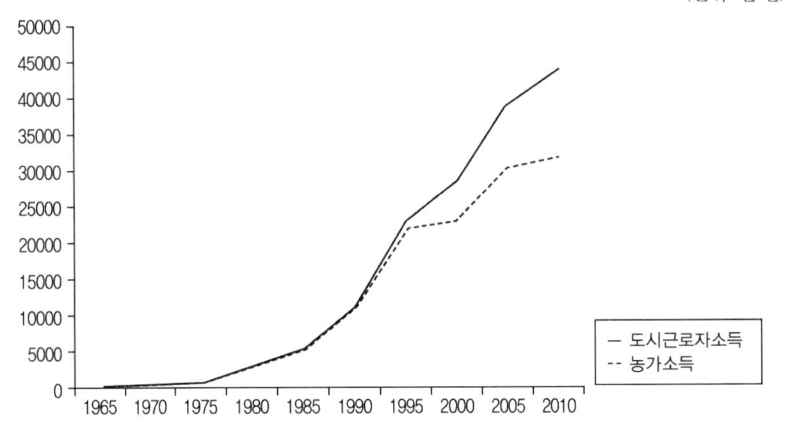

〈표 1-6〉 도시근로자 가계소득과 농가소득(1965~2010)

(단위: 천 원)

	도시근로자 가계소득(A)	농가소득(B)	B/A×100(%)
1965	113	112	99.1
1970	292	256	87.7
1975	786	873	111.1
1980	2,809	2,693	95.9
1985	5,085	5,736	112.8
1990	11,326	11,026	97.4
1995	22,933	21,803	95.1
2000	28,643	23,072	80.6
2005	39,010	30,503	78.2
2010	44,105	31,967	72.5

주: 경상소득.
자료: 한국은행, 「경제통계연보」(해당 연도판).

토지 소유자로서 자본가이면서 동시에 경영주 겸 노동자의 역할을 수행하는 농가와 단순한 도시근로자 간 소득을 비교하는 발상 자체가 모순이지만 이를 차치하더라도 농가소득 수준이 더 낮다는 사실을 감안해 농업 문제의 심각성을 염두에 두어야 한다.

(2) 농가계층 간 소득격차

도농 간 소득격차와 더불어 농가계층 간 소득격차 또한 심각하다. 농업 종사자 소득이 비농업 종사자 소득에 비해 낮다는 사실은 산업으로서의 농업이 심각한 문제를 내포한다는 점을 시사한다. 형평성의 측면에서 볼 때 농가계층 간 소득격차는 농업 내부의 소득 문제 또한 심각하다는 사실을 의미한다.

경작규모별 농가소득이 〈표 1-7〉과 〈표 1-8〉에 제시되어 있다. 1995년 이전 자료에는 호당 경작규모가 2.0ha 이상인 농가계층이 세분화되어 있지 않았으며, 또한 세분한다 해도 해당 계층에 속한 농가 수가 적어 통계적 신뢰의 문제가 야기되었다. 1996년 이후에는 2.0ha 이상을 2.0~3.0ha, 3.0ha 이상으로 분류했고, 2003년 이후에는 3.0~5.0ha, 5.0~7.0ha, 7.0~10.0ha, 10.0ha 이상으로 각각 세분해 발표했지만 여기서는 5.0ha 이상 계층을 통합시켜 소득을 제시했다.

국내 농산물의 국제 경쟁력을 강화하려면 호당 경작규모를 확대해야 한다는 전제하에 대대적인 농업 구조 개선 사업이 전개된 1990년대 중반 이후부

〈표 1-7〉 경작규모별 농가소득 I (1965~1995)

(단위: 천 원, %)

구분	0.5ha 미만	0.5~1.0ha	1.0~1.5ha	1.5~2.0ha	2.0ha 이상	평균
1965	72 (64.2)	94 (83.9)	131 (117.0)	172 (153.6)	218 (194.6)	112 (100.0)
1970	163 (63.7)	212 (36.7)	289 (112.9)	383 (149.6)	477 (186.3)	256 (100.0)
1975	533 (61.0)	776 (88.9)	975 (111.7)	1254 (143.6)	1735 (198.7)	873 (100.0)
1980	1,983 (73.6)	2,276 (84.5)	2,862 (104.9)	3612 (134.1)	4,885 (181.4)	2,693 (100.0)
1985	4078 (71.9)	4,902 (85.5)	5,780 (100.8)	6,982 (121.7)	8,622 (150.3)	5,736 (100.0)
1990	8,224 (74.5)	9,879 (89.5)	11,120 (100.8)	12,582) (114.1)	15,053 (136.5)	11,026 (100.0)
1995	20,359 (93.7)	18,521 (84.9)	23,142 (106.1)	23,178 (106.3)	29,419 (135.3)	21,803 (100.0)

주 1: 경상소득.
주 2: 괄호 안 수치는 평균치에 대한 비율.
자료: 농림부, 「농림업 주요 통계」(해당 연도판).

〈표 1-8〉 경작규모별 농가소득 II(1996~2010)

(단위: 만 원, %)

구분	0.5ha 미만	0.5~1.0 ha	1.0~1.5 ha	1.5~2.0 ha	2.0~3.0 ha	3.0~5.0 ha	5.0ha 이상	평균
1996	2,137 (91.7)	2,003 (86.0)	2,269 (97.4)	2,607 (111.9)	2,869 (123.1)	3,281 (140.8)	3,558 (152.7)	2,330 (100.0)
1997	2,218 (94.4)	2,054 (87.4)	2,301 (98.0)	2,504 (106.6)	2,843 (121.0)	3,516 (149.7)	4,308 (183.4)	2,349 (100.0)
1998	1,603 (78.2)	1,743 (85.0)	2,093 (102.1)	2,271 (110.8)	2,665 (130.0)	3,150 (153.7)	4,425 (215.9)	2,050 (100.0)
1999	1,770 (79.3)	1,813 (81.2)	2,240 (100.4)	2,543 (113.9)	2,956 (132.4)	3,571 (160.0)	5,638 (252.6)	2,232 (100.0)
2000	1,757 (76.2)	1,912 (82.9)	2,270 (98.4)	2,661 (115.3)	2,945 (127.7)	3,602 (156.1)	4,471 (193.8)	2,307 (100.0)
2001	1,838 (76.9)	1,986 (83.1)	2,326 (97.3)	2,690 (112.5)	3,023 (126.5)	3,646 (152.5)	5,021 (210.0)	2,391 (100.0)
2002	2,009 (82.1)	2,154 (88.0)	2,359 (96.4)	2,803 (114.5)	3,018 (123.3)	3,626 (148.1)	5,109 (208.7)	2,447 (100.0)
2003	2,243 (83.4)	2,095 (77.9)	2,451 (91.2)	2,782 (103.5)	3,133 (116.6)	3,083 (114.7)	13,898 (517.1)	2,688 (100.0)
2004	2,493 (86.0)	2,355 (81.2)	2,504 (86.3)	2,806 (96.8)	3,129 (107.9)	3,606 (124.4)	16,244 (560.1)	2,900 (100.0)
2005	2,505 (82.1)	2,563 (84.0)	2,861 (93.8)	3,025 (99.2)	3,318 (108.8)	3,743 (122.7)	13,540 (443.9)	3,050 (100.0)
2006	2,559 (79.2)	2,587 (80.1)	2,998 (92.8)	3,201 (99.1)	3,487 (107.9)	4,324 (133.8)	15,742 (487.3)	3,230 (100.0)
2007	2,742 (85.8)	2,908 (91.0)	2,758 (86.3)	2,956 (92.5)	3,223 (100.8)	3,947 (123.5)	15,418 (482.3)	3,197 (100.0)
2008	2,845 (93.2)	2,528 (82.8)	2,665 (87.3)	3,052 (100.0)	3,505 (114.8)	3,592 (117.7)	15,650 (512.8)	3,052 (100.0)
2009	2,833 (92.0)	2,649 (86.0)	2,789 (90.5)	3,032 (98.4)	3,354 (108.9)	3,666 (119.0)	16,686 (541.6)	3,081 (100.0)
2010	2,819 (87.8)	3,069 (95.5)	2,886 (89.9)	2,836 (88.3)	3,163 (98.5)	4,194 (130.6)	18,059 (562.2)	3,212 (100.0)

주 1: 경상소득.
주 2: 괄호 안 수치는 평균치에 대한 비율.
주 3: 5.0ha 이상은 5.0ha뿐 아니라 5.0~10.0ha, 10.0ha 이상의 데이터가 포함되어 있음.
자료: 통계청, 「농가경제통계」.

터 대농계층을 세분하고 소득자료를 계측해 발표했다. 〈표 1-8〉에 나타나 있는 바와 같이 경작규모가 작은 계층일수록 농가소득 수준이 낮았다.

경작규모가 영세해 자가 노동력을 자가 경작지에 소진하지 못한다면 남는 노동력을 임업, 수산업, 상업 등 비농업을 겸업하는 데 활용하거나 비농업 분야에 취업해 농외소득을 획득해야 한다. 물론 이때는 비농업 분야에 취업할 수 있는 기회가 있어야 한다. 경작규모가 영세하며 농업소득 수준이 낮은 계층은 농외소득을 벌어들여 가계비를 충당해야 하지만 그렇지 못했다는 사실은 농외 취업 기회가 낮거나 기회가 있어도 취업할 수 없었다는 사실을 나타낸다. 우리의 농촌 현실을 고려하면 두 요인이 복합적으로 작용했다고 간주해도 무방하다. 경작규모가 영세한 계층은 주로 경영주가 고령인 농가이므로 농외 취업 기회가 주어진다 해도 취업하기 어려운 실정이다.

경작규모가 영세한 계층일수록 농가소득에서 차지하는 이전소득의 비중이 컸다는 사실이 이를 대변한다. 산업 간 소득격차와 농업 내부 계층 간 소득격차를 해소해야만 농업이 건전한 산업으로 발전해나갈 수 있다.

5) 농업소득의 저위요인과 증대방안

(1) 농업소득 결정요인

농업소득은 농업조수익에서 농업경영비를 공제한 잔액으로 정의한다. 그러므로 농업소득을 증대시키려면 조수익을 극대화하고 경영비를 극소화해야 한다. 농업소득은 (1)식과 같이 정의된다.

$$Y=P \cdot Q-C \quad \cdots\cdots\cdots \quad (1)$$

여기서 Y는 농업소득, P는 농산물가격, Q는 생산량, C는 경영비를 나타낸다. 생산량(Q)은 호당 경지면적(A), 경지 이용률(U), 노동 투입량(L), 자본(K), 기술 수준(T), 기상 조건(W)의 함수로 나타낸다.

$$Q=f(A,\ U,\ L,\ K,\ T,\ W) \quad \cdots\cdots\cdots \quad (2)$$

경영비(C)는 각 생산요소의 구입량에 요소가격(r)을 곱해 산출된다.

〈표 1-9〉 농가 판매가격 지수(A)와 농가 구입가격 지수(B)(1959~2010)

구분	A	B	구분	A	B
1959	0.7	1	1985	44.6	36.6
1960	1	1	1986	43.5	36.3
1961	1.1	1.1	1987	45.8	37
1962	1.2	1.2	1988	51.4	40
1963	1.8	1.4	1989	53.6	43.4
1964	2.1	1.8	1990	60.3	47.4
1965	2.3	2	1991	66.3	53
1966	2.5	2.2	1992	69	56.7
1967	2.8	2.6	1993	69.2	57.1
1968	3.2	3	1994	74.8	59.3
1969	3.8	3.4	1995	81.6	62.8
1970	4.7	3.9	1996	85.9	65.5
1971	5.6	4.5	1997	83.5	67
1972	6.7	5.1	1998	83.3	74.1
1973	7.4	5.5	1999	88.6	76.1
1974	9.8	7.5	2000	89.5	80.1
1975	12.3	9.3	2001	94.1	84.6
1976	15.1	11.5	2002	99.1	87.8
1977	17.5	13.5	2003	107.3	91.8
1978	23.5	17.6	2004	104.2	96.3
1979	26.1	20.1	2005	100	100
1980	32.1	25	2006	99.2	101.8
1981	40.7	32.1	2007	101.2	104.8
1982	43	36.2	2008	99.4	115.3
1983	43.5	39.2	2009	101	120.4
1984	43.9	37.6	2010	108.1	122.2

자료: 통계청, 「농가경제통계」.

〈그림 1-4〉 농가 교역 조건(1959~2010)

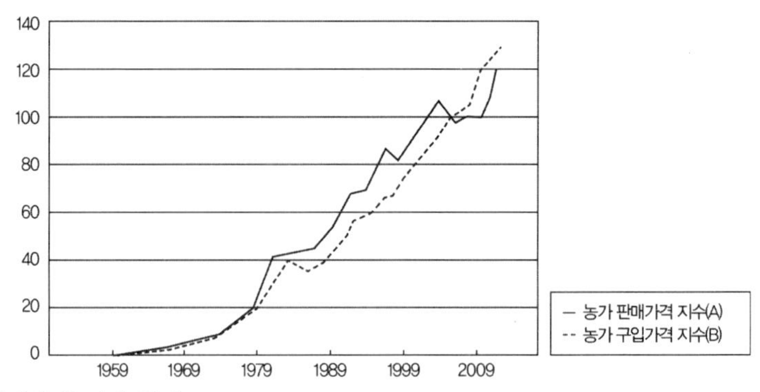

자료: 통계청, 「농가경제통계」.

$$C = r_1 \cdot A + r_2 \cdot L + r_3 \cdot K \cdots\cdots\cdots (3)$$

(2)식과 (3)식을 (1)식에 대입해 추정 모형으로 변형시키면 다음과 같은 소득함수식이 도출된다.

$$Y = \phi(P^*, A, U, L, K, T, W)$$

P^*는 농가가 구입하는 공산품가격에 대한 농산물가격의 비율, 즉 농가 교역 조건이다. 엄밀한 의미의 농가 교역 조건은 농가가 구입하는 공산품과 농가가 판매하는 농산물의 교환 비율을 말한다. 1960년에는 요소 한 되와 쌀 한 되를 교환했는데 1990년에 와서 요소 반 되와 쌀 한 되를 교환했다고 하면 농가 교역 조건이 악화되었다고 할 수 있다. 농가가 구입하는 공산품과 판매하는 농산물의 종류가 많아 농가 교역 조건은 농가 구입가격 지수에 대한 농가 판매가격 지수의 비율로 나타낸다. 〈표 1-9〉와 〈그림 1-4〉에 제시된 자료로 판단하면 농가 교역 조건이 악화되어왔다는 사실을 알 수 있다.

농업소득 함수식을 이용해 시계열자료(Time Series Data)를 분석하면 농업소득 증대에 크게 기여한 요인을 밝힐 수 있다. 시계열 자료를 이용해 분석한 결과를 보면 한국의 경우 농업소득에 기여도가 높은 요인은 호당 경지 규모와 경지 이용률인 것으로 나타났다.[4)]

즉, 수도(水稻)를 비롯한 토지 이용형 작목이 주요 소득작목으로 정착되어 있는 농가를 대상으로 조사한 소득자료를 분석하면 농업소득 증대에 기여하는 요인은 당연히 경작규모인 것이다.

한편 소득함수식을 이용해 횡단면자료(Cross section Data)를 분석하면 경작규모 계층 간 소득격차 요인을 밝혀낼 수 있다. 완전경쟁을 가정하면 개별 농가가 직면하는 농산물가격과 생산요소가격은 동일하므로 (3)식에서 P^*, 즉 농가 교역 조건은 의미가 없어진다. 이 횡단면자료 분석을 통해 계층 간 농업소

---

4) 허신행, 『농산물가격정책』(한국농촌경제연구원, 1982), 38쪽.

득격차 요인은 경작규모인 것을 알 수 있다.

(2) 농업소득 저위요인

비농업 종사자 소득에 비해 농업 종사자 소득이 낮은 요인을 규명해보기로 한다. 농업 측에서는 농산물을 생산해 비농업 측에 제공하고, 비농업 분야에서는 공산품을 농업에 제공한다. 기준 시점에서는 양자 간 소득이 균형을 이루는데, 비교 시점에 와서 농업소득이 상대적으로 낮아진다면 이 요인은 간단하게 밝힐 수 있다.

농업과 비농업이 각각 고유의 생산물을 생산·교환함으로써 소득이 결정되는 흐름을 이용해 농업과 비농업 간 소득격차 비율(I)은 다음과 같다.

$$I = \frac{Pa \cdot Ya}{La} / \frac{Pn \cdot Yn}{\mathrm{Ln}} = \left(\frac{Pa}{Pn}\right) / \left(\frac{Ya}{La} / \frac{Yn}{\mathrm{Ln}}\right)$$

여기서 P_a는 농산물가격을 P_n은 비농산물가격을 각각 나타내고 Y_a는 농산물 생산량을 Y_n은 비농산물의 생산량을 각각 나타낸다. L_a, L_n는 농업과 비농업에 투입된 노동량을 각각 나타낸다. 여기서 제시된 소득은 단위 노동당 소득을 말한다. 그러므로 연간 소득을 비교한다면 양자 간 연간 노동 일수를 감안해야 한다.

소득격차 요인을 나타내는 양자 간 소득비율을 간단히 정리하면 $I = f(T, P_R)$로 나타낼 수 있다. 여기서 T는 P_a/P_n로 농가가 구입하는 비농산물가격에 대한 농산물가격의 비율, 즉 농가 교역 조건이다. 또한 P_R은 비농업 분야 노동 생산성에 대한 농업 노동 생산성의 비율을 나타낸다. 즉, 농업 종사자의 소득이 비농업 종사자 소득에 비해 낮은 요인은 상대적으로 낮은 노동 생산성 수준과 농가 교역 조건의 악화로 나타낼 수 있다.

(3) 농업소득 증대방안

농업 종사자의 소득, 즉 농업소득을 증대시키려면 농업 노동 생산성을 제고하고 농가 교역 조건을 개선해야 한다. 우선 노동 생산성 제고방안을 고찰해본다. 수도, 맥류, 두류 등 토지 이용형 작목이라면 농업 노동 생산성을 다음과 같이 나타낼 수 있다.

$$\frac{Y}{L} = \frac{Y}{A} \times \frac{A}{L}$$

여기서 Y는 농산물 생산량을, L은 노동 투입량을, A는 경작규모를 각각 나타낸다. 노동 생산성(Y/L)을 높이려면 우선 토지 생산성(Y/A)을 제고시키는 방안을 찾아야 한다. 토지 생산성이란 단위 면적당 수량이므로 이를 높이려면 토지 집약도(集約度)을 높여야 할 것이다. 주어진 면적에 농약, 비료 등의 자본 투입을 증가시켜야 하는데, 이를 통상 '자본 집약도(K/A)를 높인다'라고 한다.

그런데 한국의 농업 현실을 고려하면 비료, 농약 등 생산요소의 과다 투입으로 친환경농업을 위시한 지속농업은 위기에 직면했다. 아울러 영농 기계화 정책이 시행착오를 거듭해온 탓에 과도한 기계화 문제가 대두되었다.[5] 그러므로 자본 집약도를 높여 토지 생산성을 제고한다는 정책 대안은 바람직하지 않다.

노동 집약도(L/A)를 높이면 토지 생산성이 높아진다. 즉, 피를 뽑고 논두렁 풀을 깎는 등 주어진 면적에 노동을 더 투입하면 토지 생산성이 높아진다. 그러나 노동 집약도(L/A)를 높이면 단위 노동당 경작규모(A/L)가 축소되어 결과적으로 노동 생산성이 떨어진다. 따라서 노동 생산성을 제고하려면 노동 집약도를 낮춰야 한다.

결국 토지 생산성을 제고하는 대안은 농업 생산기반 확충과 농업기술 개발뿐이다. 농업용수를 비롯한 기반시설을 확충하고 배수조건을 개선하며 경지정리 사업을 수행하면 토지 생산성이 높아진다. 아울러 신품종, 신농약 개발 등 생물·화학적 기술혁신으로 단위당 수량을 높일 수 있다. 특히 유전자 조작

5) 김병택, 『한국의 쌀정책』(한울, 2004), 397~399쪽.

〈그림 1-5〉 생산요소의 수요곡선

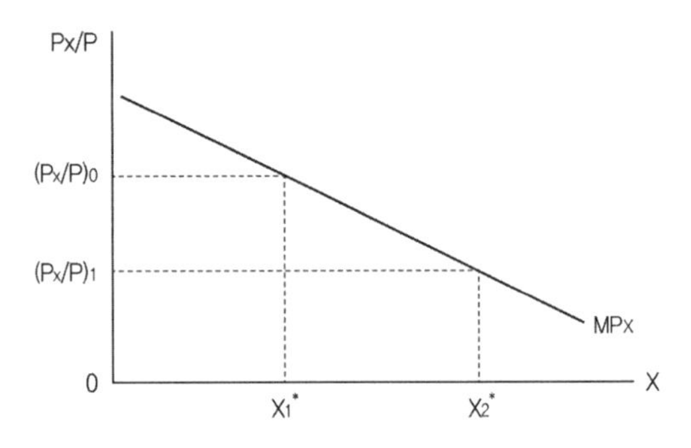

또는 유전공학을 응용해 신품종을 개발함으로써 토지 생산성을 제고하고 노동 생산성을 높이는 데 기여할 수 있다.

노동 생산성을 제고하려면 단위노동당 경작규모(A/L)를 확대해야 하는데 이는 농업 구조 조정의 핵심 과제다. 수도작을 예로 들면 미국의 호당 경작규모는 120ha 정도이고 한국은 1ha 수준에도 미치지 못한다. 단위당 수량은 양국 간 큰 차이가 없고 10a당 노동투입량은 미국의 경우 2시간, 한국은 30시간이므로 양자 간 노동 생산성 격차가 어느 정도인지 재론할 여지가 없다.

농업소득을 증대시키려면 농가 교역 조건을 개선시켜야 한다. 농가 교역 조건은 농가 구입가격에 대한 농가 판매가격의 비율이므로, 이를 개선하려면 농가 판매가격을 높이거나 농가 구입가격을 낮춰야 한다. 전자를 농산물가격 지지정책, 후자를 생산요소 보조정책이라고 한다.

이론상으로는 양대 정책의 효과가 동일한데 이를 증명하면 다음과 같다. 농산물 생산자를 기업으로 간주하고 이윤 극대화 조건을 찾으면 된다. 즉, 기업이 생산요소를 투입해 농산물을 생산할 때 '얼마를 생산하면 이윤 극대화가 실현되느냐?'에 대한 의사결정과 '얼마를 투입하면 이윤 극대화가 실현되느냐?' 하는 과제는 접근하는 과정은 다르지만 결과는 동일하다.

여기서는 후자를 전제로 이윤 극대화 조건과 여건 변동 효과를 찾아 가격 지지정책과 생산요소 보조정책의 효과가 동일하다는 사실을 밝힐 것이다. 기업이 추구하는 이윤(π)은 다음과 같이 나타낼 수 있다.

$$\pi = P \cdot Q - P_x \cdot X \cdots\cdots (1)$$

여기서 P는 생산물가격을, Q는 생산량을, Px는 생산요소가격을, X는 요소 투입량을 각각 나타낸다.

그런데 Q=f(X)로 나타내면 (1)식은 (2)식으로 전환된다.

$$\pi = P \cdot f(X) - P_x \cdot X \cdots\cdots (2)$$

얼마를 투입하면 이윤 극대화가 실현되느냐에 대한 답을 얻으려면 (2)식을 X에 대해 미분해 그 값이 0을 만족시키는 조건을 찾으면 된다. 이윤 극대화 조건은 다음과 같다.

$$\frac{d\pi}{dX} = P \cdot f'(X) - P_x = 0$$

여기서 $\frac{P_x}{P} = f'(X)$가 성립되며 f'(X)는 생산요소 X의 한계 생산력, 즉 MP_x를 나타낸다. 여건, 즉 생산물가격이나 생산요소가격이 변하면 균형점이 어떻게 변하는지 그 궤적을 〈그림 1-5〉를 통해 제시했다.

비료(X) 투입량을 늘려 생산량을 증대시키고 소득을 높이려면 쌀가격(P)을 높이든지 비료가격(Px)을 낮춰야 한다. 전자가 가격 지지정책이며 후자가 생산요소 보조정책인데, 어떤 정책을 택하든지 소득 증대 효과는 동일하다. 그러나 가시적인 정책 효과를 바란다면 생산요소 보조정책보다 가격 지지정책이 더 유리하다.

아울러 생산요소 보조정책을 채택하려면 신중을 기해야 한다. 시장기구를 통해 요소가격을 보조한다면 생산요소를 구입하는 농가에 혜택이 고루 주어지므로 큰 문제가 없다. 그러나 1980년대에 '복합 영농사업'의 일환으로 추진한 송아지 입식자금 지원정책은 실패한 보조정책의 본보기로 알려져 있다. 즉, 시장기구를 활용해 송아지 구입자금을 보조하지 않고, 송아지를 입식한 일부 농가를 선정해 구입자금을 지원했다. 이 때문에 송아지 수요가 증대해 송아지 구입가격이 급등했으며 동시에 소 사육두수도 급증했다. 송아지를 육성해 성우를 시장에 출하했을 때는 400kg 수소가격이 송아지를 입식할 당시의 구입가격에도 미치지 못했다. 입식자금을 지원받지 못한 농가의 피해가 어느 정도였는지는 말할 것도 없다.[6)]

3. 정책 결정 및 재화의 분류

1) 정책의 의의

경제학이란 경제 현상의 인과관계를 과학적으로 밝히는 학문으로 정의되며 실천학문으로서의 경제학의 사명이 거론되기도 한다. '누가 무엇을 얼마만큼 어떻게 생산해 사회구성원에게 어떻게 배분해야 후생을 높일 수 있는가?'에 대한 해결방안을 제시해야 한다.

자본주의경제에서는 시장에 맡기면 가격 기구에 따라 순리대로 사회후생(社會厚生)의 극대화가 실현된다고 믿는다. 반면, 계획경제하에서는 국가가 이를 해결해야 한다고 주장한다.

자본주의경제체제라면 시장에 맡길 경우 파레토 최적(Pareto Optimum)[7)]에 도달하므로 정당하게 경제활동에 참여한 경제주체는 본인이 받은 보수에 만족할 수 있다.

정보화 시대를 맞이해 자본주의체제하에서도 대형 컴퓨터를 활용하면 경제학의 사명을 국가가 수행할 수 있을 것으로 가정할 수 있다.

---

6) 한국농촌경제연구원, 『한국 농업·농촌 100년사』(농림부, 2003), 1532~1534쪽.

7) 소비의 균형과 생산의 균형이 동시에 이루어지는 상태를 의미한다[남덕우, 『가격론』(박영사, 1984), 464~478쪽 참조].

통상 경제정책은 사회구성원의 후생, 이른바 사회후생을 극대화하는 데 목적을 두며 사회후생은 구성원의 효용을 합한 것으로 정의할 수 있다. 즉, 개인의 효용함수를 집계하면 사회후생함수(social welfare function)가 도출된다고 가정하고 이를 극대화할 수 있는 방법을 찾는다.

개인의 효용은 소비하는 재화의 함수이며, 재화는 시장에서 구입하는 사적재화(私的財貨)와 국가가 공급해야 하는 공공재(公共財)로 나뉜다. 그러므로 i번째 개인의 효용함수는 다음과 같이 나타낼 수 있다.

$$U^i=U^i(X_1, X_2,\cdots, X_n, X_{n+1}, X_{n+m})$$

단, $X_1, \cdots, X_n$은 사적재화와 용역(private goods and service)이고, $X_{n+1},\cdots, X_{n+m}$은 공적재화와 용역(public goods and service)이다.

사회구성원이 M명이라면 사회후생 W는 다음과 같이 나타낼 수 있다.

$$W=W(U^1, U^2, \cdots, U^m)$$

한편 주어진 자원을 총동원해 사회구성원이 필요로 하는 재화와 용역(用役)을 생산한다고 할 때 생산가능함수는 다음과 같이 나타낼 수 있다.

$$F(X_1, X_2, \cdots, X_n, X_{n+1}, \cdots, X_{n+m})=0$$

그러므로 생산가능함수의 제약조건하에서 사회후생을 극대화할 수 있는 방안을 강구하는 정부의 경제활동이 바로 경제정책이라 할 수 있다. 이를 기호로 표시하면 다음과 같다.

$$\text{Max } W, \text{ Subject to } F(X_1, X_2, \cdots, X_n, X_{n+1}, \cdots, X_{n+m})=0$$

〈그림 1-6〉 사회후생의 극대화 조건

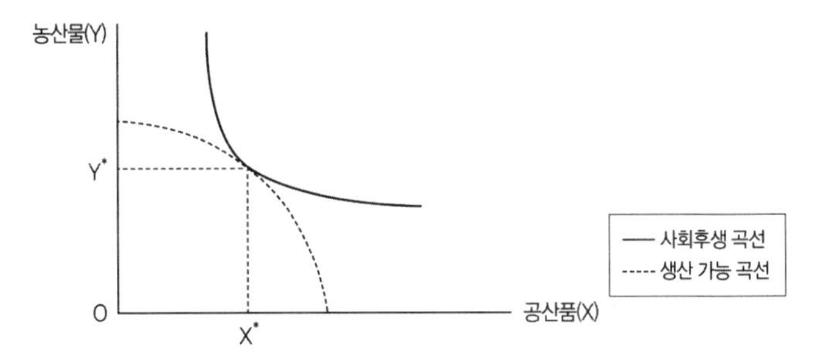

생산물이 농산물과 공산품뿐이라고 가정하고 봉쇄경제하에서 사회후생을 극대화할 수 있는 최적 생산량을 그림으로 표현하면 〈그림 1-6〉과 같다.

그러나 애석하게도 아직까지 개인의 효용함수를 집계해 사회후생함수를 도출할 수 있는 이론과 방법은 개발되지 않았다. 만약 이것이 가능하다면 생산 품목과 생산량을 중앙정부가 결정하고 이를 개인에게 배분하는 계획경제가 효율적인 경제체제라는 주장이 타당성을 갖는다. 그러나 이것은 어디까지나 이상에 불과하며, 지금까지의 경험에 비추어보면 자유시장에 맡길 때 더 효율적이고 합리적인 자원 배분이 이루어진다고 할 수 있다.

사회구성원의 효용을 극대화할 수 있도록 자원을 배분하는 최선(first best)의 방법을 찾아내지 못했으므로 차선책(second best)을 택할 수밖에 없다. 지금까지는 자원 배분을 자유시장에 맡겨두면 파레토 최적에 도달한다고 믿었지만 이는 이상주의자들의 희망사항일 뿐 사회구성원의 갈등은 상존한다. 구성원 간 이해대립이 일어났을 때 이를 조정하기 위해 정부가 개입하는 행위를 정책이라고 하며 이것이 바로 차선책이다.

이 주장을 받아들인다면 정부가 자유시장에 개입한 게임은 개입하지 않았을 때보다 부가가치의 합이 줄어드는 게임, 이른바 네거티브 섬 게임(Negative Sum Game)이 된다고 할 수 있다. 물론 이해대립이 일어나지 않아 정부가 자유시장에 개입할 필요가 없을지라도 사회가 필요로 하는 일체의 공공재와 시장 실패가 일어나는 사적재화는 국가가 공급해야 한다.

국민 각자의 이해대립을 조정하기란 현실적으로 불가능하므로 그룹 내 구성원의 이해가 일치한다는 전제하에 이해대립 그룹 간의 이해를 조정할 수밖에 없다.

2) 정책 결정 과정

이해대립이 일어나면 정부가 개입해 이를 해결해야 하며 이러한 정부의 역할은 정책을 통해 실현된다. 정책이 결정되는 과정을 정책목표 설정 및 정책수단 선정 과정으로 나눈다.

민주주의 국가에서는 정치적 과정을 거쳐 정책목표를 설정해야 하며 합리성이라는 요건을 충족해야 한다. 즉, 이해대립을 최소화할 수 있는 정책목표를 설정해야 한다. 합리적인 정책목표를 설정하려면 경제현상을 명확하게 인식하고 누가 왜 어려움을 겪는지 올바르게 파악해야 한다.

정책목표를 설정했으면 이를 달성시킬 수 있는 정책수단을 선정해야 한다. 정책수단에는 비용이 수반되므로 정책수단 자체가 사회후생을 변동시키는 결과를 가져온다. 정책수단을 선정할 때는 효율성이라는 기준을 충족시켜야 한다. 즉, 정책목표를 달성할 수 있는 여러 대안 중 비용이 적게 드는 수단을 선정해야 한다.

정책 결정 과정에서는 연구자의 역할이 중요하다. 경제현상을 올바르게 분석해 합리적인 정책목표가 설정되도록 해야 한다. 나아가 선정 가능한 정책대안별로 투입 비용과 정책 효과를 산출해 효율적인 정책수단이 채택되도록 협조해야 한다.

3) 재화의 분류

개인의 효용은 재화의 함수이며, 편의상 재화를 사적재화와 공공재로 구분한다. 후자는 반드시 시장실패를 수반하므로 국가가 공급해야 한다. 재화의 분류 기준은 다음과 같다.

첫 번째 기준은 재화를 공급하는 주체가 수요자를 배제할 수 있느냐(exclusive), 배제할 수 없느냐(non exclusive)에 관한 기준이다. 배제할 수 있다면 편의상 'E'로, 배제할 수 없다면 'NE'로 각각 표기하기로 한다.

두 번째 기준은 수요자 간의 경합성(competition) 여부다. 수요자가 재화를 두고 경합하면 'C'로, 경합하지 않으면 'NC'로 각각 나타낸다.

세 번째 기준은 수요자의 선택(selection) 가능성 여부다. 선택할 수 있으면 'S'로, 선택할 수 없고 무조건 받아들여야 한다면 'NS'로 각각 표기한다.

여기서 'NE, NC, NS'로 세 개의 비조건을 만족시키는 재화를 공공재(public goods)라 한다. 국방 서비스를 검토해보면 이를 쉽게 이해할 수 있다. 공급자인 국가는 수요자를 배제할 수 없으며(NE), 수요자인 국민은 국방 서비스를 놓고 경합하지 않으며(NC), 국민이라면 선택의 여지 없이 국방 서비스를 받아들여야 한다(NS).

반면에 비조건이 하나도 없는 'E, C, S'의 조합이면 사적재화라 하고 비조건이 1~2개 들어 있으면 준공공재(semi-public goods)라 한다.

공중파 TV 방송을 예로 들면 준공공재를 쉽게 이해할 수 있다. 공급자는 수요자를 배제할 수 없으므로 시청료를 납부하지 않았다 해서 시청자를 배제할 수 없다(NE). 또한 할머니는 안방에서 어머니는 건넌방에서 각자의 TV로 동일한 연속극을 시청할 수 있다. 이를 수요자의 비경합성(NC)을 만족시킨다고 한다. 그러나 연속극이든 국악 연주 프로그램이든 프로그램을 마음대로 선택해 시청할 수 있으므로 선택가능성(S)에 해당한다. 즉, 분류기준에 따르면 'NE, NC, S'의 조합이며 이러한 재화를 준공공재라 부른다. 선택가능성이라는 요건을 충족시키고 선택 여부를 시청률로 파악해 제시할 수 있기 때문에 민영방송이 가능하다.

그러나 수요자를 배제할 수 없다는 요건과 경합이 일어나지 않는다는 요건 때문에 자본주의체제하에서도 공영방송이 중시된다. 즉, 어른을 위한 방송일지라도 청소년을 배제하지 않고, 청소년은 어른과 경합하지 않고 마음대로 성인 프로그램을 시청할 수 있다.

쌀 신품종 개발기술을 검토해보면 공중파 방송과 마찬가지로 준공공재로 분류되지만 방송과 다르게 시장실패가 일어난다는 사실을 알 수 있다. 쌀은 자가수정(自家受精)하는 식물이므로 다수확 신품종을 육종하면 인위적으로 깨뜨리지 않는 한 다수성이란 특질이 영원히 지속된다. 그러므로 자가수정하는 농산물의 경우 신품종을 개발해도 노하우가 보장되지 않는다.

즉, 신품종을 개발한 공급자는 수요자를 배제할 수 없는(NE) 특성을 갖는다. 쌀 생산 농가는 신품종을 구입하지 않고 이웃집에서 얻어오거나 재래품종과 바꾸면 된다. 또 생산한 신품종 벼를 내년에 종자로 이용할 수 있으므로 수요자 간 신품종 경합은 일어나지 않는다(NC). 단지 수요자는 재배할 품종을 선택할 수 있으므로 선택가능성(S)의 요건을 충족시킨다. 즉, 방송과 마찬가지로 'NE, NC, S'라는 조합이 가능하므로 신품종 개발기술을 준공공재로 분류한다.

공중파방송과 신품종 개발기술은 둘 다 동일한 분류 기준을 만족시키는 준공공재에 속한다. 방송은 시장실패가 일어나지 않지만 신품종 개발기술은 시장실패를 수반하므로 개인이나 회사가 신품종을 개발해도 시장에 판매할 수 없다. 그러므로 국가나 공공단체가 신품종 육종과 재배기술 개발을 담당한다.

한국에서는 농림수산부 산하의 각종 시험연구기관과 농과대학에서 신품종 개발을 담당한다. 노하우가 보장되지 않는 기술이므로 농업 기반조건이 유사한 일본이 앞서 개발한 신품종과 재배기술을 농업 생산자가 곧바로 도입할 수 있다. 이러한 사정이 반영되어 농업기술 연구 분야에 종사하는 국내 연구진은 종종 비난의 대상이 되어왔다.

시장실패가 일어나지 않는 재화라면 공급을 자유시장에 맡기면 된다. 즉, 일체의 사적재화와 시장에서 가격이 결정되는 준공공재가 여기에 해당된다. 반면에 국방, 외교, 치안, 환경보전 등의 공공재는 반드시 시장실패가 일어나고 수요자가 불특정 다수, 즉 국민이므로 국가가 공급을 담당해야 한다.

준공공재 중에서 농업기술처럼 시장실패가 일어남과 동시에 수혜자가 불특정 다수라면 국가가 공급을 담당해야 한다. 반면 시장실패가 일어나지 않는 준공공재일지라도 방송과 같이 공익적 기능을 수행하는 재화라면 정부가 개입해야 한다는 주장이 타당성을 갖는다.

시장실패가 일어나는 준공공재 및 사적재화 중에서 수요자가 특정 집단이라면 관련 단체가 공급을 담당하는 것이 바람직하다. 재화의 공급을 시장에 맡길 것인지, 생산자단체를 비롯한 관련 단체가 담당할 것인지, 국가가 개입해야 하는지는 재화의 특성을 고려해 신중하게 결정해야 한다.

4. 농업의 특수성

1) 개설

농업경제학이 경제학의 한 응용 분야를 뛰어넘어 독립된 사회과학으로 존립할 수 있는 논리적 근거는 농업이 타 산업, 특히 제조업에 비해 특수성을 갖는다는 데 있다.

또한 정부가 농산물시장에 개입해 농업을 보호해야 한다고 주장하는 배경도 농업이 갖는 특수성에서 비롯된다. 그러므로 농업정책의 의의와 내용을 이해하려면 농업의 특수성을 제대로 알고 있어야 한다. 생산주체, 생산 과정, 상품 등의 세 측면에서 농업의 특수성을 고찰해볼 수 있다.

2) 경제주체인 농가의 특질

(1) 경제주체의 경제활동

경제활동을 영위하는 경제주체를 통상 가계, 기업, 정부로 나눈다. 가계는 소비활동을 영위하며 경제활동의 목적을 효용극대화에 둔다. 반면 기업은 생산활동을 수행하며 경제활동의 목적은 이윤 극대화에 있다. 소비자와 생산자는 이해가 대립되는 경제주체이지만 시장에서 만나 보이지 않는 손, 이른바 시장가격에 따라 이해가 조정된다.

한편 농산물 생산주체는 농가와 농기업(農企業)으로 나뉜다. 조직과 기능적인 면에서 볼 때 농기업은 제조업을 담당하는 일반 기업과 큰 차이가 없다.

농업은 유기물을 다루는 생명 산업이기 때문에 규모의 경제가 발휘되는 정도가 상대적으로 약하므로 농가라는 가족농이 생산주체로 정착되었다. 특히 한국처럼 온대몬순기후하의 답작(畓作) 소농지대에서는 경작규모가 영세한 가족농이 생산을 주도한다.

가족농이라 할지라도 소농지대의 가족농과 경영규모가 큰 미국식의 가족농 간에는 근본적으로 경제활동 양식에 차이가 있다. 미국식 가족농의 경우 농가의 생산활동과 소비활동이 분리되어 있으며 생산활동 목적을 이윤 극대화나 경영주 소득 극대화에 둔다.

그러나 한국 농가의 경우 생산활동과 소비활동이 명확하게 구분되어 있지 않으며 아울러 생산활동의 목적은 경제발전에 부응해 변천되어왔다. 농지 개혁 이후 전형적인 소농 구조하의 가족농은 생산활동 목적을 식량 생산 극대화에 두었다. 농가가 보유한 자원을 총동원해 식량을 생산해야만 가족의 생계를 유지할 수 있었다. 이런 경제 수준의 가족농이라면 생산활동과 소비활동을 분리하기 어려울 뿐 아니라 구분한다 해도 큰 의의가 없다.

이런 처지에 놓여 있는 농가를 자급자족적 농가(Subsistence Farm) 또는 준자급자족적 농가(Semi-Subsistence Farm)라고 부른다. 엄밀한 의미에서 보면 전자의 사례를 찾아보기 어렵고 후자의 경우가 일반적이다.

경작규모가 영세해 식량을 자급할 수 없는 농가라 할지라도 농산물을 시장에 내다 팔아 최소한의 현금을 확보해야 한다. 즉, 불가결한 생활용품과 버멸구 방제용 등유, 약간의 화학비료 등의 생산요소를 구입하는 데 필요한 현금을 확보해야 한다. 공산품의 구입량은 정해져 있으며 식량으로 충당하고 남는 농산물을 시장에 내다 파는 게 아니라 식량을 아껴 시장에 내다 팔아 현금을 확보한다.

〈그림 1-7〉 궁핍판매하의 공급곡선

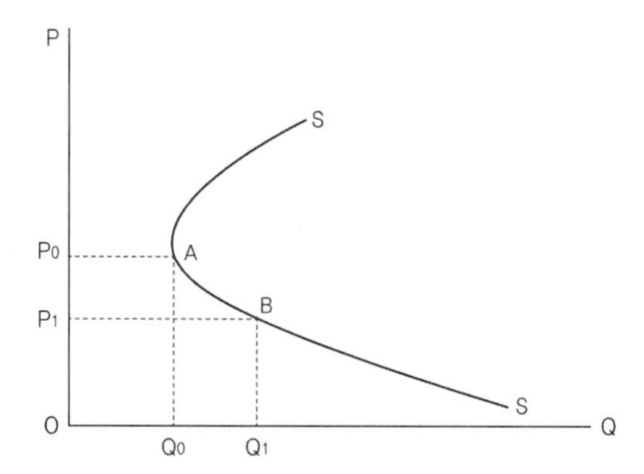

만약 농가가 구입하는 공산품가격은 변동이 없지만 농산물가격이 전년에 비해 하락했다면 농가는 필요한 현금을 확보하기 위해 전년보다 더 많은 쌀을 시장에 내다 팔아야 하므로 식량을 더 많이 절약해야 한다.

이렇게 되면 〈그림 1-7〉에서 보는 바와 같이 가격이 하락했는데도 공급량이 증가하는 현상이 나타나 우하향(右下向)하는 공급곡선이 도출되는데, 이를 통상 궁핍판매(窮乏販賣) 가설이라 한다.[8)]

1950년대 미국으로부터 잉여 농산물이 도입되어 국내 농산물 생산량이 증가하지 않았는데도 농산물가격이 전년에 비해 하락한 예가 있으므로 궁핍판매의 가설이 현실로 나타났다고 할 수 있다.

〈그림 1-7〉에서 보면 $\overline{OP_0}$는 전년도 쌀가격을, $\overline{OQ_0}$는 시장판매량을 각각 나타내므로 전년에 확보한 현금은 $\square P_0OQ_0A$로 나타낼 수 있다. 그런데 금년도 쌀가격은 $\overline{OP_1}$ 수준으로 하락했으므로 전년도와 동일한 액수의 현금을 확보하려면 시장 판매량이 $\overline{OQ_1}$로 늘어나야 한다. 즉, $\square P_0OQ_0A = \square P_1OQ_1B$가 되도록 $\overline{Q_0Q_1}$만큼 판매량을 늘려야 한다. 생산량이 늘어나지 않았다면 자가식량을 줄여야 한다.

8) 김형화·김병택, 『경제발전과 미곡정책』, 110~112쪽.

(2) 농가의 생산활동

경제성장과 더불어 수리시설을 비롯한 농업 기반시설이 어느 정도 확충되었고 농약, 비료 등 생산요소가격이 상대적으로 하락해 요소 투입량이 확대됨에 따라 토지 생산성 또한 크게 늘어났다. 아울러 농업 노동력의 유출로 1인당 경작규모가 확대되어 농가의 농산물 상품화율(商品化率)이 높아졌다.

즉, 농가는 자가식량을 충분히 확보하고 남는 농산물을 시장에 내다 팔아 농업경영에 필요한 비료, 농약 등의 현금투입재와 생활용품을 충분히 구입할 수 있을 정도로 여유가 생긴 것이다. 당시 가족농의 생산활동 목적은 농업소득 극대화에 있었다고 할 수 있다.

농가의 생산활동 목적은 농업소득 극대화이고 소비활동 목적은 효용극대화다. 그렇지만 생산활동과 소비활동이 분리되어 있지 않으므로 농가의 궁극적인 경제활동 목적은 효용극대화다.

이를 이해하기 위해 1980년대에 농가의 보리 재배를 둘러싸고 일어난 논쟁을 검토해보자. 당시 쌀 이중가격제로 농가소득은 크게 향상되었고 보리 재배면적이 급격히 감소하기 시작했다. 보리를 재배하면 경영소득이 늘어나는데도 농가가 보리 재배를 꺼리는 현상을 농민이 나태해진 것으로 판단하고 행정당국은 보리 재배를 독려했다.

그러나 이것은 농가의 경제활동 목적을 이해하지 못한 데서 비롯된 어리석은 농정이었다. 농가의 경영주가 보리 재배로 획득한 소득으로 맥주를 마시면 효용이 증대된다. 반면에 보리 재배에 투입되는 노동은 고통을 수반하므로 효용을 떨어뜨리는 결과를 가져온다. 특히 보리 수확작업의 기계화가 이루어지지 않았던 당시의 수확작업은 중노동이었고 더구나 적기에 모내기하려면 단기일 내에 보리 수확을 마무리해야 했다. 그러므로 경영주가 중노동을 감수하고 보리를 재배해 얻는 소득으로 맥주를 마실 것인지 아예 보리 재배를 포기할 것인지는 오로지 경영주의 주관적 판단으로 결정된다.[9]

---

9) 가족농의 효용 극대화 이론에 관한 상세한 고찰은 中嶋千尋, 『農家主體均衡論』(富民協會,

1980년대에 들어와 축산(livestock), 과수, 원예, 특작 등 단작(單作) 전문 경영 농가가 대두함에 따라 상품 생산체계로 정착되었다. 농가의 경제활동 중에서 생산활동과 소비활동을 분리해낼 수 있을 정도로 농가경제 구조가 향상되었지만 농가의 생산활동 목적은 여전히 농업소득 극대화에 있다.

농가의 농업소득을 극대화하기 위해서는 고용 노동을 비롯한 현금 투입재를 줄이고 가족 노동력을 비롯한 농가 보유자원을 최대한 활용해야 한다. 만약 생산활동 목적이 경영주의 소득극대화에 있다면 경영주를 제외한 가족노동에 대한 보수를 비용으로 계상해야 한다. 이렇게 되면 생산활동과 소비활동이 분리되고 생산활동에는 비용 절감을 위한 과학적인 경영기법이 도입될 것이다. 쌀을 제외한 전 농산물이 개방된 처지에 이르렀지만 농가의 경제활동은 구태를 벗어나지 못했다.

젊은 농업경영주, 이른바 농촌 총각의 결혼 문제는 심각한 사회문제로 대두되었다. 농가의 생산활동과 소비활동이 분리되지 않아 농가의 가정주부가 중노동에 시달리는 현실 때문에 미혼 여성은 농촌 총각과의 결혼을 꺼려왔다. 농촌 총각은 궁여지책으로 다문화가정을 이루었고 이민 주부 대부분이 영농에서 제외되면서 비로소 생산활동과 소비활동이 분리되기에 이르렀다. 뼈아픈 시행착오를 체험한 후에야 비로소 농업경영주가 본인의 경영과 노동으로 생산활동을 영위해나갈 수 있게 된 셈이다.

한편 가족 노동력이 농업경영에 충분히 활용되지 못하고 농업경영에서 획득한 소득으로 가계비를 충족할 수 없다면 가족 노동력을 비농업에 활용해야 할 것이다. 경제성장과 더불어 비농업 분야 취업 기회가 확대됨에 따라 농외로 취업한 농업 노동력이 증가했다. 그러므로 한국 농가는 농산물 생산활동, 소비활동, 노동자로서의 노동활동 등 세 가지 경제활동이 결합되어 있는 경제주체라고 볼 수 있다.

1983), pp. 35~50 참고.

3) 생산·기술의 특수성

(1) 생산의 특수성

농업은 농작물을 생산하거나 가축을 기르는 유기적인 생산활동이므로 자연조건의 영향을 받는다. 특히 농작물은 기후조건의 영향을 받기 때문에 단위당 수량 변동이 크고 따라서 가격의 연차 변동도 심하다.

또한 생산 과정을 인위적으로 조절하기 어려워 생산의 계절성이 뚜렷하고 이것이 가격의 계절 변동으로 이어진다. 물론 비닐하우스, 유리온실 등의 기술혁신 덕분에 원예작물 생산의 계절성이 크게 완화되었고, 저장기술 개발로 공급 조절이 가능해져 가격의 계절 변동이 어느 정도 완화되었다. 그렇긴 하더라도 가격의 계절 변동은 여전히 농산물가격의 중요한 특수성으로 드러나 있다.

아울러 생산 과정에서도 공산품과 농산물은 뚜렷한 차이를 보인다. 공산품 생산 시 노동주체와 노동수단은 제자리에 있고 노동 대상이 이동함으로써 작업이 진행된다. 반면에 농업 생산에서는 노동 대상인 토지와 작물(crops)은 고정되어 있고 노동주체와 노동수단이 이동하면서 작업이 이루어진다.

이 때문에 농업 노동력의 표준화가 어려워 감독하기 까다롭고 노동성과를 즉시 평가할 수 없다. 그러므로 고용자의 노동성과는 땅 주인에 비해 뒤처지게 마련이다. 아울러 농업 생산에서는 농번기와 농한기가 구분되어 농업 노동 수요가 계절성을 띄므로 고용에 한계점이 많다. 이와 같은 농업 노동력 이용에 따르는 특수성 때문에 공산품 생산에 비해 분업의 이점이 적고 규모의 경제가 발휘되는 정도 또한 약하다.

만약 트랙터 한 대의 적정 작업규모가 20ha라고 가정할 때 여기에 경작규모를 20ha 더 확대하면 트랙터 운전자를 고용해야 한다. 그런데 경영주는 본인 땅의 물리적 특성을 잘 터득하고 있으므로 신중하게 그리고 능숙하게 작업할 수 있으며 농기계를 잘 다룬다. 그러나 고용인은 땅의 특성을 고려하지 않고 작업하므로 능률이 떨어지고 농기계 마모가 크다. 이런 경우 규모의 불경제(不經濟)가 나타나므로 40ha 규모의 기업형 농장보다는 경영규모가 20ha인 두 가족농을 육성하는 정책이 더 효율성이 높다.

이러한 농업 노동의 특수성 때문에 경영 의사를 결정하는 경영주와 노동력 제공자를 분리시키면 생산성을 떨어뜨리는 결과가 나타난다. 그러므로 적어도 농업 생산에 한해서는 동서고금(東西古今)을 불문하고 가족 경영체가 생산 주체로 정착되어 있으며, 이 가족농을 보완하는 측면에서 특정 분야에 한해 기업농 또는 협업(協業) 형태의 영농주체가 나타나는 추세다.

또한 농업에는 토지가 주요 생산수단이므로 농지의 소유관계가 생산력에 영향을 미친다. 임차지(賃借地)에 비해 자작지(自作地)의 토지 생산성이 높고, 임차지라 할지라도 정률(定率) 임차료(賃借料)에 비해 정량(正量) 또는 정액(正額) 임차료일 때 생산성이 높다. 그러므로 농지의 소유와 이용을 규제하는 농지제도가 농업 구조 개선의 골격이 되기도 한다.

(2) 기술적 특수성

농업에서 토지 생산성 혹은 노동 생산성을 제고할 수 있는 핵심 과제는 기술혁신이다. 통상 농업기술을 ① 생물·화학적 기술(Bio-Chemical Technology), ② 기계적 기술(Mechanical Technology), ③ 경영기술(Managerial Technology) 등으로 나눈다.

신품종, 새로운 농약, 신소재 개발 등 생물·화학적 기술혁신은 주로 토지 생산성 제고에 기여한다. 제초제는 토지 생산성을 약간 끌어내리긴 하지만 노동 생산성을 획기적으로 높인다. 최근에 와서 유전자 조작기술을 비롯한 유전공학기술의 발전으로 획기적인 다수성 신품종 또는 내병성(耐病性) 품종이 개발되었다.

농기계, 시설, 장비 등 기계적 기술 개발은 노동 생산성 제고에 기여한다. 경영기술은 농업소득 혹은 경영이윤 극대화에 필요한 기술이다. 어떤 품목을 선정해 어떤 방법으로 얼마를 생산해 어떻게 판매해야 하는가에 대한 의사결정에 관련된 기술이 바로 경영기술이다. 준자급자족적 생산에서 상품 생산으로 발전하고 농산물시장이 개방됨에 따라 경영주의 경영기술혁신이 절실히 요청된다.

농업기술 중에는 준공공재로 다루어야 할 분야가 많다. 벼, 보리, 밀, 콩 등 자가수정으로 번식하는 화본과(禾本科)에 속하는 작물의 경우 신품종을 개발해도 노하우가 보장되지 않는다. 삽목(揷木), 접목(接木), 취목(取木) 등의 방법으로 무성번식(無性繁殖)하는 과수의 경우도 마찬가지다.

신품종을 개발해도 농가는 구입하지 않고 이웃에서 얻어 이용한다. 자가생산물을 이듬해에 종자로 이용할 수 있으므로 구입하지 않아도 된다. 이러한 신기술은 가격이 형성되지 않으므로 시장실패가 일어난다고 한다. 이와 같이 시장실패가 일어나는 기술이라면 국가나 공공단체 또는 생산단체가 담당해야 한다.

4) 농산물의 상품적 특질

생산자를 떠난 농산물은 상품이지만 공산품에 비해 다양한 특수성을 갖는다. 농산물은 유기물이므로 품질이 변하기 쉬워 신선도에 따라 가격차가 크다. 아울러 부가가치에 비해 부피가 크고 무겁기 때문에 수송비가 많이 투입된다. 또한 농산물은 유기물이므로 상품으로서 품질을 보존하는 데 비용이 많이 든다. 아울러 규격화·등급화하기 까다롭다.

안전한 고품질의 농산물일지라도 외관만으로는 구분하기 어렵다. 즉, 실질적으로는 고품질이라 할지라도 이를 차별화하기 어려워 독점력을 발휘하기 곤란하다. 용기나 포장에 상표를 붙여 차별화해야 하며, 이때는 소비자의 신뢰 확보가 전제되어야 한다. 농산물의 직거래와 전자상거래가 정착되지 못하는 요인은 이처럼 제품 차별화의 한계가 크기 때문이다.

또한 수요 측면에서 보면 농산물은 필수재화이므로 수요는 가격에 대해 비탄력적이다. 즉, 생산량이 조금만 늘어나도 가격은 폭락한다. 아울러 농산물 수요는 소득에 대해 비탄력적이라는 사실을 내세워 농업은 상대적으로 쇠퇴

산업에 속한다고 평가된다.

공급 측면에서 보면 농산물 공급은 가격에 대해 상대적으로 비탄력적이다. 특히 소농경제하에서 이 현상은 뚜렷이 나타난다. 농업은 생산조직의 특성상 가변자본에 대한 불변자본의 비율, 이른바 자본의 유기적 구성도(有機的 構成度)가 높다.

특히 가족이 농업 외 타 분야에 취업하기 어려운 처지라면 이들의 생계비를 고정비용으로 간주해야 한다. 토지, 건물 등 농업에 투하된 고정자본 투입량을 감소시켜야 할 경우 대체 용도를 찾기 어려우므로 농산물가격이 떨어져도 즉각 생산을 줄이기 어려워 가격 변동에 대한 공급이 비탄력적일 수밖에 없다. 아울러 장기적인 구조 조정도 타 산업에 비해 늦어진다.

농산물에 내포되어 있는 수요와 공급의 특수성 때문에 가격 변동이 심하고 때에 따라 농산물과 공산품 간에 부등가 교환이 야기되는 사례가 대두된다. 이처럼 농산물가격 형성 및 변동을 둘러싸고 일어나는 제반 문제를 해결하고자 정부가 농산물시장에 개입하는 것이다.

5. 농업의 공익적 기능

1) 다면적 기능의 정의

농산물은 시장에서 가격과 거래량이 결정되는 사적재화이지만 국민의 기본 식량이므로 국가안보 차원의 중요성을 아무리 강조해도 지나치지 않는다. 아울러 농업은 국토 및 환경보전, 홍수 조절, 수질 함양 및 정화, 농촌경관 유지, 전통문화 계승 유지 등의 다면적 기능을 수행한다.

이처럼 농산물이 시장에서 거래되는 상품으로서의 역할 외에 별도로 갖는 기능을 세계무역기구(WTO)에서는 비교역적 관심사항(Non-Trade Concerns: NTCs)으로, 경제협력개발기구(OECD)에서는 다원적 기능(multifunctionality)으

〈표 1-10〉 농업의 다원적 기능에 대한 국제기관의 정의

<table>
<tr><th>구분</th><th colspan="2">기능</th></tr>
<tr><td>OECD</td><td colspan="2">① 경관(Landscape), ② 종·생태계다양성(Species and ecosystem diversity), ③ 토양의 질(Soil quality), ④ 수질(Water quality), ⑤ 대기의 질(Air quality), ⑥ 물 이용(Water use), ⑦ 경지보전(Land conservation), ⑧ 온실효과(Green-house gases), ⑨ 농촌활력화(Rural viability), ⑩ 식량안보(Food security), ⑪ 문화유산(Cultural heritage), ⑫ 동물복지(Animal welfare)</td></tr>
<tr><td rowspan="5">세계식량농업기구(FAO)</td><td>사회적 기능(Social function)</td><td>① 도시화 완화(Mitigation of urbanization), ② 농촌공동체 활력(Viability of rural communities), ③ 피난처 기능(Sheltering function)</td></tr>
<tr><td>문화적 기능(Cultural function)</td><td>④ 전통문화 계승(Transmission of cultural heritage, identity, values and tradition), ⑤ 경관 제공(Offering beautiful rural landscape)</td></tr>
<tr><td>환경적 기능(Environmental function)</td><td>⑥ 홍수 방지(Preventing flood), ⑦ 수자원 함양(Retention of water), ⑧ 토양 보전(Soil conservation), ⑨ 생물 다양성(Biodiversity)</td></tr>
<tr><td>식량안보(Food Security function)</td><td>⑩ 국내 식량 공급(Supplying domestic foods), ⑪ 국가 전략적 요청(National strategic needs)</td></tr>
<tr><td>경제적 기능(Economic function)</td><td>⑫ 공동체의 균형 발전과 성장(Balanced development and growth of communities), ⑬ 경제위기 완화(Buffer of economic crisis)</td></tr>
<tr><td>일본</td><td colspan="2">① 국토 보전, ② 수자원 함양, ③ 생물 다양성 보전, ④ 농촌경관의 창조, ⑤ 전통문화의 유지, ⑥ 휴양처 제공, ⑦ 식량안보</td></tr>
<tr><td rowspan="3">한국</td><td>식량안보</td><td>① 식량안보</td></tr>
<tr><td>환경적 기능</td><td>② 홍수 조절 효과, ③ 수자원 함양 효과, ④ 토양 유실 경감 효과, ⑤ 대기정화 효과</td></tr>
<tr><td>농촌경관과 사회·문화 보전 등의 기능</td><td>⑥ 자연경관 유지 및 생태계 보전 기능, ⑦ 사회적·문화적 순기능</td></tr>
</table>

자료: 서동균, 「농업의 다원적 기능 연구와 평가사례」, ≪농업의 다원적 기능 평가방법≫(농업경영자료, 제63호), 6쪽.

로 각각 정의한다. 이것은 사적재화인 농산물이 갖는 외부경제효과(external economy)가 크다는 사실을 나타내며, 이를 통해 농산물 생산은 사회후생의 증진으로 직결된다고 주장할 수 있다.

국제기구 그리고 농산물의 수입국인 한국과 일본에서 통용되는 농업의 다원적 기능에 대한 정의가 〈표 1-10〉에, 그리고 농업이 수행하는 다원적 기능을 정리한 내용이 〈표 1-11〉에 각각 제시되어 있다.

이처럼 쌀을 비롯한 농업이 갖는 외부경제효과를 감안해 필요에 따라 농업을 공공재 혹은 준공공재로 다루어야 한다는 주장이 타당성을 갖는다.

〈표 1-11〉 농업의 다원적 기능

주요 기능		주요 내용
자연 과학 분야	홍수 조절기능	논둑 유지, 토양보수력
	수자원 함양기능	심층지하수 보충, 하천유량 유지, 지반침하 방지
	여름철 고온 대기 냉각효과	증발산량
	대기 정화기능	광합성(CO_2 흡수, O_2 발생)
	토양유실 방지 기능	농경지 유지보전, 토사붕괴 방지, 하천바닥 상승 방지
	수질 정화기능	작물 흡수, 토양 흡착
	농업적 부가가치기능	생물종 다양성 유지, 토양산성화 완화, 천연적인 제초 수질오염방지, 유기물 소모 경감
	생태계 보전기능	도시생태계와 천연생태계의 완충, 생물의 종, 다양성 유지, 환경교육장, 유전자원 보전, 야생동물 서식처제공
인문 사회 분야	식량안보기능	주곡(쌀)의 생산 공급
	경제·사회·문화기능	쾌적한 삶의 공간 제공 → 지역사회 유지, 식량 생산, 국토의 균형 발전, 여론 조절기능, 전통문화의 보전·계승, 전통생활양식 유지, 산업자원 공급, 자연적인 녹색경관 제공 및 경관유지, 심신의 피로와 스트레스 해소 및 휴양 장소 제공
	인구 문제 경감기능	농업 인구확보 → 도시인구 집중화 경감 → 도시문제 발생 경감, 노령인구 흡수, 노동인구 및 노동시장 조절

자료: 서동균, 「농업의 다원적 기능 연구와 평가사례」, 7쪽.

1986년부터 진행된 우루과이라운드(UR) 농산물 협상에서 한국은 쌀을 비롯한 주요 농산물의 비교역적 기능을 고려해줄 것을 강력히 요청했으나 쌀에 한 해 2004년까지 10년간 관세화 유예조치가 내려졌다. WTO체제하에서 진행된 2004년 쌀 재협상에서 관세화 유예기간이 10년 더 연장되었다. 물론 이 유예기간이 만료되면 자동적으로 관세화로 이행된다. 제9차 다자간무역협상에 해당하는 도하개발어젠다(Doha Development Agenda: DDA)에서는 농업이 갖는 비교역적 기능에 대한 공감대가 이루어져 선진국에는 민감 품목을, 개발도상국에는 민감 품목과 더불어 특별 품목을 각각 설정하기로 합의한 상태다. 이 내용은 제7장에서 상세하게 고찰할 것이다.

농업이 수행하는 공익적 기능은 공공재이기 때문에 시장실패가 일어난다. 따라서 농업 생산자는 시장을 통해 보상받지 못한다. 이를 국가가 보상하고자 농업 생산활동을 대상으로 직접지불제를 채택했다. '쌀소득 보전직접지불금' 중 고정 직불금은 바로 공익적 기능에 대한 보상이라 할 수 있다.

2) 식량안보

(1) 식량안보의 정의

식량안보는 국가안보를 형성하는 기본 축으로 이해해야 한다. 국가의 존재 목적이 국민의 안녕과 행복을 보장하는 데 있다면, 국민의 기본 욕구인 의식주 중에서 식생활을 우선적으로 보장해야 할 것이다.

이런 측면에서 볼 때 식량안보란 국민의 기본 식량을 국내에서 생산하거나 외국에서 수입해 국민에게 양질의 안전한 식량을 안정적으로 적기에 공급하는 행위를 의미한다. 식량안보가 확보되려면 일차적으로 식량자원이 안정적으로 공급되고 소비자의 접근성이 언제나 보장되어야 한다. 나아가 식품의 품질과 안전성이 보장되어야 하고 식품에 대한 소비자 선호가 반영되어야 한다.

이러한 조건을 충족시키려면 세계 식량 공급과 자국의 식량 공급에 대한 보증체계가 양립되어야 하며, 이를 위해서 국내 농업자원의 지속적인 보존이 식량안보에 포함되어야 한다. 한국, 일본 등과 같이 식량위기를 경험했고 더구나 경제성장과 더불어 식량 자급률이 급격히 하락한 식량 수입국에서는 식량안보를 오래전부터 핵심적인 정책 과제로 강조해왔지만 국제사회에서는 최근에 와서야 여론화되었다.

즉, 식량안보가 국제사회에서 공식적으로 논의되기 시작한 것은 1996년에 개최된 '세계식량정상회담(World Food Summit)' 이후다. 여기서 가정, 국가, 역내(域內), 세계 등 각 수준에서 달성해야 하는 식량안보 목표를 천명함으로써 식량안보의 중요성이 강조되기 시작했다.

수출국 학자들은 식량의 안정적인 공급 확보보다 '식량에 대한 소비자들의 접근성'에 더 큰 비중을 둔다. 즉, 세계 식량 공급 능력은 수요를 충족시키기에 충분하다는 전제하에 식량안보의 근본 문제는 식량자원의 가용성(food available)이 아니라 식량에 대한 소비자의 접근성에 있다고 주장한다.[10)]

---

10) 김호탁, 「WTO 출범과 우리나라 식량안보(食糧安保)」, ≪농업경제연구≫, 제44권 제1호

식량이 풍부하게 생산·공급되더라도 물리적 혹은 경제적 이유로 소비자가 이를 취득할 수 없다면 식량안보가 보장된 것으로 볼 수 없다고 주장한다. 그러므로 농산물 무역 자유화가 실현되면 소득 수준은 향상되고 식량의 소비자 가격 하락을 가져와 식량에 대한 소비자의 접근성을 높이므로 농산물 무역 자유화야말로 식량안보의 핵심이라는 논리적 귀결에 도달한다.

그러나 한국, 일본, 유럽 등 농산물 수입국의 입장을 대변하는 학자들은 수출국 학자들과 상반되는 주장을 펼친다. 세계 식량 공급능력에는 문제가 없다고 하더라도 식량의 안정적인 확보가 식량안보의 요체라고 본다. 세계 곡물시장은 몇몇 곡물메이저들이 장악하고 있으므로 유사시에 대비해 식량 공급을 수입에만 의존할 수 없다고 믿는다. 아울러 식량의 양적 확보도 중요하지만 소비자의 선호가 반영되어야 하고 식품의 품질과 안전성도 보장되어야 하므로 국내의 농업자원을 지속적으로 보존해 농산물의 국내 생산을 유지하는 것이 식량안보의 관건이라 주장한다.

농산물시장 개방으로 국내의 식량 생산이 감소하면 부족분을 국제시장에서 조달해야 한다. 필요한 시기에 안정적인 식량 공급을 확보하기 위해서는 두 가지 조건이 충족되어야 한다.

첫째, 국제 곡물시장이 자유경쟁체제로 운영되어 곡물의 거래량과 가격이 자유경쟁 시장원리에 따라 원활하게 결정되어야 한다.

둘째, 수입국은 식량 수입에 필요한 외화를 보유해야 한다.

한국 입장에서 보면 첫째 조건을 충족시키지 못한다고 주장할 수 있다. 세계 곡물시장은 과점시장이며 더구나 곡물메이저라 불리는 다국적 기업의 지배하에 있다. 특히 기본 식량인 쌀의 경우 세계 총생산량에서 차지하는 교역량의 비율이 6% 정도에 불과한 엷은 시장(thin market)[11]이며 태국, 미국 등 몇

(2003년 3월).

11) 거래 물량이 적어 시장에서 수급에 따라 결정된 가격이 실제 수급을 반영하지 못해 가격이 왜곡되는 문제점.

몇 수출국이 세계 쌀시장을 점유하는 전형적인 과점시장이다.

즉, 세계 쌀시장은 극히 불안정한 상태이므로 한국 쌀만은 자급을 유지해 나가야 한다는 주장이다. 쌀의 자급률이 100%를 상회하고 재고량이 1,000만 석을 초과했으므로 기상이변 또는 장기간 비상사태가 발생하지 않는 한 식량안보의 첫 번째 요인인 쌀의 가용성 확보에는 어려움이 없다고 판단된다.

또한 소비자가계의 가계비 지출에서 차지하는 쌀 구입비의 비율이 5% 미만이므로, 둘째 요건인 소비자의 쌀에 대한 접근성에도 문제가 없다. 그러나 쌀시장이 개방되면 국내 쌀 생산이 감소하고 이 감소분을 국제 시장에서 조달해야 한다.

자포니카계(Japonica) 쌀을 생산, 소비하는 국가는 한국, 일본, 대만, 중국의 북부지방에 국한되어 있다. 자포니카계 쌀을 생산해 수출하는 나라는 미국과 호주인데 여러 요인 때문에 자포니카계 쌀의 증산에는 한계가 있다. 그러므로 쌀 수입이 개방되면 안정적인 공급을 보장받지 못한다고 주장할 수 있다.

이와 같이 '식량안보가 무엇을 의미하는가?'에 관해 연구자들이나 국제기관에서 다양하게 정의를 내리지만 크게 두 가지 유형으로 대별되어 있다.[12)]

식량 수출국과 수입국 사이에서 중립적 입장에 처해 있는 국제기구에서도 식량안보에 대한 정의를 내렸다. FAO는 '충분한 수량과 만족할 만한 품질의 식량을 필요한 시기에 필요한 장소에서 입수 가능하고 이러한 상태를 지속할 수 있도록 보증하는 것'을 의미한다고 정의한다.

한편 세계은행은 '모든 사람이 활동적이고 건강한 생활을 지속하기 위해 언제든지 충분한 식량에 접근할 수 있는 식량의 유용성과 획득능력의 보장'이라고 정의한다.

또한 유럽연합(EU)에서는 '기아와 영양실조가 존재하지 않으면서 식량 생산 또는 이의 획득을 위한 충분한 자원을 가지는 상태'로 정의한다.

식량안보의 근본적인 의미는 ① 총체적인 개념으로 파악한 국가 안전 보장

12) 성명환·이규천·이중웅, 「21세기 식량안보 확보방안」(한국농촌경제연구원, 2000), 45쪽.

을 달성하는 한 요소이고, ② 정치적·사회적 안전을 도모하는 기본적인 정책 수단이며, ③ 모든 국민에게 식량에 접근할 수 있는 기회를 보장할 수 있는 것 등으로 요약된다.

식량안보를 구체적으로 규정하면 식량에 대한 불안요인을 줄이거나 없애는 것을 의미한다. 즉, 국민으로 하여금 현재는 물론이거니와 장래의 식량사정을 걱정하지 않고 안심하도록 하는 데 식량안보의 의의를 두어야 한다.

식량을 안정적으로 확보하는 데 장애가 되는 요인으로 ① 전쟁 발발, ② 식량의 수요와 공급의 변화에 따른 식량 공급 제한, ③ 생산 감소를 가져오는 이상기후의 위험, ④ 농작물 병충해 및 가축질병 등 생태학적인 위험요소, ⑤ 수송 방해에 의한 수입 중단, ⑥ 외환 부족 등을 지적할 수 있다.

또한 식량안보는 ① 국가 안전 보장에 기여해야 하고, ② 국민의 양적·질적 식량 수요를 충족할 수 있을 정도로 충분한 식량을 확보해야 하며, ③ 국내 식량 분배 정책을 효율적으로 수행하며, 양적인 측면뿐 아니라 영양적인 측면에 이르기까지 국민 모두가 식량에 접근할 수 있도록 가격 보장을 포함한 제반 정책수단을 완비해야 하는 등의 전제조건을 만족시켜야 한다.

정부가 식량안보를 확보·지속시키기 위해 선택할 수 있는 주요 정책수단은 국내 생산 유지, 수입 관리, 공공 비축 등이다.[13] 수입을 통한 식량 확보에 따른 이점으로 ① 농산물 무역자유화를 통한 효율적인 자원 이용, ② 경제성장을 통한 구매력 증진, ③ 수입비용 절감과 수입 다변화 등을 지적할 수 있다.

그러나 이러한 이점을 누리려면 지속적이고 안정적으로 식량을 확보할 수 있어야 하고 외화를 충분히 보유해야 하는 등 다양한 전제조건이 충족되어야 한다.

만약 수입으로 식량안보를 확보하고자 할 경우 전쟁 등의 이유로 수송 장애를 받아 수입이 중단되거나 수출국 사정으로 수출이 중단될 위험성이 높다.

---

13) 임정빈·한두봉, 「한국 쌀 산업 부문의 식량안보 가치 분석: 정부의지모형의 응용」, ≪농업경제연구≫, 제44권 제4호(2003).

비축은 일시적인 식량 부족이나 식량위기에 효과적으로 대처할 수 있다는 장점이 있다.

한편, 국내 생산을 유지시켜 식량안보를 확보한다면 수입, 비축을 택했을 때 수반되는 식량안보상의 문제를 해결할 수 있을 뿐 아니라 신토불이라는 말과 같이 식품안전성을 보장할 수 있다. 그러나 무리하게 자급을 유지하려 한다면 자원 이용의 효율성을 저해하고 국내 식량 생산의 불안전성 때문에 식량안보가 위협받을 가능성도 배제하지 못한다.

그러므로 국내 생산, 수입 관리, 공공 비축 등의 세 가지 정책수단을 적절하게 결합시켜 최소비용으로 식량안보를 확보할 수 있는 방안을 찾아내야 한다. 그러나 국민은 기본 식량인 쌀에 한해서는 국내 생산 유지에 최우선 순위를 두어야 한다는 주장에 공감한다.

(2) 세계 곡물시장 불안정 요인[14)]

식량안보란 국내 생산을 일정 수준으로 유지시켜야 한다는 식량수입국의 주장이다. 그러나 국내 자급 수준을 높일수록 식량안보에는 좋아지지만 소비자가 지불해야 하는 식량안보에 대한 보험료, 이른바 농업 보호 비용이 증대한다.

지구촌의 곡물 수급 사정에 대한 전망이 낙관적인가 비관적인가에 따라 식량 수입국의 대응방안이 결정된다. 2000년대에 들어와 세계 곡물 생산량은 약간 감소하고 소비량은 증가했으며 이에 따라 재고가 감소했다. 이런 현상을 두고 세계 식량 수급 전망에 대한 견해가 양분된다. 세계은행, OECD, FAO 등의 국제기구와 곡물 수출국 측에서는 낙관론을 주장하고 한국, 일본 등 식량수입국은 비관론의 입장에 서 있다.

세계 곡물 생산이 안정적으로 유지되어왔는지의 여부를 판단하는 데는 많은 어려움이 따르고 연구자의 자의적인 해석이 수반되기 마련이다. 쌀, 옥수

---

14) 성명환·이규천·이중웅, 「21세기 식량안보 확보방안」, 37쪽.

〈표 1-12〉 주요 곡물메이저의 유통 분야 시장점유율

구분		점유율(%)	분야별 시장점유율 4대 기업
곡물 저장	총 저장능력	85	카길, 아처대니얼스미들랜드(ADM) , 콘티넨탈, 분게
	수출취급능력	56	카길, ADM, 하베스트스테이트, 분게
가공	밀 제분	70	카길, ADM, 콘아그라
	맥아	60	콘아그라, 카길, 안호이저 보쉬, ADM
	유지종자	78	ADM, 캔아메리카, 카길, 카길 리미트

자료: 성명환·이규천·이중웅, 『21세기 식량안보 확보방안』, 29쪽.

수, 대두 생산이 지속적으로 늘어났지만 불안정 요인은 여전히 존재한다.

수급의 불안요인은 다각적인 측면에서 검토되지만 식량 생산 가능면적에 대한 평가가 중요하다. 세계 곡물 생산면적은 7억ha로 더는 확대하기 어려운 실정이다. 아울러 과도한 방목, 삼림 벌채, 염류 집적 등의 요인으로 연평균 500만ha에 달하는 가용 농경지가 황폐화되었다.

곡물 수급 사정을 낙관하지 못하는 또 하나의 이유로 국제 곡물시장이 구조적으로 불안정하다는 점을 지적할 수 있다. 세계 곡물시장 구조를 보면 수출국은 미국, 캐나다, 아르헨티나, 호주 등 소수이고 수입국이 다수인 전형적인 과점시장을 나타낸다. 나아가 주요 곡물메이저들이 수출시장을 장악하고 있으며 지배력을 더욱 강화하고 있다는 사실을 간과해서는 안 된다. 즉, 세계 유수 곡물메이저들이 곡물의 매입, 저장, 수송, 수출 등을 독점하고 있어 곡물시장의 불안요인을 가중시키는 것이다(〈표 1-12〉 참조).

세계 식량 수급 사정에 대해 비관론을 받아들인다 해도 쌀을 제외한 전 곡물은 이미 수입자유화되었으므로 국경 조치만으로 국내 생산을 보호할 수 없는 실정이다. 단지 세계 곡물시장이 불안정하므로 국민의 기본 식량인 쌀만은 국내 자급을 유지해야 한다는 당위론을 제시할 수 있다.

(3) 식량안보 측정

우리의 식량안보 수준은 어느 정도일까? 장래의 식량 수급 사정을 낙관할 수 있을까? 이에 대한 명쾌한 해답을 제시하려면 과학적이고 합리적인 방법으로 식량안보 수준을 측정해 제시해야 할 것이다.

안정성과 지속성 측면에서 식량안보를 평가해야 하는데, 안정성 평가에 이용하는 지표는 ① 식량 자급률, ② 식량 비축률, ③ 외환 보유액 등이다. 지속성을 평가하는 기준으로는 ① 경작농지, ② 농업 인력, ③ 농업 자본, ④ 농업 기술 등을 이용한다.

이 중에서 가장 단순하고 이해하기 쉬운 기준은 식량 자급률이며, 그 측정 방법 또한 다양하다. 일반적으로 식량 자급률이란 식량 소비량에 대한 국내 생산량의 비율을 의미하는 것으로 알려져 있다. 또한 열량 기준 자급률이 있는데, 이는 총 열량 섭취량에 대해 국내에서 생산한 열량의 비율로 나타낸다. 금액 기준 자급률은 식량 소비액에 대한 국내 생산액의 비율로 나타낸다.

〈표 1-13〉에는 측정 기준별 한국의 식량 자급률이 제시되어 있다. 식용곡물 자급률이 전체 곡물 자급률보다 높은 수준이며, 이는 쌀을 자급하기 때문이다. 또한 금액 기준으로 평가한 자급률이 타 기준에 의한 자급률에 비해 월등히 높은데, 이는 쌀을 비롯해 국내에서 생산한 식량의 가격이 수입 식량의 가격보다 월등히 높다는 사실을 의미한다. 칼로리를 기준으로 한 자급률이 44% 수준이므로 우리가 섭취하는 칼로리 중 절반 정도를 수입 농산물로 충당하는 셈이다. 이러한 자급률을 바탕으로 식량 공급의 안전성을 평가해야 하며, 식량의 해외 의존도가 너무 높다고 주장할 수 있다.

앞에서 제시한 측정 기준을 이용해 식량안보를 측정한 연구에서는 식량안보지수(Food Security Index: FSI)를 이용했다. 여기에는 ① 1일 1인당 열량 소비량의 연평균 지수, ② 1일 1인 열량 소비량의 연평균 성장률, ③ 식량 생산 지수, ④ 식량 자급률, ⑤ 생산 변이계수 및 소비 변이계수 등을 변수로 이용했다.

측정 결과에 따르면 한국의 식량안보 지수는 안정적이며 지속적으로 상승해왔으므로 전체적으로 식량안보상의 문제는 야기되지 않을 것으로 평가된다.[15)]

15) 성명환·이규천·이중웅, 「21세기 식량안보 확보방안」, 55쪽.

〈표 1-13〉 산정방법별 자급률 수준

(단위: %)

구분	1995	1996	1997	1998
곡물 자급률	29.1	26.4	30.4	31.4
식용곡물 자급률	55.7	52.4	58.0	58.5
칼로리 자급률	41.9	39.8	43.0	44.2
금액 기준 자급률	81.1	81.0	85.2	88.9
곡물 재고율*	15.6	9.7	12.2	11.3

* 총수요량에 대한 전체 곡물의 연말 재고량 비율.
자료: 성명환·이규천·이준웅, 『21세기 식량안보 확보방안』, 44쪽.

한편 정부의지 분석모형(Self-will Government Model)을 이용해 식량안보 가치를 평가한 연구[16]에 따르면 2001년도의 식량안보 가치는 1조 6,656억 원이었다. 쌀 자급률을 1% 더 높일 경우 얻을 수 있는 식량안보 가치는 555억 원으로 추정되었다. 또한 가상가치 평가법[17]으로 추정한 2001년도 식량안보 가치는 1조 7,000억 원인 것으로 나타났다.

(4) 식량안보 확보 방안

식량의 해외의존도가 높은 우리로서는 장래의 식량 사정을 걱정하지 않을 수 없는 처지이므로 식량을 안정적으로 확보해 공급할 수 있는 방안을 마련해야 한다.

식량의 가용성, 접근성, 안정성이 제고되어야 식량안보가 달성될 수 있으므로 식량안보를 거론할 때는 국가 및 가계 차원에서 접근해야 한다(〈표 1-14〉 참조).

요즈음에는 세계 곡물 생산량 변동폭이 크며 식량 확보에 어려움이 발생할 위험이 항상 도사리고 있다. 여기에 대비해 국민이 필요한 식량을 안정적으로 공급해야 하며, 특히 비상사태를 전제해 안정적인 확보방안을 마련해야 한다. 이를 위한 정책수단으로는 ① 국내 생산력의 유지와 확대, ② 수입 물량의 안

16) 임정빈·한두봉, 「한국 쌀 산업 부문의 식량안보 가치 분석: 정부의지모형의 응용」.

17) 오세익·김수석·강창용, 「농업의 다원적 기능의 가치평가 연구」(농림부, 2001).

〈표 1-14〉 식량안보 관련 과제 해결방안

구분	국가 차원	가계 차원
식량안보 목적	가용성 제고	접근성 제고
전제 조건	식량 공급과 가격의 안정성이 전제되어야 함	가용성의 전제하에서 성립
분석 결과	세계 식량 수급 및 가격 불안정함.	곡물가격 불안정은 소비자 가계의 불안정으로 이어짐
해결 방안	국내 공급능력 확대, 안정적인 수입능력 확보	접근성이 부족한 가계에 대한 식량 공급

자료: 성명환·이규천·이준웅, 『21세기 식량안보 확보방안』, 48쪽.

〈표 1-15〉 우리 현실과 관련된 식량안보 확보 방안

구분	쌀	밀·옥수수·콩
한국의 전망	공급 과잉 가능성	공급 절대 부족
해결 방법	· 국내 소비 확대와 소비 감소율 완화 · 생산 조정	· 국내 공급능력 확대 · 해외로부터 공급능력 확대
식량안보 범위	가계 차원	국가 및 가계 차원
식량안보 확보 방안	· 접근성 제고: 빈곤계층을 위한 식품 인증제도(Food Stamp) 도입. · 가용성·접근성 제고: 적정 재고 수준 유지	· 가용성 제고: 국내 농지 이용률 제고 · 안정성 제고: 안정적인 수입과 해외 협력으로서 동북아 식량안보협력체 구성

자료: 성명환·이규천·이준웅, 『21세기 식량안보 확보방안』, 49쪽.

정적인 확보, ③ 식량 접근성이 부족한 가계를 위한 비축량 확보 등을 들 수 있다(〈표 1-15〉 참조). 한국은 만성적인 식량 부족 국가에 속하지만 품목 간 격차가 크다. 쌀은 공급 과잉 기조를 나타내지만 타 곡물의 자급률은 점차 낮아지고 있다.

밀, 콩, 옥수수의 수입량이 확대될 전망이므로 가용성과 안정성을 높이려면 국내, 국외로부터의 공급능력을 제고해야 한다. 식량 공급을 수입에 의존할 경우 양적으로는 충분히 확보할 수 있다고 하더라도 가격에 대한 불확실성을 감안해야 한다. 식량의 고유 특성상 장기간 비축이 곤란하다는 전제하에 국내 식량의 안정적인 공급을 보장하려면 국내의 생산력 증대를 고려해야 한다.

국내 농업 생산력을 지속적으로 유지하려면 필요할 때 언제든지 목표수준에 도달할 수 있도록 토지를 비롯해 영농후계자, 농업기술 등을 평상시에 준비해야 한다.

필요한 식량을 안정적으로 공급하고 동시에 비상사태에 대처할 수 있는 기본 방향은 다음과 같이 요약할 수 있다.

첫째, 국내의 식량 생산 능력을 향상시켜야 한다. 이를 위해서는 우량농지를 확보하고 효율적으로 이용해야 한다. 동시에 능력이 우수한 후계자를 육성해 농업기술을 향상시켜야 한다.

둘째, 단기적인 수입의 변동에 대응해 최소한의 식량을 공급할 수 있도록 주요 식량의 비축제도를 구축하고 이를 효율적으로 운영해나가야 한다.

셋째, 수입의 중단 등 돌발사태 발생에 대비해 조기 경보체계를 비롯한 위기관리체계를 구축해야 한다.

넷째, 국내 식량 자급률 목표를 설정하고 생산 및 소비 양면에서 장·단기 식량계획을 수립해 실천해나가야 한다.

다섯째, 안정적으로 수입을 확보하기 위해 수출국과의 상호 신뢰관계를 유지하는 등 식량외교를 적극적으로 추진할 뿐 아니라 해외 정보 수집체계를 정비하고 수입국을 다원화해나가야 할 것이다.

여섯째, 평상시에 이용할 생산·유통 프로그램을 수립하고 비상시에 대비해 일정량의 식량을 비축하며, 저소득 계층을 위한 식량 접근성을 제고하고, 식품 제조업체가 일정 수준의 식재료를 확보할 수 있어야 한다.

일곱째, 국내 식량 생산 감소, 주요 곡물 생산국 및 수출국의 생산 감소, 국제 분쟁에 따른 농산물 수입의 대폭적인 감소나 중단 사태 등으로 야기되는 심각한 식량 부족 사태에 대비해 국내 공급능력 확대 방안을 수립해야 한다. 초지, 산지, 유휴농지 등 유사시에 활용해 생산할 수 있는 식량을 감안해 잠재적 식량 자급률을 산출하고 이것이 달성될 수 있도록 잠재적 식량 생산기지를 확보해야 한다. 평소에는 식량 생산에 활용하지 않더라도 유사시에 생산할 수 있도록 논의 배수 개선을 비롯한 식량 생산기반을 구축해야 한다.

특히 비상시에 대비한 식량 공급능력을 확보하는 방안이 〈그림 1-8〉에 요약되어 있다.

〈그림 1-8〉 비상시의 식량 공급 능력 확보 방안

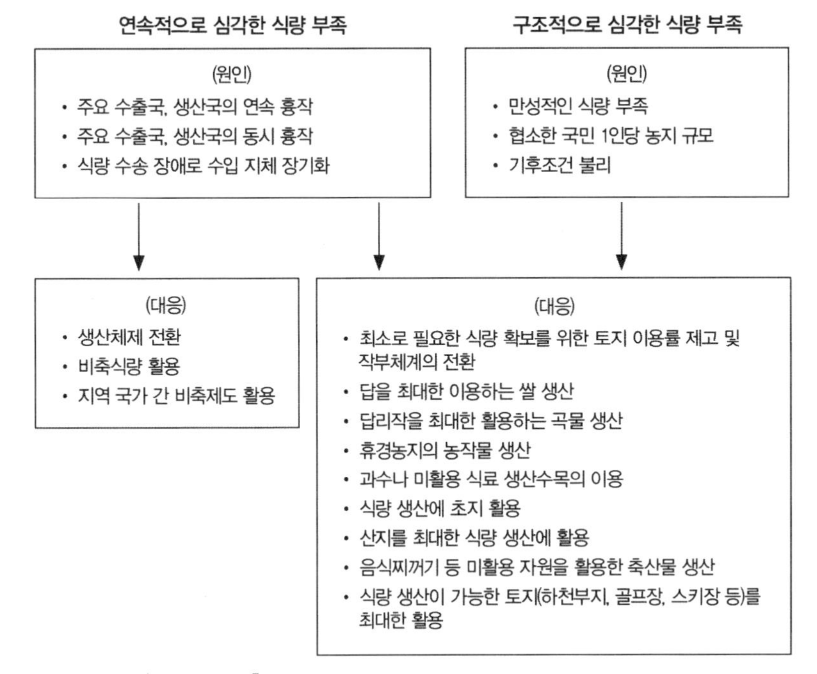

자료: 성명환·이규천·이준웅, 『21세기 식량안보 확보방안』, 51쪽.

3) 다원적 기능 측정[18]

(1) 측정방법

농업이 수행하는 다원적 기능을 평가하는 방법은 크게 계량적 방법과 비계량적 방법으로 나뉘며(〈그림 1-9〉 참조), 전자는 직접법과 간접법으로 구분된다. 농업이 갖는 다원적 기능의 수혜자에게 직접 질문해 평가액을 계측하는 방법을 직접법이라 하며, 여기에는 가상가치 평가법이 해당된다. 시장정보를 이용해 간접적으로 평가하는 방법을 간접법이라 부른다.

환경보전 기능, 전통문화 보전·계승 기능 등에 관해 적절한 질문항목을 선

18) 서동균, 「농업의 다원적 기능 연구와 평가사례」 제시된 내용을 참고해 정리하였음.

〈그림 1-9〉 농업의 다원적 기능 평가방법

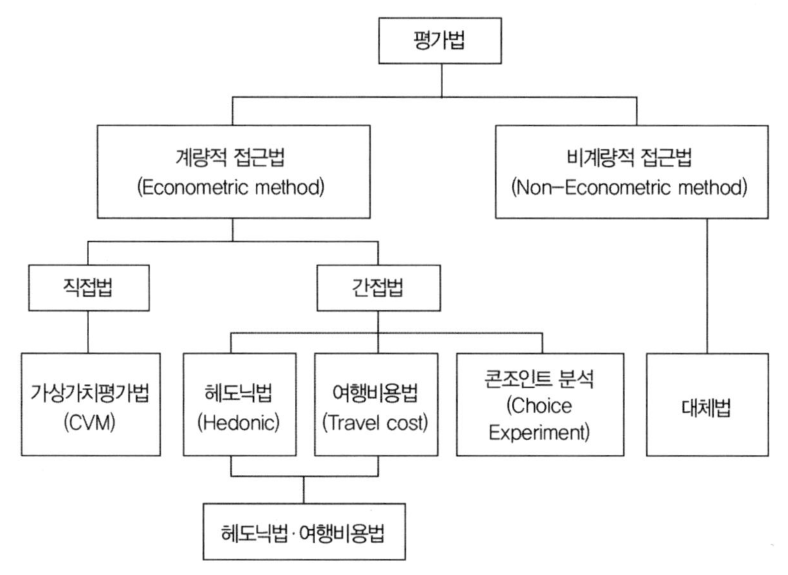

자료: 서동균, 「농업의 다원적 기능 연구와 평가사례」, 11쪽.

정함으로써 수혜자에게 직접 질문해 평가할 수 있을 경우 가상가치 평가법을 이용하면 된다. 또한 농촌 전체의 보건, 휴양기능 등을 평가할 때는 여행비용법을 활용하면 된다. 비교적 이해하기 쉽고 측정하기에 간편한 평가방법이 대체법이며, 만약 농업이 다원적 기능을 수행하지 않고 타 방법으로 해당기능을 수행할 때 투입되는 비용을 농업의 다원적 가치 평가액으로 간주한다.

농업의 공익적 기능을 강조하는 목적은 소비자를 설득해 농업 보호의 타당성을 확보하는 데 있다. 즉, 단순히 국제 가격이라는 기준, 즉 효율성을 척도로 국내 농업을 평가해서는 안 되며 외부효과를 감안해 농업에 대한 투자규모와 보호 수준을 결정해야 한다는 주장을 국민이 수긍하고 농업 보호에 수반되는 비용을 기꺼이 지원하도록 설득하는 데 있다.

(2) 홍수 조절

한국은 6~8월까지 3개월간 연간 강수량의 60% 이상이 집중된다. 또한 하루 강수량이 300mm 이상 달하는 폭우가 쏟아지는 사례도 자주 일어난다. 이러한 기후조건 때문에 홍수는 해마다 겪는 재앙 중의 하나이며 수해대책은 국가 관리의 기본으로 자리 잡았다.

만약 논이 없다면 땅에 내린 비는 일시에 흘러가므로 물을 가두는 논의 둑은 댐의 일부로서 홍수조절 기능을 수행한다. 한국 논둑의 높이는 26cm 정도이고 벼를 재배할 때 담수하는 깊이는 대개 4.5cm다. 논바닥을 통해 하루에 빠져나가는 물을 7.6mm로 계산하고 1회 담수기간을 3일로 적용해 산출한 담수량은 237.8mm이므로 ha당 저수량은 2,378톤에 달한다. 그러므로 한국 논 전체의 저수량은 27억 3,000톤이다. 이는 춘천댐 총저수량의 18배, 소양강 저수량의 1.5배에 해당한다.

만약 논이 없다면 논이 수행하는 저수기능을 댐을 축조해 대신해야 하므로 이 정도의 담수기능을 가진 댐을 축조하는 데 투입되는 비용은 12조 원 내외로 추산된다. 그러므로 논의 홍수조절 기능을 대체법으로 평가하면 12조 원에 달한다고 주장할 수 있다.

(3) 지하수 함양

지표수가 지하에 스며들어 지하 모래층에 고여 있는 것이 지하수이고 우리는 이를 퍼 올려 사용한다. 지하암반수라는 용어가 있지만 이는 상업 광고에 이용될 뿐이고 현실적으로는 성립되지 않는다.

한국 논의 지하수 보전기능은 지대하다. 벼를 재배하는 기간에 논에 담수하고 있으며 이 물이 논바닥을 통해 지하로 스며들어 지하수가 된다. 지하로 침투되는 속도는 하루 7.6mm 정도이고 논물을 가두는 기간은 연간 137일 정도이므로 일 년에 논을 통해 지하로 스며드는 물의 양은 ha당 4,685톤이 된다. 한국 총 논 면적에 적용해 계산하면 54억 2,000톤에 달하며 이는 소양강댐 저수량의 2.9배에 달한다. 또한 이 저수량은 국민 수돗물 연간 사용량의 79.3%에 해당한다. 이러한 수자원 함양기능을 수돗물 값으로 계산하면 1조 6,238억 원에 달한다.

만약 논이 없다면 여름에 쏟아지는 강수량은 땅에 내리는 즉시 바다로 흘러가고 지하수로 저장되지 않는다고 단정해도 큰 무리는 아니므로 앞에서 계산한 지하수 함양기능에 대한 평가가 타당성이 있다고 주장할 수 있다.

(4) 대기 정화

식물이 물과 이산화탄소(CO_2)로 탄수화물을 만드는, 이른바 탄소동화 작용을 수행하면 대기 중의 이산화탄소가 줄어든다. 반면, 식물의 낙엽 또는 식물 자체가 썩으면 이산화탄소가 발생하므로 생태계는 균형을 유지한다.

그러나 현대 물질문명이 발달함에 따라 석탄, 석유 등 화석에너지 사용량이 늘어났고, 이 화석연료를 태워 발생하는 이산화탄소로 인해 생태계의 균형이 파괴되고 있다. 즉, 공기 중에 이산화탄소가 너무 많아 대기오염과 지구온난화로 직결되는 것이다.

공기 중의 과다한 이산화탄소를 제거하는 역할은 식물만이 할 수 있다. 특히 벼는 논에서 자라는 동안 이산화탄소를 흡수하고 산소를 배출해 대기오염을 줄이고 공기를 신선하게 하므로 이중으로 대기를 정화하는 셈이다.

연간 벼가 흡수하는 이산화탄소는 1,400만 1,000톤이고, 이를 인위적으로 제거하는 데 투입되는 비용은 5,424억 원에 달한다. 또한 연간 벼가 배출하는 산소는 ha당 8.8톤이고 논 전체에서 산출된 산소량은 10억 1,000만 톤이다. 이 정도의 산소를 인공적으로 배출하는 데는 2조 원가량의 비용이 투입되는 것으로 나타났다.

6. 농업정책의 분류

학문은 발전해갈수록 복잡다기해지므로 자연 섭리나 사회현상을 설명하는 학문을 쉽게 이해하고자 이를 분류해 배운다. 학문뿐 아니라 직장에서도 수행해야 하는 과업을 분담하기 위해 일을 나누어야 한다. 이때는 합리적인 기준에 따라 담당할 과업을 분류해야만 혼돈 없이 원만하게 수행할 수 있으며 동시에 분업의 이점을 발휘할 수 있다.

학문이나 정책대상을 분류할 때 적용하는 분류 기준은 ① 기능(function), ② 품목(commodity), ③ 지역(region) 등이다. 이 중에서 어느 하나만 적용해 나눌 수도 있고 셋 다 적용할 수도 있다. 전부 활용할 때에는 우선순위를 정해야 한다. 우선, 기능을 기준으로 분류하고 다음에는 품목, 지역 등의 기준을 순차적으로 활용해 분류해야 이해하기 쉽다.

예를 들어 농업경제학과에서 개설하는 교과목을 논리 정연하게 분류해보자. 농업경제학이란 농업이라는 특수한 산업을 둘러싸고 야기된 경제현상을 과학적으로 설명하는 사회과학으로 정의한다. 아울러 누가 어떤 농산물을 어떻게 얼마나 생산해 어디에 판매해야 제값을 받을 수 있는가에 대한 해결책을 주는 것이 농업경제학의 사명이라 할 수 있다.

이러한 농업경제학의 정체성(identity)을 염두에 두고 학생들에게 도움이 될 수 있도록 교육과목을 분류하고 개설해야 한다. 먼저 기능을 기준으로 농업경제학 관련 과목을 분류해야 한다. 무엇을 얼마만큼 어떻게 생산해야 하느냐에 대한 해결책을 찾기 위해 '농산물 생산경제학', '농업경영학', 그리고 이에 관련된 과목을 개설한다. 언제, 어디에 얼마만큼 판매해야 하느냐에 대한 해답을 얻기 위해서는 '농산물 유통론'과 이에 관련된 과목을 개설한다. 얼마에 판매해야 하느냐에 대한 해결책을 얻기 위해 '농산물가격론'과 이에 관련된 과목을 나열한다. 자유시장에 맡겨 농업 생산자가 의사를 결정해 행동했지만 농가소득이 도시근로자 가계소득에 비해 낮은 결과를 가져왔다면 이를 해결하기 위한 대안으로 '농업정책론'을 제공할 수 있다.

기능을 기준으로 교과목을 분류했지만 더 세분해야 할 필요가 있다면 품목을 기준으로 적용해야 한다. 농산물은 크게 작물과 축산으로 대별되고 작물을 식량작물, 공예작물, 원예작물로 세분한다. 그러므로 농업경영학을 나누려면 우선 작물경영학과 축산경영학으로 나누어야 한다. 먼저 기능을 기준으로 나누고 다음에 품목을 기준으로 분류했지만 더 세분해야 한다면 지역을 기준으로 적용해야 한다. 특히 농업 생산은 자연조건에 영향을 받기 때문에 지역에 따라 기후조건, 부존자원 등이 상이해 집중적으로 생산되는 작물이 지역마다 다양하다. 그러므로 지역을 기준으로 세분하는 것이 의의가 있다.

만약 '경남의 쌀정책'이라는 과목이 개설되어 있다면 여기에는 논리적 배경이 충분히 뒷받침되어야 한다. 기능을 기준으로 농업정책을 분류했고 쌀이 개입된 것은 품목을 기준으로 정책을 세분했다는 의미다. 그러나 품목을 기준으로 분류한다면 일차적으로 작물과 축산으로 분류해야 하고 이차적으로 작물을 식량작물, 공예작물, 원예작물로 분류해야 하고 3차적으로 식량작물을 분류할 때 비로소 쌀이 나타난다. 그러므로 경남에서 생산되는 유일한 작물이 쌀이거나 농가소득 증대 차원에서 쌀 외의 타 작물을 무시할 수 있을 때에만 '경남의 쌀정책'이라는 과목을 제시할 수 있다. 현실은 그렇지 않은데도 이 과목이 제시되어 있다면 가르치는 주체의 편의 위주로 과목을 개설했다고 혹평해도 무방하다.

농업정책을 크게 기능과 품목 기준으로 분류하는데 이 책에서는 기능에 따라 정책을 설명했다. 기능에 기준한 정책 내용별로 이 책이 구성되어 있으므로 정책내용과 책의 구성을 동시에 소개했다.

제1장과 제2장은 총론에 해당한다. 제1장에서는 농가소득이 낮은 현상을 제시하면서 상대적인 저위요인을 밝히고 이론적인 측면에서 농가소득 증대방안을 제시했다. 제2장에서는 정부 수립 이후 현재에 이르기까지 집행된 농업정책을 대상으로 농정기조의 변천 과정을 시기별로 5단계로 나누어 고찰했다. 농업 문제 및 식량 문제가 대두된 사회경제적인 배경과 이를 해결하고자 채택한 농업정책을 일목요연하게 이해하는 데 도움을 주고자 농업정책의 기본 골격을 제시했다.

제3장에서 제10장까지는 각론에 해당한다. 농업 생산에서 농업 구조 조정에 이르기까지 기능을 기준으로 농업정책을 분류해 정리했다. 농업 종사자의 소득이 비농업 분야 종사자의 소득에 비해 낮은 요인은 농업 노동 생산성의 상대적인 저위와 농가 교역 조건의 악화다. 그러므로 농업소득을 증대시키려

면 노동 생산성을 제고하고 농가 교역 조건을 개선해야 한다. 이 역할을 수행하는 정부의 활동을 좁은 의미의 농업정책이라 할 수 있다.

노동 생산성을 제고하려면 농업 노동 투입량을 늘리지 않는다는 전제하에 토지 생산성을 제고해야 한다. 수리시설 및 경지 정리 등 농업 생산기반을 확충하고 기술혁신을 가져와야 한다. 이에 관련된 정책을 여기서는 '생산·기술정책'이라 규정하고 제3장에서 다루었다. 고품질의 안전한 농산물을 생산하려는 의도하에 추진해온 친환경농업정책을 제3장에서 고찰했다.

농업용수를 개발하고 배수를 개선하면 토지 생산성이 높아지며 이것은 노동 생산성 증대로 직결된다. 합배미, 경지 정리 등 농지기반을 정비하면 농업 노동의 작업능률이 향상되며 농작업 기계화가 촉진되고 노동과 자본의 대체가 일어나 노동 투입이 줄어들게 되므로 노동 생산성이 제고된다.

토지 생산성 혹은 노동 생산성을 제고하는 데 기여하는 농업기술은 공익성을 갖추면서 동시에 시장실패를 야기하므로 정부가 직접 기술 개발을 담당하거나 지원한다.

농가 교역 조건은 농가가 구입하는 공산품가격에 대한 농가 판매가격의 비율이다. 그러므로 농가 교역 조건을 개선하려면 우선 농가 판매가격을 높여야 하며 시장기구를 통해 농가 수취가격을 높이는 방안도 검토해야 한다.

즉, 농산물시장과 농산물 유통 구조를 개선해 독과점 이윤을 배제하고 유통 효율을 높인다면 농가 수취가격을 높일 수 있다. 이와 관련된 정책을 '시장·유통정책'이라 정의하고 제4장에서 다루었다.

농산물이 거래되는 시장이 독점시장이라면 생산자는 가격 결정자이므로 상대적으로 유리하다. 그러나 특수한 경우를 제외하고 농산물시장의 경우 독점시장을 찾아보기 어렵고 완전경쟁시장에 가깝다.

그러나 산지시장에서 볼 수 있는 바와 같이 농산물 출하자는 다수인데 매입자가 소수인 불완전 경쟁시장이 나타난다. 또한 원료 농산물시장의 경우처럼 수요 독점시장도 종종 볼 수 있다. 이럴 경우 생산자단체를 결성해 시장교섭력을 강화하거나 농산물시장과 생산요소시장을 완전경쟁시장으로 유도해야 하는데, 이러한 범주에 속하는 정책을 통상 시장정책이라 한다.

또한 농산물이 생산자를 떠나 소비자의 손에 이르기까지의 과정에 수행되는 경제행위를 유통이라 하며, 소비자가 지불한 가격과 생산자가 수취한 가격과의 차액을 유통마진이라 한다. 이 유통마진은 유통 과정에서 투입되는 제반 비용인 유통비용과 유통업자가 획득하는 유통 이윤으로 구성되어 있다. 유통마진을 줄이면 소비자 부담이 줄어들고 생산자 수취가격이 높아진다. 유통업자가 초과 이윤을 획득한다는 전제가 성립된다면 어떤 조치를 취해 유통 이윤을 줄여야 할 것이다.

아울러 유통 효율을 높여 유통비용을 절감해야 한다. 이처럼 유통마진 절감과 관련된 제반정책을 유통정책이라 하는데 시장정책과 유통정책을 묶어 제4장에서 다루었다.

자유시장에 맡겨두었을 때 농가 교역 조건이 개선되지 않아 농업소득 수준이 상대적으로 낮다면 정부가 시장에 개입해 농가 판매가격을 지지해야 한다. 정부가 농산물시장에 개입해 농가 수취가격을 조정하는 정책을 '가격정책'이라 하는데 이를 제5장에서 다루었다.

통상 가격정책을 지지정책과 안정정책으로 나눈다. 농산물가격은 계절 변동이 일어나며 단위당 수량 변동에 따라 연차 변동이 심하다. 가격의 계절 변동폭이 정상적인 유통마진을 초과한다면 정부나 공공단체가 개입해 이를 안정시켜야 할 것이다. 매년 가격 변동이 심하게 일어나면 생산자가 재배면적이나 사육두수를 결정하는 데 어려움을 겪을 수밖에 없기 때문에 가능하다면 가격을 안정시키는 게 바람직하다.

농업소득을 높이려면 농산물가격을 지지해야 하며 가격 지지와 가격 억제의 기준은 경제여건에 따라 다르다. 봉쇄경제일 경우 자유시장에 맡겨두었을 때의 시장가격보다 농가 수취가격을 높였다면 가격 지지이고, 그 반대이면 가격 억제라 한다.

개방경제라면 가격 지지와 억제의 기준은 국제 가격인데, 국내 가격이 국제 가격보다 높으면 가격 지지이고 그 반대이면 가격 억제다. 관세 부과, 수입과징금 징수, 수입할당제 등의 국경 조치로 가격을 지지할 수 있다. 반면 수출국이 수출관세를 부과하면 국내 가격을 국제 가격보다 낮은 수준으로 유지시킬 수 있으며 이를 가격 억제정책이라 한다.

농가 교역 조건은 농가가 구입하는 공산품의 가격에 대한 농산물가격의 비율로 나타낸다. 그러므로 농업소득을 증대시키기 위해 농가 교역 조건을 개선하려면 농산물가격을 지지하든지 생산요소가격을 보조해야 한다. 한국에서는 둘 다 채택해왔으며 전자를 앞에서 언급한 농산물가격 지지정책이라 하고 후자를 생산요소 보조정책이라 한다. 농기계, 비료, 농약 등 생산요소를 구입할 때 정부가 구입자금을 보조해온 것인데, 이러한 '생산요소 보조정책'을 제6장에서 고찰했다.

한편 한국은 농업 기반조건이 상대적으로 불리해 국경 조치로서 국내 농업을 보호해왔다. 즉, WTO 출범 이전에는 농산물 수입 관리정책을 다양하게 펼쳐왔다. 이러한 농산물 무역정책을 제7장에서 다루었다.

농업 노동 생산성을 제고할 수 있는 핵심 과제는 경영규모 확대이며, 특히 쌀을 비롯한 곡류 생산에서는 경작규모를 확대해야 하는데 여기에는 장기적인 구조정책이 수반되어야 한다. 농업 구조란 '농업의 성과를 밑바탕에서 규제하는 기본 틀'이다. 농업의 성과는 농업이 처한 사회적·경제적 배경에 따라 조금씩 달라지지만 근본적인 과제는 변하지 않는다. 즉, 값싸고 질 좋은 농산물을 국민에게 적기에 공급해야 한다는 과제를 수행해야 한다.

국민이 원하는 농업의 성과를 발휘할 수 있는 생산주체만이 지속할 수 있다. 그러나 농업 기반조건이 열악한 한국에서는 자유시장에 맡겨두면 농업 구조 조정이 탄력적으로 이루어지기 어려우므로 이를 가속시키기 위해 '농업 구조 조정정책'을 추진해왔으며 이를 제8장에서 다루었다.

농지의 소유와 이용 규제에 중점을 둔 농지제도도 구조정책의 일환이지만 여기서는 별도로 분리해 제9장에서 다루었다. 좁은 땅에서 많은 인구를 부양해야 하는 우리의 처지에서 평가하면 농지는 국민의 생명과 직결되며, 더구나 농지제도는 농가소득 수준에 직접적인 영향을 미친다. 이처럼 한국의 농업에서 차지하는 농지의 중요성을 감안해 농지정책을 별도의 장으로 다루었다.

농업 종사자는 농업경영에서 얻는 소득, 이른바 농업소득만으로 도시가계에 버금가는 수준의 생활을 꾸려나갈 수 있어야 한다. 그러나 경제성장과정에서 농업 구조 조정이 탄력적으로 이루어지지 못해 농업소득만으로 가계비를 충당하지 못하는 농가가 나타난다. 이런 경우 농업경영주나 가족이 비농업에 취업하거나 비농업을 겸업해 농외소득을 획득하려 할 것이다.

이런 측면에서 정책 당국은 농업소득 증대의 한계를 인정하고 농외소득원 개발정책을 추진한다. 아울러 개방경제로 전환됨에 따라 농산물가격 지지 또는 생산요소가격 보조를 통한 농업소득 증대에 한계가 있다는 사실을 수긍하고 이 한계를 극복하고자 특산단지, 농공단지 개발, 관광농원 지원 사업 등 농외소득원 개발 사업을 다양하게 채택한다. 이러한 '농외소득원' 개발정책을 제10장에서 다루었다

농정이념을 제시하고 이를 구현하는 농정목표를 설정할 때는 사회가치관이 전제되어야 한다. 정부 수립 이후 지금까지 형평성과 효율성이라는 가치기준에 의거해 농업·농촌 문제를 인식하고 농정을 펼쳐왔다.

그러나 이러한 농정 패러다임만으로는 농업·농촌이 지속적으로 발전해나가기 어려운 처지에 직면해 있다. 이런 과제를 해결하고자 결론에 가늠하는 농정의 선진화 방안을 제11장에서 다루었다.

제2장
경제성장과 농정기조

1. 농업 문제와 농정기조

1) 농정대상

농업정책의 대상은 농업인, 농업, 농촌이며 이와 관련된 제반 문제가 바로 농정과제이므로 농업정책은 기능정책, 산업정책, 공간정책을 포괄한다. 농정의 영역이 이처럼 넓고 복잡다기함에 따라 농업정책이 타 정책과 중복되는 경우는 빈번하다.

경제성장과 더불어 전개된 농정을 시기별로 구분하고자 할 때 적용되는 기준은 다양하며 구분하기 쉽지 않다. 세 가지 농정대상 중 어디에 중점을 두고 농정을 펼쳤는가를 검토하고 이를 바탕으로 농정을 구분하는 방법도 있다.

한국의 경우 농업의 기반조건이 불리해 세 가지 농정대상으로부터 야기되는 문제 양상이 경제성장 과정에서 다양하게 변천되어왔다. 농업이 중심 산업으로 자리 잡았던 경제성장 초기 단계에는 농민, 농업, 농촌이 삼위일체를 이루었다. 즉, 농민은 농업에서 획득한 생산물로 생계를 유지하거나 농업에서 얻는 소득으로 삶을 영위해나가야 했으며 농민이 생활하는 공간은 농촌이었다. 따라서 농민, 농업, 농촌 문제는 상호 밀접하게 연계되어 있으므로 해결방안도 단순했다. 농업의 생산성을 제고하면 농민의 소득이 증대되고, 이를 통

〈그림 2-1〉 농정의 대상과 영역

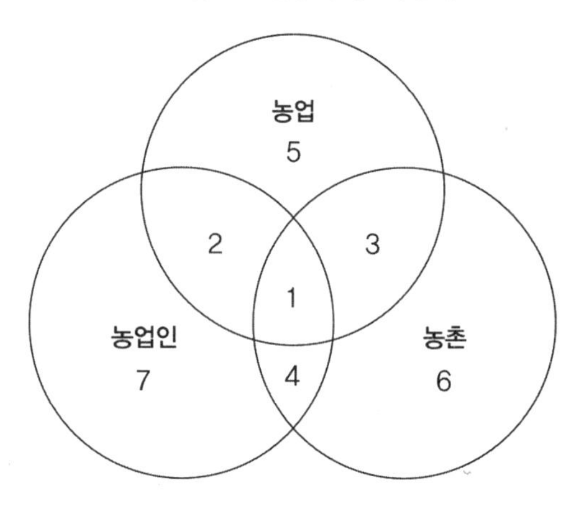

해 농촌의 생활환경이 개선되는 효과를 볼 수 있다.

그러나 경제성장과 더불어 농정대상인 농업인, 농업, 농촌의 상호 의존도가 약해지고 고유 기능이 전면에 부각되었다. 전통적인 농경사회에서 농업인, 농업, 농촌이 삼위일체를 이루었다는 것은 〈그림 2-1〉에 제시된 세 개의 원이 하나로 겹쳐져 있었다는 의미다. 그러나 경제·사회가 발전함에 따라 농업인이 속한 농가는 전업농(專業農), 겸업농, 취미농 등으로 다양하게 분화되고, 농업은 단순한 농업인의 생계수단에서 벗어나 이질화로 진행되고 농촌에 농업인과 도시인이 혼주하면서 그 기능이 복잡하게 전개되었다.

이에 따라 농업, 농업인, 농촌 문제를 동시에 해결할 수 있다고 전제한 삼위일체식 농정에도 한계가 드러났다. 즉, 〈그림 2-1〉에서 보는 바와 같이 1, 2, 3, 4로 표시된 농업, 농업인, 농촌의 공통 분야가 좁아지고 5, 6, 7로 표시된 고유 분야가 넓어진다는 것은 농업인, 농업, 농촌에 각각 고유 문제가 야기되어 이를 해결하기 위한 정책수단도 따로 추진되어야 한다는 사실을 나타낸다.

한국의 경우 국민 1인당 국토 면적, 더구나 1인당 농지규모가 협소하고 경제성장에 부응해 농업의 구조 조정이 탄력적으로 진행되지 못해 〈그림 2-1〉에서 제시된 5, 6, 7의 영역이 〈그림 2-2〉에서 보는 바와 같이 확대되어왔다.

〈그림 2-2〉 경제·사회 발전에 따른 농정대상의 분화

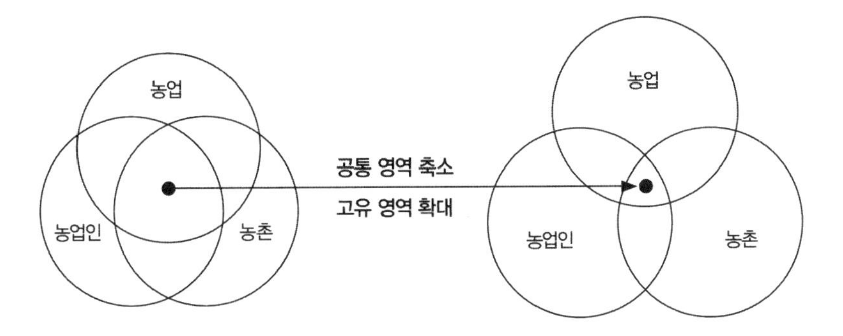

영역 5는 농업인의 생계수단으로서의 역할이 아닌 농업의 고유 영역이므로 농업인, 농촌과 공통된 속성을 갖지 않는다. 즉, 농업이 갖는 국민에 대한 식량 공급 기능, 농업의 환경유지 기능, 농업이 제공하는 문화적 기능 등 농업이 수행하는 공익적 기능이 여기에 속한다.

영역 6은 농업인, 농업과는 독립된 농촌의 고유 영역이며 농업 외 타 산업이 입지할 수 있는 공간, 도시민의 휴양 공간, 문화 공간 등의 제반 기능이 포함된다. 영역 7은 농업인의 고유 영역으로 농업, 농촌과는 직접적인 관련이 적고 국민으로서 누려야 할 권리와 의무를 말한다. 농업인 복지연금이 여기에 속한 정책이다.

농업의 기반조건이 취약한 탓에 경제성장과 더불어 농업, 농업인, 농촌의 고유 영역이 점차 확대되고 있다는 점을 간과해서는 안 될 것이다. 물론 시장원리에 따라 고유 영역은 자연발생적으로 확대되지만 농업소득 증대의 한계 또는 농촌 개발의 제약을 극복하고자 농업 구조정책을 수행해 농업, 농업인, 농촌의 고유 영역을 확대하는 점에 주목하지 않을 수 없다. 농가소득 문제를 해결하고자 농촌에 농공단지를 개발해온 정책이 대표적인 사례라 할 수 있다.

농업·농민·농촌 문제를 해결하기 위해 단행된 농정 개혁의 특성과 유형을 시기별로 구분하려면 타당성을 갖춘 기준을 제시해야 한다. 제시한 기준을 바탕으로 당시 야기된 농업문제, 농민문제, 농촌 문제를 명확하게 인식한 후 이러한 문제의 해결수단으로 대두된 정책내용을 평가하고 그 특성을 바탕으로

〈표 2-1〉 농업 및 농가 주요 지표(1960~2010)

구분	농가		가족규모		호당 경지		농가소득	
	총 농가 (천 호)	전업농 비율(%)	가구원 (인)	농업 종사자 (인)	경지규모 (ha)	임차지 비율 (%)	규모 (천 원)	농업 소득률 (%)
1960	2,349	90.7	-	-	0.86	13.5	-	-
1965	2,507	90.7	6.31	3.12	0.90	16.4	112	79.4
1970	2,483	67.7	5.8	2.91	0.93	17.6	256	75.8
1975	2,379	80.6	5.57	2.86	0.94	13.7	873	81.9
1980	2,155	76.2	5.02	2.49	1.02	21.3	2,693	65.2
1985	1,926	78.8	4.42	2.48	1.11	30.5	5,736	64.5
1990	1,767	59.6	3.77	2.20	1.19	37.4	11,026	56.9
1995	1,501	56.6	3.23	2.08	1.32	42.2	21,803	48.0
1999	1,382	63.6	3.05	2.15	1.37	44.3	22,323	47.8
2010	1,117	53.3	2.61	2.18	1.45	47.9	32,120	31.4

자료: 농림부, 「농림업 주요 통계」(해당 연도판).

정의를 내려야 할 것이다.

농업과 농민 문제를 인식할 수 있는 가치판단 기준은 형평성과 효율성이며, 이에 관련된 참고자료는 노동력, 경지규모, 농가소득 수준 및 구조, 농가 부채, 생활수준 등의 농가경제와 농촌 생활환경과 관련된 다양하지만 가장 기본적인 지표만 제시했다(〈표 2-1〉 참조).

2) 주요 정책과 농정예산

농정의 기본 방향과 이를 수행하기 위해 채택한 정책수단을 기준으로 농정 단계를 구분할 수 있다. 〈표 2-2〉에는 개방농정 이후에 채택한 주요 정책이 제시되어 있다. 그러나 정책내용도 중요하지만 실제로 정책수단에 투입된 정부의 투융자 규모를 기준으로 가격정책, 구조정책 등 어떤 분야에 중점적으로 정책의 초점이 맞추어졌는가를 판단할 수 있다. 그러나 여기서는 자료의 제약으로 국가 예산에서 차지하는 농업 예산의 구성비를 참고자료로 제시했다(80쪽 〈그림 2-3〉 참조).

〈표 2-2〉 개방농정 이후 농업·농촌대책의 주요 내용

대책명	주요 내용
농산물 수입자유화 기본 방침(1978.2)	· 개방농정으로 전환, 3차에 걸친 농산물 수입자유화 단행
농외소득원개발 기획단 발족(1981.9)	· 농정기조를 농외소득정책으로 전환, 농외소득원 개발 정책수단 개발 · 농공단지, 특산단지, 관광농원 등 농외소득원 개발 사업을 지원할 수 있는 「농외소득원개발 촉진법」 제정(1983.12)
농어촌종합대책(1986.3)	· 복합농정 실패를 보완하는 농정 개편 · 2차에 걸친 부채 경감 대책 · 영농규모 확대방안 제시
농어촌발전종합대책(1989.4)	· 농어촌 구조 개선 중장기 전략과 비전 제시(「농어촌발전특별조치법」 제정)
농어촌 구조 개선 대책(1991.7)	· 농어촌 구조 개선을 위한 42조 원 투자계획 마련 · '농어촌 구조 개선 특별회계' 설치 · 농지·산지 전용부담금 신설
「신농정」 5개년계획(1993.7)	· 42조 원 구조 개선 투자를 3년 앞당기고 투자 순위 조정 · 농정 사업 추진방식을 상향식으로 전환 · 양정, 농지제도 등의 개혁
농어촌발전대책 및 농정 개혁 방안(1994.6)	· WTO체제 대응농정의 기본 틀 마련 · 농어촌 발전을 위한 개혁 과제 추진 · 42조 원 농어촌 구조 개선 투융자계획 조기 집행 · 15조 원 농어촌특별세 신설 및 농어업 경쟁력 시책 강화
농업·농촌 발전계획(1998.7)	· 농정 개혁의 지속적인 추진(농정조직, 협동조합, 농산물 유통, 투융자) · 21세기를 향한 「농업·농촌기본법」 제정 · 45조 원 투융자계획 수립
농업·농촌 종합대책(2004)	· 농업소득 농촌정책의 목표 설정 · 농업·농촌 종합 대책 · 5개 핵심 과제 및 9대 혁신과제 설정 · 10년간 119조 원 투자계획 확정

자료: 김정호, 「농업정책의 방향과 주요 과제」, 농정연구센터 제117회 월례세미나 주제 발표문(농정연구센터, 2003b), 3쪽.

3) 시기별 농정 구분

지금까지 제시한 기준을 고려하고 선행연구를 참조해 광복 이후 현재에 이르기까지 진행된 농정을 단계별로 구분했다.

광복 이후 1970년대 말까지를 '증산농정', 그 이후의 농정을 '농업 구조농정'으로 양분한 사례도 있으며,[1] 1980년 이후의 농정을 '개방·구조농정'[2]으로 정의한 경우도 있다.

〈그림 2-3〉 국가 전체 예산 대비 농림 예산의 비율(1975~2006)

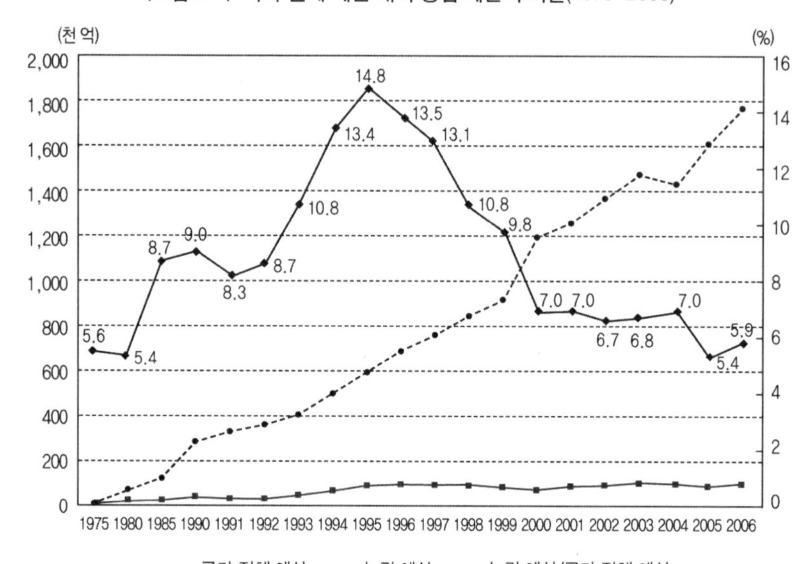

자료: 박성재, 「119조 농림투융자 사업 평가」, 농정추진상황 점검 및 119조 사업평가 토론회(농어업·농어촌 특별위원회, 2006), 57쪽.

농산물 수입자유화 조치를 단행한 1978년을 기점으로 광복 이후 현재에 이르기까지 전개된 농정을 크게 봉쇄농정, 개방농정으로 양분할 수 있다. 이처럼 연구자의 필요에 따라 농정을 시기별로 구분할 수 있지만 여기서는 다섯 단계로 세분했다.

광복 이후부터 1960년까지 펼친 농정을 '격동기 농정'이라 규정했다. 1960년대와 1970년대 농정을 '삼위일체농정',[3] 1980년대 농정을 '종합농정'이라 규정한 선행연구를 받아들였다. 1990년에서 2002년까지의 농정을 '구조농정'[4]이라 규정한 사례를 수용해 '구조 개선농정'이라 규정했다.

---

1) 박진도, 『WTO체제와 농정 개혁』(한울, 2005), 22쪽.

2) 황연수, 「개방경제하 농가소득정책 정립방향」, ≪농업경영·정책연구≫, 제32권 1호(한국농업경제학회, 2005).

3) 이정환, 『농업의 구조전환(연구총서 21)』(한국농촌경제연구원, 1997), 244~247쪽.

4) 황수철·한두봉, 「농정추진체계의 개편방향」, 농정연구센터 엮음, 『참여정부의 농업정책

구조 개선농정을 대상으로 1990년부터 1997년까지 구조 개선 자금이 42조 원 투입된 시기를 제1단계 구조농정으로 구분하고, 1999년에서 2003년까지의 농정을 제2단계 구조농정으로 구분했다. 제1단계에서는 정부 투융자자금의 90% 이상이, 제2단계에서는 80% 이상이 각각 농업 구조 개선 사업에 투입되었으므로 구조농정이라 규정해도 무방하다고 판단된다.

참여정부 출범 후 2004년 초에 제시한 '농업·농촌 종합대책'에 농정의 기본 틀이 부각되어 있다. 농업정책, 소득정책, 농촌정책의 목표가 명확하게 제시되어 있지만 상호연관성은 약하다. 아울러 소득정책의 기본 방향을 소비자 부담형 소득정책에서 재정 부담형으로 전환하고, 특히 농가소득에서 차지하는 직접지불금의 비율을 높이고 농촌지역사회에 거주하는 주민의 복지 수준을 대폭 강화한다는 정책방향을 제시했다. 이 점을 고려하면 다소의 비난을 면하지 못할 가능성이 높긴 하지만 2004년 이후의 농정을 '복지농정'이라 불렀다.

4) 시기별 농정의 기본 이념

'격동기농정'이라 규정한 시기에는 농정이념을 거론할 여지가 없었다. 이 시기에는 농업정책이 고유 영역을 확보하지 못하고 농업은 사회를 안정시키는 수단으로 취급되었다. 농업이 국가의 중심 산업이었던 농경사회에서는 농업·농촌 문제를 별도로 인식할 수 없었다. 해외에서 원조 농산물을 받아오거나 잉여 농산물을 도입해 식량가격을 안정시키는 것이 농정의 핵심이었다.

1960년대에 들어와 펼친 '삼위일체농정'에 비로소 농정이념이 대두되었다. 1970년대 이후에는 형평성을 기준으로 농업·농민 문제를 인식하고 이를 바탕으로 농정을 펼쳤으며 이를 보호주의 농정 패러다임이라 한다. 개방농정이 본격적으로 전개된 1990년대 이후에는 국내 농산물의 국제경쟁력 강화 차원에서 효율성이 부각되었으며 이를 구조 조정 농정 패러다임이라 한다.

방향』(2003).

국민의 정부에서 펼친 '제2단계 구조 개선농정'에서는 친환경농업정책이 대두되었으므로 형평성, 효율성과 더불어 환경성이 농정이념으로 대두되었다.

5) 시기별 농정의 농가소득 증대방안

광복 이후 현재까지의 농정을 검토해보면 농업정책목표의 핵심은 농가소득 증대라는 사실이 뚜렷하게 드러난다. 제1장에서 고찰한 바와 같이 경제성장 과정에서 농가소득의 구성요소에 대한 정의는 변천되어왔다.

그러나 농가소득이 농업소득, 농외소득, 이전소득으로 구성되어 있다는 사실을 수용하면 각 시기별 농정이 농가소득의 세 구성요소 중 어디에 중점을 두고 펼쳐졌는지 이해할 수 있다.

'격동기농정'기에는 농가소득 구성요소 중 어떤 측면을 강조해 농정을 펼쳤는지를 고찰하는 자체가 무의미하다. 광복 이후 1940년대, 1950년대는 그야말로 격동기였고 시행착오를 범한 농정으로 규정할 수 있다.

'삼위일체농정'에서는 농가소득 중 농업소득 증대에 중점을 두었다. 제1장에서 농업 종사자의 소득, 즉 농업소득이 상대적으로 낮은 이유는 농업 노동생산성이 낮고 농가 교역 조건이 불리하기 때문이라고 지적했다.

1960년대에 펼친 '삼위일체농정'에서는 토지 생산성과 노동 생산성을 제고하는 증산정책에 치중했다. 토지 생산성을 제고하고자 농업용수 개발을 위시한 생산기반 정비 사업에 투자했고 비료, 농약 등 생산요소 투입을 증대하고자 생산요소 보조정책을 펼쳤다. 또한 신기술 개발과 보급에 역점을 두었다.

1970년대에 펼친 '삼위일체농정'에서는 농가 교역 조건을 개선해 농업소득을 증대시키는 정책에 중점을 두었다. 쌀과 보리쌀을 대상으로 이중가격제를 실시해 생산자 수취가격을 지지했다. 동시에 농가가 구입하는 주요 공산품인 비료를 대상으로 생산요소 보조정책을 펼쳤다.

개방화시기에 들어와 펼친 '종합농정'에서는 농업소득 증대의 한계를 받아들이고 농외소득 증대를 통한 농가소득 증대에 중점을 두었다. 농업 종사자에게 겸업 기회와 취업 기회를 제공하고자 농외소득원 개발 사업을 펼쳤다.

1990년대에 펼쳐진 '구조 개선농정'에서는 농업소득을 증대시키고 동시에 국내산 농산물의 국제경쟁력을 강화하려는 목적으로 농업 구조 개선에 초점을 맞춘 농정이 펼쳐졌다. 개방농정하에서는 농가 교역 조건을 개선해 농업소득을 증대시키는 데 한계가 크다는 점을 받아들이지 않을 수 없었다. 노동 생산성을 제고해 농업소득을 높여야 하는데 토지 생산성이 높은 수준에 도달한 처지였기 때문에 유일한 대안은 경영규모 확대라는 사실을 받아들일 수밖에 없었다. 경영규모를 확대시키면 단위당 생산비가 감축되기 때문에 국내산 농산물의 국제경쟁력을 강화할 수 있다는 공감대가 형성되었다.

2004년에 '농업·농촌 종합대책'이 발표된 이후 전개된 '복지농정'에서는 이전소득 증대에 의거한 농가소득 증대에 중점을 두었다. 개방농정에서는 농업소득 증대의 한계가 크므로 직접지불금을 비롯한 공적 보조금을 확충해 이전소득을 증대시키는 데 소득정책의 초점이 맞추어졌다.

구체적인 정책수단으로 ① 쌀소득 보전 직접직불제, ② 경영이양 직접직불제, ③ 친환경농업 직접직불제, ④ 조건불리지역 직접직불제, ⑤ 경관보전 직접직불제 등이 시행되었다.

2. 격동기농정

1) 군정하의 농정

(1) 경제현황

광복을 맞이했지만 한반도는 남북으로 분단되었으며 남한은 사회 간접자본 확충이 미비하고 경제기반이 취약한 처지였다. 전력을 비롯한 기간산업은 북한에 편중되어 있었고 남한에는 소비재를 생산하는 공장이 1,000여 개 남아 있는 정도에 지나지 않았다. 그나마 생산기술과 경영능력이 미비해 생산설비가 유휴상태에 놓여 생산 위축에 따른 공산품 공급 부족으로 물가가 폭등했다.

더구나 국민의 기본 식량인 곡물가격이 폭등해 사회 불안이 가중되었다. 일제강점기하에서 실시된 '공출배급제'로 광복 전년도에 생산한 쌀이 이미 공출당한 처지였으므로, 광복 직후에는 민간이 보유한 쌀로 늘어난 수요를 충족할 수 없는 처지였다. 설상가상으로 광복 당해 연도에는 비료, 농약 등 생산요소가 원활하게 공급되지 못해 쌀 생산이 위축된 상태였다.

이에 비해 식량 수요는 급증했다. 그 요인으로[5] ① 해외로부터의 귀환자, 북으로부터의 월남자 등 200만 명 정도에 달하는 식량 소비인구 증가, ② 일제강점기하 식량 '공출배급제' 때문에 억압된 고소득 계층의 잠재 수요의 현재화, ③ 사회 불안으로 증가한 재고 수요 등이 지적되었다.

광복 직후 한국 농업이 처한 참담한 현실을 드러낸 단적인 예로 지주적 토지 소유와 영세소작농이라는 구조적 특수성이 거론된다. 1945년 소작지(小作地) 비율을 보면 논의 경우 71.1%, 밭이 57.0 %에 달했고, 1946년 당시 총 농가에서 차지한 자작농 비율은 13.8%에 불과했다.[6]

관개시설을 비롯한 농업 생산기반이 취약했고, 아울러 생산요소 공급 부족으로 토지 생산성이 낮았다. 다수의 농가는 식량 생산 위주의 자급자족 혹은 준자급자족적인 생산체계에서 벗어나지 못했으며 춘궁기, 이른바 보릿고개는 피할 수 없는 연례행사였다.

(2) 공출배급제 부활과 귀속농지 매각[7]

고율의 현물 소작료를 지불해야 하는 소작제하에서 핍박받는 소작농(小作農)을 돕고자 미군정 당국은 소작료 통제정책을 펼쳤다. 1945년 10월 5일 미군정 법령 제9호로 '최고 소작료 결정의 건'을 공포해 "소작료는 소작인이 경

5) 김형화·김병택, 『경제발전과 미곡정책』, 48쪽.

6) 한국농촌경제연구원, 『한국농정50년사』, 7쪽.

7) 같은 책, 14~22쪽의 내용을 요약 정리했음.

작 배양한 생산 총액의 1/3을 초과하지 못한다"라고 규정했다. 그러나 현실과 괴리된 이러한 법적 조치가 효력을 발휘해 당시 수확량의 절반 이상인 소작료를 경감시킬 것으로 기대하는 것 자체가 무리였다.

'소작료 3·1제'와 동시에 일반고시 제1호로 '미곡의 자유시장'을 공포했다. 즉, 일제강점기하 1943년에 공포한 '조선식량관리령'에 의거해 실시해오던 '쌀 공출배급제'를 폐지하고 양곡시장 자유화를 단행했다. 이를 계기로 같은 해 10월 20일에는 일반고시 제2호로서 '자유시장설치에관한건'을 공포해 시장경제체제 구축을 시도했다.

양곡(糧穀)의 '공출배급제'를 폐지하고 시장경제체제로 전환했지만, 예상했던 정책 효과는 나타나지 않고 곡물가격만 폭등하는 사태가 벌어졌다. 식량가격 폭등은 물가상승 주도뿐 아니라 사회 혼란까지 가중시키는 부정적인 결과를 초래했다. 이에 당황한 군정 당국은 사회 안정을 위한 긴급 조치로 식량의 공출배급제를 환원시켰다. 1946년 1월 25일 미군정 법령 제45호로 '미곡수집령'을 공포해 쌀을 강제로 매입하기 시작했고, 같은 해 5월 29일에 식량 규칙 제1호로서 '하곡수집령'을 공포해 맥류를 강제로 매수했다.

양곡시장의 자유화를 선언했다가 얼마 버티지 못하고 '공출배급제'를 환원시켰지만 생산자의 저항이 심해 첫해에는 성공하지 못했다. 전년도의 시행착오를 보완해 1947년에는 제도와 절차를 개편했다. 남조선과도입법의회에서 1947년 9월 27일부로 「미곡수집법」을 법률 제6호로 공포했다. 읍·면별로 '미곡수집대책위원회'를 조직해 쌀 수집을 독려했고, 수집에 응하는 농가에 우선적으로 광목을 비롯한 미국의 원조 물자를 배급했다. 1947년산 쌀 수집물량은 당해 연도 할당량의 98.3%에 달했다. '공출배급제'가 점차적으로 정착되고 미국의 원조 농산물 덕분에 곡물가격이 진정되고 사회 안정 효과도 나타났다.

아울러 미군정 당국은 1945년 12월 6일 '조선내소재일본인재산권회수에 관한건'을 군정법령 제33호로 공포해 일본인이 소유한 농지를 비롯한 일체의 재산을 미군정청 소유로 잠시 귀속시켰다가 뒤이어 군정법령 제52호에 의거 설립한 신한공사로 이관시켰다. 신한공사가 소유한 귀속농지를 소작농에 매각했으며 농지가격은 평년작의 4.5배로 책정되었다.

2) 정부 수립 이후 농정

(1) 농지 개혁과 자작농 창설

광복 이후 남한의 농업은 전형적인 소작농 구조였다. 소작지는 자작지에 비해 토지 생산성이 낮으므로 효율성 측면에서 판단할 때 소작농 구조는 바람직하지 않았다. 동시에 소작농은 고율의 현물 소작료를 매개로 지주에게 착취당하는 구조였기 때문에 형평성의 가치 기준으로 평가한다 해도 소작제는 시급히 개선되어야 할 사회문제였다.

농지 개혁은 군정하에서 시도되었지만 계층 간의 이해대립으로 갑론을박만 지속한 채 합의점을 찾지 못해 정부 수립 이후로 미루어졌다. 정부 수립 후 1949년 6월 21일 '농지개혁법안'을 마련해 국회에 이관시켰으나 국회는 일부 수정을 요구했고, 「농지개혁법」은 1950년 3월 10일 공포되었으며 동법 시행령은 3월 25일에 마련되었다. 「농지개혁법」 공포가 지연되는 와중에 농정 당국은 농지 개혁 사업에 필요한 제반 준비작업을 착착 진행시켰고 「농지개혁법」과 시행령이 공포된 직후 농지 개혁이 일사불란하게 진행됨으로써 단기간 내에 완료된 것으로 평가받았다.

1950년 6·25전쟁 발발과 동시에 북한이 남한에 파견한 읍·면별 '토지개혁반'이 현지에 도착하기 전 이미 농지 개혁이 완료된 사실로 미루어보아 당시 농지 개혁 사업이 얼마나 절실한 농정과제였는지를 짐작할 수 있다. 만약 농지 개혁이 6·25전쟁 발발 이전에 완료되지 못했다고 가정하면 사회문제가 어떤 식으로 비화되었을지 짐작하고도 남는다. 농지 개혁이 완료됨에 따라 이 땅의 소작농 구조는 자작농 구조로 정착되었다.

(2) 양곡정책

정부 수립 후 「미곡수집령」이 폐지되고 1948년 10월 9일에 「양곡매입법」

이 공포되었다. 이 법령에 의거해 미군정하에서 시행한 공출배급제를 승계하려 시도했으나 실패했다. 정부가 농가로부터 강제로 매입하는 규정을 폐지하고 쌀 판매를 농가 자유의사에 맡겼으나 정부의 매입가격이 낮아 정부 수매에 응하는 농가가 많지 않았다. 1948년산 쌀의 정부매입량은 총생산량의 24.9%에 지나지 않아 소비자 배급이 어려웠다.

정부는 궁여지책으로 「양곡매입법」을 개정해 강제 매입을 시도했으나 성공하지 못했다. 정부는 관리양곡을 확보하지 못해 자유시장을 인정하지 않을 수 없었다. 1949년 7월 법률 제 35호로 「식량임시조치법」을 공포해 양곡의 자유시장을 인정했으므로 양곡시장의 전면 통제는 폐지되었다.

국가안보 차원 또는 쌀가격 조절 목적으로 정부가 양곡시장에 개입하거나 양곡시장을 통제할 수 있는 「양곡관리법」을 제정, 1950년 2월 16일에 공포했다. 이 법에는 ① 필요한 경우 정부가 쌀시장을 전면 통제할 수 있으며, ② 곡물가격을 조절할 목적으로 주요 양곡을 대상으로 수매 방출 사업을 할 수 있으며, ③ 국회의 동의를 얻어 양곡 수급계획을 수립하고 매입가격과 방출가격을 결정해야 하고, ④ 주요 양곡의 수출입을 정부가 직접 관리하며, ⑤ 필요한 경우 양곡 유통을 통제하거나 소비 절약정책을 실시할 수 있으며, ⑥ 양곡 관리와 관련된 예산을 특별회계로 처리할 수 있는 것으로 규정되어 있었다.

쌀가격의 계절 진폭 완화라는 목표를 설정하고 「양곡관리법」에 의거해 1954년부터 3년간 정부매입제(Pure Purchasing Program)를 실시한 바 있다. 정부가 책정한 가격으로 농가로부터 직접 매입했으나 매입가격이 시장가격보다 높은 수준이 아닌 탓에 매입량이 적어 소기의 정책 효과를 거두지 못했다.

정부매입제를 통해 가격안정과 가격 지지 효과를 발휘하려면 막대한 재정부담이 수반되는데, 1950년대 정부의 재정 형편상 현실적으로 불가능했다.

정부는 쌀가격의 계절 변동을 안정시킬 목적으로 '미곡담보융자제'를 채택해 사업 운영을 농협에 위임했다. 농협은 수확 직후 농가의 벼를 저당 잡아 농협 창고에 보관하고 자금을 융자해주고, 농가는 값이 오른 단경기에 쌀을 판매해 융자금을 상환하는 제도였다. 융자금의 이자율이 대출금의 이자율보다 낮아 그 차액을 정부가 메우는 일종의 금융 지원정책이었다.

농협은 저당 잡은 벼를 대상으로 보관증을 발행했으며 농가는 이 보관증을 매각할 수 있었다. 융자 기간은 11월부터 이듬해 10월까지 1년간이었으며 융자금의 이자율은 연리 11%였고, 이자는 일일 계산되었다. 당시 제도금융인 영농자금 이자율은 연리 15%였고 금융기관의 대출 금리는 25% 내외 수준이었으므로 쌀 담보 융자에 적용한 대출 금리는 농가에 유리한 셈이었다.

3) 정부관리미 확보

양곡의 공출배급제를 폐지한 후 정부는 양곡시장에 적극적으로 개입하지 않고 가격 형성을 시장에 맡겼다. 그러나 1950년 뜻하지 않은 6·25전쟁이 발발해 정부는 군량미를 비롯한 정부관리미를 확보해야 했다. 생산자로부터 정부가 직접 매입하는 방안을 고려할 수 있었지만 재정규모가 빈약해 소요되는 예산을 확보하기 곤란한 실정이었다.

이런 제반사정을 감안해 가장 쉬운 방법으로 '농지세 물납제'를 창안해냈다. 농지를 경작해 얻은 소득을 과표로 농민에게 소득세, 호별세, 교육세 등 각종 세금을 부과했으며, 이를 종합해 농지세라는 명목으로 징수했다. 당시 농지를 경작하는 농민이 납부한 종합소득세로 이해하면 된다.

정부는 1951년 2월 「임시토지수득세법」을 공포해 현금으로 납부하던 농지세를 현물로 납부하도록 조치하면서 농지세로 확보한 쌀이 정부관리미의 절반 이상을 차지했다(〈표 2-3〉 참조). 농지세 물납제의 정책 효과는 다음 두 가지로 요약할 수 있다.[8)]

첫째, 정부는 재정자금을 마련하지 않고도 정부관리미를 확보할 수 있었다. 정부 예산으로 생산자에게서 수확기에 쌀을 매입하면 통화량이 일시에 팽창해 인플레이션을 가속시키는 역기능을 가져온다. 이런 측면에서 보면 농가

8) 김형화·김병택, 『경제발전과 미곡정책』, 83~87쪽.

〈표 2-3〉 확보수단별 정부관리미 확보량 (1951~1960)

(단위: 톤, %)

미곡 연도	쌀 생산량 (A)	정부미 확보량 (B)	정부매입 (C)	농지세 (D)	분배 농지 상환 (E)	미비* 교환	B/A	D/B	D/A	E/B
1951	1,634.3	264.1	-	146.5	117.6	-	16.6	55.5	9.0	44.5
1952	1,336.9	397.1	-	123.3	96.5	25.9	19.9	46.3	9.2	36.2
1953	2,035.6	397.1	-	211.7	173.3	3.1	19.5	53.3	10.4	43.6
1954	2,160.3	347.0	15.8	156.6	174.3	-	16.1	45.1	7.3	50.2
1955	2,959.0	388.9	144.5	131.7	91.4	-	13.1	33.9	4.4	23.5
1956	2,437.6	286.0	71.9	100.6	38.9	63.1	11.8	35.2	4.2	13.6
1957	3,001.9	177.4	2.3	111.2	42.0	11.4	5.9	62.7	3.7	23.7
1958	3,161.9	167.6	-	128.2	32.7	2.2	5.3	76.5	4.1	19.5
1959	3,149.5	198.4	-	128.0	19.6	-	6.3	64.5	4.1	9.8
1960	3,046.5	140.8	-	100.0	0.9	-	4.6	71.0	3.3	0.6

* 외국에서 도입한 비료와 쌀을 교환한 정책수단.
자료: 김병택, 『한국의 쌀 정책』(한울, 2004), 8쪽.

가 납부하는 세금을 현물로 징수함으로써 정부로서는 일석이조의 정책 효과를 거둔 셈이었다.

둘째, 국가 재정을 안정적으로 확보할 수 있었다. 전쟁 와중에 그리고 전쟁 후 경제 회복기에도 정부예산을 농업에 의존하지 않을 수 없는 처지였다. 고정 재산과 생산시설이 파괴되어 농업 외 타 산업 분야의 담세력(擔稅力)이 위축되어 농업에서 세원을 확보해야만 했다. 농업 측에서 세금으로 납부한 쌀이 국가 경제를 지탱했다고 주장해도 무리는 아니다.

이 농지세 물납제는 국가 경제 재건에 공헌했지만 조세 부담이 상대적으로 과중해 농업 생산자의 희생을 초래했다. 전시인 1951~1953년에는 쌀 10석 이하로 생산하는 농가일지라도 수확량의 15%를 농지세로 납부해야 했다(〈표 2-4〉 참조). 현재 농지 임차료가 수확량의 20~30% 수준임을 감안하면 당시의 농지세가 어느 정도 고율이었는지를 짐작하고도 남는다. 휴전협정이 체결된 이후 1954년에는 농지세율이 하향 조정되었다가 1960년 4·19혁명 이후에 현금 납부제로 환원되었다.

또한 이 시기에 농지 개혁으로 농지를 분배받은 소작농은 농지가격으로 매년 평년작의 30%를 5년간 현물로 정부에 납부했으므로 이 쌀을 정부가 긴요

〈표 2-4〉 기간별 쌀의 현물농지세율(1951~1959)

(단위: %)

1951~1953년			1954~1959년		
과세 기준 (호별 수확량)	자작지	분배지*	과세 기준 (호별 수확량)	자작지	분배지
10석 이하	15	10	5석 이하	8	5
10~20석	20	15	5~10석	11	10
20~50석	24	19	10~20석	14	13
50석 이상	28	23	20~30석	17	16
			30~50석	21	20
			50석 이상	25	24

* 농지 개혁 실시로 분배받은 농지.
자료: 김병택, 『한국의 쌀 정책』, 87쪽.

하게 이용할 수 있었다(〈표 2-3〉 참조). 즉, 농지를 분배받은 소작농으로부터 정부가 농지대금을 현물로 받고 이를 정부가 결정한 쌀가격, 즉 수납가격으로[9] 환산해 원래 지주에게 현금으로 지급했다.

4) 미국의 식량 원조와 잉여 농산물

미군정은 '점령지역 행정원조계획(Government and Relief in occupied Area: GARIOA)'에 의거해 식량, 피복 등의 생활용품을 원조했다. 1948년 대한민국 정부 수립 후에는 미국 경제협력처(Economic Cooperation Administration: ECA)의 원조계획에 따라 500만 톤에 달하는 식량이 도입되었으나 미군정 시기에 비해 원조 식량이 격감했다.

6·25전쟁 발발 직후 전쟁 구호물자의 일환으로 식량이 대량 도입되었다. 휴전협정 이후 양곡연도 기준 1955~1956년에는 양곡 도입량이 격감했다가 1957년부터 다시 늘어나기 시작했는데, 이때부터 잉여 농산물이 도입되었다.

1954년 미국에서는 「농업교역진흥 및 교역법」, 즉 「미 공법 480호(PL480)」

9) 농지 개혁 후 농지가격으로 정부에 납부한 벼와 농지세를 납부한 벼를 현금으로 환산할 때 적용한 가격으로 정부가 시가보다 낮게 자의적으로 결정했음.

〈표 2-5〉 잉여 농산물 도입 실적(1956~1966)

(단위: 정곡 천 톤, %)

구분	곡물 국내 총생산량(A)	맥류+잡곡 총생산량(B)	잉여 농산물 도입량(C)	C/A	C/B
1956	3,730	1,120	500	13.5	44.8
1957	4,175	1,000	892	21.3	89.2
1958	4,556	1,219	857	18.8	70.3
1959	4,675	1,367	267	5.7	19.5
1960	5,195	1,368	468	9.0	34.2
1961	5,138	1,485	603	11.7	40.6
1962	4,649	1,396	483	10.4	34.6
1963	4,949	1,008	1,014	20.5	100.6
1964	5,704	1,560	601	10.5	38.5
1965	5,482	1,777	669	12.2	37.6
1966	5,993	1,952	525	8.8	26.9

자료: 농림부, 「농림통계연보」(해당 연도판).

가 제정되어 잉여 농산물을 해외에 원조할 수 있는 법적 근거가 마련되었다. 1955년 한미 간 잉여 농산물 도입 협정이 체결되어 이듬해부터 잉여 농산물이 대량으로 도입되었다(〈표 2-5〉 참조).

1956~1966년까지 무상원조로 도입된 잉여 농산물은 곡물가격을 안정시키고 물가상승을 억제해 국민 경제에 긍정적인 효과를 가져온 것으로 평가된다. 반면 쌀을 제외한 곡물이 과다하게 도입되어 국내 곡물가격을 국제 가격보다 낮게 떨어뜨려 농가 경제를 핍박하는 부(負)의 효과를 가져오기도 했다.[10)]

3. 삼위일체농정

1) 농정대상

경제성장정책이 본격적으로 추진된 1961년부터 농산물 수입자유화 조치가 단행된 1980년 이전까지 펼쳐진 농정을 삼위일체농정이라 규정한다. 이는 농

10) 김형화·김병택, 『경제발전과 미곡정책』, 108~116쪽.

<그림 2-4> 삼위일체농정의 구조

자료: 이정환, 『농업의 구조전환』, 246쪽.

업, 농민, 농촌을 실질적으로 동일한 농정대상으로 간주하고(<그림 2-4> 참조) 농정을 펼쳐왔다는 사실을 시사한다. 농업은 농민의 생계유지수단 혹은 생활 수단이었고, 농촌은 농민이 생산활동을 수행하는 생산공간이요, 삶을 이어가는 생활공간이었다.

농업의 생산성을 제고하면 농민의 소득이 늘어나고 생활환경이 향상되어 농업 문제, 농민·농촌 문제가 동시에 해결될 수 있다고 확신했으므로 삼위일체농정에서는 농정대상을 분리하지 않았다.

산업화 초기 단계에 도농 간 소득격차가 대두되어 양자 간 소득격차 요인을 규명하고 이를 해결하기 위한 정책수단을 동원했다. 농업 종사자의 소득이 비농업 종사자 소득에 비해 낮은 것은 양자 간 노동 생산성 격차가 나타났거나 농가 교역 조건이 악화되었기 때문이다. 노동 생산성을 제고하려면 노동력 절감을 전제로 토지 생산성을 제고해야 하므로 이에 부응하는 생산정책을 펼치려 시도했다. 또한 농가 교역 조건을 개선하기 위해 농산물가격 지지정책과 농업 생산요소 보조정책이 다양하게 펼쳐졌다.

2) 경제성장정책과 농정기조의 변천

제1차 경제개발 5개년계획(1962~1966)을 시작으로 본격적인 성장정책이 추진됨에 따라 경제성장과 더불어 농정기조는 탄력적으로 조정되어왔다. 농산물가격이 상승하면 경제성장이 둔화될 가능성이 높다는 판단하에 정부가 농산물시장에 적극적으로 개입하는 농정기조를 표방했다. 이를 입증하는 구체적인 정책수단으로 1961년산 쌀부터 시행한 정부매입제를 지적할 수 있다. 정부가 결정한 매입가격으로 농가에서 직접 매입해 정부가 결정한 가격으로 다시 소비자에게 판매하는 제도였다. 그러나 경제성장 초기 단계에는 미국으로부터 잉여 농산물이 도입되어 농산물가격 상승을 억제할 수 있었으므로 양곡시장에 정부가 적극적으로 개입하지 않았다.

제1차 경제개발 5개년계획을 집행한 기간에는 식량 증산과 농가소득 증대라는 농정목표를 제시하고 이를 달성할 수 있도록 농업 구조를 개선해야 한다는 정책과제를 표방했다. 그러나 호당 경작규모가 1ha 미만인 소농 구조하에서의 농업 구조를 개선하려는 농업정책은 현실과 부합되지 않았다.

제1차 경제개발 5개년계획이 성공함에 따라 이를 토대로 ① 완전한 자립경제체제, ② 국제수지(Balance of Payment) 균형, ③ 필요한 투자 재원의 완전한 국내 조달, ④ 완전 고용 등의 경제개발 장기 목표를 설정하고 '제2차 경제개발 5개년계획'을 추진했다.

여기에 표방된 농정의 기본 방향은 농가소득 증대와 농업근대화를 위한 농공병진(農工竝進)정책이었다. 제1차 경제개발 5개년계획을 추진하는 과정에서 드러난 문제를 보완하는 정책이 채택되었다. 즉, 저곡가(低穀價)를 통한 농업 희생을 바탕으로 공업화가 진행되어 산업 간 균형 성장을 이루지 못한 결과 도농 간 소득격차가 확대되었다는 반성이 제2차 경제개발 5개년계획에 반영되었다. 농가소득 증대를 위한 증산정책으로서 1968년부터 농어민 소득 증대 특별 사업이 시행되었다. 미맥(米麥)의 가격 지지를 통해 농가소득을 증대시킬 목적하에 미곡연도 1970년부터 미맥을 대상으로 이중가격제를 실시했으며 쌀 정부매입량을 대폭 확대했다.

제2차 경제개발계획을 추진하는 과정에서 식량 증산을 도모하고자 대대적인 농지기반 확충과 농업용수 개발 사업이 시행되었다. 즉, 하드웨어 측면의 농업 구조 개선에 역점을 두고 정부 투자 사업을 수행했다.

제1·2차 경제개발 5개년계획이 성공리에 마무리되고 괄목할 만한 경제성장을 이룩한 반면 불균형 성장론에 의거한 해외의존형 공업화전략을 추진한 결과 부정적인 효과도 드러났다. 도농 간, 산업 간, 지역 간 불균형이 심화되어 인구의 대도시 집중이 가속화되었다. 소득 증가와 더불어 농산물 수요는 급증해왔지만 여기에 부응해 생산 증대를 가져오지 못해 식량 자급률이 하락하고 쌀 부족 사태가 야기되었다.

이러한 과제를 해결하고자 고급 농산물을 증산하고 농어민소득을 증대시키는 동시에 노동 절약적인 기술체계를 갖출 수 있도록 경지 정리 및 농작업 기계화를 추진해나가는 농정목표를 설정했다. 아울러 농촌 주민의 삶의 질 향상 측면에서 농어촌의 보건 및 문화시설, 도로망을 비롯한 사회 간접자본 확충 목표를 제시했다.

특히 농업 증산에 기여하는 농업용수 개발, 대단위 종합 개발 사업, 경지 정리, 배수 개선, 농지의 보전 및 확대 개발 등의 사업을 펼쳤다. 경제성장과 더불어 비농업에 이용되는 농지가 증가함에 따라 무분별한 농지 전용을 규제하고 합리적인 농지 보전과 효율적인 이용을 도모하고자 1972년 「농지의 보전 및 이용에 관한 법률」이 공포되었다.

3) 증산정책

'제1차 경제개발 5개년계획' 추진과 동시에 '제3차 농업증산 5개년계획(1963~1968)'이 병행되었다. 식량 증산이 농정의 핵심 과제였고, 이를 달성하기 위한 구체적인 시책으로 ① 농지 확대를 위한 개간·간척사업, 생산기반 조성을 위한 경지 정리, 배수 개선 사업과 관개사업에 대한 투자, ② 농업 생산성 증대를 위한 연구, 지도, 보급사업 등을 제시했다.

주로 쌀 생산기반 확충에 집중적으로 투자되었으며, 이를 위한 제도적인 장치로서 1962년 2월 「개간촉진법」을 마련했다. 아울러 1962년 3월 「농촌진흥법」을 제정해 종래의 '농사원'을 '농촌진흥청'으로 확대 개편하고 연구·시험과 지도사업을 전담하게 했다.

또한 '제1차 경제개발 5개년계획'과 '제3차 농업 증산 5개년계획' 추진 중 1964년 1월에 식량 자급을 위한 장·단기 계획을 수립하라는 대통령 지시에 따라 '식량 증산 7개년계획(1965~1971)'이 추진되었다. 이의 기본 방향은 다음과 같이 요약되었다.[11]

첫째, 양곡 증산에 중점을 두고 농가소득을 보장하며 증산 의욕을 고취시킨다.

둘째, 재정 안정 또는 물가 안정을 목적으로 곡가를 낮게 책정해서는 안 되며 나아가 재정 투융자 규모를 1962~1964년의 평균치보다 30% 늘린다.

셋째, 식량 증산으로 농업근대화를 이룰 수 있도록 농협과 토지개량조합이 단위 생산조직체의 핵심이 되도록 유도한다.

넷째, 주요 작물의 증수(增收) 방안으로 단위당 생산성 증대에 중점을 둔다.

다섯째, 개간사업의 중요성을 강조하고 50만ha의 산지를 개간해 식량작물을 재배하며 개간에 소요되는 노임과 토지 개량비 절반을 국고와 잉여 농산물 50톤으로 부담한다.

이러한 목표를 달성하기 위한 구체적인 생산정책으로 ① 단위 면적당 수량 증진을 위한 종자 갱신, 저위 생산농지 개량, 지력 증진, 재배기술 개선 등의 사업 추진, ② 경지 이용률을 높이기 위한 답리작 확대, ③ 조기·조식재배 장려, ④ 천수답 재해 극복을 위한 직파재배 권장 등을 제시했다.

증산정책을 달성하고자 농업 증산 대책본부가 수행할 중앙계획과 지역실정을 고려한 시군 단위의 지역계획을 수립, 추진했다. 식량 증산을 추진하기 위한 제도적 장치로서 「지력증진법」(1966.3), 「농업재해대책법」(1967.1), 「농경지조성법」(1967.1), 「풍수해대책법」(1967.2) 등을 마련했다. 1969년 12월 농업용수 개발, 경지 정리, 농지 개발을 일괄 추진하는 '4대강유역 종합개발사업'에 착수했다.

11) 한국농촌경제연구원, 『한국농정50년사』, 197쪽.

4) 통일벼 생산정책

자포니카계와 인디카(Indica)계의 원연교배방식으로 육종한 계통번호 'IR 667', 이른바 통일벼의 출현으로 수도작의 생산기술혁신이 이루어져 쌀 자급이 가능해졌다. 여기에는 정부의 강력한 증산정책이 뒷받침되었지만 그에 따른 부작용도 많았다.

통일벼 재배를 위한 시범 사업으로 1971년에 0.5ha 규모의 통일벼 재배시범단지를 전국에 550개 설치했고 참여 농가는 845호, 총재배규모는 2,750ha에 달했다. 시범 재배단지의 10a당 평균 수량은 500kg로 당시 평년작 10a당 수량에 비하면 획기적인 증수 효과를 가져왔다.

정부는 시범단지에서 생산한 통일벼 1만 2,000톤을 매입해 농가에 종자로 보급했다. 또한 농한기를 이용해 농가에 재배기술을 전파했다. 통일벼 재배기술을 조속히 확산시키고자 '양곡 관리 특별 기금'을 재원으로 식량 증산 임시 지도원 1,870명을 채용했다.

통일벼는 일반벼에 비해 증수효과는 높지만 ① 밥맛이 떨어지고, ② 수확 시 탈립성(脫粒性)이 강하며, ③ 비료를 20~30% 더 주어야 하며, ④ 재배기술이 까다로운 점 등 여러 단점이 있어 초기에는 농가에서 재배하길 꺼려했다.

그러나 정부는 1972년을 '증산과 절약의 해'로 정해 식량 증산에 역점을 두고 통일벼 재배면적 확보에 총력을 기울여 전국 2만 2,945개 단지에 18만 747ha에 달하는 재배면적을 확보했다. 그러나 이해에 냉해, 가뭄 등이 나타나 출수 지연, 불임, 탈립 등의 피해를 입어 증수효과가 크게 나타나지 않았다.

정부는 재해를 입은 통일벼 재배 농가를 대상으로 총 1억 5,500만 원의 보상금을 지급했으며 수혜면적은 2,863ha에 달했다. 아울러 정부가 벼를 매입할 때 특례등급(特例等級)을 마련해 종전의 등급제하에서는 매입할 수 없었던 벼를 40kg 한 가마당 3,896원에 매입했다.

1972년의 통일벼 재배가 실패함에 따라 1973년은 녹색혁명의 성공 여부를 판가름하는 기로에 선 한 해였다. 인디카계에 가까운 통일벼는 우리의 기후

풍토에 맞지 않는다는 반대 여론이 강했고 생산자도 이를 기피했다.

정부는 증수효과가 뛰어난 통일벼 재배면적을 확대하면 식량 증산을 가져올 수 있다는 확신하에 재배면적 확보에 총력을 기울였지만 생산자의 기피로 1973년의 재배면적은 12만 1,179ha로 전년에 비해 대폭 감소했다.

그러나 쌀 다수확농가 시상, 벼농사 150일 작전 등의 증산정책이 효력을 발휘해 10a당 수량이 481kg에 달했고, 생산자와 정부는 통일벼의 증산효과에 확신을 갖기 시작했다.

1974년에는 재배적지를 엄선하고 재배면적을 확대해 통일벼 재배면적이 수도 총재배면적의 15%에 달했다. 이듬해 1975년에는 통일벼 재배면적 비율이 22%로 확대되었고 300평당 수량은 503kg로 자포니카계에 대비한 증수율은 43%에 달했다.

1976년에는 통일, 조생통일 외에도 장려 품종으로 유신이 보급되었으며, 1977년에는 밀양 21호, 밀양 23호, 수원 258호 등의 장려 품종이 추가되었다. 통일벼의 재배면적 비율이 54%에 달했으며 풍작을 이루어 쌀 자급을 달성할 수 있었다.

정부는 통일계 신품종 재배면적을 확대해 쌀 생산량을 증대시키고자 일반미와 통일벼에 동일한 정부매입가격을 적용했다. 일반미의 생산량이 감소함에 따라 일반미 시장가격은 정부매입가격보다 높고 신품종 쌀의 시장가격은 정부매입가격보다 낮았다. 미작소득을 극대화하려면 생산한 신품종 쌀을 정부에 판매하고 일반미는 시장에 내다 파는 것이 유리했다. 이에 따라 정부가 취급하는 쌀은 전부 신품종이었으므로 미곡연도 기준 1975년부터 '이중가격제'는 신품종 쌀 이중가격제로 전환되었다.

정부매입량이 많을수록 증산효과 혹은 농가소득 증대 효과가 크다. '양곡관리기금특별회계'상의 적자, 이른바 양특적자(糧特赤子)를 고려해 정부매입량은 한정되어 있으므로, 자가식량분을 논외로 한다면 생산자는 정부 수매량만큼 신품종을 재배하는 것이 유리했다. 그러나 정부 측에서 보면 신품종 재배면적이 클수록 쌀 생산량이 늘어나므로 신품종 재배면적 확대를 독려했는데, 이

때문에 부작용이 발생했다.

즉, 농가의 소득 극대화와 정부의 식량 생산 극대화가 배치되는 상황이 야기되었다. 통일벼 재배면적을 확대하는 과정에서 많은 부작용도 뒤따랐다. 각 지역별로 신품종 보급 책임면적을 할당해 시달하고 해당 공무원에게 신상필벌제를 적용했다. 이처럼 농가의 의사를 도외시한 신품종 보급정책은 농민의 농정에 대한 불신의 골을 깊게 한 원인을 제공한 셈이었다.

한편 국민 1인당 실질소득이 늘어남에 따라 밥맛이 좋은 일반미를 선호하기 시작했지만 일반미 생산량이 줄어 신품종 쌀과 일반미 간 시장가격의 격차가 확대되었다. 이러한 실정을 감안해 밥맛이 일반미에 근접하는 신품종을 육종해 보급했으나 실패함으로써 신품종 재배에 대전환기를 맞이했다.

미질이 우수한 신품종을 보급했으나 도열병이 나타나 1979년에 흉작을 맞이했다. 이를 계기로 통일계 신품종을 확대해 쌀 증산을 도모한다는 증산정책이 재검토되었고, 정부가 강력히 추진한 신품종 보급정책이 후퇴하게 되었다.

4. 종합농정

1) 개방농정의 전개 과정[12)]

농업을 둘러싼 대내외적 압박요인으로 농산물시장 개방이 확대되었다. 즉, 내적으로는 '농산물 수입 → 농산물 저가격 → 저임금·장시간 노동체제 유지'라는 자본의 전통적인 요구에 따라 진행되었고, 외적으로는 세계 경제에서 점하는 한국경제의 비중과 지위가 상승함에 따라 외국으로부터의 농산물시장 개방 압력이 가중되어왔다.

12) 김병택, 「개방화 시기의 농업·농촌」, 『한국 농업·농촌 100년사』(농림부, 2003), 1409~1426쪽의 내용을 요약했음.

1960년대까지 지속되었던 선진국의 장기 호황이 끝나고 1970년대에 들어와 일본, 한국 등 신흥공업국의 수출이 급격히 늘어남에 따라 서구 선진국의 경제는 장기적인 침체 국면에 접어들었다.

1973~1974년의 제1차 석유위기로 촉발된 세계 경제의 불황에도 한국경제는 중화학공업 분야에 대한 과감한 투자와 중동 특수에 힘입어 고도성장을 지속했으며, 1977년에는 최초로 경상수지 흑자를 기록했다. 그러나 경기 과열과 해외 부문의 통화팽창으로 물가가 폭등하고 노동 공급이 어려워지면서 임금이 급등했다. 아울러 식료품가격을 비롯한 소비 물가의 상승으로 임금인상을 요구하는 노동쟁의가 증대했다. 이것은 한국경제의 높은 성장을 뒷받침해온 저임금·장시간 노동체제를 위협하고 국제경쟁력을 약화시키는 요인으로 작용했다.

1970년대 후반 세계 경제가 장기적인 불황에 직면함에 따라 한국의 수출이 침체되었고, 설상가상으로 1979년 제2차 석유위기를 겪으면서 수출경쟁력도 급격히 약화되었다. 이에 대응해 국제경쟁력을 제고하고자 수입자유화를 전제로 한 대외 지향적인 산업 구조 조정이 추진되었다. 이에 따라 정부는 1978년 2월 수입자유화 기본 방침을 확정하고 3차에 걸쳐 수입자유화 조치를 취함으로써 농산물의 수입 확대가 본격화되었다.

이러한 일련의 농산물 수입 개방정책은 값싼 해외 농산물의 수입 확대를 통해 국내 물가를 안정시키고 제조업 상품의 국제경쟁력을 제고해야 한다는 비교우위론(comparative advantage theory)에 그 논거를 두었으며, 이것이 바로 1970년대 말부터 본격화된 '개방농정'을 요구한 대내적인 압박요인이었다.

이러한 내적 요인뿐 아니라 한국경제의 지위상승에 따른 외국으로부터의 개방 압력도 가중되었다. 더구나 1970년대에 들어와 세계적으로 확산된 보호무역주의를 극복해야 한다는 신자유주의 논리에 의거한 외적 압박요인 때문에 농산물 수입이 가속화되었다.

제2차 석유위기 이후 들이닥친 세계 경제의 불황에 따른 수출 부진, 중화학공업화의 지연, 중동경기의 후퇴 등으로 한국경제는 1980년대 초반 위기 상황에 처해 있었으나 1983년부터 물가는 안정되고 성장력은 회복되었다. 1986년부터는 저환율, 저금리, 저유가 등 이른바 3저 호황에 힘입어 성장이 지속됨에 따라 경상수지가 흑자로 전환되고 외채 상환도 순조롭게 진행되었다.

1986~1989년 국제수지 흑자가 지속됨에 따라 농산물시장 개방에 대한 국제적인 압력이 가중되었다. 특히 대미 무역흑자가 확대됨에 따라 미국의 시장개방 압력이 거세게 몰아쳤고, 이 때문에 한미 간 심각한 통상마찰이 야기되었다. 1988년에 한미 통상협상이 타결되어 한국은 1989~1991년 사이 243개 품목의 농림수산물에 대한 시장 개방조치를 단행했다.

한편 한국은 1986~1989년까지 연속적인 국제수지 흑자를 기록하면서 1989년 관세 및 무역에 관한 일반 협정(GATT)의 국제수지조항(Balance of Payment: BOP) 적용대상에서 제외되었다. 즉, 개발도상국으로서 국제수지 방어 목적으로 상품의 수입을 제한할 수 있는 혜택을 더는 받지 못하게 된 셈이었다. 이에 따라 1991년부터 1997년까지 2차에 걸쳐 273개 수출입 기별공고상(periodic announcement)의 수입 제한 품목, 이른바 BOP 품목을 연차별로 개방했다.

이처럼 농업이 직면한 대외여건이 급변하면서 개방농정으로 전개됨에 따라 그동안 유지해온 농업=농민=농촌이라는 삼위일체농정체계가 붕괴되었으며, 이 요인은 다음과 같이 정리된 바 있다.[13]

첫째, 농업과 비농업 간 성장 격차가 확대되어 농업으로 소득 문제를 해결하는 데 한계가 드러났고, 개방화가 진행됨에 따라 농산물가격 지지로 농업소득을 증대시키는 정책 대안의 한계를 수긍하지 않을 수 없는 실정이었다.

둘째, 경제가 성장할수록 생활환경, 교육, 보건의료, 문화 등 다방면에서 농민의 욕구가 확대되어 농업으로 농민문제를 해결하는 데 한계가 나타났다.

셋째, 삼위일체라는 인식하에 농촌지역은 농업정책에 일임되어 국토 개발정책에서 소외되었으나 도시과밀화가 제기되어 농촌을 농업만을 위한 공간으로 방치할 수 없다는 공감대가 형성되었다.

---

13) 이정환, 『농업의 구조전환』, 246~247쪽.

이러한 사회적·경제적 여건을 바탕으로 지금까지 지속되어온 삼위일체농정의 한계를 수긍하고 농외소득론, 농촌 공업화, 지역 개발 등의 정책수단이 농정의 전면에 등장했다. 이처럼 농업이 처한 대내외적인 경제여건이 농정기조에 반영되기 시작한 1980년대 농정을 종합농정으로 규정했다.

2) 종합농정기조

1980년대에 펼친 농정을 종합농정이라 규정했지만 1978년에서 1982년까지 시행된 제4차 경제개발 5개년계획에는 전통적인 농정기조가 제시되었다. 즉, 지속적인 성장, 국민 식량의 안정적 공급, 농어민소득 증대사업, 농산물가격의 안정, 유통 근대화, 농어촌 생활환경 개선 등 농정의 기본 골격이 총망라된 셈이었다.

그러나 앞에서 제시한 바대로 1978년에 발표된 농산물 수입자유화 기본계획을 기점으로 농산물 수입이 확대됨에 따라 주곡을 제외한 성장농산물의 가격 지지는 한계에 직면했다.

한편 쌀과 보리쌀에 대한 이중가격제로 양특적자가 누적되어 쌀과 맥류에 대한 생산자 가격 지지 수준을 후퇴시켜야 하는 처지에 직면했다. 양특적자를 정부 회계로 보전하지 못하고 편법으로 한은차입과 양곡증권을 발행해 메우는 처지였다. 대부분의 양곡증권은 한국은행의 인수 발행이었으므로, 결국 양특적자는 통화 증발로 이어져 인플레이션을 가속시킨다는 비난을 받았다.

중화학공업이 주도하는 산업 구조로 고도화하려면 저임금체제를 유지해야 하고 농산물가격 상승이 억제되어야 한다는 주장이 지배적이었다. 이를 위해 농산물 수입 개방을 확대하고 주곡의 가격 지지를 후퇴시켜야 한다는 논리로 귀착되었다.

이러한 경제정책 기조하에서 소득 증대와 더불어 수요가 증가하는 성장농산물의 국내 생산을 증가시키는 증산정책이 추진되었다. 농가소득 증대에 기여하는 10대 작목을 선정해 이를 농가의 농업 생산 구조에 편입시키는 정책으로 1983년부터 1988년까지 복합영농 시범 사업이 실행되었다. 성장작물(成長作物)에 해당하는 경종작물과 축산이 결합된 생산 구조로 개선하면 증산뿐 아니라 농가소득 증대에 기여할 것이라는 정책목표를 제시했다.

1980년에 소가격이 폭등함에 따라 해외에서 육우 송아지를 대량으로 도입해 복합영농사업의 일환으로 소 입식사업을 펼쳤다. 이에 따라 1981년의 총 사육두수는 131만 두였으나 1985년에는 255만 두로 급증했다. 사육두수가 급증함에 따라 1983년에는 152만 원을 호가한 400kg 수소가격이 점차 하락해 1986년에는 99만 5,000원에 불과했다. 1983년에 생후 6개월짜리 송아지가격이 90만 9,000원에 달했다는 사실을 감안하면 소 사육에 따른 농가의 경영 손실에는 재론의 여지가 없다.

생산물인 쇠고기에 대한 가격 지지를 보장하지 않는 채 생산요소인 송아지 구입가격 보조정책을 펼치면 송아지가격 상승이 나타나 종래는 농가의 경영수지 파탄을 초래한다는 것은 기본 상식이다. 송아지 구입 보조를 받은 농가는 손실이 적었지만 보조받지 못하고 가격이 오른 송아지를 구입해 사육한 농가는 막대한 손실을 감수해야 했다.

소가격 폭락을 계기로 복합영농사업이 실패하고 농가 부채가 누증됨에 따라 정부는 어쩔 수 없이 1986년 3월 5일 '농어촌종합대책'을 발표했다. 농촌공업화를 추진해 농어촌 주민의 취업 기회를 확대하고 농가소득원을 다양화하는 정책을 제시했다. 즉, 농정 당국은 농업소득 증대의 한계를 암묵적으로 인정하고 농외소득원 개발정책을 정책 대안으로 제시했다.

뒤이어 1987년 3월 16일에는 농어가 부채 경감대책을 추진했다. 당시 연리 24.2%에 달하는 농어촌 사채를 연리 8%의 정책자금 5,000억 원으로 대체했다. 또한 같은 해 12월에는 '농어촌경제 활성화 종합대책'을 발표했다. 연리 14.5 %에 달하는 상호금융자금 이자를 10%로 하향조정했다. 동시에 중장기자금 상환기간을 연장했고 수리시설에 대한 정부 보조 비율을 확대했다.

1980년대에 들어와 농민·농촌 문제가 심각한 국면으로 전개되자 정부는 농업·농촌 종합대책을 제시하고 농어가 부채 경감조치를 단행했지만 이러한 악

순환의 연결고리는 종합농정 이후 현재까지도 지속되고 있다.

3) 농외소득원 개발정책

정부는 농촌지역에 취업 기회를 확대함으로써 농가의 재촌탈농(在村脫農)을 유도해 도시과밀화를 방지하고 농가의 농외소득을 증대시킨다는 농정목표를 제시했다. 1980년대에 들어와 이를 달성하려는 정책수단으로 다양한 농외소득원 개발정책이 채택되었다.

1981년 9월 경제기획원에 '농외소득원 개발기획단'을 구성해 농외소득을 증대시킬 수 있는 정책수단 개발에 착수했다. 대표적인 정책수단은 '농공단지' 개발, '특산단지' 지정, '농어촌관광소득원' 개발 등이었으며, 이를 지원하기 위해 1983년 12월 「농외소득원개발촉진법」을 제정했다.

농어촌지역에 농공단지를 조성하면 부지 조성 금융 지원, 입주 중소기업에 대한 금융 지원과 세제 지원 등 획기적인 정부 지원이 수반될 수 있다. 농공단지 개발로 농촌지역에 취업 기회가 늘어나면 농가의 겸업화가 진행되고 도시인구가 농촌지역으로 분산되는 효과를 거둘 수 있을 것으로 기대되었다.

그러나 대도시 주변 또는 산업기지 인근에 조성한 농공단지, 즉 입지조건이 유리한 농공단지에 입주한 기업의 가동률이 높아 표면적으로는 성공한 것처럼 보였지만 이러한 농공단지에 입주한 기업이 분공장을 설치하거나 대도시에서 이전해 종사자 대부분이 출퇴근 취업하게 되면서 농촌지역에 끼친 고용효과는 크지 않았다.

한편 취업 기회 확대가 절실히 요청되는 농촌지역의 농공단지에 입주한 공장은 주로 현지에서 창업한 창업 유형(創業類型)이었으며 임금이 상승하면 경쟁력이 약해지는 이른바 쇠퇴 산업에 속하는 제품을 생산하는 공장이 많았다.

농공단지에 공장이 입주했으나 도시로부터 노동력 이동이 뒤따르지 않았고 농촌 내부에서 기능공을 확보하기 어려워 농공단지에 입주한 공장 중 도산하는 기업이 속출했다. 농촌 공업화를 통해 농업 구조 개선과 농촌지역 경제

활성화를 의도했던 농공단지 개발정책은 소기의 효과를 거둘 수 없었다.

자본, 노동, 토지, 기술 등 농가가 보유한 자원을 특산품 생산에 활용해 농외소득을 증대시키려는 의도하에 창안한 정책수단이 바로 '특산단지' 개발 사업이었다. 농가의 유휴자원을 활용해 소득을 증대시키려는 정책수단은 광복 직후 대두되었다. 가마니, 새끼 등 고공품(藁工品) 생산 장려에서 인초, 완초 가공 등 부업단지를 조성한 정책을 비롯한 부업개발 사업이 다양하게 전개되어왔다. 특산단지로 지정되면 융자 지원 혜택을 받는데 특산단지에서 생산되는 지역 특산품은 주로 노동 집약적인 품목이었으므로 농촌지역의 노동력이 유출됨에 따라 경쟁력이 약화될 수밖에 없었다.

경제성장과 더불어 도시민의 관광 수요가 늘어남에 따라 이를 농어촌으로 유치할 수 있는 정책수단이 개발되었다. 즉, 도시민의 여가활동을 농어촌으로 흡수하고 농어촌의 쾌적한 환경 및 자원을 활용해 도시민의 정서 함양과 농가의 농외소득 증대에 기여한다는 정책목표를 설정하고 관광소득원 개발정책을 구상했다. 즉, 1983년에 제정된 「농외소득원개발촉진법」에 농어촌 휴양지를 비롯한 관광소득원 개발 사업을 지원할 수 있는 법적 근거를 마련했다.

정부가 지원한 관광소득원 개발 사업은 '농어촌 휴양단지', '관광농원', '민박마을' 등이었다. 이 중에서 관광농원이 주된 사업이었지만 도시민의 여가선용 행위가 성숙하지 못한 탓에 관광농원이 고유 기능을 발휘하지 못하고 오락 위주의 서비스산업으로 전락되는 사례가 많았다.

4) 종합농정의 한계

농업이 처한 대외여건은 급변했으나 이에 대응한 농업의 발전 방향과 추진 전략은 마련되지 못했다. 농외소득 증대 차원에서 추진한 농촌공업화와 농촌지역 개발이 농정의 중점과제로 부각됨에 따라 농업 문제 해결방안이 외면당해 농업·농민 문제가 종전보다 더 심각하게 대두되었다. 식량 공급이 쇠퇴하고 도농 간 소득격차가 확대되어 이농·이촌 현상이 가속화되었다.

재촌탈농을 유도하고 전업농의 경영규모 확대를 도모함과 동시에 도시 노동자의 농촌 유입으로 도시과밀화를 해소하려는 정책 의지를 표방하고 농촌 공업화를 추진했지만 소기의 정책 효과를 거두지 못했다. 오히려 농가 인구의 도시 유출이 가속되는 부작용이 나타났다.

1970년대 후반부터 5년간 농가 호수 감소율은 9.4%였으나 1980년대 초반 5년간은 10.6%로 확대되었다. 아울러 농가 인구 감소율은 같은 기간 18.3%에서 21.3%로 확대되었다.

획기적인 농외소득원 개발정책이 추진되었는데도 농가경제는 위축되고 농촌 인구 유출이 가속됨에 따라 1986년 3월 '농어촌 종합대책'을 수립했고 두 번에 걸쳐 부채 경감대책을 펼쳤다. 아울러 뒤늦게나마 경영규모 확대를 근간으로 한 농업 구조 개선과 관련된 정책과제를 거론하기 시작했다.

농가가 경작규모를 확대하려면 농지 매입보다 농지 임차가 현실적이고 바람직하다는 판단하에 이를 촉진하기 위해 1986년 「농지임대차관리법」을 제정했다. 효력이 정지된 「농지개혁법」에 의거해 형식적으로 금지되어왔던 농지의 임대차를 합법화한 데 의의가 있다.

또한 이 종합대책에 의거해 농가의 경영규모 확대를 도모하고자 1988년부터 농협을 통해 장기 저리의 농지 구입자금을 지원하기 시작했다.

5. 구조 개선농정

1) 제1단계 구조 개선농정

1990년대에 들어와 개방농정이 본격적으로 전개됨에 따라 국내 농업의 국제경쟁력 확보 차원에서 획기적인 농업 구조 개선이 요청되었다. 1989년 농산물 수입자유화 예시계획 발표에 즈음해 같은 해 4월 '농어촌발전종합대책'이 마련되었다. 핵심 과제로서 농산물 수입 개방에 대응한 농업 구조 조정의 기본 방향과 구체적인 정책대안을 제시했으며 이를 요약하면 다음과 같다.

첫째, 농어촌을 대상으로 확고한 발전 방향을 제시하기 위해 농어촌 개발에 대한 중장기계획을 수립한다.

둘째, 중장기 발전 방향을 토대로 농가 부담을 덜어주고 지원을 확대해 당면한 농어촌 문제의 해결방안을 강구한다.

셋째, 농어촌 발전을 위한 제도적 장치로서 「농어촌발전특별조치법」을 제정하고 한국농어촌공사를 설립한다.

농어촌 발전을 위한 중심 시책으로 ① 농림수산업 구조 개선 촉진, ② 농산물가격 안정과 수요 개발, ③ 농외소득원 개발 촉진, ④ 농어촌 정주권 개발, ⑤ 농어민 부담 경감과 농어가 경제 안정, ⑥ 농수산물 수입자유화 예시에 대한 보완대책 추진, ⑦ 농수산 행정체계 개선 등이 제시되었다.

'농어촌발전종합대책'을 원활하게 수행하기 위한 제도적 장치로서 1990년 4월 「농어촌발전특별조치법」과 「농어촌진흥공사및농지관리기금법(농지관리기금법)」을 제정했다. 이 「농지관리기금법」에 의거해 농업 구조 개선 사업의 일환으로 농어촌진흥공사가 정부 대행으로 '농지구입자금 지원 사업', '농지매매 사업', '농지 장기 임대차 사업', '농지 교환·분합 사업'을 시행했다.

1989년 12월에 「농어가부채경감에관한특별조치법」이 공포되어 중장기자금과 상호금융자금에 대한 이자 감면 및 상환 연기 조치가 단행되었다. 뒤이어 1991년 7월에 '농어촌 구조 개선 대책'을 제시해 본격적으로 농업 구조 개선정책을 추진해나갔다. 전면적인 농산물 수입 개방이 불가피하다는 전제하에 농수산업 경쟁력을 강화하기 위해 농어촌 구조 혁신의 시대를 설정하고 획기적인 구조 개선 대책을 마련했다. 이 구조 개선 사업을 뒷받침하기 위해 1992년부터 2001년까지 10년간 42조 원에 달하는 구조 개선 자금을 투입하기로 결정했다. '농어촌 구조 개선 특별회계'를 마련해 농업 구조 개선 자금을 집행해나갔다. 같은 해 11월에는 농림수산 조세 감면 조치를 단행하고 중장기 정책자금 금리를 인하했다.

1993년 2월 문민정부가 출범했고 뒤이어 4월에 '신경제계획위원회'가 구성

〈표 2-6〉 문민정부와 국민의 정부 10대 시책

문민정부	국민의 정부
① 15만 호의 전문적인 가족 단위의 전업 농어가 육성	① 농가경영 안정대책
② 특색 있는 영농 및 고용 기회 확대(2·3차 산업 유치)	② 지속적 주곡 자급기반 마련
③ 농업회사법인체 도입	③ 농업 기반 공사 출범
④ 농지 개혁을 통한 경영혁신 뒷받침	④ 농업인을 위한 협동조합 개혁
⑤ 생산·유통·판매 계열화 → 1·2·3차 판매 복합 산업	⑤ 친환경농업 육성
⑥ 생산기반 완비(기계화, 자동화)와 지원제도 개선	⑥ 신지식 농업인 운동 추진
⑦ 기술 집약 농업, 환경 농업 육성을 위한 기술 개발과 지원	⑦ 농산물 유통 개혁
⑧ 품질을 통한 경쟁 우위 확보 및 수출 전략 품목으로 육성	⑧ 축산 진흥 중장기 계획
⑨ 경쟁력 있는 환경보전형 축산업 육성	⑨ WTO 차기 협상 대비
⑩ 기르는 어업과 경제성을 갖춘 산림자원 조성	⑩ 남북한 농업 협력 강화

되어 7월에 '신농정(新農政) 5개년 계획'이 발표되었다. 농정기조는 증산정책, 가격정책 위주에서 농업 생산성 제고를 강조하는 구조 개선정책으로 전환되었다. 또한 농업 구조 개선을 조기에 달성하기 위해 농어촌 구조 개선을 위한 42조 원 투융자 사업계획을 3년 앞당겨 1998년까지 완료하기로 결정했다.

한편 1993년 12월 타결된 UR 협상에 대응해 1994년 2월에 범국민적인 '농어촌발전위원회'를 발족시켰고, 6월에 '농어촌발전대책 및 농정 개혁 추진방안'을 마련했다. 농어업의 경쟁력을 강화하기 위한 대안으로 ① 2000년까지 15만 호의 전문적인 가족 단위의 전업 농어가를 육성하고, ② 중·소농의 특색을 감안해서 영농을 발전시키고 농어촌지역에 다양한 2·3차 산업을 유치함으로써 고용 기회를 확대하고, ③ 농업경영의 현대화를 위해 농업회사 법인제도를 도입하며, ④ 농지제도를 과감히 개혁해 경영혁신을 뒷받침하고, ⑤ 생산·유통·가공·판매의 계열화로 기존의 농수산업을 농·어민이 주도하는 1·2·3차의 복합산업으로 탈바꿈시키며, ⑥ 기계화·자동화 및 영농체계 구축을 위한 생산기반을 완비하고 지원제도를 개선하며, ⑦ 기술집약적인 농업과 환경농업을 육성하기 위한 기술 개발과 지원체계를 혁신하고, ⑧ 품질 위주의 농·어업경영을 촉진해 경쟁 우위를 확보하고 수출 전략품목으로 육성하며, ⑨ 경쟁력 있는 환경보전형 축산업을 적극적으로 육성하고, ⑩ 기르는 어업과 경제성 있는 산림자원을 조성하는 등의 10대 핵심시책을 제시했다(〈표 2-6〉 참조).

1994년 3월에 「농어촌특별세법」이 공포되어 1994년 7월 1일부터 2004년 6

월 30일까지 10년에 걸쳐 매년 1조 5,000억 원에 달하는 농어촌발전 투자금의 재원이 마련된 셈이었다.

아울러 농업 구조 개선을 뒷받침할 농지제도를 재정립할 필요성이 고조되면서 1994년 12월 「농지법」이 공포되어 1996년 1월부터 시행되었다. 생산 주체로서 「농어촌발전특별조치법」에 의거한 영농조합법인과 「농지법」에 규정한 농업회사법인 등의 조직경영체를 육성했다.

아울러 고령 영농자를 농업에서 은퇴시키고 농지 유동을 촉진할 목적으로 「WTO협정의이행에관한특별법」에 규정된 직접지불제를 근거로 1997년 2월 '농산물의 생산자를 위한 직접지불제도 시범규정'을 마련했다. 이 규정에 의거해 3년 이상 영농에 종사해온 65세 이상의 농업인이 경작하는 농지를 전업농에 매각하거나 3년 이상 장기로 임대하고 농업에서 은퇴하면 1ha당 258만 원의 보조금을 지불하는 이른바 '경영이양직불제'를 시행했다.

획기적인 농업 구조 개선 대책을 마련해 정부 투융자자금의 90% 이상을 투입하는 등 대대적으로 추진된 문민정부의 농업 구조 개선정책은 소기의 성과를 거두지 못했다는 평가를 받았다.

2) 제2단계 구조 개선농정

(1) 농정기조

외환위기 관리체제하에서 여야 간 정권 교체로 탄생한 '국민의 정부'는 당면한 농업 위기를 극복하고자 과감한 농정 개혁을 시도했다. 우선 농업 구조조정정책의 기본전략과 추진과제를 수정했다. 생산주체를 재정립해 정책 지원 대상을 중·소농 중심의 가족농으로 규정하고 이의 육성정책을 수립했다. 영농조합법인, 농업회사법인 등 조직 경영체에 대한 지원이 재검토되었고, 하드웨어 측면의 구조 개선을 축소하고 가격경쟁력보다는 품질경쟁력을 강화한다는 기본 방침을 밝히고 친환경농업을 강조했다.

국민의 정부는 '농정개혁위원회'를 구성해 '농업·농촌 발전계획'을 수립하고 이를 뒷받침할 투자계획을 마련했다. 1999~2004년에 투입할 정부 투융자 총 규모를 45조 원으로 확정하고, 이를 실천하기 위해 '농업·농촌 투융자 실천계획'을 수립했다. 경지 정리, 유리온실을 비롯한 생산시설, 농업인 후계자 육성, 축산단지 조성 등 하드웨어, 소프트웨어 측면을 불문하고 농업 구조 개선 투융자 사업의 양적 확대를 지양하고 내실을 기한다는 실천계획을 마련했다.

아울러 투융자 사업의 효율성을 제고하고자 투융자자금의 운영방식을 개선했다. 우선 자금 지원방식을 공급자 중심에서 수요자 중심으로 전환하고 시장경제 원리를 도입했다.

나아가 개별 경영체를 대상으로 사업별로 지급하는 자금을 통합해 '농업경영 종합자금'으로 일괄 지원했다. 즉, 종전에는 투자금을 축산시설 자금, 초지 조성 자금 등 개개 사업 단위로 배정하고 보조, 융자, 자부담 비율을 결정해 추진함에 따라 예산 낭비를 야기했다. '농업경영 종합자금제'란 개별 경영체가 농장 경영을 진단한 후 투자계획을 수립해 투자금을 신청하면 융자기관이 이를 검토해 지원 여부를 결정하는 투융자자금 지원방식이다. 정부 보조는 없애고 투자금을 장기 저리로 융자하는 지원체계로 전환되었다.

국민의 정부가 단행한 10대 농정시책은 〈표 2-6〉과 같다.

(2) 지원단체 재정비

농업·농촌의 발전방향을 제시하고 이를 실천하기 위한 기본 틀을 마련하고자 1999년 2월 「농업·농촌기본법」을 공포했다. 농업을 국민 식량을 안정적으로 공급하고 국토 및 환경보전에 기여하는 기간산업으로, 농업인을 타 산업 종사자와 균형을 갖춘 소득을 실현하는 경제주체로, 농촌을 전통문화를 보전하는 풍요롭고 쾌적한 생산 및 생활공간으로 발전시키는 기본 방향을 제시했다.

1992년부터 1998년까지 추진된 제1단계 농업 구조 개선 사업을 뒷받침하는 「농어촌발전특별조치법」은 효력이 한시적인 성격의 법률이었다. 따라서 1999년부터 추진된 농업 투융자 사업에 대한 법적인 뒷받침을 제공하고, 새천년시대의 농정 이념과 방향을 제시하며, 농업 관련 법규를 규제하는 농업 분야 헌법인 「농업·농촌기본법」을 제정했다.

또한 정부 대행으로 정부의 투융자 사업을 집행하는 공공단체와 농민단체를 정비했다. 농업 생산기반을 조성하고 이를 정비·관리하는 업무가 농어촌진흥공사, 농지개량조합연합회, 농지개량조합 간 중복되어 비능률적으로 운영되어왔다. 1999년 1월 「농업기반공사 및 농지관리기금법」이 국회에서 통과되어 농어촌진흥공사, 농지개량조합연합회, 농지개량조합을 통합한 농업기반공사(한국농어촌공사의 전신)가 설립되었다. 이에 따라 농업 기반시설을 설치하는 주체와 관리하는 주체가 일원화되었다.

농업 기반시설이 수행하는 공익적 기능을 중시해 국가 대행으로 공공단체가 기반시설을 직접 관리하고 용수 공급에 관련된 일체의 비용을 국가가 부담하도록 조치했다.

경종과 축산을 경영하며 산지를 보유한 농가는 경제적 편익을 도모하고자 농업협동조합, 축산협동조합, 임업협동조합의 각 조합원으로 활동했지만 불합리하다는 비난을 받아왔다. 이런 여론을 의식해 국민의 정부는 농업인을 위한 농협조직으로 개혁하려 시도했다. 우여곡절을 겪은 후 1999년 8월 3일 「농업협동조합법」이 국회에서 통과되어 이듬해에 축산업협동조합중앙회와 인삼협동조합중앙회를 농업협동조합중앙회로 통합시켰다.

3) 구조 개선농정 평가

UR 협상에 대비해 1992년부터 농어촌 구조 개선 대책을 추진해 1992~2002년 정부 투융자자금 62조 원, 지방비 10조 원, 자부담 10조 원 등 총 82조 원에 달하는 막대한 자금을 투입한 구조 개선농정은 원래 의도한 정책 효과를 거두지 못했다는 평가가 내려져 있는 실정이다.

초기에는 하드웨어 측면의 농업 구조 개선에 치중해 생산기반 정비, 도매시장 설치를 비롯한 유통 개선, 농업시설 현대화 등 농업의 사회간접자본 구축에 중점을 두었다. 그 결과 선진국에 비해 크게 뒤떨어진 농업 인프라를 단

〈표 2-7〉 대규모 경영농가 비율(1990~2000)

(단위: 호, %)

구분	1990년		1995년		2000년***
	농가 수*	생산 비중**	농가 수	생산 비중	(농가 수)
경지규모 3ha 이상	43,868 (2.5)	11.0	70,839 (4.7)	20.1	84,714 (6.1)
쌀 경작 3ha 이상	17,758 (1.2)	7.1	34,186 (2.8)	15.8	40,864 (3.8)
한우 50두 이상	938 (0.15)	5.4	2,654 (0.52)	11.8	4,684 (1.8)
젖소 50두 이상	635 (1.8)	11.0	1,414 (6.2)	20.7	3,980 (26.4)
돼지 1,000두 이상	293 (0.25)	18.4	1,057 (2.3)	31.4	2,376 (9.8)
시설면적 3,000평 이상	1,689 (1.7)		5,349 (3.9)		9,331 (4.0)

* 괄호 안 수치는 전체 농가에서 차지하는 비율.
** 생산 비율은 면적 혹은 사육 두수 기준.
*** 2000년 농업 총조사에는 규모별 면적과 두수에 대한 조사 자료가 없음.
자료: 박진도, 『WTO체제와 농정 개혁』, 102쪽.

〈표 2-8〉 농업 생산성의 기간별 연평균 변화율

(단위: %)

구분	1980~1985	1985~1990	1990~1995	1995~2000	2000~2003
농업성장률*	7.6	0.5	3.1	2.1	-3.4
농림업 취업자	-4.3	-2.7	-5.9	-1.1	-4.6
1인당 농업 생산	11.9	3.2	8.5	3.2	1.2
호당 농업소득**	7.5	5.6	4.8	-4.1	-5.5

* 농업 부가가치(2000=100)를 기준으로 한 것임.
** 실질 농업소득이며 평균 농업소득을 농가 구입가격지수(2000=100)로 나눈 것임.
자료: 박진도, 『WTO체제와 농정 개혁』, 101쪽.

기간에 상당 수준 정비하고 가뭄과 수해로 인한 피해에 대비한 안전 영농이 가능해졌다고 할 수 있다. 특히 농산물 유통 구조를 개선하고자 미곡종합처리장(Rice Processing Complex: RPC), 도매시장 등의 유통시설을 현대화하는 데 집중적으로 투자했다. 1991년에는 2개소에 불과했던 RPC가 2002년에는 328개로 늘어났고 같은 기간 공영(公營) 도매시장은 15개소에서 32개소로 확대되었다. 농산물 등급화·포장화 등을 통해 품질 차별화를 실현하려 노력했다.

영농규모화·전문화가 진행되어 경작규모가 3ha 이상인 농가는 1991년 4만

〈표 2-9〉 농가소득 수준 및 구성과 도농 간 소득격차(1990~2003)

(단위: 천 원, %)

구분	농가 소득 (A)	농업 소득 (B)	농외 소득 (C)	이전 수입 (b)	구성비			도시가구 소득 (E)	도농 소득격차 (A/E)	농가 부채 (F)	부채 비율 (F/A)
					B/A	C/A	C/B				
1990	18,625	10,581	4,799	3,245	56.8	25.8	17.4	19,120	97.4	7,997	42.9
1995	26,892	13,353	8,841	5,616	48.0	31.8	20.2	29,251	91.9	11,688	42.0
1996	28,482	13,248	9,153	6,081	46.5	32.1	21.4	31,579	90.2	14,345	50.4
1997	28,062	12,191	10,367	5,504	43.4	36.9	19.6	32,793	85.6	15,546	55.4
1998	22,156	9,681	7,541	4,933	43.7	34.0	22.3	27,672	80.1	18,390	83.0
1999	23,473	11,110	7,396	4,966	47.3	31.5	21.2	28,073	83.6	19,490	83.0
2000	23,072	10,897	7,432	4,743	47.2	32.2	20.1	28,643	80.6	20,207	87.6
2001	22,618	10,659	7,407	4,552	47.1	32.8	20.1	29,802	75.9	19,277	85.2
2002	22,331	10,286	7,427	4,617	46.1	33.2	20.7	30,574	73.0	23,372	104.7
2003	23,433	9,217	8,193	6,024	39.3	35.0	25.7	30,759	76.2	23,207	99.0

주 1: 소득과 부채는 농가 구입가격지수(2000=100)로 디플레이트한 실질가격.
자료: 황연수, 「개방경제하 농가소득정책 정립방향」.

2,000호에 불과했으나 2002년에는 7만 8,000호로 빠르게 증가했으며, 축산 분야에서도 경영규모화가 진행되었다(〈표 2-7〉 참조).

영농규모화의 목적은 농업 노동 생산성 제고를 통한 농업소득 증대다. 구조 개선농정으로 노동 생산성이 제고되었으나 농업소득 증대에는 기여하지 못하고 도농 간 소득격차는 확대되었다는 사실이 드러났으며(〈표 2-8〉 참조), 이를 농업 생산과 농업소득의 괴리 현상이라 정의했다.[14]

제1단계 구조 개선농정을 추진해 노동 생산성은 제고되었으나 농업소득 증대로 연계되지 않았고 농가 부채가 누증되는 결과를 초래했다. 이러한 현실을 감안해 제2단계 구조 개선농정에서는 여섯 차례에 걸친 부채 경감대책을 추진할 수밖에 없는 실정이었다.

도농 간 소득격차가 확대되고(〈표 2-9〉 참조) 아울러 농업인의 소득 안정장치가 미비하고 복지 증진 및 지역 문제 등에 대한 정책적 관심이 미약해 도시와의 격차가 확대되면서 농촌공동화가 심화되었다. 즉, 인구 3,000명 이하인 면이 1990년에는 152개에 불과했으나 2000년에는 447개로 증가했다.

14) 박진도, 『WTO체제와 농정 개혁』, 100쪽.

6. 복지농정

1) 농업·농촌 종합정책의 기본 틀

(1) 복지농정의 기본 구조

참여정부가 표방한 농정기조, 농정 방향 및 목표를 달성하기 위해 채택한 제반 정책수단은 2004년에 제시한 '농업·농촌 종합대책'에 집대성되어 있다.

'농촌과 도시가 더불어 사는 균형 발전 사회'를 농정의 비전으로 제시했고, 농업정책의 목표로 '지속가능한 농업', 소득정책의 목표로 '잘사는 농업인', 농촌정책의 목표로 '살고 싶은 농촌'을 각각 설정했다.

즉, 우리 농업을 전업농 중심의 지속가능한 생명산업으로 육성하고, 농업인은 근로자에 상응하는 소득을 실현하도록 지지하며, 농촌을 농촌다운 쾌적한 삶의 공간으로 조성한다는 기본 방향을 제시했다. 농업은 원칙적으로 시장원

〈그림 2-5〉 참여정부 농정의 기본 틀

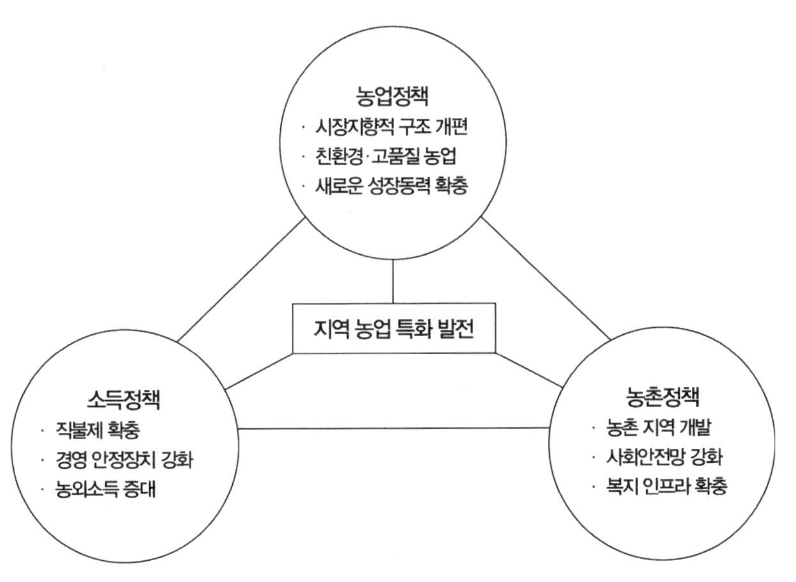

자료: 김홍상, 「농정추진상황 점검·평가」, 농정추진상황 점검 및 119조 투융자 사업 토론회(농어업·농어촌특별위원회, 2006), 7쪽.

리에 맡기고 농업인과 농촌은 소득과 복지정책으로 대응해 농업정책과 사회정책을 구분하는 농정기조를 표방했다(〈그림 2-5〉 참조).

정책대상을 농업 중심에서 농업·식품·농촌으로 확대하고, 평균적 지원에서 탈피해 농가 유형별로 차별 지원하는 원칙을 제시했다. 또한 이러한 정책목표를 달성할 수 있는 정책수단을 수정·보완했다. 즉, 정부가 주도하는 가격 지지 정책에서 벗어나 원칙적으로 시장원리에 맡기고 소득 보조를 통해 농가소득을 지지하는 농정의 기본 골격을 제시했다.

농촌에 대한 개념을 단순한 농업 생산공간이라는 범주에서 확대해 생산공간, 정주공간, 휴양공간이 융합된 복합지역으로 규정했다. 정부 재정 본연의 사명인 산업 간, 부문 간 이익 조정자 역할을 강화하고 농업인, 지방자치단체, 정부 등의 농정주체가 각자의 역할을 명확하게 분담해 정책목표를 달성한다는 전략을 수립했다. 농업을 시장지향형 구조로 개편하고, 친환경·고품질 농업으로 육성시키며, 새로운 성장동력을 보완하는 산업정책을 확충해 국내 농업의 경쟁력을 강화하는 데 농업정책의 핵심을 두었다.

직접지불제를 대폭 확충해 농가소득을 지지하고, 경영 안정 장치를 강화하며, 농외소득 증대를 통해 농가소득을 보전하고 불안정성을 완화해 농가경제의 안정을 도모하는 데 소득정책의 의의를 두었다.

이러한 농촌정책의 구체적인 내용을 〈그림 2-6〉에 제시했다. 농업인 사회보험에 대한 지원을 강화해 사회안전망을 확충하고, 교육·의료·기초 복지 등 복지인프라를 확충하며, 외부 자본의 농촌 유치 등을 통해 농촌지역을 종합적으로 개발하는 정책수단을 제시했다.

농어촌 분야 국정 과제와 관련해 '미래를 열어가는 농어촌의 실현'이라는 비전을 제시하고 5개 핵심 과제와 이를 구체적으로 실천할 9대 혁신과제를 설정했으며, 2004년부터 10년 동안 총 119조 원을 투입하기로 계획했다. 이를 근거로 농업·농촌 종합대책 사업을 119 사업이라 불렀다.

9대 혁신과제는 ① 한국 농업의 중추 세력인 전업농 육성, ② 미래의 농업을 선도할 젊은 인재 양성, ③ 농가소득 안정을 위한 직접지불제 확충, ④ 경

〈그림 2-6〉 농업·농촌 종합대책의 구성

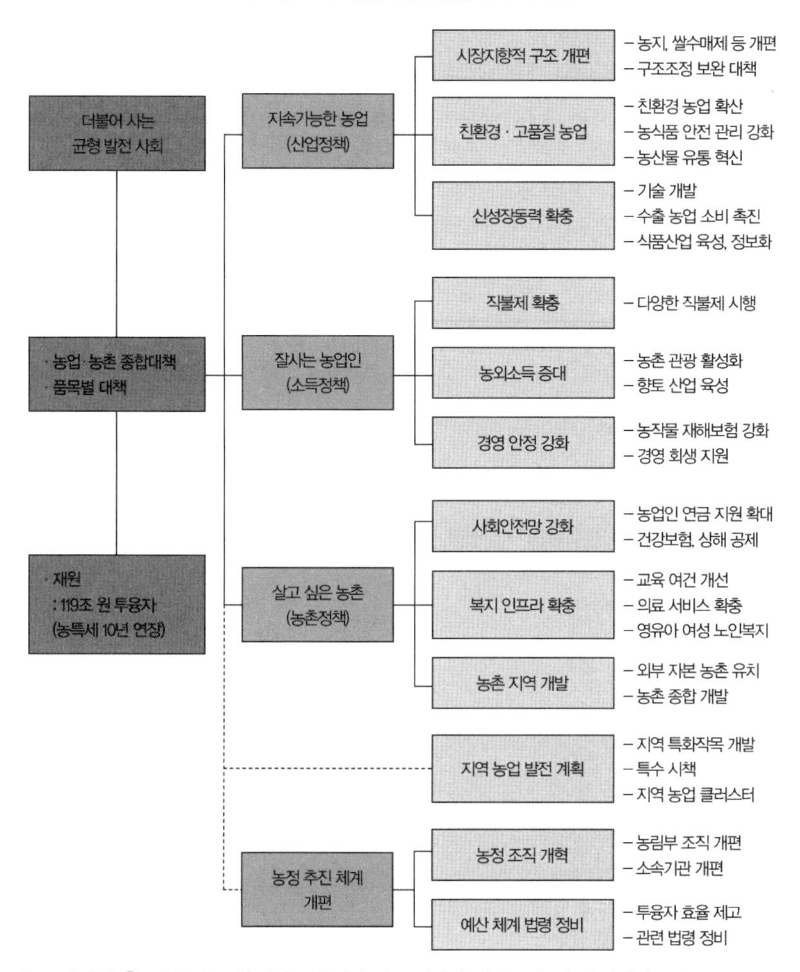

자료: 박성재, 『농업·농촌 종합대책 집행평가 및 조정방안 연구』(한국농촌경제연구원, 2007a), 10쪽.

쟁력의 출발점, 안전성 확보, ⑤ 소비자가 만족할 수 있는 친환경농업 확산, ⑥ 과학영농으로 농업의 새로운 지평 개척, ⑦ 품질 고급화로 새로운 시장 개척, ⑧ 복지 확충으로 농업인의 삶의 질 향상, ⑨ 지역 특성을 살린 농촌 개발 등이다.

(2) 참여정부 농정기조의 특징

1970년대 말까지 진행된 삼위일체농정에서는 농업정책이 농정의 기본 축으로 정착되었으나, 1980년대 개방화시기 이후에는 농업·농업인·농촌정책을 종합적으로 추진하는 종합농정으로 전환되었다. 뒤이어 구조 개선농정에서는 농업 구조 개선을 통한 농가소득 증대가 핵심 과제로 대두되었고, 농외소득 증대 정책을 위시한 농촌 개발은 부차적인 정책과제로 소외되었다.

참여정부의 농업·농촌 종합대책에 제시된 농정의 기본 틀에는 3대 축인 농업정책, 소득정책, 농촌정책의 역할이 명확하게 제시되어 있으나 상호 연관성이 취약한 편이었다. 농업인이 농업으로부터 만족할 만한 수준의 소득을 얻지 못하면 직불제가 주축인 소득 안정 장치를 통해 소득을 지지하고 안정시키겠다는 기본 전략을 제시했다. 이는 종합농정, 구조농정에 비해 정책대상인 농업과 농민 간 상호 연관성이 상대적으로 취약하다는 사실을 받아들인 셈이다.

농업 생산공간으로서의 역할뿐 아니라 비농업인의 정주공간 그리고 도시민의 휴양공간으로서의 역할도 강조했다. 농업·농민·농촌의 상호작용이 취약하다는 사실을 전제로 농업 구조 개선을 통한 농업소득 증대정책은 후퇴하고 생산 구조 개선과 고품질농산물 생산을 통한 품질 경쟁력을 강화하는 방안이 부각되었다. 동시에 농가소득 증대방안으로서 직불제의 중요성이 대두되었으며 농어촌 교육, 의료서비스 등 농민과 농촌의 복지가 강조되었다.

부문별 투자계획을 보면 농업 구조 조정정책이 후퇴한 사실을 간접적으로 이해할 수 있다. 제1단계 구조 개선농정에서는 정부 투융자자금의 90% 이상이 농업 구조 개선 사업에 투입되었고, 제2단계 구조 개선농정에서는 80% 이상이 투입되었다. 복지농정에서는 농업 구조 개선 사업이 약화되었다는 사실이 드러났다. 농업 구조 분야인 농업 체질 강화와 경쟁력 제고 사업에 투입되는 자금의 구성비를 보면 2003년에는 24.8%였고 2008년에는 28.5%, 2013년에는 비율이 32.2%에 달하는 것으로 나타나 있다(〈표 2-10〉 참조).

물론 구조농정에서는 RPC, 농산물 도매시장 등 하드웨어 분야에 중점적으로 투자했지만 복지농정에서는 소프트분야 투자에 역점을 두었다는 사실을

〈표 2-10〉 분야별 투융자 규모 추이

(단위: 백억 원, %)

정책 분야	2003		2008		2013	
	투자액	구성비	투자액	구성비	투자액	구성비
농업 체질 강화, 경쟁력 제고	191	24.8	311	28.5	479	32.2
농가소득 및 경영 안정	159	20.6	285	26.1	447	30.0
직접 지불 사업	72	9.3	247	22.6	341	22.9
농촌복지 및 지역 개발	66	8.6	157	14.4	256	17.2
농산물 유통 혁신	52	6.7	102	9.3	95	6.4
산림자원 육성	50	6.5	66	6.0	81	5.4
농업 생산기반 정비	251	32.6	171	15.7	132	8.9
합계	771	100.0	1,092	100.0	1,489	100.0

자료: 박성재, 「119조 농림투융자 사업 평가」, 65쪽.

감안해야 하지만, 양적인 측면만 고려하면 참여정부의 구조 개선농정이 상대적으로 후퇴한 것으로 판단할 수 있다.

제3장
농업 생산·기술정책

1. 농업 생산기반 정비

1) 농업 기반 정비 사업의 정의 및 분류

농업의 토지 생산성 제고에 기여하는 용수 공급과 배수 개선, 나아가 노동 생산성 제고에 직접적으로 기여하는 경지 정리 등을 일컬어 농업 생산기반 정비 사업이라 한다. 물론 광의로 정의할 때는 식량 증산에 기여하는 개간(開墾), 간척(干拓) 등의 농지 확장 혹은 농지 개발까지 포함된다.

현재 수행하는 농업 생산기반 정비 사업내용이 1995년 제정된 「농어촌정비법」에 명기되어 있고, 이를 요약한 것이 〈그림 3-1〉에 제시되어 있다.

국민의 기본 식량을 안정적으로 생산, 공급해야 한다는 공감대가 이루어져 식량안보 차원에서 농업 기반 정비 사업을 국가 보조(state aid)로 수행해왔다. 아울러 근년에 들어와 국토 및 환경보전, 수자원 보전 및 수질 정화, 경관 유지 등 농업이 갖는 외부 경제효과를 감안해 농업을 준공공재로 간주하고 농업 기반 정비 사업을 정부의 고유 사업으로 수행한다.

〈그림 3-1〉 농업 기반 정비 사업의 분류

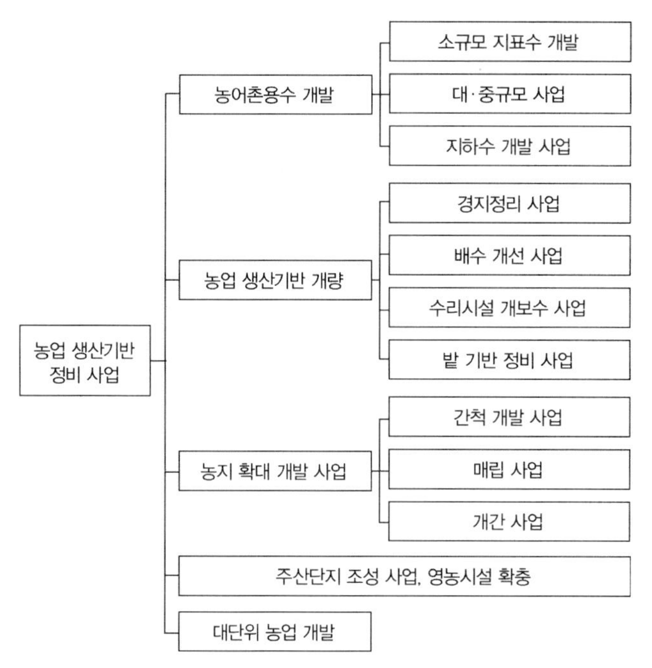

자료: 농림부, 「농촌지역개발과 연계한 효율적 생산기반 정비 사업 시행에 관한 연구」(2005), 48쪽.

2) 생산기반 정비 사업의 전개 과정

(1) 개설

농업 생산기반 정비 사업을 추진해오는 과정에서 투자 우선순위를 선정할 때 적용하는 기준은 ① 국민의 기본 식량인 쌀의 단위당 수량 증대 및 안정화, ② 농업 노동 생산성 제고, ③ 밭작물 기반 정비 등이다(〈표 3-1〉 참조).

1970년대 이전까지는 논농사 용수 개발 사업에 집중적으로 투자해왔으며, 1970년대에 와서는 만성적인 식량 부족을 해결하려는 정책목표를 설정하고 '대단위 농업 종합개발 사업'을 병행해왔다. 농업용수 개발, 경지 정리, 개간, 간척, 배수 개선 등 토지 생산성을 높일 수 있도록 농업의 생산기반을 정비함과 동시에 농지를 확장하는 종합개발 사업이 추진되었다. 물론 대단위 개발

〈표 3-1〉 한국 농촌 정비 사업의 발전 과정(1946~2004년)

구분	주요 정책	관련 제도	주요 사업성과
원조에 의한 수리 사업의 재건 (1946~1959)	· 극심한 식량난 해결을 위한 우선적인 수리 사업 재건 - UNKRA, FAO 등의 원조기관에 의한 사업용 자재·자금 조달 - 관련 단체 정비와 사업 계승	· 부분 정비 - 「조선수리조합령」, 「조선토지개량령」, 「조선농지개발령」 단령 등 - 수리조합연합회, 농지 개발영단의 기능 부활	· 수리조합 중심의 수리 시설 설치 사업 - 174,721ha · 수리조합의 양산 - 425개 조합 18만 6,0 00ha - 699개 조합 33만 5, 000ha
사업제도의 정비 사업과 계획적인 사업 추진 (1960~1969)	· 이미 투자된 사업비 중 장기체 일부 탕감 · 관련 법규 정비 · 식량 증산책으로 개간 사업 강행 · 경지 정리 사업 채택과 농촌 근대화 촉진 · 농업용수 개발 방향의 전환 - 가뭄 극복 시설의 집중적인 개발 · 개간·간척 대상 자원의 발굴	· 「수리조합합병에관한특별조치법」(1961년) · 「토지개량사업장기채정리특별조치법」(1963년) · 「토지개량사업법」(1961년) · 「개간촉진법」(1962년), 「농경지조성법」(1967년) · 미국 정치자금단체(PAC) 자금 투입 · 보조율 인상 - 지하수 100% · 농업용수개발계획(1968년)	· 699조합(1960년) - 198조합(1961년) · 장기체 탕감액: 18억 7,400만 원 · 개간: 152,852ha · 경지 정리: 84153ha · 농업용수 개발: 316, 638ha - 조합: 95,691ha · 개간농지: 163,173ha - 간척 가능지 22만 5,000ha 발굴
외국 차관 도입에 의한 집중적인 개발 (1970~1989)	· 농촌 근대화를 지향한 사업체제의 전환 · IBRD, ADB 등의 차관 유치에 의한 사업비 재원 조달 · 경지 정리 사업 확대로 기계화 영농기반 구축 - 사업비 보조율 인상 · 배수 개선, 야산 개발 사업의 추진 · 농조 통폐합 및 장기채의 국고 보조 전환 · 수리시설의 내한 능력 평가에 의한 농업용수 개발 방향 전환 · 농촌지역 종합 개발 계획의 시도 · 농조의 조합비 인하 및 경상비 국고 보조 채택	· 「농촌근대화촉진법」(1970년) - 농업진흥공사 발족 - 토지개량조합연합회와 지하수개발공사의 통합 · 대단위 농업 종합개발 사업을 위한 차관 협정 · 경지 정리 사업 계획·설계 기준 설정(1970년) · 「농지확대개발촉진법」 · 「농지개량조합육성에관한특별조치법」(1971년) · 수리답의 개념 정리 및 농업용수개발 10개년 계획 수립(1981년) · 군 단위의 지역종합개발 계획 수립을 위한 조사와 시범 사업 실시 · 「농어촌특별조치법」 · 「농지개량조합육성에관한특별조치법」(1989년) - 조합비 25kg/10a-5kg/10a	· 대단위 개발 11지구 9만 9,069ha 준공 · 차관 액: 3억 1,920만 달러 및 325억 8,500만 엔 · 농업용수 개발: 28만4, 882ha/조합15만 1,848ha · 경지 정리: 38만 9,981ha · 야산 개발: 3만2,196ha · 농조 통폐합: 127조합(1972년) - 103조합(1983년) · 장기채 국고 보조 전환액(감면): 6,140억 원(1989년) · 수리답: 86%(1979년) - 수리시설을 내한 능력별로 등급화 · 137개 군 중 64개 군에 대한 농어촌종합개발계획조사(1985~1989년) · 조합비 경상보조 997

			억 6,300만 원(1988~1989년)
UR대책 기반 정비 투자의 확대(1990~2004)	· 경지 정리 사업의 집중적인 추진 - 1998년까지 농업 진흥 지역 내 정비 완료 - 대 구획 정비 채택 - 기계화 경작로 확대 포장 사업 채택 · 관련 법규 정비 · 밭 기반 정비 사업 추진(1994년) - 채소, 특작, 화훼, 과수단지 위주	· 보조율 인상(1998년), 농특세에 의한 사업비 조달(국고:지방지:자부담 비율을 70:30:10에서 80:20:0으로 조정) · 「농어촌진흥공사및농지 관리기금법」(1990년) - 농어촌진흥공사의 설립·운영 등 규정 · 「농어촌정비법」(1994년) - 농업 생산기반 및 농촌생활환경 정비에 관한 사업 시행 절차 규정(1995년) · 농업 기반시설 관리 규정(1995년) - 주요 수리시설의 안전 관리 규정 · 「농업기반공사및농지관리기금법」(1999년)	· 일반 경지 정리: 23만 6,779ha · 대 구획: 5만 3,300ha · 기계화 경작로: 5,308km · 밭 기반 정비: 2만 5,3 52ha · 농업용수 개발: 9만 5, 770ha · 배수 개선: 36, 9:80, 5 30ha · 간척: 22,529ha · 개간(비보조): 1,852ha

자료: 농림부, 「농촌지역개발과 연계한 효율적 생산기반 정비 사업 시행에 관한 연구」, 55쪽.

사업에 소요되는 투자 재원은 세계은행(IBRD), 아시아개발은행(ADB) 등 국제개발기구에서 차관해 충당했다.

1980년대에 들어와 농업 노동의 도시 유출로 농촌 노임이 상승함에 따라 농작업의 기계화가 절실히 요청되어 영농 기계화의 선행 조건인 경지 정리 사업을 대대적으로 전개하기에 이르렀다. 이처럼 광복 이후 현재에 이르기까지 수행한 농업 기반 정비 사업은 그 내용을 기준으로 크게 4단계로 구분할 수 있다.[1)]

(2) 제1단계

1946년부터 1959년까지의 시기를 외국 원조에 의한 수리사업 재건기(再建

1) 한국농촌경제연구원, 『한국농정50년사』, 134~188쪽에 제시된 내용을 요약·정리하였음.

期)라 부른다. 광복 이후 극심한 식량난을 해결할 수 있는 증산 방안으로 수리시설 확충이 절실히 요구되었다.

국가 재정이 빈약해 기반사업에 소요되는 투자금을 충당하기 어려운 형편이었으므로 미국의 국제협력처(International Cooperation Adminstration: ICA)와 대외활동본부(Foreign Operation Administration: FOA), 국제연합 한국재건단(United Nations Korea Reconstruction Agency: UNKRA) 등의 기관으로부터 원조자금을 조달해 수리시설을 보강하고 신축했다. 사업 시행에 뒷받침되는 관련 법규로 일제강점기하 법령인 「조선수리조합령」과 「조선토지개량령」 등을 그대로 적용했다.

(3) 제2단계

1960년부터 1969년까지의 10년간이다. 우선 농업 기반 정비 사업의 관련 제도를 정비했다. 1961년에 「토지개량사업법」을, 1962년에 「개간촉진법」을 각각 제정했다. 이에 의거해 농지기반 정비 사업을 체계적으로 추진했다. 가뭄을 극복하기 위해 양수장을 설치하고 지하수를 중점적으로 개발했다.

또한 1962년에 「공유수면매립법」이 제정됨에 따라 공유수면을 매립해 농지를 확장하는 사업인 간척사업이 본격적으로 추진되었다. 즉, 국제연합개발계획(UN Development Program: UNDP)의 지원으로 1961년부터 1966년까지 간척적지(干拓敵地) 조사 사업이 시행되었다. 이 조사를 통해 서해안에 산재되어 있는 간척 가능 면적이 22만 5,000ha에 이르는 것을 알 수 있었다. 이를 바탕으로 1970년대에 들어와 서해안 간척사업이 본격적으로 수행되었다.

아울러 1962년부터 1966년까지 UNDP의 지원하에 개간적지(開墾敵地) 조사 사업이 진행되었다. 전국 임야 면적의 62%에 해당하는 400만ha를 조사해 개간적지 16만 3,000ha를 찾아냈다.

이를 토대로 식량 증산을 위한 개간사업을 전개했다. 그중 개간에 의한 귀농정착(歸農定着) 사업이 돋보였다. 전국에 산재한 24개 지구 2,406ha에 달하는 개간 예정지에 도시 실업자 1,228세대를 이주 정착시키는 사업이었다. 정착민이 직접 농지를 개간하도록 유도하면서 분양했다. 아울러 주택 건설과 영농자재 구입을 비롯한 영농자금을 지원했다.

또한 이 시기에 '협업 개척 농장' 사업이 시도되었다. 1962년 농림부장관 자문기관인 '농업 구조정책심의회'가 발족되고 여기서 산지를 개간해 협업 개척 농장을 설립하도록 건의했다. 전국에 5개의 협업 개척 농장이 설립되었지만 성공하지 못하고 시행착오로 끝났다.

(4) 제3단계

1970~1989년까지의 기간이며, 외국 차관을 도입해 농업 기반 정비 사업을 대대적으로 전개했다. 1970년에 「농촌근대화촉진법」을 제정해 '토지개량연합회'와 '토지개발공사'를 통합한 '농업진흥공사'를 설립했다. 여기서 농지기반 정비 사업에 소요되는 자금을 IBRD, ADB, 해외경제협력기금(OECF) 등의 국제기관의 차관으로 충당해 농업용수 개발 사업과 대단위 농업 종합개발 사업을 추진했다. 수리시설의 내한발(耐旱魃) 능력을 조사해 이를 바탕으로 '농업용수개발 10개년계획'을 추진했다. 아울러 1975년에 「농지확대개발촉진법」을 제정해 야산 개발과 배수 개선 사업을 추진했다.

(5) 제4단계

1990년 이후 현재까지이며 UR 대책으로서 농업 기반 정비 사업에 대한 투자를 확대한 시기다. 개방경제에 대응해 1990년부터 본격적으로 추진한 농업구조 개선 사업의 일환으로 농업 기반 정비 사업을 확충했다. 국제경쟁력을 강화하고자 경지 정리 사업을 집중적으로 추진했다. 농업진흥지역 내의 경지정리를 완료했고, 대형 농기계의 작업 능률을 향상시켜 노동 생산성을 높이고자 '대 구획 경지 정리 사업'을 도입했다. 아울러 1994년부터 밭 기반 정비 사업에 착수했다.

3) 사업 추진체계

(1) 기본 원칙

농업 기반 정비 사업의 수혜자는 농업 생산자임을 전제하고 초기부터 수익자 부담 원칙하에 사업을 추진해왔다. 기반시설 설치에 소요되는 고정투자금을 장기저리 융자형식을 빌려 수혜자가 부담해왔다. 물론 투자금의 일부를 정부가 보조했다.

아울러 기반시설의 유지, 관리 및 운영에 소요되는 일체의 비용을 수익자 부담 원칙에 의거 생산자가 부담했다. 생산자들은 자율 조직인 조합을 결성해 농지기반 사업을 추진하고 관리해왔다.

그러나 경제성정과 더불어 도농 간 소득격차가 심화되었음에도 농업 기반 정비 사업에 투입되는 고정투자금 부담이 가중되어 농업경영비 압박이 야기되었다. 따라서 농가 부담을 줄이기 위해 고정투자금을 국고보조로 충당했고 기반시설의 유지, 관리에 소요되는 조합비를 경감하는 조치를 감행했다.

개방경제로 전환되어 농업이 수행하는 공익적 기능이 중시됨에 따라 농업 기반 확충에 투입되는 고정비를 포함해 시설의 유지비, 관리비, 운영비 일체를 국가가 부담하게 되었다.

(2) 관리 주체

광복 이후 1960년까지는 「조선수리조합령」 및 「조선토지개량령」 등의 법규에 의거해 농업 기반 정비 사업을 추진해왔으며, 기반 사업 시행 주체와 관리 주체는 수리조합이었다.

1961년 8월에 「수리조합합병에관한특별조치법」을 제정해 1군 1개 조합이라는 원칙하에 소규모로 난립되어 있던 695개 조합을 합병해 198개로 축소시켰다. 아울러 1961년 12월에 「토지개량사업법」을 제정해 수리조합을 토지개량조합으로, 수리조합연합회를 토지개량조합연합회로 각각 개칭했다.

1970년에 공포한 「농촌근대화촉진법」에 의거 토지개량연합회와 지하수개발공사를 통합한 농업진흥공사를 발족시켰다. 1971년에 「농지개량조합육성에관한특별조치법」을 제정해 토지개량조합을 농지개량조합으로 개칭했다.

농업 기반시설을 건설하는 주체는 농업진흥공사, 관리 주체는 농지개량조합으로 역할이 분담되어 있었다. 농업 기반시설을 유지, 관리하는 농지개량조합은 운영비를 먼저 지출하고 수익자 부담 원칙하에 조합비 명목으로 조합원으로부터 운영비 일체를 징수했다.

농업 기반시설에 투입되는 고정투자금을 자부담 원칙하에 장기저리 융자금으로 충당했고, 그 원리금(元利金)을 수혜자인 생산자가 부담했다. 수시로 투입되는 고정시설의 개보수(改補修) 비용을 조합원의 특별 조합비로 충당했다. 아울러 기반시설의 유지, 관리에 소요되는 운영비를 조합비 명목으로 징수해 충당했다.

1983년 5월 여소야대(與小野大)의 대결 구도로 제12대 국회가 개원함에 따라 농업 기반 정비에 수반되는 비용 부담 방식에 일대 전환기를 맞았다.

1986년에 들어와 민주화운동이 격렬하게 전개되는 와중에 축산물가격 폭락과 농가 부채 누증 등의 농업 문제가 심각하게 대두되었고 생산자의 불만이 고조되었다. 이를 감안해 정부는 1986년 「농어촌종합대책」을 발표했다. 이의 세부 실천 과제로 수익자 부담 원칙하에 징수해온 농지개량조합의 조합비를 논 10a당 조곡 15㎏로 인하해 일률적으로 징수했다.

1987년에 들어와 조합비의 과다 징수와 비민주적인 조합 운영에 관한 불만이 터져 나왔고 조합비를 수세로 호칭한 전국적 '수세 거부 운동'이 대대적으로 전개되었다. 이러한 농민의 뜻이 받아들여져 1988년 「농지개량조합육성에관한특별조치법」을 개정해 조합비를 10a당 10kg로 인하했다.

그러나 농민은 이에 만족하지 않고 1989년 2월 여의도 광장에서 대대적인 농민집회를 개최해 '수세 폐지와 수리청 신설'을 강력하게 주장했다. 정부 당국은 다시 「농지개량조합육성에관한특별조치법」을 개정해 조합비를 10a당 5kg로 인하하고 농지기반시설에 투입된 고정투자금 전액을 국고 보조로 충당하는 조치를 단행했다.

1990년대에 들어와 개방경제체제로 전환됨에 따라 국내 농산물의 국제경쟁력을 강화하고자 획기적인 농업 구조 개선 사업이 전개되었다. 이를 뒷받침하는 제도적 장치로 1990년 4월에 「농어촌발전특별조치법」을 제정했다. 동시에 「농어촌진흥공사및농지관리기금법」을 공포했다. 이 법에 의거해 농업진흥공사를 농어촌진흥공사로 개칭했으며, 기존의 농업 기반 정비 사업 외에 농지 매매, 농지 장기 임대차 사업 등 영농규모화 사업을 수행했다.

1993년 2월 '문민정부' 출범과 함께 농업 기반시설과 농어촌 생활기반 정비를 뒷받침하는 종합적인 법률이 절실히 요구되어 1995년 12월 「농어촌정비법」이 공포되었다. 이를 통해 농업 기반을 정비하고 농어촌 생활환경을 개선하며 한계 농지와 농어촌 휴양자원 등을 종합적이고 체계적으로 개발할 수 있는 제도를 정비했다. 아울러 1995년 12월에 「농지개량조합법」을 제정했다.

4) 사업성과

광복 이후 막대한 자금을 투입해 지속적으로 농업 생산기반을 구축해왔다. 외국 원조, 차관, 정부예산 등 다양한 방법을 동원해 기반 정비에 소요되는 투자금을 충당했다. 사업 추진 과정에서 투자의 타당성이 무시된 채 정치적인 논리에 밀려 투자의 우선순위가 뒤바뀌는 시행착오를 겪었지만 농지기반 정비 사업은 큰 성과를 거두었다.

2010년 당시 수리안전답(水利安全畓)의 비율이 79.8%에 달했으며, 경지 정리가 완비된 답 면적의 비율이 60%에 이르렀다. 배수 개선 사업 면적은 7만 ha에 달했다. 식량 자급률을 높인다는 차원에서 개간으로 18만 9,000ha, 간척 사업으로 4만 1,000ha에 달하는 농지를 확대했다(〈그림 3-2〉 참조).

주요 사업별 기반 정비 사업 실적과 주요 사업별 투자액이 128쪽 〈표 3-2〉에 제시되어 있다.

농업용수 개발 사업은 광복 이후 지속적으로 전개되었고, 특히 재난을 당한 후에야 비로소 사업의 필요성이 강조되어 정부의 투자 사업이 확대되었다.

〈그림 3-2〉 수리답 규모 및 수리답 비율 변동 추세(1990~2009)

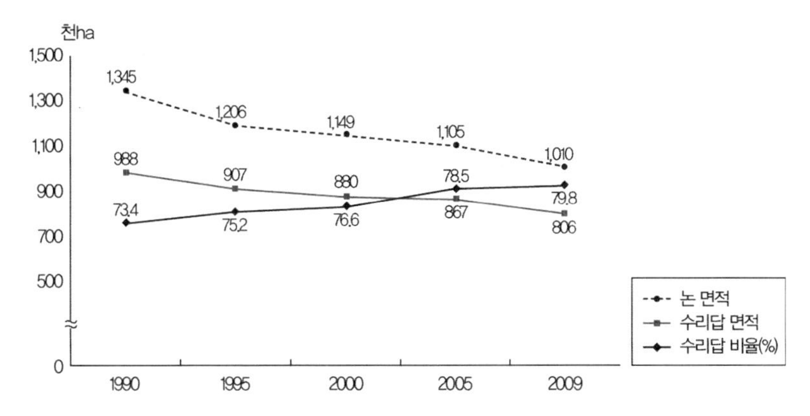

자료: 농림수산식품부·한국농어촌공사, 「농업 생산기반 정비 사업 통계 연보」(2010), 20쪽.

특히 1962년과 1964년 두 차례에 걸쳐 큰 가뭄을 겪은 후 전천후 농업용수 개발 계획을 수립해 투자를 확대했고, 뒤이어 1967년과 1968년에 일어난 대한파를 계기로 농업용수 개발 사업이 더욱 확대되었다.

1977년과 1978년에 일어난 가뭄을 계기로 수리시설 내한발 능력을 전면적으로 검토해 농업용수개발 10개년 계획이 완료되는 1991년까지 수리답 비율을 90%로 끌어올린다는 목표를 세우고 사업을 추진했지만 정부 투자가 뒤따르지 못해 수리답 비율이 76%에 그쳤다.

논 경지 정리 사업은 1965년에 정부의 투융자 사업으로 채택되었으나 실적이 저조했다. 농업 노동력 유출로 농작업의 기계화가 절실히 요청된 1970년대부터 경지 정리 사업이 본격적으로 추진되었다. 밭 경지 정리 사업은 1990년대에 들어와 추진된 농업 구조 개선 사업의 일환으로 시작되었으나 그 실적은 미미한 수준이었다.

개간사업은 식량 증산 차원에서 1957년부터 정부 사업으로 채택되었다. 경제성장 초기 단계인 1962년부터 6년간 개간 붐을 일으킨 바 있었지만 경제성장과 더불어 투자의 타당성이 확보되지 않아 쇠퇴하기 시작했다. 또 세계 석유위기, 식량위기를 겪은 후 식량위기에 대비해야 한다는 공감대가 형성되어

〈표 3-2〉 농업 생산기반 정비 사업의 사업별 실적

(단위: ha, 백만 원)

구분	계		1945~1959		1960~1969		1970~1979		1980~1989		1990~1999		2000~2006***	
	개발 정비 면적	사업비	개발 정비 면적	사업비*	개발 정비 면적	사업비	개발 정비 면적	사업비	개발 정비 면적	사업비	개발 정비 면적	사업비	개발 정비 면적	사업비
농촌 용수 개발	983,230	4,962,362	173,828	7,854 (92,3)**	337,171	27,451 (54.0)	214,648	202,418 (33.0)	82,627	898,502 (28.8)	97,233	3,826,137 (28.2)	77,723	
배수 개선	132,172	1,123,755	-	-	-	-	16,526	10,439 (1.7)	25,783	186,419 (6.0)	39,263	926,897 (6.8)	50,600	
경지 정리	687,602	6,961,435	-	-	95,953	9,662 (19.0)	196,972	109,160 (17.8)	160,759	969,024 (31.1)	200,376	5,873,589 (43.3)	33,542	
대단위 종합 개발	183,269	2,117,578					68,707	259,158 (42.2)	30,362	863,371 (27.7)	84,200	995,049 (7.4)	-	
개간	192,858	53,155	2,514	44 (0.5)	152,833	8,269 (16.3)	27,550	23,775 (3.9)	4,646	21,067 (0.7)	2,709	-	2,606	
간척	49,847	1,310,995	3,655	610 (7.2)	8,109	5,490 (10.8)	1,550	8,645 (1.4)	5,038	179,721 (5.8)	22,258	1,116,529 (8.2)	9,237	
밭 기반 정비****	56,070	820,376	-	-	-	-	-	-	-	-	36,589	820,376 (6.1)	19,481	
계	2,285,048	17,349,656	179,997	8,508 (100.0)	594,066	50,872 (100.0)	525,953	613,595 (100.0)	309,215	3,118,104 (100.0)	482,628	13,558,577 (100.0)	193,189	

* 1990년 가격 환산치.

** 사업비 비율(%).

*** 국가통계포털 농업 생산 기반 정비 사업 통계조사.

**** 2000~2003년 자료.

자료: 농림부, 「농촌지역개발과 연계한 효율적 생산기반정비사업 시행에 관한 연구」(2005), 58~66쪽.

1975년부터 5년간 단지화 개간, 즉 대규모 단위의 농지개간이 집중적으로 이루어졌다. 그러나 식량 사정이 호전되고 농산물 수입 개방이 불가피하게 전개됨에 따라 1987년 이후 농지 개간이 사라졌다.

용수 개발, 경지 정리, 배수 개선, 간척 등 단일 목적 사업별로 기반 정비 사업이 추진되어왔으나 농업 기반 정비와 농지 확장 사업을 동시에 수행하는 것이 효율적이라는 판단하에 대단위 농업종합개발 사업을 추진했다. 총사업비의 30~40%를 세계은행, 아시아은행 등 국제금융기관의 차관으로 충당했다.

2. 농업기술 개발

1) 농업기술의 기본 인식

(1) 기술의 정의

기술은 '가용한 자원을 이용해 인간생활에 유용한 물질이나 용역을 생산해 내는 지식 혹은 일'이다. 경제학적인 측면에서 볼 때 기술이란 생산요소의 투입과 산출의 관계로 나타내며, 기술의 절대적인 비교 지표는 토지, 노동, 자본의 생산성 차이다.

기술혁신 혹은 기술 개발의 목적은 토지 생산성이나 노동 생산성을 제고하고 경영 효율을 높여 수익성을 올리는 데 있다.

농업기술 중에는 그 특성상 시장실패가 일어나는, 이른바 공공재나 준공공재 범주에 속하는 기술이 많으며, 이러한 기술 개발은 정부나 공공기관에서 담당해야 한다.

기술 개발의 궁극적인 목적은 생산성을 제고해 생산비를 절감하는 데 있으므로 상대적으로 희소한 자원을 줄이고 풍부한 자원을 이용하는 기술로 발전해야 한다. 예를 들어 토지가 상대적으로 희소하고 노동이 풍부한 사회적·경제적 여건이라면 노동을 더 많이 이용하고 투입되는 토지를 줄일 수 있는 기술을 개발해 생산비를 절감할 수 있다.

사과의 경우 노동력이 상대적으로 풍부한 시기에는 토지 이용률을 줄일 수 있도록 수고(樹高)를 높게 재배했으나 노동력이 상대적인 희소자원으로 전환된 이후에는 노동력을 절감할 수 있는 왜성(倭性)사과를 개발했다. 이러한 유형의 사과는 토지 이용형이므로 토지 생산성은 떨어지지만 노동력 절감으로 노동 생산성 제고를 가져올 수 있다.

배의 경우도 마찬가지로 노임이 상대적으로 낮은 수준일 때는 배나무를 교목(喬木)형으로 재배했지만 오늘날에 와서는 노동력을 절감하려고 Y자 저수고형(低樹高型)으로 재배한다. 단감도 마찬가지로 투입 노동력을 줄이기 위해 저수고형으로 바꾸었다.

(2) 농업기술의 분류

농업기술은 과학기술의 범주에 속하며 사용하는 목적과 용도에 따라 여러 가지 형태로 분류할 수 있는데 분류 기준은 기술의 내용과 사용 목적이다. 기술내용에 따라 분류한다는 것은 기술의 원리나 학문 분야에 근거해서 분류한다는 것을 의미한다.

이용되는 학문을 기준으로 농업기술을 분류하면 농업기술은 ① 생물·화학적 기술(Bio-chemical Technology), ② 기계적 기술(Mechanical Technology), ③ 경영적 기술(Managerial Technology) 등으로 나뉜다.

또한 이를 세분해 ① 관개기술혁신, 즉 H기술(Hydrological Innovation), ② 생물학적 기술혁신, 즉 B기술(Biological Innovation), ③ 화학적 기술혁신, 즉 C기술(Chemical Innovation), ④ 기계학적 기술혁신, 즉 M기술(Mechanical Innovation), ⑤ 경제적 기술혁신, 즉 E기술(Economic Innovation), ⑥ 환경보전 및 식품기술, 즉 EC·FH기술(Environment Conservation and Food Hygiene Innovation) 등으로 나눈다.

농업과학기술의 주류는 농업·생물자원을 생산하고 이용하는 기술이며, 이는 ① 식물자원 생산·이용기술, ② 동물자원 생산·이용기술, ③ 식품공학기술

〈표 3-3〉 식물자원 생산·이용기술의 분류

1차 구분	2차 구분
재배기술	· 일반 재배기술 · 시설 재배기술 · 유기농업기술
육종기술	· 교배·선발 육종기술 · 종자 생산기술
식물조직·세포 배양기술	· 인공종자 생산기술 · 인공종묘 대량 생산기술 · 기내 증식 및 공정육묘기술 · 식물세포주 유지·보존기술 · 원형질체 융합기술 · 이차대사물 생산기술 · 세포조직 배양기술의 자동화 · 유전자 도입 및 발현기술
형질 변환 및 분장 육종기술	· 후대검정(progeny test) 및 유전자 분석기술 · 유용물질의 대량 생산기술 · 식물분자 육종기술 · 식물세포비파괴 조직분석기술
식물세포 분화 유도기술	· 식물호르몬의 생합성 및 작용기작 · 생장·발육 및 분화 제어기작
유전자보전·이용기술	· 종자수집 및 저장기술 · 식물세포 저장기술 · 유전자 탐색 · 이용기술
병충해 방제기술	· 식물병 검색기술 · 일반 방제기술 · 종합 방제기술
농산물 품질 관리·저장기술	· 품질 관리기술 · 저장기술

자료: 박상우, 「21세기 농업과학기술의 좌표와 정책방향 연구」(한국과학재단, 2000), 27쪽.

〈표 3-4〉 동물자원 생산·이용기술 및 식품공학 기술의 분류

1차 구분	2차 구분
동물자원 생산·이용기술	· 동물 형질전환기술 · 육종·개량 및 증식기술 · 동물질병 관리기술 · 특수동물 생산기술 · 동물자원 이용기술
식품생명 공학기술	· 식품가공 및 포장기술 · 기능성식품소재 생산기술 · 식량자원 저장관리기술 · 식품 발효기술 · 효소이용 공정기술

자료: 박상우, 「21세기 농업과학기술의 좌표와 정책방향 연구」, 27쪽.

로 나뉜다. 이 세 가지에 속하는 기술을 나누어 〈표 3-3〉과 〈표 3-4〉에 제시했다.

2) 연구·개발 주체

농업 관련 분야의 연구·개발 주체는 교육부 산하 농과대학과 농림부 산하 국·공립연구소 그리고 1994년부터 시작된 농림기술관리센터로 나눌 수 있다.

국·공립연구소의 대표 격인 농촌진흥청 산하 시험·연구기관의 변천 과정이 〈그림 3-3〉에 정리되어 있다.

광복 이후 1960년대까지 작물시험장, 축산시험장, 잠업시험장과 같이 주요 품목 단위로 재배기술을 연구하는 품목별 연구소가 주축이 되어왔다. 이후 경제성장과 더불어 농업기술 수요가 변천함에 따라 연구소나 연구 담당 부서가 신설되거나 통폐합되는 등 변천 과정이 복잡하다.

주요 연구기관은 ① 농업과학기술원, ② 농업기계연구소, ③ 원예연구소, ④ 축산기술연구소, ⑤ 수의과학연구소, ⑥ 작물시험장, ⑦ 호남농업시험장, ⑧ 영남농업시험장, ⑨ 제주농업시험장, ⑩ 고랭지농업시험장 등 10개 연구소로 정착되어 있었다. 2008년 10월 연구조직체계를 국립농업과학원, 국립식량과학원, 국립특작과학원, 국립축산과학원, 한국농업대학 등 5개 조직으로 전면 개편했다.

3) 기술 개발 동향

농업기술 개발 목표는 농업이 처한 사회적·경제적 여건에 따라 변한다. 식량이 부족했던 시기에는 식량 자급을 달성하기 위한 기술 개발이 최우선 과제로 선정되었다. 당시에는 보유자원 중 토지가 상대적으로 희소한 자원이고 노동은 풍부한 자원이었으므로 토지를 절약하고 노동을 이용해 식량 생산을 극대화할 수 있는 기술체계를 갖추어야만 했다. 즉, 토지 생산성을 높일 수 있는

〈그림 3-3〉 농촌진흥청 소속기관 변천 과정

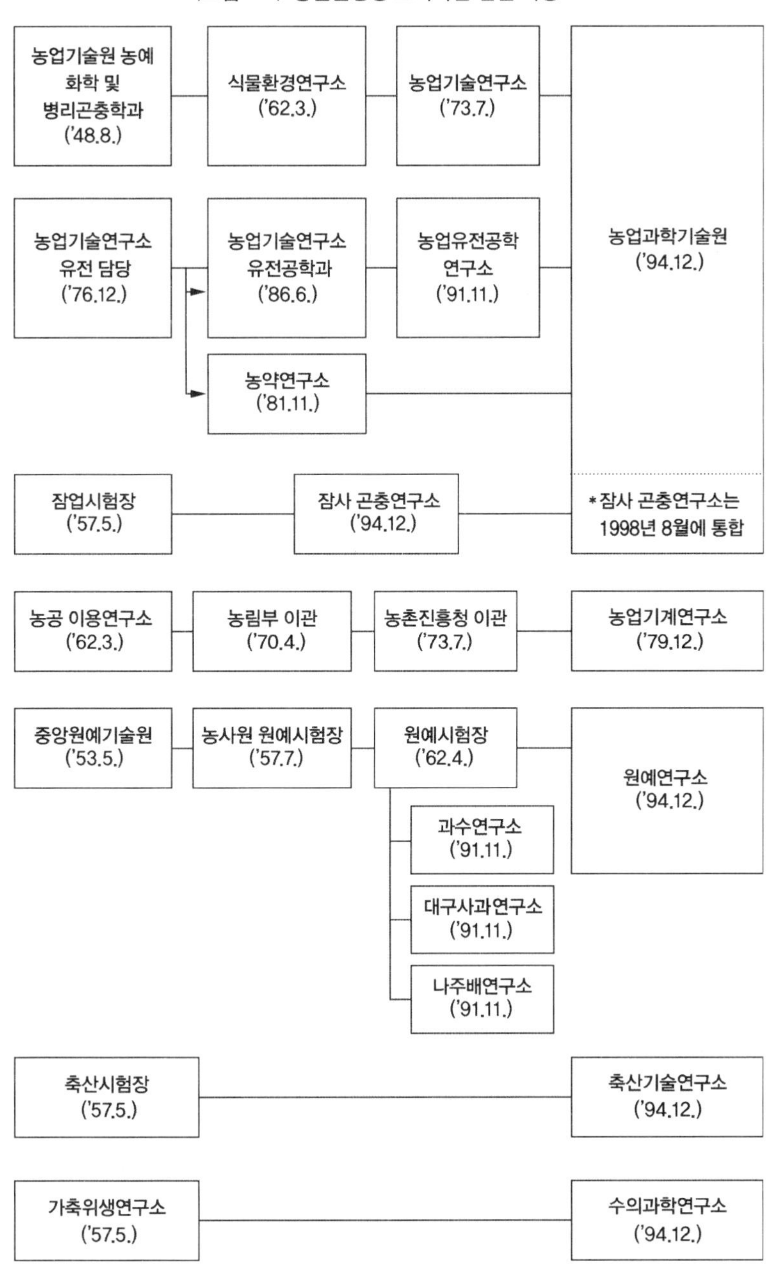

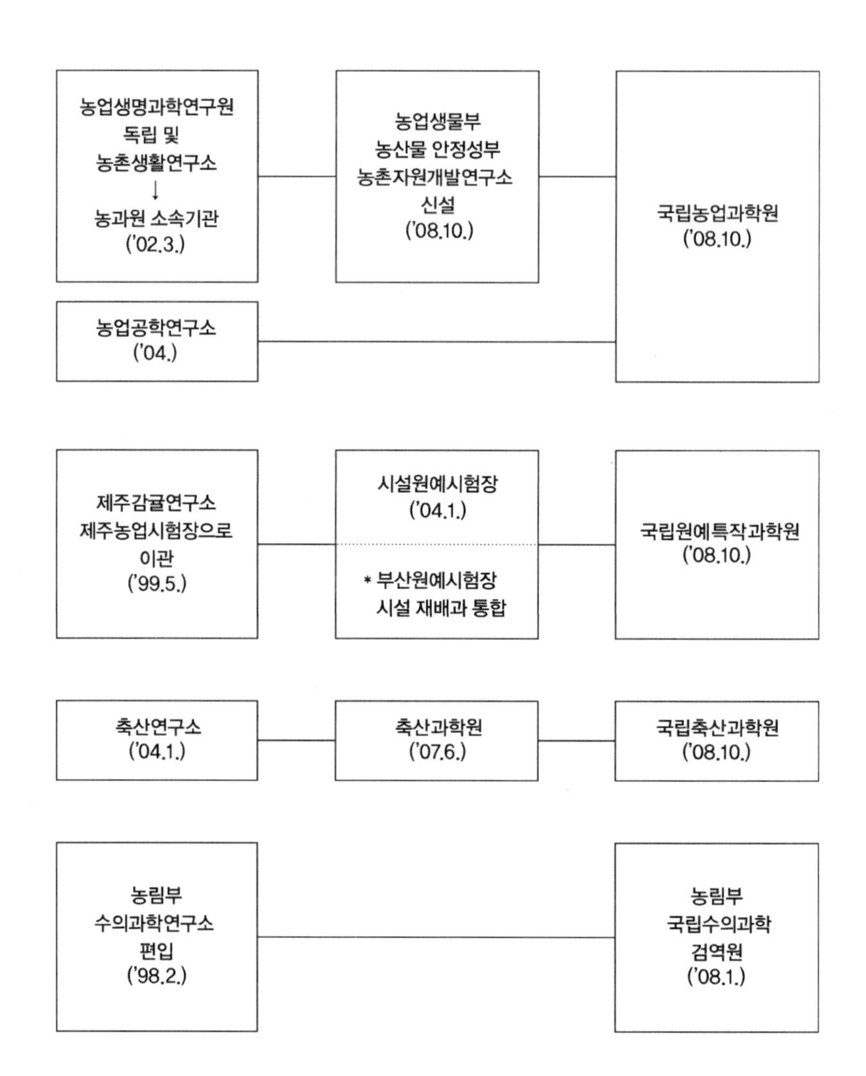
농업생명과학연구원
독립 및
농촌생활연구소
↓
농과원 소속기관
('02.3.)
농업생물부
농산물 안정성부
농촌자원개발연구소
신설
('08.10.)
국립농업과학원
('08.10.)
농업공학연구소
('04.)
제주감귤연구소
제주농업시험장으로
이관
('99.5.)
시설원예시험장
('04.1.)
* 부산원예시험장
시설 재배과 통합
국립원예특작과학원
('08.10.)
축산연구소
('04.1.)
축산과학원
('07.6.)
국립축산과학원
('08.10.)
농림부
수의과학연구소
편입
('98.2.)
농림부
국립수의과학
검역원
('08.1.)

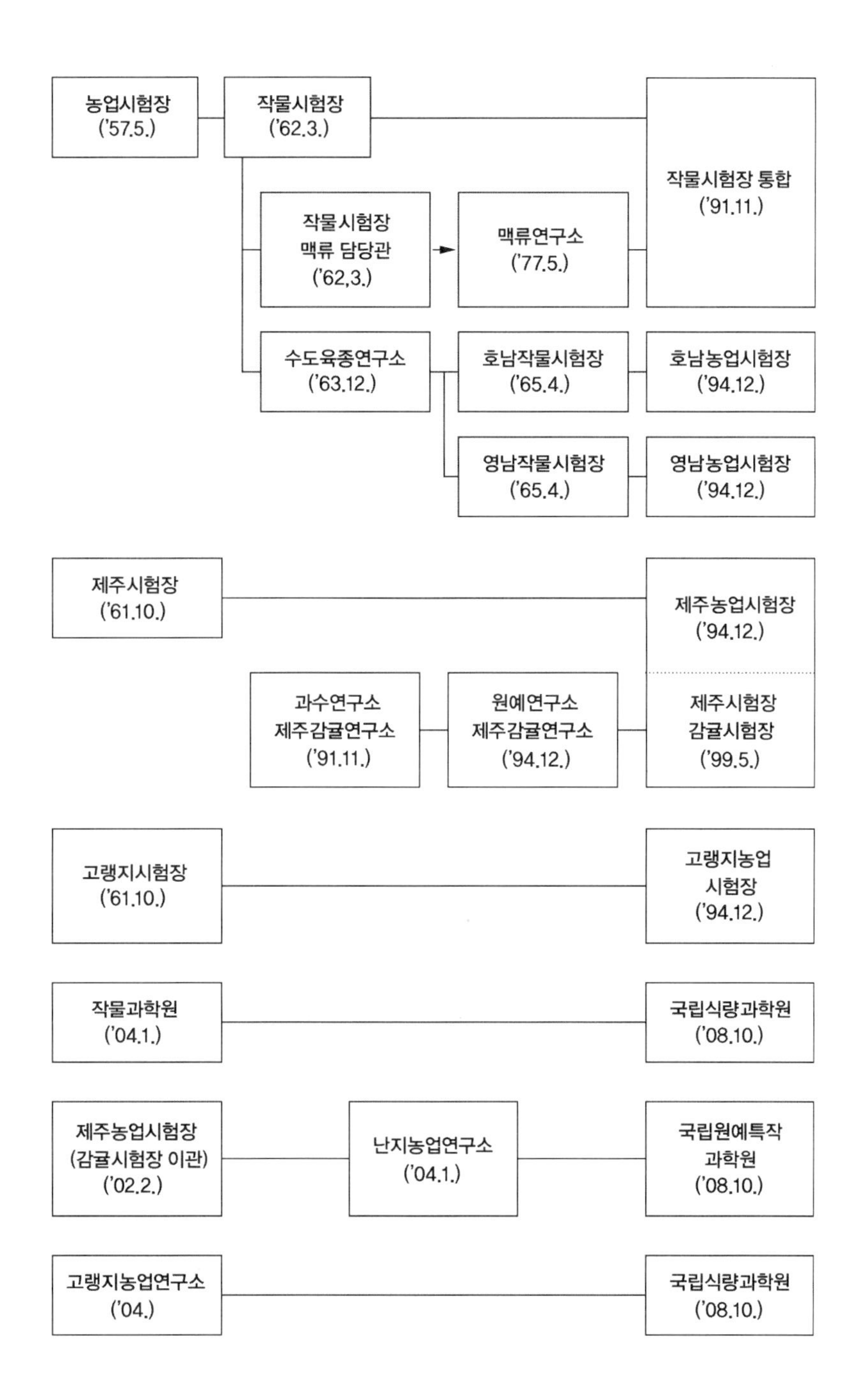
농업시험장
('57.5.)
작물시험장
('62.3.)
작물시험장 통합
('91.11.)
작물시험장
맥류 담당관
('62.3.)
맥류연구소
('77.5.)
수도육종연구소
('63.12.)
호남작물시험장
('65.4.)
호남농업시험장
('94.12.)
영남작물시험장
('65.4.)
영남농업시험장
('94.12.)
제주시험장
('61.10.)
제주농업시험장
('94.12.)
과수연구소
제주감귤연구소
('91.11.)
원예연구소
제주감귤연구소
('94.12.)
제주시험장
감귤시험장
('99.5.)
고랭지시험장
('61.10.)
고랭지농업
시험장
('94.12.)
작물과학원
('04.1.)
국립식량과학원
('08.10.)
제주농업시험장
(감귤시험장 이관)
('02.2.)
난지농업연구소
('04.1.)
국립원예특작
과학원
('08.10.)
고랭지농업연구소
('04.)
국립식량과학원
('08.10.)

〈표 3-5〉 한국 농업의 역할과 기능의 시대적 변천

순위	1960년대	1970년대	1980년대	1990년대	2001 ~2010	2011 ~2020
1	식량안보	노동력 공급	노동력 공급	공간 유지	공간 유지	공간 유지
2	고용 창출	식량안보	자원 보존	자원 보존	자원 보존	환경보전
3	노동력 공급	자원 보존	공간 유지	노동력 공급	식량안보	식량안보
4	자원 보존	고용 창출	식량안보	식량안보	노동력 공급	자원 보존
5	자본 유출	공간 유지	고용 창출	고용 창출	고용 창출	고용 창출
6	소득 이전	자본 유출	자본 유출	자본 유출	자본 유출	노동력 공급
7	공간 유지	소득 이전	소득 이전	소득 이전	소득 이전	자본 유출

자료: 박영훈 외, 「2000년을 향한 과학기술발전 장기계획」(과학기술정책관리연구소, 1994), 7쪽.

〈표 3-6〉 농촌진흥청의 연구·개발 추이

(단위: 건, %)

구분	분야별 논문 수	합계
1970	작물 13(19.4), 축산 13(19.4), 원예 10(14.9), 가축위생 10(14.9), 식물환경 11(16.4), 농공·잠업 10(14.9)	67 (100.0)
1975	작물 25(30.1), 원예 10(12.0), 축산 9(10.8), 가축위생 14(16.9), 농공 6(7.2), 잠업 3(3.6), 토양비료·작물 보호·균이 16(19.2),	83 (100.0)
1980	작물 19(29.7), 원예·잠업 13(20.3), 축산·가축위생 13(20.3), 농기계·농가정·농경 10(15.6), 토비·작보·균이 9(14.1),	64 (100.0)
1985	작물 19(20.4), 원예 24(25.8), 축산·가위 22(23.7), 식환·균이·농가 9(9.7), 농기·농경·잠업 19(20.4)	93 (100.0)
1990	수도 24(11.6), 전·특작 25(12.1), 작물 보호 22(10.6), 원예 24(11.6), 축산 26(12.6), 가위 23(11.1), 농기·잠업·농경·균이 31(14.9), 토양비료 26(12.6), 생명공학 6(2.9)	207 (100.0)
1995	수도 19(8.9), 전.특작 31(14.6), 작물 보호 21(9.9), 원예 32(15.1), 축산 25(11.8), 가축위생 19(8.9), 농기계.잠업·균이·농경·균이 29(13.6), 토양비료 22(10.3), 생명공학14(6.6)	212 (100.0)
1998	식량작물 69(18.2), 특용작물 42(11.1), 작물 보호 33(8.7), 원예작물 82(21.6), 축산기술 48(12.7), 농경·농기계 41(10.8), 농업환경 43(11.3), 수의과학 21(5.5),	379 (100.0)

자료: 박상우, 「21세기 농업과학기술의 좌표와 정책방향 연구」, 47쪽.

다수성 신품종 개발과 재배기술 개발에 주력했다.

경제성장으로 국민소득이 증가함에 따라 농산물 수요 구조가 바뀌었고 여기에 부응해 농업기술 개발도 방향을 수정해왔다. 즉, 식량 관련 연구는 양적 증산에서 질적인 향상을 도모하는 연구로 전환되고 성장 품목인 육류, 채소,

〈표 3-7〉 농촌진흥청의 품목별 연구·개발 추이(1995~1998)

(단위: %)

	수도작	전작	특작	채소	과수	축산	화훼	임업	기타	계
1958	36.9	15.8	-	10.5	10.5	15.8	5.2	-	5.3	100.0
1970	21.1	11.5	1.9	5.8	11.5	34.6	3.8	-	9.6	100.0
1975	27.1	12.9	8.6	7.1	8.6	28.6	4.3	-	2.9	100.0
1980	30.3	15.2	4.3	8.7	4.3	26.1	4.3	-	10.9	100.0
1985	28.2	27.3	6.0	9.4	10.3	15.4	0.9	-	2.6	100.0
1990	26.0	20.0	7.3	7.3	4.0	22.7	5.3	2.0	5.3	100.0
1995	21.5	18.1	5.1	14.7	11.3	20.9	4.0	0.6	4.0	100.0
1998	17.0	13.7	8.2	15.5	9.5	19.5	8.6	0.3	7.6	100.0

자료: 박상우, 「21세기 농업과학기술의 좌표와 정책 방향 연구」, 48쪽.

화훼, 기능성 작물이나 식품 등에 관련된 연구에 대한 수요가 증가했다.

또한 농업의 역할과 기능이 시대에 따라 변천되어왔다. 농업이 단순히 식량을 생산하는 산업에서 환경보전과 공간 유지 기능을 수행하는 복합 산업으로 발전했고 이에 관련된 기술수요도 급증했다. 경제성장에 따른 농업의 역할과 기능의 변천 과정이 〈표 3-5〉에 제시되어 있다.

농업기술 개발 사업이 이러한 시대적 요구에 부응하면서 전개되어왔는지를 검토하기 위해 농촌진흥청 농업 관련 연구논문집에 발표된 연구·개발 성과를 〈표 3-6〉에 제시했다.

대학, 학회에서는 주로 이론연구, 기초연구에 중점을 둔다면 농촌진흥청은 응용연구·실용화 기술 개발에 중점을 둔다. 〈표 3-7〉을 보면 농촌진흥청이 수행한 연구 분야의 전개 과정을 알 수 있다.

1970년대의 주요 연구 분야는 주요 작물과 식물재배 환경에 집중되어 있었다. 즉, 농정의 목표는 식량 증산이었으므로 이를 달성할 수 있도록 품종 육종과 재배기술 연구에 역점을 두었다.

1980년대에 와서 농촌 노동력이 부족함에 따라 농업 기계화가 진행되었고 여기에 관련된 연구가 대두되었다.

1990년대에 와서는 첨단기술 개발 분야인 유전공학이 나타났고, 1998년에는 농업환경과 관련된 연구가 수행되기 시작했다.

한편 농촌진흥청에서 수행한 연구내용을 품목별로 분류해보면(〈표 3-7〉 참조) 농산물 수요 구조 변동에 적응해 농업 생산·기술연구가 진행되어왔음을 알 수 있다. 전통적인 식량작물이 차지하는 비중은 줄어들고 성장작물인 채소, 축산, 화훼 분야의 비중은 증대되었다.

4) 기술 개발 성과

(1) 품종 개발

① 수도

지구상에서 재배되는 벼는 온대성 품종인 자포니카계와 열대성 품종인 인디카계로 나뉜다. 한국을 비롯해 일본, 중국 등 극동아시아에서는 자포니카계를 선호하고, 기타 아시아지역에서는 인디카계를 재배한다.

1970년 이전에는 자포니카계 품종 간 근연교배(近緣交配) 육종으로 신품종을 개발해왔다. 신품종 개발목표를 다수성(多收性), 내도복성(耐倒伏性), 내비성(耐肥性), 내도열병(耐稻熱病) 등의 특성을 지닌 품종을 육종하는 데 두었지만 큰 성과를 거두지 못했다.

1970년대에 들어와서는 경제성장과 더불어 1인당 실질소득이 증가함에 따라 쌀 소비량이 급증했으나 생산이 뒤따르지 못해 만성적인 쌀 공급 부족에 직면해 있었다.

획기적인 증산효과를 가져오는 수도 신품종을 육종하고자 자포니카계 품종과 인디카계 품종 간 원연교배(遠緣交配) 육종을 시도했다. 즉, 1967년 9월 농촌진흥청 작물시험장과 국제미작연구소 간 벼 육종 공동연구체계가 구축되었다.

국제미작연구소에서 육종한 인디카계 신품종, 이른바 기적의 볍씨 'IR6'과 자포니카계와의 원연교배로 1971년 다수성품종인 'IR667'을 육종해 이를 '통일벼'라 명명했다. 이 통일벼는 단간(短稈) 단립형(短粒型)으로 도열병에 강하고 재래품종에 비해 30% 정도의 증수 효과가 있지만, 밥맛이 인디카계 품종에 가깝다는 단점이 있었다.

〈표 3-8〉 주요 식량작물 10a당 수량(1965~2010)

(단위: kg)

구분	수도	겉보리	대두	옥수수
1965	289	176	57	81
1970	330	195	79	145
1975	386	217	113	172
1980	289	241	115	436
1985	456	254	150	504
1990	451	254	153	461
1995	446	280	152	425
1999	495	263	133	394
2010	482	239	147	479

자료: 농림부, 「농림업 주요 통계」(해당 연도판).

정부 당국은 통일벼 재배면적을 확대해 쌀 생산량을 늘리려는 목적으로 통일벼도 일반미와 동일한 가격으로 매입했다. 이러한 획기적인 통일벼의 가격 지지정책 덕분에 통일벼 재배면적이 급증했고, 1975년에는 쌀 생산량이 3,242만 4,000석으로 늘어나 쌀 자급 목표 달성을 이룩했다. 뒤이어 1977년에는 10a당 494kg를 생산해 세계 최대 단수를 기록했다. 아울러 1978년에는 통일벼 재배면적이 수도 총재배면적의 76%에 달했다.

다수성 신품종 통일벼를 개발한 덕분에 수도 단위당 수량이 급증했다. 통일벼의 재배기술이 일반벼에도 확산되어 일반벼의 수량도 급증했다(〈표 3-8〉 참조). 그러나 쌀 수요량이 감소함에 따라 1992년부터 밥맛이 나쁜 통일벼의 정부매입이 중지되었다. 1971년에 쌀 자급이라는 소명을 가지고 이 땅에 태어난 통일벼는 소기의 사명을 완수하고 1992년에 자취를 감추었다.

통일벼가 사라진 이 땅에는 예전처럼 자포니카계 쌀만 남아 있다. 연구자들은 미질이 뛰어나고 수량성이 높은 벼 품종 개발에 역점을 두었고 일품 벼를 비롯한 62개 품종에 달하는 장려 품종을 육종했다.

② 보리

쌀 자급 목표를 달성하기 전에 보리는 중요한 식량자원이었다. 일모작(一毛作) 지대에서는 주로 밭보리를, 이모작(二毛作) 지대에서는 논보리와 밭보리를 재배했다.

연구기관에서는 다수확 품종을 육종하려고 최선을 다했다. 1970년 수원에서 강보리, 올보리 등 6개 품종을, 밀양에서 밀양6호 등 3개 품종을 육종해 보급했다.

특히 1977년 5월 맥류연구소가 설립된 이후 보리, 밀, 등 맥류의 신품종 육종과 재배기술 개발에 전력을 투구했다. 1980년 수원에서 조강보리, 찰보리, 밀양에서 남해보리, 영남보리 등의 우량 품종이 육종되었다. 이처럼 우량품종을 육종하고 재배기술을 보급한 덕분에 10a당 수량은 1965년의 176kg에서 1999년에는 265kg로 늘어났다.

그러나 국민 1인당 실질소득이 증가함에 따라 보리는 주식에서 탈락해 기호식품으로만 그 명맥을 유지하는 정도다. 이러한 수요 구조 변화에 부응해 맥류연구소를 폐쇄하고 보리와 밀 연구를 종전대로 작물시험장 전작과로 이관시켰다.

③ 대두

1956년에 콩 교배육종이 시작되었고, 1969년에는 작물시험장에서 다수확 품종인 광교를 육종해 전국에 보급했다. 1970년대에는 다수의 신품종이 육종되었으나 그중 장엽콩이 널리 재배되었다.

1980년대에 들어와 다수성 신품종 육종에 전력을 기울여 결실을 보았다. 1989년에는 장수콩을 비롯한 17개 품종이 권장 품종으로 지정되어 농가에 보급되었다. 이처럼 끊임없는 연구개발 덕분에 〈표 3-8〉에 나타나 있는 바와 같이 대두의 10a당 수량은 지속적으로 증가해왔다.

그러나 WTO 출범으로 콩 수입이 자유화됨에 따라 국내 콩 생산기반이 위축되기에 이르렀다. 국내산 콩은 수입 콩에 비해 가격경쟁력이 약해 품질경쟁력을 확보해야만 지속될 수 있다. 이에 따라 장류 제조용, 두부용, 콩나물용, 밥밑용 등 각 용도별로 양질의 우량 품종 개발에 주력하고 있다.

④ 옥수수

옥수수는 타가수정(他家受精) 작물이므로 신품종 종자의 시장가격이 형성된다. 그러나 시장규모가 영세해 품종 개발 투자 사업에 대한 수익성이 보장되지 못해 민간 기업이 참여하지 못하고 정부가 품종 개발을 주도해왔다.

옥수수 품종은 타 식량작물에 비해 개발이 뒤처졌다가 1970년부터 본격적으로 개발되기 시작했다. 내도복, 내병성, 다수성의 특성을 지닌 교잡종 수원 19호, 20호, 21호 등의 우량품종이 1976년 보급되기 시작했다.

1990년에 들어와 찰옥수수, 단옥수수, 초당옥수수 등의 식용옥수수를 개발했고 사료용 옥수수는 주로 수입 종을 이용했다.

⑤ 채소류

채소류는 전형적인 타가수정 작물이므로 품종 개발에 대한 노하우가 보장되며, 시장 규모가 비교적 큰 편이므로 국가는 물론 민간 분야에서도 신품종을 개발, 보급해왔다. 특히 국내 연구진은 무, 배추 등 전통 채소류의 신품종을 개발해왔다.

오이는 인공교배법을 이용해 우량품종이 지속적으로 개발되었으며 1991년에 원예 501호, 원예 502호 계통이 육종되어 현재까지 이어졌다.

참외는 노지 및 하우스 재배용으로 양분해 우량품종을 육종해왔다. 그러나 참외는 식생활의 편의성에 부합되지 않는 과채류이므로 수요 감축이 불가피하며, 깎아 먹기에 적합한 품종을 육종해내야만 살아남을 수 있다.

수박의 경우 재래종 계통에 대한 특성 검정과 계통 분리를 실시해 맛이 뛰어나고 수량성이 우수한 품종을 선발하거나 육종해왔다. 그러나 수량성이 우수하다는 것은 굵은 수박을 의미하는데, 식생활의 편의성에 부합되지 못하므로 수요가 위축될 가능성이 높다. 따라서 맛이 좋고 소비자의 소비행위의 변화에 알맞은 우량품종을 육종해야 한다.

토마토의 경우 완숙 토마토는 식생활의 편의성에 위배되어 수요가 줄어들었고, 일본에서 개발한 방울토마토가 성장품목으로 대두되었다. 국내에서도

약 배양을 통한 반수체 유기시험을 거쳐 양질의 방울토마토를 선발했다.

마늘은 남해안 지역에서 재배되는 난지형(暖地型)과 대륙에서 재배되는 한지형(寒地型) 그리고 각 지방 재래종과 도입종으로 나뉜다. 각 지방에 전래된 재래종 중 우수한 형질을 선발해 이용한다.

양파는 우량 품종을 육종하지 못하고 주로 일본에서 도입해 이용한다.

⑥ 화훼류

화훼류는 타 분야에 비해 품종 개발 속도가 빠른 편이다. 아울러 안전성을 고려할 필요가 없으므로 신구 품종 간 대체가 신속하게 진행된다. 이에 따라 기술 개발효과가 크게 나타난다. 그러나 삽목(揷木)이나 접목(接木)으로 번식하는 화훼류의 경우 신품종 개발에 따른 노하우가 보장되지 않는다. 장미, 국화 등의 우량 품종은 일본에서 도입해 이용하는 실정이다.

⑦ 과수

과수는 주로 접목으로 번식하므로 신품종 개발에 대한 노하우가 보장되지 않아 대가를 지불하지 않아도 해외에서 우량 품종을 도입할 수 있다.

사과는 후지(富士)를 비롯한 우량품종을 해외에서 도입해 재배했다. 한국에서도 1954년부터 지속적으로 우량품종 육종을 시도해왔고, 1988년에 첫 신품종으로 홍로를 개발해 보급했다. 1990년대에 들어와 중생종으로 감홍과 서광을, 만생종으로 착색이 우수한 화홍 등을 개발해 보급했다.

배의 경우도 사과와 마찬가지로 일본에서 개발한 우량품종을 도입해 이용해왔고, 1990년에 들어와 고품질 다수성인 감천 배, 화산, 원황, 만수, 미화, 조생환금 등 8개의 우량품종을 개발해 보급했다.

⑧ 축산 분야

한우의 우량품종을 유지·보전하고 경제성을 갖춘 형질을 개량하려고 지속적으로 노력해왔다. 그러나 1970년 이전까지 한우는 주로 역축(役畜)으로 활용되었다. 1970년대 중반 이후부터 영농 기계화로 인해 역우(役牛)의 기능이 약화되었고, 쇠고기 수요가 급증하면서 한우의 육우(肉牛)로서의 기능이 강조되었다.

1960년대에 들어 한우 암소에 도입 육우인 헤리퍼드(Hereford) 또는 애버딘 앵거스(Aberdeen Angus)를 교배해 잡종 강세를 이용하는 품종 개발을 시도했으나 성공하지 못했다. 시범 사업의 일환으로 강화군 내에서 한우와 샤로레(Charoray) 교잡에 의한 우량품종 선발 사업을 추진했다.

젖소의 경우 품종개량을 시도하지 못하고 인공수정을 통한 번식개량 사업에 주력했다.

(2) 재배기술 개발

① 수도

국민의 기본 식량 공급원인 수도의 재배기술을 개발하고 이를 보급하는 사업이 지속적으로 추진되어왔다. 수도 재배기술은 육묘(育苗)와 본답(本畓) 재배기술로 나뉜다. 수리안전답 비율이 낮은 시기에는 적기에 이앙하지 못하는 사태에 대비하고자 육묘 및 파종기술을 개발했다. 즉, 물못자리, 밭못자리, 보온절충못자리 등 육묘기술을 집중적으로 개발했다.

그러나 신품종 통일벼가 개발된 이후 수도 재배기술에 일대 혁신이 일어났다. 내한성(耐寒性)이 약한 통일계 신품종 육묘에 이용하고자 개발한 보온 못자리는 일반 품종에도 파급되어 이앙기를 앞당기고 생육기간을 늘려 수량을 높이는 효과를 가져왔다.

경제성장과 더불어 농촌 노임이 상승함에 따라 수도작의 기계화가 급속하게 진행되었다. 경운·정지, 이앙, 방제, 수확 등 주요 작업의 기계화에 적합한 기술 개발이 뒤따랐다.

한편 UR 협상에서 쌀에 한해 10년간 관세화(關稅化)가 유예되었다. 2004년 재협상에서 10년간 관세화 유예가 연장되었지만 2015년에는 자동적으로 관세화로 이행될 것이다. 쌀 수입 개방에 대비해 국내산 쌀의 국제경쟁력을 강화하고자 획기적인 구조 개혁을 단행해왔다. 즉, 쌀 생산비 감축 대안은 경작 규모 확대와 재배기술혁신이라고 할 수 있는데, 후자에 속하는 대표적인 기술 혁신이 바로 직파재배(直播栽培)다.

직파재배는 경운직파, 무경운직파로 나뉘고 또한 담수직파와 건답직파로 구분된다. 무경운직파는 유기농법의 일환으로 개발되므로 일반적으로 직파 재배는 경운 건답직파, 경운 담수직파로 대별된다. 온대몬순 기후하 수도작의 수량을 좌우하는 핵심적인 농작업이 중경제초(中耕除草)이고, 이를 해결하기 위해 개발한 기술이 이앙작업이다. 이것을 생략한 직파재배 기술이 정착된다면 생산비 절감을 가져올 수 있다.

연구기관이나 대학에서 수도 직파재배기술을 개발하고 있지만, 현재의 가격 수준에서는 이앙재배에 비해 경제성이 떨어지고 위험부담이 커 일반화되지 못한 실정이다. 잡초방제를 비롯한 직파재배 기술이 향상되고 쌀가격 하락이 불가피한 현실에서는 직파재배를 받아들일 수밖에 없다. 여기에는 반드시 수도작 경영 규모 확대가 뒷받침되어야 할 것이다.

② 전작물

1980년대에 들어와 보리 파종기를 이용해 파종하고 콤바인으로 수확함으로써 농작업의 기계화가 진행되었지만, 경영규모가 영세해 국제경쟁력을 확보하지 못한 처지다.

콩도 보리와 마찬가지로 수확에 따르는 노동력 절감이 생산비 감축의 핵심 과제였다. 트랙터 부착용 파종기와 수확기를 개발했지만 포장(圃場)이 작고 경작규모가 영세해 활용도가 낮다.

③ 원예작물

시설원예용 양액 재배 기술을 중점적으로 개발해왔다. 풋고추, 오이, 토마토, 가지, 수박 등 주요 과채류 재배용 배지경과 엽채류 수경재배용 배양액을 개발했다. 배지로 이용한 암면을 폐기할 때 환경오염을 야기하기 때문에 환경친화형이면서 경제성이 뛰어난 펄라이트 등의 배지경 재배 전용 배지를 개발했다.

아울러 양액 재배기술도 중점적으로 개발했다. 자동으로 양액을 공급하고 전기전도, PH 등을 자동으로 조절할 수 있는 양액 자동공급 장치를 개발했다.

육묘 생산기술을 개발해 육묘 생산도 감축했다. 플러그(plug)를 이용해 육묘할 때 적용할 작목별 적정 육묘 일수, 육묘 조건과 관리기술 및 채소 육묘용 표준 배양액을 개발했다.

사과 생산비를 절감하기 위한 대안으로 M9대목을 이용한 저수고 밀식 재배기술을 개발, 보급했다. 배의 경우 Y자형 밀식 재배기술을 개발해 단위당 수량을 높이고 투입 노동력을 절감해 국제 경쟁력을 강화했다.

④ 환경친화형 농업기술

농경지의 토양오염을 줄이고 안전농산물을 생산하고자 토양의 비옥도, 중금속, 잔류농약, 미생물상(微生物相) 등의 토양조건을 4년 주기로 조사한다. 또한 농업용수에 관해서는 COD, NO_3-N, SO_4, EC 등을 2년 주기로 조사한다.

환경친화형 농업에 지속적으로 활용할 수 있는 토양관리기술을 확립하기 위해 밭을 대상으로 필지별 토양 특성을 파악하고 토양 시료를 검정해 시비 처방서를 발급했다.

지렁이를 보전하는 토양 해충약을 선별하고 거머리 치사 농약, 논의 수서 무척추동물을 탐색했다. 환경친화형 농업을 위한 분뇨 처리 및 유기성 폐자원 활용기술도 개발했다. 즉, BOD 95%, 부유물 93%, 질소 62%, 인 61%를 제거할 수 있는 경량 포기 콘크리트를 이용하는 가축분뇨 처리 기술을 개발했다.

5) 농림기술 개발 사업

UR 협상 타결과 WTO체제 출범에 따른 농산물시장 개방에 대응하기 위해 농어촌 구조 개선 사업이 추진되었고, 그 일환으로 농림기술 개발 사업이 채

〈표 3-9〉 농림기술 개발 사업 구분

사업별	첨단기술 개발 사업		현장 애로 극복기술 개발 사업		벤처형 중소기업 기술 개발 사업
과제 구분 (선정방식)	첨단기술 과제	기획연구 과제	현장 애로 과제	농업인 개발 과제	첨단기술 과제
지원 분야	6대 핵심기술	품목별 일관기술	영농현장 중심기술	지역특화기술	하이테크기술, 수입 대체기술 등
개발대상	· 품종 및 첨단생산기술 · 기계화 및 자동화시스템 기술 · 가공·유통기술 · 환경 및 자원보존기술	· 국가 차원의 정책목표 달성을 위한 중점개발 기술 · 저공해·무독성 환경친화 농자재 생산기술 · 저비용, 고품질생산기술	· 영농영림현장에서 제기된 애로기술 · 생산성 향상 및 소득 증대기술	· 지역특화 작목에 대한 특수농법 · 농업용기 자재 개발 등	· 부가가치 증진을 위한 제품기술 개발 · 에너지 절감형 기술 · 무병종자 대량생산 및 산업화기술 · 무공해 병충해 방제제 개발 등

자료: 한국농촌경제연구원 농림기술관리센터.

택되었다.

이 사업은 첨단기술과 현장에서 시급히 요구되는 애로점을 해결할 수 있는 기술을 개발하기 위해 실시되었으며, 이를 위해 농어촌특별세를 재원으로 1994년부터 2004년까지 10년간 4,150억 원을 투입했다. 아울러 연구를 효율적으로 관리해 기술 개발효과를 극대화하고자 1995년 농촌경제연구원 산하에 '농림기술관리센터'를 설립했으며, 이 센터는 농업 분야의 유일한 전문 연구관리기관 역할을 수행했다. 2009년에는 '농림수산식품기술기획평가원'으로 개편하고 농림수산식품부 산하로 이관되었다.

농림자원을 효율적으로 개발·이용하고 농림업의 생산성을 향상시켜 궁극적으로 농업인의 복지를 증진시킴과 동시에 소비자의 삶의 질을 증대시키기 위한 사업으로 '현장 애로 극복기술 개발', '첨단기술 개발', '벤처형 중소기업 기술 개발' 등의 세분화된 연구과제가 있다(〈표 3-9〉 참조).

현장 애로기술 개발 과제는 재배, 사양, 생산기반, 기계, 시설, 유통, 가공, 생활환경, 정보 등과 관련해 영농·영림 현장에서 제기된 애로기술을 해결하기 위해 실시된다.

첨단기술 개발 과제는 생물, 물리, 화학, 기계, 전자, 생명공학, 환경공학 등

〈표 3-10〉 분야별 정부 투자금액 지원

(단위: 건, 백만 원)

구분	과제 수	평균 지원금	총지원금
가공	276	104	28,806
경영정보	80	113	9,001
경종작물	159	80	12,648
기계화	200	116	23,238
생명공학	102	194	19,812
원예	422	82	34,773
유통	87	132	11,441
임업	135	154	20,751
자원환경	228	156	35,501
축산	307	136	41,796
합계	1,996	119	237,767

주: 1994년부터 2000년까지의 합계치.
자료: 한국농촌경제연구원 농림기술관리센터.

〈표 3-11〉 연구기관별 정부 투자금액 지원 현황

(단위: 백만 원)

구분	과제 수	총지원금	과제당 평균 지원금
대학교	959	136,828	143
국공립 연구기관	127	30,606	241
정부 출연 연구기관	257	43,013	167
농업인	26	3,272	126
기업체 연구소	86	12,181	142
농업기술센터	541	11,867	22
합계	1,996	237,767	119

주: 1994년부터 2000년까지의 실적치.
자료: 한국농촌경제연구원 농림기술관리센터.

을 응용해 농림업에 적용되는 첨단기술을 개발하거나 이미 타 분야에서 개발된 기술을 농림업 분야에 접목해 생산성의 향상 또는 농산물의 부가가치를 높이기 위한 과제다.

벤처형 중소기업 개발 과제는 농림업 관련 중소기업의 기술 개발활동을 적극 지원함으로써 벤처형 중소기업을 효율적으로 육성·발전시키고, 이를 통해 농림산업의 경쟁력을 높이기 위한 기술 개발 과제다.

1994년 시행 당시에는 현장 애로기술 사업과 첨단기술 개발 사업이 상향식으로 추진되었고 1997년에는 기획 연구 과제를 추가했는데, 이것은 농림부가

과제를 선정해 연구 수행자를 공모하는 하향식 연구 수행방식이었다. 그리고 1998년에는 벤처형 중소기업 개발 과제를 추가했다.

농림기술 개발 사업은 농특세를 재원으로 1994년부터 2004년까지 10년 동안 4,150억 원을 투입할 계획으로 추진되었으며 2000년까지 1,996과제에 2,377억 원을 지원했다.

선정·지원된 과제 수를 보면(〈표 3-10〉 참조) 현장 애로기술 개발 분야 658개, 농업인개발 분야 515개, 첨단기술 개발 분야 715개, 기획 연구 분야 57개, 벤처형 중소기업기술 개발 분야에 51개 과제를 지원했다. 품목별 지원 현황을 보면 원예 422개 과제 347억 7,300만 원, 축산 307개 과제 417억 9,600만 원, 가공 276개 과제 288억 600만 원, 기계화 200개 과제 232억 3,800만 원 등이다.

대학이나 정부 출연 연구기관이 주관 연구기관으로 연구 사업을 주도하고 기업체는 협동기관으로 주로 참여한다.

주관 기관별로 보면(〈표 3-11〉 참조) 대학교가 959개 과제를 수행해 전체의 48.0%를 차지했다. 정부 출연 연구기관은 12.9%인 257개 과제를 수행했고, 국공립 연구기관의 점유비율은 6.4%인 것으로 나타났다.

3. 친환경농업

1) 친환경농업의 정의

「친환경농업육성법」에는 "친환경농업이란 합성농약, 화학비료 및 항생·항균제 등 화학자재를 사용하지 아니하거나 이의 사용을 최소화하고 농·축·임업 부산물의 재활용 등을 통해 농업생태계와 환경을 유지·보전하면서 안전한 농·축·임산물을 생산하는 농업을 말한다"라고 되어 있다. 즉, 농자재의 적절한 투입과 가축분뇨의 처리에 초점을 맞추고 고품질의 안전한 농산물을 생산할 수 있는 농업 생산 활동이야말로 친환경농업이라는 점을 강조한다.

국제적으로는[2] 국제식품규격위원회에서 내린 정의가 널리 통용된다. 즉, 친환경농업은 지역별 환경용량에 맞추어 농축산물 생산규모를 조정하고, 자연 순환형 농법과 저투입 농법을 확산시켜 환경부하를 최소화하면서 안전한 농산물을 지속적으로 생산하는 농업이라 할 수 있다. 여기서 말하는 환경용량이란 일정한 지역 내에서 환경오염 또는 환경훼손을 환경이 스스로 수용하고 정화해 복원할 수 있는 한계를 말한다.

친환경농업이란 안전한 농산물을 생산하는 농업 생산방식을 의미하며 동시에 생태환경 측면에서 환경부하, 물질 순환, 수계환경, 생물종 다양성 등 농업과 환경의 조화를 고려한 포괄적인 개념으로 정의된다.

농업환경에서는 작물과 가축을 주축으로 흙, 기후, 생물, 농용자재, 에너지 등 생산요소의 상호작용을 통해 물질·에너지의 순환이 발생한다. 자연생태계에 의존해 농사를 짓는다면 환경을 오염시키지 않으면서 농업의 공익적 기능을 제고시킬 수 있다. 반면 고투입·고산출 농법에 의존하는 경우 적절하게 관리하지 않으면 자연생태계와 조화를 이루지 못해 환경오염과 생태계 파괴 등 심각한 환경문제를 유발한다.

친환경농업을 좀 더 현실적으로 설명한다면 농약의 안전 사용 기준 준수, 작물별 시비 기준량 준수, 적절한 가축사료 첨가제 사용 등 화학자재 사용을 적정 수준으로 유지하고 축산분뇨의 적절한 처리 및 재활용 등을 통해 환경을 보전하고 안전한 농·축·임산물을 생산하는 농업이라 할 수 있다. '친환경농산물'이라 함은 친환경농업을 영위하는 과정에서 생산된 생산물을 말한다. '친환경농업기술'은 친환경농업을 영위하는 데 이용되는 농법이나 이론 또는 자재의 생산 및 사용방법 등을 말한다.

---

2) 김창길, 『친환경농업체제로의 전환을 위한 전략과 추진방안』(한국농촌경제연구원, 2004), 18쪽.

2) 친환경농업의 중요성

지금까지는 농업 생산성을 높이려고 화학비료와 농약을 과다하게 사용해왔으며 가축 사육두수 증가에 따른 가축분뇨 발생으로 수질, 토양, 대기가 오염되어왔다. 이러한 다투입 농사법은 농업이 갖는 공익적 기능을 저해할 뿐 아니라 장기적으로 볼 때 지속농업(sustainable agriculture)을 위협한다.

또한 소비자 측면에서도 친환경농업이 절실하다. 실질소득 증가로 소비자가 고품질의 안전한 농산물을 선호함에 따라 국내 농산물의 품질경쟁력을 강화할 수 있는 대안으로 친환경농업이 강조되었다.

규모 확대로 노동 생산성을 제고해 국제경쟁력을 강화해야 한다는 강박관념에서 벗어나 농업의 신활로를 개척해야 한다는 동기 부여의 일환으로 친환경농업이 대두된 셈이다. 국내 농업의 기반조건이 불리해 국내 농산물의 가격경쟁력을 강화하는 데 한계가 있다는 사실을 받아들일 수밖에 없는 처지였다.

이러한 사회적·경제적 배경을 바탕으로 친환경농업의 기반을 유지, 보전해 우리 농업을 지속적으로 발전시켜 나가려면 ① 안전 농산물에 대한 국민의 요구에 부응하며, ② 그린라운드(Green Round: GR)에 대비하기 위한 필요성 등의 목적으로 환경농업 육성 정책이 요구되었다. 근년에 들어와 농업과 환경의 조화라는 화두가 부각되었고, 이를 실천하는 정책과제로 자연 순환형 친환경농업을 강조한다.

3) 친환경농업정책의 전개 과정

(1) 개설

1970년대 중반부터 민간이 주도하는 사회운동의 일환으로 환경농업이 강조되어왔다. 친환경농산물 생산자단체인 '유기농업협회', '자연농업협회', '정농회' 등의 민간단체가 친환경농업 전파 운동을 주도해왔고 정부는 제도를 마련해 민간운동을 소극적으로 지지하는 정도에 그쳤다. 생산성 제고를 통한 국제경쟁력 강화라는 농정기조를 내세운 정부 입장에서 생산력 쇠퇴를 감수해야 하는 환경농업으로 전환하기란 쉬운 일이 아니었다.

민간단체의 요구에 부응해 1992년 7월 '농산물의 규격화 및 품질인증에 관한 운영요강'을 농림부고시 92-18호로 제시하고 농산물 품질인증제를 실시했다. 1993년 12월에는 농산물품질인증제의 일환으로 유기 및 무농약 재배 농산물에 대한 품질인증제를 도입했다. 뒤이어 1995년 9월 축산물품질인증제를, 1996년 7월에 저농약 재배 농산물 품질인증제를 각각 도입했다.

친환경농업의 중요성이 고조되는 사회분위기에 호응해 1995년에는 농림부에 환경농업과를 신설했다. 1997년 12월에 「환경농업육성법」을 공포했으며 1998년 11월 11일에 친환경농업 원년을 선포했다. 2001년 1월에는 「환경농업법」을 「친환경농업육성법」으로 개칭했다.

「친환경농업육성법」에 의거해 2001년부터 5년 단위로 친환경농업육성 중장기계획을 수립, 추진했다. 친환경농업 육성정책은 친환경농축산물 생산을 장려하고 이를 차별화해 유통시키는 데 중점을 두었다.

환경과 농업이 조화를 이루어야만 지속적인 농업 발전을 도모할 수 있다는 인식이 고조되어 친환경농업 선진화 지역에서 상식화되어 있는 자연 순환형 농업체계를 구축하려는 정책이 2005년부터 대두되었다.

(2) 토양개량제 공급 및 생산자재 지원

산성토양인 밭과 규산 함량이 낮은 논을 대상으로 석회와 규산질비료 등 토양개량제를 농가에 무료로 공급해 지력을 증진시키는 사업을 수행해왔다. 아울러 유기질비료를 증산할 목적으로 '푸른들 가꾸기 사업'을 추진했다. 즉, 겨울철 유휴 농경지에 자운영, 호밀 등 녹비작물을 재배해 화학비료 대체를 통한 지력증진을 도모하고 농촌경관을 개선하는 사업을 수행해왔다.

2005년 7월부터 '화학비료 차손보조제'를 폐지하고 유기질비료 지원을 연차적으로 확대했다. 뒤이어 「비료관리법」을 개정해 '비료 품질 관리 강화 및 공급체계'를 개선해 농약 성분을 함유한 비료를 대상으로 판매를 금지했다.

농약 살포량을 줄이고자 딸기, 토마토, 파프리카, 고추, 오이, 멜론, 포도, 참외, 수박 등 총 9개 품목에 달하는 원예작물을 대상으로 천적방제 지원 사업을 확대했다.

(3) 친환경농업 기반 확대

농약, 화학비료, 축산분뇨 등 오염원을 경감시키고, 유기·자연농업 등 환경농업을 영위하고자 하는 지역을 대상으로 필요한 시설과 장비를 지원하는 '환경농업지구 조성 사업'이 1998년부터 시작되었다. 이 사업의 목적은 '정부의 상수원 보호정책'에 의거해 규제를 받는 상수원 보호구역을 중심으로 지역 특성에 맞는 환경농업지구를 조성함으로써 농업 생산을 영위하는 과정에서 발생하는 오염원을 최대한 줄이고 농업환경을 유지·개량해나가며, 이를 모델로 환경농업을 확산, 발전시키는 데 있다. 이러한 목적을 달성하기 위한 사업의 추진 방향은 다음과 같다.

첫째, 정부가 규제하는 상수원보호구역을 중심으로 환경농업지구를 조성한다.

둘째, 지역 실정에 맞는 환경농업 기반을 구축한다. 이를 위해 농약, 화학비료 및 축산분뇨 등의 오염원을 줄이고 종합적인 농토 배양을 통해 친환경농업을 유지·개량하며 유기·자연농업 등 친환경농업에 참여하도록 유도한다.

셋째, 환경오염을 방지해 농촌생활환경을 개선한다. 축산 폐수 및 생활 오폐수 처리시설을 갖추고 폐영농자재 수집 사업을 추진한다.

넷째, 친환경농업기술을 지도하고 교육해 친환경농업을 확산해나간다.

다섯째, 사후관리 강화로 농업환경보전 및 안전농산물 생산을 유도한다.

환경농업지구 조성 사업의 목적과 추진 방향을 기준으로 판단하면 두 가지 특성이 있다.

첫째, 복합적인 사업이다. 즉, 친환경농업을 육성하는 정책임과 동시에 농업 생산이나 농촌생활에서 비롯되는 환경오염을 경감 혹은 방지하는 정책을 동시에 수행한다. 이는 '친환경농업'과 '농업환경보호'를 동시에 추구하기 위

〈표 3-12〉 환경농업지구 조성 지원 대상 사업(2000)

세부 사업	사업 내용
농약·화학비료 사용 절감 사업	· 미생물 배양·증식시설 및 부대장비 - 미생물 배양기, 창고, 배합기, 로다, 운반 차량, 컨베이어벨트, 분쇄기 등 · 목초액, 녹즙, 현미식초 등 천연자재 제조시설·장비 · IPM, 작물영양종합관리에 필요한 제조시설·장비: 유아 등, 제초기계·장비 등 · 농약·화학비료 사용을 줄일 수 있는 시설·장비
기술 지도 교육 사업	· 마을회관 또는 휴·폐교를 활용한 기술 지도 및 교육장: 교육장 숙박·난방시설, 실험기자재 등 시설·장비 · 컴퓨터 등 전산 관련 장비
환경오염 경감·방지 사업	· 농산부산물 및 음식물찌꺼기 퇴비·사료화 시설 · 축산분뇨 퇴비화시설 및 공동퇴비 제조시설 · 목재파쇄기(톱밥, 우드칩), 팽연왕겨 제조시설 등 · 축산폐수 및 생활오·폐수 처리시설 · 부레옥잠 등 정화식물 재배시설 · 노지 멀칭용 썩는 비닐 · 농산부산물 및 재배 양질조사료 생산시설·장비 · 재활용품 처리시설, 퇴비살포기 등 환경오염을 경감하고 방지할 수 있는 시설·장비
유통 판매 사업	· 예냉시설, 냉장차, 직판장, 선별기, 포장기, 보관팔레트 등 유통 판매에 필요한 시설·장비 · 직거래 추진, 계통 판매 및 수매, 판매장 등의 운용에 필요한 시설·장비
농토 환경 보전 사업	· 석회, 규산, 벤토나이트, 제올라이트, 객토 등 종합 농토 배양 사업 · 유기질비료, 부산물비료 등 토양 개량에 필요한 자재 · 배수관 등 농토 유실 방지에 필요한 시설과 토양 검정기 등 토양 측정에 필요한 장비
안전 농산물 생산 사업	· 유기·자연농업식 비닐하우스(부대시설 포함)·축사, 온실, 버섯재배사, 관정, 오리사육 목책, 우렁이, 월동시설 등 필요한 시설 · 화력건조기, 조류 퇴치기, 스프링클러, 당도측정기, 수분측정기 등의 장비 · 기타 안전농산물 가공 및 생산에 필요한 시설·장비
기타 사업	· 설계·감리비 등 공동 부대경비

자료: 농림부 환경농업과.

해서다.

둘째, 지역성을 갖추었다. 이 사업은 특정한 지구를 선정해 시행되며, 지역의 특성을 고려하고 지역 실정에 맞는 환경농업 기반을 구축하기 위해 시도되었다.

환경농업지구로 선정되었을 때 정부로부터 지원받은 내용이 〈표 3-12〉에 제시되어 있다.

(4) 환경농업 시범마을 조성 사업

이 사업은 벼 재배와 관련해 병해충 종합관리기술(IPM)과 작물영양분 종합관리기술(INM)을 종합적으로 실천하는 시범마을을 조성해 농약·화학비료 등으로 야기된 환경오염을 최소화하면서 안전한 쌀을 생산하는 데 목적이 있다.

이러한 사업목적을 달성하기 위해 집단화된 벼 재배지역을 시범마을로 선정해 친환경 벼 재배기술을 3년간 집중 지원함으로써 농업인 스스로 환경농업을 실천할 수 있는 능력을 배양하는 데 중점을 두었다.

이 사업은 환경농업지구 조성 사업과는 달리 벼만 대상으로 하는 사업으로서 ① 선정된 지역이 수도작지대로서 생산조직이 단순한 점, ② 벼를 대상으로 한 사업이므로 파급효과가 크게 나타나는 점, ③ 사업 수행 과정에서 현지 교육 등의 기술 지도를 통해 농민 스스로 실천능력을 배양하는 것을 목적으로 하는 점, ④ 안전 농산물 생산보다는 농업으로부터의 환경오염 방지에 더 중점을 두는 사업이라는 점 등의 네 가지 특징을 갖추었다. 사업의 대상지역은 50ha 이상 규모로 집단화된 수도 재배지역으로서 시범마을로 선정되면 마을당 5,540만 원의 사업비를 보조받았다.

지원되는 사업비는 구체적으로 ① 현장 출장비, 교육·홍보 등 지도팀의 운영비, ② 토양, 용수, 생물상 등의 조사에 필요한 시약·실험자재 구입 및 조사 재료비, ③ 농가기록 유지, 연락, 교육 이수, 필요 자재 등 농가에 직접 지원하

〈표 3-13〉 환경농업 시범마을의 실천사항

IPM	INM
· 주요 병해충 발생 실태 및 정밀 예찰 방법 - 병해충 종류, 발생 시기, 발생량 등 · 병해충 정밀 예찰에 의한 최소약제 방제법 - 적용약제(종자, 육묘상처리제), 방제 횟수, 방제 시기 등 · 천적 이용 해충방제 시스템 - 천적상 조사, 농가에 적용할 수 있는 방제체계 · 농가에서 실천할 수 있는 병해충 종합관리체계 - 저항성 품종, 경종방법, 재배형태, 천적 이용, 약제방제 방법	· 토양정밀검정에 의한 필지별 적정 시비 - 시비 처방에 따른 비종, 시비량 등 · 가축분뇨 등 퇴비의 적정 사용 기준 설정 - 가축분뇨의 퇴비화와 화학비료와의 균형시비 방법 · 마을 단위의 비료자원 실태 조사 - 가축분뇨, 농산부산물, 화학비료 등 · 시비양분의 수지 분석 및 환경영향 평가 - 흡수 이용량, 토양 잔류량, 환경 유출량 등

자료: 농림부 환경농업과.

는 환경농업 실천비용 등으로 활용되었다.

환경농업 시범마을로 지정되면 참여농가는 INM과 IPM을 실천해야 했다. 구체적인 내용은 〈표 3-13〉에 제시되어 있다.

(5) 광역 친환경농업단지 조성

자연 순환형 농업체계를 구축하기 위한 초기 단계로 경종농업과 축산업을 순환하는 정책 대안을 마련했다. 시군 단위로 경종농업과 축산업을 연계한 1,000ha 이상 규모의 자연 순환형 친환경농업단지 조성 사업을 2006년부터 시행해왔다.

2006년에는 완주군, 순천시, 울진군 등 3개 사업지구를 대상으로 시범 사업을 시작했으며 2007년에는 양구, 옥천, 익산, 장흥, 성주, 산청 등 시범 사업지구를 6개 지역으로 확대했다.

정부가 지원한 주요 시설로는 미생물을 비롯한 친환경농자재 생산시설, 공동육묘장 등 친환경농축산물 생산시설을 위시한 예냉, 선별, 저장 등 산지 유통시설 등이 있다. 아울러 경종·축산 순환 자원화시설, 가축분뇨 공동 자원화시설 등을 지원한다.

(6) 가축분뇨 공동 자원화시설 확충

정부는 가축 밀집사육 지역이나 중·대규모 양돈농가가 많은 지역에 가축분뇨를 처리할 수 있는 공동 자원화시설을 지원해왔다. 2007년에는 5개소, 2008년에는 15개소, 2009년에는 20개소 등 점진적으로 확대해왔다. 2009년에 지원한 개소당 사업규모는 30억 원에 달했으며, 이 중 국고 지원이 50%, 지방비가 30%, 융자가 20%였다.

경종과 축산을 연계한 자원순환농업을 정착시키려는 의도하에 이에 합당한 농업을 경영하는 농협, 영농조합법인 등 전문 경영체를 대상으로 운영자금을 융자 지원해왔다. 2009년에는 15개소를 대상으로 연리 2%, 3년 거치 일시상환 조건으로 272억 원을 융자했다. 경종과 축산을 순환하는 환경친화형 축산농장을 지정해 지원해왔으며 2009년에는 4개소를 지정했다.

(7) 친환경농산물 인증제도

친환경농산물은 소비자로부터 신뢰를 받아야만 값어치를 발휘할 수 있다. 이를 위해서는 일반 농산물과 차별화해야 하고 신뢰성을 갖춘 인증기관에서 친환경농산물임을 보증해야 한다.

민간단체에서 친환경농산물 생산운동을 펼치고 친환경농산물의 차별화를 시도해왔으며, 정부는 농산물 품질인증제를 통해 이를 간접적으로 지원했다. 1993년 12월 유기 재배 농산물 및 무농약 재배 농산물에 대한 품질인증제를 도입했고, 1995년에는 축산물 품질인증제를 시작했다. 1996년에는 저농약 재배 농산물 품질인증제를 도입했다. 이러한 품질인증제는 법적인 근거를 마련하지 않고 농림부 고시로 시행되었으며, 친환경농산물 생산자단체에서 인증표시제를 시행했다.

1997년 「친환경농산물육성법」이 공포되었으며 1998년 12월부터 친환경농산물 표시·신고제가 시행되었다. 유기농산물, 무농약농산물, 저농약농산물 등을 표시하고자 하는 자는 사전에 국립농산물검사소에 신고하도록 규제했다.

2001년 1월 「친환경농업육성법」을 개정해 친환경농산물 표시·신고제에서 법적인증제로 전환했다. 2001년 7월부터 친환경농산물인증제를 시행했다. 유기농산물, 전환기 유기농산물, 무농약농산물, 저농약농산물 등 친환경농산물을 표시하려면 사전에 인증을 받아야 한다. 인증기관은 농림부의 농산물 품질 관리원과 여기서 지명한 민간 인증기관으로 국한시켰다. 친환경농산물의 인증을 받고자 할 때 갖추어야 할 요건은 〈표 3-14〉에 제시되어 있다.

2005년에 친환경축산물로서 유기축산물과 전환기 유기축산물 인증제를 도입했다. 친환경농산물 품목 수가 많아 소비자가 친환경농산물을 식별하기 어렵다는 여론을 반영해 2007년 「친환경농업육성법」을 개정하고 전환기 유기농산물과 전환기 유기축산물을 폐지, 무항생제축산물을 신설했다. 2010년부터 명확한 근거를 제시하기 어려운 저농약농산물의 신규 인증을 중단하고

〈표 3-14〉 친환경농산물 유형별 인증 기준

<table>
<tr><th rowspan="2">인증 기준</th><th colspan="4">친환경 인증</th></tr>
<tr><th>유기 재배</th><th>전환기 유기</th><th>무농약 재배</th><th>저농약 재배</th></tr>
<tr><td>경영 관리</td><td>2년 이상 기록한 영농자료 보관</td><td>1년 이상 기록한 영농자료 보관</td><td>1년 이상 기록한 영농자료 보관</td><td>1년 이상 기록한 영농자료 보관</td></tr>
<tr><td>종자</td><td colspan="2">유기 재배종자, 무유전자재조합(Non-GMO)</td><td>무농약, Non-GMO</td><td>Non-GMO</td></tr>
<tr><td>용수</td><td colspan="4">· 농업용수 이상
· 콩나물 및 숙주나물 등 싹 틔운 농산물: 먹는 물 기준</td></tr>
<tr><td>토양</td><td colspan="4">· 토양 오염 우려 기준(농경지)
· 「토양환경보전법」 제4조 2항 동시행규칙 제1조 4항 관련</td></tr>
<tr><td>재배 포장</td><td>인증 신청 전에 2년(다년생 3년)간 유기 재배한 포장</td><td>인증 신청 전에 1년 이상을 유기 재배한 포장</td><td>-</td><td>-</td></tr>
<tr><td>재배 방법</td><td colspan="2">· 화학비료, 농약을 사용하지 않고 재배
· 두과, 녹비 또는 심근성작물 윤작</td><td>· 농약을 사용하지 않고 화학비료 1/3 사용
· 두과, 녹비 또는 심근성 작물 윤작</td><td>· 농약, 화학비료 1/2 이하
· 제초제 금지
· 두과, 녹비 또는 심근성 작물 윤작</td></tr>
<tr><td>잔류 농약</td><td colspan="3">· 다음 경우에만 허용 기준치의 1/10 이하까지 허용
- 바람에 의한 비산 및 농업용수에 의한 오염
- 기타 불가항력적인 경우</td><td>허용 기준치의 1/2 이하</td></tr>
</table>

자료: 농림부 환경농업과.

2015년부터는 폐지하기로 결정했다.

그러나 친환경농산물을 국가가 인증하는 이 제도에서 부작용이 크게 나타났다. 소비자 입장에서 볼 때 국가가 인증한 농산물은 안전하지만 인증 받지 못한 농산물은 안전하지 않다는 오해를 불러일으킨 것이다.

(8) 친환경농업 직접지불제

친환경농업으로 전환하면 관행인 다투입 농사에 비해 수확량이 감소하기 마련이다. 아울러 친환경 생산요소를 투입해야만 친환경농산물을 생산할 수 있다면 생산비가 관행농업에 비해 증가한다. 이처럼 수확량 감소와 생산비 상승에 의한 소득 감소분을 정부가 메우기 위한 대안으로 직접지불제를 도입했다. 친환경농산물로 인증을 받으면 3년간 친환경농업직불금이 지원된다. 2007년에 인증 받은 밭작물이라면 유기농산물의 경우 ha당 79만 4,000원, 무농약 67만 4,000원, 저농약 52만 4,000원을 각각 지원받았다. 논 농업의 경우 지원액은 유기 재배에는 39만 7,000원, 무농약 재배에는 30만 7,000원, 저농약 재배에는 21만 7,000원이었다.

4) 친환경농업정책의 수단

친환경농업을 지속적으로 발전시켜나가기 위해 채택된 정책수단은 다양하게 변천되어왔다. ① 사업목적, ② 동원수단, ③ 사업대상 등의 분류 기준에 따라 친환경농업정책을 구분할 수 있다(〈표 3-15〉 참조). 한국에서 환경농업을 육성하기 위해 정부가 채택한 정책수단은 ① 친환경농업 생산 지원정책, ②

〈표 3-15〉 친환경농업정책수단의 분류

분류 기준	분류	구체적인 정책수단
사업 목적	농업환경오염 부하 경감	· 농약 사용 경감 · 폐영농자재 처리
	농업환경 유지, 개량	· 농토 배양 · 환경자재 개발
	환경농업의 육성	· 중·소농 고품질 생산단지 조성 · 환경농업 직접 직불제 · 환경농업지구 조성
동원 수단	경제적 인센티브의 제공	· 보조금, 융자 지원 - 축산분뇨 정화 처리 및 자원화 - 중·소농 고품질 생산단지 조성 · 직접 지불 - 환경농업 직접지불제
	교육 또는 기술 개발을 통한 지원	· 축산분뇨 정화 처리 및 자원화(적정모델 표준설계도 제작 보급, 처리기술 교육)
	기준제시, 면허체제	· 농약 사용 경감(등록, 기준) · 축산분뇨 정화 처리 및 자원화(액비 살포 기준) · 환경농산물 표시제
	간접시설 등 직접 제공	· 농어촌 오폐수 처리 · 농토배양 중 토양개량제 공급
사업 대상	특정 지역의 농가	· 환경 농업지구 조성 · 조건 불리 지역 직접지불제
	특정 집단의 농가	· 축산분뇨 정화처리 및 자원화
	특정 지역, 특정 집단의 농가	· 중·소농 고품질 생산단지 조성

자료: 농림부 환경농업과.

〈그림 3-4〉 친환경농업정책 체계도

친환경농업정책 수단			
토양	생산	인증	유통 · 소비
· 지력 증진 · 농자재 지원	· 생산기반 조성 · 농가소득 보전	· 인증제 운영 · 소비자 신뢰 제고	· 유통 활성화 및 소비 촉진
· 토양 개량제 공급 · 푸른들 가꾸기 사업 · 유기질 비료 지원 · 천적 방제 지원	· 친환경농업 지구 · 광역 친환경농업 단지 · 친환경농업 직불제	· 인증제도 개선 · 민간 인증기관 활성화 · 인증 농산물 사후 관리	· 친환경농산물 자조금 · 친환경농산물 유통 자금 · 소비지 매장 지원('08) · 전용 물류센터 건립('12)

친환경농업에 투입되는 친환경농자재 지원정책, ③ 생산한 환경농산물을 차별화하기 위한 인증제도, ④ 환경농산물을 생산하는 농가의 소득을 지지하기 위한 직접지불제 등으로 나뉜다.

정책수단을 구체적으로 분류하면 〈그림 3-4〉와 같다. 친환경농업을 확산시키기 위해 규제보다는 유인에 초점을 맞춘 정책수단을 집행해왔다. 이는 농업과 농촌을 대상으로 추진하는 환경보전정책의 한계를 단적으로 드러낸다고 하겠다.

5) 친환경농업체계

(1) 기본 유형

농업과 환경이 조화를 이루려면 친환경농업을 구성하는 기술·환경 요인에서 생산·유통·소비에 이르기까지 사회적·경제적 제반 정책이 유기적인 결합체를 갖추어야 한다.

이는 환경부하가 큰 농업에서 부하가 작은 농업 시스템으로 발전시켜야 한다는 의미를 내포한다. 친환경농업을 실천하는 농가가 고품질의 안전한 농산물을 생산한다는 것은 좁은 영역의 친환경농업에서 발전해 지역 내, 나아가

이 땅에서 생산되는 일체의 농산물이 안전하다는 평가를 받도록 친환경농업 체계를 갖추어야 한다는 의미다(〈그림 3-4〉 참조).

지역이 친환경농업체계로 정착되면 환경용량에 적합하도록 경종과 축산 간에 유기적인 순환이 이루어진다. 이렇게 되면 화학비료, 농약 등으로부터 유발되는 오염원이 적절히 관리되어 지역 내 수계의 수질이 환경기준의 범위 내에서 유지될 수 있다. 환경용량이 크고 오염원 관리가 잘 이루어지는 지역이라면 경종농업과 가축 생산이 지속되고 환경보전이 유지될 것이다.

(2) 지역 단위 물질 순환 구조

농업 및 농촌지역의 환경오염원은 크게 생활계, 축산계, 토지계, 산업계 등으로 나눌 수 있다.[3] 생활계는 생활로부터 발생하는 환경오염을 말하며 수질오염이 주종을 이룬다. 발생 부하량은 가정 인구 발생 부하량과 영업 인구 발생 부하량을 합해 산출한다. 전자는 가정 인구수에 1인당 발생 부하량을 곱해 구하고, 후자는 영업 인구 오수 발생 유량에 영업인구 오수발생 농도를 곱해 산출한다.

축산계는 축산에서 발생하는 오염원을 말하며 가축의 분뇨와 축사에서 나오는 축산 폐수가 주종을 이룬다. 발생 부하량은 축산폐수 발생 부하량에 축산고형물 발생 부하량을 합하면 된다. 축산계의 오염물질 발생 및 배출은 가축의 종류, 축산분뇨와 축산폐수의 처리방법에 따라 다양하다. 축산분뇨의 퇴비화와 액비화 수준, 축산폐수 공공처리 방법, 개별 농가 단위의 정화처리 정도, 해양 배출량 등에 따라 오염 발생 부하량이 상이하다.

작물이 흡수하지 못하고 토지에 남아 있는 화학비료와 농약 성분은 빗물에 씻겨 하천을 오염시키거나 지하로 스며들어 지하수를 오염시킨다. 오염원이 토지계의 일부인 경우 지목, 토양종류, 경사도, 재배작물, 관개방법, 시비량

3) 김창길, 『친환경농업체제로의 전환을 위한 전략과 추진방안』, 21~27쪽에 환경오염원별 오염부하량 계측방법에 대해 상세하게 고찰되어 있음.

〈표 3-16〉 자연 순환의 유형과 환경친화형 농법 및 농업 형태

순환의 유형	서브시스템	환경친화적 순환농법	농업형태
농가 내 순환	경지 내 순환	볏짚, 왕겨 등 농산부산물의 경지 환원	개별 복합농업, 유기농업, 유축농업
	작목 간 순환	윤작·혼작·녹비작물의 이용	
	농가 내 순환	생활 쓰레기의 사료 또는 퇴비 이용	
지역 내 순환	경지·지목 간 순환	농산부산물·산야초의 이용 방목·휴경지(사료작물 재배)의 윤환 톱밥, 폐목재 등을 분뇨 퇴비로 활용	지역 복합농업, 유기농업, 유축농업
	농가 간 순환	경종·양축농가 간 축분퇴비와 볏짚의 교환 경종·양축농가 간 액비화	개별농업, 개별 축산업
지역 간 순환	농업지역 간 순환	경종·축산 부문의 유기물 교환	지역 간 복합농업
	농공 간 순환	식품산업 폐기물의 퇴비화 톱밥·우드칩(wood chip) 등의 이용	지역 간 순환농업
	농촌·도시 간 순환	농촌·도시 생활 쓰레기의 사료화·퇴비화	

자료: 김창길·강창용, 「지역단위 농업환경모형 체계화에 관한 연구」(한국농촌경제연구원, 2002), 10쪽.

등 토지의 형태, 이용유형에 따라 오염 발생 부하량이 상이하다.

산업계 발생 부하량은 지역 내에 공산품을 생산하는 공장이 있을 때 여기에서 발생하는 오염원을 측정해 산출한다.

지역의 환경오염 부하 정도를 파악하기 위해 물질의 유입과 유출을 체계화시킨 모형을 물질 순환 시스템이라 한다. 물질 순환을 기초로 환경과 경제활동의 상호 연관성을 체계적으로 설명해주는 대표적인 것이 물질 균형 모형이다(〈표 3-16〉 참조). 이는 물질 순환 시스템의 경계 영역 설정 범위에 따라 농가 내 순환, 지역 내 순환, 지역 간 순환 등으로 나뉜다.

경종과 축산이 결합된 복합 경영 구조이며 자가소비에 먼저 배분하고 남는 농산물을 판매하는 준자급자족적인 생산체계를 갖춘 전통 농업에서는 농가 내 순환이 순조롭게 진행되었다. 그러나 생산의 효율성을 높이고자 생산조직이 단작 전문화로 정착됨에 따라 농가 내 순환에 한계가 드러나 지역 내 또는 지역 간 순환을 강조하기에 이르렀다.

지역 단위 농업 생태계의 물질 순환 구조에서는 경제활동을 근간으로 자원 투입 → 생산 → 소비의 구조로 물질 순환이 이루어진다(〈그림 3-5〉 참조). 각

〈그림 3-5〉 농업생태계의 물질 순환 기본 구조

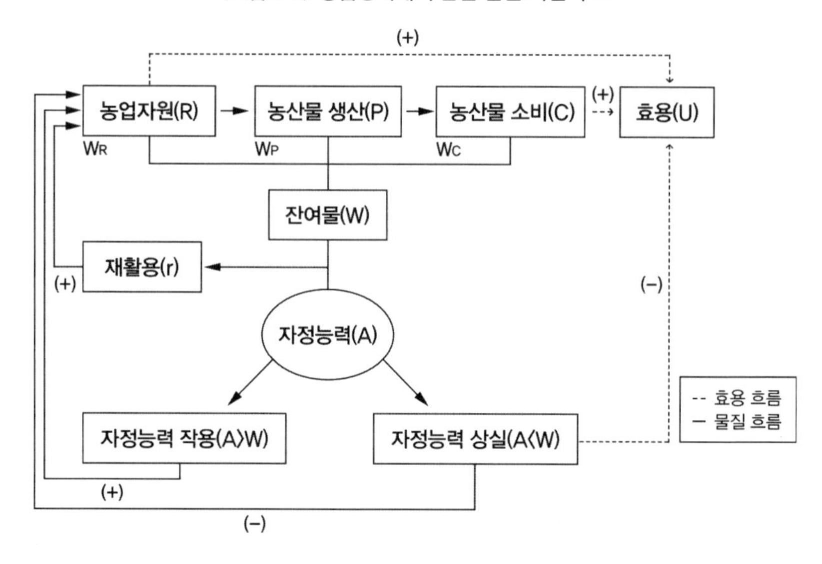

경제활동에서 잔여물이 발생하고 이 중 농업자원으로 재활용되지 못한 잔여물은 폐기물로 배출된다. 이것이 지역 단위 생태계의 자정능력 범위를 초과하면 환경오염원이 되어 농업자원 이용에 부정적인 영향을 미친다.

(3) 친환경농업 시스템 구축을 위한 기본 원칙

농업과 환경의 조화를 이루기 위한 친환경농업 시스템을 구축하려면 적절한 정책 프로그램을 개발해 집행해나가야 할 것이다. 농업이 지역 환경에 미치는 역기능을 최소화하고 순기능을 극대화하려면 채찍과 당근, 즉 규제와 인센티브 정책을 적절하게 배합해야 할 것이다.

친환경농업 시스템을 구축하는 데 필요한 정책 프로그램을 개발할 때 준수해야 할 기본 원칙은 다음과 같이 요약된다(〈표 3-17〉 참조).[4]

4) 김창길·강창용, 「지역단위 농업환경모형 체계화에 관한 연구」, 21~30쪽에 제시된 내용을 요약 정리했음.

〈표 3-17〉 시스템 전환을 위한 정책프로그램 개발의 기본 원칙

방식	원칙	의미(농업과 환경의 관련)
농업정책과 환경정책의 통합(규제와 지원 등)	통합적 접근 원칙	농업의 외부경제 및 외부불경제의 내부화
오염원 발생 농업인의 부담(세금, 부과금 등)	오염자 부담 원칙	농업 부문 외부불경제의 내부화
농업인에 대한 보상을 수반하는 규제(환경요건)	공동 부담 원칙	농업 부문 외부경제의 내부화
환경 질 개선을 제공하는 자원관리자에 대한 인센티브 부여	제공자 수혜 원칙	농업 부문 외부경제의 내부화
환경 질 개선 수혜자의 상응한 대가 지불(물 이용부담금 등)	수익자 부담 원칙	발생비용의 수익자 분담화
불확실한 결과에 대한 사전적 예방(교육, 홍보 등)	사전예방 원칙	사회적 비용 발생 최소화

자료: 김창길·강창용, 「지역단위 농업환경모형 체계화에 관한 연구」, 29쪽.

첫째, 통합적 접근 원칙을 준수한다. 지역 환경에 미치는 농업의 생산·기술정책에서 가격정책에 이르기까지 농업정책과 환경정책에 통합적으로 접근해야 한다는 의미다. 농업과 환경의 조화를 도모하는 데 기여할 수 있는 정책수단을 선정할 때 적용되는 가치판단 기준인 환경성 및 효율성과 형평성이 균형을 이루어야 한다. 농업의 외부경제를 내부화하려면 효율성을 강조해 당근을 제공해야 하고, 농업이 환경오염원이 되는 외부불경제를 내부화할 때는 형평성을 고려해야 할 것이다.

둘째, 오염자 부담 원칙을 적용할 수 있다. 환경오염을 처리하는 데 투입되는 비용을 환경오염을 일으킨 자에게 부담시키는 원칙이다. 농업에 미치는 환경오염 부하를 경감시키는 정책수단을 선정하거나 투자 우선순위를 결정할 때 용이하게 적용할 수 있는 원칙이다. 오염을 발생시킨 농업 생산자가 비용을 부담한다면 생산비가 상승하고, 이는 국제경쟁력을 약화시키는 결과를 낳는다. 국제경쟁력을 강화한다는 차원에서 구조 조정정책을 수행하는 것인데 이면에서 비용 상승을 가져오는 정책수단을 집행하기에는 어려움이 많은 것으로 판단된다. 또한 형평성 배려 측면에서 농가소득 지지정책대상으로 대접받아온 중·소농 규모의 생산자에게 오염자 부담 원칙을 적용하기에는 한계가 크다고 판단된다.

셋째, 공동 부담 원칙이다. 환경보전에 투입된 비용을 국가, 지방자치단체, 공공단체와 생산자, 소비자가 공동으로 부담한다는 의미다. 이는 오염원을 찾아 비용을 부담시키기 어려운 처지나 국가 혹은 자치단체 단독으로 부담하는 경우 그 부담이 과중하다고 판단할 때 적용한다.

넷째, 제공자 수혜원칙이다. 환경의 질을 개선하고자 노력한 자에게 대가를 지불해 보상하는 원칙이다. 환경에 민감한 지역 주민이 오염 부하를 경감시키기 위해 필요한 시설과 장비를 구입해 활용한 경우 소요경비를 보상해주는 원칙이다.

다섯째, 수익자 부담 원칙이다. 환경의 질 개선에 따른 수혜자들이 상응하는 비용을 부담해야 한다는 원칙을 말한다. 이는 환경보전의 중요성에 대한 주민의식 수준이 높은 상태에서 실현가능하다. 상수원보호구역 주민에게 강요한 규제행위에 대한 보상에 소요되는 비용을 수돗물 사용자로부터 징수한 물 이용 부담금으로 충당하고자 할 때 이 원칙을 적용한다.

여섯째, 사전 예방 원칙이다. 환경오염을 발생시킬 가능성이 농후한 잠재요인을 사전에 예방하는 차원에서 적용하는 원칙이다. 지속가능한 농업 발전을 이룩하고자 농업인과 해당 공무원을 대상으로 환경교육을 수행하거나 기술을 개발하고자 할 때 소요되는 비용을 부담시키는 원칙을 말한다.

(4) 시스템 구축을 위한 정책수단

친환경농업체계를 구축할 수 있는 정책수단을 고려할 때 통상 적용하는 기본 원칙은 당근과 채찍이다. 특정 행위를 못하도록 통제하거나 환경보전에 긍정적인 활동을 장려하기 위해 유인을 제공한다. 규제할 때는 법령에 의거해 명령하거나 통제하고, 이를 위배하면 벌칙을 가한다. 유인은 직접적인 유인과 간접적인 유인으로 대별되며, 경제적 유인은 전자에 속하고 교육은 간접적인 유인에 속한다.

친환경농업 시스템을 구축하기 위해 널리 통용되는 정책수단은 〈표 3-18〉에 제시되어 있으며, 정책을 집행하는 주체의 편의에 의거해 분류해두었다.

<표 3-18> 친환경농업 시스템 구축을 위한 정책수단

구분	특징	실행 프로그램
경제적 수단	· 농업활동에 경제적 유인책 제공 · 생산요소 및 생산물의 상대가격 변화 유도 · 정책수단 선정을 위한 비용 및 편익계측의 한계	· 환경보전 시설자금(보조금) 지원 · 휴경보상제도(식부제한제원제도) · 축산폐수 배출 부과금제 · 화학적 투입재(비료, 농약 등)에 대한 환경세 부과 · 가축 사육두수 할당제 · 배출권 거래제도 · 잉여양분 부과금제 · 예치금 상환제도
규제적 수단	· 특정 활동의 환경적 효과가 불확실하거나 자원손실의 복원이 어려운 경우 유효한 수단 · 환경변화에 필요한 농업경제활동의 신속한 변화 유인수단 · 재정중립적인 정책수단 · 오염물질의 농도규제, 양분규제, 토지 이용규제	· 화학비료 취급등록제 · 친환경 농자재 사용 기준 · 축사위치·구조에 관한 규제 · 상수원 보호구역 등 토지 이용 규제 · 농약 사용량 규제와 거래 등록 · 가축 사육밀도 제한 · 배출 허용 기준(가축분뇨 발생량 규제, 방류수 수질 기준) · 가축분뇨 처리 기준 - 퇴비·액비 살포 기준 설정 · 오염 총량 관리제
상호준수 수단	· 준수요건에 대한 명확한 제시와 요건이행에 따른 적절한 보상 · 보조금 지원의 정당성 확보	· 친환경 농축산업 직불제 · 메뉴방식 직불제 프로그램 도입 · 양분 관리 계약제 도입
기술 보급, 연구·교육	· 친환경농업 실천기술 보급 · 환경문제에 대한 인식제고 · 신기술 개발 및 정보전파 · 청정기술, 사후적처리기술 개발	· 사후 처리기술 개발·보급 · 정밀 농업(INM, IPM) 육성 · 유기농업 기술 개발 및 지원 · 친환경농업 보급 교육 · 청정기술 개발·보급 · 최적영농지침(BMP) · 농가 자가진단 프로그램
표시기준 및 인증	· 친환경농산물에 대한 편향적 정보에 대한 보완 · 친환경농산물 마케팅 프로모션	· 인증제도(그린 라벨링 제도) · 친환경농업 실천 지역(청정 지역)으로 생산된 농산물의 브랜드화
모니터링 및 정보	· 과학적 분석을 기초로 한 정책추진 및 모니터링 가능 · 투명한 정책개발	· 지역 단위 농업 환경 종합정보시스템 개발 · 지역별 모니터링 시스템 구축
자율적 협정	· 환경문제 인식도 제고 수단 · 정책비용 최소화 · 비점오염원의 효과적 관리수단	· 모범영농준칙(GFP) · 관련 주체별·주제 간 자율적 협약 · 영농장부작성(Green Recording)

주: 고딕으로 표시된 부분은 현재 한국에서 시행 중인 프로그램.
자료: 김창길·강창용, 「지역단위 농업환경모형 체계화에 관한 연구」, 39쪽.

친환경농업정책을 구축하기 위해 경제적 유인 제공, 생산요소가격 조절, 부과금 등 가격기구를 통해 친환경농업과 관련된 행위를 장려하거나 제한할 때 채택한 정책수단이라면 이를 경제적 수단으로 정의한다. 여기에 해당하는 프로그램을 집행하면 친환경농업에 투입되는 생산요소와 친환경농산물의 가격에 영향을 미쳐 친환경농업이 유리하도록 자극하는 정책수단이다. 한국의 친환경농업 수준은 초보 단계이므로 다수의 프로그램 중 우리가 수행하는 정책수단은 환경보전 시설자금 지원, 휴경 보상제, 축산 폐수 배출 부과금제 등 소수에 지나지 않는다.

환경오염에 직접적인 영향을 미치는 행위를 규제할 때 활용하는 정책수단을 통상 규제적 수단이라 한다. 이를 이행하지 않을 때에는 제재를 가하게 되므로 친환경농업의 진행속도에 준해 순차적으로 정책수단을 채택하게 된다. 한국에서 시행하는 규제 프로그램은 〈표 3-18〉에 제시되어 있는 바와 같이 규제 정도가 약한 초보 수준에 지나지 않는다는 사실을 알 수 있다. 가축사육으로 발생하는 오염을 줄이기 위해 서구에서는 가축 사육밀도 제한, 배출 허용 기준, 가축분뇨 처리 기준 등을 정해 엄격하게 규제하지만 한국에서는 아직 시도해볼 엄두도 내지 못하는 처지다.

상호준수 수단은 경제적 수단과 규제적 수단을 결합시킨 정책수단이며 직접적인 효과가 크게 나타난다는 장점이 있다. 친환경농업과 친환경축산을 대상으로 시행하는 직접지불제가 여기에 속한다.

한국에서는 친환경농산물을 대상으로 표시기준을 제시하거나 인증제를 실시해 제값을 받을 수 있도록 차별화를 시도함으로써 이 제도를 적극적으로 활용하지만 그 효과를 속단하기는 어렵다.

제4장

농산물시장·유통정책

1. 농산물시장·유통의 개선과제

1) 시장 및 유통의 정의

시장은 추상적인 시장과 구체적인 시장으로 나뉘어 정의된다. 전자는 수요와 공급이 만나 가격이 결정되는 기구(price mechanism)를 말하고 후자는 상품이 거래되는 장소를 의미한다.

소비자와 생산자는 이해가 대립되는 경제주체로서 시장에서 만나 이해가 조정되며 추상적·구체적 시장 모두 이를 반영한다. 추상적 시장, 이른바 이론상의 시장에서는 수요곡선과 공급곡선이 만나 균형가격과 균형 거래량이 결정된다. 수요곡선은 소비자의 효용을 만족시키는 균형점의 궤적이므로 수요자의 구매의사를 나타내고, 공급곡선은 생산자의 이윤 극대화를 만족시키는 균형점의 궤적으로 생산자의 판매의사를 반영한다.

그러므로 수요곡선과 공급곡선이 만나 가격과 거래량이 결정되는 메커니즘을 나타낸 추상적 시장은 결국 수요자와 생산자가 구체적인 시장에서 만나 가격을 결정하는 과정을 이론적으로 설명한 것에 불과하다. 시장의 대표 격인 서울 가락동 농수산물도매시장에서는 생산자와 소비자가 만나 경매(競賣) 절차를 밟아 가격이 결정된다.

한편 유통이란 상품이 생산 기점을 출발해 최종 소비에 이르기까지 중간에서 일어나는 일련의 경제활동으로 정의된다. 이러한 경제활동에는 소유효용을 증가시키는 거래활동뿐 아니라 수송, 저장, 처리·가공 등의 물리적 기능, 나아가 정보·통신, 측정, 재정, 위험부담 등의 보조기능 등이 포함된다.

유통활동에 수행되는 물적·인적 기능과 공간적·시간적 구성의 모든 집합을 유통체계 또는 유통조직이라 한다. 이 유통체계는 유통이 처한 경제여건이 바뀌면 탄력적으로 조정된다.

2) 유통환경 변화의 판단 기준

농산물 유통은 여러 환경요인에 따라 지속적으로 변해간다. 농산물 유통에 영향을 주는 요인으로 경제 수준, 사회구성원의 가치관, 국제 환경을 비롯한 외부 여건 등이 거론된다. 아울러 사회적·경제적 여건에 따라 지속적으로 변동하는 농산물 수요 구조와 소비행태, 농업의 기반조건과 생산 구조 변동 등 농산물 유통에 영향을 미치는 요인은 다양하다.

농산물 유통을 둘러싼 유통환경이 변할 때 유통이 이에 적절하게 대응하지 못하면 문제가 발생하기 때문에 정부는 이를 정책적으로 해결해야 한다. 사회 발전과 더불어 지속적으로 대두된 유통 문제를 인식하고 여기에 대처한 유통 정책을 평가하려면 먼저 그러한 유통 문제가 대두된 유통환경을 잘 이해해야 한다.

유통환경의 변화를 감지하려면 다음과 같은 기준을 근거로 판단해야 한다.

첫째, 경제 수준이다. 흔히 개발도상국과 선진국으로 양분하지만 여기에 간단히 적용되는 기준은 1인당 국민소득이다. 소득이 유사한 수준이라 할지라도 도시화·공업화의 정도에 따라 농산물 유통에 미치는 영향은 상이하다.

한국의 경우 경제성장정책을 추진하는 과정에서 투자 효율을 높이고자 성장거점도시 개발과 산업기지 개발방식을 채택해 대도시와 산업도시의 급속한 성장을 이루었지만, 농산물의 집산지인 지역중심도시는 상대적으로 위축되어왔다. 농산물 생산과 소비 원격화의 가속화가 농산물 유통의 중요성을 가중시킨 반면 유통의 애로요인으로 대두되기도 했다.

경제성장과 더불어 도로를 위시한 사회 간접자본이 확충되는 과정 또한 유통에 영향을 미친다. 그러나 한반도는 직사각형에 가깝고 삼면이 바다로 둘러싸여 있어 항만이 일찍 정비되었으며 고속도로 건설이 농산물 유통 변화에 비해 앞섰기 때문에 사회 간접자본 확충 미비가 농산물 유통의 애로로 작용한 사례는 많지 않았다고 판단된다.

둘째, 식품 소비패턴과 농산물 수요 구조의 변화다. 경제성장으로 실질소득이 증가하면 소비패턴은 고급화, 다양화, 사회화, 편의화로 진행된다. 특히 맞벌이 부부가 늘어나면 가정주부는 식생활에 투입되는 가사시간을 절약하고자 편의화를 추구한다. 조리하는 데 시간이 소요되는 농산물을 꺼리고, 처리·가공되어 표준화·등급화된 농산물을 선호하고 껍질 벗기기가 까다롭거나 쓰레기가 배출되는 과일을 꺼린다. 이러한 변화에 부응해 농산물은 유통 과정에서 소비자가 원하는 형태로 처리·가공된다.

셋째, 농업의 기반조건과 농산물 생산 구조의 변화다. 한국은 온대몬순기후이기 때문에 쌀농사를 중심으로 하고, 초식 가축을 기르기 위한 기반조건이 열악한 동시에 국민 1인당 농지규모 또한 영세해 농산물의 국내 자급 기반도 열악한 실정이다. 호당 경작규모가 영세한 소농 구조이며, 경제성장 과정에서 농업 구조 개선정책을 펼쳐왔지만 경영규모를 확대하는 데는 한계가 컸다. 이는 농업 생산의 규모화와 전문화의 한계가 크다는 의미이며, 이것이 유통 발전의 제약요인으로 작용해왔다.

쌀 생산 위주의 소농 구조였으며, 농가의 생산활동은 자급자족 혹은 준자급자족적인 체계로 다년간 지속되었다. 경제성장과 더불어 시장에 판매하는 생산 구조로 발전해왔지만 농산물 소비 구조의 변화에 부응해 생산 구조를 탄력적으로 조정하는 데 한계가 컸다. 물론 생산 구조를 개선하기에는 농업 기반조건이 열악한 점도 고려해야 한다.

넷째, 지식정보화와 디지털 경제 수준이다. 농촌에 전화기도 없던 유통환

〈표 4-1〉 농산물의 생산·소비·유통의 발전 단계

구분	제1단계	제2단계	제3단계
경제발전도	· 1인당 가처분 소득 500달러 이하 · 고엥겔지수(60% 이상) · 생계노임 · 전통적인 농업사회	· 1인당 가처분 소득 1,000달러 내외 · 중위엥겔계수(40~50%) · 생활 노임 · 공업화·도시화의 전개	· 1인당 가처분 소득 2,000달러 이상 · 적정엥겔계수(25~30%), · 최저임금보장 · 고도 도시화·공업화 대중소비단계
식생활 목표	· 기아로부터의 해방	· 식단의 영양 균형 유지	· 조리시간 단축과 가공·편의식품 위주
소비 구조	· 저위보전식품 위주(식품 지출액의 70% 이상)	· 고위보전식품 지향(식품 지출액의 30~40%)	· 고위보전식품 및 가공조리 편의식품 위주(식품지출액의 50% 이상)
식생활 환경	· 교통 불편(극소수 자가용) · 근대적 조리시설 및 저장시설 태무	· 대중교통수단과 자가용 및 가전제품 보급 단계	· 교통 발달과 마이카 보편화, 가전제품 보편화와 조리시설 기계화
생산 구조	· 주곡 생산에 주력 · 소규모 부정규 상품 생산 · 천후의존 농업의 풍흉 반복	· 주곡 자급화 · 신선식품 생산 확대 · 대규모 상업적 농업 생산 개시 · 생산기반 확충	· 신선식품 및 가공식품에 생산 집중 · 농업 생산의 지역 특화 · 표준상품의 대량생산 · 농업의 기계화
유통 방법	· 협소한 유통권 내의 부정규적 소량 출하 · 전통적 곡물거래 중심 · 대인 직접 현물거래	· 대량화·원거리화·가속·통명거래의 보급 개시 · 신선식품 거래 단위 불통일 · 표준화의 불비 · 가식 부분을 포함한 거래	· 가식 부분의 식품과 편의식품의 유통 보편화 · 전 유통 단계 콜드체인시스템(cold chain system)화 · 통명거래와 선물거래 보편화
유통 구조	· 곡물도매시장의 발달 · 도소매기능 미분화 · 공설도매시장의 신석식품 유통 주도 · 행상노점 및 소점포 다수	· 신선식품의 중앙도매시장 발달 · 공설시장의 소매시장 점유율 저하 · 주택가 점포의 비중 증대 · 슈퍼마켓 증가 · 고소득 지역에 슈퍼마켓 발생 · 수평적 통합의 진전	· 중앙 도매시장의 중요도 감소 · 슈퍼마켓의 생산지 직결 · 대가공업자 출현 및 중앙공급 보관 저장업 번성 · 공성시장기능 약화 · 슈퍼마켓의 대형화 및 수직적 통합의 진전
유통정책 동향	· 유통정책 비중 저위 · 증산일변도 정책 · 공설소매시장 건설 · 곡물유통정책 중심	· 중앙도매시장 정비 확충 · 유통환경 및 기반 조성 · 생산자 협동 유통 촉진 · 정부역할 증대	· 생산자·소비자의 대형화 · 대형 소매상 육성 · 수직적 통합 촉진 · 유통 행정 촉진 조치 중심

자료: 김성훈 외, 『농산물 유통』(농민신문, 1995), 71쪽.

경에서 출발했지만 현재 농촌사회가 직면한 정보화 수준은 설명을 요하지 않는다. 지식·정보사회로 정착함에 따라 전자상거래가 대두되었지만 이것이 농산물 유통을 주도할지 유통의 양념 수준에 머물지 냉철하게 판단해 유통정책을 전개해나가야 할 것이다.

다섯 째, 경제성장에 부응해 진행된 농산물 수입 개방 수준이다. 경제성장 초기 단계에는 수입할 수 있는 농산물을 열거한 수입허가제(positive check-list system)를 실시했다. 1967년 4월에 GATT에 가입했고 이를 계기로 수입할 수 없는 품목을 열거한 수입제한제(negative check-list system)로 완화되었다. 수출 확대로 농산물 수입 개방 압력이 가중되어 1978년에 농산물 수입 개방 기본 방침을 발표했으며 이를 근거로 개방농정이 전개되었다고 말한다.[1] 1993년에 UR 협상이 체결되어 쌀을 제외한 전 농산물이 개방되었다. WTO체제하에 진행된 DDA 협상의 주요 의제는 관세 삭감과 관세 상한치 설정이었다. 이러한 농산물 수입환경의 변화가 농산물 유통에 미친 영향과 이로 야기된 유통문제를 제대로 파악해야만 유통정책을 수립할 수 있다.

경제성장에 따른 유통 여건의 변화 및 유통 문제를 해결하기 위해 채택한 유통정책의 기본 방향을 〈표 4-1〉에 제시했다.

3) 시장·유통 문제와 정책과제

생산 및 소비 행태의 변화로 일어나는 농산물 유통의 핵심 과제는 유통 산업의 생산성 제고다. 생산성을 제고하려면 유통체계를 개선하고 전체적인 유통효율을 높여야 한다.

한국 농산물 유통 산업이 직면한 문제는 ① 유통기구가 영세하고 체계화되어 있지 않으며, ② 물적 유통시설이 낙후되어 있고, ③ 유통 단계가 복잡하다는 것 세 가지로 요약할 수 있다. 이 때문에 유통 산업의 생산성이 낮고 유통

1) 한국농촌경제연구원, 『한국 농업·농촌 100년사』, 1413쪽.

〈그림 4-1〉 청과물 유통경로(1982)

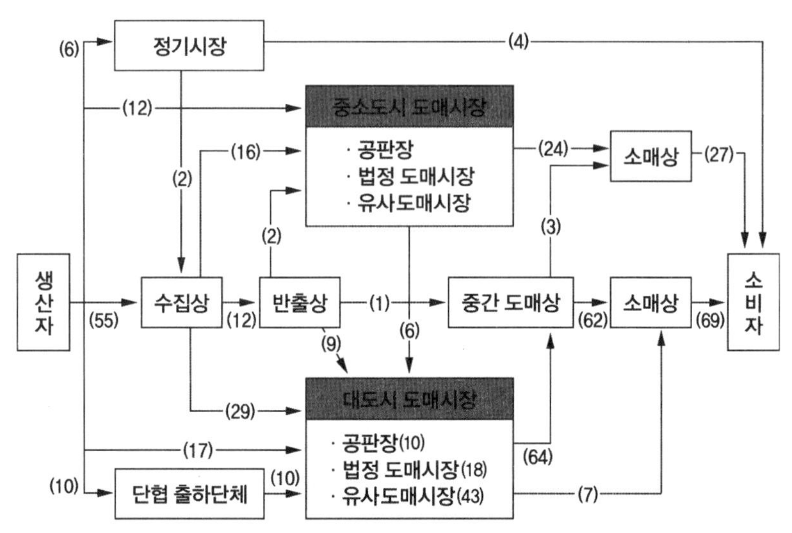

주 1: 괄호 안의 수치는 유통경로별 비중(%).
주 2: 20개 주요 품목 기준 유통경로별 물량을 기준으로 가중 평균한 값임.
주 3: 대도시는 서울, 부산, 대구, 인천, 대전, 광주.
자료: 성배영, 「농수산상품 시장 분석」(한국농촌경제연구원, 1985), 36쪽.

마진이 상대적으로 과다한 것으로 지적받는 것이다.

농산물은 수집·분산 과정을 거치므로 분산시키는 과정만 거치는 공산품에 비해 유통마진율이 높다. 그러나 이러한 농업의 특수성을 감안하더라도 한국 농산물의 유통마진율은 공산품에 비해 또한 외국 농산물에 비해 상대적으로 높다는 비난을 면하지 못한다.

어느 정도 농산물 유통이 근대화되었다고 판단한 1980년대 초에 계측한 청과물 유통경로가 〈그림 4-1〉에 제시되어 있다. 여기서 보는 바와 같이 청과물의 주 유통경로는 생산자→수집상→유사도매시장(위탁상)→중간 도매상→소매상→소비자 순이다. 즉, 생산자를 벗어난 청과물은 5개에 이르는 유통 단계를 거친 후 소비자에게 도착한다.

1980년대에 들어와 서울 가락동 농수산물도매시장을 비롯해 전국 주요 도시에 도매시장을 개설하고 1990년대에 획기적인 유통 구조 개선정책을 추진

〈그림 4-2〉 청과물 유통경로별 비율(1996)

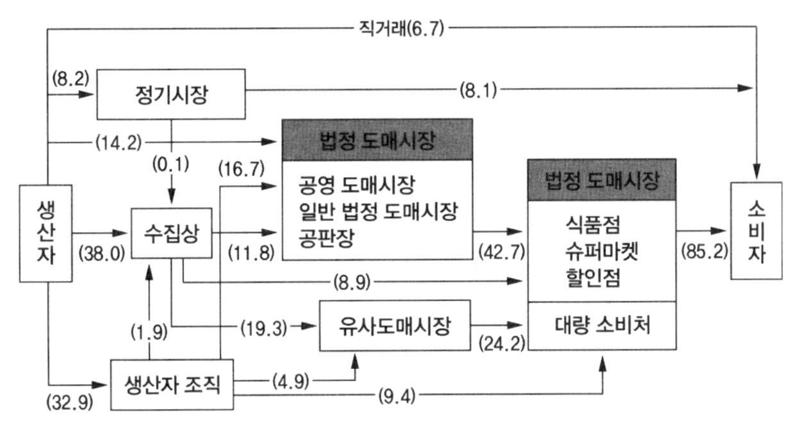

주: 괄호 안 수치는 거래 물량 비율.
자료: 허길행·이용선, 『21세기에 대응한 농수산물 유통 개선 대책 연구』(한국농촌경제연구원, 1997), 37쪽.

했지만 〈그림 4-2〉에 나타나 있는 대로 청과물의 유통 단계는 복잡하고 여전히 유사도매시장이 농산물 유통을 주도한다.

2010년 당시 한국 농산물 유통마진율의 평균치는 42.3%였으며(직접비 12.9%+간접비 15.6%+이윤 13.8%), 특히 채소류의 마진율이 높은 것으로 나타났다. 즉, 배추는 76.4%였으며 무의 마진율은 73.2%에 달했다.

이처럼 농산물 유통 산업의 효율성이 낮아 생산자가 제값을 받지 못하는 현상은 국민 경제의 균형 성장과 물가 안정을 저해한다는 비난을 받았다.

이런 측면에서 농산물 유통 개선이 강조되었으며 그 핵심 과제는 유통 효율성 제고였다. 유통체계가 진보되어야 유통 효율이 높아질 수 있다. 생산자에서 소비자에 이르는 농산물의 유통체계는 여러 유통 단계로 연결된 하나의 체인이다. 이 체인의 견고성은 가장 약한 연결 부위로 결정된다. 즉, 어느 한 유통 단계가 구조적으로 취약하거나 비능률적이라면 이는 바로 전체 유통체계의 효율에 영향을 미친다.

시장을 개발하거나 유통을 개선하는 목적은 유통체계 내에서 일어나는 모든 유통기능이 효율적으로 수행되도록 유도하는 데 있다.

즉, 생산자로부터 소비자에 이르는 각 단계별 유통비용을 최소화함으로써 최대의 효용을 창출하고 제한된 자원을 적절하게 배분하는 데 유통 개선의 목적이 주어진다. 이러한 요건들을 구체적으로 검토해보면 다음과 같다.[2]

첫째, 각 유통체계에서 시장기능의 효율성을 높이는 데 필요한 제반 기능을 최소 비용으로 수행해야 한다.

둘째, 경쟁력을 높여 적정 가격이 형성되도록 유도하고 효율적으로 자원을 배분할 수 있도록 유통 구조를 조성해야 한다.

셋째, 생산자의 요구에 부응하고 소비자의 수요 변동에 쉽게 적응할 수 있으며 소비자의 편의성을 만족시킬 수 있도록 시장조직의 신축성을 최대한 유지하면서 대응해야 한다.

넷째, 생산자, 소비자, 시장 참여자 간에 수급이 원활하게 이루어져 관련자 모두에게 경제적 이익이 돌아가고 가격 안정에 도움이 될 수 있도록 유통 개선이 이루어져야 한다.

이러한 제반 기능을 제대로 수행하려면 유통의 물적 기능(物的機能), 상적 기능(商的機能), 나아가 유통 조성 기능(造成機能) 등을 강화해 각 유통 단계별로 유통비용을 절감하고 유통 참여자의 경제적 능률을 향상시켜야 한다.

상적 기능을 강화하려면 시장에서 적정 가격이 형성되어야 한다. 생산자에게는 적정 이윤이 확보되고 소비자 입장에서는 기꺼이 지불할 수 있을 만큼의 시장가격을 적정 가격이라 할 수 있다.

유통 단계별로 수급이 원활하게 이루어질 때 적정 가격이 형성될 수 있다. 이를 위해서는 시장시설을 포함한 물적 유통기능을 개선하거나 확충해야 한다. 나아가 시장시설을 현대화하고 수송 및 하역시설과 저장·가공시설을 체계화해야 한다. 아울러 금융 지원을 위시한 제도적 뒷받침도 뒤따라야 한다.

유통 조성 기능을 강화하기 위해서는 농산물의 표준화·규격화 및 포장 거래를 촉진해야 한다. 아울러 유통제도를 정비하고 자금 지원 및 세제 지원과

---

2) 성배영, 『시장개발과 유통근대화』(한국농촌경제연구원, 1987), 3쪽.

더불어 유통 정보를 수집하고 분산하는 체계를 개선해야 한다.

4) 유통체계 개선 기준

유통효율 증진의 구성요소는 생산능률의 향상과 가격 효율의 증진이라 할 수 있다. 생산능률이란 유통업자가 보유한 노동, 자본 등의 자원을 효율적으로 활용하는 것을 말하며 이는 곧 유통비용 절감을 가져온다.

독과점시장이라면 절감된 유통비용은 유통업자의 초과 이윤으로 돌아가지만, 완전경쟁시장이라면 소비자와 생산자에게 배분된다. 그러므로 시장의 생산능률을 높이면 사회 전체의 경제 후생을 증진시키는 효과를 거둘 수 있다. 소비자 지불가격을 어느 정도 낮추고 생산자 수취가격을 어느 정도 높여줄 것인가는 시장의 경쟁성에 달려 있다.

유통의 생산능률을 평가하는 기준은 ① 기능적·상품적 전문화(專門化), ② 규모의 경제성, ③ 업무의 일관화(一貫化), ④ 입지의 경제성, ⑤ 전환(轉換)의 경제성, ⑥ 유통체계의 진보 등이며 이를 구체적으로 설명하면 다음과 같다.[3]

첫째, 전문화의 경제성은 유통 단계별로 그 효과가 상이하다. 농산물 생산을 전문화하면 특정 기후조건하에서 상이한 토양조건을 이용함으로써 생산기술의 진보와 생산능률의 향상을 가져온다.

수집 단계에서 전문화하면 구매, 포장, 수송, 판매 등에 필요한 기술 개발에 유리하다. 그러나 분배 단계에서 전문화하면 비경제성을 초래하는 경우도 있다. 특히 소매상의 전문화는 소비자에게 불편을 줄 수 있다. 그러나 한 시장 안에서 상품유형별로 전문화하면 제반 능률을 증진시키는 데 도움이 되고, 특히 도매상이 특정 시장 내에서 취급상품을 전문화하면 유통능률이 크게 향상된다.

둘째, 규모의 경제성이란 유통업자가 취급하는 물량의 크기에 따라 나타나

---

3) 같은 책, 4쪽.

는 비용 감소를 말하며, 이는 고정비와 가변비의 증감 속도에 따라 결정된다.

셋째, 업무 일관화의 경제성은 유통업무를 가장 효율적으로 수행할 때 나타난다. 업무 일관화는 경영비용을 감소시키며, 유통에서 강조하는 등급화, 표준화, 포장 및 규격화 등은 일관기계화(一貫機械化) 작업체계를 갖추게 하는 전략 중의 하나다. 회계처리 과정, 재고 관리, 주문양식 등을 일관화하면 거래비용 및 관리비용을 줄일 수 있다.

넷째, 입지의 경제성은 원료 농산물이나 최종 농산물의 수송비용을 최소화할 수 있도록 유통시설을 배치할 때 나타난다.

다섯째, 전환의 경제성은 생산물의 형태와 인도하는 시기를 바꾸면 부가가치가 증가하고 비용이 감소하는 경제성을 말한다.

여섯째, 유통체계의 진보다. 유통업자가 유통활동을 더 능률적으로 수행할 수 있는 방법을 지속적으로 추구하고 이를 적용해야만 유통체계가 개선된다. 그러나 선진국의 유통기술을 후진국에서 받아들였을 때 반드시 경제적이라고 보장할 수는 없으며, 도입하는 나라의 경제여건을 충분히 고려해 탄력적으로 운용해야 한다.

완전경쟁시장에서 가격이 형성될 때 가격 효율이 극대화된다. 경쟁이 일어나면 유통 참가자의 생산능률이 향상되고 이때 발생한 수익은 소비자와 생산자에게 귀속된다.

지역 간의 가격 차이가 지역 간 수송비보다 많다면 완전경쟁이 보장되지 않았다는 증거다. 또한 두 시점 간의 가격 차이가 저장을 포함한 제반 유통비용보다 더 크다면 유통업자가 초과이윤을 획득했다는 사실을 나타내며, 이는 완전경쟁시장이 확보되지 않았기 때문이다. 따라서 가격 효율을 극대화하려면 농산물 각각의 유통 단계별로 완전경쟁시장하에서 가격이 형성되도록 제반시장 조건을 갖추어야 한다.

2. 시장·유통정책의 전개 과정

1) 초기 단계의 시장정책

(1) 「중앙도매시장법」과 시장정책

일제강점기하에는 1914년 '시장규칙'이 발표되어 농촌시장이 제1호 시장, 도시의 일용품시장이 제2호 시장, 수산물, 청과물, 신선류의 도매시장이 제3호 시장, 곡물, 증권 및 현금거래소가 제4호 시장으로 분류되었다.

뒤이어 1923년에 「중앙도매시장법」이 공포되었다. 이의 기본 골격은 ① 지방공공단체가 도매시장 개설자이며, ② 도매시장 외의 장소에서는 매매를 금지하고, ③ 한 도시, 한 시장이라는 원칙하에 도매시장의 독점권을 보장하고, ④ 수수료는 거래액의 10% 징수 등으로 요약할 수 있다.[4)]

이 「중앙도매시장법」은 광복 후에도 그대로 적용되었고, 정부 수립 후 1951년 6월에 「중앙도매시장법」을 새로 제정했으나 기본 골격은 종전과 유사했다. 이 법의 주요 내용은 ① 지방공공단체를 개설자로 하며, ② 개설자는 공익상 정당하다고 인정되는 법인에 도매 업무의 일부 또는 전부를 대행하게 할 수 있고, ③ 중앙도매시장을 상공부 소관하에 두고 상공부 장관이 개설 지역을 지정하도록 했으며, ④ 한 도시, 한 시장 원칙하에 도매시장의 상권을 보호하는 것이다.

그러나 정부가 개설하거나 지정한 도매시장은 제대로 기능을 발휘하지 못했으며, 허가 받지 않은 유사도매시장이 도매기능을 주도했다. 유사도매시장은 1961년에 공포된 「시장법」에 의거한 소매상이지만 이들은 생산자로부터 위탁 받아 도매기능을 수행해왔다. 거래 방법은 개별 위탁방식이었으며 비공개로 거래되었다. 즉, 농가나 반출상이 출하한 농산물을 위탁 받아서 자기 재산으로 자기 상회에서 거래한 후 판매대금을 출하자에게 정산해주는 전근대

---

4) 한국농촌경제연구원, 『한국농정50년사』, 2930쪽.

적인 거래방식이 정착되어 있었다.

아울러 1961년에 공포된 「농업협동조합법」에 의거 농협중앙회가 출범했으며 동법 제13조에 농수산물 공판장을 개설할 수 있도록 규정했고, 이해에 부산 공판장을 개설했다.

이에 따라 도매시장은 공설 도매시장, 유사도매시장, 농수산물 공판장 등으로 삼원화(三元化)되었다. 1970년대 초반 서울의 경우 도매시장 점유율은 유사도매시장 65%, 농협공판장 20%, 법정 도매상인 중앙도매시장 15%였던 것으로 밝혀졌다.[5)]

(2) 「농수산물도매시장법」과 시장정책

1973년에 「농수산물도매시장법」이 제정·공포되었다. 주요 골자는 ① 농수산물 도매시장 소관 부서를 농수산부로 이관하고, ② 도매시장 개설자를 서울특별시장, 부산직할시장, 지방정부로 한정하며, ③ 한 도시, 한 시장 원칙하에 도매시장을 개설하고, ④ 유사도매시장을 금지하며, ⑤ 시설기금 적립을 의무화하고, 수수료 및 사용료를 재투자하도록 유도하고, 정부의 재정 지원을 뒷받침하며, ⑥ 농협공판장 업무가 도매시장과 현저하게 경합될 경우 농수산부장관이 이를 조정하는 것 등이었다.

2) 「농안법」 제정과 시장·유통정책

1966년 제정한 「농산물가격안정기금법」과 1973년에 제정된 「농수산물도매시장법」을 통합해 1976년 12월에 「농수산물유통및가격안정에관한 법률」을 공포했고 이를 「농안법」이라 한다.

이 법의 주요 내용은 ① 한 도시, 한 시장제의 폐지, ② 강제 상장제(上場制)

---

5) 허길행, 「해방 후 농산물시장과 유통」, 『한국 농업 구조의 변화와 전망』(한국농촌경제연구원, 2002), 669쪽.

폐지, ③ 도매시장의 업무 대행제를 지정 업체제로 전환, ④ 농수산물의 생산·수매·비축 및 출하 조정 업무 시행, ⑤ 농수산물 가격 안정기금 확충 운용, ⑥ 농수산물 유통기관 정비 등이었다.

도매시장에 반드시 상장시켜 판매해야 한다는, 이른바 강제 상장제를 폐지함으로써 유사도매시장의 기능을 묵인한 셈이다. 이론상으로 보면 도매시장에 상장시켜 경매를 통해 거래하면 공정가격이 형성되지만, 이는 어디까지나 이상에 불과하고 현실과는 거리가 멀었다. 즉, 공영도매시장에 상장되는 물량보다 유사도매시장에서 거래되는 물량이 더 많아 현실적으로 이를 인정하지 않을 수 없었다.

1981년 말 당시 전국의 농수산물 도매시장은 227개였고, 이 중 법정 도매시장은 60개에 불과했다. 품목별로 보면 청과물 도매시장 36개소, 수산물 도매시장 16개소, 축산물 도매시장 8개소였다. 농수산물 공판장은 88개소였고, 나머지 79개는 유사도매시장이었지만 정확하게 파악되지 않았다. 이처럼 법정 도매시장과 거래 물량이 적어 생산자는 유사도매시장을 이용하지 않을 수 없었다.

유사도매시장의 대표 격인 위탁상의 경우 위탁 받은 농산물을 비공개로 거래하므로 공정가격이 형성되지 않으며, 대금 정산이 불규칙하고 판매 수수료가 많아 생산자에게 불리했다. 위탁상이 산지에서 수집할 때는 포전 거래, 즉 밭떼기 거래가 많았으며 물량을 확보하기 위해 막대한 선도자금을 살포하거나 출하자와의 인간관계를 유지함으로써 수집기능을 적극적으로 수행했다.

농산물 유통의 핵심인 도매기능을 개혁하려는 의도로 1985년 6월 서울 가락동에 서울시를 운영주체로 한 농수산물도매시장이 개설되었다. 서울시는 '서울시 농수산물 종합도매시장 관리공사'를 설립해 운영을 위임했다.

3) 유통체계 정비와 유통 구조 개선

개방경제로 전환됨에 따라 농산물의 유통환경이 호전되었다. 국내 농산물의 국제경쟁력을 강화하고자 농업 구조 개선 사업을 수행함에 따라 농업의 생산 구조가 전문화되고 경영규모가 확대되었다.

이처럼 농산물의 유통환경이 급변함에 따라 도매시장에 역점을 둔 시장정책은 유통정책으로 전환되었다. 1984년, 1985년, 1989년, 1990년에 각각 산발적으로 유통정책이 대두되었고, 이러한 유통정책은 1991년 6월에 발표된 '농수산물 유통 구조 개선 대책'으로 집대성되었다.

이 대책에서는 농수산물 유통의 문제점을 ① 생산자단체가 수행해야 할 산지의 유통기능이 미흡해 상인이 산지 유통을 주도하고, ② 공영도매시장 건설이 부진하고 상장경매 등 공정거래가 정착되지 않아 거래 질서가 문란하고, ③ 점포 임대료, 생계비 및 인건비 상승 등의 요인으로 소매 단계의 유통마진이 과다하고, ④ 농수산물의 수급과 가격 안정에 한계가 있고, ⑤ 품질 속이기와 가격 조작 등 부정 유통행위가 상존하는 것 등으로 파악했다.

이러한 문제를 해결하기 위한 대책으로 유통시설을 확충하고 제도를 개선해 농산물을 원활하게 유통시켜 공정한 가격이 형성되도록 유도하는 데 정책목표를 두었다. 중앙정부, 지방자치단체, 생산자단체가 역할을 분담해 유통구조를 획기적으로 개선하는 데 유통정책의 초점을 맞추었다. 유통체계를 개선하기 위해 제시했던 핵심 추진과제를 요약하면 다음과 같다.

첫째, 생산자단체를 중심으로 산지의 유통기능을 혁신한다. 이를 위해 공동 출하 조직을 육성해 공동 출하를 확대하고, 단위 농협 중심으로 주산단지에 청과물 종합유통시설과 산지집하장을 설치하는 등 산지 유통시설을 확대한다.

또한 농협이 유통 사업에 주력할 수 있도록 농협 조직을 강화하고, 판매 사업을 확대해 밭떼기를 견제하고, 손실보전 기금을 확대하는 등 농협의 유통기능을 강화한다. 아울러 규격 포장품에 대한 도매시장에서의 우대 조치, 표준거래 규격의 확대 제정, 포장 자재비 지원 등으로 규격 포장거래를 확대한다.

둘째, 공영도매시장을 확대하고 공정거래 질서를 확립한다. 대도시에 건립 중인 7개소를 1993년까지 완공하고 1993년 이후 6개소를 증설하며 중소도시에 15개소의 도매시장 건설을 추진한다. 상장경매제의 확대, 공정거래 여건의 조성, 중매인 소득 표준율 인하, 지정 도매법인 실적 평가, 상습적인 개별 위탁거래 중매인의 허가 취소, 전광판에 거래내용의 공개 등 도매시장의 운영을 획기적으로 개선해 공정거래 질서를 확립한다.

셋째, 산지와 소비지의 직거래를 확대한다. 이를 위해 농수산물의 집배센터를 1996년까지 15개소로 확대한다. 생산자단체의 직판장 설치를 지원하고, 농수산물유통공사가 수행하는 시범 소매점포 지정·운영 사업을 확대한다. 나아가 지방도시의 주말 농어민시장을 개설·운영하고 생산자조합과 소비자조합 간의 직거래체제를 구축한다.

넷째, 수급 및 가격 안정 기능을 강화한다. 저장성이 있는 양념류를 대상으로 생산·출하 조정 약정제를 확대 실시하고 무, 배추 등 저장성이 낮은 채소류를 대상으로 가공 및 출하 조정 사업을 확대하는 등 품목별 특성에 따른 수급 안정 장치를 강구한다. 아울러 지역 농수산물 가격 안정기금을 설치하고, 도에 '유통과', 시군에 '유통계'를 각각 설치해 지방자치단체가 수행하는 지역 단위 농수산물 수급안정정책을 강화한다.

생산자단체의 자조금(自助金) 조성으로 가격 안정 기능을 강화하는 등 지방자치단체 및 생산자단체의 수급 조절기능을 강화한다. 1994년까지 농수산물 가격 안정기금 1조 원을 조성해 수급 조절정책을 강화하고, 저장 및 단순 가공을 위한 시설을 확충해 생산자단체의 저장·가공기능을 확충한다.

다섯째, 부정 유통행위를 근절할 수 있도록 제도를 개선한다. 쌀 가공업을 등록제로, 매매업을 신고제로 각각 전환하고 1996년까지 시중 유통미의 90%를 규격화·포장화하며 RPC를 1996년까지 400개소로 확대 설치해 산지 유통체계를 혁신한다.

육류의 경우 산지에 부분육 가공공장을 설치해 부분육 유통체계로 전환시킨다. 또한 현대화된 도축장을 신규로 허가해 도축업계의 경쟁을 촉진하며, 지육(枝肉) 전용 도매시장을 건설해 도축장과 도매시장을 분리하고 도시 공해를 해소한다. 나아가 도체 등급제를 실시할 수 있는 법적 근거를 마련하고, 축산물종합판매점을 확대하며 부위별 판매로 공정거래를 유도하고, 수입 쇠고기 전문 판매점을 확대 설치한다.

여섯째, 유통 통계조사 및 유통정보를 내실화한다. 청과물 생산·출하 통계조사를 실시하며 도매시장 내에 통계출장소를 둬 유통 통계조사를 공식 통계화한다. 종합·분석한 시장별 유통정보 내용을 생산자와 소비자에게 제공하며 다양한 유통정보의 수집·분산체계를 확립하는 등 유통정보의 효율적인 운용을 기한다.

일곱째, 생산자단체의 유통 전문인력을 육성하고 소비자 보호를 위한 교육 홍보를 강화해 이들의 사기를 진작시킬 수 있도록 한다.

또한 유통체계 및 유통 구조 개선 대책을 효율적으로 추진하기 위한 세부 실천계획을 수립하고 1992년부터 2001년까지 국고 3조 8,500억 원을 포함해 총 5조 4,700억 원에 달하는 규모의 투자계획을 수립했다.

4) 유통환경 변화와 유통 개혁

(1) 제1단계 농산물 유통 개혁

1986년 9월부터 장장 7년간 지속된 UR 협상이 1993년 12월에 타결되고 1995년에 WTO체제가 출범함에 따라 국내 농산물의 국제경쟁력 확보를 위한 대안으로 획기적인 농산물 유통 개혁이 요청되었다.

유통 개혁이 진행되는 과정에서 1992년 의원 입법으로 「농안법」을 개정했으며 주요 골자는 '중도매인의 도매행위 금지'였다. 즉, 중도매인은 위탁자로부터 수수료를 받고 중개행위만 할 수 있고, 상장된 농산물을 매입해 소매하는 도매행위는 할 수 없다고 명시했다. 이 개정된 「농안법」은 1995년 5월 1일부터 시행되었다. 중도매인이 준법 투쟁으로 경매에 참여하지 않아 가락동 농수산물도매시장의 기능이 마비되는 사태가 벌어졌고 이를 '「농안법」 파동'이라 한다. 이 파동을 계기로 정부는 1994년 9월 '농수산물 유통 개혁대책'을 발표했다.

이 대책에 제시되었던 농산물 유통의 문제점은 다음과 같이 요약된다.

첫째, 농수산물의 유통 구조가 복잡하고 유통마진이 과다해 일반적으로 농가 수취가격이 낮다.

둘째, 농산물 주산지에 위치한 품목별 생산자조직의 유통기능이 취약해 생산기능 및 출하 조정 기능이 미약하다. 즉, 생산자단체의 공동 출하 혹은 가공 분야 진출이 저조하고 농어민에 의한 생산·저장·가공·판매의 계열화가 취약하다.

셋째, 소비지에 현대적인 시설을 갖춘 공영도매시장이 부족해 위탁 판매, 경매 담합 등 불공정거래가 성행한다.

넷째, 도매시장기능을 보완해줄 수 있는 물류센터, 직거래 등의 유통경로가 부족해 농어민이 생산한 농산물을 출하할 수 있는 출하처의 선택 폭이 좁다.

이러한 문제의식을 바탕으로 유통 개혁의 기본 방향을 설정했고 이의 골자는 ① 품목별 전문생산조직을 육성해 더 많은 부가가치를 농어민에게 환원하고, ② 산지 및 소비지에서 공정하고 투명한 거래질서가 확립되도록 노력하며, ③ 물류의 흐름을 원활하게 하고 다원화해 유통비용을 절감하고 출하 선택의 폭을 확대하며, ④ 살아 있는 유통정보의 제공으로 생산자의 시장 교섭력을 제고하는 것 등이었다. 그리고 제시된 분야별 유통 개혁의 과제를 요약하면 다음과 같다.

첫째, 산지 유통의 개혁과제로 ① 농업인이 주도하는 품목별 전문조직을 육성해 시장 대응력을 제고하고, ② 국내산 농수산물에 대한 소비자의 신뢰도를 제고하기 위해 표준가격, 품질인증제, 원산지 표시제를 정착시키며, ③ 생산자조직이 산지에서 선별, 규격포장, 저장, 가공 등의 유통활동을 수행할 수 있도록 산지 유통시설에 대한 투자를 획기적으로 확대하고, ④ 중매인의 포전매매나 수탁 매매를 금지하고 포전 매매를 제도화해 산지 유통의 공정거래를 실현하고, ⑤ 품목별 생산자단체와 농가 간의 생산출하계약에 의한 채소유통 활성화사업을 실시하는 것 등을 제시했다.

둘째, 공영도매시장의 개혁과제로 ① 도매시장의 관리·운영을 전담하는 공공 출자법인의 설립을 허용하는 등 지정 도매법인의 대(對)농민 서비스 기능을 제고하고 지정 도매법인에 대한 평가제를 실시하며, ② 지정 도매법인의 상장 수수료를 인하해 출하자의 부담을 경감하고, ③ 경매 과정의 투명성을 제고하고 출하자의 최저가격 제시제를 도입하며, ④ 유통발전협회 기금의 활용도를 제고하고, ⑤ 중매인의 기능을 조정해 도매와 중개를 담당하는 중도매인 제도를 개선하고, ⑥ 전 품목 상장거래로 거래질서를 확립하고, ⑦ 공영도매시장을 조기에 건설해 유사시장을 제도권 내로 흡수하고, ⑧ 출하 상담실 등 출하자 편의시설을 확충하고, ⑨ 개설자 및 시장 관리 주체의 시장질서 유지 기능 및 대농민 서비스를 강화하는 것 등을 제시했다. 산지 유통을 개혁하고자 농어촌특별세를 재원으로 1995년부터 농산물포장센터와 청과물종합처리장을 개설하기 시작했다.

셋째, 소비지 유통경로를 다원화한다. 그 대책으로 ① 물류센터와 종합 물류단지를 건설해 유통경로를 다원화하고 생산자가 출하시킬 곳을 선택할 수 있는 폭을 확대해 물류비용을 절감하고, ② 생산자단체의 유통자회사 설립으로 전국권 유통망을 형성해 소비지 분산기능을 강화하며, ③ 농어민 장터의 정기화 및 자매결연 등으로 직거래 사업을 활성화하고, 이를 위해 「소비자협동조합법」 제정을 추진하고, ④ 택배, 우편판매, 직판장 등을 통해 지역특산품의 판로를 확대하는 것 등을 제시했다.

넷째, 유통정보체계를 확립한다. 이를 위해 ① 살아 있는 전국권 유통 정보망을 구축하고, ② 유통정보 업무를 전담하는 조직과 전문인력을 육성한다.

다섯째, 품목별 대책으로 ① 쌀 유통 개선을 위해 RPC를 중심으로 산지 유통체계를 일관화하고 정부미 관리 시 시장기능을 확대하고 양곡 도매시장을 활성화하며, ② 축산물 유통 개선을 위해 축산물종합처리장을 중심으로 유통체계를 계열화하고, 도축장 시설의 현대화, 육류 도체 등급제 정착, 육류 부위별 차등가격의 확대, 전문인력 양성 등을 추진하며, ③ 수산물 유통 개선을 위해 산지의 거래제도를 임의 상장제로 전환하고, 산지 위판장의 전문화와 시설 개선, 소비지 도매시장의 상장매매, 직판장·대형연쇄점 등 직거래 유통망 구축 등을 제시했다.

이러한 유통 개혁대책을 실현하는 구체적 정책수단으로 물류센터를 제시했다. 1995년 서울 양재동에 물류센터를 기공해 1998년에 개장했다. 농산물 유통경로를 다원화한다는 차원에서 설립된 물류센터를 신유통시설로 간주하고 대도시 외곽에 점차적으로 설립해나가는 계획을 제시했다.

1995년부터 건립하기 시작한 산지 포장센터와 소비지의 물류센터를 신유통시설로 정립했으며, 이때부터 신유통이라는 용어가 대두되었다.[6]

(2) 제2단계 농산물 유통대책

한편 정부는 '농수산물 유통 개혁대책'을 추진하는 과정에서 드러난 문제점을 보완하고 그간의 유통환경 변화를 고려해 유통체계를 재정립하고자 1997년 3월 '농수산물 유통 개혁 2단계 대책'을 발표했다(〈표 4-2〉 참조).

농산물 유통환경 및 여건은 ① 소비자의 구매 패턴 변화, ② 유통 서비스시장의 전면 개방, ③ 그에 따른 국경 개념 약화와 유통기구 간 경쟁의 가속화, ④ 정보·통신기술의 급속한 발전 등에 따라 전개될 것으로 전망했다.

나아가 농수산물 유통체계 및 거래방법에서도 커다란 변화가 일어날 것으로 전망했다. 이를 요약하면 ① 유통체계는 도매시장과 물류센터 중심체계로 양분되고, ② 유통업체 간 세력 구조가 변해 종합 소매기구가 요구하는 품질 기준 및 가격 조건을 맞추지 못하면 판로를 잃을 것이며, ③ 유통기구 간 수직적·수평적 통합이 진행되며 청과물의 경우 계약 재배와 약정거래가 확대될 것이고, ④ 농수산물의 거래방법을 통명(通名) 거래로 바꿈으로써 표준화·규격화나 브랜드화가 미비한 상품은 시장에서 불이익을 받을 것 등이었다.

농수산물 유통을 선진화하려면 이러한 유통체계의 변화에 대응할 수 있는 적절한 유통정책이 필요하다고 강조했다.

---

6) 김동환 외, 「농산물산지유통센터 투자방향에 관한 연구」(농수산식품신유통연구회, 2004), 7쪽.

〈표 4-2〉 농산물 유통정책

	제1차 대책 (1994.9)	제2차 대책 (1997.5)	제3차 대책 (1998.6)	2000년 이후 시책
산지 유통	· 품목별 전문 조직 육성 · 산지 유통시설 투자 확대 · 밭떼기 제도화	· 농협의 공동출하기능 · 우수 생산자조직 지원 강화 · 간이 집하장, 산지 가공공장 운영 활성화	· 농산물산지유통센터 건설 및 운영 혁신 · 산지 가공산업 구조조정 · 생산자 조직의 공동출하 확대	· 산지 유통 전문조직 유통 활성화 · 공동마케팅 조직 육성 · 원예브랜드 사업 · 거점 농산물산지유통센터 지원
수급 안정		· 품목별 전국 생산자조직 육성 · 사후 가격 안정대책 내실화 · 출하예약제 도입 · 농안기금 운용제도 개선	· 유통 협약 및 유통 명령제 도입 · 채소류 출하 조절 체계 구축 · 채소 수급 안정 사업 확대	· 자조금제도 도입 · 시설채소 및 과실류 수급안정제도 도입
소비지 유통	· 공영도매시장 조기 건설 · 공영도매시장 개혁(상장수수료 인하, 중도매인의 도매행위 인정, 최저가격 제시제도 도입, 전 품목 상장거래) · 물류센터 확충 · 생산자단체의 유통자회사 설립 · 직거래 사업 활성화	· 공영도매시장 확대 · 공영도매시장 제도개(상장예외제도 활용, 전자 경매 도입) · 물류센터 확충 · 산지와 대형 유통업체 간 직거래 촉진	· 도매시장과 공판장의 조기 확충 및 시설 보완 · 도매상제도 도입 및 도매시장 투명성 제고와 비용 절감 · 물류센터 조기 확충 및 운영 개선	· 공영도매시장 및 종합유통센터 건립 완료 · 도매시장 표준하역비제도 도입 · 도매시장 규제 개혁 · 하나로마트 규모화 자금 지원
품질 관리	· 표준규격, 품질인증제, 원산지 표시제 정착	· 안전성 조사 강화 · 품질인증제 확대 · 원산지 표시제 강화 및 식육 구분 판매제 도입 · 「농산물품질관리법」 제정	· 명품 개발 및 수출 상품화 추진 · 고품질 안전 농산물 공급체계 구축	· GMO 표시제 도입 · 농산물 품질 관리사제도 도입
유통 정보	· 전국 유통정보망 구축 · 유통정보 조직과 인력 육성	· 농업관측 강화	· 유통정보화 기반 조성 · 농업관측 강화	· 전자상거래 기반 구축
물류 개선		· 포장, 시설, 장비의 물류 표준화 · 무, 배추 포장 출하 촉진 · 팔레트 출하체계의 구축 · 물류정보망 구축	· 농산물 포장화·규격화 · 일관수송체계 · 저온유통체계 구축	· 저온유통체계 도입

자료: 김동환 외, 「차기정부의 농정방향: 농산물 유통 및 협동조합 분야」. 『차기정부의 농정과제』(농업경제학회.2012), 88쪽.

'2단계 대책'에서는 2004년까지 달성할 유통 개혁 목표로 ① 공동 출하 비율을 80%로 높이고 포장해 출하하는 채소의 비율을 90%로 높이는 등 산지 유통체계를 확립하고, ② 물류 표준화 및 하역 기계화 등을 통해 물류비를 40% 정도 절감하며, ③ 유통경로를 다원화해 경로별 시장점유율을 도매시장 50%, 물류센터 25%, 직거래를 포함한 기타 경로 25% 수준으로 조정하고, ④ 고품질 농산물을 생산 공급함으로써 안전한 식생활을 보장하며, ⑤ 품목별 생산자 조직을 육성해 수급 안정체계를 확립하는 것 등을 제시했다.

이러한 목표를 달성하기 위해 수행해나갈 '2단계 대책'의 사업내용은 다음과 같다.

첫째, 산지 유통체계를 확립해 공동 출하·규격화를 촉진한다. 주산지 지역 농협과 전문 농협을 산지 유통의 시범 농협으로 선정해 산지에서 유통 개선이 요청되는 고랭지배추, 양파, 마늘, 파, 고추, 기타 주요 품목을 대상으로 산지 유통 개혁을 추진해나가도록 유도한다. 이들 농협에 각종 유통시설 및 운영자금을 집중적으로 지원해 선진화된 산지 유통모델을 보급하고 계약 재배 등을 통한 채소류의 공동 출하 기능을 강화한다.

작목반·영농조합법인 등 산지의 우수 생산자조직에 대한 지원을 강화하고, 농산물 포장센터, RPC, 축산물가공처리장을 대폭 증설해 규격품의 대량출하 거점으로 육성한다.

간이집하장과 산지 가공공장 운영이 활성화되도록 지원하고 유통 전문 농업회사법인과 민간 유통업체에도 포장센터 등 산지 유통시설 자금을 지원해 생산자 조직의 기능을 보완하도록 한다.

둘째, 물류 표준화와 하역작업 기계화로 농산물 물류비를 40% 정도 절감한다. 이를 위해 농산물 포장재의 규격을 표준 팔레트체제에 맞게 재정비하고 포장재 지원을 확대한다. 유통 관련 장비 및 시설을 단위 화물화시스템(Unit Load System) 체제에 맞게 정비하고 산지에서부터 소비지까지 팔레트 적재 및 일관 수송·하역할 수 있도록 팔레트·지게차 등 하역장비 구입비를 지원한다. 포장·팔레트 출하품의 경우 도매시장 내의 하역료를 차등화하고 경매 시 최적

매장과 최적 시간을 우선적으로 배정한다.

셋째, 농산물 유통경로를 도매시장, 물류센터, 대형 유통업체 등으로 다원화해 유통경로 간 경쟁체제를 구축해 물류센터를 중심으로 유통 단계를 단축하고 도매시장의 공정거래질서를 정착시킨다. 2001년까지 전국 주요 도시에 34개의 공영도매시장과 2004년까지 물류센터 16개소를 개장해 물류의 흐름을 원활히 하고 농업인의 출하 선택 범위를 확대하며 경쟁을 통한 공정거래를 유도한다. 특히 물류센터를 중심으로 농산물 유통 단계를 현재의 5~6단계에서 3~4단계로 단축시킨다.

도매시장의 경쟁력을 높이기 위해 현재 개장 중이거나 건설 중인 공영도매시장 34개소를 제외한 추가 건설을 유보하고 도매시장법인과 중도매인의 규모화 및 법인화를 유도한다. 형식적인 기록상장을 엄격히 규제하고 상장 예외제도를 활용하도록 한다.

전산에 의한 경매제를 실시하며 경매결과를 즉시 공개해 경매의 공정성을 제고하고 다른 도매시장에 상장되었다가 재반입된 물량을 대상으로 경매제를 보완한다. 전국 도매시장 간 정보망을 구축하고 배추, 상추, 시금치 등의 채소류처럼 가격 진폭이 특히 크고 단일 출하주의 물량이 많은 품목부터 출하예약제를 실시한다.

넷째, 고품질의 안전 농산물을 공급해 안전한 식생활을 보장한다. 생산·유통 단계에서 안전 및 품질 저해 요인을 발굴해 차단한다. 품목별 안전점검 단계를 설정해 조사를 강화하고 원산지 표시제의 강화, 지리적 표시제도(GI)의 도입, 식육 구분 판매제도 정착 등으로 국산품에 대한 차별화제도를 정착시킨다. 「농산물품질관리법」을 제정하고 농산물 품질 등급 판정사제도를 도입해 농산물에 대한 품질 관리체계를 정비한다.

다섯째, 품목별 전국 생산자조직을 육성해 수급 안정체계를 확립한다. 자기책임하에 생산, 출하를 조정할 수 있는 생산자조직을 육성하고 농업 관측을 강화해 사전적인 가격 안정제도를 정착시킨다. 농산물 품목별로 농협의 전국협의회를 조직하도록 지원하고 가격 안정 사업에 따른 손실을 보전할 수 있도록 자조금을 조성한다. 품목별 농업 관측을 강화하고 송아지의 안전 생산과 쌀에 대한 약정수매제를 실시한다. 생산 과잉이 일어나면 품목에 따라 산지 폐기를 통한 출하 조정, 정부 수매, 저장 가공업체의 지원을 통한 수급 안정 등 사후적인 가격 안정대책을 내실화한다. 출하예약제를 도입해 시장가격의 진폭을 완화하고 수급안정효과의 극대화를 위한 농안기금의 운용제도를 개선한다.

5) IMF 관리체제 이후 유통정책

(1) 유통 개혁의 기본 방향

IMF 관리체제를 필두로 경제위기에 직면한 정책 당국은 1997년까지 추진해온 농산물 유통 구조 개선 대책을 전면적으로 재검토하지 않을 수 없었다. 또한 새 정부 입장에서도 농정 개혁의 일환으로 농산물 유통 개혁 방안을 제시해야만 했다.

아울러 유통 개혁을 지속적으로 추진해왔지만 농산물 유통체계는 여전히 '고비용 저효율' 구조를 벗어나지 못했다는 견해가 지배적이었다. 1993~1997년에 유통 구조 개선 자금으로 1조 5,000억 원을 투입했으나 생산자와 소비자가 피부로 느낄 정도의 개선효과는 나타나지 않았다.

이러한 배경하에 1998년 3월 '농산물유통개혁위원회'를 구성해 같은 해 6월 '농산물 유통대책'을 시행했다(〈표 4-2〉 참조). 유통 개혁의 추진 목표는 유통의 효율성을 높여 농업의 경쟁력을 확보하고 국민 생활의 안정을 도모하는 데 있었다. 그 추진전략으로 ① 생산자의 시장교섭력을 강화해 농가 수취가격을 높이고, ② 소비자가 정당한 가격으로 고품질의 농산물을 구매할 수 있게 하고, ③ 유통인은 공정거래를 통해 적정 유통이윤을 확보할 수 있게 하는 것 등이었다.

(2) 적정 생산 및 산지 유통 혁신

농산물의 적정 생산과 가격 안정 프로그램을 운영하기로 결정했다. 부패, 변질되기 쉬운 채소류, 우유 등의 농산물을 대상으로 농업인, 소비자, 상인, 정부, 이른바 농·소·상·정이 참여하는 '유통협약' 및 '유통명령제'를 도입했다. 품목별 '채소류 생산·출하조절 기획단'을 설치, 지역별·시기별로 출하 물량을 조정해 가격 안정을 유지하며 채소류 주산지 농협의 계약 재배사업을 대폭 확대하기로 계획했다.

생산량의 30~40%를 산지에서 포장·브랜드화해 대량으로 출하하고 공동판매·직거래 등 선진 유통을 주도하는 산지 유통 시범 농협 150개소를 육성하는 계획을 발표했다. 산지에서부터 정보화·포장화·기계화 기반을 구축해 공동출하를 확대하고 물류비를 절감하는 계획을 제시했다.

1999년 7월 '농산물 유통 개혁 세부실천계획'을 수립하고 이를 실현하기 위한 구체적인 정책대안을 제시했다. 정부가 지원해오던 산지 유통시설인 '농산물포장센터'를 '농산물산지유통센터(Agricultural Product Processing Center: APC)'로 개칭했다. 아울러 1992년부터 지원해온 청과물종합유통시설과 1995년부터 설립하기 시작한 청과물종합유통시설, 포장센터 등의 유통시설을 보완해 농산물산지유통센터로 발전시켰다. 동시에 「농안법」 제51조에 농산물지원센터 지원 사업을 명기하고 정부 보조로 유통센터를 확충해나갔다. 이를 계기로 산지 유통과 관련된 일체의 정부 투융자 사업을 '농산물산지유통센터' 지원으로 일원화시켰다.

(3) 공영도매시장 개혁

유통대책을 마련하는 과정에서 도매시장의 거래방식에 관해 논란이 일어났다. 일각에서는 상장 경매제도는 비능률적이고 고비용의 원인이 되었으므로 이를 폐지해 도매시장제를 도입해야 한다고 주장했다. 그러나 상장경매제를 후퇴시키면 중도매인이 유사도매시장의 기능을 수행하므로 도매상제는 시기상조라고 반박하는 의견이 다수를 점했다.

이런 갑론을박 과정을 거쳐 타협안이 마련되었다. 거래량 혹은 취급하는 중매인이 적어 상장경매가 적합하지 않다고 판단되는 경우 개설자의 허가를 받아 수의매매를 할 수 있도록 '상장예외제도'를 채택했다. 도매시장 거래방식을 다양화해 생산자가 선택할 수 있는 기회를 확대하고자 시도한 셈이었다. 공영도매시장의 경매제도를 보완하는 차원에서 도매상제가 가능하도록 제도를 개방해 신설 도매시장 또는 지방 도매시장에서 우선적으로 도매상제를 시도한다고 발표했다. 기존의 중앙도매시장에서는 경매제를 원칙으로 하되 지역 실정을 감안해 수의 매매로 거래하는 품목을 대폭 확대한다고 제시했으나 도매상제는 정착되지 못했다.

2001년까지 32개 공영도매시장 건설을 완료하고 기존 시장의 하역 기계화 시설, 저온저장고, 주차장 등의 제반시설을 확충한다는 계획을 제시했다. 정부가 서울 근교에 설립하기로 계획한 일부 도매시장은 물류센터로 변경되었다. 이는 도매시장정책이 시행착오를 반복하고 있다는 사실을 나타낸다.

도매시장의 고비용 구조를 타파하고 부조리를 근절한다는 정책대안을 제시했다. 전국 도매시장 상장 수수료를 1% 수준으로 인하하고 운영체계를 일원화하는 시장을 대상으로 지원을 확대하는 동시에 도매시장 운영자가 하역 서비스를 담당하도록 유도하고 전자경매 실시를 앞당겨 경매 부조리 혹은 경매 비리 소지를 근절한다는 야심찬 계획을 제시했으나 소기의 정책 효과를 거두지 못했다.

(4) 직거래제도화 및 소매유통 개선

지역 여건에 맞게 직거래를 정착시킨다는 계획을 발표했다. 생산자와 소비자가 직접 만나는 500평 이상 규모의 상설 직거래장터를 대도시에 개설하고 중소도시에는 농민이 직접 참여하는 농민시장(Farmers' Market)을 개설하며 농협·수협·임협 등이 공동으로 주택단지를 정기 순회하는 '미니직거래장터'를 운영하는 계획을 발표하고 추진했으나 소기의 효과를 거두지 못했다.

새로운 직거래체계를 정착시키고자 2001년까지 12개소의 물류센터를 건설하기로 계획했다. 원래 의도한 바와는 달리 물류센터가 농산물도매기능을 수행하지 않고 센터 직판장에서 주로 소매기능을 수행함에 따라 2000년부터 물류센터를 종합유통센터로 개칭했다. 2010년 당시 전국에 개설된 종합유통센터는 16개소에 달했다.

대형 할인점 및 체인점으로 하여금 농산물 취급을 확대하도록 해 소매시장 경쟁력을 강화하고자 했다. 포장센터, 물류센터 등에 유통시설과 직거래 자금을 지원했다. 중간 대리점 없이 공장에서 유통업체로 직접 공급하는 우유 판매체계를 구축하고 슈퍼, 편의점, 식당의 식육 판매 취급을 지원해 육류 소매가격 경쟁을 유도하도록 조치했다.

직거래를 정착시키기 위한 지원체제를 확립하려 시도했다. 직거래 활성화를 위한 시설비 및 운영자금을 지원해 인터넷에 '직거래마당'을 개설하고 직거래장터의 정보지를 발간해 사이버 마켓(Cyber Market)의 내실화를 기한다고 발표했다.

IMF 위기 이후 국민의 정부는 직거래를 정착시키고 소매기능을 강화하는 유통 개혁을 시도했으나 시행착오만 거듭했다. 2004년에 마련된 '농업·농촌종합개발계획'에는 유통 개혁 방안이 백과사전식으로 거론되어 있다.

6) 2000년대 이후 유통정책

2000년 이전까지는 유통시설 확충이 유통 개혁의 근간이었으나 2000년 이후에는 소프트한 측면의 유통 개혁에 중점을 두었다(〈표 4-2〉 참조). 특히 산지유통조직 육성, 자조금 사업, 브랜드 육성 사업, 시군 유통회사 설립 등이 수행되었다.

2008년 새 정부 출범 이후 시군 유통회사 설립, 품목별 전국 대표조직 육성, 거래체계 다양화 등의 신규 사업이 추진되었으나 소기의 성과를 거두지 못했다.

3. 산지시장 구조와 유통정책

1) 산지시장의 중요성

(1) 산지시장의 유통기능

생산자가 생산물을 판매해 소득을 얻는 산지시장은 유통 과정의 출발점이다. 생산자는 산지시장에서 일어나는 농산물가격 변동에 대응해 생산 품목과 생산량을 조정한다. 그러므로 산지시장이 효율적이고 경쟁적일 때 농업인은 자기가 생산한 품목에 정당한 가격을 받을 수 있으며, 보유 자원은 효율적으로 배분됨과 동시에 확대 재생산될 수 있다.

그러나 농가의 호당 생산규모가 영세하고 생산자는 시장정보에 어두워 상인과 거래할 때 불리한 입장이므로 부당한 가격으로 판매된다는 지적이다. 따라서 시장 지위가 약한 농업인의 시장경쟁력을 높이는 것이 산지시장과 관련된 중요한 정책과제라 하겠다.

산지의 농산물가격은 소매시장에서 소비자가 기꺼이 지불하고자 하는 가격에 직접적인 영향을 받는다. 즉, 소매가격을 반영해 도매가격이 결정되고 다시 도매가격을 기준으로 산지가격이 형성된다. 그러므로 소매시장에서 일어난 가격 변화가 산지시장에 신속하게 전달되어야 유통기능이 효율적으로 수행된다고 할 수 있다. 즉, 생산자는 소비자의 기호에 맞추어 생산 품목과 생산량을 조정함으로써 수급 안정을 가져올 수 있다.

이처럼 소매시장에서 형성된 가격이 산지시장에 신속히 전달되려면 도매시장을 비롯한 중간단계의 유통기능이 경쟁적·능률적으로 수행되어야 한다.

한편 산지시장은 농산물 유통의 출발점이므로 산지시장에서 유통기능이 효율적으로 수행된다면 소비지의 도매시장 및 소매시장의 능률도 향상된다. 예를 들어 산지에서 규격화가 제대로 이루어져 출하된다면 도매시장의 유통능률이 크게 향상된다.

(2) 판매 유형

생산자는 생산한 농산물을 언제, 어디에, 어떤 형태로 판매해야 수취가격을 높일 수 있는가에 관심을 쏟는다.

한국 농가의 농산물 판매 유형은 산지 판매와 소비지 판매로 대별되며 전자는 포전(圃前) 판매, 정전(庭前) 판매, 산지시장 판매로 나뉜다. 포전 판매는 수확하기 전에 판매하는 밭떼기를 말한다. 시설하우스에 재배한 수박의 경우 정식(定植) 후 일정 기간이 지나면 수확 전에 하우스 단위로 판매하는데 이를 하우스떼기라 부르기도 한다. 정전 판매는 수확 후 포장 또는 농가에서 판매하는 형태를 말한다. 산지에 있는 경매식 집하장이나 산지 도매시장에 판매하는 방식을 산지시장 판매로 분류한다.

산지시장 유통 개혁의 일환으로 1999년부터 '농산물산지유통센터'를 지원했다. 운영주체는 회원조합과 영농조합법인이며, 후자가 운영하는 유통센터에서는 생산자로부터 농산물을 매입하고 이를 처리해 대형 유통업체에 판매한다.

소비지시장에 판매하려면 농산물을 출하해야 하며 출하방법은 개별 출하, 공동 출하, 계통 출하로 나뉜다. 계통 출하는 공동 출하에 속하지만 회원조합이 농산물을 모아 농협중앙회가 운영하는 대도시 공판장에 출하시키므로 여타 공동 출하와 차별화하고자 계통 출하로 부른다.

생산물의 판매처는 판매 유형이나 상거래 관행과 밀접한 관계를 갖는다. 포전 판매나 정전 판매의 경우 주 판매선(販賣先)은 주로 산지 중간상인이다. 산지시장에서 판매할 때에는 정기시장이나 산지공판장에 참여한 산지 중간상인과 현장에 내려온 소비지 상인이 주요 고객이다. 소비지시장에 판매할 때는 공영도매시장이나 유사도매시장을 이용한다.

〈표 4-3〉에는 주요 농산물의 판매처별 판매량 비율이 제시되어 있다. 여기에는 농산물이 갖는 상품적 특수성이 잘 반영되어 있다. 가격 변동을 포함한 시장의 불확실성 요인이 큰 엽채류와 근채류의 경우 밭떼기의 비율이 상대적으로 높다. 포전 판매 이른바 밭떼기, 하우스떼기를 줄이려고 농협과 농정 당

〈표 4-3〉 농산물 판매방식별 판매 비율(1996)

(단위: %)

구분		개별 판매					공동 판매				기타	합계
		수집상		도매시장 출하	도매시장 외 출하	계	작목반	영농법인	농협	계		
		밭떼기	정전 판매									
곡물		1.0	7.7	5.7	6.8	21.2	1.8	0.7	68.5	72.0	6.9	100.0
채소류		17.1	20.9	14.2	13.5	65.7	9.4	2.7	18.4	30.5	3.8	100.0
	엽근채류	34.9	15.7	14.3	8.3	73.2	5.1	2.6	14.5	22.2	4.6	100.0
	과채류	16.8	4.2	16.2	6.0	43.2	21.5	6.0	28.6	56.1	0.9	100.0
	양념채소류	9.3	32.5	13.2	18.8	73.8	4.8	1.1	15.0	20.9	5.3	100.0
과일류		4.9	11.5	18.8	10.5	45.7	9.8	4.7	33.6	48.1	6.2	100.0
특용작물		2.7	23.5	9.3	13.6	49.1	15.2	8.8	22.2	46.2	4.7	100.0
화훼		0.0	10.5	41.3	14.5	66.3	18.4	7.4	7.9	33.7	0.0	100.0

자료: 허길행·이용선 「21세기에 대응한 농수산물 유통 개선 대책 연구」.

〈표 4-4〉 부류별 포전 판매율(2008~2010)

(단위: %)

구분	2008	2009	2010
식량작물류	44.3	51.8	47.8
엽근채류	78.0	77.3	84.9
과채류	80.0	80.0	87.0
조미채소류	55.8	56.0	53.8
과일류	25.5	20.3	20.3

자료: 농수산물유통공사, 「주요 농산물 유통실태」(2011).

국은 산지 유통 개혁을 시도해왔지만 채소류의 포전 판매 비율은 여전히 높다(〈표 4-4〉 참조). 어느 정도 규격화·등급화가 이루어진 후 출하되는 과실류는 농협을 통한 계통 출하 비율이 상대적으로 높다.

그러나 전반적으로 판단할 때 개별 출하가 지배적인데 이는 생산자단체의 출하 사업이 미약하다는 사실을 나타낸다.

(3) 산지 중간상인의 유통기능

취급하는 품목 또는 수급 사정이나 가격 동향에 따라 중간 단계의 유통주체와 활동내용이 다양하며 계절적으로 유동적이다. 더욱이 농산물 중간상인에게 허가제나 등록제를 적용하지 않아 신규 진입이 자유로운 체제이므로 주산지의 농업인, 소비지 위탁상, 소비지 소매상, 저장업자 등 다양한 유통주체가 수집활동에 참여하는 사례도 많이 나타난다. 따라서 사용 목적에 따라 산지수집상을 다양하게 분류할 수 있다.

수행하는 기능을 기준으로 중간상인을 분류하면 수집상, 반출상, 수집·반출상 등으로 나뉜다. 그러나 교통조건과 수송수단이 발달함에 따라 수집과 반출기능은 점진적으로 통합되었다. 즉, 청과물 통계에서 주로 나타나는 바와 같이 산지 위탁상이 반출기능을 겸한다.

또한 상품을 취급할 때 소유권 취득 여부와 위험부담 여부를 기준으로 중간상인을 수집상, 소비지 도매상의 대리인, 중개인 등으로 나눈다.

산지에서 농산물을 수집해 소비지에 반출하는 기능을 수행하는 중간상인은 필수적인 유통 단계다. 중간상인은 수집·반출기능 외에 가격 형성, 금융, 위험부담, 선별, 포장 등 부수적인 기능을 수행하며 포전거래, 정전거래 등과 같은 거래방법이나 상인유형에 따라 그 기능이 다양하게 나타난다.

2) 산지 유통정책

(1) 산지 유통의 효율화 방안

유통 개선의 기본 목표는 가격 효율성과 운영 효율성을 높이는 데 있다. 산지시장의 가격 효율성을 높여 소비자 시장에서 결정된 가격이 왜곡되지 않고 생산자에게 전달되어야만 소비자 수요에 맞춰 신속히 생산량을 조정할 수 있다. 나아가 상인이나 유통업자에 대응해 생산자의 시장교섭력을 높여 공정거래가 이루어지도록 유도해야 한다.

산지의 유통기능이 효과적으로 수행되어야만 운영 효율을 높일 수 있다. 이러한 기본 목표를 달성하려면 소규모 생산의 취약점을 극복하기 위한 공동출하를 확대하고 각종 산지 유통시설과 유통 조성 기능을 확충해야 한다.

생산한 농산물을 공동으로 출하하면 규모의 경제가 발휘되므로 단위당 유통비용이 절감된다. 나아가 생산자의 시장교섭력을 강화할 수 있으므로 소득 증대에 보탬이 된다. 공동 출하 확대야말로 산지 유통의 가격 효율성과 운영 효율성을 제고하는 핵심 과제다. 특히 한국은 소규모 생산이 지배적이며 상품 생산의 전문화와 지역 특화 수준이 낮아 개별 농가가 직접 시장에 출하하면 단위당 출하비용이 높고 시장교섭 측면에서 불리하다.

한편 협동조합 입장에서 판단하면 경제적 약자인 농업 생산자의 권익을 보호하고 경제적 편익을 가져오기 위해 결성한 협동조합의 기본 목표를 달성할 수 있는 사업이 공동 출하라는 공감대를 갖는다.

또한 농산물 유통 측면에서 판단하면 출하 단계는 유통의 출발점이며 그 판매가격은 농가소득과 직결된다. 이 단계에서의 효율화는 전체 유통 과정의 효율화에 큰 영향을 미치므로 협동조합을 통한 상품 출하를 대량화하고 규격화 및 포장화를 통해 상품성을 높이면 유통 효율화에 크게 기여할 것이다.

(2) 산지 유통대책

농산물의 산지시장기능을 강화하기 위한 유통정책은 미약하나마 지속적으로 추진되어왔다. 1991년 이전까지는 산지 유통시설로 농협이 운영하는 집하장이 주종을 이루었고 선과장, 저온저장고 등 현대식 유통시설이 정부 투자사업으로 설치되었다.

본격적으로 산지 유통정책을 추진한 계기는 1991년에 마련한 '농산물 유통구조 개선 대책'이었다. 여기서는 농산물 산지 유통의 문제점으로 ① 산지 유통시설이 부족해 선별, 포장, 가공, 저장기능이 미흡하고, ② 생산자의 공동 출하가 부진해 시장교섭력이 약하고, ③ 무, 배추 등 엽근채류의 경우 상인이 주도하는 밭떼기가 성행해 제값을 받지 못하는 점 등을 지적했다.

이러한 문제점을 개선하고자 생산자단체가 주도하는 산지 유통기능을 크게 강화하려고 노력했다. 농업인의 공동 출하를 확대하기 위해 주산지에는 공동 출하조직을 육성했고 아울러 규모가 큰 공동 출하 조직이 모여 품목별 전문조합을 결성하도록 지원했다.

또한 산지 유통시설을 확충했다. 1992년부터 회원조합이 운영하는 포장센터와 청과물종합처리장을 설치했다. 간이 집하장과 경매식 집하장을 확충해 산지 경매를 활성화하려 노력했다.

1994년에 마련한 '농산물 유통 개혁대책'을 통해 산지 유통 개혁이 적극적으로 추진되었다. 생산규모가 큰 생산자를 품목별 전문조직으로 육성해 시장 대응력을 높이고자 했다. 아울러 소비자의 신뢰도를 높이고자 표준규격 품질 인증제, 원산지표시제를 정착시켜 외국산과 비교한 국내산 농산물의 차별화를 시도했다.

1995년부터 종합적인 유통 개혁의 일환으로 농어촌특별세를 재원으로 한 산지 유통시설에 대한 투자를 확대해 농산물 포장센터 160개소, 청과물 종합처리장 24개소를 설치하고 마을 단위로 간이집하장을 확충했다. 뒤이어 1996년에는 포장센터와 청과물종합처리장을 통합시켰다.

1997년에 실시한 제2단계 유통 개혁에서는 협동조합 중심으로 산지 유통을 체계화함으로써 규격화와 공동 출하 촉진을 시도했다. 산지 유통 시범 농협 선정, 채소류 공동 출하기능 강화, 산지 우수 생산자조직에 대한 지원 강화 등의 정책수단을 동원했다.

국민의 정부 출범과 더불어 산지 유통 개혁에 중점을 두기 시작했다. 우선 생산자조직을 육성하고 그 기능을 강화하기 위해 경영이 부실한 생산자조직을 대폭 정비해 대규모로 통합하고 조직 간 협조체제 구축을 시도했다. 산지에서 규격화한 후 공동으로 출하해 규모의 경제를 실현하고 소비자의 신뢰도를 높이고자 했다.

포장하고 상표를 붙여 출하시키고자 농산물산지유통센터를 건립하고 기존의 간이집하장을 포장센터로 전환하려 했다. 특히 정부가 주도해온 쌀 유통을 민간 주도로 이관하고 고품질의 쌀을 유통시키고자 1991년부터 RPC 지원 사업을 도입했다.

아울러 축산물 유통을 개선하려는 목적으로 도축, 가공, 판매를 일괄적으로 수행해 유통 단계를 축소할 수 있도록 전국에 축산물종합처리장 10개소를 마련했다.

〈표 4-5〉 산지 유통시설 현황(2002. 12. 31)

(단위: 개소)

구분	작목반, 농가, 영농회	영농법인	회원농협	기타	총계
농산물산지유통센터	-	81	106	21	208
저온 저장고	8,680	468	248	485	9,881
집하장	323	62	99	76	560
선별장	360	44	72	132	608
예냉시설	414	32	11	12	469
간이 집하장	2,233	423	663	211	3,530
개량 저장고	104	6	39	56	205
경매식 집하장	3	1	54	5	63
총계	12,117	1,117	1,292	998	15,524

자료: http://www.afmc.co.kr

산지 유통을 개혁하고자 1999년부터 농산물산지유통센터를 지원해왔다. 이전까지 존속해온 '농산물포장센터'와 '청과물종합처리장'을 '농산물산지유통센터'로 확대·발전시켰다. 시설유형별로 지원해오던 사업을 2001년부터 농산물산지유통센터 사업으로 일원화했다. 이에 따라 산지에서 농산물의 판매와 출하를 주도하던 유통조직은 정기시장, 농산물산지유통센터, 산지 경매식 집하장 등으로 나누어졌다. 산지에 입지해 있는 주요 유통시설은 〈표 4-5〉에 제시되어 있다.

3) RPC

(1) 설치현황

개방경제로 전환됨에 따라 쌀시장에 대한 정부 개입을 줄여야 한다는 공감대가 형성되었다. 이를 위해 쌀을 다루는 민간 유통조직 활성화의 필요성이 대두되었다. 이러한 시대적인 요청에 부응함과 동시에 소비자의 고품질 쌀 선호에 대응하기 위해 RPC 지원 사업을 시작했다. 쌀을 수확한 후 건조, 저장, 가공, 판매를 계열화함으로써 고품질의 쌀을 생산하고 쌀 유통의 효율성을 제고하는 역할을 수행할 것으로 기대되었다.

1991년 시범 사업으로 충남 당진군의 합덕농협, 경북 의성군의 안계농협이

〈표 4-6〉 RPC 설치 연도별 현황

(단위: 개소)

구분	'91	'92	'93	'94	'95	'96	'97	'98	'99	'00	'01	'04	'05	'06	'10
농협	2	32	63	108	130	147	165	190	194	199	200	200	193	187	156
민간	-	-	17	38	55	73	88	111	118	125	128	128	117	117	99
계	2	32	80	146	185	220	253	301	312	324	328	328	310	304	255

자료: 농림수산식품부 양정국.

〈표 4-7〉 RPC 설치비 지원 규모

(단위: 억 원)

생산자단체	기간	1991~1993	1994~1995	1996~1998	1999	2000
	보조	5	7	10	8	10
	융자	3	4.2	6	8	6
일반 사업자	기간	1993~1995	1996	1997~1998	1999~2000	
	융자	2	2.5	4	6.4	

자료: 윤석원 외, 「쌀 유통 실태 및 개선방안」, 『우리나라 유통 쌀의 문제점 및 개선 대책』(한국쌀연구회, 2002), 50쪽.

운영하는 RPC가 각각 설치되었고(〈표 4-6〉 참조), 1992년에는 농협이 운영하는 RPC 30개소가 설치되었다. 1993년부터 기존의 도정공장을 활용하자는 의도로 민간 유통업자를 RPC 사업에 참여시켰다. 2010년 당시 농협이 운영하는 RPC는 156개소였고, 민간 유통업자가 운영하는 RPC는 99개소에 달했다.

RPC는 정부 지원 사업으로 추진되었고 논 1000ha 이상이 집산되어 있는 쌀 주산지를 대상으로 설치되었으며, 지원규모는 농협과 민간에 차등을 두었다. 즉, 농협이 운영할 경우 건조·저장능력 2,000톤, 1일 가공능력 20톤이었고 민간의 경우 가공능력은 동일하고 건조·저장시설(Drying Storage Center: DSC)은 1,000톤으로 농협보다 소규모였다. 정부 지원도 차등을 두었으며 지원 규모는 매년 확대되었다(〈표 4-7〉 참조).

물벼를 매입함에 따라 가공시설에 비해 건조·저장시설이 부족한 것으로 밝혀져 이를 보완하고자 기존의 RPC에 건조·저장시설을 추가로 설치했다.

RPC를 통해 농협이 쌀 유통에 적극적으로 참여함에 따라 농협의 쌀 출하량 비중이 크게 증가했다. RPC 사업 시작 해인 1991년 농가 상품화 쌀 중에서 농협 계통으로 유통된 쌀이 차지하는 비율은 6.9%에 불과했으나 그 이후 점차적으로 증가해 1999년에는 그 비율이 41.5%에 달했다.

(2) 운영 실태

RPC에서는 원료곡을 확보해 이를 처리·가공해 판매한다. 원료곡을 확보하는 방법은 자체 매입, 정부공매곡 입찰 매입, 농가 판매 위탁 등으로 나누어진다. 〈표 4-8〉에 제시되어 있는 바와 같이 정부공매곡 매입량이 격감했는데, 이는 정부의 조곡방출량이 줄어들었기 때문이다. 또한 농가수탁량은 격감해 왔으며 원료곡 확보방안으로서의 위치도 상실했다. 이는 쌀가격의 계절 진폭이 보장되지 않아 농가 쌀 수탁 보관에 따른 유통마진이 확보되지 않았기 때문이다.

반면 계약 재배를 포함해 RPC가 매입하는 물량이 지속적으로 증가해왔다. 타 조달방법에 의한 원료 확보량이 감소하고 자체 매입량이 증가함에 따라 RPC의 경영 손실이 확대되어왔다는 사실을 감안하면 RPC 원료곡 매입에 많은 문제가 있다는 사실이 드러난 것이다.

RPC에서는 브랜드쌀을 생산해 주로 대도시 농협 공판장을 통해 판매하고 그다음은 대형 유통업체, 도매시장 순으로 다양한 유통경로를 통해 판매한다.

〈표 4-8〉 RPC 원료곡 확보량(1995~2000)

(단위: 조곡 천 톤, %)

구분	매입	산물수매	공매곡	농가 위탁	합계
1995	273 (30.0)	68 (7.5)	563 (61.9)	6 (1.5)	910 (100.0)
1996	515 (36.2)	126 (8.9)	768 (54.0)	13 (0.9)	1,422 (100.0)
1997	820 (51.6)	286 (18.0)	475 (30.0)	8 (0.4)	1,589 (100.0)
1998	909 (52.6)	338 (20.0)	462 (26.8)	18 (0.6)	1,727 (100.0)
1999	1,233 (54.6)	417 (18.5)	585 (25.9)	24 (1.0)	2,259 (100.0)
2000	1,394 (64.0)	492 (22.6)	276 (12.7)	16 (10.7)	2,178 (100.0)

자료: 박동규, 「국내 쌀생산 및 수요전망」, 『새천년 좋은 쌀 새로운 시작』(한국쌀연구회, 2001), 152쪽.

전체 판매량 중 품질 인정을 받은 브랜드 쌀이 약 42.6%를 차지했고 나머지는 일반 브랜드로 판매된다. RPC 쌀은 브랜드화에는 성공했지만 차별화에는 아직 미흡한 실정이고, 쌀 판매와 관련해 많은 문제도 산적해 있다.

(3) 사업 효과

RPC에서는 벼 수확 후 건조, 저장 및 가공 등의 과정을 일괄적으로 처리한 후 브랜드 쌀을 판매함으로써 수직적 계열화를 이루었다. 이에 따라 투입 노동력과 비용을 절감하고 수확 후 저장·가공 과정에서 발생하는 손실을 줄이는 효과가 있었으며 쌀 유통 구조를 개선하는 데 크게 기여한 것으로 평가된다.

특히 1994년부터 물벼를 매입함에 따라 건조시설을 갖추지 못한 영세한 쌀 재배농가와 고령 경영주 농가의 수확작업 그리고 수확 후 제반작업 과정에 투입되는 노동력을 절감하는 효과를 가져온 것으로 평가된다. 물벼 수매는 농가로부터 크게 환영받는 것으로 나타났다. RPC를 이용하는 농가에 이용상의 이점을 조사한 결과에 따르면 RPC 이용 시 가장 유리한 점은 물벼 판매라고 응답한 농가가 전체의 72%에 달했다.

RPC 사업은 산지 쌀시장에 큰 변화를 가져왔다. 소비지의 양곡상과 산지수집상이 크게 줄어들고 농협을 통한 판매량이 증가해왔다. 소비지 양곡상이 산지 유통에서 차지하는 비중은 1990년도의 31.7%에서 1999년 3.2%로 급격히 감소했다. 이는 소비지에서 말이나 되로 매매하던 관행이 없어지고 포장미의 유통이 크게 늘어났기 때문이라고 단정할 수 있다. 이에 따라 임도정업자의 중계 알선을 통해 농가로부터 쌀을 매입하던 소비지 양곡상이나 산지수집상의 기능이 크게 위축되었다.

반면에 RPC가 설치되어 있지 않은 지역에서는 임도정업자의 역할이 커졌다. 즉, 산지 쌀시장에서 차지하는 임도정업자의 점유비율은 1990년에는 30.0%였으나 1998년에는 그 비율이 37.5%로 증가했다. 이것은 1970년대 이후부터 도정업자가 산지수집상과의 경쟁에서 우위를 점하고 그 역할 또한 지속적으로 증대되어왔으며 1990년대 RPC가 나타난 이후 그 기능이 더 강화되었다는 사실을 입증한다.

RPC가 출현함에 따라 농가의 쌀 판매 패턴에도 변화가 생겼는데 그 대표적인 사례가 조기 출하다. 쌀을 보관해도 계절 진폭이 보장되지 않기 때문에 농가 입장에서 보면 쌀을 보관할 유인이 없어진 셈이다. 이에 따라 RPC가 물벼를 매입해주길 요청한다. RPC는 농가를 대신해 쌀을 보관하지만 계절 진폭이 보장되지 않으면 경영 손실을 야기한다. 또한 노동력 부족으로 산지에서 조곡으로 거래하는 관행이 근절되지 않고 오히려 정착되었는데 RPC가 이를 가속시키는 역할을 한다.

(4) RPC의 경영수지

RPC는 벼 수확 관리기술을 혁신시키고 쌀 유통 구조 개혁에 기여했지만 경영채산을 맞추지 못해 위기에 직면해왔다. 1998년부터 2000년까지 3개년 동안에 11개의 민간 RPC가 도산한 것으로 나타났다.

농협이 운영하는 RPC의 경영수지 실태가 〈표 4-9〉에 제시되어 있다.

1996년 적자 RPC는 8개소로 전체의 7.3%에 불과했으나 2000년에는 105개로 절반 이상이 적자에 허덕였다. 2002년에는 적자 RPC가 129개로 증가했고 개소당 평균 적자액이 1억 2,700만 원에 달한 것으로 밝혀졌다.

정부의 보조와 융자 혜택을 받아 설치한 RPC는 매년 막대한 경영수지 적자에서 벗어나지 못했으며 이 요인은 다음과 같이 요약할 수 있다.

첫째, RPC는 자체 자금으로 수확기에 원료곡을 산지 시가보다 높은 가격으로 매입했다. 즉, 수확기 산지에서 형성된 시가대로 매입하지 않고 사전에 결정한 가격으로 매입한 것이다. RPC 운영자들은 시가로 매입하길 원하지만 '매입가격 결정위원회'가 결정하는 매입가격은 통상 정부 수매가격과 시장가격의 중간 수준이었다(〈표 4-10〉 참조). RPC 매입가격 결정위원회는 농협중앙회가 설정한 적정매입가격 기준을 참조해 매입가격을 결정하지만 직간접적으로 가해지는 정치적 압력을 무시할 수 없었으며, 더구나 RPC 경영에 참여하는 조합의 장들은 조합원의 권익을 염두에 두지 않을 수 없었다. 이것이 바로

〈표 4-9〉 RPC의 경영수지

구분		1996	1997	1998	1999	2000
판매 실적 (합계)	물량(정곡, 톤)	535,443	612,097	779,532	876,678	881,768
	금액(백만 원)	924,945	1,103,521	1,497,196	1,772,945	1,878,400
평균	물량(정곡, 톤)	4,912	4,164	4,725	4,614	4,521
	금액(백만 원)	8,486	7,507	9,074	9,331	9,633
평균 손익(백만 원)		79	-39	-27	11	-61
흑자 RPC 수		101(92.7)*	100(68.0)	102(61.8)	112(58.9)	90(46.2)
적자 RPC 수		8(7.3)	47(32.0)	63(38.2)	78(41.1)	105(53.8)
합계		109(100.0)	147(100.0)	165(100.0)	190(100.0)	195(100.0)

* 괄호 안 수치는 전체에 대한 구성비.
자료: 박동규, 「국내 쌀생산 및 수요전망」, 152쪽.

〈표 4-10〉 RPC 원료곡 매입가격과 수매가격

(단위: 원/조곡 40kg)

	수매가격*	매입가격		산지가격**
		농협	민간	
1997	49,730	49,285	48,429	48,013
1998	52,470	51,859	51,208	51,295
1999	55,090	55,369	54,770	54,076
2000	58,120	57,305	56,208	55,068

* 1등품 기준.
** 10~12월 평균 80kg당 정곡가격을 조곡 40kg 가격으로 환산함.
자료: 박동규, 「국내 쌀생산 및 수요전망」, 158쪽.

조합이라는 경제주체가 이윤 극대화 원리에 따라 행동할 때 받는 제약이었다. 조합이라는 경제주체의 궁극적인 목적은 이윤 극대화가 아니라 경제적 약자인 조합원의 권익을 보호하는 데 있기 때문이다.

정부의 약정수매 물량이 한정되어 있었으므로 정부매입가격과 산지시장가격과는 직접적인 관련이 없었으며 간접적으로 시장가격에 영향을 미치며 당해 연도 생산량에 따라 수확기 산지가격이 결정되었다. 즉, 당해 연도 생산량이 수요량을 초과할 정도로 생산 과잉이면 산지가격은 약정수매가격보다 낮게 결정된다. 왜냐하면 생산량에서 정부 수매량을 공제한 나머지가 수요량 수준일지라도 단경기에 정부가 보관한 벼를 방출하지 않는다는 보장이 없기 때문에 농가는 수확기에 판매하길 원하고 유통업자는 매입한 벼를 보관하려 하지 않기 때문이다.

생산자 가격 지지 목적으로 정부매입제를 실시한다면 시장가격이 정부가 설정한 가격 수준으로 상승할 때까지 정부가 무한정 매입해야 한다. 그러나 당시의 약정수매제에서는 정부매입 물량과 매입가격이 사전에 결정되기 때문에 정부매입가격은 수확기가격에 직접적인 영향을 미치지 않았으며 생산량이 수요량을 초과한다면 수확기 시장가격은 정부매입가격보다 낮게 형성되는 실정이었다.

2005년부터 쌀의 정부매입제가 폐지되고 쌀소득 보전직접직불제를 채택했다. 쌀가격 형성을 자유시장에 맡기고 정부가 정한 목표가격과 시장가격의 차액 중 85%를 정부가 지불해주는 제도다. 이때 적용하는 시장가격은 수확기 3개월 평균가격이며 이 가격이 높을수록 농가 수취가격이 증가한다. RPC를 운영하는 농협이 수확기에 매입하는 조곡의 양과 가격 수준에 따라 수확기의 가격이 결정된다. 즉, 정부매입제를 실시할 때는 정부가 시장가격 결정에 영향을 미쳤지만 2005년부터는 농협이 정부 역할을 대신하는 셈이다. RPC의 운영수익을 고려하면 시가대로 매입해야 하지만 생산자단체의 정체성을 염두에 둔다면 수확기의 쌀가격을 끌어올려야 하는 딜레마에 빠져 있는 것이다.

단경기에 RPC가 판매하는 쌀의 판매원가보다 시장가격이 높다는 보장이 없으므로 RPC는 구조적으로 손해 보는 장사를 하게 되어 있었다. 정부의 쌀 가격정책의 목표는 수확기에 생산자가격을 지지하고 단경기에는 소비자가격을 안정시키는 데 있었다. 농가는 판매량 대부분을 수확기에 정부와 RPC에 판매했으므로 단경기에 농가가 보관하고 있는 쌀은 소량이었다.

즉, 정부 입장에서 보면 단경기에는 농가 판매가격을 염두에 두지 않아도 되고 소비자 입장만 고려하면 된다. 그렇다면 정부는 보관하고 있는 벼를 단경기에 방출하면 재정 적자도 줄이고 소비자가격도 안정시키고 물가 상승을 억제시킬 수 있다. 물론 쌀을 보관하고 있는 RPC는 경영 손실을 감수해야 한다. RPC는 정부가 계절 진폭을 보장하라고 주장하지만 정부가 다수인 쌀 소

〈표 4-11〉 연도별 계절 진폭과 재고 이입량

(단위: 천 톤, %)

양곡연도	계절 진폭*	재고 이입량
1990	12.8	1572
1991	4.0	2025
1992	3.6	2141
1993	2.2	1999
1994	6.7	1820
1995	8.9	1156
1996	11.6	659
1997	6.9	244
1998	7.9	497
1999	5.6	806
2000	1.8	722

* 수확기(10월~12월) 대비 단경기(6월~8월) 가격 상승률.
자료: 한국농촌경제연구원, 「미곡종합처리장 경영개선 및 중장기 발전모델개발」(2001).

〈표 4-12〉 월별 조곡공매 실시 현황

(단위: 천 석)

구분	1월	2월	3월	4월	5월	6월	7월	8월	9월	합계
1999	-	-	70	-	707	793	831	819	812	4,429
2000	-	273	-	-	416	1040	624	572	601	3,912
2001	-	-	-	-	596	1468	706	421	158	3,440

자료: 박동규, 「국내 쌀생산 및 수요전망」, 125쪽.

비자의 후생과 물가를 고려해야 하는지 RPC의 입장을 염려해야 하는지는 뻔한 이치다.

둘째, 쌀 보관에 따른 유통마진이 보장될 정도로 쌀가격의 계절 진폭이 유지되지 않았다. 농협이 충분한 양의 쌀을 확보하고 모든 RPC가 담합해 독점력을 발휘할 수 있다면 쌀 소매가격을 결정할 수 있다. 즉, 판매원가를 기준으로 하는 풀코스트(full-cost) 원리에 따라 판매가격을 결정하면 경영 수익을 확보할 수 있다.

그러나 쌀시장은 완전경쟁시장이므로 개별 RPC는 시장가격에 영향을 미치지 못한다. 단경기 쌀가격은 시장 공급량과 정부의 조곡공매량에 따라 결정된다. 단경기 시장가격이 RPC가 판매하는 쌀의 판매원가보다 낮아 RPC는 경영 손실을 감수하지 않을 수 없었다.

〈표 4-11〉에는 쌀가격의 계절 진폭이 제시되어 있다. 즉, 수확기인 10~12월까지의 평균가격에 비해 단경기 3개월의 평균가격이 얼마나 상승했는가를 나타낸다. 이 정도의 계절 진폭으로는 수확기에 시장가격보다 비싼 가격으로 매입해 건조·보관·가공해 판매하는 RPC 쌀에는 유통마진이 확보되지 않는다는 사실에 재론의 여지가 없다.

또한 〈표 4-11〉에 제시되어 있는 바와 같이 생산량이 수요량을 초과한 해에는 계절 진폭이 더 작았다는 사실을 알 수 있다. 이것은 정부가 방출량을 적절하게 조절하지 못했다는 사실을 입증한다. 〈표 4-12〉에는 연도별, 월별로 정부가 공매한 조곡이 제시되어 있으며, 매월 공매량을 조절해 단경기 쌀가격을 안정시키려 노력한 흔적이 나타나 있다. 그러나 결과적으로 판단할 때 정부는 쌀을 보관하는 RPC와 유통업자의 마진을 보장하기 위해 쌀가격을 조절한 것이 아니라 단경기 소비자가격을 안정시키는 데 역점을 두었다는 사실을 알 수 있다. 그러므로 만성적인 공급 과잉이 지속되고 정부 수매·방출제를 실시하는 한 구조적으로 쌀가격의 계절 진폭이 보장되기 어렵다는 사실을 간과해서는 안 될 것이다.

셋째, 수확기에 원료곡을 확보할 때 일시에 매입자금이 투입되므로 금융비용 부담이 많았다. 특히 민간 RPC는 담보 설정에 한계가 있어 원료곡 매입자금 조달에 어려움을 겪었으며 정부의 정책자금을 이용할 때 연대보증인을 내세우는 데 곤란을 겪었다.

이처럼 일시에 소요되는 자금 부담을 해소하고 금융비용 부담을 줄여주기 위해 정부는 운영자금을 지원했다. 2000년에는 RPC당 12억 원을 1년 만기 연리 5% 조건으로 지원했고 2001년에는 개소당 33억 원을 무이자로 지원했다. 정부는 쌀의 계절 진폭을 보장해주는 정책을 접어 두고 RPC의 경영수지 개선에 도움을 주고자 금융 지원방안을 택했다고 주장할 수 있다.

이러한 RPC 경영 부실요인을 RPC 경영자들도 동의하는 것으로 밝혀졌다. 즉, RPC의 경영상의 애로사항으로 ① 수확기에 일시에 소요되는 자금 부담, ② 높은 정부의 지원 금리, ③ 시장가격보다 비싼 매입가격, ④ 작은 쌀가격의 계절 진폭 등이 있었다.

또한 2000년 RPC 경영에서 적자가 발생한 요인은 ① 높은 금융비용 부담, ② 높은 자체 수매가격, ③ 쌀 판매 저조, ④ 경영의 전문성 부족 등의 순으로 나타났다.

(5) 운영상의 문제점

RPC가 매년 막대한 경영 손실을 보는 요인은 앞에서 지적한 것과 같이 외부적인 요인도 있지만 내부 경영에도 많은 문제점이 있으며 이를 요약하면 다음과 같다.

첫째, 쌀 생산 및 유통 과정의 계열화가 미흡하다. RPC는 벼의 생산, 수집, 건조, 가공 및 판매에 이르기까지의 전 과정을 일괄 수행하는데, 이를 수직적 계열화라 한다. 이에 따라 수확 후 처리에 투입되는 노동력을 절감하고 고품질의 지역 특산미를 생산해 농가 수취가격을 높이고 유통 구조를 개선하는 데 크게 기여할 것으로 기대했지만 소기의 성과를 거두지 못했다. 이는 계열화에 성공하지 못했기 때문이다.

생산 및 유통을 계열화하려면 우선 생산자와 RPC 간 유기적인 협조체제가 갖추어져야 한다. 그러나 농협에 소속되어 있는 작목반은 2001년 당시 3,433개였고 참여 농가는 전 농가의 6.5%였으며 참여 면적은 13만 5,380ha에 불과했다(〈표 4-13〉 참조).

둘째, 산물 처리능력이 부족했다. RPC의 중요한 역할 중 하나는 물벼 매입이다. 이를 위해서 벼를 산물로 수확해 운반·반입시키는 데 필요한 장비를 갖추어야 한다.

셋째, 판로를 안정적으로 확보하지 못했다. RPC가 증가함에 따라 기존의 양곡상인 간에 그리고 RPC 간에 판로를 개척하기 위한 치열한 경쟁이 일어났다. 쌀 거래처를 확보하려면 연중 균일한 미질의 쌀을 적절한 가격으로 공급해야 한다. 농협 RPC는 원료곡을 시가보다 높은 가격으로 매입하기 때문에 가격경쟁에서 불리하며 품종과 등급을 무시하고 혼합해 벼를 보관하므로 균

〈표 4-13〉 쌀 작목반 조직 현황

구분	1994	1995	1996	1997	1998	1999	2000	2001
작목반 수	1,396	2,766	3,332	4,015	3,346	3,434	3,530	3,433
참여 농가(호)	35,305	67,154	79,827	95,720	85,377	87,708	91,471	89,730
참여 면적(ha)	41,892	91,600	110,624	138,313	125,255	130,880	137,499	135,380

자료: 박동규, 「국내 쌀생산 및 수요전망」, 61쪽.

일한 미질의 쌀을 공급하기 어려운 여건이다. 아울러 RPC의 재고가 늘어나 이를 처리하기 위해 저가로 덤핑하는 사례가 빈번히 일어나고 있다.

넷째, 쌀 품질 관리에 어려움이 많다. RPC에서 브랜드 쌀을 유통시키지만 객관적이고 통일된 규정이 없다. 동일한 상표라도 유통 시기에 따라 미질에 차이가 있어 소비자의 신뢰를 얻지 못한다. 정부 공매곡을 원료곡으로 이용하므로 고품질의 쌀을 판매하지 못한다. 또한 산물벼를 매입하는 과정에서 벼 품종이 섞이고 반입량이 많아지면 야적(野積)하는 사태가 발생하고 건조 과정에서 적정 온도를 유지하기 어려워 고품질의 쌀을 생산하기 어려운 실정이다.

(6) 개선방향

앞에서 고찰한 바와 같이 정부 지원을 받아 설치했고 매년 무이자로 운영비 융자 혜택을 받아 운영되는 RPC가 적자 경영에서 헤어나지 못하는 요인을 다각적인 측면에서 검토했으며 이를 바탕으로 개선방안을 살펴보자. 경영 수익을 확보하려면 우선 정책적인 배려가 선행되어야 하며 이를 요약하면 다음과 같다.

첫째, 원료곡을 시가로 매입할 수 있도록 뒷받침해야 한다. 중앙회가 매입가격 설정 기준을 제시하는 불합리한 행위를 근절시켜야 하고 정치적 압력이나 지방자치단체의 압력도 배제해야 하며 농민단체나 생산자도 장기적인 안목에서 RPC 경영 손실을 감안해 시가 매입에 동의해야 할 것이다.

둘째, 정부는 조곡 공매량을 조절해 RPC가 쌀 판매마진을 확보할 수 있을 정도로 쌀가격의 계절진폭을 유지시켜야 할 것이다. 단경기 반출량을 늘리면 쌀 보관에 따른 재정 적자를 줄이고 소비자가격을 안정시키는 데 도움이 된다. 그러나 소비자는 쌀가격에 민감하게 반응하지 않으며 안전하고 고품질의 쌀을 원한다. 정책 당국은 재정 적자를 줄이고자 방출량을 늘리고 그 이면에서 RPC 운영자금을 지원한다. 그러므로 RPC 경영 적자를 줄이고 고품질의 쌀 생산을 유도하기 위해서는 쌀가격의 계절 진폭을 보장하는 편이 더 효율적이라고 주장할 수 있다.

셋째, 정부 수매곡을 대상으로 등급제를 현실화해야 한다.

넷째, 수탁 사업을 확대할 수 있도록 지원해야 한다. 가격 변동에 대한 RPC의 위험부담을 줄이려면 농가로부터 현물을 수탁해 판매가 완료된 후 판매가격을 정산하는 수탁 사업을 확대해나가야 할 것이다. 물론 이를 위해서는 쌀가격의 계절 진폭이 보장되어야 하고 수탁 사업이 정착될 때까지 정부 지원이 뒤따라야 할 것이다. 수탁 사업이 확대되면 위험부담을 분산시킬 수 있을 뿐 아니라 원료곡 매입에 투입되는 금융 부담을 줄일 수 있다.

다섯째, 고품질의 쌀을 유통시키기 위해 완전미 비율을 규정하고 이를 준수하도록 규제해야 한다. 완전미란 정상적인 쌀 형태의 75% 이상을 갖춘 쌀을 말하며, 국내 브랜드 쌀의 완전미 비율은 평균 57% 정도로 일본, 미국의 80~86%에 비하면 형편없는 수준이라 평가된다.

여섯째, 쌀 도매시장을 육성해야 한다. 현재 공정한 도매시장가격이 없어 RPC는 자체에서 결정한 가격으로 대량 소비처에 판매하지만 분쟁의 소지가 많고 거래처를 상실하는 사례가 허다하다. 브랜드 쌀을 판매하지만 소비자 입장에서는 대체성이 강하므로 고품질로 차별화된 쌀을 제외한 대부분의 쌀은 완전경쟁시장에 놓여 있다. 그러므로 공정한 도매가격이 있다면 RPC와 민간 유통업자는 이를 기준 가격(Reference Price)으로 판매가격을 결정할 수 있다.

일곱째, 민간 RPC를 육성해야 한다. 민간 RPC는 산지에서 민간 유통의 중추 기능을 수행하며, 특히 고품질 쌀 수집과 판매에 기여한다. 일반적으로 민간 RPC는 농협 RPC에 비해 신속한 시장 적응력을 갖추고 효율성이 높으며 전문기술인력을 확보하는 데 유리하다고 평가된다. 개방화시대에 쌀 산업의 경쟁력을 강화하는 방안으로 민간 RPC 육성방안이 강구되어야 할 것이다.

여덟째, RPC에서 고품질의 쌀을 공급하도록 유도하려면 제도적인 뒷받침이 수반되어야 한다. RPC에서 공급되는 쌀의 미질이 낮은 요인은 완전미의 비율이 낮기 때문이다. 포장미 속에 싸라기와 갈라진 쌀, 이른바 동할미의 비율이 높으면 밥을 했을 때 소비자가 선호하는 밥이 되지 못한다. 전기밥솥은 완전미를 기준으로 밥 짓는 시간이 정해져 있다. 싸라기와 동할미는 완전미보다 먼저 익기 때문에 완전미의 비율이 낮으면 밥이 질어지는 점에는 재론의 여지가 없다. 완전미의 비율이 낮은 요인은 수확 과정에서부터 검토되어야 한다. 콤바인의 적정 회전속도를 유지하고 수확적기에 수확해야 한다. 농협에서 물벼를 매입하고 있으니 수확적기를 준수하지 않을 가능성이 높다. 콤바인을 소유한 임경작업단에 수확을 의뢰하니 콤바인의 회전속도를 적절하게 유지한다는 보장이 없다. 또한 RPC에서 물벼를 건조할 때 적정온도와 적정시간을 유지한다고 보장하기 어렵다. 이러한 처지라면 포장미에 완전미의 비율을 표시하는 것을 법적 의무사항으로 규정해야 한다.

고품질의 쌀을 공급하고 경영수지를 개선하려면 내부 경영혁신이 뒤따라야 한다. 생산비를 절감하고 판매액을 극대화해 경영 수익을 확보하려면 경영혁신을 가져와야 하며 이를 구체적으로 제시하면 다음과 같다.

첫째, 생산·유통의 계열화를 강화해야 한다. 생산자의 영농계획 단계에서 시작해 수확, 조제, 판매에 이르기까지 전 과정이 일괄적으로 처리되어야 RPC가 원래 의도한 경영성과와 쌀 유통에 미치는 파급효과를 거둘 수 있다. 우선 생산조직에 참여하는 농가를 대상으로 쌀 재배 의향을 파악해 재배계약을 체결해야 한다. 아울러 종자 공급에서 육묘, 이앙 및 재배 관리, 수확, 수송 반입, 검정, 건조·저장, 가공, 포장, 판매에 이르기까지 전 과정이 일괄적으로 관리되어야만 고품질의 쌀을 효율적으로 생산해낼 수 있다. 이를 위해서는 작목반을 내실화하고 RPC와의 연계를 강화해야 한다. 생산조직이 제대로 운영된다면 지역 실정에 맞는 고품질의 품종을 선택할 수 있고, 수확 시기를 조절할 수 있다. 이렇게 되면 RPC의 건조 및 저장시설의 이용시간을 늘려 비용을 절감할 수 있다.

둘째, 고품질 원료곡이나 균일한 원료곡을 확보해야 한다. 소비자에게 양질의 쌀을 공급해 신뢰를 구축하고 안정적으로 판로를 확보하려면 우선 양질의 원료곡을 확보해야 한다. 이를 위해서는 ① 지역의 재배환경에 적합한 우량 품종을 특화시켜야 하고, ② 농가와 RPC 간에 계약 재배를 확대해나가야 하고, ③ 등급에 따라 매입가격을 차등화해야 하고, ④ 물벼 매입 검사규격을 강화해야 하고, ⑤ 저품질 원료곡 매입을 거부해야 하는 등의 원칙을 준수해야 한다.

셋째, 건조·저장 시설을 확충해야 한다. 원료곡을 품종 또는 등급에 따라 분리해 건조시키고 저장하려면 건조·저장시설을 확충해나가야 한다. 이를 위한 대안으로 ① 기존의 RPC에 건조·저장시설을 확충시켜 집중화하는 대안, ② RPC를 중심으로 소규모 위성시설을 설치하는 방안, ③ 유휴화된 양곡창고를 개조해 이용하는 방안 등이 있다. 지역 특성을 감안해 적절한 방안을 선택해야 할 것이다.

넷째, 산물 처리능력을 확대해야 한다. RPC에서 물벼를 매입할 때는 일시에 들이닥치므로 건조시설이 부족해 물벼를 야적해야 하는 RPC가 상당수에 달한다. 이것은 쌀의 품질을 저하시키는 요인으로 작용한다. 벼를 산물로 수확해 운반하는 데 필요한 수확기와 수송차량, 나아가 반입 집중을 완화시키기 위한 간이 저장컨테이너 등과 산물 처리 기반시설을 확충해야 한다.

다섯째, 판로 문제를 해결해야 한다. 안정적으로 판로를 확보하려면 소비자 선호에 부응한 상품 기획 및 브랜드화로 상품의 차별화, 품질 관리, 광고, 판촉활동 등이 수반되어야 한다. 차별화를 성공시키려면 품질을 객관적으로 인증 받고 이를 브랜드화해야 한다. 정부에서 원산지 표시제 및 농산물의 품질 인증제를 실시하지만 아직 초보 단계에 지나지 않는다. 차별화된 농산물은 일반 농산물에 비해 20~30% 높은 값을 받을 수 있고, 소비자의 신뢰를 얻어 수요를 안정적으로 확보하는 것으로 알려져 있다.

그러나 품질 관리체계가 미흡해 브랜드의 효과를 거두지 못한다. 대부분 소규모 생산조직 또는 농장별로 브랜드를 개발해 이를 등록하지 않아 법적 보

〈표 4-14〉 쌀 브랜드 현황(2000)

구분		브랜드 수	특이사항			
			품질 인증	상표 등록	의장 등록	합계
도 단위 공동브랜드		4	3	4	1	8
시군 단위 공동 브랜드	시군	9	1	3	4	8
	농협	84	34	25	7	66
	개인	2	1	1	-	2
	합계	95	36	29	11	76
개인별 공동 브랜드	농협	507	92	61	-	153
	곡물협회	235	7	27	14	48
	양곡협회	391	10	21	10	41
	합계	1,133	109	109	24	242
합계		1,232	148	142	35	325

자료: 농림부, 「쌀 브랜드 현황」(2001).

호를 받지 못하는 사례가 많다.

〈표 4-14〉에 제시되어 있는 바와 같이 2000년 당시 쌀의 브랜드 수는 1,232건으로 이 중 도 단위 공동 브랜드가 4건, 시군 단위 공동 브랜드는 95건에 불과했고 대부분이 개별 브랜드를 이용했다.

RPC는 브랜드 쌀을 생산하지만 판매 전략에 성공하지 못해 판매 시스템을 근본적으로 개혁하는 방안이 검토되어야 할 것이다. 산지 RPC는 품질이 우수한 쌀 생산에만 전념하고 소비지에서 판매를 통합 관리하는 방안이 검토되어야 할 것이다. 농협의 마케팅본부가 전국적으로 판매망을 구축해 RPC의 쌀 판매를 대행하는 방안도 검토되어야 할 것이다. 또한 양곡거래소를 설치해 판매를 위탁하는 방안도 강구해야 할 것이다.

고품질의 쌀을 생산하는 RPC는 전자상거래를 도입해 유통비용을 절감하고 수취가격을 높여야 할 것이다.

여섯째, 경영의 전문성을 확보해야 할 것이다. RPC의 경영 부실을 타개하려면 원료 수집, 가공, 유통, 판매에 이르기까지 전문 경영인을 확보해야 한다. 우수인력을 확보하려면 이들을 고용할 수 있는 수준의 수익을 확보해야 하지만 적자에서 벗어나지 못하는 실정이므로 악순환이 거듭되었다. 경영의 전문성을 확보하는 방안은 ① 시·도 연합회 구성, ② 전문가 육성을 위한 프로그램 개발·운영, ③ 경영 담당자 인센티브제도, ④ 독립 책임경영제도 도입 등이다.

4) 농산물산지유통센터

(1) 설치현황

농산물산지유통센터는 생산지에서 농산물을 모아 이를 세척, 선별, 등급화한 후 포장하고 상표를 부착해 판매하는 기능을 일괄적으로 수행하는 복합적인 유통조직으로 정의된다.

생산과 유통을 계열화하면 시장교섭력이 강화되고 출하와 판매에서 규모의 경제가 발휘되어 소규모 영농의 한계를 극복할 수 있으므로 급변하는 유통환경에 부응해 산지 대응능력을 높일 수 있다.

농산물산지유통센터에 대한 시설 투자는 불확실성이 높아 산지 유통정책의 일환으로 정부가 투자금을 부담한다. 농산물산지유통센터가 제대로 운영되면 농가소득 증대를 가져오고 농산물 수급 조절에 기여하며 지역경제 활성화에 보탬이 될 것으로 기대된다.

정부 지원을 받을 수 있는 운영주체는 생산자단체, 지방자치단체, 지방자치단체가 설립한 공사 등이다. 생산자단체로는 농업협동조합, 영농조합법인, 농업회사법인 등으로 국한된다. 〈표 4-15〉에 운영주체 및 투자규모별 농산물산지유통센터 현황이 제시되어 있다. 또한 농산물산지유통센터에 대한 정부 지원 규모는 〈표 4-16〉에 제시되어 있다.

지원조건은 운영주체에 따라 다르다. 소유주체가 지방자치단체일 경우 국고 보조가 50%이며 나머지는 자치단체 부담이다. 소유주체가 생산자단체이면 국고 보조 50%, 지방비 보조 20%, 자부담 30%다.

〈표 4-15〉 시설 투자액 규모별 농산물산지유통센터 분포(2006. 12)

(단위: 개소)

구분	5억 원 미만	5~10억 원 미만	10~15 억 원 미만	15~20 억 원 미만	20~50 억 원 미만	50억 원 이상	합계
농협	8	14	29	21	31	5	108
영농법인	5	27	14	12	17	1	76
합계	13	41	43	33	48	6	184
비중(%)	7.1	22.3	23.4	17.9	26.1	3.3	100.0

자료: 농수산물유통공사.

〈표 4-16〉 농산물산지유통센터에 대한 연도별 지원 실적

(단위: 백만 원)

구분	2005*	2006	2007	2008	2009	2010	합계
사업량 (개소)	225	20	12	18	23	21	319
사업비	327,907	47,783	39,028	46,130	59,247	60,797	580,892
국고	172,957	18,014	13,650	18,490	23,891	21,734	268,736
지방비	92,625	17,019	10,563	13,821	18,308	18,239	170,575
자부담	62,366	12,750	14,815	13,819	17,048	20,824	141,622

* 1992년부터 2005년까지의 합계치.
자료: 농림부.

(2) 기능

원료농산물의 조달에서는 세척, 선별, 등급별 포장, 판매에 이르기까지 제반 유통기능을 일괄적으로 수행하므로 어느 한 분야에 문제가 발생하면 유통센터의 운영 부실로 이어진다(〈표 4-17〉 참조).

유통센터가 농가로부터 농산물을 조달하는 방법은 다양하다. 우선 생산 개시 전 가격을 결정하고 생산 후 생산물을 인도하는 계약 생산이 가능하다. 안정적으로 원료농산물을 확보할 수 있는 방안이지만 여러 요인으로 계약 생산이 확대되지 못했다. 생산한 농산물을 유통센터가 직접 구입하는 대안이 있으며 영농조합이 운영하는 유통센터에서는 이 방법으로 매입하는 농산물의 비중이 높다.[7]

다음은 농가로부터 수탁 받는 유형이며 개별 농가별로 수탁 받는 경우와

7) 김동환 외, 「농산물산지유통센터 투자방향에 관한 연구」, 121쪽.

〈표 4-17〉 농산물산지유통센터 운영요소

구분	운영요소
마케팅 경영전략	· 시장지향형 마케팅 전략 수립 · 표적 시장·표적 고객에 대한 시장정보 조사 · 시장세분화·포지셔닝 · 상품 차별화(상표 도입·브랜드화) · 위험과 불확실성 관리
원료농산물 조달	· 원료농산물의 안정적 확보(생산 계약·인도 계약): 품종, 파종, 수확, 재배(사육) 조건 및 물량 인도 시기 등이 명시된 계약 추진 · 생산자의 계약 이행 및 불이행에 대한 제재 · 공동선별 및 공동계산(pooling)
수확 후 품질 관리	· 선별(등급), 규격, 포장(표준규격상품) · 가공 처리(세척, 박피, 절단 등) · 예냉 등 수확 후 처리 · 저온 저장 · 저온 수송 · 품질 관리(식품안정성 관리 등) · 적정 기술 도입(선별기·예냉기·저장 가공시설 등) · 시설 및 설치 관리의 효율화 · 시설입지(location) 및 배치(layout)의 합리화
제품 판매 및 촉진	· 유통경로 및 판매방식 선택(시장 판매, 계약 판매, 약정 판매) · 인도 상품 규격·수량 · 인도시기·판매시기 · 가격 수준·가격 결정방식 · 계약조건에 대한 교섭력 확보 · 광고·홍보 및 판매 촉진

자료: 김동환 외, 「산지유통센터의 운영 효율화」(농식품신유통연구원, 2005).

일괄 수탁한 후 공동으로 계산하는 방안으로 대별된다. 농협이 운영하는 유통센터에서는 매입보다는 수탁이 많은 편이지만 판매 후에 공동으로 계산하는 경우는 극히 드물다

이밖에 유통센터에 구비된 유통시설을 생산자가 개별적으로 이용하는 사례가 많으며, 이는 주로 농협이 운영하는 유통센터에서 나타난다. 주요 과수의 경우 선과기를 이용하고 과채류는 장소를 이용해 개별적으로 선별한 후 직접 출하한다.

원료농산물이 유통센터에 집하되면 농산물의 종류에 따라 소정의 과정을 거쳐야 한다. 우선 세척하거나 필요하면 예냉하고 박피, 절단 등 처리 과정을

거쳐야 한다. 표준화에 의거해 등급을 나누고 포장한 후 출하한다. 공급을 조절할 목적으로 저장하는 경우도 있다.

농산물이나 가공품의 수취가격을 높일 수 있도록 판매해야 한다. 주요판매처는 도매시장, 대형 유통업체, 중간상인, 산지위탁상 등으로 나누어진다. 농협이 운영하는 유통센터에서는 도매시장에 판매하는 비율이 가장 높고 영농조합법인이 운영하는 센터에서는 대형 유통업체에 판매하는 비율이 가장 높은 것으로 나타났다.[8] 농협은 생산자로부터 수탁 받아 이를 처리해 판매하는 비율이 가장 높다. 판매 사업이 원활하지 못해 판매가격이 낮다면 생산자에게 돌려주는 단위당 가격이 낮아진다.

농협에 의뢰해 생산자가 받은 가격이 타 경로를 통해 생산물을 판매하거나 위탁했을 때보다 낮다면 농산물산지유통센터를 원망하고 이용을 꺼리게 된다. 영농조합법인이 운영하는 농산물산지유통센터는 생산자로부터 원료농산물을 매입하는 비율이 가장 높다. 농산물산지유통센터의 경영 수익을 확보하려면 매입가격은 낮아야 하고 판매가격은 높아야 한다. 매입가격이 낮다는 의미는 농가 입장에서 보면 상대적으로 수취가격이 낮다는 사실을 나타낸다. 이렇게 되면 유통센터가 지속적으로 원료농산물을 확보하기 어렵다는 사실로 직결된다.

(3) 운영 실태

농산물산지유통센터를 보유하고 운영하는 주체는 농협과 영농조합법인이며(〈표 4-18〉 참조), 시설자금의 70%를 중앙정부와 지방자치단체가 보조했다. 운영주체는 고정비 부담이 아주 적은 상태에서 출발하는 셈이었다. 그럼에도 대부분의 유통센터는 원래 의도한 농가소득 증대, 농산물 수급 조절, 지역경제 활성화 등 정책 효과를 발휘하지 못할 뿐 아니라 다수의 센터는 보유한 유통 관련시설의 낮은 가동률과 부실 경영에서 벗어나지 못하는 것으로 평가되

---

8) 김동환 외, 「농산물산지유통센터 투자방향에 관한 연구」, 22쪽.

〈표 4-18〉 농산물산지유통센터 보유 조직 개소당 평균 주요 지표 비율

(단위: %)

구분		유통 매출액 성장률	영업 이익률	총 자산 회전율	시설 가동률	공동 계산율
2005	합계	189.6	3.4	290.1	78.7	14.5
	농협	77.0	0.9	378.3	77.3	13.5
	영농법인	383.4	7.8	139.5	81.0	16.3
2006	합계	24.0	3.0	304.5	80.3	17.5
	농협	11.0	1.7	417.6	79.7	16.4
	영농법인	43.1	4.7	143.7	81.3	19.0

자료: 농수산물유통공사, 「농산물산지유통센터 운영 실태」(해당 연도판).

었다.[9]

물론 사업이 정상궤도에 오르지 못한 상태임을 감안해야 하지만 연구자들이 밝힌 부실요인을 검토해보면 낙관적으로 전망하기 어렵다.

정부는 2005년부터 농산물산지유통센터 종합평가제를 도입해 이를 농산물유통공사에 위임함으로써 매년 평가를 시행해왔다. 조직의 특성을 고려해 평가대상을 농협군·영농법인군으로 구분해 평가한다. 평가지표는 규모화·부가가치·공공성 등이며 구체적인 평가항목은 〈표 4-19〉에 제시되어 있다.

농협의 정체성은 조합원의 편익 극대화라는 점을 강조해 공동계산 항목에 비중을 두고 영농조합법인은 수익성에 가산점을 둔다. 평가 결과에 따라 산지유통 활성화 자금의 지원 금리를 1~3%씩 차등 지원하며 상위 10%에 해당하는 우수조직을 대상으로 인센티브 자금을 지원한다. 하위 5%에 해당하는 부실조직에는 자금 회수, 사업 참여 제한 등의 페널티를 부여한다.

(4) 부실요인

지역농산물을 농산물산지유통센터에 모아 선별·포장하고 상표를 붙여 대도시에 판매하는 사업은 농산물 유통에 혁신을 불러일으킬 것으로 기대되었지만 소기의 효과를 거두지 못했다. 막대한 시설 투자금을 정부가 부담하고

9) 같은 글, 24~25쪽에 사업형태별 운영 실태가 상세하게 분석되어 있다.

〈표 4-19〉 농산물산지유통센터 종합평가 지표

구분		측정 산식	목표치	배점	
				농협	법인
규모화	매출액	원예농산물 매출액	농협: 260억 원 법인: 170억 원	25	25
	매출액 성장률	(당기 매출액-전기 매출액)/ 전기 매출액 ×100 * 매출액이 목표치 이상일 경우 만점 부여	농협: 15.0% 법인: 20.0%	5	5
부가가치·건전성	영업 이익률	(영업이익/ 매출액) ×100	농협: 3.0% 법인: 12.0%	5	10
	유동비율 (법인)	(유동자산/ 유동부채) ×100	법인: 200% 이상	-	5
조직화	공동 계산율	(수탁)공동계산액/(수탁)매출액×100 (매취 또는 수탁 매취) 공동계산액/ 매출액×100 * 공동계산 유형별 공동 계산율 계산식 적용. 단, 매취 공동 계산은 50%만 인정	공통: 50%	20	15
	공동 계산실적 규모	공동계산 실적 금액 (단, 매취 공동 계산은 50%만 인정)	공통: 60억 원	15	10
	계약(약정)재배 규모	계약(약정)재배 이행(출하)금액(유통 활성화 출하 선급금 이행금액+수급 안정 사업 계약 재배 이행금액)	공통: 70억 원	10	10
	계약(약정)출하 비중 (계약 출하율)	(계약 재배 이행금액/ 매출액)×100	공통: 70.0%	10	10
전문화	전문인력 확보	유통전문 인력 및 판매 전담 인력의 수	전문: 2명 전담: 2명	5	5
	농가 및 직원교육 실적	교육 횟수	생산교육: 5회 유통교육: 5회 직원교육: 5회	5	5
총계		10개 지표		100	100

자료: 농수산물유통공사.

농협과 영농조합법인이 운영하지만 운영 부실에서 벗어나지 못하는 곳이 다수에 달했다. 이는 그동안 누적되어온 산지 유통의 문제점이 해결되지 못한 채 지속되었다는 사실이 드러났고 산지 유통 개선정책의 한계를 수긍하지 않을 수 없는 처지에 도달한 것으로 볼 수 있다.

농산물산지유통센터의 운영 부실요인을 분석하고 개선방안을 제시한 연구는 다수에 달하며 운영 부실요인을 유형별로 정리하면 다음과 같다.[10]

첫째, 구매 관리 부실유형이다. 원료농산물 조달이 부족하거나 조달체계가 미흡해 전반적으로 가동률이 낮고 운영비 상승을 초래함으로써 경영 부실로 이어진다.

둘째, 판매 관리 부실 유형을 지적할 수 있다. 원료 조달이 원만하고 선과장(選果場)이나 저온 저장고 이용은 순탄하게 이루어지는 것으로 드러났지만 개별 농가가 유통시설을 활용해 개별로 판매함으로써 유통센터가 판매를 담당하지 못하는 사례가 많다. 이는 유통센터가 판매하더라도 경영 수익을 확보하지 못한다는 사실을 드러낸다.

셋째, 운영자금 부족 유형이다. 운영자금이 부족해 원료농산물을 충분히 매입하지 못해 제반설비의 가동률이 낮아지고 생산성이 떨어져 수익성이 악화되고 자금이 부족해지는 악순환이 반복된다. 운영주체가 영농조합법인인 유통센터인 경우 주로 원료농산물을 구입해 처리한 후 판매하는 유형을 택하므로 자금 부족을 유발할 수 있다.

넷째, 총체적 부실유형을 지적할 수 있다. 경영 부실요인이 전 과정에 드러나는 유형이며 센터의 입지조건이 맞지 않거나 경영자의 능력 부족으로 나타나는 유형이다.

10) 권용덕·이상학, 「산지 유통시설의 부실경영 유형화에 관한 실증연구」, ≪농업경제연구≫, 제45권 제2호(2004. 6.).

(5) 활성화 방안

농산물산지유통센터의 부실경영을 초래한 핵심요인은 구매 관리다. 원료 농산물을 충분히 활용하지 못해 유통센터가 보유한 시설과 설비의 가동률이 낮아 종사자의 노동 생산성이 낮아지고 인건비 부담이 가중되어 수익성이 악화되는 것으로 밝혀졌다.

농산물산지유통센터의 설비와 시설이 부족한 경우 정부 지원으로 보완하면 된다. 운영자금이 부족해 원료농산물을 충분히 매입하지 못한다면 운영자금을 지원하면 된다. 선과장, 저온 저장고 등 관리능력이 부족하면 해당 기술을 향상시키면 된다. 센터의 처리 물량은 충분한데 판매 관리가 부실해 판매가격이 낮다면 경영능력을 향상시켜 해결할 수 있다. 소비지 도매시장이 잘 갖추어져 있고 시장정보를 적기에 받을 수 있는 처지이므로 판매 관리는 간단하게 해결될 수 있다.

원료농산물을 확보하지 못해 가동률이 낮아 경영 부실로 귀결되는 실정이므로 사태는 심각하다. 농산물산지유통센터에서 확보한 물량이 충분하지 않은 현상의 요인은 크게 두 가지로 나눌 수 있다.

우선 유통센터가 입지한 지역의 농산물 생산 구조가 단순한 경우다. 온대기후하에서 시설원예작물 외의 타 농산물은 생산의 계절성을 극복하기 어렵다. 사과, 배, 단감 등의 과수는 생산지역이 특화되어 있다. 배 주산지에 위치한 농산물 유통센터는 주 취급대상이 배 한 품목에 국한되므로 선과장, 저온저장고, 포장기 등의 유통시설의 활용도가 낮을 수밖에 없다. 동시에 전문인력의 활용도가 낮아 단위당 인건비 부담이 높을 수밖에 없다. 이런 처지라면 연중 가동률을 높일 수 있는 대안을 찾아내기 쉽지 않다.

다음은 유통센터가 원료 조달 부실에 직면했다는 점을 지적해야 한다. 원료 농산물을 매입할 때는 경쟁이 치열하다. 산지에서 농가로부터 농산물을 매입하는 유통주체는 농산물산지유통센터, 위탁상을 비롯한 지역 유통인, 출하사업을 수행하는 작목반, 유통업에 참여한 영농조합법인 등이며 이들은 경합관계에 놓여 있다. 앞에서 지적한 유통기관에 판매할 수도 있고 산지 집하장이나 도매시장에 직접 출하시킬 수도 있다. 과수를 대규모로 경영하는 농가는 선과장과 저온저장고를 보유하고 있으므로 직접 도매시장에 출하시킨다.

영농조합법인이 운영하는 농산물산지유통센터의 경우 주로 원료농산물을 매입하므로 치열한 경쟁을 해야 한다. 산지에서 농산물 판매가격을 상승시킨다는 측면에서 보면 농산물산지유통센터 지원정책은 농가소득 증대 효과를 가져온다고 할 수 있다. 농협은 영농조합법인에 비해 위험부담을 감수하기에 불리하며 조합의 정체성을 고려해 농가에서 생산한 농산물의 수탁판매를 기대한다. 조합원이 생산한 농산물을 유통센터에서 선별, 포장해 판매한 후 공동 계산하는 방식이 바람직하지만 아직 제대로 정착되지 못했다.

수탁판매와 공동계산이 정착되리라는 가능성을 전제로 유통센터의 활성화 방안을 고려해야 할 것이다. 농가 입장에서 보면 자가 농산물의 등급 결과에 대한 불만, 판매가격에 대한 불신 등 여러 요인 때문에 유통센터를 신뢰하지 못한다. 지역 농협이 수행하는 수탁판매 사업에 대한 신뢰를 확보하지 못해 출하 사업이 정착되지 못한 실정이다. 정부 지원으로 현대적인 유통시설을 갖추었다는 명분만으로는 농협이 신뢰를 회복하리라 기대할 수 없다고 본다. 다각적인 관점에서 평가한다면 공동계산을 전제로 한 농산물 판매 위탁이 크게 증가하리라 기대하기 어렵다고 판단된다.

유통센터의 운영주체가 농협이든 영농조합법인이든 농가와 농산물산지유통센터 간에 계약 생산 혹은 계약 인도를 통해 원료농산물을 확보하는 대안이 바람직하다. 계약을 체결한다 해도 농산물가격 변동이 심해 생산자가 계약을 파기하는 사례가 빈번히 발생한다. 시장가격이 계약한 가격보다 높으면 계약을 이행하지 않아 농산물산지유통센터는 물량을 확보하는 데 곤란을 겪는다. 시장가격이 낮다면 계약한 농산물산지유통센터는 경영상의 손해를 감수해야 한다. 계약을 파기하면 농산물산지유통센터는 법적으로 대응할 수 있지만 지역 여론을 고려해 재고해야 한다.

이러한 제반 처지를 고려해 농산물산지유통센터가 원료농산물을 원만하게 확보하려면 농가로부터 매입하는 방안이 유리하다. 수확할 수 있는 노동력을 확보한 영농조합법인은 포전 거래방식으로 원료농산물을 매입해 수확하는 방식으로 확보하는 것이 바람직하다. 포전 거래나 정전 거래방식으로 매입하기 어려운 처지에 놓인 농협이 운영하는 유통센터의 경우 경영 수익보다는 공익성 증대에 중점을 두고 유통센터를 운영하는 방안이 차선의 대안이라 판단된다. 무리하게 수탁판매를 추진할 게 아니라 현재처럼 선과장, 선별장, 저온 저장고, 포장기 이용 등 시설의 이용 빈도를 높이는 대안을 찾아야 할 것이다.

농산물산지유통센터의 운영을 정상화하는 대안으로 농산물산지유통센터의 광역화를 고려해야 할 것이다. 지금까지 설립한 농산물산지유통센터는 운영주체를 불문하고 읍·면 단위로 설립되어 있다. 농협의 회원조합은 독립법인체이고 주로 읍·면 단위로 조합이 설립되어 있으므로 운영주체가 농협인 농산물산지유통센터의 사업영역은 농협의 관할지역에 국한된다. 물론 영농조합법인이 운영주체인 경우 사업 영역에 제한을 받지 않는다.

농협이 운영하는 농산물산지유통센터의 경우 관할 영역이 읍·면에 국한되어 있다면 취급 품목이 단순하고 물량이 적어 센터의 가동률이 낮아지고 경영수지 압박으로 이어진다. 대형 유통업체는 주요 농산물을 다루기 때문에 되도록이면 농산물산지유통센터가 많은 품목을 공급해주길 기대한다. 농협이 운영하는 농산물산지유통센터의 경우 대형 유통업체에 판매하는 비율이 상대적으로 낮은 요인은 당해 농산물산지유통센터가 취급하는 농산물이 한정되어 있어 유통업체의 요구에 응하지 못하기 때문이다. 반면, 영농조합법인이 운영하는 농산물산지유통센터는 취급하는 농산물에 제약을 받지 않는다는 이점을 살려 유통회사와 거래하는 비율이 높은 것으로 나타났다.

농협이 운영하는 농산물산지유통센터가 취급하는 농산물이 단순하고 소량이라는 취약점을 보완하기 위해 농산물산지유통센터의 광역화를 대안으로 제시한다. 회원조합의 구조 조정을 통해 1개 군 1개 회원조합으로 통합된 경우 농산물산지유통센터의 광역화가 용이하게 이행될 수 있다. 그러나 몇 개의 회원조합이 연합해 광역권 농산물산지유통센터를 운영하는 방안은 바람직하지 않으며 조합 자체에서도 이를 원하지 않을 것으로 판단된다. 이는 RPC를 몇

개 조합이 연합해 운영한 결과 많은 시행착오를 겪었기 때문이다. 처리 과정이 단순한 쌀 한 품목을 다루는 데도 어려움이 많았는데 여러 농산물을 취급하는 농산물산지유통센터를 회원조합이 연합해서 운영하는 방안은 원하지 않는다고 볼 수 있다.

4. 도매 단계 유통정책

1) 도매시장의 기능

농산물이 산지에서 출발해 소비자의 식탁에 오르기까지 수집 → 중계 → 분산 단계를 거친다. 도매시장은 중계기능과 더불어 집하기능 및 분산기능을 동시에 수행하므로 유통기구 중 중추적인 역할을 담당한다.

일반적으로 도매시장이 수행하는 기능을 ① 상적 유통기능, ② 물적 유통기능, ③ 정보 수집 및 전달기능, ④ 수급 조절기능 등 네 가지로 구분하는데 이를 구체적으로 고찰하면 다음과 같다.

상적 유통기능이란 농산물의 매매 거래에 관련된 유통행위로 핵심은 가격형성, 대금 결제, 금융, 위험부담 등에 관련된 기능이다. 물적 유통기능은 생산물, 즉 재화의 이동에 관한 기능으로 집하, 분화, 저장 및 보관, 수송기능 등이 포함된다.

정보 수집 및 전달기능이란 도매시장에서 나온 각종 유통 관련 자료를 모아 필요로 하는 곳에 배분하는 기능을 말한다. 시장에서 생성된 정보는 유통 관련 당사자가 의사결정을 내리는 데 큰 도움을 준다. 도매회사는 농산물의 가격, 생산, 출하, 소비 등의 동향에 관련된 정보를 수집해 이것을 생산자나 출하자뿐 아니라 중개인과 매매 참가자에게 제공한다. 또한 도매시장에서는 새로 개발되어 출하된 품목이 소개되거나 선전하는 기능도 수행한다.

수급 조절기능은 도매시장 존립의 타당성 확보 여부에 직접적으로 관련되는 중요한 기능이다. 일정한 공급권 내에서 수요와 공급 상황을 나타내는 나침반 역할을 수행한다. 지정도매인과 중매인이 수행하는 반입과 반출, 저장 등의 상행위를 통해 시장에 공급되는 물량을 조절한다. 이 수급 조절 기능이 제대로 발휘되지 못하면 물가 불안으로 이어지고 도매시장이 비난을 받는다.

2) 도매시장의 조직과 운영

전국에 산재한 다수의 소농이 농산물을 생산하고 소비지에 입지한 다수의 영세 상인이 농산물 소매를 담당해왔다. 이를 통상 소농경제하의 유통환경이라 규정한다. 이런 유통 구조하에서는 농산물의 수집과 분산을 원만하게 수행하고 공정한 가격이 형성되도록 유도해야만 생산자와 소비자를 만족시킬 수 있다.

이런 맥락에서 1985년 6월 한국에서는 최초로 서울 가락동에 농수산물도매시장이 개설되었다. 뒤이어 전국 주요 도시에 공영도매시장을 개설해 2010년 당시 전국에 개설된 공영도매시장은 33개소, 이밖에 일반 법정 도매시장이 14개소, 민영도매시장이 3개소였다(〈표 4-20〉 참조).

이 공영도매시장의 조직과 운영체계는 〈그림 4-3〉에 제시되어 있다. 중앙도매시장을 개설하고 운영하는 책임은 광역자치단체장에, 지방도매시장은 당해 기초자치단체장에게 각각 부여되어 있다.

공영도매시장 내의 도매시장법인은 출하자로부터 농산물을 수탁해 판매하는 기능을 수행한다. 도매시장법인에 소속된 경매사의 주도하에 경매 절차를 거쳐 농산물이 거래된다. 도매시장 개설자가 지정한 품목을 제외한 일체의 농산물을 도매시장법인이 상장시킨 후 경매 과정을 거쳐 판매해야 하며 이를 강제상장제라 한다.

법인이 경매에 붙인 농산물을 매입하는 매참자를 중도매인이라 한다. 이들은 수요자로부터 위임 받아 매입하는 중개인 역할을 수행하기도 하지만 통상 직접 매입해 소매상에게 넘기므로 도매상 기능을 수행한다. 중도매인은 생산

〈표 4-20〉 전국 농수산물 도매시장 현황(2010)

(단위: 개소)

시도	공영 도매 시장	일반 법정 도매시장						민영 도매 시장	합계
		소계	청과	수산	축산	양곡	약용		
서울	2	2	-	1	-	1	-	-	4
부산	3	1	-	-	1	-	-	-	4
대구	1	2	-	-	1	-	1	-	3
인천	2	1	-	-	1	-	-	-	3
광주	2	1	-	-	1	-	-	-	3
대전	2	-	-	-	-	-	-	-	2
울산	1	-	-	-	-	-	-	-	1
경기	4	1	-	-	1	-	-	-	5
강원	3	-	-	-	-	-	-	-	3
충북	2	-	-	-	-	-	-	-	2
충남	1	-	-	-	-	-	-	1	2
전북	3	-	-	-	-	-	-	1	4
전남	1	2	2	-	-	-	-	-	3
경북	3	4	3	1	-	-	-	1	8
경남	3	-	-	-	-	-	-	-	3
계	33	14	5	2	5	1	1	3	50

자료: 농림부, 「농수산물도매시장통계연보」(2010).

〈그림 4-3〉 공영도매시장의 조직과 운영체계

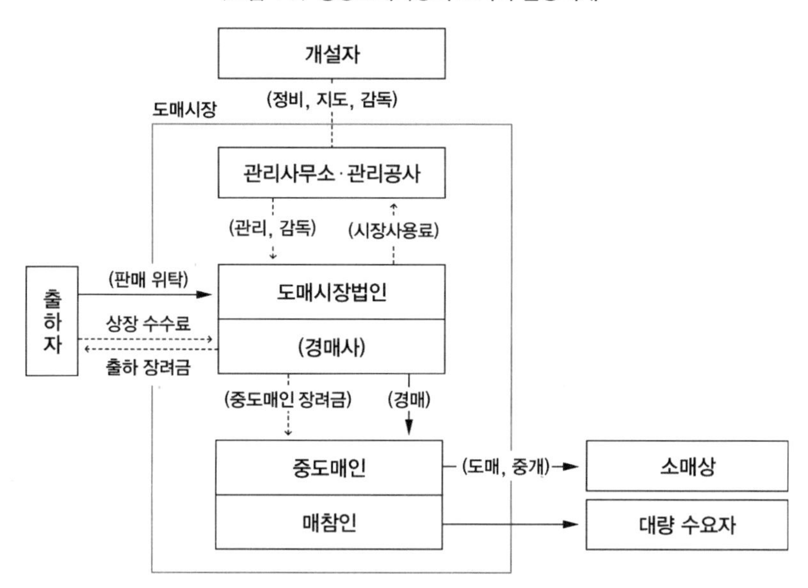

자료: 허길행 외, 「농수산물 도매시장 관리·운영체계에 관한 고찰」(한국농촌경제연구원, 1992).

자로부터 직접 매입하는 사례도 많으며 경매절차를 거쳐 매입한 것처럼 위장되어 있기 때문에 이를 기록상장이라 한다.

공영도매시장이 개설된 이후 농산물의 수집·중계·분산기능 및 공정가격 형성 등 도매시장의 핵심기능이 원만하게 수행됨에 따라 도매시장은 농산물 유통의 중추기관으로 정착되어왔다. 이에 따라 제도권 도매시장을 경유하는 농산물의 비율이 1997년에는 47%였으나 2000년에는 50%로 늘어났다. 이에 반해 유사도매시장을 경유하는 농산물의 유통량은 같은 기간 46%에서 37%로 감소했다.[11] 이를 두고 도매시장정책은 어느 정도 효과를 거둔 것으로 평가된다.

그러나 2000년대에 들어와 도매시장의 중요도가 상대적으로 위축되었다는 성급한 판단을 뒷받침하는 현상이 나타나기 시작했다. 즉, 제도권, 비제도권을 불문하고 도매시장을 경유하는 농산물의 비율이 낮아진 것이다.

농산물 유통환경이 급변함에 따라 소매기능을 수행하는 대형 유통업체들이 등장했으며 이들 소매업체와 산지 출하조직 간에 직거래가 확대되어 도매시장의 기능이 상대적으로 위축되었다. 도매시장을 경유하는 거래 물량이 위축되지만 도매시장이 수행하는 기준 가격 형성기능의 중요도는 상대적으로 높아졌다. 대형 유통업체가 산지에서 매입하는 농산물, 산지와 소비지 간에 직거래되는 농산물, 사이버마켓을 통해 거래되는 농산물 등의 거래가격은 도매가격을 기준으로 결정되기 때문이다.

대형 유통업체가 매입하는 농산물은 비교적 규격화, 등급화가 제대로 이루어진 농산물이며 이러한 일부 농산물의 거래가격이 유리하다고 해서 전 농산물이 제값을 받는다는 보장은 없다.

11) 김동환 외, 「농산물산지유통센터 투자방향에 관한 연구」, 32쪽.

3) 도매시장의 유형과 정책

농산물 유통 과정은 상대적으로 복잡하며 각 단계별로 거래가 이루어지므로 유통마진이 많다는 비난을 면하지 못하는 실정이다. 거래가 이루어질 때마다 도매시장에서 형성된 가격을 기준으로 가격이 정해지므로 도매시장이 제 기능을 발휘할 수 있어야 한다.

도매시장은 크게 제도권 도매시장과 비제도권 도매시장으로 나뉜다. 공영도매시장, 일반 법정 도매시장, 공판장 등은 전자에 속하고 유사도매시장은 후자에 속한다. 「농산물유통및가격안정에관한법률」에 의거해 개설·운영되는 도매시장을 편의상 공영도매시장이라 한다. 아울러 「도소매진흥법」에 근거를 두고 시장 허가를 받아 도매업을 수행하는 도매시장을 일반 법정 도매시장이라 한다. 이는 「농안법」에 의거해 설립된 공영도매시장이 개설되기 이전부터 농수산물 도매기능을 수행해온 도매시장을 말한다.

설립 주체가 공공기관이면 공영도매시장, 민간인이면 민영도매시장으로 나뉜다. 공영도매시장은 특별시와 광역시에 소재한 중앙도매시장과 각 지방에 개설되어 있는 지방도매시장으로 분류된다. 애초에 「농안법」에는 공영도매시장만 개설한다고 규정되어 있었지만, 2000년 1월 「농안법」을 개정해 민영도매시장 개설을 허용했다. 즉, 특별시장, 광역시장, 도지사로부터 허가를 받아 민간 자본으로 도매시장을 개설해 운영할 수 있게 되었으며 2010년까지 전국적으로 3곳이 개설되어 있다.

공판장은 「농협법」과 「수협법」에 근거를 두고 농협과 수협이 설립한 도매시장이며 농산물 공판장, 축산물 공판장, 수산물 공판장 등으로 구분된다. 특수법인인 농산물유통공사가 운영하는 화훼도매시장도 일종의 공판장이라 할 수 있다. 농산물 공판장은 〈표 4-21〉에 제시되어 있다.

유사도매시장은 「시장법」에 의거해 개설된 소매상이지만 농산물의 도매행위를 수행하며 생산자들은 이를 위탁상이라 부른다. 유사도매시장에서 수행되는 농산물 도매행위는 위법이지만, 법정 도매시장이 개설되기 전까지 농산

〈표 4-21〉 농산물 공판장 운영 현황(2010)

(단위: 개소)

구분	중앙회	회원농협	합계
자체 운영	3	61	64
공영도매시장 입주	10	22	32
합계	13	83	96

자료: 농협중앙회 농산물공판장.

물의 도매기능을 이 유사도매시장이 주도해왔다.

즉, 전국에 산재한 생산자들은 개별로 혹은 공동으로 대도시 유사도매시장에 위탁해 농산물을 판매해왔다. 막대한 운영자금을 확보한 이 위탁상들은 생산자에게 선도자금을 살포해 농산물을 수탁 받아왔으며 가격 후려치기를 위시한 위탁상의 횡포는 이미 널리 알려져 있었다. 1990년에는 유사도매시장이 78곳에 달했으나 공영도매시장이 확충됨에 따라 그 기능이 위축되어왔으며 2001년에는 그 수가 21개로 줄어들었다.

4) 유통환경 변화와 도매시장 문제

(1) 유통환경 변화

농산물 유통의 중추 기능을 수행하는 도매시장에 영향을 미치는 유통환경이 급변해왔다. 소비자의 식품 소비패턴이 고급화·다양화되었으며 뒤이어 사회화 및 편의화가 가속되었다. 이런 소비패턴의 변화에 부응해 소매업이 대형화·체인화되었다. 대형 소매업체는 소비자의 요구에 대응하고자 산지 출하조직에 등급화를 비롯한 요구조건을 제시하며 물건을 직접 구입하는 비율이 확대되었다.

더구나 정부 지원으로 설립한 농산물종합유통센터는 도매기능을 포기하고 대형 소매상으로 전락해 산지에서 농산물을 구입했다. 정부 지원으로 설립한 농산물산지유통센터는 대형소매업체와 직거래하는 물량을 확대했다. 또한 생산 측면에서 규모화와 조직화가 진행됨에 따라 도매시장을 경유하지 않는 유통이 확대되었다.

〈표 4-22〉 도매시장을 둘러싼 유통환경의 변화

분야	내용
소비 구조	· 소비의 개성화·양극화 · 고품질, 안전농산물 소비 증대 · 가공품 소비 증대: 20.6%(1982) → 35.5%(2000) · 외식 소비 확대: 5.5%(1982) → 44.8%(2000) · 가정식 대체품(HMR) 및 조리식품 선호도 상승 · 소포장 농산물 소비 증가
생산 및 산지 유통 구조	· 주산지를 중심으로 전문화·규모화 진전 · 작목반, 영농조합법인 등으로 조직화: 작목반 2만여 개, 영농조합법인 4,000여 개 · 농산물산지유통센터 등 산지유통시설 확충: 농산물산지유통센터 204개 (2002) · 규격 출하 확대 및 공동계산조직 증가: 공동계산조직 407(2000) · 산지 유통전문조직 290개 육성
소매업 구조	· 식품 관련 소매업의 규모화·체인화 진전: 백화점, 할인점, 슈퍼마켓 등 대형점의 비중이 급증할 전망.
기술 구조	· 인터넷 사용자 2,600만 명 돌파(2002): 초고속인터넷 사용자 1,041만 명으로 세계 1위 · 무선인터넷 등 모바일 기술 발달

자료: 김동환 외, 「농산물산지유통센터 투자방향에 관한 연구」, 20쪽.

〈그림 4-4〉 농산물 유통 변화 과정

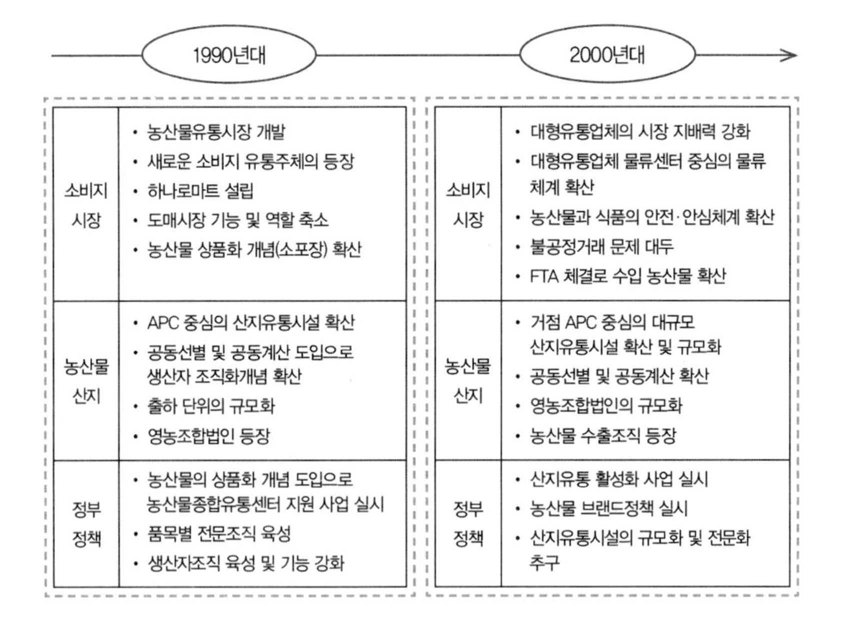

〈그림 4-5〉 21세기 농산물 유통경로

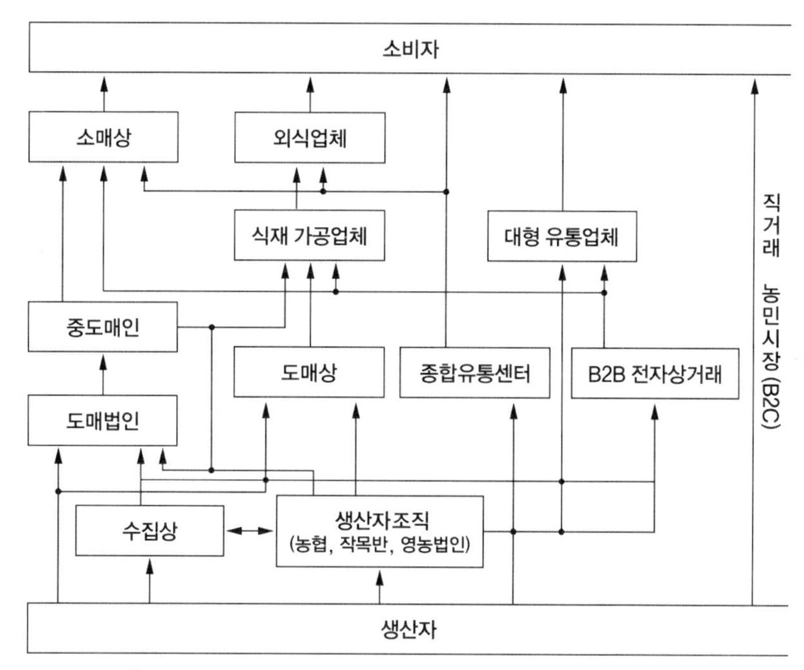

자료: 김동환 외, 「농산물산지유통센터 투자방향에 관한 연구」, 20쪽.

〈표 4-23〉 전통적 유통시스템과 신유통시스템의 비교

구분	전통적 유통시스템	신유통스템
경로	· 경로구성원: 수집상, 도매시장, 재래시장 · 상호 독립적이며 일회성 거래	· 경로구성원: 농산물산지유통센터, 종합유통센터, 대형 유통업체 · 수직적 유통시스템: 장기적이고 전속적인 거래
주체	영세규모의 전근대적인 상인	대형 유통업체, 산지 유통조직
상품	비규격품	· 표준, 규격품 · 차별화되고 가공, 처리된 농식품(수확 후 관리기술의 적용)
거래방식	현장에서의 경매 혹은 상대거래	예약상대거래, 통명거래
물류	수작업에 의한 하역	· 단위화물화(Unit Load System)에 의한 하역 기계화 · 포장, 팔레트, 물류기기 표준화에 의한 물류합리화
정보	사후적 정산 정보	· 인터넷쇼핑 등 전자상거래 활용

자료: 김동환 외, 「농산물산지유통센터 투자방향에 관한 연구」, 20쪽.

생산자와 소비자가 택배수송을 활용하는 직거래도 확대되었다. 이러한 도매시장을 둘러싼 유통환경 변화는 〈표 4-22〉에 요약되어 있으며, 여기에 대응한 시장과 유통정책의 변천 과정은 〈그림 4-4〉에 제시되어 있다.

유통환경이 급변함에 따라 농산물 생산자의 농산물 판매방식과 농산물의 유통경로가 다양해졌고(〈그림 4-5〉), 이로 인해 농산물 도매기능이 약화되고 도매상의 역할에 대한 의구심이 증대되었다. 소비지 대형 유통센터와 직거래하는 농산물산지유통센터가 확충되어 유통경로가 다양해졌다. 이러한 유통시스템을 일각에서는 신유통시스템이라 하며 전통적 유통시스템과의 차이점이 〈표 4-23〉에 제시되어 있다.

공영도매시장을 확충한 덕분에 공영도매시장, 일반 법정 도매시장, 공판장 등 제도권 도매시장을 경유하는 농산물의 비율이 1977년에 47%였으나 2000년에는 50%로 증가했다. 반면 유사도매시장을 경유한 농산물의 비율은 46%에서 37%로 감소했다.

그러나 농산물 유통경로가 다양해짐에 따라 제도권 도매시장, 유사도매시장을 불문하고 도매시장을 경유하는 농산물의 비율이 감소했는데, 이를 두고 도매시장의 시설이 낙후되고 기능이 원활하지 못해 수반된 과도기적 현상인지 도매시장의 역할이 구조적으로 위축될지 속단하기는 시기상조라 하겠다.

(2) 도매시장 평가

유통환경 변화에 적절하게 대응할 수 있도록 도매시장의 발전방안을 찾아내려면 우선 도매시장의 기능을 평가해 내포되어 있는 문제점을 규명해야 할 것이다.

대형 유통업체가 산지에서 구입하는 농산물이 확대되었다는 점을 고려해 출하자 입장에서 도매시장을 평가해야 한다. 기존의 방식대로 도매시장에 출하하는 경우와 대형 유통업체와 거래하는 방식을 평가한 자료가 〈표 4-24〉에 제시되어 있다.

도매시장에 출하시키면 ① 상장경매를 통해 가격이 결정되므로 거래가 투

〈표 4-24〉 출하 경로별 장단점

구입방식	장점	단점
도매시장	· 대금결제의 신속성, 용이성 · 비규격품 거래의 용이성 · 물량 처리의 용이성 · 거래의 투명성	· 심한 가격 변동 · 수작업 하역에 의한 높은 하역비 · 중도매인의 불공정 거래(후려치기 등 담합행위)
대형 유통업체, 종합유통센터	· 표준규격품, 브랜드품목을 좀 더 높은 가격으로 판매 · 소비자를 대상으로 다양한 판촉 활동을 수행해 브랜드 이미지 제고 및 가격 안정성 증대	· 하품 처리 곤란 · 까다로운 검품 기준 · 잦은 할인 요구 · 대금 결제 불안정 · 소규모 조직으로 대응 곤란

자료: 김동환 외, 「농산물산지유통센터 투자방향에 관한 연구」, 43쪽.

〈표 4-25〉 구입 경로별 장단점

구입방식	장점	단점
도매시장	· 풍부한 상품 구색 · 풍부한 물량 · 구매의 신속성 · 구매의 편리성 · 행사 대응 용이 · 시차구매 가능	· 높은 가격 · 가격 변동이 심함 · 중도매인의 불공정 거래 · 선도 저하 · 경매로 배송시간 지체
산지구입	· 낮은 가격 · 높은 품질 및 선도 유지 · 대량 물량 확보 용이 · 기업이미지 제고	· 상품 구색이 떨어짐 · 규격화 미비 · 수집비용 과다 · 가격 협상의 어려움 · 구매물량 예측 곤란 · 정보 획득의 곤란

자료: 김동환 외, 「농산물산지유통센터 투자방향에 관한 연구」, 37쪽.

명해지고, ② 대금 결제가 신속하고 안정하게 이루어지고, ③ 비규격품이라 할지라도 대량으로 거래되는 이점 등의 장점이 있다.

반면, ① 가격 변동이 심하고 하역비가 높으며, ② 표준규격품이나 브랜드 품목을 제대로 평가해주지 않고, ③ 중도매인들의 불공정행위가 잔존한다는 단점이 거론되었다.[12]

구입경로별 장단점을 요약한 자료가 〈표 4-25〉에 제시되어 있다. 도매시장에서 구입하면 ① 가격 조정이 가능하고, ② 동질의 상품을 대량으로 구색에

12) 김동환 외, 「농산물산지유통센터 투자방향에 관한 연구」, 76쪽.

〈표 4-26〉 도매시장기능의 평가

기능	평가
수집·분산기능	· 효율적이고 대체적인 유통경로가 발전함에 따라 도매시장의 중요성이 저하되나 대량 물량의 분산에서는 여전히 중요한 기능 수행 - 표준규격품 및 브랜드품의 수집 및 분산능력 취약 - 비규격품 및 하품의 처리 기능은 탁월
가격 형성기능	· 도매시장의 비중 저하에도 공개적인 가격 형성기능은 앞으로도 중요하나 경매에 따른 지나친 가격 불안정이 문제로 대두됨 - 앞으로 도매시장의 경유 물량이 저하되면 thin market의 문제 발생 가능 - 현재 특상품이 도매시장을 회피함에 따라 도매시장가격이 특상품 가격을 대표하지 못하는 문제 발생
상품구색기능	· 다른 어떤 경로보다도 상품구색 기능의 강점은 유지되며, 구색상품에서 도매시장의 중요성 유지
주문 처리기능	· 긴급 주문 및 행사 대응, 주문 취소 및 변경 등 주문처리 기능의 장점은 유지 전망
대금 정산기능	· 대금정산의 안정성·신속성 등에서는 장점을 보유
시장정보기능	· 대형 유통업체 거래에 폐쇄적인 속성이 있어 도매시장의 공개적인 가격은 시장정보로서 중요성 유지
물류기능	· 과도한 물류비, 하역체계의 불합리 등으로 물류개선 기능이 취약하고, 단시일 내에 해결될 전망 희박
대형 유통업체 물류기지 기능	· 물류의 비효율성, 대형 유통업체의 산지개발 강화로 대형 유통업체 물류기지 기능은 취약
전자상거래 물류기지기능	· 기업과 소비자 간 거래(B2C)에서 물류기지 기능을 도매시장이 수행할 수는 있으나 법적·제도적 제한으로 기능 수행 한계
소매상 지원기능	· 도매시장은 단순한 상품판매 기능에 그쳐 소매상에 대한 경영지도 등 소매 지원기능 취약

자료: 김동환 외, 「농산물산지유통센터 투자방향에 관한 연구」, 40쪽.

맞추어 구입할 수 있고, ③ 상품 구입과 반품이 용이하며, ④ 구입비용이 저렴하다는 이점이 있다. 이에 비해 ① 가격 변동폭이 크고, ② 유통마진율이 높고, ③ 도매시장 내의 시설이 낙후되어 있다는 단점을 지적할 수 있다. 도매시장의 기능을 종합적으로 평가한 자료가 〈표 4-26〉에 제시되어 있다.

(3) 도매시장 발전방안

농산물 유통의 중추 기능을 수행해온 도매시장이지만 유통환경 변화에 적절하게 대응하고 새로운 가치를 창출해 향후에도 그 역할을 유지 발전시켜 나가야 할 것이다. 대형 유통업체와 산지 간 직거래가 확대되고 유통경로가 다양해지면 도매시장의 기능이 위축될지 아니면 과도기를 지난 후 기능이 확대

〈표 4-27〉 도매시장의 SWOT 분석

강점(S)	약점(W)
· 거래의 공개성 · 거래 집중화에 따른 대규모 물량 및 비규격품 처리의 효율성 · 「농안법」 등에 의한 제도적 지원 · 정부 투자에 의한 시설비 부담 경감 · 장기간의 농산물 유통 노하우 보유	· 높은 유통비용 발생 · 중도매인 노령화 및 후계자 양성 미흡 · 정부 투자에 의한 엄격한 영업규제 · 정부 의존적 영업방식 · 다양한 이해당사자의 간여로 의견 일치 곤란 · 현대적인 유통시설 및 장비 부족
기회(O)	위협(T)
· 영세 소매상 상당 기간 잔존 · 전자상거래 확대에 따른 물류기지 필요성 · 도매시장 활성화에 대한 정부 추진 의지	· 농수산물종합유통센터 확대 · 대형 유통업체의 직거래 확대 · 식자재 유통업체의 규모 확대에 따른 산지 직거래 확대 · 가공식품, 수입농산물 소비 확대

자료: 김동환 외, 「농산물산지유통센터 투자방향에 관한 연구」, 49쪽.

〈그림 4-6〉 당사자들의 요구사항

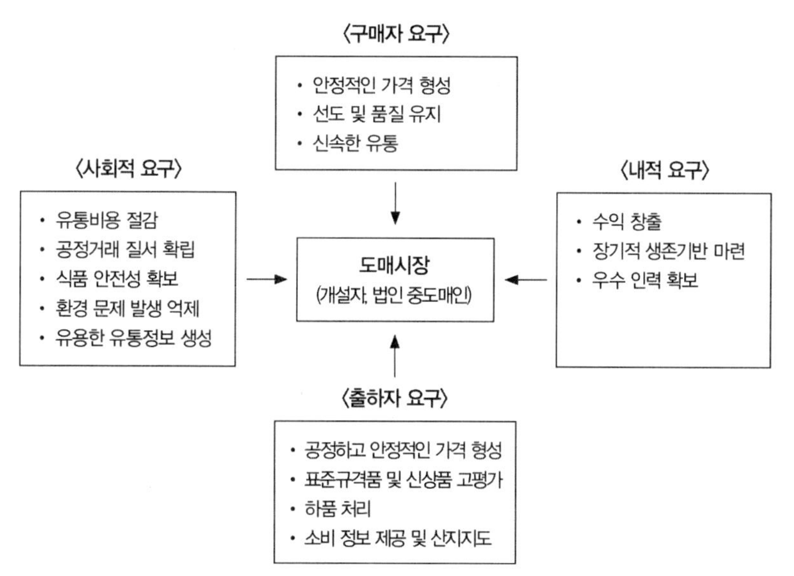

자료: 김동환 외, 「농산물산지유통센터 투자방향에 관한 연구」, 49쪽.

되고 안정될지 속단하기 어렵다. 일본의 경우 도매시장이 위축되지 않고 중심적인 역할을 수행하며, 미국은 도매시장기능이 위축되고 도매상제가 강화되

〈표 4-28〉 도매시장의 목표 및 전략적 과제

목표	분야	개선과제
운영 효율화 (비용 절감)	물류체계 개선	· 하역기계화 체계 구축 · 표준하역비 제도 현실적 추진 · 예냉품 유통체제(콜드체인) 구축을 위한 시설 보완
	시장 참여자의 규모화	· 법인 및 중도매인의 구조 조정
	거래제도 개선	· 경매제 이외에 효율성 높은 거래제도 확대 · 단계적인 도매상 제도 도입
	규제 완화	· 법인 및 중대매인의 운영 효율화를 위한 영업 규제 완화(예: 겸영 사업 확대 등)
	정보화	· 법인 및 중도매인의 정보화에 의한 효율성 제고 · 전자상거래 대응체계 구축
기능 보완 (서비스 확대)	휴장일 조정	· 유통업체의 휴일 매출 확대에 따른 도매시장 휴장일 조정(현행 토요일→일요일)
	보관 기능 확대	· 재고의 일시적 보유에 의한 수급 조절 → 가격 안정
	안전성 검사 기능 확대	· 잔류농약검사 등 안전성 관리 기능 확대
	소매상 지원	· 농산물 취급 노하우 축적에 따른 소매상 영업 지원(농산물 취급 요령 교육 등)
	산지 지도	· 상품 개발 방향, 소비자 기호 등 정보 제공 등으로 산지의 상품화 지원
	유통정보의 유용성 제고	· 가격, 거래물량, 반입물량 등 유통정보의 정확도 개선 및 효율적인 전파
	친환경농산물 우대	· 별도 매장 설치 등 친환경농산물 우대책 강구

고 있는 것으로 알려져 있다. 유럽도 경매식의 도매시장이 주도하는 네덜란드식과 도매상이 주도하는 프랑스식으로 양분되어 있지만 우리가 어느 유형으로 발전해갈지 속단하기 어렵다.

어찌되었건 도매시장이 직면한 문제점을 면밀하게 검토한 후 발전방향을 제시해야 할 것이다. 생산지에서는 유통 여건이 개선되고 있으며 소비지는 대형 유통업체가 급성장해 도매시장의 기능을 위협하는 처지다.

시장이 직면한 강점(Strength), 약점(Weak), 기회(Opportunity), 위험(Threat)을 요약해 〈표 4-27〉에 'SWOT' 분석으로 제시했다. 아울러 도매시장의 발전방향을 모색하고자 파악한 출하자와 구매자의 요구사항, 나아가 사회에서 요구하는 사항을 〈그림 4-6〉에 제시했다.

유통환경의 변화에 적응하고 이해당사자의 요망을 수렴해 정립한 도매시장의 비전과 발전목표가 〈표 4-28〉에 제시되어 있다.

5. 소매 단계 유통정책

1) 소매시장의 의의

소매시장은 생산된 상품을 최종 수요자인 소비자의 취향에 맞춰 공급하고 각종 서비스를 제공하는 기능을 수행하는 유통 과정의 최종 단계다. 소매시장의 사회적·경제적 기능을 요약하면 다음과 같다.

첫째, 생산품을 소비자의 수요에 맞추어 공급하는 역할을 수행한다. 생산물이 도매시장에 집중된 후 소비자의 편리와 욕구에 따라 소매시장에 판매된다. 따라서 소매시장의 거래물량은 소규모이고 유통마진이 높은 것이 특징이다. 특히 농산물은 전체 유통마진의 40% 정도를 소매 단계에서 보는 것으로 추정된다.

둘째, 소비자가 대상인 판매활동이므로 소비자의 공간적 이동의 집결점(集結點)을 찾아 점포 및 시장이 입지하며 일반적으로 시장의 규모는 시장권의 인구에 비례한다.

셋째, 소매시장은 대부분 규모가 영세한 상인으로 구성되어 있으며 생계유지형 가족 경영이 지배적이다. 소매시장은 고용 창출 효과가 크고 고용 기회를 찾지 못하는 저소득층에 생활 터전을 제공한다.

넷째, 소매시장은 오랜 역사를 지니고 있으며 소비자의 요구에 따라 유형도 변천해왔으므로 매우 다양한 유형으로 구성되어 있다. 경제성장과 더불어 대형 소매점이 등장했으나 아직까지 재래시장은 건재하다. 일각에서는 구태의연한 재래시장이 식품유통 근대화의 장애 요인이 된다고 지적하기도 한다.

다섯째, 소매시장은 소비자에게 새로운 형태의 상품과 서비스를 제공함으로써 상품 수요 및 새로운 생활유형을 창조하는 역할을 수행한다.

이밖에 소매시장은 ① 소비자의 요구에 맞는 다양한 상품 수집, ② 소비자의 이질적 수요형태에 맞춘 상품의 등급화·표준화, ③ 외상 거래를 통한 금융기능, ④ 상품의 구입과 판매에 따른 수송 및 배달기능, ⑤ 소비자에 관한 정보 수집 및 전달기능 등 다양한 기능을 수행한다.

이처럼 소매시장의 기능이 다양하고 그 역할 또한 중요한데도 우리 사회에서는 역사적으로 상인은 천시되었고 산업화 과정에서 타 분야에 비해 정부의 투융자가 빈약했으므로 유통에서 낙후된 분야라고 지적받는다.

2) 소매시장의 유형

소매시장은 그 특성상 유형이 다양하며 체계적으로 분류하기 어렵다. 통상 소매시장 분류에 적용하는 기준은 ① 점포 규모, ② 점포 조직의 계열화 여부, ③ 취급 상품의 종류, ④ 입지 및 생활권, ⑤ 경영조직 및 판매조직, ⑥ 수행기능, ⑦ 점포의 집적형태, ⑧ 취급 상품의 마진율 및 회전율 등 다양하다.

그러나 통상 농산물 소매시장은 편의상 재래시장과 근대적 시장으로 나뉘는데 일반소매시장, 농촌정기시장, 독립된 점포 등은 전자에 속하고 슈퍼마켓 등은 후자에 속한다.

한편 소매시장에서 농산물을 취급하는 상인은 재래시장 상인과 근대적 시장 상인으로 나눈다. 재래시장 상인은 일반 소매상과 행상(行商) 및 좌상(坐商)으로 구분된다. 또한 일반소매상은 도매시장 내 소매상, 소매 시장 내 소매상, 독립된 소매상으로 나뉜다.

이처럼 소매시장은 그 유형이 다양하며 경제성장에 부응해 대형화·근대화되었으나 오늘날에는 전통적인 재래시장과 현대식의 소매점포가 융합되어 있는 등 여러 가지 문제가 노출되었다.

3) 소매시장정책

소매시장은 「유통산업발전법」에 의거해 규제를 받으며 산업자원부가 관리한다. 따라서 농산물 소매시장정책을 별도로 수립해 추진할 필요성이 크지 않았다.

그러나 개방화와 더불어 외국의 유통 산업이 진입해 소매업이 대형화 혹은 체인화됨에 따라 농산물 판매방식에 일대 혁신이 불어 농산물 소매시장정책에 대한 관심이 높아졌다.

1991년 이후 농림부에서 지속적으로 농산물 유통 개선 대책을 추진해오는 과정에서 소비지 유통 개선정책이 채택되었다. 소매시장정책은 주로 농산물 직거래를 확대하는 방안으로 추진되었다.

특히 1991년 유통 구조 개선 시책의 일환으로 추진된 소매시장정책은 산지, 소비지와의 직거래 연계체계를 구축하고 생산자단체의 직판시설을 확충하는 데 중점을 두었다.

농산물 직거래를 확대하고자 농산물 집배센터를 설치했다. 생산자단체의 직판장 설치, 농수산물유통공사의 시범 소매점포 운영, 지방도시 주말 농어민시장 개설·운영 등을 들 수 있다.

1994년에 시행한 농수산물 유통 개혁에서는 소매시장정책을 구체적으로 체계화했다. 유통경로의 다원화 정책으로 물류센터 사업을 시작했고 생산자단체가 소매시장에 개입할 목적으로 유통자회사를 설립했다. 나아가 농어민장터의 정기화 및 자매결연에 의한 농산물 직거래사업을 활성화하고자 노력했다. 택배, 우편 판매, 직판장을 통한 지역 특산물 판로 확대 등 직거래 사업을 확장했다.

1997년에 실시한 유통 개혁 제2단계 대책에서는 물류센터를 통한 직거래 체계를 구축했고 산지의 생산자조직과 대형 유통업체와의 직거래를 촉진했다. 아울러 산지 농산물 포장센터, RPC와 대형 유통업체 간에 직거래가 추진되었다.

1998년 국민의 정부는 유통 개혁정책의 일환으로 소매단계 유통마진 절감 대책을 추진했다. 도매시장 외 물류센터, 직거래 등 유통경로를 다원화하고 대형 유통업체가 농산물 유통에 참여하도록 적극 유도했다. 소매유통을 개선해 다양하고 지역 여건에 맞는 직거래를 정착시켰다. 대도시에 500평 이상의 상설 직거래장터를 개설하고 중소도시에는 농업인이 참여하는 농민시장을 개설한다는 계획을 발표했다.

물류센터를 조기에 확충해 새로운 직거래망을 정착시키고 대형 할인점과 체인점이 취급하는 농산물을 확대할 수 있도록 직거래 자금을 지원했다.

그러나 직거래 활성화를 근간으로 하는 소매시장 유통정책은 사회운동 차원에서 전개되었고 경제정책으로서의 중요성은 희석되었다. 즉, 완전경쟁시장에 놓여 있는 농산물의 직거래에는 한계가 크다는 사실을 절감했다.

4) 농산물종합유통센터

(1) 설립배경

1994년 9월에 마련한 농산물 유통대책에는 유통경로 다원화를 실현해 효율적인 유통체계를 확립한다는 정책목표가 제시되어 있다. 이를 구체적으로 실현하는 정책수단으로 신유통시설물이라 할 수 있는 물류센터를 대도시 외곽에 건설하기로 계획했다.

애초에 물류센터는 생산자로부터 농산물을 수집해 단순 가공한 후 소포장해 직영점이나 가맹점에 배송하는 도매기능을 수행하도록 계획되었다. 2004년까지 대도시 외곽에 16개소를 건설한다는 계획을 수립했으며 생산자단체, 지방자치단체, 민간 유통업체 등 농산물 유통과 관련된 기관이나 단체가 다양하게 참여하도록 계획되었지만 농협중앙회가 자회사인 농산물 유통회사를 설립해 물류센터 사업을 주도해왔다.

대도시 외곽에 신설한 물류센터는 유통 개혁에 기여하는 측면에서 도매기능을 수행할 것으로 기대되었다. 그러나 현실은 물류센터 매장에서 직접 판매하는 소매기능 위주로 운영되었다. 특히 국민의 정부 시절 농산물 직거래가 정책적으로 정면에 대두됨에 따라 농협이 운영하는 물류센터는 생산자와 소비자를 직결시키는 이른바 직거래장터라는 점을 강조하기에 이르렀다. 산지에서 농산물을 직접 구입해 서울 소비자에게 직접 판매하는 역할을 수행한 것이다.

〈표 4-29〉 농수산물종합유통센터 현황(2010)

(단위: 백만 원)

구분	사업 규모		지원 현황(억 원)		개장일
	부지	건물	국고 보조	융자	
양재	64.3	71.6	360	52	'98. 1.
창동	34.0	49.2	279	321	'98. 5.
청주	63.6	20.2	127	89	'98. 9.
부산	14.7	23.6	197		'99. 3.
천안	130.9	33.6	363	85	'99. 9.
전주	36.7	20.9	105	94	'99. 12.
성남	84.1	46.0	637		'00. 8.
군위	117.4	18.8	151	32	'01. 1.
고양	132.4	54.5	744		'01. 6.
대전	41.4	20.2	144	92	'02. 1.
대구	36.1	21.9	255		'03. 6.
목포	51.4	23.3	256		'03. 3.
수원	86.0	41.6	500		'03. 10.
김해	67.4	31.4	380		'05. 11.
금산	65.1	10.5	189		'06. 8.
울산	86.1	30.5	327		'09. 5.
합계 16개소	-	-	5,014	765	-

자료: 농림수산부, 「농림수산식품 주요 통계」(2011).

물류센터가 도매기능을 수행해 유통 혁신에 기여할 것으로 기대했지만 소매기능으로 전락함에 따라 그 명칭을 2000년 종합유통센터로 개칭했다. 이 표면적인 존재가치를 다음과 같이 제시하기도 한다.[13]

첫째, 기존 도매시장과는 차별화된 새로운 물류체계를 구축해 소비자 유통경로를 다원화하고 유통 단계를 단축해 유통비용을 절감한다.

둘째, 지금까지는 경매라는 방식을 통해 생산자와 소비자를 연결시켰지만 종합유통센터는 예약 거래방식으로 직접 연결하는 새로운 신진 물류시스템을 구축할 수 있다.

셋째, 도매기능을 보완하면서 배송, 보관, 소포장, 가공, 현장 판매 기능 등 종합적인 유통기능을 수행하고 새로운 가치를 창출해 향후에도 그 역할을 유

13) 김동환 외, 「농수산물종합유통센터의 운영성과와 발전방안」(농식품신유통연구원, 2002a), 15쪽.

지 발전시켜나가야 할 것이다. 대형 유통업체와 산지 간에 직거래가 확대되면 도매기능과 소매기능을 수행하는 종합유통시설로 정착할 수 있다.

종합유통센터 지원 대상은 생산자단체, 지방자치단체, 민간 유통업체 등이며 설립주체별로 지원에 차등을 둔다. 생산자단체가 설립할 때는 부지구입비의 50%를 장기 저리로 융자하고 건축비의 70%를 국고로 보조한다. 지방자치단체가 설립할 때는 총사업비의 70%를 국고 보조로 하고 민간 유통업체가 운영주체인 경우 총사업비의 70%를 융자하는 혜택을 부여한다.

2010년까지 16개소에 달하는 종합유통센터가 개설되었다(〈표 4-29〉 참조). 당초 농산물 도매시장으로 건설하기로 한 성남시와 고양시의 도매시장을 종합유통센터로 변경했다.

(2) 물류센터의 유통체계와 기능

산지에서 농산물을 매입해 센터에서 처리·가공하고 포장해 주로 직판장에서 소매하는 형태의 유통체계는 〈그림 4-7〉과 같이 요약할 수 있다.

원래 물류센터는 도매기능 위주로 운영되도록 설립되었지만 현재의 종합유통센터는 소매기능을 수행한다. 현 단계에서는 기반이 취약해 도매기능을 활성화하는 데 장기간이 소요되므로 불가피하게 소매기능 위주로 운영하는 처지라고 할 수도 있다. 한편에서는 도매기능이 불필요한 유통환경 때문이거나 운영주체의 편의에 따라 소매기능 위주로 운영된다는 다각적인 평가를 내릴 수 있다.

종합유통센터는 유통 단계를 축소함으로써 유통비용을 절감했다는 평가를 받지만 실제로는 유통 단계를 축소한다고 해서 유통비용 절감으로 직결되지 않는다.

종합유통센터가 원래 의도한 기능을 수행했을 때 누릴 수 있는 이점은 다음과 같다.

첫째, 종합유통센터는 단순한 수집·분산기능뿐 아니라 다양한 상적·물적 기능을 수행하는 신유통의 주체로 도매시장과는 차별화된 역할을 수행할 것

〈그림 4-7〉 종합유통센터의 유통체계

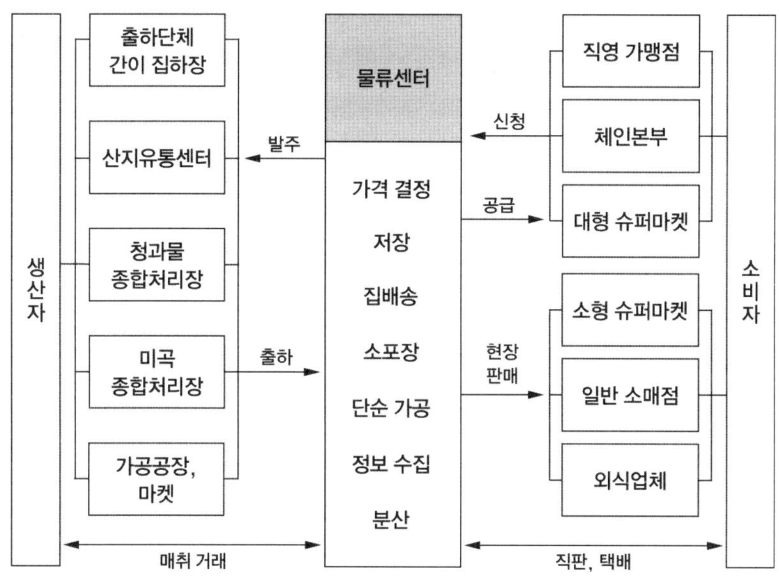

자료: 김동환 외, 「농수산물종합유통센터의 운영성과와 발전 방안」, 18쪽.

으로 기대할 수 있다. 즉, ① 경매제도의 불안전성을 보완할 수 있는 거래제도와 가격 결정방식을 도입, ② 유통정보를 효과적으로 수집해 생산자에게 전달, ③ 신상품 개발 등 생산 리드, ④ 물류체계 개선을 통한 물류 합리화 도모, ⑤ 가공·포장을 통한 부가가치 창출 등의 경제적 이점을 누릴 수 있다.

둘째, 종합유통센터는 기존 도매시장과는 다른 형태의 물류시스템 도입으로 농산물 유통경로를 다원화함으로써 생산농가의 출하 선택의 폭을 확대해 안정적인 상품 공급과 계획적인 생산을 유도하고 농산물의 수급 조절과 판매 및 처리능력을 확대할 수 있다.

종합유통센터가 도매기능을 수행한다고 전제했을 때 도매시장과의 차이점을 정리하면 〈표 4-30〉과 같다.

〈표 4-30〉 도매시장과 종합유통센터의 차이점

구분	종합유통센터	공영도매시장	종합유통센터의 이점
개설·관리·운영	개설자가 관리·운영	개설자: 시 관리: 관리공사 운영: 지정 도매인	개설·관리·운영의 일원화
도매 유통 단계	개설자가 지정도매법인 및 중도매인의 역할 수행 1단계	개설자(관리공사), 도매시장법인, 중도매인, 매참인, 앞자리 등 3~4단계	유통 단계 축소
출하규격(하역방법)	대포장 또는 소포장 기계화 작업	대포장 또는 산물수작업(하역노조)	물류의 효율화 및 쓰레기 방지
출하물량	사전발주 원칙	제한 없음	출하자 제한
가격 결정	예약수의거래	경매원칙	생산자·소비자
판매처	직영점 등 회원	제한 없음	-
취급품목	가공식품, 양곡, 생필품까지 확대	1차 농·수·축산물	소매점 원스톱 쇼핑 가능
상품화 기능	단순가공, 소포장 실시	상품화 기능 없음	소비자 수요에 부응
유통정보	팩스, 온라인, 근거리 통신	전화 또는 대중매체	-
공급방법	현금거래 원칙(Cash & Carry) 선택에 의한 배송 가능	구입자 책임 배송	-

자료: 김동환 외, 「농수산물종합유통센터의 운영성과와 발전 방안」, 16쪽.

(3) 운영현황

소매 위주로 사업을 운영하는 종합유통센터의 총매출액은 매년 증가하는 것으로 집계되어 있다.[14] 부류별 매출 비율은 양곡 25%, 청과류 24.4%를 각각 차지한다. 종합유통센터는 농협중앙회가 운영하며 회원조합이 운영하는 RPC에서 쌀을 매입해 판매하기 유리한 입지조건을 갖추었고 동시에 처리와 보관이 상대적으로 용이해 쌀 취급물량이 많다.

서울시 근교에 입지한 물류센터는 흑자경영이지만 여타 지역에는 적자경영에 직면한 유통센터가 많다. 이는 사업을 시작한 기간이 일천하기 때문이기도 하지만 소매기능을 수행하는 종합유통센터의 존재가치를 재평가해야 한다는 사실도 시사한다.

14) 김동환 외, 「농수산물종합유통센터의 운영성과와 발전방안」, 19쪽.

흑자경영 상태인 종합유통센터의 매출 이익률은 8~12% 수준으로 일반유통업체 평균인 23%에 훨씬 미치지 못한다. 막대한 국고 보조로 설립한 종합유통센터는 고품질의 농산물을 소비자에게 염가로 재공하면서 막대한 재정적자를 면하지 못한 실정이다.

6. 직거래 및 전자상거래

1) 농산물 직거래

(1) 직거래 지원정책의 전개 과정

농산물 유통 개혁의 일환으로 정부, 지방자치단체, 공공기관이 직거래 사업을 수행해왔다. 직거래는 유통 단계를 줄여 유통마진을 획기적으로 절감함으로써, 이른바 유통 문제를 해결하는 만병통치약으로 남용되어왔다고 지적할 수 있다. 그러나 전제 조건을 충족시키지 못하고 임기응변식으로 대두된 직거래와 지원 사업은 시행착오를 거듭했다.

초기의 직거래 사업으로 1987년에 시작된 농어민후계자연합회가 운영한 직판장 사업을 지적할 수 있다. 각 시군의 농어민후계자연합회가 지방자치단체의 지원을 받아 소비지에 직판장을 운영했다. 생산자단체가 소비지에 직판장을 개설해 신선한 농산물을 판매하면 유통마진을 절감해 생산자 수취가격을 높일 수 있다는 판단하에 직판장을 개설했다.

직판장 개설에 소요되는 비용 일체를 시군에서 부담하고 시군의 농어민후계자연합회가 운영했으나 실패로 끝났다. 독과점 품목이 아닌 일반 농산물을 직판장에서 판매할 때 가격 결정에서 어려움이 드러났다. 현지에서 농산물을 수집해 직판장에서 판매한 후 대금을 결제하는 방식이 아니라 사전에 결정한 가격으로 매입해 직판장으로 수송해 판매했다. 직판장 판매가격과 소매가격 간에 괴리가 일어나 운영상의 어려움이 많았다.

농어민 후계자 직판장은 직거래가 성립되기 위한 전제 조건을 충족하지 못했으며 경영 미숙으로 운영상의 어려움이 많았다. 직판장에서 취급하는 농산물은 쌀을 위시한 곡류로 단순화되었으며 운영형태도 개인 사업장으로 전락했다가 얼마 버티지 못하고 사라졌다.

시행착오만 거듭해온 직거래가 국민의 정부에 들어와 각광을 받기 시작했다. 농산물 유통 개혁의 핵심 사업으로 직거래가 대두되었고 대통령이 직접 직거래를 강조하기 시작했으며 농림부장관은 직거래 물량을 총유통량의 10% 이상으로 끌어올리겠다고 장담했다.

직거래를 확대 보급시킨다는 의도하에 과천 정부종합청사 광장에 직거래장터를 개설하는 등 직거래 홍보와 보급에 역점을 두었다. 농협은 직거래를 실천한다는 명분으로 농협 건물 앞 공터에서 직거래장터를 운영했다.

공무원, 농업 관련 단체의 임직원, 농협 직원이 농산물 직거래 마술에 걸려 한동안 헤어나지 못하는 처지였다. 정책 당국에서 직거래를 강조하지 않아도 생산자들은 농산물이 제값을 받을 수 있는 대안으로 직거래방식을 찾기 마련이다. 지역의 특화 농산물을 차별화해 우편 판매, 전자상거래 등의 방식으로 직거래를 확대해나갔다.

(2) 직거래의 의의 및 전제조건

직거래란 산지의 생산자가 도매시장을 경유하지 않고 소비자, 대형 유통업체, 대량수요처 등에 직접 공급하는 거래형태다. 생산자가 소비자에게 직접 판매하면 유통 단계는 1단계로, 생산자가 대형 유통업체에 판매하면 유통 단계는 2단계로 각각 축소되는 셈이다.

직거래를 통해 유통 단계를 축소시켜 유통마진을 절감하고 이로 인해 발생한 수익을 생산자나 소비자 양측에 이전하면 사회후생이 증진된다. 그러나 이러한 직거래의 이점을 누리기 위해서는 몇 가지 전제조건을 충족해야 한다.

직거래는 도매시장을 거치지 않으므로 가격 형성 혹은 가격 발견 과정이 생략된다. 이는 생산자가 가격을 결정한다는 사실을 의미하는데, 직거래 대상

농산물이 독과점 품목이거나 차별화된 농산물일 때만 가능하다.

일반농산물을 직거래로 유통시키면 가격 결정에 어려움이 따른다. 주로 도매시장가격을 기준으로 생산자가 판매가격을 결정하거나 거래 당사자 간의 흥정으로 결정한다. 그러므로 공정하고 왜곡되지 않은 도매가격이 존재해야 하며 이를 위해서는 무엇보다 먼저 도매시장을 활성화해야 한다.

또한 농산물의 직거래에는 한계가 많다. 생산자와 소비자 간 직거래로 중간상인을 배제하고 유통 단계를 축소시켜도 이것이 유통마진의 절감으로 직결되지 않는다. 즉, 직거래방식을 택하면 도매시장 유통에 비해 거래물량이 적고 시설, 장비, 기술이 부족하기 때문에 단위당 유통비용이 증가하는 사례가 많다.

또한 완전경쟁시장에 놓여 있는 농산물의 가격을 생산자가 임의로 결정해 판매하는 직거래는 장기간 지속될 수 없다. 도매시장보다 싸게 가격을 매기면 생산자가 손해를 보고 소매시장가격보다 비싸면 소비자가 거래를 중단하기 때문이다. 나아가 적절한 품목과 거래물량을 확보하기 어렵고 대금 결제방법, 거래계약의 이행 등 해결해야 할 과제가 많다.

(3) 직거래 유형

거래 대상 농산물의 종류, 거래방식, 직거래 운영자본의 주체, 유통경로 등 분류기준에 따라 직거래 형태를 다양하게 분류할 수 있다. 간편하게 운영주체를 기준으로 직거래를 분류하면 다음과 같다.

첫째, 생산자와 소비자 간 직거래를 들 수 있다. 산지의 생산자와 최종 소비자가 직접 거래하는 형태로 여기에는 생산자가 농촌시장 또는 소비지 소매시장을 통해 직접 소비자에게 판매하는 유형과 생산자가 자신의 농장, 도로변, 인근 관광지 등에서 소비자에게 직접 판매하는 유형 등이 포함된다.

둘째, 생산자단체와 소비자 간의 직거래 유형이 있다. 농협, 수협을 비롯한 농어업인 단체가 직접 소비자에게 판매하는 형태다. 생산자단체가 운영하는 직판장, 슈퍼마켓, 우편 주문 판매 등과 생산자단체가 군납하거나 대량 수요처에 판매하는 형태 등이 포함된다.

셋째, 생산자단체와 소비자단체 간의 직거래 유형이 있다. 생산자단체와 소비자 조직, 노동조합 등의 사회단체와 직접 거래하는 형태다.

넷째, 공공기관에 의한 직거래를 들 수 있다. 중앙 및 지방자치단체 등 공공기관이 생산자와 소비자를 연결시키는 유형이다. 정보통신부의 우편주문 판매제도, 농산물유통공사가 운영하는 종합직판장, 지방자치단체가 운영하는 직판장 등이 여기에 속한다.

다섯째, 민간업체에 의한 직거래가 있다. 민간 유통업체가 생산자와 소비자 사이를 매개하는 유형인데 백화점, 대형슈퍼체인 등이 산지에서 직접 구입해 판매하는 형태다.

2) 전자상거래

(1) 전자상거래의 정의

전자상거래란 생산자와 소비자가 통신망, 인터넷망을 통해 재화와 용역을 거래하는 상행위를 말한다. 전통적인 상거래와 전자상거래의 차이점은 〈표 4-31〉에 제시되어 있다.

정보화시대에 부응해 2000년대에 들어와 공산품의 전자상거래 물량이 급증했다. 이러한 사회 분위기가 농업에 파급되어 농산물의 전자상거래가 대두되었다. 농정 당국은 농산물에 대한 생산자와 소비자 간 직거래를 촉진하기 위해 전자상거래를 육성한다는 목표를 설정하고 집중적으로 지원했다.

농산물직거래 육성정책에서 경험한 대로 전자상거래를 지원하는 정책도 소기의 효과를 거두지 못한 실정이다. 농산물의 특수성 때문에 직거래가 한계를 드러냈듯이 농산물의 전자상거래에도 많은 문제점이 드러났다. 즉, 경제이론상 직거래와 전자상거래는 성립되기 어렵고, 설사 가능하더라도 그 한계를 수긍하지 않을 수 없는 실정이며, 이것이 농산물 전자상거래에서 증명되었다고 할 수 있다.

〈표 4-31〉 전통적 상거래와 전자상거래의 비교

구분	전통적 상거래	전자상거래
유통경로	· 유통경로의 복잡성 및 다단계성 · 생산자 → 도매상 → 중간도매 → 소매상 → 소비자	· 유통 단계의 단축, 직거래 · 생산자(기업) → 소비자(기업) · 유통비용 절감
판매 제약성	· 일정한 시간대만 판매 · 일정한 지역에서만 판매	· 판매시간의 무제약성 · 거래 대상 지역의 무제약성
판매시설 (투자)	· 일정 규모의 시장 및 판매시설 필요 · 초기 시설 투자금 및 고정비용 필요 · 저장시설 등 물류시설비 절감	· 판매를 위한 하부시설 필요 없음 · 막대한 시설 투자금 절감
판매형태	· 실물전시 판매 · 전시공간 및 전시실물 필요	· 인터넷상 정보에 의한 판매 · 전시공간 및 전시실물 불필요
마케팅 활동	· 생산자의 일방적 마케팅전략 · 1대1 쌍방향 마케팅활동 곤란 · 국지적·목표 시장적 마케팅 전략	· 소비자 지향적 마케팅전략 · 1대1 쌍방향 마케팅활동 가능 · 실시간 마케팅활동 · 글로벌 마케팅 전략 수립
고객정보 활용	· 고객정보 수집의 어려움 · 개인고객별 맞춤 서비스 불가능	· 개인정보 데이터베이스화의 어려움 · 고객정보의 실시간 접수 · 차별화된 고객 맞춤서비스 가능
고객 대응 전략	· 고객 건의사항, 욕구변화의 즉시 파악 불가능 · 고객욕구의 즉시적 대응 지연	· 고객 니즈의 신속한 포착 가능 · 고객 건의사항과 욕구변화에 대한 즉시·적극 대응 가능
유통 참여도	· 일정 규모의 시설 및 장비 필요 · 사업을 위한 막대한 초기 투자금 필요 · 유통활동 참여 및 창업의 어려움	· 유통참여를 위한 대규모 초기 사업비용 불필요 · 유통활동 참여 및 창업 용이

(2) 전자상거래의 이점

농산물 전자상거래의 이점은 다음과 같이 요약된다.

첫째, 개방된 사이버공간에서 유통업체 간 경쟁이 강화되고 가격 효율성이 높아지며 비용이 절감된다.

둘째, 지리적 거래를 초월한 새로운 시장 진입이 용이하고 잠재 고객에게 쉽고 저렴한 마케팅이 가능함으로써 신규 시장 개척이 용이하다.

셋째, 유통 과정이 상호 연결되어 각 단계별 혹은 유통활동별로 소요되는 거래시간이 줄어들어 신선농산물의 유통 및 상거래가 신속하게 이루어진다.

넷째, 농산물의 표준 규격화를 촉진해 상품 사양이 표준화되고 경쟁이 심화되어 상품의 품질이 개선되며 농산물의 계약 재배가 용이해지고 상품의 다양화와 시장의 확대가 가능해진다.

다섯째, 실시간 저장, 재고 관리를 통해 상품이나 서비스에 대한 요구를 전자식으로 연결시킬 수 있다. 저장관리 비용을 절감할 수 있고 부패변질에 의한 위험을 경감시킬 수 있을 뿐 아니라 관리 과정의 표준화·자동화·규모화를 통해 유통비용을 절감할 수 있다.

여섯째, 농산물 전자상거래는 종이문화를 줄일 뿐 아니라 실물 거래가 없이도 정보 교환이 가능하기 때문에 각종 공해물질을 줄일 수 있어 환경보전에 유익한 효과를 준다.

(3) 농기업 또는 유통업체에 미치는 효과

농산물 전자상거래에 참여한 농기업이나 유통업체는 기존의 전통적 상거래의 물리적·시간적·공간적 한계를 극복할 수 있는 여러 가지 효과를 얻을 수 있다

첫째, 농산물 전자상거래는 네트워크를 이용해 거래되기 때문에 판매거점인 상점이나 점포가 필요 없어 건물 임대나 종업원 고용 등에 소용되는 고정비용 및 간접비용을 줄일 수 있다.

둘째, 농산물 전자상거래는 영업시간의 제약을 받지 않고 24시간 거래가 가능하므로 전통적 상거래의 물리적 한계를 극복할 수 있다.

셋째, 농산물 전자상거래는 농기업 또는 유통업체와 고객 간 쌍방향 통신이 가능하고 고객 정보의 획득이 용이하므로 농기업이나 유통업체가 구매자의 욕구에 맞는 상품을 판매할 수 있어 적극적인 유통활동을 전개할 수 있고 유통성과를 높일 수 있다.

넷째, 농산물 및 서비스의 판매 및 운송에서 도소매상품의 중간 유통 단계가 축소됨에 따라 유통비용을 절감할 수 있어 시장에서 가격경쟁력을 확보할 수 있는 기반을 조성하는 데 도움이 된다.

다섯째, 시장의 지역적 제한이 없기 때문에 농기업이나 유통업체의 새로운 시장 진입이 용이하고 대금 결제도 네트워크를 통한 전자화폐(Cyber Cash)로 이루어지기 때문에 농기업이나 유통업체의 대금 결제가 용이해 운영비용을

절감할 수 있다.

(4) 농산물 전자상거래의 한계

농산물이 공산품에 비해 갖는 특수성이 농산물 유통에 그대로 반영되어 전자상거래의 제약요인으로 거론된다. 공산품의 전자상거래는 전통방식에 비해 얻을 수 있는 이점이 많아 전자상거래량이 급증했다. 이에 비해 농산물의 전자상거래는 중앙정부, 지방정부를 불문하고 전폭적인 지원을 받지만 그 한계를 드러낸다.

공산품에 비해 농산물의 전자상거래에서 드러난 문제점은 ① 거래상품의 표준화 및 규격화가 어려운 점, ② 저장기간이 짧은 점, ③ 부패성이 강해 반품 처리가 곤란한 점, ④ 소량생산체계, ⑤ 생산과 공급이 불안정한 점, ⑥ 통명거래의 곤란, ⑦ 상품가격에 비해 과다한 운송비 등으로 요약된다.

전자상거래는 일종의 직거래이므로 공급자가 가격을 임의로 결정한다. 공산품은 독과점 품목이거나 상품 차별화가 가능한 독점적 경쟁품목이다. 이러 경우 관행적인 유통경로를 경유하든 전자상거래를 하든 공급자가 가격을 결정해 유통시키면 된다.

그러나 농산물의 경우 완전경쟁시장에 놓여 있으며, 설사 차별화가 가능하다 해도 대체하기 용이하다. 그러므로 공급자가 가격을 결정하는 경제활동은 이론상으로 맞지 않으며, 설사 가능해도 소비자가 신뢰하지 않는다. 시장에서 결정된 가격과 차이가 날 때는 그 상품의 특질을 소비자가 알기 쉽게 해야 하고 그들이 이를 신뢰할 수 있도록 해야 한다.

시장을 통하는 농산물 유통 관행에 비해 전자상거래를 비롯한 직거래는 네거티브섬게임(Negative-Sum game)이 된다. 농산물의 경우 전사상거래를 비롯한 직거래는 유통에서 규모의 불경제가 발휘되어 유통비용이 상대적으로 증가한다.

공산품의 경우 새로 개발한 신제품이라면 유통시장에 신규 진입하기 까다롭고 많은 비용이 든다. 이런 경우 전자상거래를 이용하면 많은 이점을 누릴 수 있다. 그러나 농산물이라면 신상품이라 해도 기존에 개설되어 있는 유통경로를 이용하는 쪽이 상품 홍보 차원에서 더 유리하다.

(5) 전자상거래 현황

국내 농산물의 전자상거래는 주로 정부가 정책적으로 주도한다. 농림부는 농산물에 대한 생산자와 소비자의 직거래를 촉진하기 위해 전자상거래를 집중 육성한다. 특히 농산물 쇼핑몰의 통합 운영, 생산자단체 중심의 전문 쇼핑몰 구축을 중점적으로 추진 중이다. 또한 농협 등 생산자단체를 중심으로 한 농산물 전문 쇼핑몰을 개설해 운영하며 개별적으로 운영되는 민간 쇼핑몰 가운데 농산물을 쉽게 비교 구매할 수 있는 통합 쇼핑몰을 구축하고 있다.

사이버 쇼핑몰 거래액은 매년 급증하지만 이 중 농수산물의 비율은 3% 내외를 벗어나지 않는다.

(6) 농산물 전자상거래 관련 지원정책

농림부는 1999년부터 2003년까지 디지털 유통 활성화 지원 사업을 전개했다(〈표 4-32〉). 농업인이 공동으로 저렴하게 이용할 수 있는 전자상거래 인프라를 확충시켜 생산자와 소비자의 농산물 전자직거래를 촉진하고 농업인과 소비자 간 전자직거래의 저변을 확산시키기 위해 우수 농업인을 대상으로 홈페이지를 구축·지원하는 것이다.

우선 농업인이 공동으로 저렴하게 이용할 수 있는 농산물 전자상거래 시스템을 구축해 농업인과 소비자 간 전자직거래의 기반을 구축하려 시도했다. 홈페이지 상품의 통합 검색, 결제 등 전자상거래 시스템 구축 운용, 웹호스팅, 도메인 서비스 등 응용 소프트웨어 제공자(Application Service Provider: ASP) 서비스 제공, 고객 소프트웨어 제공자(Customer Relationship Management: CRM) 등 공동마케팅 지원시스템 구축 운용, 농산물 전자상거래 확산을 위한 홍보, 교육, 마케팅 지원, 중장기적으로 농업인 등 민간 주도의 자율운영체계로의 육성 등에 초점을 맞추었다.

〈표 4-32〉 정부 디지털 유통 활성화 사업 단계별 추진 목표

연도	사업명	추진 목표
1단계 ('99~'00)	통합 쇼핑몰	· 일괄 주문, 전자결제 기능 보강 등 농산물 통합 쇼핑몰 기능 확충으로 소비자 편의 도모
	농업인 홈페이지 구축	· 우수 200농가 홈페이지 구축 지원
2단계 (2001)	통합 쇼핑몰	· 우수 농산물의 입체적 상품정보 제공 등 콘텐츠 보강으로 통합 쇼핑몰의 이용 활성화 촉진
	농업인 홈페이지 구축	· 우수 500농가 홈페이지 구축 지원 · 농업인 홈페이지 경진대회 개최
3단계 (2002)	통합 쇼핑몰	· 농업인이 공동으로 활용할 수 있는 전자상거래의 안정적인 인프라 및 다양한 부가서비스 기능 확충
	농업인 홈페이지 구축	· 500농가 홈페이지 구축 지원(자부담 50%) · 농업정보 119대학을 활용한 사후 관리 · 온라인 홍보 및 주부 대상 마케팅 강화
4단계 (2003 이후)	통합 쇼핑몰	· 전자상거래 홍보·입점농업인 경영능력 제고 등 통합쇼핑몰 운영 내실화
	농업인 홈페이지 구축	· 200농가 홈페이지 구축 지원(자부담 50%) · 품목별·지역별 우수농가 동영상 지원 · 마을 단위 홈페이지 구축 지원

자료: 농림부, 「농림부분 정보화계획」(2000b).

농업인 홈페이지 구축에 대한 지원은 2005년까지 연차적으로 수행해나가기로 최종 결정했다. 우선 전자상거래 가능 농가 발굴을 확대하고 농업인 홈페이지 구축과 함께 마을단위 홈페이지 구축을 지원하기로 계획했다. 이와 더불어 농업정보 119대학을 통한 홈페이지 농가 관리, 교육, 평가 등 통합 관리시스템 정착, 인터넷 검색 엔진 등록 등을 추진하기로 계획했다. 최종적으로 온라인 홍보와 농산물의 주 소비계층인 주부를 대상으로 한 교육과 홍보를 집중적으로 실시한다.

이처럼 다양한 프로그램을 개발하고 다양한 정책수단을 동원해 막대한 예산을 투입한 농산물의 전자상거래를 정착시키려고 노력해왔지만 소기의 정책효과는 거두지 못했다. 이는 농산물 전자상거래의 한계를 극복하기 어렵다는 사실을 단적으로 대변한다고 하겠다.

농업인 홈페이지 경진대회를 정례화해 전자상거래 우수사례를 적극 발굴함으로써 농산물 전자상거래의 가능성 및 실적을 지속적으로 홍보해야 한다.

제5장

농산물가격정책

1. 농산물가격 변동의 특수성

1) 농산물가격 형성과 변동

(1) 농산물가격 형성

대부분의 농산물은 완전경쟁시장의 성립 요건을 충족시키며 수요와 공급에 따라 가격이 결정된다. 그러나 수요 및 공급 측면에서 보면 농산물은 공산품에 비해 몇 가지 특수성을 갖추고 있으며, 이 때문에 농산물가격 형성에서 공산품과 차이를 나타낸다.

우선 수요 측면을 보면 인간의 칼로리 섭취량이 한정되어 있으므로 농산물 수요는 소득에 대해 상대적으로 비탄력적이다. 또한 소득 수준이 향상됨에 따라 식품 소비패턴은 고급화로 진행되므로 식품 간 대체가 일어나 수요가 늘어나는 품목과 감소하는 품목으로 나뉜다.

그러므로 개별 농산물별 포화수준 분석이 중요하다. 예를 들면 한국의 쌀 소비량은 1980년에 1인당 130kg 수준으로 정점에 달했고 이후 감소했는데 일정 수준에서 멈출 것이다. 또한 지금 늘어나는 1인당 쇠고기 소비량은 어느 수준에서 멈춘 후 그대로 지속되는데, 이를 통상 포화수준이라 한다.

농산물은 필수재로서 수요는 가격에 대해 상대적으로 비탄력적이므로 공급 변동에 따른 가격 변동폭이 크다.

다음은 공급 측면에서 본 특수성을 검토해보자. 농업 생산은 자연조건의 영향을 받으므로 생산 과정을 인위적으로 조절하기 어렵다. 생산에는 계절성이 나타나지만 수요는 연중 평준화되어 있어 가격의 계절 변동이 일어난다. 온대지역에서는 곡류를 가을에 수확하는 추곡(秋穀)과 여름에 수확하는 하곡(夏穀)으로 나눈다. 어느 것이든 1년에 한 번 생산되므로 수확 직후 시장가격이 가장 낮았다가 그 이후 점점 상승해 단경기(端境期)에 가장 높아진다.

아울러 자연조건에 따라 단위당 수량 변동이 커진다. 즉, 기후조건의 영향을 받아 풍작과 흉작이 결정되고 이 영향으로 가격의 연차 변동이 일어난다.

농산물 공급은 가격에 대해 비탄력적이다. 다각적인 측면에서 이 요인을 검토해야 하지만 농업은 공업에 비해 자본의 유기적(有機的) 구성도, 즉 가변자본에 대한 고정자본의 비율이 상대적으로 높기 때문이다. 토지, 건물, 농기계 등 농업 생산에 투하된 고정자본은 기회비용(機會費用)이 낮다. 생산을 포기했을 때 대체용도가 없으므로 처분해야 하고 이때의 폐기가격은 낮다. 농업에 이용되는 토지는 타 용도로 전용하기 어렵고 농업 생산을 중단한다면 트랙터를 고철로 판매해야 하므로 처분가격이 낮을 수밖에 없다. 그러므로 고정자본에 투입된 비용을 회수하지 못하더라도 가변비용과 노동보수를 회수할 수 있다면 생산을 포기하지 않고 지속하는 것이다.

더구나 준자급자족적인 소농경제하에서는 농산물 공급이 가격에 비탄력적으로 반응하는 현상이 일반적이다. 농가가 보유한 자원을 총동원해 식량 생산을 극대화한 후 자가식량에 우선 배분하고 나머지를 시장에 판매하는 준자급자족적인 생산양식이라면 생산량이 가격에 민감하게 반응하지 않는다.

(2) 농산물가격 변동

수요와 공급에 따라 가격이 결정되므로 수요 또는 공급이 변하면 가격 변동이 일어난다. 수요와 공급 측면에서 판단한 농산물의 특수성을 가격 형성에 적용하면 공산품에 대비한 농산물가격 변동의 특수성을 이해할 수 있다.

〈그림 5-1〉 공급곡선 이동에 의한 가격 변동

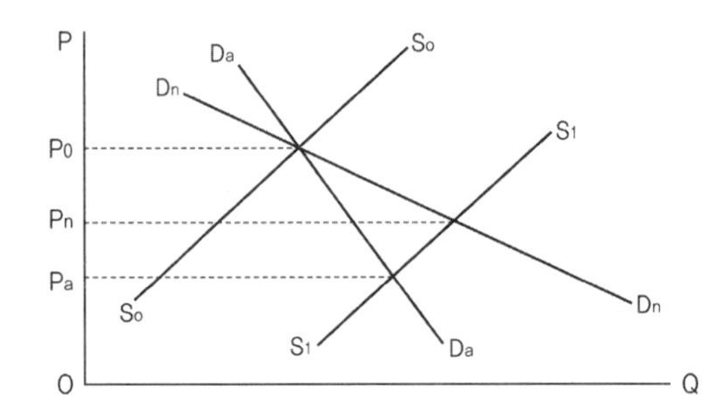

우선 농산물 수요가 비탄력적이라는 점이 가격 변동에 어떤 영향을 미치는지 고찰해본다. 〈그림 5-1〉에 나타나 있는 바와 같이 'D_aD_a'는 농산물 수요곡선을, 'D_nD_n'은 공산품 수요곡선을 각각 나타내는데, 이것은 농산물 수요가 가격에 대해 상대적으로 비탄력적이라는 사실을 반영한다.

이해를 돕기 위해 농산물과 공산품의 공급곡선이 같고 동일한 비율로 이동한다고 가정한다. 농산물과 공산품의 초기 가격은 둘 다 $\overline{OP_o}$ 수준이었고, 공급이 늘면 공산품가격은 $\overline{OP_n}$, 농산물가격은 $\overline{OP_a}$ 수준으로 각각 하락한다. 농산물 수요가 가격에 비탄력적이므로 농산물가격의 하락폭이 더 크다.

이번에는 수요곡선 이동에 따른 가격 변동을 고찰해본다. 〈그림 5-2〉에서 'S_aS_a'는 농산물 공급곡선이고 'S_nS_n'은 공산품의 공급곡선인데, 농산물 공급이 공산품보다 가격에 대해 비탄력적이라는 사실을 알 수 있다. 불황이 오면 수요곡선이 좌하향으로 이동하는데, 분석의 편의상 농산물과 공산품의 수요곡선은 동일하다고 가정한다. 가격 변동이 일어나기 전 공산품과 농산물의 초기 가격은 둘 다 $\overline{OP_o}$ 수준이었다. 수요곡선이 좌하향으로 이동하면 공산품가격은 $\overline{OP_n}$ 수준으로, 농산물가격은 $\overline{OP_a}$ 수준으로 각각 하락하므로 농산물 쪽의 하락폭이 더 크다고 할 수 있다.

수요가 위축되면 공급을 줄여야 하는데 가족농의 경우 공급이 오히려 증가하는 사례가 나타난다. 이촌을 통해 비농업 분야에 취업한 가족이 실직으로

〈그림 5-2〉 수요곡선 이동에 따른 가격 변동

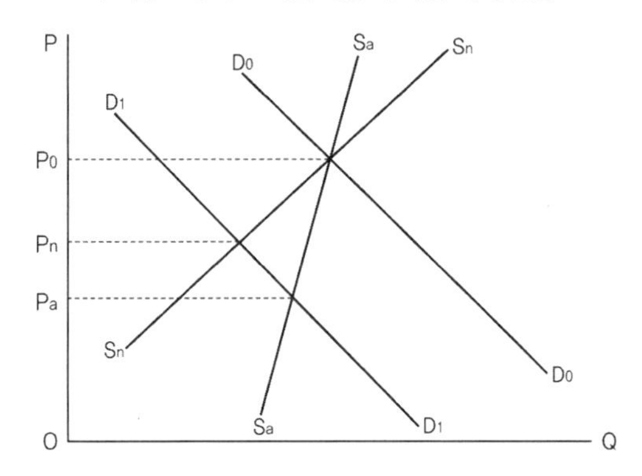

잠시 귀향해 농업 생산에 종사하면 생산량이 늘어난다.

가격 변동에 영향을 미치는 요인은 ① 수요의 가격 탄력치(ε), ② 공급의 가격탄력치(η), ③ 수요 및 공급의 이동률 등이다. 만약 수요가 일정하다고 가정하면 가격의 변동률= $\frac{\text{공급곡선의 이동률}}{\epsilon+\eta}$ 로 나타낼 수 있다. 이는 〈그림 5-3〉을 이용해 다음과 같이 증명할 수 있다.

공급의 가격탄력치= $\frac{dQ}{Q} / \frac{dP}{P} = \frac{dlnQ}{dlnP}$ =cotθ

이는 공급곡선 'S_2S_2'의 기울기를 나타낸다. 마찬가지로 수요의 가격탄력치는 cotφ이고 이는 수요곡선 DD의 기울기를 나타낸다.

bc=bd cotθ

ab=bd cotΦ

ac=ab+bc=bd(cotθ + cotΦ)

= bd(ε +η)

ac=d(lnQ)≒ $\frac{\triangle Q}{Q}$ 이므로 ac는 공급곡선의 이동률로 나타낸다.

마찬가지로 bd=d(lnP)= $\frac{\triangle P}{P}$ 이므로, 즉 bd는 가격 변동률을 나타낸다.

또한 bd= $\frac{ac}{\varepsilon+\eta}$ 이므로 가격 변동률= $\frac{\text{공급곡선의 이동률}}{\epsilon+\eta}$, 즉 수요와 공급이 가격에 탄력적일수록 가격 변동률이 작다는 사실을 나타낸다. 농산물은 공산

〈그림 5-3〉 공급곡선 이동률과 가격 변동률

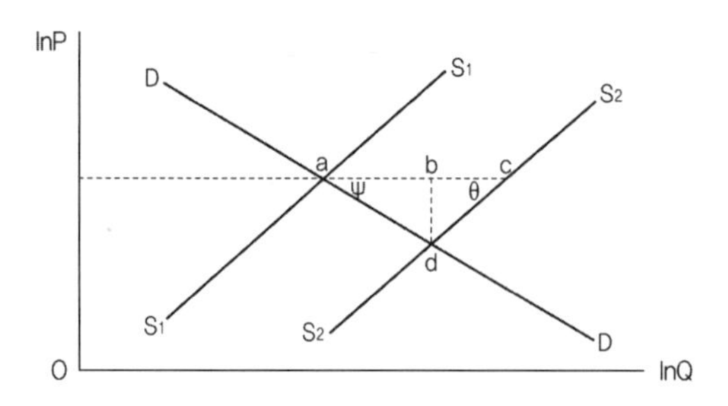

품에 비해 수요와 공급이 가격에 대해 비탄력적이다. 그러므로 호황, 불황을 불문하고 농산물가격 변동이 심해 정부, 공공단체 또는 생산자단체가 농산물 시장에 개입해 가격을 안정시켜야 한다는 주장이 타당성을 갖는다.

2) 농산물가격 변동의 구성요소

(1) 동태모형과 거미집 정리

수요와 공급에 따라 가격이 결정되므로 수요와 공급의 변동요인을 밝히면 가격 변동을 잘 이해할 수 있다. 그러나 인과분석(因果分析)에 따른 가격 변동 요인을 밝히기란 쉽지 않으며, 가격 변동을 안정시키려는 목적으로 정부가 개입하고자 할 때는 시간 변수를 기준으로 파악한 가격 변동이 효과적이다.

즉, 가격 변동 모형을 동태모형으로 나타내면 가격 안정정책 내지 지지정책을 수립할 때 활용할 수 있다.

가격 변동의 대표적인 동태모형이 거미집 정리다. 한 해 가격이 높으면 그 다음 해에는 생산이 늘어 가격이 폭락하고 그 이듬해에는 가격이 오르는 순환 변동이 일어난다. 이를 설명하는 가격 변동 모형이 거미집 정리(cobweb theorem)인데 가격 변동을 설명하는 대표적인 동태 모형이다.

거미집 정리가 성립되려면 다음 세 가지 요건이 충족되어야 한다.

첫째, 생산계획을 수립할 때와 생산이 완료되는 시점까지는 상당한 시차가

〈그림 5-4〉 거미집 모형의 수렴 과정 및 발산 과정

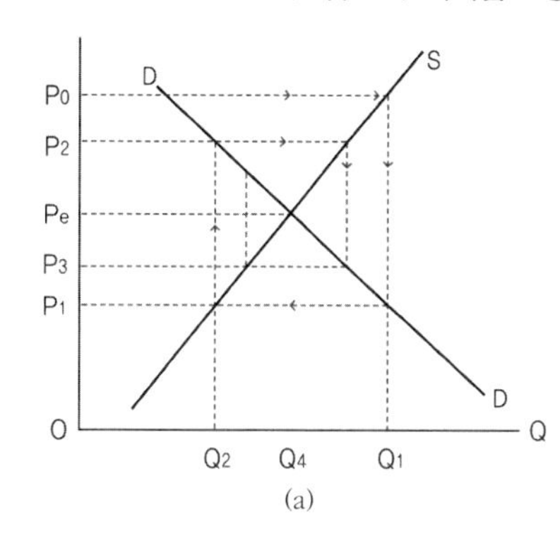

(a)

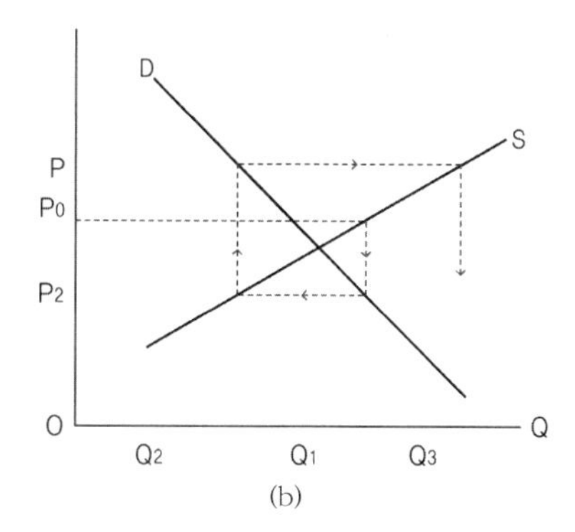

(b)

있어야 한다.

둘째, 생산자는 기대(期待)가격을 기준으로 재배면적을 결정하는데, 분석의 편의상 전기(前期)에 실현된 가격을 기대가격으로 삼는다.

셋째, 금기(今期)의 공급량에 따라 금기의 가격이 결정된다.

농산물을 보면 생산계획을 수립하는 시점과 생산이 완료되는 시기까지 상당한 시간차가 있다. 아울러 생산자가 얻을 수 있는 정보는 한정되어 있으므로 전기의 가격을 기대가격으로 삼고 의사결정을 내리는 경우가 일반적이다. 그러므로 농산물의 경우 거미집 정리에서 요구하는 세 가지 전제조건이 충족되는 셈이다.

거미집 정리란 가격이 변동하는 과정이 거미집을 닮았다 해서 붙여진 이름이다. 거미가 밖에서 안으로 집을 짓는 형태의 가격 변동이 일어난다면 이를 수렴이라 하고, 안에서 밖으로 집을 지어 나오는 형태라면 발산이라 한다. 집을 짓지 못하고 돌기만 하면 이를 진동이라 한다.

〈그림 5-4〉의 (a)에서 보면 생산자는 올해 가격이 전년도 가격 $\overline{OP_0}$와 동일하게 실현될 것으로 기대하고, 즉 전년도 가격을 기대가격으로 설정하고 공급량을 결정하므로 금기(今期)의 공급량은 $\overline{OQ_1}$이 된다. 공급량 $\overline{OQ_1}$과 수요곡선이 만나 결정되므로 금기의 가격은 $\overline{OP_1}$ 수준이 된다. 금기에 실현된 가격이 $\overline{OP_1}$ 수준이므로 차기의 공급량은 $\overline{OP_2}$로 결정된다. 이런 과정이 반복되어 수

요와 공급곡선이 만나 결정되는 균형가격(Pe)에 수렴하는 것이다.

한편 〈그림 5-4〉의 (b)에서는 (a)와 동일한 절차에 따라 가격이 결정되지만 시간이 지날수록 가격은 밖으로 발산해나가는 것을 알 수 있다.

가격이 수렴하느냐 발산하느냐의 여부는 수요곡선, 공급곡선의 기울기의 절댓값의 크기에 달려 있다. 즉, 수요곡선 기울기의 절댓값이 공급곡선 기울기의 절댓값보다 크면 수렴하고 그 반대이면 발산한다. 기울기의 절댓값이 동일하면 수렴도 발산도 아닌 진동을 나타낸다.

거미집 정리의 세 가지 충족요건을 근거로 가격 결정 모형을 다음과 같이 나타낼 수 있다.

수요함수 $QtD=\alpha+\beta Pt$ - ①

공급함수 $Qtn=\delta+rPt\text{-}1$ - ②

시장균형 $QtD=Qtn$ - ③

①식과 ②식을 ③식에 대입하고 차등방정식을 이용해 Pt를 구하면 ④식과 같다.

$$Pt = \beta\text{-}1(\delta\text{-}\alpha) \sum_{t=0}^{\infty} \frac{\gamma}{\beta}$$ - ④

식에서 $\frac{\gamma}{\beta}$의 절대치가 1보다 작으면, 즉 수요곡선의 기울기 r의 절댓값이 공급곡선의 기울기 β의 절댓값보다 크면 균형가격으로 수렴한다. $\frac{\gamma}{\beta}$의 절댓값이 1보다 작으면 발산한다.

(2) 계절 변동

시간을 기준으로 가격 변동을 관찰할 때 농산물가격은 ① 계절 변동, ② 연차 변동, ③ 추세 변동, ④ 주기 변동 등으로 나눌 수 있다. 연차 변동은 매년 일어나는 가격 변동을 파악한 것이고, 추세 변동이란 연차 변동을 연결한 것이므로 연차 변동을 추세 변동에 포함시켜도 무방하다.

월별 가격으로 나타난 시계열 가격 자료를 이용해 각 구성요소별로 분리할 수 있다. 이런 방법을 통상 분해법(Decomposition Method)이라 한다.

수요는 연중 평준화되지만 생산이 계절성에 영향을 받기 때문에 가격의 계절 변동이 나타난다. 한국과 같이 온대몬순기후하에 놓여 있는 지역에서는 주요 곡류와 과수가 1년에 한 번 수확된다. 이에 따라 수확 직후에 가격이 가장 낮고 단경기에 가장 높다. 이 계절 변동이 보관료, 이자, 유통이윤 등 정상적인 유통마진 범위 내에서 일어나면 정부나 공공단체가 개입하지 않아도 된다.

그러나 자금력이 약한 소농은 수확 직후 생산물을 시장에 내다 파는데 이를 흔히 홍수 출하라 한다. 특히 1950년대에서 1960년대 말까지 쌀의 정부매입량이 적었던 시기에 농가의 홍수출하를 가속시켰던 요인은 다음과 같다.

첫째, 회계연도(fiscal year) 탓이라고 지적할 수 있다. 한국 회계연도는 1월 1일부터 12월 31일까지다. 생산자는 봄에 빌린 영농자금을 12월 31일까지 상환해야 하므로 수확 직후 시장에 출하시켜 현금을 확보해야 한다. 또한 사채가 있으면 금융기관에서 빌린 융자금을 상환하기 전 사채부터 갚아야 한다.

둘째, 학년(school year) 설정이 계절 변동에 영향을 미친다. 한국은 3월 1일부터 학기가 시작된다. 그러므로 입학금은 대개 1월 중에 납입하므로 농산물의 홍수출하를 가속시킨다.

셋째, 신정(新正)과 구정(舊正)에 제수용 혹은 생활용품 구입에 필요한 현금을 확보해야 하므로 추곡을 시장에 내다 팔아야 한다.

상대적으로 보관하기 쉬운 곡류에 비해 신선 농산물가격이 더 폭락한다. 보관이 용이한 농산물일지라도 유통기능이 제 역할을 수행하지 못한 경우 수확 직후 가격이 하락하고 소비량이 늘어나며 단경기에 가격이 상승하므로 소비량이 준다.

수확 직후 쌀가격이 떨어지면 누구나 쌀을 배불리 먹을 수 있었고, 단경기가 되면 쌀가격이 급등해 고소득 계층만 쌀밥을 먹을 수 있었다. 이런 현상은 소득 수준이 낮았던 1950~1960년대에 야기된 일반적인 사회현상이었다.

가격의 계절 진동폭이 유통마진을 감안한 정상 수준을 벗어난다면 정부나 공공단체가 개입해 계절 변동을 안정시켜야 한다.

(3) 연차 변동과 추세 변동

농산물의 단위 면적당 수량은 기후조건의 영향을 크게 받는다. 천수답이나 수리불안전답이 많다면 강수량에 따라 단위 면적당 쌀 수확량이 크게 변한다.

생산량이 늘어난 해에는 가격이 떨어지고 반대로 감소한 해에는 가격이 상승하는데 이를 통상 연차 변동이라 한다. 농가 수취가격을 안정시켜 농가소득 안정을 가져오고 나아가 저소득 소비계층을 위한 소비자가격을 안정시킨다는 목적으로 정부나 공공단체가 농산물시장에 개입한다.

장기간 계측한 연차 변동을 추세 변동이라고 하는데 상승 추세와 하락 추세를 나타낸다. 기술혁신으로 노동 생산성이 높아지면 농산물가격은 하락추세를 나타낸다. 1950년대 이후 미국 농산물 실질가격이 지속적으로 하락추세를 보였는데 이는 농업의 기술혁신 덕분이다.

수입하기 어려운 농산물 중 노동 집약적인 품목은 경제성장과 더불어 노임이 지속적으로 상승함에 따라 가격도 상승하는 추세를 나타낸다. 한국 채소류 가격이 여기에 해당된다고 할 수 있다.

(4) 주기 변동

농산물가격이 상승과 하락을 정기적으로 반복하는 가격 변동을 주기 변동이라 한다. 거미집 정리에서 가격이 진동하는 형태를 시계열로 나타내면 1년 주기로 상승과 하락이 반복된다.

생산자가 의사결정을 내릴 때 생각이 비슷해 재배면적이나 사육두수 결정시 주기성(週期性)이 나타나면 가격 변동이 주기를 띤다. 또한 기상조건이 주기성을 나타내면 단위당 수량 변동이 주기성을 나타내는데 이것이 주기적인 가격 변동을 일으키는 사례도 있다.

한국 마늘가격에서 나타난 것처럼 생산비의 구성요건 때문에 주기 변동이 일어났던 사례도 있다. 마늘 생산비의 90% 정도가 종자 구입비인데 통상 자가에서 생산한 마늘을 종자로 이용한다. 금년도 가격이 폭락할 것으로 예상되면 양파의 경우 재배면적을 대폭 줄이지만 마늘 재배면적의 감소폭은 작다. 마늘 외 타 고소득 작목을 찾지 못하면 종자 구입비 부담이 적은 마늘을 심는다. 반대로 마늘 흉작으로 마늘가격이 폭등했지만 그 이듬해 재배면적이 큰 폭으로 증가하지는 않는다. 자금력이 약한 마늘 생산농가는 마늘 재배면적을 확대하고 싶어도 종자 구입에 어려움을 겪기 때문이다. 이런 경우 마늘가격은 대개 4년 혹은 6년의 주기 변동을 나타낸다.

2. 농산물가격 안정정책

1) 가격 안정화의 경제적 효과

(1) 가격 안정의 의의

농산물가격의 계절 변동폭이 정상적인 유통마진 수준 이상이라면 이를 안정시켜야 할 것이다. 또한 풍작 시 가격이 폭락하고 흉년이 들면 가격이 폭등하는, 이른바 가격의 연차 변동이 심할 경우 이를 안정시켜 생산자의 소득안정에 보탬이 되어야 한다.

가격이 불안정하면 생산자가 의사결정 시 어려움을 겪는데 이를 정부가 안정시켜준다면 생산자는 어느 정도 가격을 예측할 수 있으므로 재배면적 또는 사육두수를 결정할 때 큰 도움이 된다. 농산물가격을 안정시키면 생산자 소득 증대에 기여하며 소비자의 가계비 부담을 경감시키는 역할을 수행할 수 있다.

(2) 가격 안정화의 이론분석

가격 안정화의 경제적 효과를 이론적인 측면에서 분석해보자. 우선 공급곡선의 이동에 따라 가격 변동이 일어났을 경우 이를 안정시켰을 때 생산자 잉여 및 소비자 잉여에 미치는 효과를 분석해본다.

〈그림 5-5〉 공급곡선 이동에 의한 가격 변동과 안정화

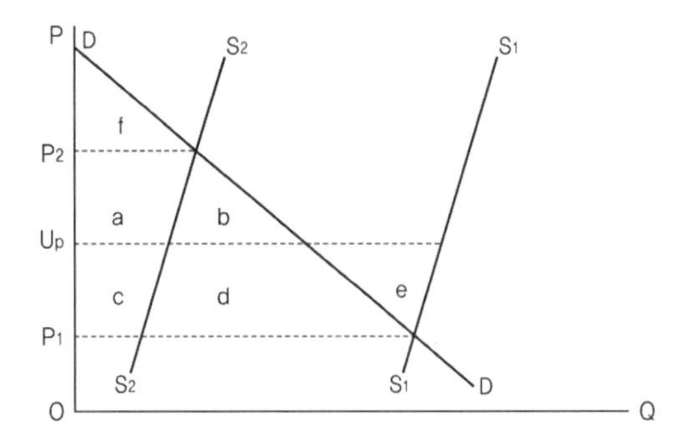

〈그림 5-6〉 수요곡선 이동에 의한 가격 변동과 가격 안정화

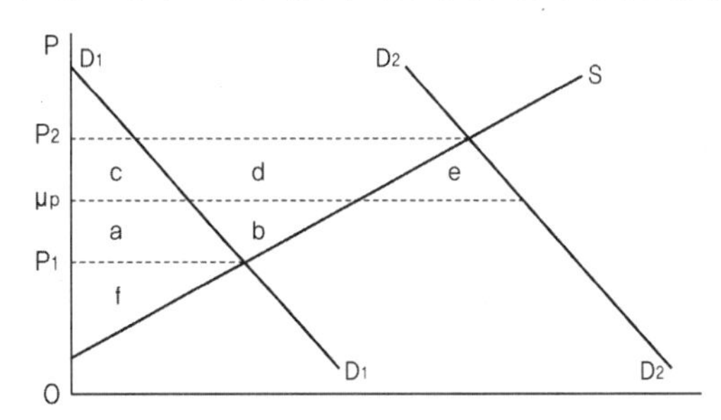

〈표 5-1〉 공급곡선 이동에 따른 가격 변동과 가격 안정화에 따른 경제잉여 증감분

구분	소비자 잉여	생산자 잉여	사회후생
I (P1 → Up)	- (c+d)	+ (c+d+e)	e
II (P2 → Up)	+ (a+b)	-a	b
I + II	(a+b)-(c+d) 〈 0	c+d+e-a 〉0	b+e

〈그림 5-5〉에 제시되어 있는 바와 같이 수요곡선은 DD이고 풍년이 들었을 때의 공급곡선은 S_1S_1다. 이때의 시장가격은 $\overline{OP_1}$이다. 한편 흉작일 때의 공급곡선을 S_2S_2라고 한다면 시장가격은 $\overline{OP_2}$다. 이것을 단순 산술 평균가격 수준, 즉 $\mu p = \frac{OP_1 + OP_2}{2}$ 수준으로 안정시켰을 때의 소비자 잉여와 생산자 잉여의 변동은 〈표 5-1〉에 제시된 바와 같다.

〈표 5-2〉 수요곡선 이동에 의한 가격 변동과 가격 안정화에 따른 경제잉여

구분	소비자 잉여	생산자 잉여	사회후생
I (P1 → μp)	- a	a+b	b
II (P2 → μp)	+ (c+d+e)	- (c+d)	e
I + II	(c+d+e)-a 〉0	(a+b)-(c+d)〈 0	b+e

공급곡선의 이동에 의해 풍작 시의 가격 $\overline{OP_1}$을 $\overline{OU_p}$ 수준으로 끌어올리면 생산자 잉여는 (c+d+e)면적만큼 늘어나고 소비자 잉여는 (c+d)면적만큼 감소한다. 소비자 잉여 감소분보다 생산자 잉여 증가분이 더 크므로 사회후생은 e만큼 증가한다. 반면 흉작 시의 시장가격 $\overline{OP_2}$를 $\overline{OU_p}$ 수준으로 안정시키면 소비자 잉여 증가분은 (a+b)면적이고, 생산자 잉여 증가분은 a면적이고, 사회후생 증가분은 b면적이다.

공급곡선 이동으로 가격 변동이 일어났을 경우 이를 안정시키면 소비자 잉여는 줄어들고 생산자 잉여는 늘어난다. 줄어든 소비자 잉여보다 생산자 잉여의 증가분이 더 크므로 사회후생은 늘어난다.

한편 수요곡선의 이동으로 가격 변동이 일어났을 때 이를 안정시키면 생산자 잉여는 감소하고 소비자 잉여는 증가한다(〈그림 5-6〉, 〈표 5-2〉 참조).

농산물의 수요는 연중 안정되어 있으며 공급의 이동에 따라 가격 변동이 일어난다. 그러므로 정부나 공공단체에서 가격을 안정시키면 생산자에게 유리하고 상대적으로 소비자에게 불리한 정책 효과를 가져온다.

또한 정부가 가격을 안정시켰을 경우 수요곡선의 형태에 따라 생산자에게 유리할 수도 있고 불리할 수도 있다. 즉, 풍작이 들어 가격이 하락했을 때 이를 사들여 비축했다가 흉작으로 가격이 폭등했을 때 시장에 출하시키는 정책을 폈을 경우 생산자의 판매수익의 증감 여부는 수요곡선의 형태에 좌우된다. 즉, 정부나 공공단체가 개입하지 않았을 때의 판매액과 개입해 가격을 안정시켰을 때 판매액 중 어느 쪽이 더 많은지는 수요곡선의 형태, 즉 수요의 가격탄력치에 달려 있다.

농산물시장은 완전경쟁시장이지만 가격 안정정책의 효과를 분석할 때는

〈그림 5-7〉 수요의 가격탄력치의 변화에 따른 수매비축제의 효과 Ⅰ

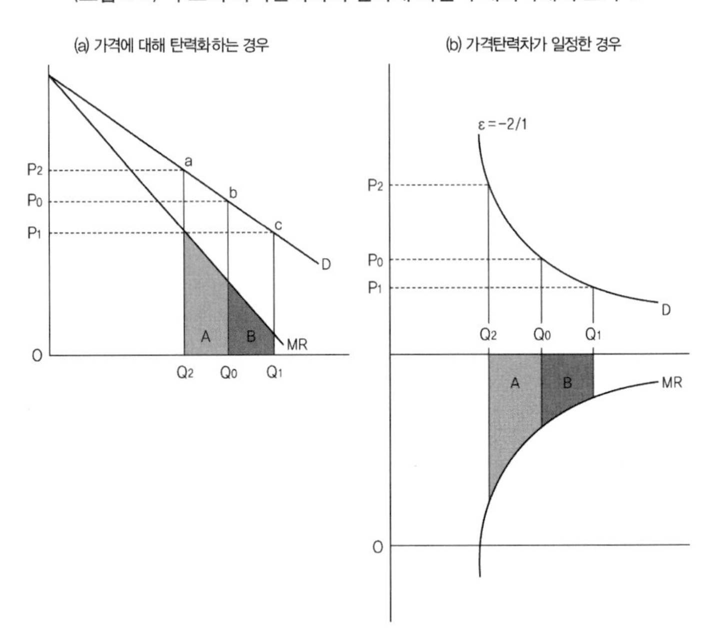

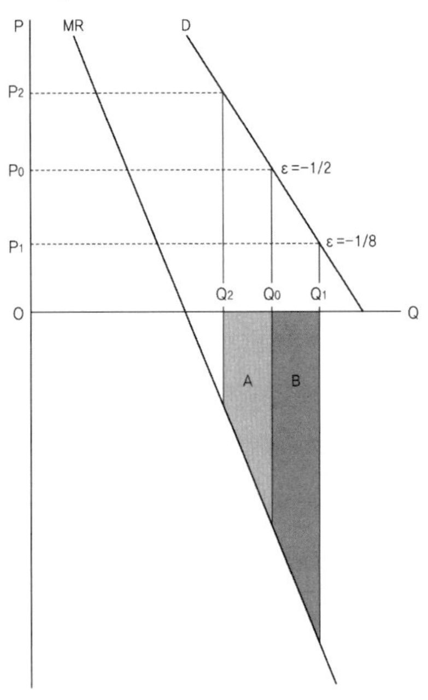

개별 생산자의 이해는 무시하고 생산자 전체의 이해를 따진다. 그러므로 생산자 전체를 하나의 거대한 농가(giant farmer)로 간주하고 독점이론을 응용해 가격 안정 효과를 분석하면 된다.

독점기업이 직면하는 수요곡선은 시장수요곡선이며 여기서 한계수익곡선(MR), 즉 $MR=P(1-\frac{1}{|\varepsilon|})$이 도출된다.

〈그림 5-7〉의 (a)와 같은 수요곡선이라면 가격탄력치(ε)의 절댓값이 1보다 크므로 MR은 정(正)의 값을 갖는다. 수확 직후 또는 풍작이 든 해의 시장 출하량이 $\overline{OQ_1}$라면 시장가격은 $\overline{OP_1}$ 수준으로 결정되고 총판매액은 $TR_1=\overline{OQ_1}\times\overline{OP_1}=\square OQ_1CP_1$다.

한편 단경기 또는 흉작이 든 해의 시장출하량이 $\overline{OQ_2}$라면 시장가격은 $\overline{OP_2}$로 결정되고 총판매액은 $TR_2=\overline{OQ_2}\times\overline{OP_2}=\square OQ_2aP_2$다.

정부나 공공단체가 가격 안정정책을 실시해 시장 출하량을 $\overline{OQ_0}$로 조절하면 시장가격은 $\overline{OP_0}$로 안정된다. 이때의 판매수익은 $TR_3=\overline{OQ_0}\times\overline{OP_0}=\square OQ_0bP_0$다. 안정시키지 않았을 때 생산자의 총판매수익은 TR_1+TR_2이고 안정시켰을 때 판매수익은 $2TR_3$다.

$2TR_3 > TR_1+TR_2$의 관계가 성립하면 가격 안정으로 생산자 판매수익이 늘어난다. 이는 MR을 이용하면 쉽게 이해할 수 있다.

〈그림 5-7〉의 (a)에서 보는 바와 같이 정부가 개입하지 않았을 때의 출하량은 $\overline{OQ_1}$인데 정부가 $\overline{Q_0Q_1}$만큼 매입해 시장가격을 $\overline{OP_1}$에서 $\overline{OP_O}$ 수준으로 끌어올렸다. 그러므로 수확 직후 정부매입에 따른 생산자의 판매수익 감소분은 B면적이다.

한편 정부가 개입하지 않았을 때의 단경기 시장가격은 $\overline{OP_2}$ 수준이다. 정부가 비축한 농산물을 시장에 판매해 시장가격을 $\overline{OP_O}$ 수준으로 안정시키면 생산자의 판매액 증가분은 A면적이 된다. 수확기 매입량과 단경기 방출량이 동일하므로 $\overline{Q_OQ_1}=\overline{Q_OQ_2}$이며 A면적이 B면적보다 크다. 즉, 가격 안정으로 생산자의 판매수익은 늘어난다.

한편 ε의 값이 1보다 작고 일정하다고 가정했을 때 수요곡선과 MR곡선이

〈그림 5-7〉의 (b)에 나타나 있다. (a)에서와 마찬가지로 B는 줄어든 판매액이고 A는 늘어난 판매액인데 면적의 크기를 따지면 A가 B보다 크다. 그러나 둘 다 부(-)치이므로 가격을 안정시키면 생산자의 판매액은 감소한다.

(c)에는 가격탄력치의 절댓값이 1보다 작고 가격이 떨어질수록 수요가 비탄력화되는 수요곡선이 나타나 있다. 가격 안정으로 감소하는 판매액을 나타내는 것은 B이고 가격 안정으로 얻는 판매수익 증가분은 A다. A, B 둘 다 부(-)이고 절댓값은 A가 B보다 작다. 그러므로 이런 경우 가격을 안정시키면 생산자의 판매수익이 늘어난다. 수요의 가격탄력치가 일정한 수요곡선의 농산물을 제외하고는 가격을 안정시키면 생산자의 판매수익이 늘어나는 정책 효과를 가져온다.

2) 농산물가격 안정정책수단

(1) 완충재고제

농산물의 가격 변동을 안정시키면 생산자의 판매수익이 증대되는 정책 효과를 가져온다. 수확 직후 가격이 폭락했을 때 정부나 공공단체가 매입해 저장해두었다가 가격이 폭등하는 단경기에 방출해 가격을 안정시키는 정책수단을 완충재고제(buffer stock scheme)라 한다. 한국에서는 농산물가격을 안정시키고자 완충재고제를 원용한 가격 안정정책수단을 다양하게 전개해왔다. 엄밀한 의미의 완충재고제는 정부나 공공단체가 시장에 개입해 시장가격으로 사들여 보관했다가 시장에 판매하는 것을 의미한다.

그러나 각 유통 단계별로 형성되는 시장이 완전경쟁시장이라는 전제를 만족하지 못하면 도매시장에 개입해 가격을 올린다 해도 그 효과가 산지시장에 그대로 반영된다는 보장이 없다.

또한 가격 안정정책의 효과를 생산자들이 피부로 느낄 수 있고 동시에 정치적 효과도 누릴 수 있다는 점을 고려해 통상 생산자로부터 직접 매입한다.

쌀과 맥류의 농가 수취가격을 지지하고 안정시키고자 실시한 '정부매입제'

와 고추를 비롯한 양념 채소류를 대상으로 실시한 '수매비축제'는 완충재고제 기능을 수행한 정책수단이었다.

정부매입제란 정부가 결정한 가격, 이른바 정부매입가격으로 생산자로부터 직접 매입해 보관했다가 정부가 결정하는 가격인 방출가격으로 판매하는 제도다.

수매비축제는 정부 또는 공공단체 및 생산자단체가 사전에 결정한 가격으로 생산자로부터 직접 사들여 보관했다가 시장가격이 오르면 도매시장에 상장시켜 판매하는 제도다. 여기서 말하는 공공단체는 농산물유통공사이고 생산자단체는 농협과 축협 등을 말한다.

WTO 출범 이전에 정부가 농산물 수입할당제를 실시했으며, 이때 수입권한을 농산물유통공사와 생산자단체에 부여했다. 이들은 외국에서 농산물을 수입해 판매함으로써 국내시장가격을 안정시켰는데, 이것도 일종의 완충재고제라 할 수 있다.

1971년부터 고추, 마늘 등 양념류 농산물을 대상으로 수매비축 사업을 실시했다. 이를 뒷받침하는 제도적인 장치로 1966년 8월에 「농산물가격안정기금법」을 마련했다. 농산물 수입 개방 이전에는 주로 정부출연금으로 가격 안정기금을 마련했으므로 규모가 작았으나 개방 조치 이후 수입농산물 판매 수익을 가격 안정기금으로 충당해 기금을 확충했다.

1976년 12월에 「농산물유통및가격안정에관한 법률」을 제정했고 「농산물가격안정기금법」은 이 법에 흡수되었다. 농산물가격 안정 사업의 일환으로 1970년부터 1977년까지 정부를 대행해 농협이 수매비축 사업을 수행해왔다.

소득이 증가함에 따라 수요가 증가하는, 이른바 성장농산물의 수요가 늘어남에 따라 가격이 상승했고, 이를 안정시키려면 수입이 불가피하다고 판단했다. 농산물 수입 전담기구로서 '농수산물유통공사' 내에 '농수산물가격 안정사업단'을 설치해 농협이 수행한 수매비축 사업을 이관시켰다. '농수산물가격안정사업단'은 수확 직후 농가로부터 수매하고 필요한 경우 수입해 비축했다가 단경기에 방출했다. 그러나 농가로부터 수매한 물량은 적었다.

〈표 5-3〉 주요 비축 농산물의 국내 수매량(1970~1986)

(단위: 톤)

구분	고추	마늘	양파	참깨	땅콩	감자	사과
1970	1,160	117	-	700	-	-	850
1971	1,197	151	-	595	-	-	-
1972	1,531	176	-	323	-	-	779
1973	648	100	-	787	-	-	900
1974	300	73	-	-	-	-	-
1975	1,114	-	-	537	-	-	-
1976	1,530	710	-	-	-	-	-
1977	500	-	-	-	-	-	-
1978	-	-	-	-	-	151	-
1979	828	2,425	1,849	-	-	-	-
1980	2,049	106	81	-	-	-	-
1981	4,977	-	-	0.1	-	-	2,992
1982	4,981	-	-	7	1,296	-	-
1983	7,766	-	-	2.3	2,999	-	1,687
1984	-	-	173	1,560	209	405	-
1985	-	2,194	2,416	-	36	499	503
1986	8,000	8,466	1,993	1	123	501	300

자료: 농수산물유통공사.

또한 1978년부터 가격 안정대를 설정해 매입·방출 사업을 실시했다. 즉, 시장가격이 하한선 이하로 떨어지면 사들이고 상한선을 상회하면 방출해 설정한 가격 안정대 내에서 시장가격을 유지시키는 가격 안정정책수단이다.

가격이 상한선을 웃돌면 수입해 비축해둔 것을 방출해 시장가격을 끌어내리는 역할을 수행했지만 하한가 이하로 떨어지면 시장에서 사들이는 매입 사업을 적극적으로 수행하지 않았다.

주요 농산물(〈표 5-3〉)을 대상으로 실시한 수매비축 사업을 생산자 측면에서 보면 소기의 정책 효과를 거두지 못했다고 평가할 수 있다. 풍작으로 수확 직후 가격이 폭락해도 생산량에서 차지하는 수매량의 비율이 낮아 시장가격을 끌어올리는 효과가 크지 않았다. 정부가 사들여 가격을 안정시킨다는 여론을 조성하는 파생효과를 거두는 정도에 지나지 않았다.

반면에 흉작으로 시장가격이 오르면 해외에서 수입해 방출함으로써 시장가격을 안정시켰다. 따라서 수매비축 사업은 소비자 부담을 줄이고 물가를 안정시키는 효과를 누린 사업이라는 평가가 지배적이었다.

풍작으로 가격이 하락하면 방치하고 흉작으로 가격이 상승하면 수입해 안정시켰으므로 생산자에게 불리한 가격 안정 사업이었다고 주장할 수 있다.

(2) 출하 조정

무, 배추 등 저장하기 어려운 품목의 경우 시장 출하량에 따라 가격 변동이 크다. 개별 생산자가 정확한 시장정보를 신속하게 접할 수 없었던 시기에는 생산량이 일시에 시장에 몰리는 현상이 나타났는데 이를 홍수출하라 불렀다.

정부는 농협을 통해 생산자에게 필요한 자금을 지원해 시장에 출하시키는 물량을 조절하는 사업을 시행했다. 이를 출하 조정 사업이라 하는데 생산자로부터 큰 호응을 얻지 못했다. 출하시기를 앞당기거나 뒤로 미룬다 해서 생산자 수취가격을 높인다는 보장이 없었기 때문이다. 즉, 가격이 하락했을 때 정부가 이를 매입해 폐기 처분하는 수매정책이 뒤따르지 않는 한 출하 조정 사업은 성공하기 어렵다.

생산자들이 자발적으로 참여해 시장 출하량을 조절한다면 가격 안정 효과를 거둘 수 있다. 또한 풍작으로 채소류 가격이 폭락해 전년도에 비해 판매수익이 감소하는, 이른바 '풍요 속의 빈곤'을 당할 때 생산자들이 수확량을 제한하면 판매수익을 늘릴 수 있다.

개별 생산자의 판매수익이 아니라 생산자 전체의 판매수익 증감에 관한 설명이므로 독점이론을 이용해 '풍요 속의 빈곤'을 이해할 수 있다. '풍요 속의 빈곤'을 겪지 않으려면 수확 전 폐기처분해야 된다는 사실을 터득했다.

〈그림 5-8〉에서 DD는 마늘의 시장 수요곡선을 나타낸다. 전년도 마늘 총생산량은 $\overline{OQ_1}$이었으므로 시장가격은 $\overline{OP_1}$으로 결정되었다. 그러므로 마늘 총판매수익은 $TR_1=\overline{OQ_1}\times\overline{OP_1}=\square OQ_1AP_1$이었다. 그런데 금년도 생산량은 $\overline{OQ_2}$로 늘어나 시장가격은 $\overline{OP_2}$로 하락했다. 금년도 마늘 총판매수익은 $TR_2=\overline{OQ_2}\times\overline{OP_2}=\square OQBP_2$다. $TR_2 < TR_1$이면 이를 풍요 속의 빈곤이라 한다. 이 그림에서는 TR_1이 TR_2보다 크다고 증명할 수 없으나 MR곡선을 이용하면 이해할 수 있다.

〈그림 5-8〉 마늘 판매수익

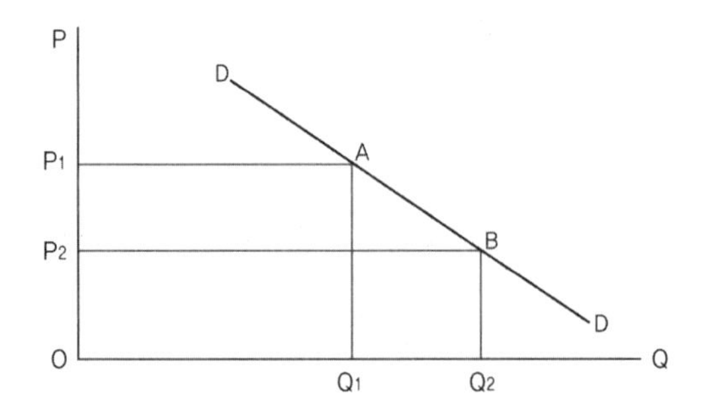

〈그림 5-9〉 폐기처분과 판매수익 극대화

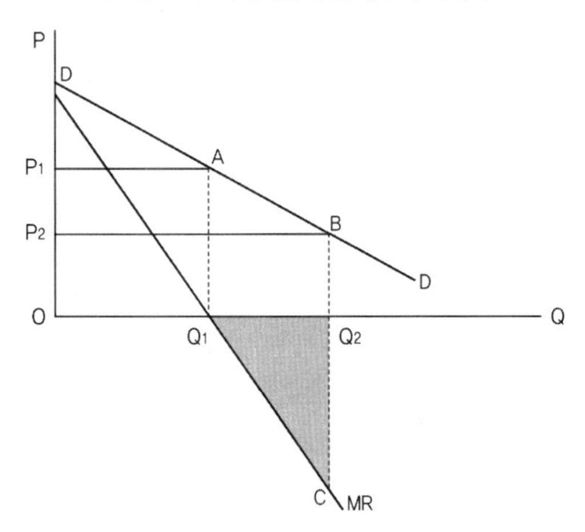

〈그림 5-9〉에서 DD는 수요곡선을, MR은 한계수익곡선을 나타낸다. 전년도 마늘 생산량은 $\overline{OQ_1}$이었으므로 총판매수익은 $\triangle DOQ_1$ 면적이다. 이것은 〈그림 5-8〉에 나타나 있는 $\square OQ_1AP_1$ 면적과 같다. 판매수익을 극대화하는 생산량은 $\overline{OQ_1}$이다. 한편 금년도 생산량은 $\overline{OQ_2}$이므로 판매수익은 전년에 비해 $\triangle Q_1CQ_2$만큼 줄어든다. 그러므로 생산자들이 $\overline{Q_1Q_2}$만큼 수확을 포기하면 판매수익을 극대화할 수 있다.

(3) 담보융자제

수확기에 농가가 시장에 출하시키는 농산물을 감소시켜 시장가격을 끌어올리고, 반대로 단경기에는 출하량을 늘려 시장가격을 인하하는 정책수단 중 하나로 '담보융자제'를 들 수 있다.

농가가 자발적으로 출하량을 조절하기란 현실적으로 어렵다. 농산물을 금융기관이나 정부에 저당 잡히고 필요한 자금을 농가가 융자해 이용한 후 단경기에 판매해 상환하는 제도를 담보융자제라 한다.

한국에서는 1957년부터 1966년까지 '미곡담보융자제'를 실시했다. 이 미곡담보융자제는 정부 대행사업으로 농협이 수행했다. 농가는 농협에 벼를 담보로 맡기고 필요한 자금을 융자했으며 농협은 벼를 창고에 보관하고 농가에 쌀 보관증을 발행했다. 융자기간은 미곡연도 기준으로 1년(11월~10월)이었으며 농가의 희망에 따라 담보기간을 결정했다. 융자금의 이자율은 연리 11%였고 사용 일수를 기준으로 이자를 계산했다. 당시 제도금융인 영농자금 이자율이 연리 15% 내외 수준이고 시중 금융기관의 대출금리가 연리 25~30%였던 점을 감안하면 미곡담보융자제는 농가에 유리한 대출조건이었다.

쌀 80kg 한 가마 담보에 대한 융자금액은 정부매입제가 실시된 이전까지는 정해져 있었고 쌀 정부매입제가 도입된 1961년 이후부터는 정부매입가격에 연계해 매년 변동되었다.

미곡담보융자제에 응한 쌀 담보량이 〈표 5-4〉에 제시되어 있다. 흉작인 해를 제외하고 정부가 의도한 대로 담보실적을 올린 셈인데, 이는 융자조건이 유리했기 때문이다.

농가의 쌀 상품화 양에 대한 담보량의 비율을 보면 정부매입제 실시 후 낮아졌는데, 이는 정부매입제가 쌀가격의 계절 변동을 완화시키는 역할을 수행했기 때문이다. 정부매입량이 늘어나면 농가는 굳이 쌀을 담보로 저당 잡히고 융자하지 않아도 되므로 정부매입제가 도입된 후 서서히 담보융자 규모를 줄이다가 1967년에 완전히 폐지되었다.

미곡담보융자제는 수확 직후 농가 수취가격을 올리고 단경기 시장가격을

〈표 5-4〉 미곡담보융자제 실적(1957~1966)

(단위: 천 톤, %)

구분	쌀 상품화 총량(A)	담보계획(B)	담보실적(C)	C/B	C/A
1957	2,438	144.0	140.0	97.2	5.7
1958	3,002	230.4	215.3	91.2	7.2
1959	3,161	216.0	201.5	93.3	6.4
1960	3,150	259.2	169.1	65.2	5.4
1961	3,047	144.0	102.2	83.5	3.4
1962	3,463	216.0	48.0	22.2	1.4
1963	3,015	216.0	73.7	34.1	2.4
1964	3,758	144.0	93.2	64.7	2.4
1965	3,954	144.0	78.6	54.6	2.0
1966	3,501	58.4	57.4	98.3	1.6

자료: 김형화·김병택, 『경제발전과 미곡정책』, 137쪽.

안정시키는 효과를 가져왔다. 쌀가격의 계절 변동을 완화시킴으로써 농가소득 증대에 기여한 것으로 평가할 수 있다. 즉, 쌀가격의 계절 변동은 공급요인의 영향을 받으므로 이를 안정시키면 생산자에게 유리하다는 사실이 이론적으로 입증되었고 현실적으로도 타당하다고 판명된 셈이다.

(4) 채소가격 안정 사업

가격 변동이 심한 채소류를 대상으로 농협이 가격 안정 사업을 수행해왔다. 즉, 사업대상인 채소류 주산지의 생산자와 농협 간에 계약 재배를 체결해 사전에 재배면적을 조절하거나 수확 전에 생산량을 조절해 가격을 안정시키는 방식이었다.

1995년에 고랭지채소, 김장채소 등 이른바 밭떼기 판매가 성행하는 품목을 대상으로 '채소류 유통 활성화 사업'을 추진했다.

1997년에 와서 대상품목을 기존의 고랭지배추, 고랭지무, 김장무, 김장배추 외에 마늘, 양파, 파, 봄무, 봄배추, 고추, 당근 등의 채소류로 확대하고 명칭을 '채소가격 안정 사업'으로 개칭했다.

파종 혹은 정식(定植)하기 전에 산지농협이 농가와 재배계약을 체결하고 수확하기 전에 가격동향을 파악해 시장가격이 하락할 가능성이 나타나면 출하를 조절하는 방식을 택했다.

수확 후 계약물량을 판매했을 때 판매액이 계약가액의 20%를 초과하면 이 초과분을 사전에 결정한 배분비율에 따라 농협과 농가 간에 배분하는 방식이었다. 판매액이 계약금에 미달하고 그 부족액이 20% 이상이면 그 손실액을 농가와 농협이 계약대로 공동 부담하는 제도였다.

이 사업이 제대로 수행된다면 가격 변동폭이 큰 채소류의 가격 안정에 기여할 것으로 기대되었다.

생산자와 농협 간에 체결한 계약가격은 생산자 입장에서 보면 최저보장가격이며 풍작으로 가격이 폭락해도 수취가격이 보장되므로 소득 지지효과를 가져온다. 또한 풍작으로 가격 폭락이 예상되면 사전에 수확량을 제한해 가격 폭락을 막을 수 있다. 아울러 농가에서 보관할 수 있으므로 계절 변동이 심한 채소류를 대상으로 생산 후 출하를 조절하면 계절 변동을 완화할 수 있다.

그러나 이러한 사업이 정책 효과를 거두려면 주산지 내의 생산자가 한마음 한뜻으로 사업에 참여해야 한다.

1999년부터 이 사업을 활성화하고자 추진 방법을 보완했다. 즉, 계약해제를 막으려는 의도로 계약 물량의 10~20%에 해당하는 물량에 출하 전 정산 방법을 도입했다. 즉, 계약 재배 사업과 최저가격 보장제를 연계해 실시했다.

이 사업에 소요되는 자금의 80%를 정부가 20%를 농협이 각각 부담했으며 '농산물가격안정기금'을 재원으로 10년 거치 무이자 조건으로 정부 지원금을 융자 지원했다.

계약 재배를 근간으로 하는 채소 수급 안정 사업을 대상으로 예산을 확대해왔다(〈표 5-5〉 참조).

이를 계기로 주산지 농협이 산지 유통에 참여하게 됨에 따라 ① 수집상의 횡포 견제, ② 생산자의 위험 분산 효과, ③ 계약물량의 출하 조절에 따른 가격 안정 등의 효과를 거둔 것으로 평가된다.

산지농협이 제시하는 계약가격은 생산자 입장에서 보면 최저보장가격의 기능을 수행한다. 특히 밭떼기 거래가 많은 품목의 경우 계약 재배를 통해 가

〈표 5-5〉 채소가격 안정 사업 실적(1995~1999)

(단위: 천 톤, 억 원)

구분	1995		1996		1997		1998		1999	
	계약 실적	참여 조합	계약 실적	참여 조합	계약 실적	참여 조합	계약 실적	참여 조합	계약 실적	참여 조합
고랭지 무·배추	34	42	73	49	75	43	127	41	136	44
가을 무·배추	47	65	95	89	86	74	90	70	85	86
마늘	-	-	23	90	18	82	25	85	36	81
양파	-	-	33	48	49	55	70	62	91	65
파	-	-	8	12	4	9	5	16	15	19
봄 무·배추	-	-	-	-	8	23	22	52	25	49
고추	-	-	-	-	7	186	6	123	6	117
당근	-	-	-	-	-		12	7	14	8
합계	81	-	107	288	247	472	357	456	408	469
자금 조성액	625		1,100		2,465		2,810		2,014	

격 안정 효과를 거둘 수 있었다. 그러나 주산지 생산량에서 차지하는 계약 재배 물량의 비율이 낮고 사후 출하 조절이 미흡해 가격 안정 효과는 미흡한 수준이었다.

따라서 채소가격 안정 사업이 소기의 성과를 거두려면 주산지에 있는 대다수의 생산자가 사업에 참여해야 하고 생산 과잉이 우려되면 전면적으로 수확량을 조절하는 조취를 취해야 한다. 또한 시장가격이 최저보장가격 이하로 하락하면 농협이 매입해 시장에서 격리시켜 가격을 안정시켜야 한다.

가격 하락으로 발생한 손실을 생산자와 농협 간에 분담하는 방식만으로는 생산자의 신뢰를 얻기 어렵다. 그러므로 사업 초기에 농협이 위험부담을 각오하고 재정 손실을 감수해 사업을 시행하면 생산자의 신뢰를 얻을 수 있고, 이를 통해 참여하는 생산자가 확대되면 가격 안정 효과를 거둘 수 있다.

(5) 축산물가격 안정 사업

식육소매상, 이른바 정육점 경영인들이 1956년 5월에 축산기업조합을 결성해 협정가격제를 마련했다. 소와 돼지를 도축해 생산에서 소매에 이르기까지 각 단계별로 원가를 계산하고, 이것을 기초로 협정가격을 결정해 관계당국으로부터 승인을 받는 형식으로 판매가격을 결정하는 것이다. 이 협정가격은 일종의 독점가격인데 1969년 9월까지 지속되었다.

육류 소비량이 늘어나 소매가격이 상승하자 1969년부터 행정 당국은 '행정지도가격'을 설정해 소매가격을 통제했다. 수요나 공급의 변동에 따라 시장가격의 변동이 야기되었는데도 수급물량을 조절해 가격 안정을 유도하는 것이 아니라 정부가 가격을 직접 통제하는 행정지도가격은 소기의 정책 효과를 거두기 어려웠다.

산지의 생체가격과 지육 도매가격은 어느 정도 연동되었지만 소매가격이 여기에 탄력적으로 연동되지 않아 많은 문제를 야기했다. 산지의 소가격이 상승하면 일정한 마진율을 유지시키고자 각종 유통 부조리를 자행할 수밖에 없었다. 반대로 산지가격이 하락하면 정육점 소매상인들은 초과마진을 얻는다. 이는 마트에서 정육을 소매하지 않았던 시기에는 동네 정육점이 정육 공급을 독점했다는 사실을 나타낸다.

행정지도가격을 준수하지 않으면 위생검사 등 행정적인 제재를 통해 간접적으로 통제했으므로 행정 불신을 조장하는 역기능만 드러났다.

1977년에 가격 안정대를 설정해 하한가격 이하로 떨어지면 지육을 사들이고 상한가격 이상 상회하면 방출하는 가격 안정정책을 시도했지만, 이듬해에 쇠고기 파동을 겪자 가격 안정대는 정착하지 못했다. 1988년에 쇠고기 가격이 폭등하자 쇠고기를 수입해 가격을 안정시켰다. 이때 쇠고기 '합성(合成)가격제'가 대두되었다. 한우와 수입육을 혼합해 600g당 2,000원을 받도록 행정지도가격을 조정했다. 쇠고기 가격을 안정시키고자 기상천외한 방안이 마련된 셈이다. 소비자가 육안으로 국내산과 수입육을 식별하기 어려워 수입 쇠고기 가격을 인상하는 효과가 나타났고, 동시에 정육점의 판매 수익을 증대시키는 데 기여했다.

산지시장가격과 도매시장가격을 소매시장가격에 연계시켜 제한된 범위 내에서 변동을 허용하고 합리적인 견제기능을 가질 수 있도록 1980년대에 쇠고기와 돼지고기를 대상으로 '가격연동제'를 도입했다.

산지 가축시장의 생체가격이나 도매시장에서 형성된 지육가격에 적정한 유통마진을 가산해 정육점 소매가격을 책정하고 도매가격이 변동하면 정육점 소매가격을 연동해 변동시키는 가격 결정 시스템이었다.

연동가격을 심의하고 이를 효율적으로 운영하기 위해 시·도에 가격심의위원회를 설치하도록 조치했다. 도지사는 5일마다 연동가격을 결정해 가격심의위원회의 심의를 거쳐 발표했다.

가격연동제는 자율시장가격제로 이행해가는 과정에서 과도기 형태로 나타났다고 평가할 수 있다. 수급 사정을 무시한 채 경직되어 있는 행정지도가격에 비해 진일보한 가격 정책이었다. 그러나 연동제에도 문제가 많았다. 산지가격이 상승하면 연동제가격이 잘 지켜지지만 산지가격이 하락하면 연동제가격이 탄력적으로 조정되지 않았다. 수입 쇠고기를 한우로 둔갑시킴으로써 연동제를 악용하는 사례도 드러났다.

이러한 모순을 보완하기 위해 1981년 9월부터 가격자율화의 일환으로 가격표시제를 도입했다. 또한 수입 쇠고기를 도매시장에 상장시켜 판매했다.

쇠고기 시장가격을 안정시키기 위한 정책수단으로 1978년에서 1979년까지 출하 조정 사업을 실시했다. 쇠고기 시장 공급량을 늘리기 위해 비육(肥肉)을 대상으로 출하 장려금을 지급했다.

원유(原乳)가격은 1973년부터 정부가 결정해왔다. 농수산부차관을 위원장으로 하고 '낙농심의회'에서 원유가격을 심의한 후 경제기획원과 협의해 결정했다. 그러나 이 원유가격 결정은 생산자에게는 유리할지 모르지만 낙농업 구조 조정에는 역기능으로 작용했다. 신선 우유로 만들어 시판하고 남는 원유는 분유로 가공해 보관했다. 시유(市乳)는 수입하기 어렵지만 분유는 수입자유화 품목이며 관세가 높지 않아 국내산 분유가 경쟁력을 확보하지 못했다. 이를 감안한다면 시유와 분유로 판매한 후 원유가격을 결정해 생산농가에 지급하는 방식을 택해야 할 것이다. 사전에 원유가격을 결정하면 이 가격에 맞춰 원유를 생산하므로 낙농업의 구조 조정이 탄력적으로 이루어지지 않아 만성적인 생산 과잉에서 벗어나지 못한다. 이러한 낙농업의 구조적인 문제는 오늘날까지도 지속되고 있다.

3. 농산물가격 지지정책

1) 정책목표

농업 종사자의 소득이 비농업 종사자의 소득보다 낮아 곤란하다면 우선 소득을 증대시켜야 할 것이다. 형평성이라는 사회가치관으로 판단해 농업 문제를 인식하고 이를 해결하기 위해 정책목표를 설정한다.

농업 종사자의 주된 소득은 농업소득이므로 이를 높이기 위한 정책대안이 많지만 이 중 농산물가격 지지정책이 핵심이라 할 수 있다.

가격 지지를 판단하는 기준은 경제여건에 따라 상이하다. 봉쇄경제를 전제로 하면 정부가 개입하지 않았을 때의 시장가격이 기준이 된다. 개방경제라면 국제 가격을 기준으로 판단해야 한다. 국경 조치로 국내 시장가격을 국제 가격보다 높게 유지하면 가격 지지이고, 수출국이 수출 관세를 부과해 국내 가격을 국제 가격보다 낮게 유지하면 가격 억제라 한다. 국경 조치로 국내 가격을 지지하는 정책수단에 대해서는 제7장에서 상세하게 고찰했다. 여기서는 봉쇄경제를 전제로 농산물가격을 지지할 수 있는 정책수단을 검토했다.

또한 형평성의 차원에서 평가한 농가소득 문제가 대두되지 않았을 경우에도 가격을 지지하는 사례도 있다. 즉, 특정 농산물의 생산량을 늘려 국내 자급률을 일정 수준으로 유지시키기 위해 정부가 개입해 가격을 지지하는 경우다. 국가안보 측면, 환경 및 국토 보전 등 공익적 기능을 갖는 특정 농산물의 생산을 유지하기 위해 가격 지지정책을 채택한다.

봉쇄경제를 전제로 할 때 농가 수취가격을 시장보다 높게 유지시킬 수 있는 정책수단은 정부매입제, 부족 지불제, 재배면적 제한(Acreage Allotment) 등이다.

2) 가격 지지정책수단

(1) 정부매입제

정부가 지지가격 수준을 설정해 이를 유지하겠다고 발표한 후 이 가격에서 수요를 초과하는 공급량을 매입해 ① 폐기처분, ② 외국 원조, ③ 국내 고아원과 양로원에 기증, ④ 수출 보조금 지급에 의한 덤핑수출 등의 정책수단으로 국내시장에서 격리시키는 정책이다.

수확 직후 정부가 매입해 단경기에 시장에 방출하는 정부매입제는 계절 변동을 안정시키는 효과를 가져오지만 가격 지지 효과가 크지 않다. 정부가 매입해두었다가 시장에 출하하는 정책은 가격을 지지하기 위한 정부매입제로 단정하기보다는 가격을 안정시키기 위한 완충재고제로 이해해야 한다.

〈그림 5-10〉에 제시되어 있는 바와 같이 정부가 개입하지 않고 자유시장에 맡겨두면 시장가격은 $\overline{OP_e}$ 수준이고 생산량은 $\overline{OQ_e}$ 수준이다. 이 가격으로는 농가소득이 상대적으로 낮기 때문에 농업소득을 지지하기 위해 정부는 시장가격을 $\overline{OP_s}$ 수준으로 유지시키겠다고 발표했다.

이렇게 되면 생산자 수취가격은 $\overline{OP_s}$이므로 생산량은 $\overline{OQ_2}$로 결정된다. 반면에 시장가격이 $\overline{OP_s}$이므로 수요량은 $\overline{OQ_1}$이며, $\overline{Q_1Q_2}$만큼 초과 공급량이 발생하고 이것을 모두 정부가 매입해 시장에서 격리시켜야 한다. 정부는 $\overline{OP_s}$의 가격으로 $\overline{Q_1Q_2}$만큼을 매입해야 하므로 정부 재정 부담은 □AQ_1Q_2B가 된다. 정부가 개입하지 않았을 때를 대비한 정부매입제의 정책 효과가 〈표 5-6〉에 제시되어 있다. 정부매입제를 실시하면 소비자 잉여는 줄어들고 생산자 잉여는 늘어난다.

아울러 정부가 매입한 농산물을 폐기처분했다고 가정하면 매입액이 정부의 재정손실로 귀착된다. 소비자 잉여, 생산자 잉여, 정부 재정 부담을 감안한 사회후생감소분(Net Social Welfare Loss)은 〈그림 5-10〉에 나타난 ⊠AQ_1Q_2BE

〈그림 5-10〉 가격 지지정책수단

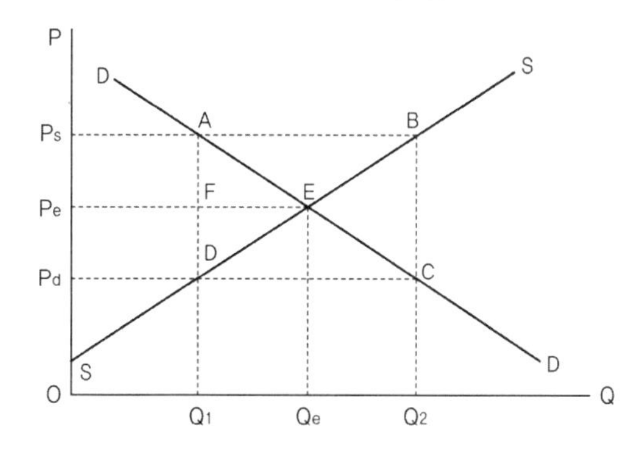

〈표 5-6〉 정부매입제의 정책 효과

	소비자 잉여	생산자 잉여	정부 재정 부담
자유시장	◺ DPeE	◸ SEPe	-
정부매입제	◺ DPsA	◸ SBPs	□AQ1Q2B
증감량	-⏢ PsPeEA (1)	+⏢ PeEBPs (2)	+□AQ1Q2B (3)

주: Net Social Welfare Loss=(1)+(2)-(3)=◺ AQ1Q2BE

면적이 된다.

정부매입제를 실시하면 가격 지지 효과는 크지만 만성적인 생산 과잉을 가져오고 자원 배분을 왜곡시키는 역기능을 초래한다.

(2) 부족 지불제

정부매입제의 경우와 마찬가지로 정부가 지지가격을 OP_s 수준으로 설정하고 생산자에게 이 가격을 보장한다고 발표한다(〈그림 5-10〉 참조). 자유시장에서 가격이 결정되도록 맡겨놓고 사후에 지지가격과 농가수취가격($\overline{OP_d}$)과의 차액을 정부가 지불해주는 제도다. 생산자가 직면하는 수요곡선, 이른바 받을 수 있는 가격은 $\overline{OP_s}$ 수준이므로 생산량은 $\overline{OQ_2}$다. 자유시장에 맡겨두면 수요량이 $\overline{OQ_1}$이므로 시장가격은 $\overline{OP_d}$ 수준으로 결정된다.

정부가 농가에 보조하는 단위당 지불액은 $\overline{OP_s}$와 $\overline{OP_d}$의 차액, 즉 $\overline{P_sP_d}$이고

〈표 5-7〉 부족 지불제의 정책 효과

	소비자 잉여	생산자 잉여	정부 재정 부담
자유시장	△DPeE	△SEPe	0
부족 지불제	△DPdC	△SBPs	□PsPdCB
증감량	- ⏢ PePdCE (1)	+ ⏢ PsPeEB (2)	+ □PsPdCB (3)

주: Net Socialwelfare Loss=(1)+(2)-(3)= △ECB

총지불액은 □P_sP_dCB가 된다.

정부가 개입하지 않았을 때 비교한 부족 지불제(Deficiency Payment)의 정책 효과가 〈표 5-7〉에 제시되어 있다. 소비자 잉여, 생산자 잉여, 정부 재정 부담을 감안한 사회후생 감소분은 〈그림 5-10〉의 △ECB 면적이므로 정부매입제에 비해 유리하다.

(3) 재배면적 제한

시장가격이 정부 지지가격 수준($\overline{OP_s}$)과 일치하도록 재배면적을 제한하는 정책이다. 정부매입제를 실시하면 초과 공급량을 정부가 매입해 폐기처분해야 하지만 현실적으로 정부가 비용을 부담하고 보관한다. 흉작이 올 때를 대비해 보관해두지만 만성적인 생산 과잉으로 정부가 보관해야 하는 양이 급증하고 재정 부담이 누증된다.

이런 상황이라면 정부는 어쩔 수 없이 재배면적 제한정책을 채택한다. 〈그림 5-10〉에 나타나 있는 바와 같이 국내 시장가격이 지지가격($\overline{OP_s}$)과 일치하도록 생산량을 $\overline{OQ_1}$ 수준으로 제한한다. 생산자가 자발적으로 참여해 재배면적을 제한했고 정부의 재정 부담이 없다고 가정했을 때의 재배면적 제한정책에 대한 정책 효과가 〈표 5-8〉에 제시되어 있다.

사회후생 감소분은 △ECB 면적이므로 정부매입제에 비해 적다. 정부의 재정 부담이 없다고 가정했지만 실제로 재배면적을 제한하는 데 소요되는 재정 부담이 큰 것으로 나타났다.

한국에서는 만성적인 쌀 생산 과잉을 방지하고자 2003년부터 2005년까지 논을 대상으로 휴경보상제를 실시한 바 있다. 2005년에는 쌀정책을 전면적으

〈표 5-8〉 재배면적 제한정책의 정책 효과

	소비자 잉여	생산자 잉여	정부 재정 부담
정부 개입 없음	DPeE	SEPe	-
재배면적 제한	DPA	SDAPs	-
증감량	- Ps Pe E A (1)	D S E Pe - SDAPs(2)	-

주: Net Socialwelfare Loss=(1)+(2)=△ADE

로 개편해 약정수매제를 폐지하고 쌀소득 보전직접직불제를 도입했다. 쌀가격 형성을 자유시장에 맡기고 정부가 정한 목표가격과 시장가격과의 차액 중 85%를 정부가 직접 지불하는 제도다. 쌀가격 형성에 시장원리를 도입했으므로 수급 조절이 이루어질 것으로 기대했으나 의도한 정책 효과는 나타나지 않고 과잉미는 누증되는 처지다. 만성적인 생산 과잉을 해결하려면 논 농업 휴경보상제를 채택해야 한다는 분위기가 고조되었다.

3) 지지가격 결정기준

(1) 생산비 보상가격

자유시장에 맡겨두었을 때 형성된 가격이 생산비 수준에 미치지 못한다면 재생산을 보장하기 어렵다. 그러므로 최소한 생산비를 보장받을 수 있도록 지지가격을 설정해야 한다.

그러나 생산비를 보장한다 해도 전국 농가의 평균생산비를 보장한다면 평균치보다 생산비가 높은 농가는 생산비를 보상받지 못한다.

그러므로 한계생산비를 기준으로 지지가격을 설정해야 한다. 한계생산비를 계측하는 방법은 두 가지인데 하나는 농지를 기준으로 한계농지의 평균생산비를 한계생산비로 간주하는 방법이다. 또 하나는 농가를 기준으로 한계농가의 평균생산비를 한계생산비로 간주하는 방법이 있다. 전자는 실제로 계측하기 어려워 후자를 이용한다.

통상 한계생산비를 지지가격으로 설정하면 지지가격이 너무 높게 책정되

〈그림 5-11〉 벌크라인 방법에 의한 지지가격 설정

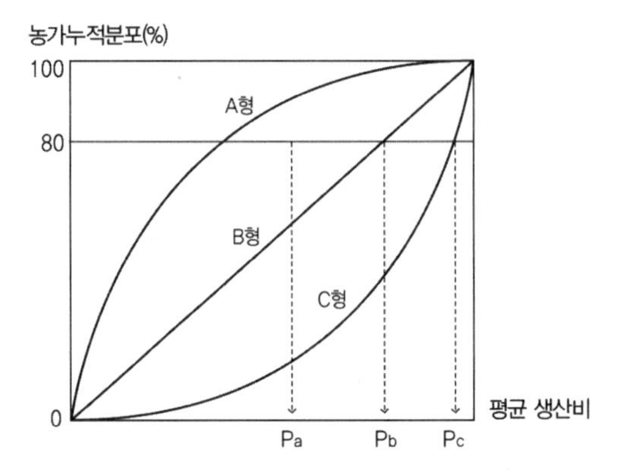

는 문제가 있다. 이것을 보완하기 위한 대안이 벌크라인 방법(Bulk Line Method)이다. 전국 농가 중 몇 농가의 평균생산비를 보상할 것인지 결정해 지지가격을 설정하는 방법이다.

즉, 〈그림 5-11〉에 제시되어 있는 바와 같이 가로축에는 평균 생산비를, 세로축에는 평균 생산비가 낮은 순에서 높은 순으로 농가의 누적 분포비율을 산출해 나타냈다. 전국 농가 중 80%에 해당하는 농가의 생산비를 보장한다면 농가의 누적 분포형태에 따라 지지가격이 달라진다. 즉, A형의 경우가 가장 낮고 C형의 경우가 높게 나타난다.

(2) 생산비·소득 보상가격

생산비가 보장되도록 지지가격을 설정한다 해도 농가소득이 도시가계와 균형을 이룬다는 보장이 없다. 소득 균형을 이루기 위한 대안으로 생산에 투입된 노동을 평가할 때 도시의 노임을 적용하는 방법이 고안되었다. 일본에서 쌀의 정부매입가격을 결정할 때 이 방식이 채택되었다.

(3) 패리티가격(Parity Price)

기준 연도의 농가 교역 조건과 비교 연도의 농가 교역 조건이 일치하도록 지지가격을 설정하는 방식이다. 즉, 농가의 구입가격지수의 상승분만큼 기준 연도의 지지가격을 인상하는 방법이다.

가격 패리티방식에는 ① 기준 연도를 설정하기 어렵고, ② 기준 연도와 비교 연도 간 기술 발전이 고려되지 않으며, ③ 수요와 공급이 반영되지 않는다는 등의 문제가 있다.

4. 쌀 정부매입제

1) 정부매입제의 의의

수확 직후 정부가 결정한 가격으로 농가의 판매량 중 일부를 농가로부터 직접 매입해 보관했다가 단경기에 매출하는 정책수단을 '정부매입제'라 한다. 그러므로 한국의 '정부매입제'는 기능 면에서는 완충재고제이지만 시장에서 매입하지 않고 정부가 결정한 가격으로 생산자로부터 직접 사들인다는 점에서 완충재고제와 다르다.

또한 가격 지지 역할만 수행하는 순수한 정부매입제와도 상이하다. 생산자 지지가격을 일정 수준으로 설정하고 수요를 초과하는 공급량을 정부가 무제한 매입해 시장에서 격리시키는 가격 지지정책이 엄밀한 의미의 정부매입제다. 시장에서 격리시키려면 폐기처분하거나 수출 보조금을 지급해 덤핑수출하는 등의 정책수단을 동원해야 한다.

여기에 비해 한국 정부매입제의 경우 정부가 수확 직후 매입한 쌀 중 군량미와 수감자 급식용 등 정부 사용분을 제외한 전량을 시장에 방출해 판매해왔으므로 엄밀한 의미의 가격 지지와는 거리가 멀다. 물론 풍작으로 금년도 쌀 가격이 평년작 수준 이하로 하락하면 차기 미곡연도로 이월 판매해 가격의 연차 변동을 안정시키는 역할도 했다.

'정부매입제'는 쌀가격의 계절 변동을 완화시키는 가격 안정정책으로서의 역할을 수행했다. 또한 정부매입제가 없었다고 가정한 경우의 시장가격보다 정부매입가격이 높다면 생산자 가격을 지지하는 정책 효과를 가져온다.

아울러 정부가 개입하지 않았을 경우의 시장가격보다 정부가 매도하는 가격이 낮은 경우 정부매입제는 소비자 부담을 경감시키는 역할을 수행했다.

정부가 쌀 생산자로부터 쌀을 매입해 농협공판장과 양곡소매점을 통해 방출해왔으므로 유통 단계에서 발생하는 유통비용과 유통이윤이 절감되는 효과도 있다.

이상을 요약하면 정부매입제는 생산자 소득 지지, 소비자 가계비 경감, 가격 안정, 유통마진 절감 등 복합적인 정책 효과를 가져왔다고 판단하는 것이 이론적으로 가능하다. 따라서 정부매입제는 생산자 가격 지지정책, 소비자 보호정책, 가격 안정정책, 유통정책이 결합된 복합정책이고 이러한 정책 효과를 동시에 거둘 수 있지만 이렇게 되면 정부의 재정 부담이 뒤따를 수밖에 없다.

앞에서 제시한 정책 효과 중에서 어디에 비중을 두고 정책목표를 설정하느냐에 따라 정책변수가 바뀐다. 즉, 정책수단은 그대로 두고 ① 정부매입가격, ② 정부매도가격, ③ 정부매입량 등 세 정책변수를 적절하게 조절하면 의도한 정책 효과를 거둘 수 있다.

2) 정부매입제의 단계 구분[1)]

(1) 단계 구분 기준

미곡연도 기준 1962년부터 본격적으로 실시한 정부매입제를 시기별로 여섯 단계로 구분할 수 있다. 단계를 구분하는 기준은 쌀정책의 목표와 이를 달성하기 위해 채택한 정책수단이다. 이 중에서 정부매입가격, 정부매도가격, 정부매입량 등이 정책변수다.

정책변수를 적절하게 조절하면 정부매입제의 정책 효과가 상이하게 나타

1) 김병택, 『한국의 쌀정책』, 183~198쪽의 내용을 요약하였음.

〈표 5-9〉 정부매입 쌀의 역차 비율 및 매입량 비율(1962~1999)

(단위: %)

미곡연도	매매 역차 비율	코스트 역차 비율	정부매입량 비율	매입가격 인상률
1962	+ 13.5	0	8.9	-
1963	+ 12.6	+ 0.3	9.2	6.5
1964	+ 10.9	0	6.0	24.8
1965	+ 13.2	+ 4.0	6.1	44.0
1966	+ 6.0	6.0	8.6	6.2
1967	+ 10.6	+ 3.8	9.0	5.0
1968	+ 11.4	0	7.8	8.6
1969	+ 16.0	+ 9.6	4.1	17.0
1970	+ 4.6	6.1	7.8	22.0
1971	7.7	17.9	8.9	35.7
1972	+ 7.9	0.1	12.3	25.0
1973	4.1	12.4	12.8	13.0
1974	1.0	9.1	11.4	15.1
1975	21.2	32.7	16.5	38.5
1976	16.6	28.9	16.9	23.7
1977	19.0	31.4	20.0	19.0
1978	16.0	32.2	23.4	13.2
1979	13.2	32.4	23.4	14.3
1980	12.5	37.4	23.4	22.9
1981	39.8	26.1	15.4	25.0
1982	+ 2.1	14.5	21.1	14.0
1983	6.6	20.0	22.6	7.3
1984	7.1	23.8	21.4	-
1985	5.9	26.6	19.4	3.0
1986	19.0	36.7	15.9	5.0
1987	14.1	31.9	14.3	6.0
1988	32.2	42.6	16.0	13.9
1989	43.7	49.0	28.7	16.0
1990	41.6	47.4	21.5	12.0
1991	44.4	54.4	22.7	5.0
1992	17.8	51.3	25.9	7.0
1993	24.9	60.1	30.3	6.0
1994	21.2	43.3	29.8	5.0
1995	21.2	39.5	29.3	-
1996	2.2	18.2	23.3	-
1997	5.4	31.3	22.5	4.0
1998	+0.2	30.4	18.2	-
1999	+4.2	24.6	16.7	5.5

주: 총생산량에 대한 정부매입비율.

자료: 농림부, 「농림업 주요 통계」(해당 연도판).

나므로 정책변수를 기준으로 정부매입제를 구분할 수 있다. 즉, 정부 당국이 설정한 정책목표가 시기별로 명시적으로 제시되어 있지 않아 정책변수 조절로 나타난 정책 효과를 판단함으로써 정책목표를 간접적으로 추론할 수 있다.

정부매입가격과 방출원가 및 방출가격과의 관계, 그리고 총생산량에서 차지하는 정부매입량 비율 등과 관련된 지표가 〈표 5-9〉에 제시되어 있다.

방출가격과 정부매입가격과의 차액을 방출가격으로 나눈 값을 '매매가격역차 비율'이라 한다. 이 부호가 정(正)의 값이면 방출가격이 정부매입가격보다 높다는 사실을 나타낸다. 또한 역차 비율의 절댓값이 클수록 양자 간에 격차가 크다는 사실도 나타낸다. 정부매입가격에 보관료, 이자, 감모(減耗) 등 제 비용을 합한 방출 원가와 정부 방출가격과의 차액을 방출가격으로 나눈 값을 '코스트 역차 비율'이라 한다. 이 비율의 부호가 정(正)이면 정부가 매입제를 실시해 판매이윤을 획득했다는 사실을 나타낸다. 또한 부(負)치이면 쌀 매입제를 실시해 적자를 보았다는 사실을 의미한다.

이 표에 제시된 수치 앞에 부호가 없으면 손실액이라는 뜻이고, 정의 값이면 매매 이익이라는 뜻이며 이는 정(+)치로 표기했다. 즉, 정부가 자유시장에 개입하는 목적이 쌀 판매수익을 확보하는 것이 아니고 생산자가격을 지지하거나 소비자가격을 낮추는 것이라면 당연히 적자를 감수해야 하므로 역차 비율이라는 용어를 쓴다.

(2) 제1기: 가격 안정제 역할

코스트 역차 비율을 기준으로 판단해 미곡연도 기준 1962~1969년 기간을 제1기로 규정한다. 이 기간 중 1962년, 1964년, 1968년에 코스트 역차 비율은 영으로 나타났고 1963년, 1965년, 1967년, 1969년에는 정(+)치를 나타냈다. 즉, 제1기에 정부가 쌀 관리비를 부담한 연도는 1966년 한 해뿐이었다. 따라서 제1기에 실시한 정부매입제에서는 생산자 가격 지지 또는 소비자 부담을 경감시키는 정책 효과가 나타나지 않았다고 단정할 수 있다.

또한 이 기간에 총생산량에 대한 정부매입량 비율은 10% 미만이었으므로 정부가 쌀시장에 깊이 개입하지 않았다. 그러므로 정부매입제는 쌀가격의 계절 변동 혹은 연차 변동을 안정시키는 정책 효과만 가져왔다고 단정 지을 수 있다.

물가 안정이라는 정책목표를 달성하기 위해 소비자의 가계비 부담을 경감시켜야 했으므로 이 기간에는 상대적으로 저미가정책을 채택했다. 1956년부터 1967년까지 미국으로부터 잉여 농산물이 도입되어 맥류를 비롯한 곡류가격을 상대적으로 낮은 수준에 유지시킬 수 있었고 이러한 곡류와 대체관계에 있는 쌀가격도 낮은 수준으로 유지시킬 수 있었다. 따라서 쌀에 관해서는 생산자 가격 지지 또는 소비자 보호를 위한 이중가격제를 실시해야 할 필요성이 크지 않았다.

(3) 제2기: 이중가격제 도입

제2기는 미곡연도 기준 1970~1974년까지의 기간이다.

1960년대에 들어와 수출주도형 공업을 육성하고자 경제성장전략을 추진한 결과 농업 부문과 비농업 부문 간 생산성 격차가 확대되었다. 또한 미국으로부터 잉여 농산물이 도입되어 국내 농산물가격을 억제했으므로 농가 교역 조건도 악화되었다.

이러한 제반 요인을 통해 농가소득과 도시근로자 가계소득 간에 격차가 확대되었다. 이에 따라 농가소득을 증가시켜야 한다는 사회적·경제적 필요성이 고조되었으며, 특히 재계(財界)로부터 농가소득 수준을 높이라는 요청이 제기되었으며 그 배경은 다음과 같다.

공산품 시장의 해외 의존도가 심화됨에 따라 국제시장 변동에 국내 제조업이 민감하게 반응했다. 이러한 약점을 보강하기 위해 제시된 대안이 내수시장 기반 확충이었다. 공업제품의 구매력을 높이려면 농가소득을 증대시켜야 하고 이를 위한 손쉬운 방법이 농가소득에서 비중이 높은 쌀가격과 보리쌀가격을 지지하는 것이었다.

한편 쌀 자급이라는 농정목표를 달성하기 위한 정책수단으로 가격 지지정책을 채택했다. 국민소득 수준이 높아짐에 따라 쌀 소비량이 급속히 늘어났지만 쌀 생산량은 크게 증가하지 못했다. 쌀 증산을 유도하는 방법으로 쌀가격 지지정책을 채택할 필요성이 대두되었고 정책 당국도 이를 받아들였다.

이처럼 농가소득 증대와 쌀 자급률 제고라는 정책목표를 달성하기 위해 1969년산 쌀부터 정부매입가격을 대폭 인상했다. 1969년산 쌀 생산비는 전년 대비 4.8% 상승했지만 정부매입가격을 22.0% 인상했다(〈표 5-9〉 참조).

정부가 시장가격보다 높은 가격으로 매입해 보관했다가 방출원가대로 판매하면 생산자 소득 지지 효과는 크지만 소비자 구입가격이 상승한다. 쌀은 임금재(賃金財)였으므로[2] 근로자 가계의 생계비 상승을 가져와 임금 인상의 결과를 초래하는 것으로 판단했다. 이를 방지하려면 방출원가보다 낮은 가격으로 판매하지 않을 수 없었다.

〈표 5-9〉를 보면 1970년부터 정부미의 코스트역차 비율이 발생했으므로 이때부터 이중가격제가 실시되었다고 할 수 있다.

(4) 제3기: 신품종미 이중가격제

미곡연도 기준 1975~1990년까지 실행된 이중가격제는 신품종미 이중가격제라 규정한다. 신품종이 도입된 후 이중가격제의 내용이 달라졌다. 1971년부터 다수확 신품종이 농가에 보급되었다. 첫해에는 벼 총재배면적에서 차지하는 신품종의 재배면적 비율이 0.3%에 지나지 않았으나 1972년에는 그 비율이 15.9%로 대폭 증가했다(〈표 5-10〉 참조). 신품종 재배면적을 확대해 쌀 생산량을 증대시키고자 정부는 정부매입량을 대폭 늘렸다. 즉, 1971년산 벼의 정부매입량 비율은 8.9%에 불과했으나 1972년에는 그 비율이 12.3%로 늘어났다.

신품종은 자포니카계와 인디카계와의 교잡종이므로 재래품종인 자포니카계에 비해 증수율은 높았지만 미질이 떨어졌다. 소비자는 일반 품종 쌀을 선

2) 김형화·김병택, 『경제발전과 미곡정책』, 1~5쪽.

〈표 5-10〉 쌀 품종별 재배면적과 생산량(1971~1996)

(단위: 천ha, 천M/T, %)

구분	재배면적			쌀 생산량			정부 매입 비율
	총면적 (A)	신품종 (B)	B/A ×100	총생산량 (C)	신품종 (D)	D/C ×100	
1971	1,178	3	0.3	3,997	15	0.4	8.9
1972	1,178	187	15.9	3,957	722	18.3	12.3
1973	1,170	121	10.3	4,212	586	14.0	12.8
1974	1,189	181	15.2	4,445	856	19.3	11.4
1975	1,198	274	22.9	4,627	1,380	30.0	16.5
1976	1,196	533	44.6	5,180	2,553	49.3	16.9
1977	1,208	660	54.6	5,965	3,648	61.2	20.0
1978	1,219	929	76.2	5,779	4,516	78.2	23.4
1979	1,224	744	60.8	5,546	3,449	62.2	23.4
1980	1,220	604	49.5	3,530	1,733	49.1	23.4
1981	1,212	321	26.5	5,040	1,403	27.9	15.4
1982	1,176	386	32.9	5,151	1,891	36.8	21.2
1983	1,220	419	34.4	5,389	2,023	37.6	22.6
1984	1,225	367	30.0	5,671	1,842	32.5	21.4
1985	1,233	343	27.9	5,618	1,729	30.8	19.4
1986	1,233	272	22.1	5,601	1,286	23.0	15.9
1987	1,259	247	19.7	5,487	1,128	20.6	14.3
1988	1,257	225	17.9	6,047	1,206	20.0	16.0
1989	1,254	182	14.6	5,892	931	15.8	28.7
1990	1,242	138	11.2	5,600	720	12.9	21.5
1991	1,207	49	4.1	5,380	240	4.5	22.7
1992	1,157	0.8	-	5,331	4	-	25.9
1993	1,136			4,750			30.3
1994	1,103	-	-	5,060	-	-	29.8
1995	1,056	-	-	4,695	-	-	29.3
1996	1,050	-	-	5,323	-	-	23.2
1997	1,052	-	-	5,450	-	-	22.5
1998	1,059	-	-	5,097	-	-	18.2
1999	1,066	-	-	5,263	-	-	16.7

주: 회계연도기준.

자료: 농림부, 「농림업 주요 통계」(해당 연도판).

호하므로 양 품종 간에 시장가격차가 컸다. 정부는 쌀 증산과 농가소득 증대라는 두 정책목표를 달성하고자 재래품종과 신품종에 동일한 정부매입가격을 적용했고 신품종 벼를 우선적으로 매입했다.

재래품종 재배면적이 줄어들어 시장 공급량이 감소함에 따라 시장가격이 상대적으로 상승해 일반미 시장가격은 정부매입가격보다 높았다. 생산자는 소득극대화를 실현하고자 정부매입량만큼 신품종을 생산하고 나머지는 일반미를 생산해 시장에 내다 팔았다. 그러므로 정부가 취급하는 쌀은 신품종에 국한되어 있었다.

이중가격제는 미곡연도 1974년부터 신품종미 이중가격제로 바뀌었다. 시가보다 높은 수준으로 결정한 가격으로 매입해 시장가격보다 낮게 방출하는 이중가격제는 신품종 쌀을 정부가 독점했기 때문에 가능했다. 신품종 쌀은 외관상 일반미와 확연히 구분되었기 때문에 정부가 공급을 독점할 수 있었다. 이런 관점에서 평가하면 생산량 중 일부만 매입해 판매하는 일반미의 이중가격제는 이론상으로도 성립되지 않는다.

아울러 쌀 증산으로 수급 사정이 호전되고 소비자는 일반미를 선호함에 따라 정부는 시장 개입 폭을 줄여나갔고 이에 따라 신품종 재배면적도 점차 감소했다. 일반미 생산량이 증가함에 따라 일반미에 대한 시장가격 조절이 필요하다고 판단했다.

1984년부터 농협이 정부 대행으로 수확기에 일반미를 매입해 보관했다가 판매하는 사업을 수행했다. 이를 차액수매제라 불렀고 농협이 일반미를 시장가격으로 매입하면 정부매입가격과 시장가격의 차액을 정부가 생산자에게 보상했다.

또한 1988년 여소야대의 정치구도하에서 정부매입제에 대한 국회동의제를 부활시켰다. 양곡유통위원회의 심의를 거쳐 정부안을 만들고 국회 동의를 얻어 수매가격과 수매량을 결정했다. 종전까지는 생산비 보상원칙하에 정부가 매입가격을 임의대로 결정했으나, 국회동의제가 부활한 이후 벌크라인 방법을 활용해 정부매입가격을 결정했다. 쌀 생산비를 보장하는 수준에서 매입가격을 결정하지만 전체 쌀 생산농가 중 몇 퍼센트의 농가가 평균 생산비를 보장받느냐가 중요하다. 전국의 평균 생산비를 기준으로 매입가격을 결정하면 전체 쌀 생산 농가 중 절반 정도만 평균 생산비를 보장받는다. 국회 동의제하에서 전체 농가 중 80% 이상의 농가가 생산비를 보장받는 수준에서 정부매입가격을 결정한다는 원칙이 정해졌다.

(5) 제4기 : 일반미 이중가격제

미곡연도 1991~1993년까지 실시된 쌀 매입제는 일반미를 대상으로 한 이중가격제로 바뀌었다. 경제성장으로 국민 1인당 실질소득이 증가함에 따라 국민의 식량 소비패턴도 고급화되었다. 즉, 〈표 5-11〉에 제시되어 있는 바와 같이 1인당 쌀 소비량은 1980년대 초 포화 수준에 달한 이후 감소해왔고 이에 부응해 총생산량도 서서히 감소해왔다. 1989년부터 1991년까지 국내자급률이 100%를 초과하자 과잉미 처리 문제가 나타나기 시작했다.

이러한 수급 사정을 고려해 수량은 높지만 미질이 떨어지는 다수확 신품종 쌀을 포기하기에 이르렀다. 신품종 쌀에 이중가격제를 실시한 기간 중에는 일반미와 신품종에 동일한 매입가격을 적용했으므로 농가가 정부에 매도하는 쌀은 전부 신품종이었다.

그러나 1989년부터 양 품종의 정부매입가격에 차등을 두었고, 1990년에는 이를 확대했다가 1992년에 와서 신품종 쌀의 정부매입을 중단했다. 〈표 5-10〉에 제시되어 있는 바와 같이 수도 총재배면적에서 차지하는 신품종 재배면적의 비율이 1990년에는 11.2%까지 떨어졌고 1991년에 겨우 4.1%에 지나지 않았으며 1992년에 와서 신품종은 이 땅에서 사라졌다.

신품종 쌀에 대한 이중가격제가 미곡연도 1991년부터 일반미 이중가격제로 전환됨에 따라 정부매입제는 일대 변혁기를 맞이했다.

일반 품종의 시장 출하량이 증가함에 따라 시장가격의 상승이 둔화되어 일반미의 정부매입가격이 시장가격보다 높아졌다(〈표 5-12〉 참조). 농가 입장에서 보면 정부매입량이 많을수록 좋지만 정부 입장에서는 재고량이 증가하고 이중가격제에 수반되는 양곡관리특별회계상의 적자가 누적되어 정부매입량이 매년 감소되었다.

일반미 이중가격제에는 많은 문제가 있었다. 정부매입가격이 수확기 시장가격보다 높기 때문에 생산자 수취가격을 지지하려면 생산자가 팔고자 하는 전량을 정부가 매입해야 했지만 정부매입량이 한정되었으므로 농가의 불만이 고조되었고 수확 철이 되면 정부매입량을 확대하라는 농민단체의 요구가 거

〈표 5-11〉 쌀 국내 생산량과 소비량(1960~1999)

(단위: 천M/T, kg)

미곡연도	생산	수입	수출	소비	이월	소비량*
1960	3,047	-	24	3,126	-	112.7
1965	3,501	-	19	3,925	-	121.8
1970	4,090	-	-	4,394	325	136.4
1975	4,445	541	-	4,699	715	123.6
1980	5,136	481	-	5,402	1,066	132.7
1981	3,550	580	-	5,366	1,495	131.4
1982	5,063	2,245	-	5,404	1,423	130.0
1983	5,175	269	-	5,303	1,511	129.5
1984	5,404	7	135	5,540	1,247	130.1
1985	5,682	-	-	5,501	1,428	128.1
1986	5,626	-	-	5,805	1,249	127.7
1987	5,607	-	-	5,617	1,239	126.2
1988	5,493	-	-	5,611	1,121	122.2
1989	6,053	-	-	5,602	1,572	121.4
1990	5,898	-	-	5,444	2,025	119.6
1991	5,606	-	12	5,478	2,141	116.3
1992	5,384	-	2	5,524	1,999	112.9
1993	5,331	-	1	5,509	1,820	110.2
1994	4,750	-	-	5,414	1,156	108.3
1995	5,060	-	-	5,557	680	106.5
1996	4,695	115	-	5,225	245	104.9
1997	5,323	-	-	5,070	497	102.4
1998	5,450	75	-	5,216	806	99.2
1999	5,097	97	-	5,278	722	96.9

* 국민 1인당 연간 소비량.

자료: 농림부, 「농림업 주요 통계」(해당 연도판).

〈표 5-12〉 일반미 시장가격과 정부매입가격

(단위: 원/80Kg)

미곡연도	수확기 농가 판매가격(A)	정부매입가격(B)	가격차(B-A)	B/A(%)
1989	85,981	96,720	10,739	112.5
1990	91,685	106,390	14,705	116.0
1991	94,584	113,840	19,256	120.4
1992	99,394	120,670	21,276	121.4
1993	102,672	126,700	24,628	124.1

세게 일어났다.

또한 단경기에는 정부가 결정한 가격으로 시장에 방출했고 정부매도가격이 시장가격보다 낮았다. 단경기 시장가격을 어느 정도 안정시키느냐는 정부 방출량에 따라 좌우되고, 정부매도가격은 시장가격에 직접적인 영향을 미치지 않았다. 정부미를 인수한 유통업자는 막대한 초과이윤을 획득했으므로 일반미의 이중가격제는 모순투성이였다.

(6) 제5기: 수매비축제

1994년부터 1997년까지의 기간을 제5기로 규정했다. 이 기간 중에는 정부가 결정한 가격으로 농가로부터 직접 매입해 시장가격으로 판매했으며, 이 제도를 편의상 수매비축제라 정의했다.

쌀 매입제를 둘러싸고 야기되는 문제점을 해결하고자 정부는 1993년에 양정 개혁을 단행했다. 정부의 쌀시장 개입 폭을 줄이고 민간 유통기능을 활성화해 쌀가격 형성을 자유시장에 맡긴다는 원칙을 내세웠다.

구체적인 대안으로 수매가격 인상을 억제하고 쌀가격의 계절 진동폭을 확대한다고 발표했다. 민간의 쌀 보유 동기를 유발시켜 유통기능을 활성화하기 위해 허가제였던 쌀 매매업을 신고제로, 허가제였던 도정업을 등록제로 완화했다. 또한 1984년부터 시행해온 농협의 차액수매제를 확대했고 민간 유통업자에게 쌀 매입자금을 융자했다.

아울러 정부미 방출방식을 바꾸었다. 종전에는 정부가 결정한 가격으로 농협이나 양곡소매상협회에 인도했다. 쌀시장가격에 영향을 미치는 것은 정부 방출량이고 방출가격은 시장가격과는 무관했다. 정부가 시장가격보다 낮게 방출하면 유통업자가 초과이윤을 획득했다.

이런 문제점을 해결하고자 1994년부터 정부양곡공매제를 도입했다. 농협과 일정한 자격을 갖춘 민간 유통업자가 매참인으로 참여해 공개경쟁 입찰방식으로 정부양곡을 매입해 판매했다.

(7) 제6기: 약정수매제

미곡연도 기준 1998년 이후부터 2004년까지 시행된 정부매입제를 정부 측에서는 약정수매제라 불렀다.

1993년 12월 UR 협상이 타결되고 1995년 1월 WTO체제가 출범함에 따라 쌀정책에 일대 변혁이 일었다. 농산물 협상의 골격은 ① 관세화, ② 국내 보조금 삭감, ③ 수출조보금 삭감 등이었다. 쌀에 한해 1994년부터 10년간 관세화 유예조치를 허용했으나 최소시장접근(Minimum Marker Access: MMA)에 의거해 일정량의 쌀을 매년 수입해야 했다.

또한 농산물시장에 영향을 미치는 국내 보조금을 매년 삭감해야 했다. 국내 총보조금(Aggregate Measurement of Support: AMS) 산출방식에 의거해 산출한 1995년도 보조 총액은 2조 1,800억 원이었고, 이를 2004년에는 1조 4,900억 원이 되도록 매년 삭감해나가야 했다. 정부가 시장가격으로 매입하지 않고 사전에 결정한 가격으로 매입한 당시의 정부매입제는 감축대상 정부 보조에 해당했다.

국내 총보조금 산출 기준 연도인 1989~1991년의 평균 보조액 중 91%에 해당하는 보조액이 쌀 매입제에 투입된 보조였다. UR 협상을 이행하는 한 쌀 매입제에 수반되는 보조금을 삭감해야 했으므로 정부매입량을 줄이고 매입가격 인상을 자제하지 않을 수 없는 현실이었다.

또한 매년 수확기에 정부매입량을 결정할 때 매입량을 늘리라는 농민단체의 시위가 연례행사처럼 이어졌다. 생산자가 수확 후의 수취가격을 미리 알면 재배면적을 결정하는 데 큰 도움이 된다. 재배면적을 결정하기 전에 농가 수취가격을 제시하는 제도를 통상 예시가격제(豫示價格制)라 한다.

정부는 1996년 '쌀종합대책'을 마련해 약정수매제를 도입했다. 생산자가 재배면적을 결정하기 전에 정부는 수확기에 시행할 정부매입 물량과 매입가격을 예시했다.

생산자는 정부가 제시한 가격이 만족할 만한 수준이면 정부에 매도할 물량을 정부와 약정할 수 있었다. 약정을 체결하면 총판매액의 40% 한도 내에서 선도자금을 이용할 수 있었다. 수확 후 시장가격이 정부매입가격보다 높을 경우 생산자는 약정을 포기할 수 있었으나 원금과 연리 7%에 해당하는 이자를 반환해야 했다.

이 약정수매제가 제대로 시행된다면 일석삼조의 정책 효과를 거둘 수 있을 것으로 판단되었다. 생산자는 예시된 가격을 기준으로 재배면적을 결정할 수 있고 선도자금을 이용할 수 있으며 수확기에 일시에 풀려나가는 정부매입 자금을 줄일 수 있으므로 통화 증발을 방지할 수 있다고 믿었다.

그러나 이러한 효과를 거두려면 몇 가지 전제 조건이 충족되어야 했다.

첫째, 예시가격에 의거해 재배면적을 조절하려면 쌀에 대한 대체작목이 있어야 하는데 논에 식부할 소득 작목을 개발하기 어려운 처지였다.

둘째, 제시한 예시가격에 농가가 매도하기로 약정하는 물량을 정부가 무제한 받아들여야 가격 지지 효과를 거둘 수 있다. 그러나 정부의 약정수매물량은 한정되어 있었으며 약정수매제를 도입한 목적은 수매량을 감축시키는 데 있었다.

셋째, 만성적인 공급 부족이라면 생산자에게 유리하지만 생산 과잉이라면 생산자에게 불리하다. 공급 부족 상태라면 수확기 쌀가격이 약정수매가격 이상으로 상승할 가능성이 높다. 이럴 경우 약정수매가격은 정부가 제시한 최저 보장가격으로서의 역할을 수행하므로 농가에 유리하다. 그러나 시장가격이 정부가 약정한 가격보다 낮다면 농가는 약정한 물량에 한해 소득 지지를 받는다. 더욱이 기후조건이 양호해 풍작이라면 수확기 가격이 폭락한다. 즉, 흉작일 때 정부가 매입량을 줄이고 풍작이면 매입량을 늘릴 수 있는 일반 매입제가 생산자에게 유리하다.

3) 정부매입제의 정책 효과

(1) 가격 안정정책으로서의 '정부매입제'

'정부매입제'의 정책 효과는 ① 생산자가격 지지, ② 소비자 부담 경감, ③

계절 변동 안정화, ④ 유통마진 절감 등으로 요약된다. 미곡연도 기준 1962년부터 1969년까지 실시한 '정부매입제'의 주된 정책 효과는 가격 안정화였다.

1961년에 '정부매입제'를 도입할 때 제시한 표면상의 정책목표는 가격 지지였지만 이면에는 경제성장을 저해하지 않도록 물가를 탄력적으로 조절하기 위한 수단으로 '정부매입제'를 도입했다는 견해가 일반적이었다.[3)]

경제성장정책을 집행한 초기 단계에는 경제성장에 방해가 될 정도로 쌀가격이 오르지 않았다. 이 주장에 대한 근거는 다음과 같다.

첫째, 1962~1966년에 정부가 매입한 쌀을 5년 동안 연평균 29톤 정도 일본에 수출했다.

둘째, 쌀 도매가격이 국제미가보다 낮았다. 특히 1957년부터 1966년까지 잉여 농산물이 도입되어 쌀과 대체관계에 있는 곡물가격을 상대적으로 낮은 수준으로 유지할 수 있었다.

쌀가격을 탄력적으로 조절하기 위해 경제성장정책의 한 수단으로 쌀 정부매입제를 도입했으나 쌀가격이 경제성장을 방해하지 않았으므로 정부가 쌀시장에 깊이 개입할 필요가 없었다. 그러므로 이 시기에 정부매입제의 역할은 쌀가격의 계절 변동을 안정화시키는 데 지나지 않았다고 간주할 수 있다.

정부가 설정한 가격으로 수확 직후 농가로부터 일정량의 쌀을 매입해 단경기에 소비자에게 판매했다. 매입한 가격에 정부 관리비용을 가산해 농협공판장이나 쌀 소매점을 통해 소비자에 판매했다. 정부는 재정 부담을 지지 않았으므로 생산자의 가격을 지지하는 정책 효과는 없었다고 판단할 수 있다.

가격의 계절 변동은 공급요인에 따라 일어나므로 이를 안정시키면 생산자 수익이 늘어난다. 여기서는 1962~1968년까지 실시한 정부매입제를 대상으로 생산자 쌀 판매액 증대 효과를 분석했다.

우선 쌀가격의 계절 변동을 안정시킨 정부매입제 역할을 도형을 이용해 이론적으로 밝힌다. 분석의 편의상 ① 1년을 수확 직후 6개월과 단경기 6개월로

3) 김형화·김병택, 『경제발전과 미곡정책』, 162쪽.

〈그림 5-12〉 수확 직후기의 정부매입과 시장가격 형성

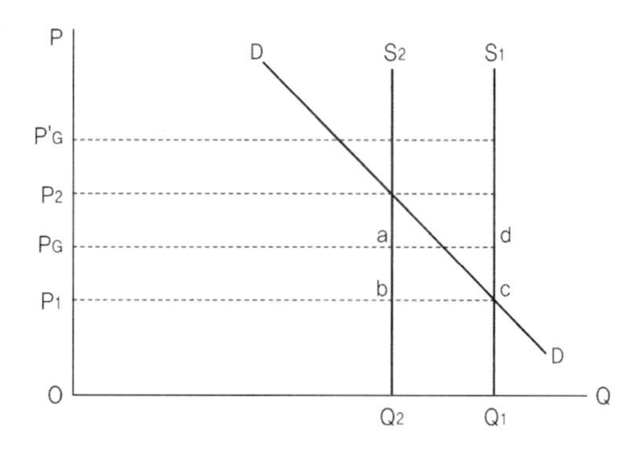

나누며, ② 양기의 수요곡선은 동일하며, ③ 농가는 자가 소비용 쌀을 사전에 결정하고, ④ 유통비용을 감안하지 않는 것 등의 가정을 두었다.

이런 가정하에서 생산자 전체를 한 농가로 간주하면 독점이론을 이용해 정책 효과를 이론적으로 설명할 수 있다. 이런 가정을 전제로 〈그림 5-12〉에 수확 직후기에 정부가 매입하는 경우의 시장가격 형성이 제시되어 있다. 여기서 DD는 생산자가 직면하는 시장수요곡선, Q_1S_1은 정부매입이 없다고 가정했을 때의 공급곡선을 나타내며 이때의 수확 직후기 시장가격은 $\overline{OP_1}$이다.

생산자 입장에서 볼 때 이 가격은 낮은 수준이므로 생산자 수취가격을 높이기 위해 정부는 농가로부터 쌀을 매입한다. 수확 직후기 정부매입량은 $\overline{Q_1Q_2}$이므로 시장 공급곡선은 Q_2S_2로 이동하고 시장가격은 $\overline{OP_2}$ 수준으로 상승한다.

한편 정부가 시장가격으로 매입하지 않고 정부가 사전에 결정한 $\overline{OP_G}$가격으로 매입했으며 이 가격은 $\overline{OP_1}$ 수준보다 높다.

1962~1969년 중 1961년, 1965년, 1966년의 정부매입가격 $\overline{OP_G}$는 정부매입 후의 시장가격 $\overline{OP_2}$보다 높게 위치하지만, 그 밖의 해에는 $\overline{OP_1}$과 $\overline{OP_2}$ 사이에 위치한다고 할 수 있다. 〈그림 5-12〉와 같이 $\overline{OP_G}$가 $\overline{OP_2}$보다 높게 위치하면 □abcd만큼 정부가 생산자에게 소득을 직접 지지한 것으로 볼 수 있다.

한편 단경기에 정부가 쌀을 시장에 매도했을 때의 시장가격이 어떻게 결정

〈그림 5-13〉 단경기 정부 방출과 시장가격 형성

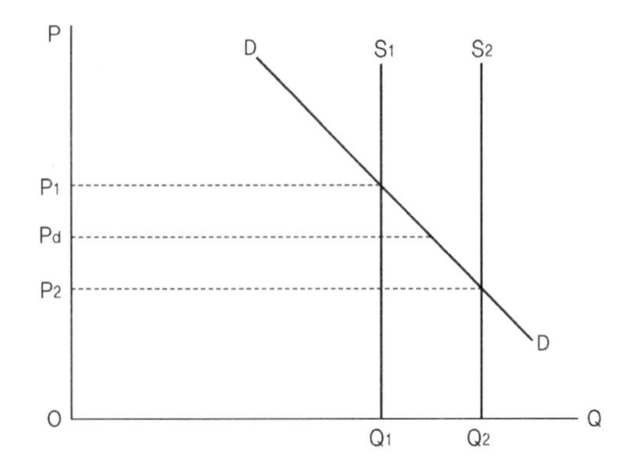

되는지를 〈그림 5-13〉에 제시했다. 여기서 Q_1S_1은 농가의 쌀 공급곡선이며 정부가 수확 직후 매입해 보관한 $\overline{Q_1Q_2}$를 시장에 판매한 후의 시장 공급곡선은 Q_2S_2이다.

정부가 쌀을 매도하지 않았을 때의 시장가격은 $\overline{OP_1}$이고 매도 후의 시장가격은 $\overline{OP_2}$로 하락했다. 정부는 도매시장에 상장시키거나 경매를 통해 판매한 것이 아니라 사전에 결정한 가격으로 소매상에 넘겼다. 정부매도가격 $\overline{OP_d}$가 〈그림 5-13〉에서 어디에 위치하느냐가 중요하다.

1962년, 1963년, 1964년, 1966년, 1968년에는 정부의 매도가격이 도매가격보다 낮았으므로 P_d는 P_2보다 아래에 위치한다. 그 외에는 P_2와 P_1 사이에 위치한다고 할 수 있다.

수확 직후 쌀을 매입해 단경기에 방출하면 생산자의 쌀 판매수익이 증대한다. 또한 수확 직후의 시장가격보다 높은 가격으로 매입했다면 그 차액만큼 소득을 직접 지지한 효과를 가져온 셈이다.

정부매입제에 의한 쌀 판매수익 증감을 분석하려면 정부매입제가 없었다고 가정했을 때의 쌀 판매액과 정부매입제 이후의 쌀 판매액을 비교하면 된다. 수확 직후기에 정부매입제가 없었다고 가정했을 때의 농가 판매가격과 단경기에서 정부 방출이 없었다고 가정했을 때의 농가 판매가격을 산출해 〈표

〈표 5-13〉 수확 직후와 단경기의 쌀시장 판매가격과 추정시장 판매가격(1962~1969)

(단위: 원/80kg)

구분	정부매입가격	수확 직후			단경기		
		농가 판매가격 (A)	추정 농가 판매가격* (B)	A/B (%)	농가 판매가격 (C)	추정 농가 판매가격* (D)	D/C (%)
1962	1,550	1,432	1,119	128.0	1,782	2,072	116.3
1963	1,650	1,856	1,473	126.0	3,005	6,393	212.7
1964	2,060	2,800	2,434	115.0	3,623	6,896	107.5
1965	2,967	3,038	2,688	113.0	3,298	3,546	107.5
1966	3,150	3,026	2,542	119.0	3,522	4,696	133.3
1967	3,306	3,164	2,636	120.0	3,907	5,502	140.8
1968	3,590	3,724	3,027	123.0	4,417	7,362	166.7
1969	4,200	5,026	4,487	112.0	5,511	17,700	321.2

* 회계연도 기준

자료: 김형화·김병택, 『경제발전과 미곡정책』, 174쪽.

〈표 5-14〉 정부매입제를 실시한 경우와 실시하지 않은 경우의 농가 쌀 총판매액(1962~1969)

(단위: 백만 원)

구분	정부매입제가 있었던 경우				정부매입제가 없었던 경우			차액 (A-B)	쌀 순 수입량 (천M/T)
	정부에 대한 총판매액	수확 직후 시장 판매액	단경기 시장 판매액	소계 (A)	수확 직후 시장 판매액	단경기 시장 판매액	소계(B)		
1962	5,968	7,876	10,788	24,632	10,462	12,556	23,018	1,614	-62
1963	5,709	10,839	13,011	29,559	13,713	27,694	41,407	-11,848	112
1964	5,789	28,784	33,693	68,266	31,885	36,272	68,117	149	-14
1965	8,930	39,190	28,692	76,812	42,900	30,850	73,750	3,062	-1
1966	11,844	31,379	45,519	85,742	35,943	36,159	72,102	13,640	-31
1967	14,546	36,101	33,678	84,325	41,648	47,427	89,075	-4,750	113
1968	12,600	27,408	43,109	83,117	32,842	71,853	104,695	-21,578	216
1969	6,800	40,157	47,778	94,735	43,164	153,459	196,623	-101,888	755

자료: 김형화·김병택, 『경제발전과 미곡정책』, 175쪽.

5-13〉에 제시했다.

정부매입제가 없었다고 가정했을 때의 쌀 판매액과 정부매입제하의 쌀 판매액을 비교해 〈표 5-14〉에 제시했다. 여기에 나타나 있는 바와 같이 정부가 쌀을 수입해 방출한 해에는 정부매입제를 통한 쌀 판매액이 정부매입제가 없었다고 가정했을 때에 비해 감소한 것으로 나타났다.

(2) 이중가격제

미곡연도 기준 1970년부터 정부미의 매도가격은 매출원가보다 낮아 정부의 쌀 관리에 적자가 나타났으며, 이때부터 이중가격제가 실시되었다고 할 수 있다.

〈표 5-15〉에 나타나 있는 바와 같이 1969년산 쌀에 대한 정부매입가격은 전년 대비 22.0% 인상되었다. 이에 따라 정부매입가격은 시장가격보다 높았고 그 이후 가격차는 확대되었다.

〈표 5-16〉을 보면 정부미의 방출가격은 방출원가보다 낮고 그 격차는 커졌다. 또한 정부 방출가격은 도매가격보다 낮았으므로 이 차액분은 소비자에 대한 직접 보조라 할 수 있다.

정부매입가격을 대폭 인상한 후 재정 부담을 피하려면 정부매입가격에 일체의 중간비용을 합한 방출원가로 단경기에 판매하면 된다. 이러한 경우 시장가격이 높아지고 근로자 가계의 생계비 압박이 야기된다. 이를 감안해 정부는 방출원가보다 낮은 가격으로 시장에 매도했으므로 이를 이중가격제라 한다.

정부가 사전에 결정한 가격으로 농가로부터 직접 매입해 보관했다가 단경기에 방출원가보다 낮은 가격으로 판매하는 이중가격제의 정책 효과를 〈그림 5-14〉에 제시했다.

〈표 5-15〉 쌀의 정부매입가격, 생산비 및 농가시장 판매가격(1969~1974)

(단위: 원/80kg)

구분	정부매입 가격(A)	전년 대비 증가율	생산비 (B)	전년 대비 상승률	농가 시장 판매가격* (C)	전년 대비 상승률	A/B	A/C	정부 매입 비율
1969	5,150	22.0	3,565	4.8	5,026	9.9	144.5	100.4	7.8
1970	7,000	35.7	4,642	30.2	5,407	20.5	136.1	129.5	8.9
1971	8,750	25.0	4,682	0.9	6,638	29.6	186.9	131.8	12.3
1972	9,888	13.0	6,115	30.6	8,712	15.8	161.7	113.4	12.8
1973	11,377	15.1	6,578	7.8	9,717	9.6	173.0	117.1	11.4
1974	15,760	38.5	8,683	32.0	11,155	53.6	181.5	141.3	16.5

* 11월~익년 2월의 4개월간 평균(일반미).
주: 회계연도 기준.
자료: 김형화·김병택, 『경제발전과 미곡정책』, 176쪽.

〈표 5-16〉 쌀의 비용가격, 방출가격, 도매가격 및 국제 가격(1970~1975)

(단위: 원)

구분	정부매입 가격(A)	비용 가격(B)	방출 가격(C)	도매가 격*(D)	국제 가격(E)	C-B(원)	D/C(%)	A/C(%)	D/E(%)
1970	5,150	5,728	5,400	5,666	5,263	-328	104.9	97.8	107.6
1971	7,000	7,664	6,500	6,956	5,773	-1,164	107.0	121.3	120.5
1972	8,750	9,488	9,500	10,034	6,695	12	105.6	130.7	149.9
1973	9,888	10,680	9,500	9,685	7,770	-1,180	101.9	127.3	124.6
1974	11,372	12,292	11,264	11,762	10,968	-1,028	104.4	103.7	107.2
1975	15,760	17,248	13,000	18,405	21,685	-4,284	141.6	72.6	84.9

* 일반미 도매가격 3~10월의 8개월간 평균치.

주: 미곡연도 기준.

자료: 김형화·김병택, 『경제발전과 미곡정책』, 177쪽.

〈그림 5-14〉 이중가격제하의 수확 직후기 시장가격 형성

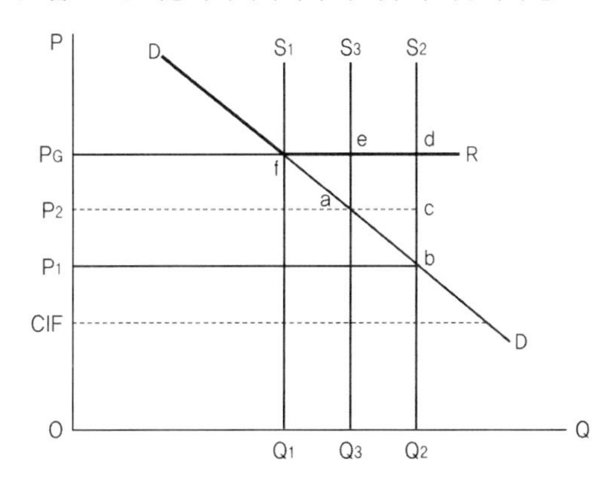

〈그림 5-15〉 이중가격제하의 단경기 시장가격 형성

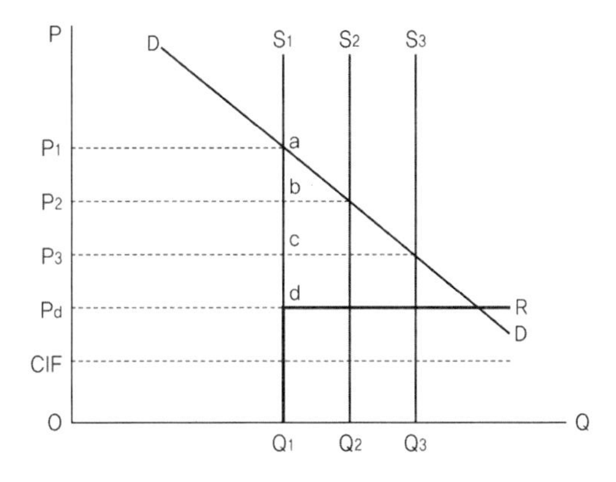

여기서 DD는 시장 수요곡선을 나타낸다. 정부는 사전에 결정한 $\overline{OP_G}$가격으로 농가로부터 직접 매입했는데 이 가격으로 농가가 판매하길 바라는 쌀 전량을 매입한다면 생산자가 직면하는 수요곡선은 DfR이 된다. 시장 공급곡선이 $\overline{Q_1S_1}$이라면 시장가격이 정부 지지가격과 일치하므로 정부가 매입하지 않아도 무방하다. 그러나 수확기 공급곡선이 Q_2S_2이고 시장가격이 $\overline{OP_1}$이면 이 가격이 너무 낮아 정부가 매입하기로 결정하게 된다. 정부매입제가 엄밀한 의미의 가격 지지정책이라면 $\overline{OP_G}$ 수준에서 초과 공급량 $\overline{Q_1Q_2}$를 매입해야 한다. 그러나 재정 부담을 고려해 $\overline{Q_2Q_3}$만큼 매입했으므로 공급곡선은 Q_3S_3로 이동하고 시장가격은 $\overline{OP_2}$로 상승한다.

정부매입이 없었다고 가정하면 시장판매량은 $\overline{OQ_2}$이고 시장가격은 $\overline{OP_1}$이므로 쌀 판매액은 □OQ_2bP_1이 된다. 정부가 $\overline{Q_2Q_3}$만큼 매입했다면 시장가격은 $\overline{OP_2}$로 상승한다. 그러므로 가격 상승에 의한 판매액 증가분은 □P_1bCP_2이고 정부 직접보조액은 □acde가 된다.

한편 이중가격제하의 시장가격 형성을 〈그림 5-15〉에 제시했다.

여기서 Q_1S_1은 민간 부분 공급곡선이므로 정부 방출이 없었다고 가정하면 시장가격은 $\overline{OP_1}$에서 결정된다. 정부는 사전에 결정한 OP_d가격으로 방출하는데, 무제한 방출하면 소비자가 직면하는 공급곡선은 Q_1dR이 되고 시장가격은 $\overline{OP_d}$로 낙찰될 것이다. 그러나 정부가 보관하는 쌀은 $\overline{Q_1Q_2}$이므로 이것을 방출하면 공급곡선은 Q_2S_2로 이동하고 시장가격은 $\overline{OP_2}$로 하락한다. 이 가격도 근로자 가계의 생계비 압박을 가져온다고 판단해 $\overline{Q_2Q_3}$만큼 수입해 방출하면 공급곡선은 Q_3S_3으로 이동하고 시장가격은 $\overline{OP_3}$로 하락한다. 정부가 보관한 쌀만 방출했을 경우 단경기 생산자 쌀 판매액 감소분은 □P_1P_2ba다. 정부 보유미만으로 부족한 경우 수입해 방출했을 때의 판매액 감소분은 □P_1P_3ca가 된다.

정부매입제가 없다고 가정했을 때의 쌀 판매액과 정부매입제를 실시했을 때의 판매액을 비교하면 생산자소득 지지효과를 파악할 수 있다. 수확 직후기와 단경기의 추정농가 판매가격을 산출해 〈표 5-17〉에 제시했다.

〈표 5-17〉 이중가격제하 쌀 농가 판매가격과 추정 농가 판매가격(1970~1975)

(단위: 원/80kg)

구분	정부매입 가격	수확 직후기			단경기		
		농가 판매가격(A)	추정 농가 판매가격(B)	A/B(%)	농가 판매가격(C)	추정 농가 판매가격(D)	D/C
1970	5,150	5,025	4,125	121.8	5,983	17,094	285.7
1971	7,000	5,407	4,308	125.5	7,483	37,190	496.9
1972	8,750	6,638	4,855	136.7	10,046	17,939	178.6
1973	9,888	8,712	6,650	131.0	9,925	15,753	158.7
1974	11,377	9,712	7,414	130.9	14,723	73,615	500.0
1975	15,760	11,155	7,746	144.0	18,461	41,024	222.2

자료: 김형화·김병택, 『경제발전과 미곡정책』, 185쪽.

〈표 5-18〉 정부매입제가 있는 경우와 없는 경우의 쌀 총판매액 비교(1970~1975)

(단위: 억 원)

구분	정부매입제가 있는 경우				정부매입제가 없는 경우			차액 (A-B)	쌀 수입량 (천M/T)
	생산자 보조액	수확 직후기 판매액	단경기 판매액	소계(A)	수확 직후기 판매액	단경기 판매액	소계(B)		
1970	5.0	679.0	602.8	1,286.8	524.9	1,722.2	2,247.1	-960.3	541
1971	70.0	654.2	788.5	1,512.7	521.8	3,918.9	4,440.7	-2,928.0	907
1972	130.0	779.1	1,179.1	2,088.2	569.9	2,105.6	2,675.5	-587.3	584
1973	74.4	949.2	1,419.3	2,442.9	951.0	2,252.7	3,203.7	-760.8	437
1974	99.9	1,334.2	1,479.7	2,913.8	1,018.5	7,398.3	8,416.8	-5,503.0	206
1975	421.9	1,617.5	1,959.2	3,998.5	1,123.2	4,253.7	5,476.9	-1,478.3	481

자료: 김형화·김병택, 『경제발전과 미곡정책』, 186쪽.

추정 농가 판매가격을 바탕으로 정부매입제가 없었다고 가정했을 때와 정부매입제를 실시했을 때의 쌀 판매액을 각각 산출해 제시했다(〈표 5-18〉 참조). 정부매입제가 없었다고 가정한 경우에는 정부가 쌀을 수입하지 않았다는 경우를 포함시켰다. 정부가 이중가격제를 실시해 수확 직후기에 시장가격보다 높은 가격으로 매입함으로써 직접적인 소득 지지와 쌀 판매액 증대를 가져왔다.

반면에 단경기에 와서는 정부 보유미와 수입쌀을 방출해 시장가격을 낮게 유지시켰다. 정부가 수입하지 않고 이중가격제를 실시했다면 생산자 소득 지지 효과가 크게 나타났겠지만 수입해 방출했으므로 정부매입제를 실시하지 않고 쌀 수입이 없었다고 가정했을 때에 비해 쌀 판매액은 오히려 감소했다.

(3) 신품종미 이중가격제

〈표 5-19〉에는 신품종 생산량과 정부매입량이 제시되어 있으며, 1970년대 후반부터 정부가 매입하는 쌀은 신품종뿐이었던 것으로 나타나 있다. 그러므로 통일벼 정부매입가격과 매입량은 일반미에 직접적인 영향을 미치지 않았다고 할 수 있다.

정부가 비싼 가격으로 매입하면 생산자 소득 지지효과를 가져오고 방출원가보다 싼 값으로 방출하면 저소득계층의 가계비 경감효과를 가져온다. 신품종 쌀을 소비하는 계층은 저소득계층이었고 일반미는 고소득계층이었으므로 일반미 시장가격이 등귀한다 해도 정부로서는 관심 밖의 일이었다. 이런 측면에서 볼 때 신품종 쌀이 출현한 것은 정부의 물가정책 혹은 양곡 관리 측면에서 볼 때 다행스러운 일이었다고 할 수 있다.

신품종 이중가격제의 쌀소득 증대 효과를 분석하려면 신품종미 이중가격제의 실시 전후를 비교하면 된다. 정부매입제가 없었다면 신품종을 재배하지 않고 일반벼를 재배했다고 간주할 수 있다. 그러므로 정부매입제가 있을 때의 쌀 판매액은 신품종 생산량에 정부매입가격을 곱해 산출한다. 정부매입제가 없었다고 가정했을 경우 신품종 재배면적을 일반벼 재배면적으로 간주해 일반미 생산량을 산출하고 여기에 일반미 시장판매가격을 곱하면 쌀 판매액이 산출된다. 이런 방식으로 산출한 쌀 판매액이 〈표 5-20〉에 제시되어 있다. 정부매입제에 의한 쌀 판매 증가액이 제시되어 있는데 1980년과 1981년에는 부(-)치로 나타났다. 쌀의 대흉작으로 1980년에 미국에서 쌀 200만 톤을 수입해 그 일부를 시장에 방출했기 때문이다.

〈표 5-19〉 신품종미의 생산량과 정부매입량(1971~1982)

(단위: 천M/T, %)

미곡 연도	총생산량(A)	신품종 생산량(B)	정부매입 총량(C)	신품종의 정부 매입량(D)	B/A	D/C	D/B
1971	3,997	15	49	15	0.4	3.0	100.0
1972	3,957	722	506	313	1.8	61.7	43.4
1973	4,212	586	480	170	1.4	35.4	29.0
1974	4,445	856	735	530	1.9	72.1	61.9
1975	4,669	1,380	790	706	29.6	89.4	51.1
1976	5,215	2,554	1,043	1,043	49.0	100.0	40.8
1977	6,006	3,648	1,403	1,403	60.7	100.0	38.5
1978	5,797	4,556	1,355	1,355	78.6	100.0	29.7
1979	5,536	3,449	1,301	1,301	62.3	100.0	37.7
1980	3,551	1,733	546	546	48.8	100.0	31.5
1981	5,063	1,403	888	888	27.7	100.0	63.3
1982	5,175	1,891	1,091	1,091	36.5	100.0	57.6

자료: 농림부, 「농림통계연보」(해당 연도판).

〈표 5-20〉 신품종미의 정부매입제가 있는 경우와 없는 경우의 쌀 판매액(1976~1982)

(단위: 원/80kg; 천MT; 원)

미곡 연도	정부매입제가 있는 경우			정부매입제가 없는 경우			쌀 판매액 증대 효과(A-B)
	신품종미의 정부매입가격	신품종 미의 정부매입량	정부에 대한 판매액 (A)	일반 품종미의 생산량*	일반 품종미의 농가 시장 판매가격**	시장 판매액 (B)	
1976	19,500	1,489	3,629.4	1,039	19,975	2,594.3	1,035.1
1977	23,250	2,439	7,073.1	2,016	23,334	5,880.2	1,192.9
1978	26,000	3,763	12,229.8	2,899	25,848	9,366.7	2,863.1
1979	30,000	2,687	10,079.3	2,410	32,369	9,751.2	325.1
1980	36,600	1,675	7,663.1	1,581	39,948	7,874.7	-211.6
1981	45,750	546	3,122.4	555	55,571	3,855.2	-732.8
1982	52,160	938	6,165.8	876	52,236	5,719.8	396.0

* 정부가 매입한 신품종미를 생산한 논에 일반미를 재배했을 경우의 생산량.

** 수확 직후기(11월~익월 2월)의 월 평균가격.

자료: 김형화·김병택, 『경제발전과 미곡정책』, 245쪽.

(4) 수매비축제

1990년대에 들어와 국민소득 수준이 향상됨에 따라 신품종미의 소비량이 급격히 줄어 신품종을 포기하자 1992년부터 일반미 이중가격제로 환원되었다. 신품종 이중가격제의 경우 정부가 관리하는 쌀은 신품종뿐이었으므로 정

〈표 5-21〉 쌀 정부 매입에 의한 쌀소득 직접 지지 효과

연산	1993	1994	1995	1996	1997	1998	1999
산지시장가격(원/80kg,중품)*(A)	95,938	99,579	120,085	130,927	132,117	141,993	149,719
수매가격(원/80kg,1등급)**(B)	132,680	132,680	132,680	137,990	137,990	145,580	152,860
가격차(C=B-A)	36,742	33,105	12,595	7,064	5,874	3,588	3,141
생산량(천 톤)(D)	4,750	5,060	4,695	5,323	5,450	5,097	5,263
수매량(천 톤)(E)	1,437	1,512	1,375	1,241	1,224	929	876
수매에 의한 효과(억 원)***	6,600	6,257	2,165	1,096	899	416	344

* 농림부 조사자료: 수매가격과 직접비교를 위해서 11~12월 평균가격에서 가공임 5,536원/80kg을 제함.

** 수매등급이 후해 수매곡의 90% 이상이 1등급임. 산지시장 거래량의 대종을 차지하는 품종의 산지시장가격과의 공정한 비교는 수매곡 1등급 가격이 적합.

*** C×3/80×1000

자료: 박동규 외, 『논농업직불제』(한국농촌경제연구원, 2000), 11쪽.

부는 독점력을 행사해 이중가격제를 실시할 수 있었다.

그러나 일반미를 관리할 때는 엄밀한 의미의 이중가격제는 성립하지 않는다. 정부가 시장가격보다 비싼 가격으로 매입한다면 직접적인 소득 지지 효과를 거둘 수 있다. 즉, 정부가 개입한 이후의 시장가격보다 정부매입가격이 더 높다면 그 차액만큼 생산자에게 직접 지불한 소득 지지로 간주할 수 있다.

그런데 방출할 때는 사정이 달라진다. 방출원가보다 낮은 가격, 즉 방출가격으로 시장에 방출하는데, 만약 이것이 시장가격보다 낮다면 그 차액분은 유통업자의 초과이윤으로 귀속된다. 단경기 시장가격 안정 효과는 정부 방출량에 따라 좌우되고 가격과는 무관하다.

이런 문제점을 시정하고자 1994년부터 정부는 매도방식을 바꾸었다. 즉, 방출가격을 결정해 방출하지 않고 공개경쟁 입찰방식을 도입해 판매했다. 그러므로 1994년부터 정부매입제는 이중가격제가 아니라 수매비축제의 기능을 수행했다. 단지 수확기 농가 판매가격보다 높은 가격으로 매입했으므로 생산자 쌀 판매액을 증대시키는 효과를 가져왔다. 쌀 매입에 따른 직접 소득 지지 효과를 분석한 결과가 〈표 5-21〉에 나타나 있다.

5. 쌀소득 보전직접지불제

1) 쌀정책의 당면 과제

정부매입제의 문제점을 보완하고자 1997년에 약정수매제를 도입했지만 소기의 정책 효과를 거두지 못하고 쌀 문제만 심각하게 대두되었다. 2004년에 쌀 재협상이 타결되어 2005년부터 10년간 관세화 유예가 연장되었지만, 이것이 완료된 이후에는 자동으로 관세화로 넘어간다.

이처럼 쌀을 둘러싼 대외 여건이 급변하고 안으로는 쌀 문제가 누증됨에 따라 정책 당국은 이를 해결하고자 2005년에 쌀정책을 전면적으로 개편했다. 쌀을 둘러싸고 당면했던 정책과제를 다음과 같이 요약할 수 있다.

첫째, 농가소득을 지지하고 안정시켜야 했다. 정부매입제를 통해 쌀가격을 지지해왔음에도 농가소득은 도시근로자소득에 비해 낮고 그 격차가 확대되었다. 쌀 소득이 농가소득의 25%를 차지했으므로 쌀 소득 지지야말로 농가소득을 지지할 수 있는 정책 대안 중의 핵심이었다. 또한 농가소득의 변동폭이 작아야 했다. 당시까지는 정부의 수매·방출제로 쌀의 농가 수취가격을 안정시켜왔으므로 가격 변동에 따른 소득변동은 크지 않았다. 만약 정부매입제를 후퇴시키고 쌀가격을 자유시장에 맡기면 소득 불안정 요인이 확대되는 결과를 가져온다고 판단했다.

둘째, 국민의 기본 식량을 안정적으로 공급한다는 차원에서 쌀의 국내자급을 유지해나가야 했다. 이는 식량안보를 확보하고 동시에 논 농업이 갖는 공익적 기능을 보전·유지시키는 측면에서 볼 때 바람직한 판단이었다.

셋째, 당시 직면한 쌀의 공급 과잉을 해소하고 수요와 공급을 안정적으로 조절해나가야 했다.

넷째, 쌀 농업의 효율성을 높여 국제경쟁력을 강화하고 2015년부터 시행되는 쌀 수입의 관세화에 대비해나가야 할 것으로 판단했다.

쌀 생산자로부터 직접 매입하는 정부매입제를 실시하는 한 시장기능이 무

〈그림 5-16〉 쌀 산업 정책의 목표와 과제

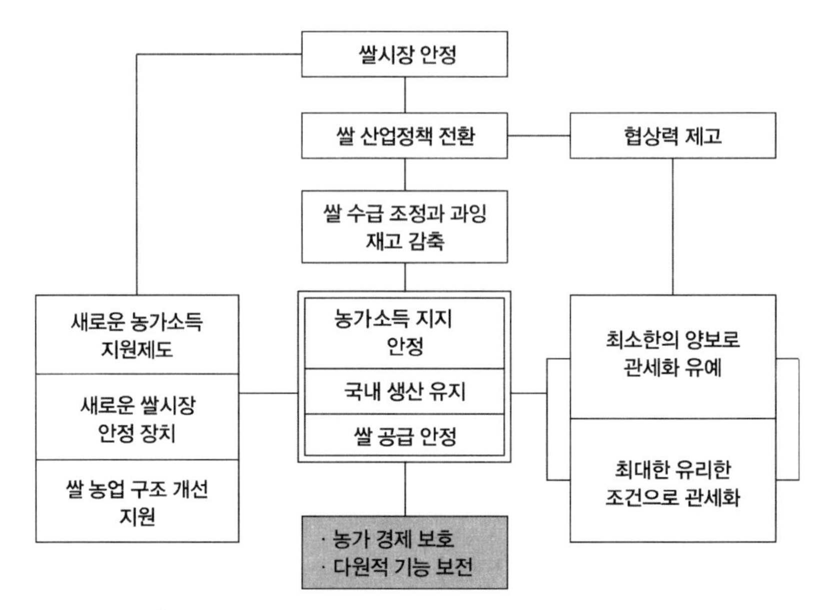

자료: 이정환 외, 「쌀 산업 발전을 위한 정책방안」, 8쪽.

시되어 근본적인 쌀 문제가 해결될 수 없다는 인식이 지배적이었다. 쌀가격 형성을 시장기능에 맡겨야만 쌀 수급 조절이 이루어져 만성적인 생산 과잉이 해결되고 고품질의 쌀 생산을 유도할 수 있다는 판단이 타당한 것으로 보였다. 그러나 쌀 생산 과잉하에 쌀가격 형성을 시장기능에 맡기면 쌀가격이 폭락해 농가소득이 격감하는 사태가 야기된다는 사실은 명약관화(明若觀火)한 처지였다.

다섯째, 국민 1인당 쌀 소비량 감소를 둔화시키고 동시에 쌀의 품질경쟁력을 강화해 수입쌀과 경쟁하게 하려면 고품질의 쌀 생산을 유도해야 한다고 판단했다.

당면한 쌀정책과제와 정책목표를 체계적으로 도식화한 자료가 〈그림 5-16〉에 제시되어 있다.

이러한 정책과제를 해결하기 위해 쌀정책을 근본적으로 개혁해야 한다는 주장으로 귀결되었다. 쌀가격 형성과 수급 조절을 시장기능에 맡겨둘 것인지 현행대로 정부가 쌀시장에 깊이 개입할 것인지 양자택일해야 할 처지에 직면했다고 할 수 있다. 쌀정책 기조가 어느 쪽이든 농가소득 지원 방안과 쌀 산업의 국제경쟁력을 강화할 수 있도록 획기적인 쌀 농업 구조 조정 대안이 마련되어야 했다.

2) 쌀정책 개혁방안의 기본 구조

쌀정책이 당면한 핵심 과제는 농가소득 지지 및 안정과 쌀 수급 조절이었다. 만성적인 쌀 생산 과잉을 방지할 수 있는 대안은 두 가지다.

첫째, 시장에 맡기는 방안이다. 정부가 개입하지 않고 쌀가격 형성을 시장기능에 맡기면 수요와 공급에 따라 가격과 거래량이 결정되므로 생산 과잉이 일어나지 않는다. 완전경쟁 시장조건에서 결정된 거래량은 생산량임과 동시에 소비량이기 때문이다. 즉, 시장에 맡기면 언제나 수급 조절이 원만하게 이루어진다고 믿어도 된다. 단지 시장에서 형성된 가격이 생산자 소득을 지지할 수 있는가는 별개의 문제다.

둘째, 정부가 개입해 생산 조정정책을 실시하는 대안이다.

벼농사를 대상으로 휴경보상제나 전작(轉作)보상제를 도입할 수 있었다. 후자는 타 작물을 재배하도록 권장하고 쌀 소득과 당해 작물 소득과의 차액을 보상하는 제도다.

시장에 맡기던 생산 조정 정책을 실시하더라도 사전 또는 사후에 생산자소득을 지지하는 정책이 뒷받침되어야 한다. 그러므로 수요와 공급을 조절해 생산 과잉을 방지하고 농가소득을 지지할 수 있는 정책대안은 다음과 같이 분류할 수 있다.

첫째, 쌀 수급 조절을 시장기능에 맡기고 사후적으로 소득을 지지하는 대안이다. 이때의 소득 지지 방안을 정부 측에서는 '쌀소득 보전 직접지불제'라 이름 붙였다. 생산 과잉하에서 수급 조절을 시장에 맡기면 쌀가격이 하락하고 생산자소득이 줄어든다. 이때 줄어드는 소득을 지불해주는 데 전액을 지원해 줄 것인가 일정 비율만 지원해줄 것인가를 결정해야 한다.

둘째, 생산자가 재배면적을 결정하기 전에 생산 조정정책을 실시하고 생산이 이루어진 후에는 정부가 직접 개입하지 않고 쌀가격 형성을 시장에 맡기는 정책이다. 생산 조정제의 효과가 제대로 발휘된다면 쌀 생산량이 줄어들어 쌀 소득을 지지할 수 있을 정도로 시장가격이 높게 유지된다.

셋째, 생산 조정 정책을 실시하고 현재의 약정수매제를 병행해나가는 방안이다. 생산 조정제로 생산을 줄여 과잉미 발생을 미연에 방지하고 정부매입제를 실시해 생산자가 생산한 쌀을 정부가 결정한 가격으로 매입한다면 가격 지지가 보장되므로 생산자 측에서 바라는 대안이다.

그러나 일본에서 경험한 바와 같이 정부매입가격이 사전에 생산자에게 제시되어 있으면 생산량과는 무관하게 일정량을 생산자로부터 매입해야 하고 시장가격을 정부매입가격 수준으로 유지해야 한다. 즉, 정부가 매입한 쌀을 시장에 방출하지 못하고 보관해야 한다. 이럴 경우 생산자는 일면에서는 생산 조정정책에 응하고 다른 쪽에서는 단위 면적당 수량을 늘려 총생산량을 증대시킨다. 즉, 생산을 증가시켜도 시장가격이 일정 수준에서 지지되므로 생산을 증대시킬수록 쌀 소득이 늘어난다. 이렇게 되면 정부로서는 생산 조정정책에 수반되는 막대한 재정 부담을 지고 동시에 만성적인 쌀 생산 과잉을 맞이하게 된다.

넷째, 생산 조정정책을 실시해 재배면적을 제한한 후 정부가 개입하지 않고 시장에 쌀가격 형성을 맡긴다. 생산 조정에 따른 보상과 쌀 소득을 합한 농가소득으로 가계비를 충당할 수 없다면 쌀소득 보전직접지불제를 실시하는 방안이다.

제시한 대안 중 우리 실정에 적합한 대안을 선정해야 했다. 한국은 장기적으로는 쌀 수급이 원만하게 조절될 것으로 믿지만, 현재는 과도기에 직면해 쌀 생산 과잉이 일어난다는 전제하에 2003년부터 세 번째 대안을 채택해 실시한 것이다. 즉, 약정수매제하에서 농가의 신청을 받아 생산 조정정책을 실시해왔다. 물론 생산 조정정책은 2003년에서 2005년까지 한시적으로 시행될 것이라고 사전에 발표했다. 그러나 쌀 문제는 해결하지 못한 채 쌀 재협상이 타결됨에 따라 2005년에 쌀정책을 전면적으로 개편했고 이를 요약하면 다음과 같다.

첫째, 정부는 쌀의 시장가격 형성에 직접적으로 개입하지 않고 이를 시장에 맡겼다. 이는 정부가 2004년까지 장기간 시행해온 쌀 정부매입제를 전면적으로 중단했다는 의미다.

둘째, 쌀시장에 정부가 개입하지 않으면 쌀가격이 낮아져 농가소득을 지지해야 할 경우 직접 지불로 농가소득을 지지한다고 제시했다.

셋째, 비상시에 대비해 국민의 기본 식량을 안정적으로 공급하고 동시에 예상하지 못하는 흉작에 대비해 쌀 공공비축제를 도입하다고 발표했다. 상시 비축량은 쌀 600만 석이며 매년 절반을 판매, 매입한다고 제시했다. 즉, 매년 수확기에 시장가격으로 농가로부터 300만 석을 매입해 보관했던 묵은 쌀을 단경기에 시장가격으로 시장에 판매하지만 항시 600만 석은 보유해야 한다.

이처럼 2005년부터 쌀 정부매입제를 포기하고 쌀소득 보전직접지불제와 공공비축제를 도입했으므로 쌀정책을 전면적으로 개편했다고 볼 수 있다.

3) 쌀소득 보전직접지불제의 기본 골격

정부매입제를 포기하고 쌀가격 형성을 시장기능에 맡길 경우 쌀가격이 하락해 농가소득을 지지해야 할 때 쌀소득 보전직접지불금을 지불한다는 정책 대안을 채택했다. 소득 보전직불금의 내용과 산정방식은 다소 까다롭다.

직접지불금을 산정할 때 기준이 될 목표가격을 정부가 설정해 농가에 제시한다. 농가는 생산한 쌀을 시장에 판매하고 목표가격과 시장가격과의 차액을 정부로부터 직접지불금으로 수령하지만 차액 중 85%만 받는다. 이 비율이 높을수록 가격 지지 수준이 높고 낮으면 시장기능을 중시해 쌀 수급 조절을 유도한다는 의도다. 즉, 목표가격을 3년마다 재조정하도록 되어 있으므로 연차적으로 목표가격을 하향조정하면 지지 수준이 낮아지고, 농가 수취금액에 시장원리가 적용되면 쌀 수급이 안정될 것으로 기대했다. 동시에 쌀 생산에 경쟁원리가 적용되면 수도작의 규모 확대가 일어나 국내산 쌀의 국제경쟁력이 강화될 것으로 내다보았다. 이때 적용하는 시장가격은 수확기 3개월 전국 평균가격이다.

또한 직불금은 고정직불금과 변동직불금으로 구성되어 있다. 전자는 논 농업이 수행하는 공익적 기능을 정부가 보상한다는 의미다. 공익적 기능은 공공재로서 시장실패가 일어나므로 시장에서 형성되는 쌀가격에 반영되지 않는다. 농가가 시장에서 보상받지 못하는 분야를 정부가 고정직불금이라는 명분으로 지불한다는 취지다. 고정직불금은 면적당 일정액이 지급되므로 쌀 생산량과는 무관하다. WTO 규정에 의거해 고정직불금은 허용대상 보조금이지만 변동직불금은 감축대상 보조금에 해당한다.

목표가격과 시장가격을 기준으로 직접지불금을 산정한 후 우선 고정직불금을 지급하고 나머지를 변동직불금으로 지급한다. 시장가격이 높으면 변동직불금이 지급되지 않지만, 고정직불금은 쌀 생산과는 무관하게 지급되므로 시장가격과 고정직불금을 합한 농가 수취금액은 목표가격보다 많을 수 있다. 이런 실정이므로 쌀 생산자는 고정직불금을 증액하도록 요구해왔다. 그러나 고정직불금 수준이 높을 경우 시장기능이 둔화되어 쌀 생산 과잉을 해소하려는 정책 효과를 거두기 어렵다. 직불금 산정방식을 계산식으로 나타내면 다음과 같다.

$$\Pi = r\overline{A} + Max[0.85(P^T - \tilde{P}) - r/Y^0, 0]\,Y^0 A$$

위 식에서 Π는 농가가 수취하는 쌀소득 보전직불금 총액이다. $\overline{A}$는 고정직불금 대상면적(ha), r은 고정직불금 단가이며 농업진흥지역이면 ha당 74만 6,000원, 비농업 진흥지역이면 ha당 59만 7,000원이므로 평균값은 ha당 70만 원이다. 그러므로 $r\overline{A}$는 고정직불금을 나타낸다. 뒷부분은 변동직불금 산정

〈표 5-22〉 쌀소득 보전직접직불제 현황

구분	고정직불금		변동직불금		총 지급액	수확기 산지평균 쌀가격 (원/80kg)
	면적 (천ha)	금액 (억 원)	면적 (천ha)	금액 (억 원)	고정+변동 (억 원)	
2005	1,007	6,038	940	9,007	15,045	140,028
2006	1,024	7,168	951	4,371	11,539	147,715
2007	1,018	7,120	933	2,792	9,912	150,810
2008	1,014	7,118	922[6]	·	7,118	162,307

자료: 농림부.

방식을 나타내며 생산량을 기준으로 직접지불금을 산정한다. A는 변동직불금 대상면적(ha), Y^0는 변동직불금 적용단수, P^T는 목표가격으로 80kg 한 가마당 17만 83원이다. $\tilde{P}$는 당해 연도 수확기 산지 전국 평균 쌀가격을 나타낸다. 목표가격과 시장가격과의 차액 85%를 지불하므로 0.85는 보전수준이다.[4] 변동직불금의 지불단가는 목표가격과 시장가격의 차액의 85%에서 고정직불단가를 공제한 나머지다. 남은 금액이 '0'보다 크면 남은 금액이 변동직불금이 되고 남은 금액이 '0'보다 적거나 같을 때는 변동직불금이 지급되지 않는다. 변동직불제 적용단수(Y^0)와 대상면적(A)의 곱이 쌀 생산량이 된다. 이 값에 변동직불금 지불단가($0.85(P^T-\tilde{P})-r/Y^0$)를 곱해 지급액을 도출한다.

쌀소득 보전직불금은 연 2회에 걸쳐 지급된다. 농가의 자금 사정을 고려해 고정직불금은 10월에 지급되고 변동직불금은 수확기 쌀가격이 확정된 후 익년 3월에 지급된다.

쌀소득 보전직접직불제(〈표 5-22〉) 대상농지는 1998년 1월 1일~2000년 12월 31일까지 3년 연속 벼·연근·미나리·왕골 재배에 이용된 농지이고, 이는 고정직불금 대상면적($\bar{A}$)이 된다. 그리고 대상농지에서 농지의 기능과 형태를 유지하면서 2001년 이후 타 작물로 전환하거나 휴경하는 경우에도 고정직불금은 지급된다. 변동직불금 대상면적(A)[5]은 앞에서 언급한 고정직불금 지급

4) 고정직불금 단가(r)인 1ha당 70만 원은 평균적인 개념이다.

요건을 충족하는 대상농지에 논벼를 재배한 경우만 해당된다. 농약 및 화학비료의 잔류농약·토양 검사에 의해 농산물의 농약잔류 허용 기준과 시비량 기준이 충족되어야 한다.

목표가격은 2001~2003년 평균 수확기 산지 쌀가격과 2003년 논농업직불제 단가, 그리고 2001~2003년 추곡수매 직접소득효과 금액을 고려해 결정되었으며, 그 금액은 17만 83원이었다. 2008년 3월 국회에서 법률을 개정해 2008~2012년까지 목표가격을 종전대로 유지하기로 결정했다. 국회 동의하에 3년 단위로 목표가격을 변경할 수 있도록 규정했으나 5년 단위로 국회 동의를 얻어 변경하도록 조치했다. 당해 연도 수확기 산지 전국 평균 쌀가격($\tilde{P}$)은 당년 10월~익년 1월까지 가격을 기준으로 한다.[7]

논 농업에 종사하는 실 경작자가 읍·면사무소에 직접지불금을 신청하도록 했으므로 경작 여부를 확인하는 절차는 생략된 셈이었다.

4) 쌀소득 보전직접지불제의 부작용

쌀을 둘러싸고 야기되는 문제를 해결하고자 쌀소득 보전직접지불제를 채택했지만 소기의 정책 효과를 거두지 못하고 부작용만 드러나고 말았다. 직접지불제를 채택할 때 부정적인 효과를 감안해 대비책을 마련해야만 했지만 그러지 못했다.

2005년부터 시행해온 직불제는 많은 문제를 내포했지만 별 탈 없이 지내오다가 2008년 사태가 벌어졌다. 실경작자가 직접지불금을 수령하도록 관련법에 명시되어 있지만 쌀 직불금이 논 임차료 인상으로 연계되든 지주가 직접

5) 변동직불금 대상면적은 쌀소득 보전직접직불제 대상농지 중 논벼를 재배하는 농지이므로 고정직불금 면적보다 작다.

6) 2008년도 변동직불금 신청면적은 92만 2,000ha로 잠정 집계.

7) 농림수산식품부(http://www.maf.go.kr/main.tdf).

수령하든 경제이론상으로는 논란의 대상이 되지 않았다.

그러나 농지를 생산요소로 소유하기도 하지만 재산증식 목적으로 소유하려는 의욕이 더 강하다는 현실을 고려하면 간단히 경제이론만을 내세워 가볍게 넘겨서는 안 될 처지였다. 논농사와 관련해 직불제를 시행하려면 우리의 농지제도와 조세제도를 종합적으로 검토하고 예상되는 부작용을 감안해 채택해야 한다.

우선 양도소득세 산출방식을 검토해야 한다. 농지를 8년 이상 자경(自耕)한 후 매각하면 적용되는 세율은 양도차액의 크기에 따라 9~36%이고 산출한 세액 중 1억 원을 면제받는다. 그러나 농지를 임대한 지주는 양도차액의 65%를 세금으로 납부해야 했다.

1996년부터 시행된 「농지법」에 의해 농지제도가 재정립되었고 그 핵심은 농지의 소유자격이었다. 「농지법」 발효 이전에 농지를 소유한 부재지주(不在地主)를 인정했고, 그 이후 소유자격을 완화한 반면 경작의무를 부과했다. 국민이면 누구나 농지를 소유할 수 있지만 소유하면 반드시 자경해야 하고, 이를 어기면 시장·군수가 농지 처분 명령을 내려야 한다. 농지 매입 후 성실 경작의무를 수행하는지 여부를 조사해 농지 처분 명령을 내린 사례는 적었다. 동시에 서면계약으로 농지임대차가 이루어져야 하지만 지주가 응하지 않아 구두계약으로 임대차를 행하는 것이 관행이었다. 이런 처지이므로 지주가 농지를 매각할 때는 자경한 것으로 위장할 수 있었다.

그러나 쌀소득 보전직접직불제가 수행된 이후에는 사정이 달라졌다. 지주가 고정직불금을 수령하지 않으면 자경하지 않은 것으로 간주되어 농지를 매각할 때 양도소득세를 부담해야 한다. 휴경해도 고정직불금을 수령할 수 있으니 논을 임대했을지라도 고정직불금을 수령했다면 휴경으로 위장할 수 있으므로 양도소득세를 면제받을 수 있다.

부재지주는 고정직불금이 탐이 나서가 아니라 자경했다고 위장하기 위해 직불금을 수령했지만 세상에 알려지니 일파만파로 부작용이 드러났다. 보건복지부 차관이 고정직불금을 수령한 사실이 언론에 보도되어 그동안 호도되어온 직불제 문제가 표면에 드러나 사회문제로 비화되고 정치문제로 부각되어 국회에서 국정조사 대상으로 특별 취급했다.

부당하게 직불금을 수령했다고 자진 신고한 공무원이 4만 9,767명에 달했다. 전국 읍·면별로 '실경작심사위원회'를 설치해 농지가 소재한 읍·면 외 지역에 거주하는 농지 소유자를 대상으로 경작 여부를 확인했고 직불금 부당 수령자로 판명된 자를 대상으로 직불금을 환수했다.

5) 직접지불금 지불조건 강화

시행착오를 거친 후 2009년에는 관련 법령을 개정해 직접지불금 지급요건을 강화했다. 우선 지급 대상자의 자격요건을 강화했다. 2005~2008년까지 1회 이상 직불금을 수령한 실적이 있는 자로 국한했다. 농촌지역 이외 거주자를 대상으로 해당 지방자치단체에서 농업을 주업으로 하는지의 여부를 확인한 후 직불금 수혜자격을 부여했다. 형평성을 고려해 경작자일지라도 연간 농외소득이 3,700만 원 이상인 자는 제외시켰다. 아울러 지급대상 상한규모를 농가일 경우 30ha, 농업법인의 경우 50ha로 설정했다. 동시에 실경작 여부를 확인하는 절차를 강화했다. 종전에는 농지 소유자의 거주지 읍·면사무소에 신청했으나 농지 소재지의 읍·면사무소에 신청하도록 했다.

위법 행위에 대한 처벌도 강화했다. 부정한 방법으로 신청하거나 직불금을 수령한 자를 1년 이하의 징역이나 1,000만 원 이하의 벌금에 처하도록 했다. 실경작 여부를 허위로 확인해준 농지 소재지 거주자에게는 1년 이하의 징역 또는 1,000만 원 이하의 벌금에 처한다고 규정했다.

제6장
생산요소 보조정책

1. 비료정책

1) 전개 과정

광복 직후 북한에는 화학비료 공장이 남아 있었으며, 남한에서는 화학비료 공급이 중단되어 식량 생산이 위축되어 있었다. 한편 해외 거주 동포의 귀환, 북한 동포의 월남 등 식량 소비인구의 급증으로 식량가격이 폭등하는 등 심각한 식량 문제가 대두되었다.

따라서 미군정 당국은 남한의 식량 생산 안정화를 위해 미 육군성 원조자금인 'GARIOA자금'으로부터 화학비료를 도입해 공급했다.

정부 수립 이후 1950년대에 와서도 비료공장을 설립하지 못하고 주로 미국 원조자금으로 비료를 수입해 공급했다.

1960년대에 들어와 본격적인 경제성장 전략이 추진되는 과정에서 농업성장에 결정적으로 기여하는 화학비료를 적기에 공급하고자 비료공장 설립이 추진되었다. 외국과의 합작으로 1961년에 제1비료공장인 충주비료를 준공한 이래 점진적으로 비료공장을 증설했고, 1967년 제5비료공장인 한국비료가 준공됨에 따라 화학비료의 국내 자급기반을 구축했다.

1970년대에는 남해화학을 비롯해 생산성이 높은 대규모 화학비료공장을 건설한 결과 비료 생산 과잉 현상이 나타났고, 이에 비료 산업의 구조 조정이 절실히 요청되었다.

외국과의 합작으로 건설된 비료공장에서 생산된 비료 중 일부를 정부와 회사 간 협의를 통해 책정한 가격으로 정부가 인수하도록 합작계약서에 명시했다. 정부가 인수한 가격에 제반 조작비를 합한 판매원가로 공급하면 생산자 부담이 과중되므로 이를 방지하고자 비료 구입가격 보조정책을 실시했다. 즉, 판매원가보다 낮은 가격으로 공급함에 따라 재정 적자가 발생했고, 이를 비료계정특별회계로 처리했다.

1980년대에 들어와 비료의 생산 과잉과 누증되는 비료계정 적자를 해결하고자 비료 산업 구조 조정을 과감하게 단행했다. 즉, 1, 2차에 걸친 비료 산업 합리화 대책을 마련하고 계약기간이 만료된 공장 중 시설이 노후해 생산성이 낮은 합작공장은 폐쇄했다.

1990년대에 와서는 비료시장을 개방하고 비료 판매를 자유시장에 맡겨 정부가 관리하던 화학비료 공장을 민영화시켰다.

1994년 12월 UR 협상이 체결되고 WTO체제가 출범함에 따라 비료정책은 일대 전환기를 맞이했다. UR 협상의 핵심인 국내 보조금 삭감을 이행하기 위한 조치로 비료에 대한 보조금 지원제도를 중단했다.

아울러 지속적인 농업 발전을 도모하고자 비료 및 농약 투입량을 줄이는, 이른바 저투입농법 또는 환경농업이 각광을 받기 시작했다. 이에 따라 토지생산성을 중시하는 다비농법(多肥農法)과 환경을 강조하는 저투입농법이 조화를 이룬 비료정책을 수립, 집행해나가야 할 단계에 이르렀다.

2) 생산 및 공급정책

남북 분단 이후 북한의 흥남 비료공장으로부터 화학비료 공급이 중단됨에 따라 남한은 비료 부족으로 어려움을 겪었다. 남한의 소규모 비료공장은 원자재 조달이 어려워 정상 가동이 불가능한 상태였으므로 해외 수입에 의존할 수밖에 없었다.

미군정 당국은 미 육군성 원조자금인 'GARIOA 자금'을 이용해 1946년과 1947년 2개년에 걸쳐 황산암모늄(유안), 질산암모늄(초안), 과인산석회(과석), 염화칼륨 등 30만 9,870톤을, 1948년에는 46만 1,242톤을 각각 수입했다.

정부 수립 이후에도 여전히 미국의 원조자금을 이용해 화학비료를 수입했다. 휴전 협정이 체결되고 사회가 안정되자 화학비료공장 건설이 절실하다고 판단한 정부는 1955년 9월 미국의 국제개발처(AID) 차관과 내자를 동원해 제1비료공장인 충주비료 착공에 들어가 1961년 4월 준공해 1963년부터 연간 요소 8만 5,000톤을 생산했다.

1962년 12월에는 제2비료공장인 나주 호남비료를 준공해 1964년부터 본격적으로 생산하기 시작했다. 1967년 3월에는 울산 소재 제3비료공장인 영남화학을 준공해 요소 8만 4,000톤을 비롯한 연간 26만 4,000톤의 생산능력을 갖추었다.

진해시에 소재한 제4비료공장인 남해화학이 1967년 4월 준공되었고, 이 공장의 연간 비료 생산능력은 제3비료공장과 유사한 수준이었다.

제5비료공장인 한국비료는 일본 미쓰이물산과의 합작으로 추진되어 1967년 4월 준공되었다. 이 공장은 당시 요소비료 공장으로는 세계 최대 규모였으며 연간 요소 33만 톤을 생산할 수 있는 능력을 갖추었다.

아울러 1966년 연간 5만 톤 규모의 용성인비(熔成燐肥) 생산시설을 갖춘 경기화학의 비료공장이 준공되었다. 풍농비료에서도 일본에서 외자를 도입해 연간 용성인비 5만 4,000톤을 생산하는 공장을 1967년에 준공했다.

외자 도입으로 건설한 비료공장 덕분에 화학비료의 연간 생산량은 1967년 113만 2,000톤으로 증가했고 국내 자급률은 25.3%에 달했다. 성분별로 보면 질소의 자급률은 41.9%, 인산 및 칼륨은 각각 12.6%, 5.3%였다.

정부가 기존의 비료생산 시설을 확충하고 생산효율을 제고시킨 결과 1973년 말 기준 화학비료 생산능력이 실중량 158만 3,000톤에 이르렀다.

한편 한국카프로락탐이 준공되어 1974년부터 황산암모늄을 생산하기 시작

〈표 6-1〉 화학비료 수급 실적(1962~1999)

(단위: 천 톤, %)

구분	생산	소비	자급률
1962	30	310	-
1965	75	397	19
1970	590	563	105
1975	860	886	97
1980	1,345	828	162
1985	1,398	807	173
1990	1,648	1,104	149
1995	1,778	954	186
1999	1,535	842	182

주: 성분 중량.
자료: 농림부, 「농림업 주요 통계」(해당 연도판).

했고, 영남화학의 제2공장이 1975년 준공되었다.

1970년 화학비료 총수요량은 성분 중량으로 56만 3,000톤이었는데 생산량은 59만 톤을 달성해 비료 자급체계를 구축했고, 이후에는 만성적인 생산 과잉에 직면했다(〈표 6-1〉 참조).

합작으로 설립한 회사로부터 인수해야 하는 비료의 인수가격이 높아 수출 경쟁력을 확보하지 못한 실정이었다. 수출 보조금을 지급해 수출을 시도했지만 과잉 생산량을 해결할 수 있는 수출 물량을 확보하지 못했다.

1971년부터 다수성(多收性), 다비성(多肥性), 내병성(耐病性) 등의 특성을 지닌 신품종 통일벼가 농가에 보급됨에 따라 비료 수요량이 급증했으나 오일쇼크로 비료 생산이 위축되었다. 이를 해결하고자 생산 능률이 높은 비료공장을 1977년 준공했는데, 이것이 바로 제7비료공장인 남해화학이다. 이후 비료 생산능력은 연간 300만 4,000톤으로 늘어났다.

1, 2차에 걸친 오일쇼크를 겪은 후 1980년에 들어와 세계 경제가 위축됨에 따라 한국도 공산품 수출에 타격을 입었다. 이러한 경제적 배경하에 비료 산업의 생산효율을 높이고자 대대적인 구조 개혁을 단행했다. 즉, 비료 생산시설 감축을 골자로 한 '제1차 비료 산업 합리화 계획'이 수립되어 1981년 10월 시행되었다.

이러한 구조 개혁의 배경으로 ① 비료 생산능력은 연간 246만 800톤인데

〈표 6-2〉 비료 산업 합리화에 의한 생산시설 조절

(단위: 천 톤)

구분	회사	시설 용량		계약 종료	조치
		조정 전	조정 후		
요소	한국종합화학	231	-	-	폐쇄
	남해화학	660	660	1990	유지
	한국비료	330	165	-	절반 유지
	영남화학(구)	113	-	1982	폐쇄
	진해화학	113	-	1982	폐쇄
	소계	1,447	825	-	-
복합	남해화학	700	700	1987	유지
	영남화학(신)	178	178	1985	유지
	영남화학(구)	180	-	1982	폐쇄
	진해화학	181	-	1982	폐쇄
	소계	1,239	878		

자료: 한국농촌경제연구원, 『한국농정50년사』, 453쪽.

비해 수요량은 165만 톤으로 생산 과잉이 발생한 점, ② 국내 수요를 초과하는 공급분을 해외시장에 판매할 수 있을 정도의 경쟁력을 확보하지 못한 점, ③ 외국과의 합작계약이 불리하게 이루어진 점 등을 지적할 수 있다. 특히 합작회사에서 생산한 비료 중 일정량을 정부가 의무적으로 인수해야 하며 인수하지 않을 때는 수출보상금을 지급해야 하는 등 불평등한 계약조건으로 진행된 점 등이 큰 영향을 끼쳤다.

요소 국내 총수요량을 연간 80만 3,000톤으로 설정하고 생산시설을 조정했다. 즉, 1982년에 합작계약이 만료되는 한국종합화학, 영남화학 구 공장, 진해화학 등이 폐쇄되었다(〈표 6-2〉 참조).

뒤이어 '제2차 비료 산업 합리화 계획'이 단행되었다. 영남화학 신공장의 합작계약이 1985년에, 남해화학 신공장의 합작계약이 1987년에 각각 만료됨에 따라 국가 소유 비료회사를 민간에 매각했다.

미국의 아그리코사가 소유한 남해화학의 주식 25%를 1990년 7월 농협이 인수했다. 뒤이어 1998년에 정부 소유 남해화학 주식 45%를 농협이 인수함으로써 남해화학의 경영권이 농협으로 이양되었다.

한국비료는 1980년부터 경영 다각화를 이루었고, 1997년 삼성그룹이 인수해 삼성정밀화학으로 회사명을 변경했다. 이로써 국가의 기간산업 육성이라는 명분하에 국가가 설립해 소유한 비료공장이 전부 민간 소유로 넘어갔다.

3) 시장·유통 정책

광복 이후 1950년까지 수행한 비료 공급체계는 단순했다. 외국 원조자금으로 도입한 비료 전량을 정부가 인수해 대행기관을 지정한 후 농가에 공급했다. 즉, 광복 이후 미군정하에서는 일제강점기 때 결성된 '조선농회'를, 정부 수립 이후에는 '대한금융조합연합회'를 정부 대행기관으로 각각 지정해 비료를 관리하도록 했다. 유통되는 비료 전량을 정부가 독점 공급하는 데 논란이 일어나 1951년부터 민간 도입이 허용되었다. 1952년에는 총수요량의 25% 정도, 1954~1955년에는 수요량의 10% 정도를 민간 기업이 공급하게 했으며 이후 1960년까지 민간 기업이 공급하는 비료의 비율이 매년 증가했다.

1955년부터 양곡과 비료를 정부가 관리한다는 방침을 세우고 원조자금에 의한 비료의 구매와 공급기능을 외자청에 일원화시켰다. 그러나 직접 관리는 오래 지속되지 못했다. 1957년 1월 '도입 비료 취급요강 및 배급 실시요령'을 마련하고 국가가 도입한 비료 취급을 농협에 위임했다. 이에 따라 비료 공급체계는 정부 대행기관인 농협과 민간 유통으로 이원화되었다.

민간이 도입한 비료에 한해 자유 판매를 허용하자 관급(官給) 비료와 민간 유통 비료 간 가격 차이가 발생했다. 즉, 관급 비료에는 공정 환율을 적용해 가격을 결정했고 자유시장에 유통되는 비료에는 공매 환율을 적용했다. 정부의 저환율(低換率)정책으로 한화(韓貨)가치가 실제 구매력보다 높게 평가되었으므로 관급 비료의 국내 공급가격이 낮게 책정되었다.

1957년 2월부터 1961년까지 관급인 황산암모늄 1포대 판매가격은 188원으로 고정되어 있었으나 자유시장 비료가격은 1956년에는 367원이었고 1960년에는 388원에 달했다.

비료시장의 이원화로 야기된 제반문제를 해결하고자 군사정부는 비료의 민간 유통을 폐쇄하고 비료 공급을 농협중앙회에 전담시켰다.

한편 정부가 관리하는 양곡을 안정적으로 확보하기 위한 정책수단의 일환으로 양곡과 비료를 교환하는 '양비교환제(糧肥交換制)'를 도입했다. 비료와 교환한 양곡은 주로 쌀이었다.

정부 관리 양곡을 안정적으로 확보할 목적으로 1951년 9월 「임시토지수득세법」을 제정해 농지세를 현물로 징수했고, 이것과 병행해 양비교환제를 시작했으나 제도적인 뒷받침 없이 간헐적으로 시행되었다.

1965년에 「양곡과비료에관한법률」을 제정해 양비교환제를 본격적으로 추진하기에 이르렀다. 매년 '양비 교환비율 심의위원회'의 심의를 거치고 국회 동의를 얻어 쌀과 비료의 교환비율을 결정했다.

양비 교환비율은 농가가 생산한 대표적인 농산물인 쌀과 농가가 구입하는 대표적인 공산품인 비료를 교환하는 비율이므로 농가 교역 조건을 나타내는 지표다. 양비 교환비율은 농가에 불리하지 않은 것으로 알려져 있다.[1] 1961년 쌀의 '정부매입제'가 도입된 후 정부매입량이 점차적으로 확대됨에 따라 정부 관리 양곡 확보수단으로 양비교환제의 중요성은 약화되었다. 특히 다수성 신품종인 통일벼가 보급된 이후 정부매입량이 총생산량의 20%를 상회해 정부 관리 양곡을 충분히 확보할 수 있었으므로 양비교환제는 유명무실하게 명맥만 유지해오다가 1977년 「양비교환에관한법률」은 폐지되었다.

1962년 1월부터 비료의 공급체계가 농협으로 일원화됨에 따라 정부 위탁으로 수입하는 비료와 국내산 비료를 농협이 독점 공급했고 자유시장은 폐쇄되었다. 즉, 정부가 결정한 가격과 절차에 따라 농협이 농가에 비료를 공급해왔다.

1980년대에 들어와 전통적인 식량작물 위주의 생산 구조에서 과수, 축산 등 성장작물이 도입된 생산 구조로 개선되었다. 이에 따라 성장작물에 투입되는 비료를 농협이 원활하게 공급하지 못한다는 평가가 내려졌고 정부는 새로

---

1) 김형화·김병택, 『경제발전과 미곡정책』, 97쪽.

개발된 품목별 전용 비료와 전용 복합비료에 한해 1982년 8월부터 자유시장을 허용했다.

정부는 1987년 10월 '비료 산업 공급 유통체계 개선 방향'을 발표해 1988년 1월부터 비료시장을 전면 자유화했다. 즉, 시장원리에 따르면 효율성을 높이고 재정 적자를 경감시킬 수 있다는 전제하에 비료 유통을 자유시장기능에 맡긴 것이다.

이에 따라 농협은 자율적으로 비료 수급계획을 마련하고 구입가격과 판매가격을 결정했다. 그러나 식량작물에 투입되는 비료는 농협이 담당하고 성장작물에 필요한 비료는 주로 민간 유통기관에서 담당했다.

4) 비료가격 및 보조정책

5·16 군사정변 이후 정부 당국은 비료의 자유시장을 폐쇄하고 공급체계를 농협으로 일원화했다. 농협이 생산자에게 공급하는 비료가격은 매년 정부가 결정했으며 이를 '정부 고시 가격'이라 불렀다.

아울러 해외에서 도입한 비료를 판매원가대로 공급하면 생산자에게 과중한 부담이 된다고 판단해 비료 구입가격을 보조했다. 즉, 1961년에 환율이 1,300원으로 인상됨에 따라 비료가격 인상이 불가피했으나 농민 부담을 감안해 종전 가격으로 공급하고 환율에 따른 인상분 16억 2,300만 원을 국고에서 보조했다. 정부 고시가격을 판매원가보다 낮게 책정하고 그 차액을 정부 예산으로 메운 것이다.

이처럼 비료가격 보조가 불가피해짐에 따라 정부 대행 사업으로 수행하던 비료 사업을 특별회계로 처리했다. 즉, 1962년 '비료계정특별회계'를 통해 비료가격 보조로 발생하는 결손을 정부 재정 보조금, 한은 차입금, 농협차입금 등으로 메웠다.

국내산 비료가 공급되기 전에는 특별회계에서 발생하는 적자가 크지 않았으므로 정부 재정 보조금으로 보전(補塡)했으나 국내에서 비료를 본격적으로 생산한 이후인 1966년부터 적자가 크게 나타났다.

외국과의 합작으로 비료회사를 설립할 때 체결한 합작 투자 규약에는 비료 원가산정에 적용하는 평균 가동률(稼動率), 인수 의무량, 수익 보장 등이 명시되어 있었다. 유지해야 할 가동률은 회사마다 약간씩 차이가 있었지만 대개 82~100% 수준이었고, 인수 의무량은 80~120%로 책정되었다. 즉, 외국투자회사의 수익을 보장해주기 위해 인수 의무량 이상을 일정한 가격으로 정부가 매년 매입하도록 규정했으며 이를 농협이 전량 인수했다. 인수가격이 민영 비료회사에서 공급하는 비료가격보다 높았다는 사실을 통해 합작회사와의 투자 규약이 불리하게 체결되었으며 아울러 합작회사의 경영 효율이 떨어졌다는 점을 알 수 있다.

인수가격과 제반 유통비용을 합하면 판매 원가를 산출할 수 있고 이 가격으로 농가에 공급하면 적자가 발생하지 않지만 농가 부담이 과중되므로 이보다 낮은 가격으로 판매했다. 즉, 생산요소 보조정책의 일환으로 비료 이중가격제를 실시했다.

1966년 '비료계정특별회계'에 적자가 발생한 이래 그 규모가 매년 확대되어 왔다. 정부가 인수하는 비료가격은 투자 수익을 보장하는 생산원가이므로 매년 변동폭이 컸다. 특히 제1, 2차 오일쇼크 이후 인수가격이 대폭 인상되었고 이로 인해 비료계정의 적자도 폭증했다(〈표 6-3〉). 비료계정에서 발생한 적자를 1978년까지 주로 한은 차입금으로 메웠고, 이는 통화증발로 이어져 인플레이션을 촉진시키는 결과를 초래했다.

1979년부터 비료계정 적자를 농협 차입금으로 보전했는데, 차입금에 대한 이자를 정부가 적기에 상환하지 못해 농협의 유동성을 압박함으로써 영농자금 공급에 차질을 빚는 사태도 일어났다.

1988년 1월 1일부터 비료시장이 전면 자유화되었으므로 비료계정 특별회계에 적자는 발생하지 않았다.

그러나 1990년 걸프사태가 발생해 에너지가격이 폭등함에 따라 비료 생산원가가 높아졌고, 농가 부담을 줄이고 물가를 안정시킨다는 차원에서 1991년

〈표 6-3〉 비료계정 수지 내역(1965~1999)

(단위: 억 원)

구분	가격 보조	차입금 이자	재정 보전	당년 결손	결손 누계
1965	+5	-	-	+3	+4
1970	38	1	6	42	99
1975	637	8	-	695	1,031
1985	504	484	462	601	7,718
1990	54	1,127	145	958	11,995
1995	88	1,841	3,000	+1,239	17,722
1996	-	1,752	3,000	+1,248	16,674
1997	-	1,216	2,841	+1,620	14,849
1998	-	1,180	1,380	+200	14,649
1999	-	1,150	1,450	+300	14,349

자료: 농림부, 「농림업 주요 통계」(해당 연도판).

부터 1995년까지 정부가 비료 판매가격을 결정하고 농협 인수가격과 판매가격과의 차액을 정부예산으로 보조했다.

1996년 이후 가격 보조를 폐지했고 그동안 누적되어온 비료계정 차입금을 정부예산으로 보전해왔다. 즉, 1995년과 1996년도의 정부예산 보전액은 각각 3,000억 원이었으며 1996년의 적자 누계액은 전년에 비해 대폭 줄었다.

비료시장을 전면적으로 자유화시켰고 농가에 대한 비료 구입자금 보조를 포기했기 때문에 비료계정 적자를 전부 메우기만 하면 비료정책은 없어지는 셈이었다.

2. 농약정책

1) 농약 관리정책의 전개 과정

(1) 농약 수입 의존 시기의 관리

광복 이전부터 농약을 생산, 공급하던 영세규모의 농약회사들이 광복 후에도 동수화제, 석회유황합제, 제충국 등 기술 수준이 낮은 원예용 농약을 공급했다.

정부 수립 후 '농업 증산 3개년 계획'이 수립되었고 농업 생산성을 증대시키고자 1949년 처음으로 유기농약인 파발마와 디디티(DDT)를 수입했다. 농약 원제와 부제를 수입해 국내에서 혼합하고 소포장해 공급했다.

뒤이어 1952년에 비에이치시(BHC)를, 1953년에는 이피엔(EPN)을, 1954년에는 린덴(lindane)을 각각 수입하기 시작했다. 이후 지속적으로 맹독성 농약을 완제품 형태로 수입해 공급했다.

농약 수요량이 매년 급증함에 따라 농약을 올바르게 사용해 약효를 극대화시키고 농약 피해를 줄이고자 농촌지도기관을 통해 농약의 취급 및 사용방법을 지도했다.

(2) 「농약관리법」 제정

농약의 제조와 판매를 규제하는 제도적 장치가 마련되지 않아 누구나 회사를 설립해 농약을 제조하거나 수입해 판매할 수 있었다. 이에 따라 불량 농약이 유통되어 식량 증산에 차질을 가져오고 농가가 피해를 입는 사례가 속출했다.

이러한 제반 문제를 해결하고자 정부 당국은 1954년 3월 '농약 발취 검사 요령'을 마련해 농약을 관리하고자 노력했다. 이 요령에 의거해 공장에서 생산한 제품에서 표본을 추출해 검사한 후 소정의 기준에 합격한 표본의 모집단에 한해 시장 출하를 허용했다.

이런 규제에도 아랑곳하지 않고 농약 유통질서는 문란해졌고 사용에 따른 부작용이 속출했다. 특히 맹독성 농약을 가정에서 파리, 모기, 이 등의 해충을 박멸하는 데 사용해 중독사고가 빈번히 발생했다.

농약 제조 및 유통·판매를 철저히 관리하고자 1957년 8월 「농약관리법」을 제정했고 그 주요 내용을 요약하면 다음과 같다.

첫째, 농림부장관은 필요하다고 인정되면 농약에 종류별로 유효성분의 명칭과 함유량 및 기타 필요한 사항에 관한 공정 규정을 정할 수 있다.

둘째, 농약의 제조, 수출입 등의 사업을 수행하고자 하는 자는 농림부장관의 허가를 받아야 하며 판매를 업으로 하는 자는 관할 서울시장 또는 도지사에게 신고해야 한다.

셋째, 제조업자, 수입업자가 제조 또는 수입한 농약의 용기 또는 포장에 농약명, 성분 등을 정확히 표시해야 한다.

넷째, 유독성 농약을 사용하고자 하는 자는 사전에 농사교도소장에게 통보해야 하고 교도원은 반드시 농약의 취급 방법을 주지시키도록 한다.

다섯째, 농림부장관이 감독상 필요하다고 인정할 때에는 관계 공무원이 제조업자, 수입업자 또는 판매업자의 사무소 등을 임검해 약품과 기타의 서류를 검사할 수 있다.

여섯째, 이 법에 의거해 내리는 명령, 처분 등을 위반했을 때에는 농약의 제조, 수입 또는 판매를 제한, 금지시키거나 그 허가를 취소할 수 있고 농작물 등에 유해할 때에도 그 제조 판매 등을 제한하거나 금지할 수 있다.

일곱째, 농림부장관이 공정 규정을 설정, 변경 또는 폐지하고자 할 때와 검사방법을 결정 또는 변경하고자 할 때는 농약심의회의 의견을 들어 이를 정하도록 한다.

「농약관리법」이 시행됨에 따라 기존의 회사들은 생산시설을 재정비하고 제조업 및 수출입 허가에 필요한 서류를 구비해 정부로부터 허가를 받았다.

한편 농림부에 농약심의회를 설치해 ① 농약의 공정 규격, ② 농약의 검사방법, ③ 농약에 관한 법령 제정과 그 개폐 등의 사항을 심의하도록 조치했다.

아울러 1960년대에 들어 농작물 병충해 예찰 사업이 체계화되었으며 방제의 효율성을 높이기 위해 공동 방제체계를 갖추었다. 1967년 9월 농림부 농산국에 식물방역과를 신설해 농작물 병해충 방제, 농약 수급 관리 및 식물 검역 업무 등을 관장하게 했다. 1966년에 국립농업자재검사소가 신설되어 농약의 이화학적·생물학적 검사를 비롯한 품질 관리 업무와 약효 및 약해시험을 담당하게 했다.

(3) 농약 관리 강화

정부의 식량 증산정책에 힘입어 농약의 수요량이 매년 증가했고 이에 부응해 생산량도 확대되었다. 1969년도에는 농약회사가 35개로 늘어났으며 생산 과잉으로 판매 경쟁이 치열해지고 불량 농약이 유통되는 등 농약의 유통질서가 문란해졌다.

이런 문제를 해결하기 위해 1969년 5월 「농약관리법」을 일부 개정해 부실 농약회사와 불요불급한 농약 품목을 정비했고, 농약의 포장규격, 용기의 표시 사항을 규정하고 출하 전 발취 검사 및 유통 단속을 강화했다.

1970년대에 들어와 농약 수요가 급증함에 따라 국산 농약원제(原濟) 개발을 유도하고 외화를 절약하기 위해 농약 추천 요령을 제정했다. 국산원제를 우선적으로 추천했고 그동안 축적된 경험과 기술을 바탕으로 한 국산원제가 개발되어 1970년대 중반에는 농약원제의 국산화 비율이 70%에 달했다.

1977년 12월 「농약관리법」을 다시 개정해 농약을 제조 혹은 수입하고자 할 때는 약효, 약해, 독성 및 잔류성 등에 관한 시험을 거쳐 허가를 받도록 규제했다. 또한 제조하거나 수입한 농약 품목 허가의 유효기간을 5년 이내로 제한해 약효를 보증하도록 조치했다. 농약 사용자가 준수해야 할 농약 취급방법과 농약 검사에 관한 제반 사항이 보강되었다.

한편 정부는 농산물 생산자가 농약을 정확하게 식별하고 올바르게 사용하는 데 도움이 되도록 농약 상표를 규제했다. 도열병약, 이화명나방약 등의 방식으로 용도를 명기하고, 회사 고유의 상표명을 괄호 안에 표기하도록 했다. 이에 농약업계가 거세게 반발했고, 외국의 원제 공급회사는 지적소유권을 침해한다고 항의하는 사태가 벌어졌다.

한편 1980년대 중반에 들어와 미국은 한국 측에 물질특허제를 도입하도록 강력히 요구했다. 그동안 한국은 물질특허를 인정하지 않고 제법 특허권만 인정했다. 장기간에 걸쳐 많은 비용을 투입해 개발한 물질을 복제해 이용해왔으므로 미국은 「통상법」 301조에 의거 보복을 경고했다.

정부는 불가피하게 1986년 12월 「특허법」을 개정해 물질특허제도를 도입했다. 외국에서 개발한 농약원제를 이용하는 회사는 막대한 기술료를 지불해야 함에 따라 원가 상승이 나타났고, 국내 농약 공급가격 상승이라는 역기능을 초래했다.

(4) 농약시장 자유화

1980년 12월 「농약관리법」을 개정해 품목 허가제를 품목고시제로 바꾸었다. 즉, 정부가 고시한 품목을 등록해 생산하도록 조치했다.

농약 품목 고시에 전제되는 약효(藥效), 약해(藥害) 시험과 독성 및 잔류성(殘留性) 시험을 전담할 농약연구소를 농촌진흥청 산하에 신설했다. 이에 따라 국립농업자재검사소는 유통되는 농약의 품질 검사와 부정농약 단속 등의 업무만 수행하게 되었다.

농림부 내에 농약관리위원회를 설치해 농약의 품목 고시, 이를 위한 시험의 기준과 방법, 농약 안전 사용과 취급 제한 기준 등에 관한 사항을 심의하도록 했다.

한편 1990년대에 들어와 농약시장의 국제화에 능동적으로 대처하고자 1995년 12월 「농약관리법」을 개정해 품목고시제를 품목등록제로 완화했다. 품목고시제하에서 운영된 농약관리위원회와 농약관리기금은 폐지되었다.

농약 등록 업무가 농촌진흥청으로 이관되었고, 농림부의 식물방역과를 환경농업과로 바꾸었다. 아울러 농촌진흥청 산하의 농업기술연구소를 농업과학기술원으로 개편하고, 농약 관련 업무를 담당해온 농약연구소와 국립농업자재검사소를 흡수했다.

2) 유통 및 가격정책

(1) 농약 유통

1950년대에 들어와 농약은 주로 농협의 전신인 '농회'와 원예조합을 통해 공급되었고, 1960년 초반에는 원예조합, 수리조합 나아가 일반 상점을 통해 공급되었다. 원예조합과 수리조합은 조합원의 편의를 위해 농약 판매 사업을 수행한다는 명분으로 정부의 규제나 간섭을 받지 않았으나 일반상인은 시장·도지사의 허가를 받아 영업할 수 있었다.

1966년부터 시행된 식량 증산계획의 일환으로 농작물 병해충 방제계획을 수립해 일선 행정기관, 농협, 원예조합, 수리조합 등에 시달하고 농협 및 원예조합, 수리조합 농약공급조합을 통해 소요 농약 전량을 조기에 확보, 공급할 것을 권장했다.

1970년에는 농림부에서 농약 수급계획을 수립해 정부가 보조하는 수도용 농약 전량과 맥류 적미병(赤黴病) 농약을 농협에서 확보, 공급하도록 조치하고 기타 농약은 시중 농약상이나 원예조합을 통해 공급하도록 했다.

1972년도 농협 공급량은 1,524톤으로 전체 공급 물량의 29.9%를 차지했고, 나머지 79.1%는 농약상과 원예조합을 통해 공급했다. 1978년에 와서 농협공급량은 4,301톤으로 증가했고 전체 공급량에서 차지하는 비율은 38%로 증가했다.

1979년부터 1989년까지 정부 위촉 사업으로 수도용 농약 전량을 농협이 일괄 공급하고 원예용 농약과 제초제는 농약상을 통해 공급하도록 해 1979년도 농협의 농약 공급량은 7,641톤으로 전체 공급량의 52.9%를 차지했다.

이러한 조치가 있었는데도 1985년에는 농협공급량이 감소해 총공급량에서 차지하는 비율이 30%로 떨어졌다. 수도병충해 방제용 농약을 이자부담 없이 외상으로 공급함에 따라 농약계정에 적자가 누증되었고, 이를 해결하고자 농협이 공급 물량을 줄였기 때문이다.

1990년대에 들어와 농약시장이 개방되고 농협의 농약 사업도 정부 위촉 사업에서 자체 사업으로 전환됨에 따라 수익성이 낮은 수도용 농약 취급량을 줄이고 원예용 농약을 공급했으나 취급 물량은 매년 감소해왔다.

(2) 농약가격

1949년부터 1968년까지 정부는 농약시장에 개입하지 않고 자유시장에 맡겨두었고 따라서 가격 변동이 심했다. 1969년 5월 「농약관리법」을 개정해 정부가 농약의 공급가격을 조절할 수 있도록 조치했다. 또한 농약원제의 수입 관세를 면세조치하고 농협이 공급하는 농약 판매가격을 22.5% 인하하고 시판 농약에는 최고가격제를 적용해 가격 상승을 억제했다.

1970년대 후반부터 농협이 취급하는 농약의 비율이 높아짐에 따라 농협이 농약가격을 주도했다. 재무부 회계예규에 의거해 원가를 계산하고 구매 예정 가격을 산정한 후 구매 대상 품목의 제조회사가 2개 이상이면 공개 입찰로 구매가격을 결정하고 단독일 때는 시담(示談)으로 결정했다. 구매가격에 5~8% 수준의 마진을 가산해 농림부장관의 승인을 받아 판매가격을 결정했다.

1980년대에 들어와 세계시장에서 원자재 가격이 상승하고 정부의 방침이 변동환율제로 전환됨에 따라 제조회사의 자금 부담이 커지고 인건비 상승과 이에 따른 생산비 상승을 가져왔다.

(3) 농약관리기금 운용

1980년에 개정한 「농약관리법」에 의거해 '농약관리기금'을 설치했다. 기금의 용도는 ① 농약의 품목 고시를 위한 시험, ② 농약 안전 사용 및 관리, ③ 교육 홍보 등이었고 농약공업협회를 기금의 운용 주체로 지정했다. 농약제조업자 또는 수입업자가 고시품목을 제조하거나 수입해 판매할 때 판매액의 2%를 초과하지 않는 범위 내에서 대통령령이 정하는 비율에 의거 산출한 금액을 농약관리기금으로 납부하도록 규정했다.

농약회사가 납부하는 농약관리기금 적립금은 농약의 판매원가에 반영되어 농가 부담으로 전가되었다. 즉, 적립기금은 간접세인 물품세와 동일한 메커니즘으로 납부자는 농약회사이지만 실제 부담자는 농약을 구입하는 농가였다.

농약관리기금 운영주체인 농약공업협회는 안전 사용 홍보 및 관리 등 기금 운용계획을 수립해 농약공업협회 총회의 의결과 농림부장관의 승인을 거쳐 기금을 사용할 수 있도록 규제해왔다.

농약관리기금의 수지 내역이 〈표 6-4〉에 제시되어 있다. 신규로 개발한 품

〈표 6-4〉 농약관리기금 운영 내역(1982~1997)

(단위: 백만 원)

구분	수입 총액	지출				기금 누계
		시험비	안전 사용	관리비	소계	
1982	331	156	62	77	295	-
1985	772	176	63	54	293	370
1990	955	453	242	162	857	300
1995	1,753	593	374	333	1,300	450
1997	408	-	236	280	516	-

자료: 농약공업협회.

목에 관한 약효, 약해 시험을 수행하는 데 소요된 비용이 가장 많았다. 또한 농약 안전 사용 홍보물 제작과 안전 사용 계도 및 교육, 홍보 등 안전 사용비 지출액도 상당액에 달했다. 이 농약관리기금 적립제도는 1997년 폐지되었다.

3. 영농 기계화정책

1) 농작업 기계화 전개 과정

(1) 소농기구 개량 시기

정부 수립 이후부터 1950년까지의 기간을 소농기구 개량과 개발에 역점을 둔 시기로 규정했다.

광복 이후 일본인이 경영하던 공장을 운영해 농기구를 제작, 공급했지만 원자재의 품질 불량과 생산기술 부족으로 생산제품의 성능은 보잘것없는 수준이었다. 농기구의 품질 향상을 바라고 1947년 중앙농업기술원에서 농기구를 감정하도록 조치했으나 6·25전쟁으로 중단되었다.

종전 후 1958년 농기구 보급계획을 수립하고 농업은행에서 농기구 구입자금을 지원하도록 조치했다. 아울러 일본에서 개발한 소형 동력 농기계를 구입, 보급했으나 그 실적은 미미한 수준이었다.

(2) 재해 대책용 농기구 보급

1961년부터 1970년까지 증산정책이 농정의 골격으로 정착된 시기에는 재해 대책용 농기구 공급에 주력했다. 1960년대에 들어와 식량 증산정책을 수립, 집행했고 그 일환으로 한해(旱害) 대책용 농기계와 병충해 방제용 농기계를 보급했다. 노동력을 절감하려는 의도가 아니라 심경(深耕)으로 쌀 증산을 도모하고자 동력경운기를 보급했다.

아울러 영농 기계화를 체계적으로 추진하고자 농기계 전담 부서를 마련했다. 1962년 농촌진흥청을 개편할 때 농공 이용 연구소 내에 농공과(農工課)를 신설했다.

1962년에 '우량 농기구 보급 및 검사요령'을 시달했고, 이해부터 시군 농촌지도소에 농업기계훈련장을 설치해 젊은 경영주를 대상으로 농기계 운전과 조작기술을 교육시켰다.

1962년 농업은행과 농업협동조합이 통합해 농협중앙회가 발족되었고, 경제 사업의 일환으로 농기구 구매 및 판매 사업을 수행하기 시작했다.

1966년에 국립농업자재검사소가 발족되어 농기계 검사 업무를 농공 이용 연구소에서 이곳으로 이관했다.

(3) 경운·정지작업의 기계화 추진

1971년부터 1976년까지의 기간에는 노동력 절감효과가 크게 나타나는 경운·정지작업의 기계화에 역점을 두었다. 축력(畜力)과 인력으로 경운·정지작업을 수행하면 중노동으로 고통을 받는다. 반면 동력경운기로 경운·정지작업을 수행하면 노동력 절감효과를 가져올 뿐 아니라 심경을 통한 지력 증진으로 토지 생산성도 높아진다.

1970년대에 들어와 가속화된 농업 노동력의 도시 유출로 일손이 부족해지고 농촌 노임이 상승함에 따라 정부는 영농 기계화정책을 본격적으로 추진하기 시작했다.

1971년에 대통령에 보고한 '농업기계화계획'에 의거해 농림부는 상공부에 경운기, 비료살포기, 이앙기, 양수기, 분무기, 소형 농용엔진 등의 주요 농기계를 대상으로 국산화를 요청했다.

상공부는 「기계공업진흥법」에 의거한 농기계 생산계획을 수립해 1971년 5월 상공부 공고 제6361호로 고시했다. 여기에 의거해 각 기종별로 생산 공장을 지정하고 자금을 지원했다.

아울러 농림부는 '농업 기계화 5개년 계획'을 수립, 시행했다. 이의 기본 방향은 ① 사질양토 지대에는 5마력 내외, 중점질토 지대에는 8~10마력의 경운기를 각각 보급하고, ② 수도작 위주로 일관적인 기계작업이 가능하도록 각종 부대작업기를 보급하며, ③ 기계화 지역에는 지력을 유지·증진시키기 위해 유축농업을 적극 장려하고, ④ 농기계 생산자와 수요자에게 장기 저리로 융자해 기계화를 가속시키며, ⑤ 농기계는 국산품으로 수급함을 원칙으로 하는 것이었다.

아울러 농업 기계화를 촉진하기 위해 특별계정을 운영하고 농기계 판매제도를 개선했는데, 그 주요 내용은 다음과 같다.

첫째, 농업 기계화 사업에 소요되는 재원은 정부의 예산 지원과 국제기구 또는 외국의 차관으로 충당하고 농협에 특별계정을 설치해 운영한다.

둘째, 농업 기계화 자금은 농기계 보급의 중요도, 기계의 내구연한 등을 감안한 제반 조건을 첨부해 회전 융자금으로 활용한다.

셋째, 선정된 농기계 생산업체가 농협과의 긴밀한 협조를 통해 전국에 판매망을 설치하고, 생산자가 원하는 농기계의 품질을 일정 기간 보증하는 조건으로 직접 농민에게 판매하도록 한다.

넷째, 판매점에는 기술자를 배치해 품질 보증과 사후 봉사, 부품 공급 등의 제반 업무가 원활히 수행되도록 한다.

농가의 농기계 구입자금 부담을 줄이기 위해 지원 사업을 수행했으나 보조는 적고 주로 융자 지원으로 이루어졌는데 기종에 따라 융자조건이 달랐다. 경운기, 양수기, 동력분무기 등에 한해서는 구입가격의 70%에 해당하는 금액을 연리 9%, 5년 균분 상환 조건으로 융자했고 동력분무기, 탈곡기, 절단기,

파종기, 중경제초기, 석회살포기 등에 한해서는 기계가격의 50%에 해당하는 금액을 연리 9% 이자로 2~3년간 균분 상환 조건으로 융자했다. 당시 은행대출 금리가 연리 25% 내외 수준이었고 사채금리가 50%에 육박했던 것을 감안하면 지원조건이 불리했다고 단정하기 어렵다.

정부의 재정규모가 빈약해 보조금을 지원하기 어려운 실정이었으며 또한 농기계 지원자금에 대한 수요 경합이 치열했으므로 형평성의 차원에서 볼 때 융자 지원이 타당했다고 판단된다.

(4) 수도작 일관기계화 추진

1977년부터 1987년까지의 기간에는 수도작을 대상으로 일관기계화 작업을 집중적으로 추진했다.

1970년대 중반에 들어와 농업 노동력 유출이 가속화됨에 따라 영농 기계화 사업을 적극적으로 추진하기에 이르렀다. 1977년에 농업 기계화 기본 방향을 제시했으며 이를 요약하면 다음과 같다.

첫째, 이앙기와 수확기 공급을 확대하기 위해 기계화시범단지를 조성해 노동 수요 피크를 해소하고 일관기계화 작업체계를 확립한다.

둘째, 경운기를 위시한 각종 농기계를 지속적으로 확대 공급해 농작업 기계화를 촉진해나간다.

셋째, 농기계 공급 지원자금을 안정적으로 확보하고 계획적인 지원체계를 마련해 농기계 공급을 촉진한다.

넷째, 「농업기계화촉진법」을 제정해 품질 관리, 신기종 개발 및 안전대책 등의 사후 관리를 위한 제도적 장치를 마련한다.

다섯째, 농업기계화연구소를 설치해 한국 실정에 맞는 농기계를 개발하고 농기계 생산의 자유경쟁체제를 구축한다.

여섯째, 농기계의 사후봉사와 조작기술 훈련을 강화해 농기계의 이용도를 높인다.

일곱째, 시범단지를 조성해 농기계의 공동 이용을 촉진하고 효율적인 이용을 유도한다.

이러한 기본 방향에 의거해 1977년부터 동력이앙기와 바인더, 콤바인 등을 대상으로 구입자금을 보조하기 시작했다.

대형 농기계 일관작업체계를 구축하고자 농지개량조합, 농협 등 생산자단체를 운영주체로 해 종합농업 기계화시범단지를 조성했다.

농업 기계화 사업자금을 확보하기 위해 서독재건은행으로부터 27억 원을 차관했고 ADB로부터 남강 및 낙동강 개발자금을 차관할 때 11억 원의 농업 기계화자금을 포함시켰다.

아울러 농업 기계화 사업을 효율적으로 추진하기 위해 1978년 12월 「농업기계화촉진법」을 공포했으며 기본 골격을 요약하면 다음과 같다.

첫째, 정부는 농업 기계화 기본계획을 수립해 이를 농민에게 널리 알린다.

둘째, 농업 기계화에 적합한 우량 농기계를 보급 기종으로 고시하고 수급 물량과 가격을 원만하게 조정해 농민이 원하는 농기계를 적정 가격으로 구입할 수 있도록 한다.

셋째, 농업 기계화 촉진 기금을 설치해 지원 대상 농기계의 생산자금과 구입자금을 지원할 수 있도록 한다.

넷째, 지원 대상 농기계는 사전에 국정검사기관에 의뢰해 성능 검사 및 품질 검사를 받도록 하고, 이를 위반한 제조업자 또는 판매업자에 대한 처벌을 규정한다.

다섯째, 정부는 농업 기계화시범단지 또는 농업기계 공동 이용조직을 설치, 운영하도록 해 농기계 이용률을 제고한다.

여섯째, 지원 대상 농기계를 생산, 보급하는 제조업자 또는 그 판매업자로 하여금 사후봉사시설을 의무적으로 설치하도록 한다.

1980년대에 들어와 「농업기계화촉진법」에 의거해 체계적으로 농업 기계화 사업을 추진했고, 여기에 근거해 농업 기계화 촉진기금을 마련해 운영해왔으며, 이것은 1990년에 제정된 「농어촌발전특별조치법」에 흡수되었다.

수도작을 대상으로 대형 농기계를 이용한 일관기계화 작업체계를 구축하고자 1977년 시범 사업으로 「농업기계화촉진법」에 의거한 '기계화시범단지'를 조성했다.

경작규모가 영세한 개별 농가 단위로 농기계를 소유·이용한다면 일관기계화를 이룩하기 어렵고 조직체를 통해서만 가능하다는 판단하에 농협과 농지개량조합이 운영주체인 기계화시범단지를 조성해 농기계 구입자금을 지원했다. 1980년에는 시범단지의 운영규모를 확대해 '영농기계화센터'로 개칭했다.

그러나 이 조직체는 본래 의도한 정책 효과를 거두지 못하고 일관기계화 작업의 시범만 보인 채 운영 부실로 해체되었다.

뒤이어 1981년부터 '기계화영농단' 사업이 시작되었다. 소농 구조하에서는 트랙터, 이앙기, 콤바인 등의 대형 농기계를 공동으로 소유하고 이용해야만 적정 작업규모를 확보할 수 있기 때문에 일관기계화가 적합하다고 판단되었다. 경작규모 10ha 이상인 기계화영농단을 조직하면 농기계 구입자금을 지원했다.

(5) 전 농작업 기계화 추진

1980년대 후반에 들어와 농산물 수입 개방 압력이 가중됨에 따라 국내산 농산물의 국제경쟁력 확보가 시급한 정책과제로 대두되었다.

그동안 국제경쟁력을 강화하고자 영농 기계화 사업을 지속적으로 추진한 결과 수도작의 일관기계화 수준이 높아졌다. 반면 밭작물의 기계화는 초보 단계에 머물렀다.

농정 당국은 1988년에 ① 밭작물의 기계화 추진, ② 농기계 가격 및 유통의 자율화, ③ 농기계로 인한 사고 대책과 보상 방안, ④ 중고 농기계 유통 촉진 등을 추진함으로써 종전의 수도작 위주의 기계화정책에서 벗어나 종합적인 영농 기계화 터전을 마련했다.

밭작물 기계화 촉진 사업으로 전작 기계화 시범 사업을 수행했다. 1988년에 국고 보조 20억 5,600만 원을 확보해 구입자금 중 20%를 국고로 보조해 관리기 8,000대를 공급했다.

한편 그동안 농기계시장에 정부가 깊이 개입해왔지만 효율성을 높이기 위해 농기계 가격과 유통을 자유시장기능에 맡긴다는 원칙하에 정부 규제를 완화했다.

관련 단체, 관련 학회로부터 의견을 수렴하고 경제장관협의회의 심의를 거쳐 1988년 10월 '농업 기계화 사업 개선 대책'을 마련했다. 주요 내용을 요약하면 다음과 같다.

첫째, 영농 기계화율이 현재 50% 수준인데 이를 1992년까지 80% 수준까지 끌어올린다. 이를 위해 1989년부터 4년간 1조 2,500만 원을 지원해 주요 농기계 60만 대를 공급한다.

둘째, 농기계에 대한 부가가치세를 면제해 농기계 가격을 9.1% 인하함으로써 연간 약 300억 원 규모의 농기계 구입 부담을 경감시킨다.

셋째, 1992년까지 기계화영농단 4만 개소를 설립해 마을당 1개 이상의 구조를 조성함으로써 농기계의 공동 이용체계를 갖춘다. 또한 영농단에 대한 농기계 구입자금 보조비율을 40%에서 50%로 인상한다.

넷째, 지금까지는 농기계가격을 행정지도로 결정해왔으나 1988년 10월 1일부터 자유시장기능에 맡긴다.

다섯째, 농기계 검사, 사후봉사, 공급체계 등 경쟁이나 개발을 제한하는 요인을 과감히 개선하고 수입 제한을 해제해 경쟁 여건을 강화하며 가격 담합 등 불공정행위가 일어나지 않도록 규제한다.

이러한 개선 대책으로 농기계 구입자금 보조가 증가했고 농기계 시장의 자율성이 보장되었다.

한편 1989년 10월 한국은 GATT 본조항 BOP항(국제수지조항)을 벗어남에 따라 농산물시장을 개방하지 않을 수 없었다.

이러한 시장 개방에 대비해 농정 당국은 1989년 '농어촌발전종합대책'을 마련했고 이를 제도적으로 뒷받침하기 위해 「농어촌발전특별조치법」을 제정했다. 이 법에서는 농기계 수탁 작업을 수행하는 위탁영농회사를 규정했고 이에 정부는 1992년부터 위탁영농회사를 지원했다.

이를 계기로 영농 기계화 사업의 기본 방향이 수정되었다. 농기계를 공동으로 소유하고 이용하면 효율성이 높아진다는 전제하에 기계화영농단을 지원해왔다. 그러나 이는 어디까지나 이상에 불과했고 현실적으로 실행되지 않아 농기계 임경작업이 일반화되었다. 이를 촉진해 기계화율을 높이고자 위탁영농회사를 지원하기에 이르렀다.

아울러 1992년부터 수행한 농업 구조 개선 사업의 일환으로 쌀 전업농을 육성했고, 이의 핵심 사업은 농기계 구입 자금 지원이었다. 뒤이어 1993년에는 농기계 반값 공급정책이 실시되었다.

GATT체제하에서 시작되어 7년간 지속되어온 UR 협상이 1993년 12월에 타결되고 1995년 1월부터 WTO체제가 출범함에 따라 영농 기계화 사업의 궤도 수정이 불가피해졌다.

즉, UR 협상의 기본 골격은 ① 예외 없는 관세화, ② 시장을 왜곡시키는 국내 보조금 삭감, ③ 수출 보조금 철폐 등이다.

농기계 구입자금 지원은 농기계시장에 영향을 미치는 생산요소 보조정책이므로 매년 삭감해나가야 한다.

2) 농기계 공급 및 기계화 수준

(1) 농기계 공급

1950년대에는 생산기술이 미숙하고 원자재의 품질이 조악해 농기계 생산기술은 초보 수준이었고 주로 농기구를 생산, 공급했다. 또한 당시 농촌 농작업에 노동력이 충분히 활용되지 못해 유휴노동력이 심각한 농촌 문제로 대두된 실정이었으므로 농작업의 기계화는 고려할 여지가 없었다.

1960년 당시 전국의 주요 농기계 보유 현황을 보면 동력 탈곡기 3,000대, 동력 양수기 2,000대, 현미기 1,500대, 정미기 2,500대에 불과했다. 이는 축력을 이용한 경운·정지작업을 제외하고 대부분의 농작업이 인력으로 이루어졌다는 사실을 나타낸다.

〈표 6-5〉 소형 농기계 보유 현황(1961~1970)

(단위: 대)

구분	동력경운기	양수기	동력분무기
1961	30	3,736	310
1962	93	12,292	714
1963	396	13,171	3,071
1964	653	15,350	5,133
1965	1,111	26,029	7,579
1966	1,555	29,929	8,798
1967	3,819	31,613	12,768
1968	6,225	37,796	11,568
1969	8,832	49,534	24,721
1970	11,884	54,078	45,008

자료: 농림부, 「농림업 주요 통계」(해당 연도판).

1950년대에는 외국으로부터의 식량 원조와 미국의 잉여 농산물 도입으로 심각한 식량 문제는 야기되지 않았다. 1960년대에 들어와 소득이 늘어남에 따라 쌀 수요도 늘어 쌀 증산이 절실히 요구되었다. 식량 증산 방안의 일환으로 한해 대책용 혹은 병충해 방제용 농기계를 보급했다.

〈표 6-5〉에 나타나 있는 바와 같이 1960년대에 들어와 관개용 양수기, 병충해 방제용 동력분무기 등 토지 생산성 제고에 기여하는 소형 농기계의 보유 대수가 급증했다.

한편 노동력 절감효과보다는 심경에 의한 증산을 도모하고자 일본에서 동력경운기를 수입, 보급했다. 1961년의 동력경운기 보유 대수는 30대에 불과했으나 이후 급증했다.

1963년에 국산 동력경운기를 생산, 보급했으나 경운·정지작업에 이용되기보다는 운반 전용으로 활용되었다. 농가에 보급된 경운기는 농촌지역의 정미소나 양조장 또는 소도시의 연탄가게에 양도되어 운반용으로 이용되었다.

지속적인 경제성장으로 향도이촌(向都離村)하는 농업 노동력이 급증함에 따라 농작업의 기계화가 절실히 요구되었다. 이에 부응해 정부는 농업 기계화정책을 본격적으로 추진했고, 특히 노동력 절감효과가 크게 나타나는 경운·정지작업 기계화를 우선적으로 추진했다.

적정량의 농기계를 적기에 공급하고자 1971년부터 주요 농기계 국산화 계

〈표 6-6〉 대형 농기계의 보유 대수 및 부담 면적(1970~2010)

구분	트랙터		이앙기		콤바인	
	대수	면적*	대수	면적**	대수	면적***
1970	61	32,400	-		-	-
1975	564	3,971	16	79,812	56	22,803
1980	2,664	824	11,061	118	1,211	112
1985	12,389	173	42,138	31	11,667	114
1990	41,203	511	138,405	10	43,504	31
1995	100,412	197	248,009	5	72,268	17
2000	191,631	9	341,978	3	86,982	13
2005	227,873	8	332,393	3	86,825	12
2010	264,834	2	276,310	4	81,004	12

* 농지 면적/트랙터 보유 대수
** 논 면적/이앙기 보유 대수
*** 논 면적/콤바인 보유 대수
자료: 농림부, 「농림업 주요 통계」(해당 연도판).

획을 수립해 각 기종별로 생산 공장을 지정하고 자금을 지원했다.

이에 따라 농기계 보유 대수가 급증했다. 1970년 동력경운기 보유 대수는 1만 1,884대에 불과했으나 1976년에는 12만 2,079대로 무려 10배 이상 증가했다. 트랙터는 1966년에 처음으로 25대를 공급했고 1976년에는 790대로 늘어났다.

1970년대 후반에 들어와 농업 노동력 유출이 가속화됨에 따라 트랙터를 이용한 경운·정지, 이앙기를 이용한 이앙, 콤바인을 사용한 수확 등 수도작의 일관기계화를 추진하기에 이르렀다. 1977년에 농업 기계화 기본 방향을 제시했고 여기에 의거해 동력이앙기, 바인더, 콤바인 등 대형 농기계 구입자금을 보조하기 시작했다.

수도작 일관기계화를 위한 시범 사업으로 '영농기계화시범단지'를 조성했다. 아울러 1981년부터 '기계화영농단'을 조직하도록 유도하고 트랙터, 이앙기, 콤바인을 한 조로 공급했다. 구입자금의 40%를 보조하고, 50%를 장기 저리로 융자하는 파격적인 지원 조건으로 공급했다. 1988년부터 보조비율이 50%로 높아졌고 융자비율은 40%로 낮아졌다. 〈표 6-6〉에 제시되어 있는 바와 같이 1970년에 트랙터 보유 대수는 61대에 불과했고 이앙기와 콤바인은 보급되지 않았다. 1975년에 와서 트랙터는 564대로 늘어났고 이앙기와 콤바인 보유 대수가 각각 16대, 56대였다. 1980년대에 들어와 '기계화영농단', '위탁영농회사', '쌀 전업농' 등을 통해 정부 보조하 대형 농기계를 보급해 농가의 농기계 보유 대수가 기하급수적으로 증가했다.

(2) 수도작 기계화

경제성장과 더불어 농촌 노임이 상승했고, 이에 부응해 수도작의 기계화가 점진적으로 진행되었다. 1960년대에는 쌀 단위당 수량을 높이기 위해 관개용 양수기와 병해충 방제용 동력분무기 등을 보급해 기계화를 추진했다.

1970년대에 와서 노동력 절감효과가 크게 나타나는 경운·정지작업의 기계화가 먼저 진행되었다. 초기에는 경운기를 이용해 축력을 대체했고 점진적으로 트랙터 이용이 확대되었다.

1980년대에 들어와 수도작 일관기계화가 진행되기 시작했다. 〈표 6-7〉에는 경운·정지, 이앙, 수확, 방제 등 수도작의 주요 작업별 기계화 수준이 제시되어 있다. 경운·정지작업은 트랙터와 경운기를 이용해 수행했다. 1986년의 경우 경운·정지 및 방제작업의 기계화율은 70% 이상이었으나 이앙작업과 수확작업의 비율은 30%에도 미치지 못했다. 즉, 노동력 절감효과가 크게 나타나는 작업에 우선해 기계화가 진행되었다.

기계화 작업 면적 비율이 매년 확대되었고 1990년대 후반에 들어와 대형 농기계의 일관기계화가 정착되었다고 단정해도 무리는 아니다.

대형 농기계를 이용한 일관기계화 정도를 간접적으로 추론하기 위해 트랙터, 이앙기, 콤바인의 부담 면적을 산출해 〈표 6-6〉에 제시했다.

대형 농기계의 부담 면적은 1980년 이후 격감했고 2000년 들어 대형 농기계 일관기계화가 정착되었다고 할 수 있다. 그러나 트랙터, 이앙기, 콤바인의 부담 면적이 적정 작업규모에 미치지 못했다는 사실을 감안하면 대형 농기계의 공급 과잉을 초래했다고 주장할 수 있다.

〈표 6-7〉 수도작 주요 작업별 기계화율(1986~2010)

(단위: %)

구분	경운·정지	이앙	수확	방제
1986	70	28	27	79
1987	72	37	36	80
1988	82	54	53	87
1989	80	66	62	87
1990	84	78	72	93
1991	87	85	80	93
1992	94	89	84	92
1993	96	92	87	95
1994	96	93	91	94
1995	97	97	95	97
1996	98	97	96	98
1997	99	98	97	98
1998	100	97	94	99
2000	99	98	98	99
2001	99	98	99	100
2002	99	98	99	100
2004	99	98	99	100
2006	99	98	99	100
2007	100	99	100	98
2008	100	99	100	98
2009	100	99	100	98
2010	100	100	100	99

3) 농기계 이용 조직

(1) 기계화시범단지

농기계별로 적정 작업규모를 확보해야 농작업의 기계화가 원활하게 수행된다. 그렇지 못하면 과도 기계화를 초래해 농업경영비 혹은 생산비 상승이 초래되었다.

호당 경작규모가 1ha 내외에 불과한 소농 구조하에서 농기계의 적정 작업규모를 확보하는 방안은 두 가지로 나눌 수 있다. 그중 하나는 공동 소유 공동 이용 조직체를 결성하는 것이고, 또 하나는 농기계 소유자가 농기계 작업료를 받고 농기계를 보유하지 않은 농가의 작업을 수행하는 임경작업체계를 구축하는 것이다.

〈표 6-8〉 영농 기계화센터 설립 현황(1977~1981)

(단위: 개소)

	1977	1978	1979	1980	1981	합계
농협	4	33	105	120	120	382
농지개량조합	16	21	14	-	7	58
마을	-	-	47	-	23	70
합계	20	54	166	120	150	510

자료: 김병택, 『한국의 쌀정책』, 400쪽.

농업 기계화 초기 단계에서는 농기계를 공동으로 소유하고 공동으로 이용하는 것이 바람직하다고 판단해 이를 실현하는 방향으로 농업 기계화 사업을 추진했다.

우선 대형 농기계를 이용한 농작업 기계화를 촉진하고자 시범단지를 조성했다. 1977년 이앙기와 수확기 보급을 촉진하고자 농지개량조합, 농협, 마을 등 생산자단체를 운영주체로 하고 경작규모 10ha를 기준으로 '기계화시범단지'를 조성했다. 경운·정지작업에는 이미 보급되어 있는 동력경운기를 이용하면 운영비를 절감할 수 있다고 판단하고 트랙터를 제외시켰다. 1977년에서 1979년까지 3년간 전국에 240개소를 조성했다(〈표 6-8〉 참조).

이앙기와 수확기를 지원하던 시범단지를 1980년부터 확대 개편했다. 즉, 시범단지에서 활용하는 농기계에 트랙터를 포함시켰으며, 운영규모를 30ha로 확대하고 시범단지 명칭을 '영농기계화시범센터'로 개칭했다. 1977년부터 1981년까지 전국에 총 510개소의 영농 기계화시범센터를 조성했다.

운영주체별로 보면 농협이 382개소, 농지개량조합이 58개소, 마을이 70개소를 각각 운영했다. 생산자단체는 농기계 운전자를 고용해 임경작업을 수행했으나 작업능률이 떨어지고 임경료가 낮아 경영수지를 맞출 수 없었다.

아울러 대형 농기계 일관작업체계를 구축하고자 평야 수도작 지대에 '종합농기계시범단지'를 조성했다. 트랙터, 콤바인, 이앙기, 건조기, 파종플랜트 등 대형 농기계 50여 대와 격납고, 건조대, 육묘장 등 부대시설 550평을 설치 기준으로 해 시범단지를 마련했다. 1977년에 강원도 철원 평야에 1개소를 마련했고 1978년에는 경기, 전북, 경북 등의 지역에, 1979년에는 충남, 전남, 경남 등의 지역에 각각 1개소씩 마련했다. 농기계 구입자금과 설치비 전액을 보조했고 국고에서 80%를 부담하고 나머지는 지방예산에서 충당했다.

종합농기계시범단지는 이름 그대로 시범 사업으로 마무리되었다. 운영주체가 농기계 운전자를 비롯한 노동력을 고용해야 하므로 연간 이용률이 낮아 고정비, 인건비, 부대시설 운영비 부담이 가중되었고 이에 따라 경영 적자에서 벗어나지 못해 1980년에 해체되었다.

(2) 기계화영농단

생산자단체가 운영하는 '기계화영농시범센터'가 소기의 효과를 발휘하지 못하자 농기계 이용조직체계를 조정했다. 마을 내 몇몇 농가가 농기계를 공동으로 소유하고 공동으로 이용하면 적정규모를 확보하고 농기계 이용시간을 늘릴 수 있다는 판단하에 1981년부터 '기계화영농단' 사업에 착수했다.

즉, 10호 이상의 농가가 참여해 경작규모를 10ha 이상 확보하면 '새마을기계화영농단'이라 이름 붙이고 트랙터, 이앙기, 콤바인 등의 농기계 구입자금의 40%를 보조하고 50%를 장기저리의 융자조건으로 지원했다. 1987년에는 새마을기계화영농단 결성요건을 완화했다. 즉, 5호 이상의 농가가 모여 5ha 이상 경작규모를 확보하면 농기계 구입자금을 지원받을 수 있게 했다. 10호 이상의 농가가 결성되면 '대규모 영농단', 5호 이상 10호 미만의 농가가 결성되면 '소규모 영농단'이라 불렀다. 또한 1988년부터 정부 보조비율이 50%로 높아졌다.

'기계화영농단'은 1981년 이후 점차 늘어났으나 '위탁영농회사'를 대상으로 농기계 구입자금을 지원하기 시작한 1992년부터 격감하기 시작했다.

수도작의 주요 작업을 인력으로 수행할 때는 공동작업의 이점이 발휘되어 공동작업이 잘 이루어졌으나 농기계가 개입된 이후에는 와해될 수밖에 없었다. 농기계의 공동 이용이란 현실적으로 성립되기 어렵고 더구나 농기계 임경작업이라는 용역시장이 형성되어 있으므로 공동 이용에서 얻을 수 있는 이점이 나타나지 않았다.

오히려 '기계화영농단'을 통해 농기계를 공급한 결과 농작업의 기계화를 둔화시키고 농기계 이용의 효율을 떨어뜨리는 결과를 초래했다. 주로 대농들이 영농단을 조직해 농기계를 구입해 나누어 가졌는데, 이들은 소득 수준이 상대적으로 높고 농촌사회의 지도자라는 사회적 체면 때문에 농기계 임경작업에 적극적으로 나서지 않아 대형 농기계의 이용률이 낮았다.

만약 경작규모가 영세한 젊은 경영주로 하여금 농기계를 보유하게 했더라면 이들은 임경작업 면적을 최대한 확보하려 했을 것이므로 농기계 임경작업료를 떨어뜨려 농작업의 기계화를 가속시키는 효과를 거둘 수 있었다고 판단된다.

물론 경작규모가 영세한 젊은 경영주는 융자금 확보를 위한 담보 제공이 곤란했다는 점을 부인하기 어렵다. 또한 대농에 우선해 대형 농기계를 공급했으므로 대농의 경작규모 확대에 어느 정도 기여했다고 평가할 수 있다.

즉, 대형 농기계를 보유한 후 농지를 임차할 때는 이미 투하된 고정자본을 임차하는 농지에 부담시키지 않아도 되므로 임차료 부담능력이 높아진다. 이에 따라 대농층의 경작규모 확대가 상대적으로 용이해졌다.

(3) 위탁영농회사

공동 소유, 공동 이용이 바람직하다는 전제하에 '기계화영농단'을 통해 농기계를 보급했지만 공동 이용 조직체는 정착되지 못했고 농기계 위탁 작업이 일반화되었다. 즉, 농기계를 소유하지 않은 농가는 경운, 이앙, 수확 등의 주요 작업을 농기계를 소유한 농가에 위탁해 해결했다.

이와 같이 현실적으로는 농기계작업의 용역시장이 형성되었고, 또한 농기계 수탁 작업에 의한 영농 기계화가 효율적이라는 판단이 지배적이었다. 이에 따라 농기계 임경작업을 촉진한다는 의도로 1990년에 제정된 「농어촌발전특별조치법」에 '위탁영농회사'를 지원할 수 있는 법적 근거를 마련했다. 상법에 규정한 회사 설립 요건을 충족시키고 아울러 농업경영주인 영농회사에 한해서 정부가 재정 지원할 수 있도록 조치했다.

〈표 6-9〉 농기계 이용조직체 설립 현황(1981~1999)

(단위: 개소)

구분	기계화영농단			위탁영농회사
	대규모	소규모	소계	
1981	612	-	610	-
1982	1,010	-	1,010	-
1983	1,005	-	1,005	-
1984	1,058	-	1,058	-
1985	1,100	-	1,100	-
1986	1,100	-	1,100	-
1987	2,022	1,154	3,176	-
1988	2,057	2,009	4,066	-
1989	3,123	3,106	6,229	-
1990	3,086	3,528	6,614	-
1991	-	-	6,694	16
1992	-	-	6,219	121
1993	-	-	4,002	273
1994	-	-	1,775	309
1995	-	-	1,326	349
1996	-	-	1,811	206
1997	-	-	1,695	124
1998	-	-	6,513	272
1999	2,462	4,323	6,785	-

주: '1991~1998' 기간에는 대규모, 소규모로 구분한 자료가 없음.
자료: 농림부, 「농림업 주요 통계」(해당 연도판).

위탁영농회사는 농지를 소유하지 못하며 또한 농지를 임차해 농산물 생산 활동에 참여할 수 없고, 단지 농기계 수탁 작업만 수행할 수 있었다. 농기계를 구입할 때는 '기계화영농단'과 동일한 조건으로 구입자금을 보조받고 융자 혜택을 받을 수 있었다. 정책 당국은 위탁영농회사에 우선해 농기계 구입 보조금을 배분했으므로 위탁영농회사는 우후죽순으로 급증했다(〈표 6-9〉 참조).

따라서 이 위탁영농회사는 조직 경영체로서 누릴 수 있는 이점을 하나도 누리지 못했다. 기간농가의 경영주가 모여 회사를 설립해 농기계 수탁 작업을 수행해왔다. 만약 개별적으로 수행할 때보다 규모의 경제가 발휘된다면 조직 경영체의 의의를 찾을 수 있지만 반대로 규모의 불경제가 나타나기도 한다.

즉, 경운, 이앙, 방제, 수확 등의 작업이 동시에 수행된다면 분업의 이점 혹은 규모의 경제가 발휘된다. 그러나 이러한 작업은 계절적으로 단절되어 이루어졌으며 작업을 수탁 받을 때 작업 시기를 사전에 위탁자와 조절해야 하는데, 마을 내의 농가가 수탁할 경우 이것이 가능하지만 회사 형태로서는 현실적으로 어렵다.

그러므로 개별 농가들이 수행하던 수탁 작업을 회사에서 수행하면 규모의 불경제가 나타난다. 따라서 회사 형태로 운영하면 개별적으로 수탁 작업을 수행했을 때에 비해 참여자의 노동보수가 낮아질 수밖에 없었다. 농업경영주 입장에서는 이런 사실을 알아도 농기계 구입자금을 지원받기 위해서는 어쩔 수 없이 위탁영농회사를 설립할 수밖에 없었다.

형식적으로 회사를 설립해 보조금을 받아 농기계를 구입한 후 이를 나누어 소유하고 각 지역에서 개별적으로 임경작업을 수행한 경우 노동보수가 높은 것으로 나타났다. 즉, 경운, 이앙, 방제, 수확이 계절적으로 단절되어 이루어지므로 기간농가가 트랙터, 이앙기, 방제기, 콤바인을 보유하고 개별적으로 임경작업을 수행하는 방안이 바람직하다.

농기계 수탁 작업만 수행하도록 규정된 위탁영농회사의 경영수지 압박을 완화한다는 의도로 1994년에 「농어촌발전특별조치법」을 개정해 위탁영농회사를 농업회사법인으로 개칭하고 사업영역을 확대할 수 있도록 조치했다. 즉, 종래의 농기계 수탁 작업 외에 농산물 생산, 유통, 가공 판매 사업을 수행할 수 있도록 규정했다. 그러나 사업 영역을 확대하는 농업회사법인은 소수이고 개인회사 형태로 명맥을 유지하는 실정이었다.

위탁영농회사 그리고 이름이 바뀐 농업회사법인을 와해시킨 요인을 크게 두 가지 측면에서 지적할 수 있다.

첫째, 농기계 수탁 작업을 수행할 경우 개별적으로 수행할 경우에 비해 규모의 불경제가 나타나므로 회사 형태로 운영하는 이점이 발휘되지 않았다.

둘째, 쌀 전업농 육성 사업이 위탁영농회사를 와해시키는 데 크게 기여했다. 농업회사법인의 구성원은 수도작을 대규모로 경영하는 전업농이므로 정부의 쌀 전업농 지원 대상에 우선적으로 선정되었다. 쌀 전업농으로 지정되면 대형 농기계 구입자금을 지원받을 수 있었다. 구입한 농기계를 농업회사법인에 출연하는 것이 아니라 반대로 농업회사법인의 지분을 찾으려 했다. 가령 회사법인에서 본인 지분으로 트랙터를 받고 쌀 전업농으로 선정되어 지원받은 농기계 구입자금으로 콤바인을 구입하면 단독으로 경운, 정지, 이앙, 수확 등의 수탁 작업을 수행할 수 있었다.

이러한 제반요인이 복합적으로 작용해 조직 경영체로서 회사법인은 와해되었고, 각 구성원은 개별적으로 농기계 수탁 작업을 수행하고 농업회사법인은 이름만 남아 있는 개인회사로 전락했다.

4) 농기계 구입자금 지원

(1) 개별 농가 지원

경작규모가 영세한 소농 구조하에서 개별 농가는 자금력이 빈약해 필요한 농기계나 기구를 구입하기 어려운 실정이었다. 농기구를 이용하면 수익이 증대된다는 사실을 알았지만 구입자금을 동원하기 어려워 구입하지 못했으며 또한 농가의 위험 부담능력이 취약해 신기술 도입을 꺼렸다.

이런 측면에서 정부는 농기계 구입자금 지원 사업을 지속적으로 전개했다.

1960년대에는 소형 동력발동기, 동력경운기, 인력분무기, 인력살분기, 양수기, 쟁기 등 소형 농기계와 농기구 구입자금을 보조했다.

〈표 6-10〉에 제시되어 있는 바와 같이 1961년도 농기계 구입자금 보조는 400만 원이었고 융자 지원은 없었다. 1965년에는 정부 보조액이 1억 700만 원으로 급증했고 마찬가지로 융자 지원은 없었다.

1970년대에 들어와 지원방식이 바뀌었다. 경제성장과 더불어 농촌 노임이 상승함에 따라 농기계 수요가 급증했다. 정부는 노동력 절감효과가 크게 나타나는 동력경운기, 동력분무기, 양수기, 자동탈곡기 등 소형 농기계의 공급을 확대했다.

트랙터, 파종기 등 비싼 농기계에 한해 농가의 부담을 경감시키고자 구입자금의 일부를 보조했고, 대부분의 농기계에는 장기 저리의 분할상환 조건으

〈표 6-10〉 농기계 구입자금 지원 현황(1961~1999)

(단위: 백만 원, %)

구분	보조	융자	합계
1961	4(100.0)	-	4(100.0)
1965	107(100.0)	-	107(100.0)
1970	1,430(54.1)	1,429(45.9)	2,895(100.0)
1975	523(3.4)	14,967(96.6)	15,490(100.0)
1980	1,310(1.5)	86,905(98.5)	88,215(100.0)
1985	11,551(8.1)	131,801(91.9)	143,352(100.0)
1990	46,672(11.0)	374,399(89.0)	420,471(100.0)
1995	312,321(45.8)	368,934(54.2)	681,255(100.0)
1999	27,167(4.3)	607,239(95.7)	634,406(100.0)
총액*	1,866.6(23.2)	6,173.7(76.8)	8,040.3(100.0)

* 1961년부터 1999년까지의 지원 총액이며 단위는 10억 원임.

자료: 농림부, 「농림업 주요 통계」(해당 연도판).

로 융자 지원 혜택을 부여했다.

〈표 6-10〉에 나타나 있는 바와 같이 1970년에는 정부 보조 비율이 54.1%였으나 1975년에는 3.4%로 격감했다.

기계화영농단은 농기계 구입자금을 지원받기 위한 명분이었고 공동으로 소유하고 이용하는 영농단은 소수였다. 반면 농기계 임경작업이 일반화되어 있었다.

농기계 수탁 작업을 촉진하고자 1991년부터 위탁영농회사를 지원하기 시작했다. 구비 요건을 갖춘 위탁영농회사가 농기계를 구입하면 영농조합법인에 지원한 조건과 동일하게 지원했다.

수도작 일관기계화를 갖추고자 조직 경영체를 통해 농기계 구입자금을 지원한 덕분에 정부 지원액은 급증했다.

1961년부터 1999년까지 농기계 구입자금 지원액은 총 8조 8,403억 원이었으며 이 중 정부 보조액은 1조 8,666억 원에 달했다.

(2) 조직 경영체 지원

경제성장에 부응해 농업 노동력이 지속적으로 이농함에 따라 1970년대 후반에 들어와 획기적인 영농 기계화가 요청되었다. 이에 대응해 정부는 수도작 일관기계화를 추진했다.

즉, 1977년에 기계화 시범 사업을 시행했다. 운영주체는 농협과 농업조합이었고 트랙터, 이앙기, 콤바인, 방제기 등 일관기계화 작업에 필요한 대형 농기계 구입자금을 전액 정부 보조금으로 충당했다.

이 사업은 1980년에 기계화영농센터로 개칭되었고 그 규모도 확대되었다. 그러나 운영 부실로 이 사업은 1981년에 중단되었다.

농기계 구입자금과 부대 비용 전액을 국고에서 지원한 파격적인 보조정책이었다. 이러한 사업으로 〈표 6-10〉에 제시되어 있는 바와 같이 정부 지원액은 급증했다.

한편 소농 구조하에서 농기계를 공동으로 소유하고 이용하면 효율성을 높일 수 있다는 전제하에 농기계 이용조직체를 지원했다. 즉, 몇 농가가 모여 일정 규모 이상의 경작규모를 확보하고 기계화영농단을 결성하면 트랙터, 이앙기, 콤바인 등 대형 농기계 구입자금을 지원했다. 즉, 구입자금의 40%에 한해 보조 지원하고 50%에 한해 장기 저리 분할상환 조건으로 융자 지원했다. 1988년부터 보조비율이 50%로 높아졌다.

(3) 농기계 반값 공급

1992년 11월 대통령 선거 유세에서 김영삼 대통령 후보가 국가 지원을 통해 농기계를 반값으로 공급하겠다는 공약을 제시했다. 대통령으로 당선된 후 1993년 1월 농업단체장들이 청와대를 방문했을 때 농기계 반값 공급 선거공약을 이행해줄 것을 요청했다.

농어촌 구조 개선 대책의 일환으로 농업 기계화와 시설 자동화 계획이 수립된 상태였지만 정부 당국은 농기계 반값 공급정책을 수립, 추진했다. 정책 내용을 요약하면 다음과 같다.

첫째, 지원 대상을 일반 농가와 농기계 이용조직으로 구분해 지원하되 개소당 또는 농가당 보조 지원 대상별로 사업비 한도를 설정하고 그 한도 내에서 농업 기계에 구입 금액의 50%를 보조한다.

둘째, 기계화영농단과 위탁영농회사를 대상으로 지원한 농기계 구입자금 보조비율은 50%이므로 그대로 지속한다. 쌀 전업농의 농기계 구입자금 보조 비율을 현행 20%에서 50%로 상향 조정한다. 일반 농가가 농기계를 구입할 때 200만 원 한도 내에서는 구입비의 50%를 보조해 반값으로 공급하고 200만 원 이상의 농기계를 구입하면 100만 원을 보조한다.

셋째, 농기계 구입 보조 지원은 연차별 농기계 공급 계획 및 예산범위 내에서 시행하되 보조 지원에 소요되는 자금을 국고와 지방비에서 50대 50의 비율로 지원한다.

넷째, 농기계 반값 공급은 1997년까지 한시적으로 추진하되 농업 구조 개선 사업의 성과를 발휘할 수 있도록 농업진흥지역 내의 수도작 기계화와 밭작물 기계화 혹은 노동력 절감 기계화에 우선적으로 지원한다.

농기계 반값 공급은 쌀 전업농에 지원되는 2,000만 원 이하의 농기계 구입자금 지원 중 보조비율을 50% 상향 조정하는 데 기여했지만 순기능보다 역기능이 더 크게 나타났다. 이를 요약하면 다음과 같다.

첫째, 일반 농가가 농기계를 구입할 때 구입자금의 200만 원 한도 내에서 반값을 보조해줌에 따라 동력경운기, 보행형 이앙기, 관리기 등 소형 농기계의 과잉 공급을 초래했다. 즉, 내구연한이 도래하지 않은 중고 농기계를 폐기하고 새로 구입하는 사례가 많아 자원 낭비를 초래했다.

둘째, 경쟁력을 강화하려면 대형 농기계를 보급해 생산비를 절감해야 하는데 효율성이 낮은 소형 농기계 보급에 자원이 우선적으로 배분되었다. 즉, 농업 구조 개선을 억제하는 농업 기계화정책이 수반된 셈이었다.

제7장
농산물 무역정책

1. 국제 분업의 기초 이론

1) 국제 분업 이론의 기본 가정

국제 분업 혹은 국제 무역의 유리성(有利性)을 밝히는 이론은 대개 연역적인 분석방법을 이용한다. 즉, 복잡한 현실세계를 바탕으로 단순한 이론모형(Model)을 설정해 국제 분업이 유리하다는 논리적 결론을 내리고 현실세계를 설명한다. 이론모형을 설정할 때는 엄격한 가정을 전제로 하고 이를 요약하면 다음과 같다.

첫째, 정학(statics)모델 분석을 전제로 한다. 경제활동을 분석할 때 시간변수와의 관련성을 명확하게 규정해야 한다. 분석 대상을 동일 시점(時點)에 놓고 상호 의존관계를 고려하면 이를 정학모델이라 한다. 이와는 대조적으로 경제활동을 시간의 흐름 속에서 파악한다면 이를 동학(dynamics)모델이라 한다.

주어진 여건하에서 소비자의 효용 극대화를 만족시키는 균형조건을 찾는 모형이 대표적인 정학모델이다. 나아가 타 여건이 일정하고 한 여건이 변하면 균형점이 어떻게 변하는가? 즉, 균형점의 궤적을 찾는 분석방법을 비교정학(comparative statics)이라 한다.

둘째, 생산요소의 이동성(移動性)에 관한 가정이다. 국내에서는 완벽한 이동성(perfect mobility)을, 국제간에는 완벽한 비이동성(perfect immobility)을 전제로 분석한다. 물론 국내에서는 산업 간 요소 이동을 의미한다.

셋째, 수확 일정(constant return to scale)을 전제로 한다. 모든 생산요소를 일정 배, 예를 들어 2배만큼 더 투입했을 때 나오는 생산물이 2배 이상이면 규모에 대한 수확 증가(increasing return to scale), 2배만큼 산출되면 수확 일정, 2배 이하이면 수확 감소(decreasing return to scale)라 한다.

넷째, 외부효과(external economy)는 없다고 가정한다. 외부효과는 외부경제와 외부불경제로 나뉘며, 외부요인에 따라 생산요소가격이 하락해 평균 생산비가 감소하면 외부경제(external economy)라 하고 그 반대 현상이 나타나면 외부불경제(external diseconomy)라 한다.

다섯째, 완전경쟁시장을 전제로 한다. 공급자와 수요자가 다수이고 상품의 동질성을 만족시키고 시장정보가 완벽하면 이를 완전경쟁시장이라 한다. 쌀 생산자가 농촌 정기시장에 쌀을 판매하러 갈 때, 한 말을 지고 가나 경운기 가득 싣고 가나 한 되당 수취가격이 일정하다면 이 시장은 완전경쟁시장이다. 그러므로 완전경쟁시장하에 놓여 있는 생산자를 가격 순응자(price taker)라 한다.

여섯째, 가격은 공급량에 신축적이며 완전고용을 전제로 한다.

일곱째, 물물교환을 전제로 하며 국제수지는 언제나 균형을 이룬다고 가정한다.

통상 이와 같은 엄격한 가정을 전제로 국제 무역의 유리성을 제시하므로 전제된 가정이 비현실적인가 아닌가에는 논란의 여지가 많다.

2) 절대우위론

애덤 스미스(Adam Smith)가 '국부론'에서 절대우위론(absolute advantage theory)을 제창했다. 즉, 국내 산업 생산에 적용하는 분업의 이점을 국제 무역에 원용해 국제 분업의 유리성을 설명했다.

〈표 7-1〉 성인 한 사람의 하루 노동 생산량 I

구분	밀(ton)	TV(대수)	교환 비율
미국	20(1/20)*	5(1/5)	4 : 1
한국	4(1/4)	10(1/10)	1 : 2.5

* 괄호 안은 물량으로 나타낸 생산비.

절대우위론을 간략하게 설명하기 위해 가상 수치를 〈표 7-1〉에 제시했다. 이 표에는 미국과 한국에서 성인이 하루 생산하는 밀과 TV의 양이 제시되어 있다.

여기서 보면 미국은 한국에 비해 밀 생산량에서 절대우위에 있었고 한국은 TV 생산량에서 절대우위에 있었다는 사실을 알 수 있다.

미국은 TV 1대를 포기하면 밀 4톤을 생산할 수 있다. 이것을 한국에 가져가면 TV 10대와 교환할 수 있다. 그러므로 미국은 TV 생산을 포기하고 밀 생산에 특화해 무역하는 것이 더 유리하다.

한국은 밀 1톤을 포기하면 TV 2.5대를 생산할 수 있다. 이것을 미국에 가져가면 밀 10톤을 얻을 수 있다. 그러므로 한국은 밀 생산을 포기하고 TV 생산에 특화해 무역하는 것이 유리하다.

그런데 만약 미국이 한국에 대해 밀과 TV 두 품목 모두 절대우위를 점한다면 무역은 성립되지 않는 것인가? 그렇다고 해도 무역하는 것이 유리하다고 주장하는 이론이 바로 데이비드 리카도(David Ricardo)의 비교우위론(comparative advantage theory)이다.

3) 비교우위론

리카도가 주창한 비교우위론을 설명하기 위해 〈표 7-2〉를 제시했다.

절대우위를 비교하면 미국은 한국에 대해 밀과 TV 두 품목에서 절대우위를 점유한다. 한국은 미국에 대해 두 품목에서 절대열위에 처해 있지만 상대적으로 우위를 갖는 품목을 찾을 수 있는데 이를 비교우위라 한다. 생산비를 비교하면 한국은 미국에 대해 밀보다 TV에 비교우위를 갖고 미국은 한국에 대해

〈표 7-2〉 성인 한 사람의 하루 노동 생산량 II

구분	밀(ton)	TV(대)	교환 비율
미국	20(1/20)	5(1/5)	4 : 1
한국	10(1/10)	4(1/4)	2.5 : 1

주: 괄호 안은 물량으로 나타낸 생산비.

밀에서 비교우위를 갖는다.

미국은 TV 1대 포기하면 밀 4톤 생산할 수 있고 이것을 한국에 가져 가면 TV 1.6대와 교환할 수 있으므로 한국과 무역을 하면 유리하다. 반면에 한국은 밀 1톤 포기하면 TV 0.4대를 생산할 수 있다. 이것을 미국에 가져 가면 밀 1.6톤과 교환할 수 있으므로 미국과 무역을 하면 유리하다.

리카도의 비교우위론을 발전시킨 이론이 헥셔-올린 정리(Hecksher-Olin Theorem), 나아가 헥셔 올린 새뮤얼슨(Hecksher-Olin Samuelson) 모델이지만 여기서는 생략하고 이해하기 쉬운 일반 균형이론을 이용해 국제 무역의 유리성을 설명한다.

4) 국제 분업의 일반 균형이론

국내의 부존자원을 총동원해 공산품(Y)과 농산물(X)을 생산한다고 하면 〈그림 7-1〉에 제시되어 있는 바와 같이 원점을 향해 오목한 생산가능곡선이 그려진다.

한편 재화는 공산품(Y)과 농산물(X)뿐이라고 간주하면 개인의 무차별곡선을 집계한 사회후생곡선이 그려진다. 〈그림 7-1〉에 나타나 있는 원점을 향해 볼록한 곡선이 사회후생곡선이다. 무역을 하지 않는 봉쇄경제를 상정하면 생산의 균형점과 소비의 균형점은 동일하게 E점이다. 즉, 공산품의 생산량과 소비량은 $\overline{OY_0^*}$이고 농산물의 생산량과 소비량은 $\overline{OX_0^*}$를 나타낸다.

봉쇄경제에서 개방경제로 전환해 무역을 하면 생산물의 가격비가 변한다. 즉, 공산품가격은 Py, 농산물가격은 Px로 나타내고 R을 등수익선이라 하면 R=Px·X+Py·Y이 되고, 이를 정리하면 Y=R/Py-Px/Py·X이므로 등수익선의 기

〈그림 7-1〉 일반 균형과 국제 분업

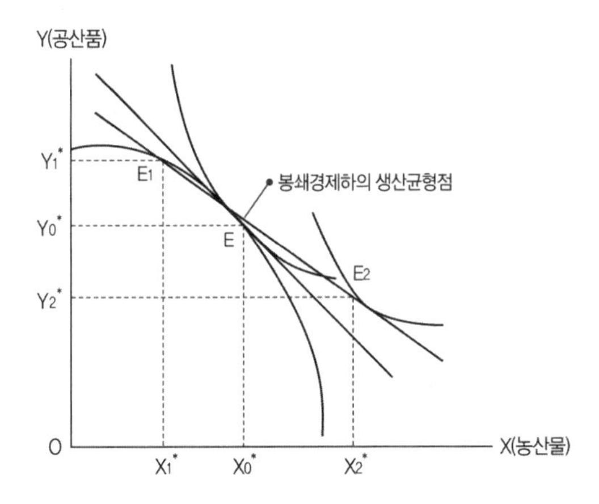

〈표 7-3〉 무역 후의 생산량과 소비량

구분	국내 생산	국내 소비량	수출량 or 수입량
농산물	$\overline{OX_1^*}$	$\overline{OX_2^*}$	수입 $\overline{X_1^*X_2^*}$
공산품	$\overline{OY_1^*}$	$\overline{OY_2^*}$	수출 $\overline{Y_1^*Y_2^*}$

울기는 -Px/Py로 나타낸다.

농산물 수입국이 농산물을 수입하면 농산물가격이 떨어져 기울기인 Px/Py의 절댓값이 작아진다. 이렇게 되면 〈그림 7-1〉에서 보는 바와 같이 생산의 균형점은 E_1이고 소비의 균형점은 E_2인데, 봉쇄경제에 비해 소비의 균형점이 우 상단에 위치하므로 무역을 하면 더 큰 후생을 얻는다. 공산품과 농산물의 국내 생산량과 소비량이 바뀌는 현상을 정리해 〈표 7-3〉에 제시했다.

5) 자유무역의 이점

자유무역을 실현하면 봉쇄경제에 비해 수입국, 수출국 모두 사회후생이 커진다. 여기서는 자유무역의 이점을 좀 더 구체적으로 고찰해본다.

자유무역을 실현했을 때 수입국의 시장가격과 생산량, 수요량이 〈그림 7

〈그림 7-2〉 자유무역에 따른 수입국의 경제적 효과

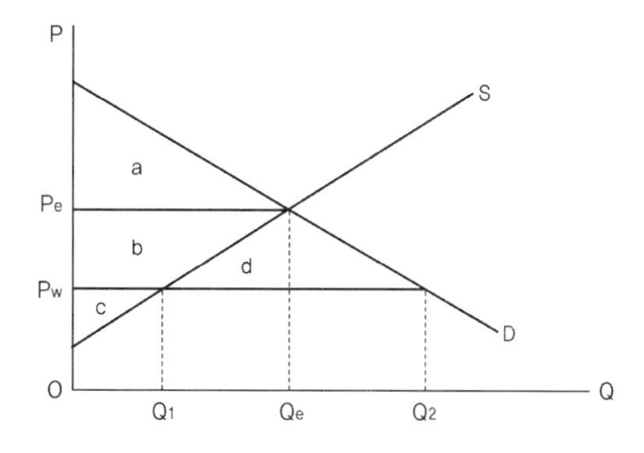

〈표 7-4〉 자유무역에 따른 수입국의 사회후생 변동

구분	소비자 잉여	생산자 잉여	사회후생
자급자족경제	a	b+c	a+b+c
수입자유화	a+b+d	c	a+b+c+d
증감	+(b+d)	-(b)	d

-2〉에 나타나 있다. 봉쇄경제하의 시장가격은 $\overline{OP_e}$이고 생산량은 $\overline{OQ_e}$다. 수입자유화를 실현하면 시장가격은 $\overline{OP_w}$이므로 국내 생산량은 $\overline{OQ_1}$, 국내 수요량은 $\overline{OQ_2}$이므로 수입량은 $\overline{Q_1Q_2}$다.

봉쇄경제에 대비해 수입자유화를 실시했을 때의 사회후생 증감효과를 〈표 7-4〉에 제시했다. 수입자유화를 실현하면 봉쇄경제에 비해 생산자 잉여는 감소하고 소비자 잉여는 늘어나는데 감소분보다 증가분이 더 크므로 사회후생은 증가한다.

한편 자유무역을 실현했을 때 수출국의 가격과 생산량이 〈그림 7-3〉에 제시되어 있다. 봉쇄경제하의 시장가격은 $\overline{OP_e}$이고 생산량은 $\overline{OQ_e}$다. 무역자유화를 실현하면 국내시장가격은 국제 가격인 $\overline{OP_w}$이므로 생산량은 $\overline{OQ_2}$, 수요량은 $\overline{OQ_1}$이며 수출량은 $\overline{Q_1Q_2}$다.

봉쇄경제에 대비한 수입자유화를 실현했을 때 사회후생의 증감을 〈표 7-5〉에 제시했다. 수입자유화를 실현하면 생산자 잉여는 증가하고 소비자 잉여는

〈그림 7-3〉 자유무역에 따른 수출국의 경제적 효과

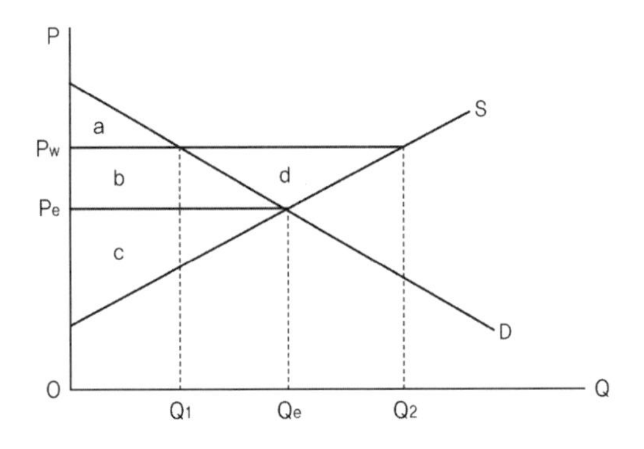

〈표 7-5〉 자유무역에 따른 수출국의 사회후생 변동

구분	소비자 잉여	생산자 잉여	사회후생
자급자족경제	a+b	c	a+b+c
수입자유화	a	b+c+d	a+b+c+d
증감	-b	+(b+d)	d

감소한다. 증가분이 감소분보다 더 크므로 사회후생은 늘어난다.

2. 수입 제한정책의 기초 이론

1) 국내 농업 보호의 타당성

농산물 무역자유화를 실현하면 수출국, 수입국 모두 사회후생이 증대된다. 그러나 대다수의 농산물 수입국은 국경 조치로 농산물 수입을 제한해 자국 농업을 보호해왔다. 국내 농업 보호에 적용되는 논리적 타당성은 다음과 같이 요약할 수 있다.

첫째, 유치산업 보호론을 들 수 있다. 기술 수준이 낮아 비교열위에 처해 있는 유치산업이라면 기술 수준을 향상시켜 국제경쟁력을 갖출 때까지 보호, 육성하기 위한 국경 조치를 취해 수입을 제한시켜야 한다는 논리다.

둘째, 국가안보(National Security) 차원에서 기본 식량의 국내 자급률을 일정 수준 이상으로 유지시키기 위한 목적으로 농업을 보호해야 한다. 국내 식량 자급률이 낮은 만성적인 식량 수입국에서는 유사시의 식량 사정을 걱정한다. 국민이 안심하게 하려면 식량 자급률이 일정 수준 이하로 떨어지지 않도록 국내 생산을 유지해야 한다. 그러므로 농업 보호에 수반되는 비용을 국민이 부담해야 할 보험료라고 이해하면 된다.

식량안보와 관련된 농작물은 쌀, 보리, 감자, 고구마 등 단위당 칼로리 생산량이 높은 작물이다. 국가안보 측면에서 잠재적인 식량 자급률을 높이는 방안을 강구해야 한다. 국제경쟁력이 낮아 평상시에는 보리와 밀을 재배하지 않더라도 유사시에는 이모작으로 재배할 수 있도록 논의 기반을 정비해야 한다. 산지를 개간해 초지(草地)를 확보해두면 유사시에 감자, 옥수수, 고구마 등 농작물을 재배해 칼로리를 확보할 수 있다.

셋째, 국민 건강을 지키기 위한 수단으로 농업을 보호해야 한다. 국민 건강을 해칠 가능성이 높아 농산물을 수입할 수 없는 사태가 발생한다. 예를 들면 인간에게 전염되는 광우병(Bovine Spongiform Encephalopathy: BSE) 또는 가축에 치명적인 타격을 주는 구제역과 같은 가축 전염병 발생 지역으로부터는 가축을 수입할 수 없다.

넷째, 불공정한 무역 관행에 대응하기 위해 농업을 보호한다. 수출 보조금을 지급해 국내 가격보다 낮은 가격으로 농산물을 수출하는 사례가 있는데 이를 흔히들 덤핑이라 한다. 수입국은 이에 대응해 수입 제한조치를 취하는데 이를 흔히들 반덤핑(Anti-Dumping) 행위라 한다.

다섯째, 특정 농산물의 생산을 지지하기 위해 수입 제한조치를 취한다. 국민의 기본 식량에 해당하는 농산물의 국내 자급률을 일정 수준으로 유지시키기 위해 수입을 제한한다. 한국 쌀의 경우 국민의 기본 식량임과 동시에 농가소득에서 차지하는 비중이 높아 농가소득 지지 차원에서 국가가 직접 무역을 관리해왔다.

여섯째, 국제수지 방어 목적으로 수입을 제한한다. 만성적인 국제수지 적자에 시달리는 개발도상국은 국제수지 개선을 위해 수입 제한조치를 취하지 않을 수 없다. 이를 제도적으로 보장하기 위한 GATT BOP항이 있다. 즉, 국제수지 적자가 지속되는 개발도상국은 국제수지 균형을 내세워 수입 제한조치를 단행할 수 있도록 규정한다. 한국은 GATT 국제수지위원회(BOP committee)의 결의에 따라 1989년 10월부터 BOP항을 적용받지 못하게 되었다.

일곱째, 국가 재정 수입 확보를 위해 수입 관세를 부과하는 경우도 있다.

여덟째, 경제의 구조 조정에 대응해 수입자유화를 실현하지 못하고 일시적으로 수입 제한조치를 취한다. 경제성장과 더불어 노동 집약적인 산업은 경쟁력이 약화되어 기술 집약적 혹은 자본 집약적인 산업으로 조정해나가야 하지만 장기간에 걸쳐 수행해야 한다. 경쟁력이 약한 산업이 일시에 퇴출당하면 실업을 유발하며 동시에 생산요소 이동이 순조롭게 진행되지 못한다. 이를 방지하기 위해 수입 제한조치를 취하고 이를 점진적으로 완화해나간다.

2) 수입 제한정책수단

(1) 관세 부과

관세는 수입가격을 기준으로 부과하는 종가세(從價稅)와 수량을 기준으로 부과하는 종량세(從量稅)로 나뉘며 여기서는 종가세를 대상으로 분석했다.

〈그림 7-4〉에서 보는 바와 같이 수입자유화를 실현하면 국제 가격인 $\overline{OP_w}$ 수준으로 무한정 수입되므로 국내시장가격은 $\overline{OP_w}$가 된다. 생산자가 직면하는 수요곡선은 $\overline{P_wS_1}$이므로 생산량은 $\overline{OQ_1}$으로 결정된다. 반면 국내시장 공급곡선은 $\overline{SAS_1}$이므로 국내 수요량은 $\overline{OQ_2}$이고 수입량은 $\overline{Q_1Q_2}$다.

국내 농업을 보호하고자 국내 지지가격 수준을 $\overline{OP_d}$ 수준으로 설정하고 관세를 부과한다면 단위당 관세는 $\overline{P_wP_d}$가 된다. 국내시장가격은 $\overline{OP_d}$이고 생산자가 직면하는 수요곡선은 $\overline{P_dS_2}$이므로 국내 생산량은 $\overline{OQ_3}$로 결정된다. 국내시장 공급곡선은 $\overline{SAFS_2}$이므로 수요량은 $\overline{OQ_4}$다.

〈그림 7-4〉 관세 부과 시의 국내 생산량 및 수요량 결정

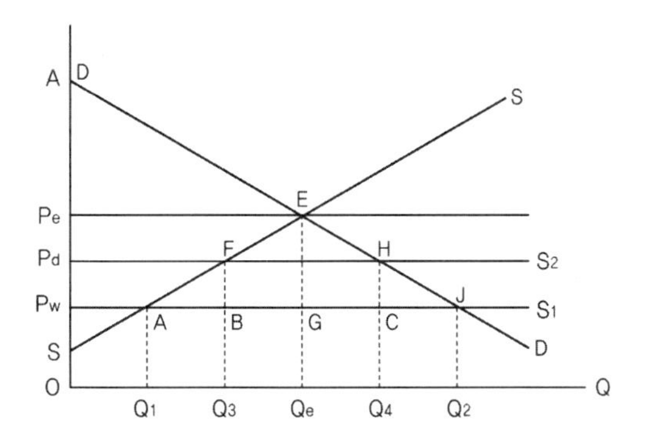

〈표 7-6〉 관세 부과 시의 사회후생 변동

구분	국내 생산량	국내 수요량	수입량	소비자 잉여	생산자 잉여	재정수입
수입 자유화	OQ1	OQ2	Q1Q2	△DPwJ	△PwSA	-
관세 부과	OQ3	OQ4	Q3Q4	△DPeE	△PdSF	□FBCH
증감	+(Q1Q3)	-(Q4Q2)	-(Q1Q3+Q4Q2)	-(PdPwJH) ①	+(PdPwAF) ②	+(FBCH) ③

주: Net Social welfare loss(gain): ①+②+③=△ABF+△CJH.

수입자유화에 대비한 관세 부과 시의 정책 효과는 〈표 7-6〉과 같다.

관세를 부과하면 수입자유화에 비해 △ABF와 △CJH 면적을 합친 만큼 사회후생감소분이 발생한다.

(2) 수입할당제

정부가 매년 수입량을 할당하는 제도를 수입할당제라 한다. 여기서는 관세 부과와 정책 효과를 비교하기 위해 국내 가격이 관세 부과 시와 동일하게 OP_d 수준으로 유지되도록 수입량을 할당한다고 가정한다(〈그림 7-5〉 참조). 즉, 관세를 부과했을 때의 수입량 $\overline{Q_3Q_4}$만큼 수입을 허용한다. 그러면 국내시장 공급곡선은 $\overline{SABS_3}$다. 수요와 공급이 만나 가격이 결정되므로 국내시장가격은 $\overline{OP_d}$ 수준이고 이것은 관세 부과 시의 국내시장가격과 동일하다.

수입할당제의 정책 효과를 〈표 7-7〉에 제시했는데, 수입할당제를 실시하면

〈그림 7-5〉 수입할당제의 국내 생산량 및 수요량 결정

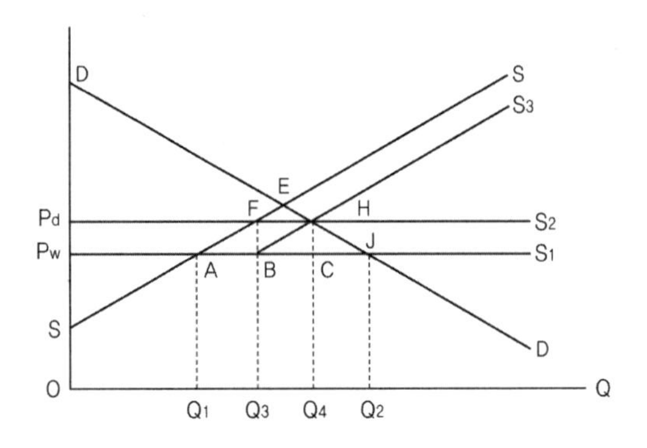

〈표 7-7〉 수입할당제의 사회후생 변동

구분	국내 생산량	국내 수요량	수입량	소비자 잉여	생산자 잉여	재정 수입, 부담
수입자유화	$\overline{OQ_1}$	$\overline{OQ_2}$	$\overline{Q_1Q_2}$	△DP_wJ	△P_wSA	-
수입할당제	$\overline{OQ_3}$	$\overline{OQ_4}$	$\overline{Q_3Q_4}$	△DP_eH	△P_dSF	-
증감	$+(\overline{Q_1Q_3})$	$-(Q_4Q_2)$	$-(\overline{Q_1Q_3}+\overline{Q_4Q_2})$	□P_wP_dJH ①	$+(P_dP_wAF)$ ②	- ③

주: Net Social Welfare loss : ①+②+③= □AJHF

관세 부과 시의 재정 수입이 수입 업자의 초과 이윤으로 귀속된다. 그러므로 이 초과 이윤을 회수해 당해 농산물 생산자에게 돌려줄 의도로 생산자단체나 공공단체에 수입권을 부여한다.

쇠고기 수입할당권을 종전의 축협에 부여했으며 수입 쇠고기 판매마진을 축산 발전기금으로 적립해 국내 축산업 진흥자금으로 이용했다. 농산물 수입할당권을 농산물유통공사에 부여해왔고 수입농산물 판매 수익금을 농산물가격안정기금으로 적립해 활용해왔다.

또한 국내 농산물 수출에 따른 손실 보전 수단으로 수입할당제를 활용했다. 사과, 배, 양파 등의 농산물 생산 과잉으로 국내시장가격이 생산비 수준 이하로 하락했을 때, 적정 가격으로 유지시키려면 초과 공급물량을 시장에서 격리시켜야 한다. 국내 가격이 하락했지만 그 가격으로는 국제시장에서 팔리지 않아 국내 가격보다 낮은 가격으로 수출했고 그 차액만큼 바나나, 파인애

플 등 국내에서 생산되지 않거나 생산량이 적어 가격이 국제 가격에 비해 비싼 과채류나 과실류 수입권을 부여했다.

(3) 부족 지불제

국내 생산자 수취가격을 일정 수준으로 유지시킬 수 있는 국경 조치 중 하나로 부족 지불제를 들 수 있다.

〈그림 7-6〉에 제시되어 있는 바와 같이 관세를 부과해 국내 가격을 지지하거나 수입할당제를 실시할 때와 동일한 수준인 $\overline{OP_d}$ 가격을 지지가격으로 설정한다. 생산자에게는 이 가격을 보장한다고 약속하고 수입자유화를 실현한다. 그러면 국내시장가격은 $\overline{OP_w}$가 된다.

생산자가 직면하는 수요곡선은 정부 지지가격인 $\overline{P_dS_2}$이므로 국내 생산량은 $\overline{OQ_3}$로 결정된다. 국내시장가격은 $\overline{OP_w}$이므로 소비자가 직면하는 공급곡선은 $\overline{SAS_1}$이고 국내 수요량은 $\overline{OQ_2}$다.

생산자는 $\overline{OQ_3}$를 생산해 $\overline{OP_w}$가격을 받고 시장에 판매했고, 정부 지지가격은 $\overline{OP_d}$이므로 지지가격과 시장가격과의 차액이 부족분이며 이것을 정부로부터 받는다.

수입자유화에 대비한 부족 지불제의 정책 효과는 〈표 7-8〉과 같다. 부족 지불제의 사회후생감소분은 △ABF이므로 관세 부과 시의 감소분 △ABF+△

〈그림 7-6〉 부족 지불제하의 국내 생산량 및 수입량 결정

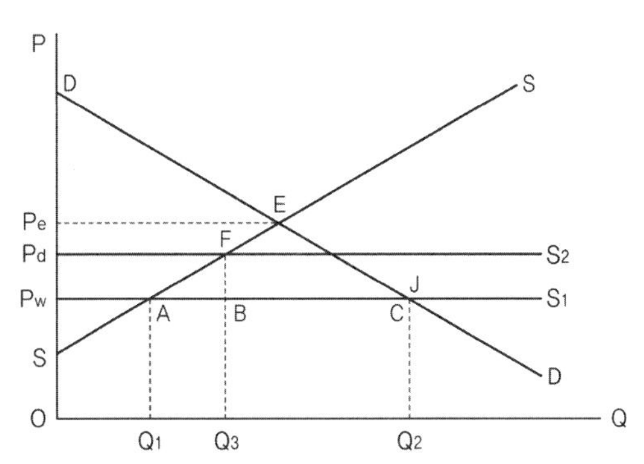

〈표 7-8〉 부족 지불제의 사회후생 변동

구분	국내 생산량	국내 수요량	수입량	소비자 잉여	생산자 잉여	재정 수입, 부담
수입자유화	$\overline{OQ_1}$	$\overline{OQ_2}$	$\overline{Q_1Q_2}$	$\triangle DP_wJ$	$\triangle P_wSA$	O
부족 지불제	$\overline{OQ_3}$	$\overline{OQ_2}$	$\overline{Q_3Q_2}$	$\triangle DP_wJ$	$\triangle P_dSF$	$\square P_dP_wBF$
증감	$+\overline{(Q_1Q_3)}$	O	$-\overline{(Q_1Q_2)}$	①	② $\square P_dP_wAF$	③ $\square P_dP_wBF$

주: net social welfare loss : ①+②-③ =$\triangle ABF$.

CJH보다 적다. 즉, 부족 지불제가 관세 부과보다 효율적인 정책수단이라 할 수 있지만 현실적으로 집행하는 데 어려움이 많아 한국에서는 실시한 사례가 없다.

3. 농산물 무역정책의 전개 과정

1) 무역정책의 전개 과정

(1) 개설

경제성장에 부응해 농산물 무역정책은 다양하게 전개되어왔다. 격동기하에서는 국가 경제가 피폐해 무역규모는 영세했고 외국 원조가 무역의 대부분을 차지했다.

휴전협정이 체결되고 사회가 안정됨에 따라 수입 대체 산업을 육성하는 소극적인 경제정책을 채택했다. 국내 유치산업을 보호해야 하는 처지였으므로 수입을 억제시키기 위해 정부가 무역시장에 적극적으로 개입했다.

1962년에 시작된 제1차 경제개발 5개년계획을 계기로 수출 주도형 공업화 전략을 추진했다. 경제성장 초기 단계에는 농산물 수출이 외화 획득에 기여했으므로 공산품과 더불어 농산물 수출 확대정책을 강력하게 추진했다.

경제성장과 더불어 국민 1인당 실질소득이 늘어남에 따라 농산물 소비패턴이 고급화·다양화되어, 이른바 성장농산물의 수요가 급증했다. 반면 생산기반이 열악해 생산 구조가 탄력적으로 조정되지 못해 성장농산물 위주로 농산물

가격이 상승했다. 농정 당국은 성장농산물 생산을 확대하고자 '농특사업' 및 '복합 영농사업'을 추진했다. 즉, 종래의 농산물 수출 증대 정책에서 내수기반으로 정책방향을 수정하지 않을 수 없는 처지였다.

수출이 늘어나고 국가 경제 규모가 확대됨에 따라 개방경제로 전환하지 않을 수 없다. 이에 따라 농업의 내부 사정과 직면한 외적 요인을 통해 점진적으로 농산물시장을 개방했다. 미국과의 통상마찰, GATT의 BOP항 졸업 등 개방화 조치를 겪으면서 농산물 수입 개방이 확대되었다.

1993년 12월 UR 협상이 타결되고 세계 무역질서가 1995년 1월부터 WTO 체제로 편입됨에 따라 쌀을 제외한 전 농산물의 수입이 개방되었다.

여기서는 광복 이후 현재에 이르기까지 각 단계별 농산물 무역정책을 고찰했다. 단계를 구분한 기준은 ① 농산물 수출액 및 증가율, ② 농산물 수입액 및 증가율, ③ 농산물 무역과 관련된 제도적 장치 등이다.

(2) 격동기

광복 이후 미군정 시기 그리고 정부 수립 이후 6·25전쟁을 겪고 휴전협정이 체결된 1953년까지의 기간을 격동기라 부르기로 한다.

광복을 맞이해 해외 거주 동포의 귀환과 북한 동포의 월남으로 식량 소비인구가 급증한 반면, 비료, 농약 등 생산요소의 공급이 줄어 농업 생산이 위축되었다. 이에 따라 곡물가격이 폭등했고 아울러 생활필수품 품귀로 물가가 앙등하는 이른바 초인플레이션이 나타났다.

미군정 당국은 물가를 안정시켜 사회 불안을 해소하고자 식량과 생활필수품을 원조했다. GARIOA에 의거 가공 농산물, 피복, 의료품을 무상으로 제공했다.

미국은 유럽경제 부흥에 필요한 원조를 제공하기 위해 1948년 '대외원조법'을 제정했고 이를 바탕으로 'ECA'를 설치했다. 한국은 1948년 12월 ECA와 원조협정을 체결했다. 사회간접자본을 확충하고 생산설비를 구축하는 데 원조한다는 원칙을 세웠지만 식량과 생활물자를 제공하는 것이 우선시되었다.

6·25전쟁 중에는 UN 안전보장이사회의 결의에 따라 UN 군사령부가 한국 국민 구호를 책임졌는데 이것이 바로 '한국민간구호계획(CRIK)'이다. 전쟁이 발발한 1950년부터 1956년까지 CRIK의 원조액은 4억 5,700만 달러에 달했고 이 중 농산물이 차지하는 비율이 44%에 달했다.

휴전협정이 체결된 이후 국제연합 UNKRA, FAO, ICA 등의 원조로 식량이 도입되었다.

(3) 무역 통제기

1954년부터 경제개발계획 수립 이전인 1961년까지의 기간을 편의상 무역 통제기로 규정했다. 휴전협정 체결 후 사회가 안정되었지만 산업시설 파괴로 국가 경제규모는 보잘것없는 수준이었고, 더구나 외국 원조를 제외한 무역규모는 영세한 실정이었다.

〈표 7-9〉에 제시되어 있는 바와 같이 1956년 한국 총수출액은 2,460만 달러에 불과했으나 그 이후 지속적으로 늘어나 1961년에는 4,090만 달러에 달했다. 이 기간 중에는 농산물 수출이 큰 비중을 차지했다. 총수출액에서 차지하는 농산물 수출액의 비율을 보면 1956년에는 15%였으나 1961년에 와서 26.7%로 증가했다. 그렇지만 여전히 수출보다 수입이 월등히 많은 전형적인 수입 초과를 나타냈다. 1958년과 1959년 농산물 수입액에는 잉여 농산물 도입액이 누락되어 있지만 수입액은 2,200만 달러에 달했다. 당시는 농업 위주의 산업 구조였는데도 식량을 자급하지 못했다는 사실을 나타낸다.

이 기간에는 외화를 절약하고 국내 산업을 보호하고자 농산물을 비롯한 전 품목에 걸쳐 수출입시장에 정부가 깊이 개입했다. 수출을 촉진하고 수입을 억제시키기 위한 조치로 1951년부터 특혜 외환제도를 도입했다. 즉, 상품 수출로 획득한 외화 중 특혜 보상에 해당하는 부분을 수입대금으로 충당할 수 있도록 특혜를 부여했다. 이 제도는 1955년 8월 15일 폐지되었고 수출불(輸出弗) 우대제도, 구상무역제도, 수출보상제도 등으로 대체되었다.

한편 엄격한 수입관리제를 확립했다. 즉, 수입할 수 있는 품목을 열거하는,

〈표 7-9〉 무역 통제기하의 무역 실적

(단위: 백만 달러, %)

구분	수출액			수입액		
	총수출(A)	농산물(B)	B/A×100	총수입(C)	농산물*(D)	D/C×100
1956	24.6	3.7	15.0	-	-	-
1957	22.7	3.3	14.5	422	22	5.2
1958	16.5	1.9	11.5	378	21	5.5
1959	19.8	4.0	20.2	304	92	30.3
1960	32.8	8.6	26.2	344	82	23.8
1961	40.9	10.9	26.7	316	83	26.2
연평균 성장률	15.1	39.8	39.8	-6.2	-	-

* 농산물 수입액 중 1956년, 1957년에는 잉여 농산물 도입액이 누락되어 있음.
자료: 농림부, 「농림통계연보」(해당 연도판).

이른바 '수입허가제'를 채택해 철저하게 수입을 통제했다.

경제가 안정됨에 따라 1955년 5월, IMF와 IBRD에 가입함으로써 한국 경제가 세계로 나아가는 발판을 마련했다.

1956년에는 미국으로부터 잉여 농산물이 도입되었다. 식량가격 안정으로 인플레이션을 진정시키는 긍정적인 효과도 컸지만 국내 농산물가격을 국제가격 수준 이하로 억제시킴으로써 국내 농업 기반을 위축시키는 역기능을 초래했다.

(4) 수출기반 조성 및 확대기

경제개발계획이 본격적으로 추진된 1962년부터 농산물 수입이 확대되기 전인 1976년까지의 기간이다. 제1차 경제개발 5개년계획을 시작으로 본격적인 경제성장정책이 추진되었다. 수입 대체산업을 육성하는 소극적인 공업화 전략에서 탈피해 적극적이고 진취적인 수출주도형 공업화전략으로 전환했다. 해외에서 자본과 기술을 도입하고 양질의 풍부한 노동력을 활용해 국제경쟁력을 갖춘 경공업제품을 생산해 해외로 수출하는, 이른바 해외 의존형 공업화 전략을 추진했다.

이러한 경제성장 전략을 뒷받침하기 위해 정부가 적극적으로 개입하는 관리무역체계를 구축했다. 수출 실적에 수입을 결부시키는, 이른바 수출입 링크

<표 7-10> 수출기반 조성기하의 무역 실적(1963~1976)

(단위: 백만 달러, %)

구분	수출			수입		
	총수출(A)	농산물(B)	B/A×100	총수입(C)	농산물(D)	D/C×100
1962	55	19.9	36.1	422	95	20.1
1963	87	14.4	16.6	560	116	20.7
1964	119	16.8	14.1	404	116	28.7
1965	175	19.2	11.0	450	114	25.3
1966	256	40.0	15.6	716	92	12.8
1967	359	40.0	11.1	996	95	9.5
1968	500	42.0	8.4	1463	147	10.0
1969	658	62.0	9.4	1824	109	5.9
1970	835	64.3	7.7	1984	192	9.6
1971	1068	63.1	5.9	2394	222	9.3
1972	1624	75.6	4.7	2522	340	13.9
1973	3225	132.7	4.1	4240	624	13.1
1974	4460	133.2	3.06	6852	885	11.0
1975	5427	208.8	3.82	7274	1020	14.0
1976	8115	176.1	2.30	8774	765	8.7
평균 성장률	43.6	21.6	-	26.9	20.9	-

자료: 농림부, 「농림통계연보」(해당 연도판).

제를 1961년부터 시행했고 1965년 단일변동환율제를 도입했다. 또한 「무역법」, 「수출진흥법」, 「수출장려보조금교부에관한특별조치법」 등의 법률을 통합시킨 「무역거래법」을 제정해 1967년 4월에 공포했다.

「무역거래법」 제9조에 의하면 상공부장관은 1년을 전반, 후반으로 나누어 일체의 수출입 대상 품목을 ① 승인 품목, ② 허가 품목, ③ 금지 품목으로 분류해 공고하도록 규정했다.

경제성장 초기 단계에서 절실히 필요한 외화를 획득하기 위해 농림수산물 수출 지원제도를 확립했다. 당시 전 품목 중 수출액 제2위를 차지했던 생사 수출을 촉진하고자 「잠사가격안정기금법」을 마련했다. 1966년에 제정된 「농산물가격안정법」에 의거해 농산물가격안정기금을 설치해 이를 수출진흥기금으로 활용했다. 또한 1971년에 「농수산물수출진흥법」을 제정했다.

이와 같은 수출주도형 경제성장 전략이 성공함에 따라 <표 7-10>에 제시되어 있는 바와 같이 수출과 수입이 크게 확대되었다. '제1차 경제개발 5개년계획'이 시작된 1962년도 총수출액은 5,500만 달러에 불과했으나 '제3차 경제개발 5개년계획'이 마무리된 1976년에는 81억 1,500만 달러로 늘어났다. 15년간 수출액의 연평균 성장률은 43.6%에 달했다.

농산물 수출을 보면 절대액은 증가했지만 상대적인 비중이 격감했다. 즉, 총수출액에서 차지하는 농산물의 비율은 1962년에는 36.1%였으나 1976년에는 2.3%로 줄었다. 반면 농산물 수입액은 급증했으며 총수입액에서 차지하는 비율은 10% 내외 수준이었다.

(5) 내수기반 확충기

농산물 수입이 확대되기 시작한 1977년부터 만성적인 무역수지 적자에서 흑자로 전환되기 직전인 1985년까지의 기간을 내수기반 확충기로 규정했다.

경제성장과 더불어 국민 1인당 실질소득이 늘어남에 따라 식품 소비패턴이 고급화·다양화되었다. 칼로리 혹은 단백질 섭취원이 식물성 식품 위주에서 동물성 식품으로 바뀌어가는 현상을 식품 소비패턴의 고급화라 한다. 한편 잘 살게 되면 반찬을 비롯한 먹을거리의 가짓수가 많아지는데, 이를 식품 소비패턴의 다양화라 한다.

식품 소비패턴이 변하면 농산물 수요 구조가 바뀌고 여기에 부응해 생산 구조도 탄력적으로 조정되어야 한다. 미맥 위주의 전통적인 생산 구조에서 벗어나 축산, 과수 등 성장농산물이 결합된 생산 구조로 개선해야 한다. 그러나 농업 기반조건이 상대적으로 열악해 생산 구조 개선에 제약이 많아 사료곡물을 비롯한 농산물 수입을 늘리지 않을 수 없는 실정이었다.

성장농산물을 비롯한 국내 농산물가격을 안정시켜 인플레이션 억제를 목적으로 농산물 수입을 확대했다.

〈표 7-11〉에 나타나 있는 바와 같이 이 기간에도 총수출액은 지속적으로 증가했으나 농산물 수출은 정체되었고, 1985년에는 총수출에서 차지하는 농산물의 비율이 1.3%에 불과한 반면, 농산물 수입은 지속적으로 증가했다.

〈표 7-11〉 내수기반 확충기하의 무역 실적(1977~1985)

(단위: 억 달러, %)

구분	수출			수입		
	총수출(A)	농산물(B)	B/A×100	총수입(C)	농산물(D)	D/C×100
1977	104.7	3.8	3.6	108.1	9.0	8.3
1978	127.1	4.2	3.3	149.7	11.7	7.8
1979	150.6	4.0	2.7	203.4	18.1	8.8
1980	175.1	5.4	3.1	222.9	22.2	10.0
1981	209.9	5.7	2.7	261.3	31.5	12.1
1982	216.2	4.1	1.9	245.6	19.0	7.7
1983	244.5	4.0	1.6	261.9	21.2	8.1
1984	292.5	4.4	1.5	306.3	20.8	6.8
1985	302.8	3.9	1.3	311.4	17.9	5.7
연평균 성장률	14.4	1.8	-	15.9	13.2	-

자료: 농림부, 「농림통계연보」(해당 연도판).

(6) 통상마찰기

경상수지 흑자를 기록한 1986년부터 UR 협상이 타결된 1993년까지의 기간을 통상마찰기로 규정했다. 경제성장정책을 추진하는 과정에서 만성적인 무역수지 적자를 면하지 못했지만 1986년에서 1989년까지는 흑자를 기록했다(〈표 7-12〉 참조). 이에 따라 통상마찰이 일어났고 농산물시장을 점진적으로 개방하기에 이르렀다.

지속적인 경제성장으로 통상규모가 커졌고, 특히 대미 무역규모가 급증했다. 1988년 한국 총수출액에서 차지하는 대미 수출액의 비율이 35%, 총수입액에 대한 대미 수입액의 비율은 25%에 달했다. 미국의 입장에서 보면 한국은 제7위의 교역 대상국이었다. 대미 무역수지 흑자 규모가 확대됨에 따라 미국은 한국에 비교우위를 점한 농산물을 대상으로 시장 개방 압력을 가했다. 이에 한국은 미국과 쌍무협상을 벌였고 1988년 한미 간 농산물협상이 타결되어 1989~1991년 3년간 이행할 수입자유화 예시계획이 발표되었다.

한편 수출 증가에 힘입어 1986~1988년 3년간 경상수지 흑자를 기록했다. 국제수지 방어 목적으로 수입을 제한할 수 있다는 GATT 규정 본조항 BOP항을 더는 고수할 수 없는 상황이었다. GATT의 국제수지위원회의 협의를 거쳐 1989년 10월에 이른바 BOP항을 졸업하고 본조항 11조 이행국이 되었다. 아

〈표 7-12〉 통상마찰기하의 무역 실적(1986~1993)

(단위: 억 달러, %)

구분	수출			수입		
	총수출(A)	농산물(B)	B/A×100	총수입(C)	농산물(D)	D/C×100
1986	347.1	4.3	1.2	315.8	18.0	5.7
1987	472.8	5.3	1.1	410.2	20.0	4.9
1988	607.9	7.1	1.2	518.2	27.2	5.2
1989	623.8	7.8	1.3	614.6	36.5	5.9
1990	650.2	8.0	12.3	698.4	37.5	5.4
1991	718.1	7.6	1.1	815.2	44.2	5.4
1992	766.3	7.8	1.0	817.8	41.8	5.1
1993	822.4	8.1	1.0	838.0	45.7	5.4
연평균 성장률	17.2	10.1	-	13.0	18.6	-

자료: 농림부, 「농림통계연보」(해당 연도판).

울러 1992~1994년 기간에 이행할 131개 농림수산물 수입 예시 계획이 발표되었다.

(7) WTO 출범과 수입자유화

세계 경제에서 차지하는 미국의 비중이 약화되어 신보호주의가 대두되고 세계 무역이 다극화로 전환되는 등 무역 환경에 변화가 나타났다. 무역제도를 위시해 세계 경제질서를 재편해야 한다는 필요성이 고조되어 1986년 9월 푼타델에스테 각료선언으로 GATT체제하의 제8차 다자간무역협상이 개시되었고 이를 UR 협상이라 명명했다.

UR 협상은 장장 7년간에 걸친 협의 과정을 거쳐 1993년 12월 15일에 극적으로 타결되었다. 이로써 세계 무역질서를 규제해왔던 GATT체제는 막을 내리고 1995년 1월 WTO체제가 출범되었다.

UR 협상 타결로 쌀을 제외한 전 농산물이 개방됨에 따라 〈표 7-13〉에 제시된 바와 같이 농산물 수입이 급증했다. 그러나 1977년 12월 외환위기에 직면한 이후 환율이 급등해 수출경쟁력이 강화됨에 따라 농산물을 비롯한 수출이 확대되고 수입이 위축되어 1998년, 1999년 2개년에 걸쳐 무역수지 흑자를 기록했다.

〈표 7-13〉 개방경제기하의 무역 실적(1994~2010)

(단위: 억 달러, %)

구분	총수출(A)	농산물(B)	B/A×100	총수입(C)	농산물(D)	D/C×100
1994	960.1	9.7	1.0	1023.5	54.3	5.3
1995	1250.6	12.4	1.0	1351.2	68.9	5.1
1996	1297.2	14.2	1.1	1503.4	81.5	5.4
1997	1361.6	15.1	1.1	1446.2	76.2	5.3
1998	1323.1	13.9	1.0	932.8	54.2	5.8
1999	1436.9	14.4	1.0	1197.5	59.3	5.0
2003	1938.1	15,6	0.8	1788.2	62,1	3.4
2004	2538,4	17,5	0.7	2244.6	74.4	3.3
2005	2844,1	18,9	0.7	2612.3	73.9	2.8
2006	3254,6	20,0	0.6	3093.8	81.1	2.6
2007	3714,8	22,2	0.6	3568.4	100.8	2.8
2008	4220,0	27,1	0.6	4352.7	139.0	3.1
2009	3635,3	29,9	0.8	3230.8	117.5	3.6
2010	4663,8	37,2	0.8	4252.1	139.8	3.2
연평균 성장률	13	11	-	12	8	-

자료: 농림부, 「농림통계연보」(해당 연도판).

2) 농산물 수출정책

(1) 관련 법규 정립

경제성장 초기 단계에는 농산물 수출이 공업화에 필요로 하는 외화를 획득하는 데 크게 공헌했다. 총수출액에서 차지하는 농수산물의 비율을 보면 1956년에는 29%에 불과했으나 1962년에는 66%로 급신장했다. 주요 수출 품목은 생사, 인삼, 엽연초, 한약재 등이었다.

정부가 강력한 수출촉진정책을 추진한 덕분에 농산물을 비롯한 수출이 급성장했다. 수출을 장려하고 수입을 억제시키기 위한 목적으로 1961년 수출입링크제를 도입했다.

아울러 종래에 난립되어 있던 「무역법」, 「수출진흥법」, 「수출장려교부에관한특별조치법」 등을 통합해 1967년 4월 「무역거래법」을 제정했다.

(2) 농수산물 수출 지원제도 확립

해외시장을 안정적으로 확보하고자 수출농산물을 대상으로 '가격 안정기금'을 설치했다. 생산량 감소로 국내 가격이 국제 가격을 상회해 수출을 기피하면 해외 수입상의 신뢰를 잃고 어렵게 확보한 해외시장을 위축시키는 결과를 가져온다.

수출가격이 국내시장가격보다 월등히 높아 수출마진이 많아지면 일정 비율을 적립하게 하고, 여기에 정부 보조금을 보태 가격 안정기금으로 적립해두었다가 국내시장가격이 수출가격을 상회하면 그 차액을 적립금에서 보전해주는 제도였다.

1963년 5월 제정된 「잠사가격안정기금법」을 근거로 마련한 '잠사가격 안정기금'은 생사 수출시장을 안정시키고 확대하는 데 크게 공헌했다.

1966년 8월 「농산물가격안정기금법」을 제정해 '농산물가격안정기금'을 설치했다. 기금의 용도를 ① 농산물가격 조절을 위해 필요할 때, ② 농수산물 수출에 필요할 때, ③ 기타 농산물 관리상 필요할 때 등으로 운영지침에 명기했다. 이 법은 1976년 12월에 제정된 「농안법」으로 통합되었다.

1971년 1월에 공포한 「농수산물수출진흥법」에는 '농수산물수출진흥기금'을 설치하도록 규정되어 있다. 농림부장관은 지정한 품목의 수출가격이 기준수출가격을 하회하는 경우, 필요하다고 인정될 때 기금관리자로 하여금 심의회의 심의를 거쳐 농림부장관이 정하는 가격으로 진흥기금을 이용해 수출농산물을 비축할 수 있도록 조치했다. 또한 지정 수출 품목이 기준 수출가격을 회복했다면 이를 지정 수출업자에게 판매할 수 있도록 규정했다.

가격 안정기금의 운영 목적을 ① 농수산물의 가격 조절과 생산·출하 장려 또는 조성, ② 농수산물의 수출 촉진, ③ 농수산물의 보관 ,관리, 가공, ④ 도매시장, 농·수·축협 공판장 출하 촉진, ⑤ 농산물의 상품성 제고, ⑥ 농수산장관이 농수산물의 유통 구조 개선 및 가격 안정을 위해 필요하다고 인정하는 사업 등으로 규정했다.

(3) 수출입 링크제

수출을 증대시키고 수입을 효율적으로 통제할 목적으로 수출 실적에 의거해 수입을 허용하는 수출입 링크제를 1963년 채택해 1970년까지 실시했다. 농수산물의 경우 수입과 링크시킬 수 있는 수출 품목은 사과와 참치뿐이었다. 사과를 수출하면 결손이 발생하는데 이를 메울 수 있도록 바나나 혹은 파인애플 수입권을 할당했다.

(4) 수출 지원을 위한 재정·금융 지원 확대

수출 농산물에 대한 금융 지원의 주요 재원은 ① 농산물 수출 준비자금, ② 수산물 수출 지원자금, ③ 농산물가격 안정자금 등이었다.

농산물 생산은 계절성을 띠므로 수확기에 대량으로 구입해 비축해두려면 수출업자의 자금 부담이 일시에 가중된다. 이를 해결하기 위해 농수산물 수출 준비자금을 마련해 융자했다. 이 자금의 재원은 '농산물가격안정기금'에서 45%를 충당하고 한국은행 재할자금에서 45%를 지원했으며 융자 취급기관이 10%를 부담했다. 융자 수혜자는 수출농산물 수집자와 비축업자였고, 농어민으로부터 직접 매입하는 수집자에게는 연리 12% 조건으로 융자했고 비축업자에게는 연리 24%로 융자했다가 신용장이 도래하면 12%를 환급했다.

(5) 조세 감면 지원 강화

수출산업을 육성하고 국내 생산품의 국제경쟁력을 강화하려는 의도하에 수출 기업에 세제상(稅制上) 지원을 강화했다. 외화 획득에 따른 소득세와 법인세를 각각 50% 감면했고 수출업자에 물품세, 주세(酒稅), 석유세 등을 대상으로 한 면세 특혜를 부여했다.

또한 수출기업에 특별 감가상각제도를 도입했다. 내국인이 수출, 관광사업 등 대통령령으로 정하는 외화 획득 사업을 영위하는 경우 당해 사업에 이용하는 자산을 특별 감가상각비로 처리했다.

(6) 「농수산물수출진흥법」

농수산물 수출업자의 자격을 완화시켰다. 「무역거래법」 시행령에 따라 1년간 30만 달러 이상, 아울러 1분기당 15만 달러 이상 수출 실적을 올리지 못하면 무역업 자격을 취소했다. 농산물의 경우 생산이 계절성을 띠기 때문에 1년을 상반기, 하반기로 나누어 수출 실적을 규제하는 조치는 불합리했다. 상반기 수출 실적 미달로 자격을 취소당한 업체가 한 해에만 97개에 달했다. 이에 따라 「무역거래법」 시행령을 개정해 농수산물 수출을 전업으로 하는 수출업자일 경우 상반기, 하반기 구분 없이 연간 수출액이 30만 달러 이상이면 자격을 유지할 수 있도록 조건을 완화했다.

1971년 1월에는 「농수산물수출진흥법」이 제정되었다. 외화가득률(foreign currency proceeds ratio)이 높고 농가소득 증대 효과를 가져오는 농수산물을 대상으로 품목별 생산단지를 조성하고 대량생산체제를 확립하며 수출 결손을 보상하는 금융 지원제도를 마련해 농수산물의 안정적인 수출 증대를 도모하는 데 목적을 두었다.

주요 내용은 다음과 같이 요약된다.

첫째, 계획생산체제를 갖추어 체계적인 수출을 도모한다. 이를 위해 우선 생산·수집·가공·수출을 담당하는 수출업자를 지정하고 생산에서 수출에 이르기까지 계열화체계를 확립하며, 나아가 수매가격과 수출가격을 예시해 거래 질서를 확립하도록 했다.

둘째, 수출진흥기금을 설치해 운영하도록 조치했다. 지정 품목의 생산, 수집, 가공 및 수출에 소요되는 자금을 지원하며 수출가격 하락으로 발생한 결손과 재해로 인한 생산 감소를 보상하는 데 활용했다.

3) 농산물 수입정책

(1) 개설

정부 수립 이후 국내 유치산업을 보호·육성하고 외화를 효율적으로 관리할 목적으로 농산물을 비롯한 전 상품의 수입을 철저하게 통제해왔다. 상품 수출로 벌어들인 외화의 일정 비율을 수입에 이용할 수 있는, 이른바 수출입링크제를 실시했고 수입할 수 있는 품목을 열거한 수입허가제를 적용해 철저하게 수입을 제한했다.

해외 의존형 공업화전략이 성공함에 따라 국내시장 개방이 바람직하다고 판단해 1967년 GATT 가입을 계기로 수입 관리원칙을 수입 제한제로 전환했다. 이때 제시한 수입 제한 품목 선정기준은 ① 특별법에 의한 제한 품목, ② 국민보건상 유해한 품목, ③ 국가보안상 유해한 품목과 미풍양속을 해치는 품목, ④ 국민 경제 수준에 비추어 사치성 품목 등이었다. 아울러 기본 식량인 쌀과 보리쌀의 경우 특별법인 「양곡관리법」에 의거해 국가가 수출입을 직접 관리하도록 규제했다.

1978년 2월 수입자유화 기본 방침을 확정해 3차에 걸쳐 농산물 수입자유화를 강행했다. 제1차 조치로 1978년 5월 75개 농산물을 대상으로 수입자유화를 단행했고, 뒤이어 1978년 9월에는 제2차, 1979년 1월에는 제3차 수입자유화조치를 단행해 87개 농산물을 추가로 개방했다. 이에 따라 농림수산물 수입자유화 비율은 1978년의 54%에서 1982년에는 75%로 확대되었다.

(2) 한미 통상마찰

상품 수출이 지속적으로 늘어나 1982년부터 대미 무역수지 흑자를 기록하기 시작했다. 1988년의 경우 총수출액에서 차지하는 대미 수출액 비율이 35%에 달했다. 미국 측에서는 누적되는 무역수지 적자를 해소하고자 1988년 「종합무역법」을 마련해 무역수지 적자국을 대상으로 쌍무주의, 상호주의 원칙을 적용해 불공정 무역관행을 타개하려 시도했다. 이 대표적인 사례가 한국에 대한 농산물시장 개방 압력이었다.

1988년 한미 통상협력이 타결되었고 한국은 1989~1991년 3개년 동안 시행할 농림수산물 자유화 3개년 예시계획을 발표했다(〈표 7-14〉 참조).

한편 한국은 1989년 10월 GATT의 BOP항을 졸업함에 따라 수입자유화 품

〈표 7-14〉 농림수산물 수입자유화 3개년 예시계획(1989~1991)

구분	1989년(82개 품목)	1990년(76개 품목)	1991년(85개 품목)
과실(20개)	대추야자, 망고, 파파야 등 11개	피칸(pecan), 기타 신선과일 2개	파인애플, 바나나, 호두 등 7개
축산물(24개)	산양고기(냉장), 말, 당나귀, 노새, 오리고기 등 7개	산양고기(냉동), 오리고기 절단육 등 8개	사슴고기, 오리고기 등 9개
가공식품(106개)	과실혼합주스, 육즙, 딸기통조림, 낙화생유 등 40개	딸기주스, 소시지, 파인애플주스, 새우와 보리새우 등 35개	칠면조 조제품, 유채유, 대두유, 조제복숭아, 어류의 펠리트 등 31개
수산물(53개)	연어, 대구, 닭새우 등 12개	바닷가재, 송어, 황다랑어 등 18개	어란, 가리비, 과조개 등 23개
곡물(19개)	잠두, 이집트 콩 등 3개	밀, 호밀, 귀리, 수수가루 등 7개	조, 수수, 완두콩 등 9개
사료(10개)	들깨박, 배합사료 등 5개	알팔파, 사료첨가제 등 4개	대두박 등 1개
기타(11개)	복숭아, 자두 씨 등 4개	저피, 해바라기씨 등 2개	떡갈잎, 옥사, 견연사 등 5개

자료: 농림수산부, 「농림수산물 수입자유화 3개년 예시계획」(1988).

〈표 7-15〉 농림수산물 수입자유화 예시 품목(1992~1994)

구분	1992년	1993년	1994년
농산물	냉동 오렌지, 냉동 포도, 과실조제품, 채유종실, 식물성 유지 등	냉동 마늘, 과실조제품, 복숭아주스, 포도즙, 두부, 생사	복숭아, 단감, 홍차, 맥아 등
축산물	돈육가공품, 사슴 및 양고기, 식용 설육 등	우유, 난황	냉장 돼지고기, 냉장 닭고기 등
수산물	전갱이, 어란, 문어, 정어리 등	정어리, 조기, 오징어, 해삼 등	가자미, 뱀장어, 복어 등
임산물	-	견과류	-
계	43개 품목	43개 품목	45개 품목

자료: 농림수산부 국제통상국.

목 선정 기준에 의거해 수입자유화 예시 품목을 제시했다.

선정기준은 ① 국내에서 생산되지 않거나 생산 비중이 낮은 품목, ② 수입품과 어느 정도 가격경쟁력을 갖춘 품목, ③ 국제 교역이 없거나 신선도 유지가 어려워 수입하기 어려운 품목, ④ 연근해 어종과 경합이 적은 품목, ⑤ 국내 수급 안정을 위해 또는 원자재용으로 수입이 필요한 품목, ⑥ 주요 교역 상대국의 관심 품목 등이었다.

1992~1994년까지 시행할 수입 개방 예시계획에 제시된 품목은 131개였고 〈표 7-15〉에 제시되어 있다.

한편 1970년대에 들어와 성장농산물의 수요가 급증했다. 특히 쇠고기 수요가 증대해 가격이 상승함에 따라 공급을 확대하려는 의도로 1970년대 후반부터 복합 영농사업을 대대적으로 전개함으로써 송아지 구입자금을 보조했다. 송아지가격을 안정시키고자 해외에서 육우 송아지를 대량으로 도입해 국내시장에 공급했다.

국내 소 사육두수가 급증해 1984년에 소가격이 폭락했고 이를 안정시키고자 쇠고기 수입을 엄격하게 제한해왔다. 이에 대응해 미국, 호주, 뉴질랜드 등 주요 축산물 수출국이 1989년 GATT에 제소했고 분쟁 해결을 위한 패널이 시작되었다.

또한 미국은 한국의 쇠고기 수입 제한을 '미통상법' 301조에 의거해 불공정무역관행으로 판정했다. 한국은 미국, 호주, 뉴질랜드와 각각 쌍무협상을 가졌고 이 협상이 타결되어 쇠고기 수입할당량이 대폭 확대되었다.

4. UR 협상

1) UR 협상의 전개 과정

(1) 대두 배경

종전 후 세계 무역질서를 정립하고자 GATT가 창설되었다. 무차별 최혜국대우가 철폐되고 관세는 인하되었고 비관세장벽 철폐가 확대됨에 따라 세계 무역량은 확대되었다.

그러나 1970년대에 들어와 미국의 상대적인 경제력 저하로 재정 적자, 무역역자, 이른바 쌍둥이 적자가 확대되었고 수출경쟁력이 약화되어 수출이 부진해졌다. 게다가 석유위기, 식량위기를 겪으면서 보호무역주의가 대두되어

〈그림 7-7〉 세계 무역질서의 개편

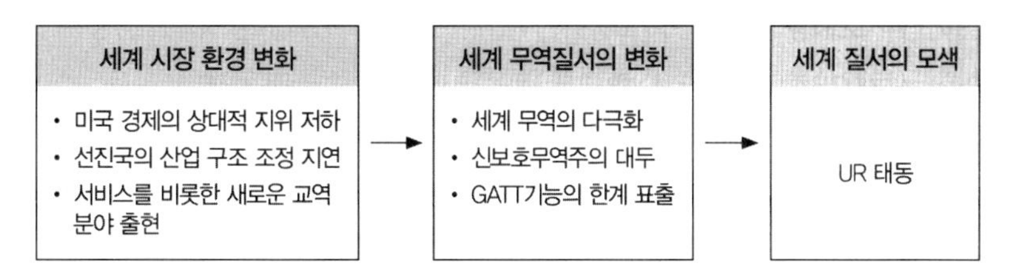

세계교역량이 위축되었고, 특히 미국의 농산물 수출 감소를 가져왔다.

세계 무역이 다극화되고 서비스, 지적소유권, 무역 관련 투자 등 새로운 무역 분야의 출현으로 세계 무역질서가 변화됨에 따라 GATT 기능에 한계가 드러나 새로운 세계 경제질서를 모색해야 한다는 공감대가 형성되었다(〈그림 7-7〉 참조).

(2) GATT의 다자간무역협상

GATT 창설 이래 세계교역량을 확대하고자 7차에 걸친 다자간무역협상이 전개되었다(〈표 7-16〉 참조).

7년간 추진되어왔던 UR은 GATT의 분신인 무역협상위원회(TNC)가 주도해 왔다. 무역협상위원회는 상품협상그룹(GNG)과 서비스협상그룹(GNS)의 양대 기구로 편제되어 있었으며, 상품협상그룹은 15개 세부협상그룹으로 구성되어 있었다.

한국의 이해와 직결되는 세부협상 분야는 농산물, 열대상품, 관세, 서비스 산업, 섬유, 지적소유권, 투자협상 등이었다.

타결된 UR 협상의 기본 골격은 시장 개방, 국내 보조, 수출 보조 등 37개 분야다.

<표 7-16> GATT체제하의 다자간무역협상 추진 현황

구분	명칭	참가국	기간	관세 인하	비고
1차	일반적 관세교섭	23	'47.1~'47.10	45,000품목 양허	
2차	일반적 관세교섭	13	'49.1~'49.10	5,000품목 양허	
3차	일반적 관세교섭	38	'50.9~'51.1	8,700품목 양허	
4차	일반적 관세교섭	26	'56.1~'56.5	25억 달러 상당의 관세 인하	
5차	Dillon Round	26	'61.5~'62.7	4,400품목 양허	반덤핑 협정체결
6차	Kenny Round	62	'64.5~'67.6	주요 선진국의 제조업 분야 관세율 35% 인하	9개 MTN 협정 (반덤핑 협정 전면 개정 포함)
7차	Tokyo Round	97	'73.9~'79.7	9개 선진국의 제조업 분야 가중평균 관세율이 7.0%에서 4.7% 수준으로 인하(33% 인하)	15협상그룹
8차	Uruguay Round	95	'86.9~'93.12	협상 타결	

2) 시장 개방

(1) 개요

예외 없는 관세화가 기본 원칙이었지만 수입국에 미치는 충격을 고려해 일정 기간 동안 관세상당치(Tariff Equivalent: TE) 부과를 인정했고, 이행 기간 동안 단계적으로 인하하도록 규정했다.

수입 제한 품목인 경우 기준 연도인 1986~1988년까지 국제 가격의 평균치와 국내 가격 평균치의 차액을 관세상당치라 불렀다. 관세상당치 부과를 인정하되 이행 기간 동안 수출국의 안정적인 수출물량 확보를 위해 현행시장접근(Current Market Access: CMA)과 MMA를 보장해야 했다.

이행 기간 동안 수입 물량이 급증하거나 수입가격이 급격히 하락하는 경우, 수입국은 자국의 생산자를 보호할 목적으로 '특별긴급피해조치'를 발동할 수 있다. 이 경우 수입량을 직접적으로 제한할 수 있는 것은 아니고 추가적인 관세만을 부과할 수 있다.

일정 조건을 만족시키는 특정 품목에 한해 관세화 유예의 특별우대를 받을 수 있는데 일본과 한국의 쌀이 여기에 해당했다.

(2) 관세 및 관세상당치 인하

관세로만 보호하던 품목 중 양허 품목에는 양허세율을 기준으로, 비양허 품목은 1986년 9월 1일의 실행세율을 기준으로 1995년부터 2000년까지 6년 동안 36%를 연차적 균등비율로 감축하기로 합의했다.

비관세장벽으로 보호되는 품목은 1986~1998년 3개년을 기준으로 관세상당치를(〈표 7-17〉 참조) 산출해 1995년부터 2000년까지 6년 동안 단순 평균 36% 균등비율로 감축하기로 규정했다.

관세 및 관세상당치 감축은 모든 품목에 대한 일률적인 균등 감축방식이 아니라 품목별로 최소 15%를 감축하고 대신 전체 품목을 단순평균해 36%를 감축하는 것이었다.

〈표 7-17〉 관세 및 관세상당치 인하 방법

구분	기준 세율	이행 기간	감축률	감축 방법	양허 의무
관세 양허 품목	양허세율	1995~2000	품목별 최소 15% 이상	연도별 균등 감축	모든 관세 및 관세상당치의 양허
비양허 품목	1986.9.1 실행세율	1995~2000			
관세상당치	1986~1988 국내외 가격차	1995~2000	단순 평균 36%		

자료: 외교통상부 무역위원회 홈페이지(http://www.kfc.go.kr).

(3) CMA와 MMA 보장

1986년에서 1988년까지의 3개년을 기준으로 하고 이 기간의 수입 물량이 국내 소비량의 3% 이상인 품목인 경우 최소한 그 평균 수입량을 CMA로 보장해야 한다(〈표 7-18〉 참조).

수입이 없거나 미미한 품목에는 이행 초년도에 기준 연도 평균 국내 소비

〈표 7-18〉 CMA 및 MMA 보장

구분	기준 세율	이행 기간	증폭량	이행방법
CMA	1986~1988년 평균 수입량	1995~2000	기존 수입량 유지 혹은 확대	과거의 실제 수입량 보장
MMA	1986~1988년 평균 소비량	1995~2000	초기연도 3%에서 최종연도 5%까지	저세율에 의한 관세할당(tariff quota: TQ)방법

자료: 외교통상부 무역위원회 홈페이지(http://www.kfc.go.kr).

량의 3%를 MMA로 허용해야 한다. 이 3%의 MMA는 이행 기간 말까지 균등한 비율로 5%까지 높여야 한다. CMA나 MMA로 수입하는 물량은 낮은 세율로 수입이 허용되도록 규제했다.

(4) 특별 긴급 피해 구제제도

관세 및 관세상당치 인하 등 시장 개방 약속을 이행하는 데 특정 품목의 수입 물량이 기준 이상으로 급증하거나 수입가격이 기준 이하로 급격히 떨어져 국내 생산자에게 미치는 피해가 심한 경우 추가적인 관세를 부과할 수 있는 특별 긴급 피해 구제제도(Special Safeguard: SSG)가 규정되어 있다.

관세 감축 이행 기간 중 당해 연도 수입량이 급격히 증대되어 국내 생산자에게 큰 타격을 주는 경우 특별 긴급 피해 구제제도를 발동할 수 있다. 이 경우 당해 연도 관세의 1/3을 초과하지 않는 범위에서 추가 관세를 부과할 수 있다.

(5) 개발도상국의 시장 개방

개발도상국이 관세 및 관세상당치를 인하할 때 수행해야 할 이행 기간은 선진국의 6년보다 긴 10년이고 품목별 감축률은 최소 10% 이상이며, 전 품목 감축률 단순 평균치는 24%로 선진국보다 낮게 책정되어 있다(〈표 7-19〉 참조).

CMA 및 MMA 보장에서도 선진국에 비해 유리하다. MMA 물량을 늘리는 기간은 1995년에서 2004년까지 10년으로 선진국의 6년보다 길다.

〈표 7-19〉 선진국과 개발도상국의 관세 및 관세상당치 감축률

구분	이행 기간		관세(상당치) 감축률	
	선진국	개발도상국	선진국	개발도상국
관세 및 관세상당치 인하	1995~2000 (6년간)	1995~2004 (10년간)	품목별 최소 15% 이상, 단순 평균 36%	품목별 최소 10%, 단순평균 24%
CMA 및 MMA	1995~2000 (6년간)	1995~2004 (10년간)		

자료: 외교통상부 무역위원회 홈페이지(http://www.kfc.go.kr).

3) 국내 보조 삭감

(1) 개요

UR 협상에서는 회원국의 농업 보조를 대상으로 감축방안이 논의되어왔다. 여기서 언급한 보조란 각 회원국 정부의 농업 지원을 위한 직접 재정 지출뿐 아니라 조세 감면이나 우대금융 등을 포함하는 포괄적 개념을 의미한다.

한편 UR 협상에서는 보조의 성격에 따라 보조금을 국내 보조와 수출 보조로 구분해 감축률과 감축방법에 차등을 두는 접근방식을 채택했다. 특히 일정 기준에 따라 국내 보조를 허용대상과 감축대상으로 분류했다.

허용대상 기준을 충족시키지 못하는 모든 국내 보조를 감축대상 보조(amber box)로 간주하고 허용대상으로 분류된 농업 보조에 한해 지원한다. 감축대상 보조의 경우도 지원이 불가능한 것이 아니라 감축 약속 범위 내에서 신축성 있는 지원이 가능하다.

보조금 감축은 감축대상 보조에 한해 일정 기간 점진적으로 균등비율에 따라 감축하되 감축수단으로 총 보호측정을 이용해 감축한다.

(2) 농업 보조정책의 분류

생산 및 무역에 미치는 영향의 유무에 따라 농업 보조정책을 감축대상 정책과 허용대상 정책으로 분류했다. 허용대상 보조는 협상 타결 이후 계속 지

〈표 7-20〉 UR 협상에서의 국내 보조정책의 분류

<table>
<tr><th colspan="2">정책별</th><th>세부정책(예)</th></tr>
<tr><td colspan="2">감축대상정책</td><td>· 시장가격 지지
· 감축대상 직접 지불
· 기타 감축대상 보조</td></tr>
<tr><td rowspan="2">허용대상정책</td><td>정부서비스</td><td>· 일반 서비스
- 연구
- 방제, 방역 등 병해충 예방
- 교육·훈련
- 지도, 홍보
- 검사
- 하부 구조 개선
· 국내식량 구호
· 식량안보 목적의 공공 비축</td></tr>
<tr><td>허용대상
직접 지불</td><td>· 생산 중립적 소득 지지
· 소득보험 및 소득 안정화 시책
· 재해복구 및 구호
· 은퇴·탈농 지원
· 휴경 보상
· 투자 보조를 통한 구조 조정 지원
· 환경보전 관련 지원
· 낙후지역 개발 지원</td></tr>
</table>

자료: 외교통상부 무역위원회 홈페이지(http://www.kfc.go.kr).

원이 가능하나 감축대상 보조는 향후 약속된 수준까지 매년 줄여나가야 한다.

허용대상정책을 먼저 정하고 그 이외의 모든 국내 보조정책을 감축대상으로 정의해야 진정한 농업 개혁을 이룰 수 있다는 미국과 농산물 수출국 모임인 케언스그룹(Cairns Group), 나아가 GATT 사무국의 강력한 의지가 그대로 반영되어 있다.

우선 허용대상 정책을 크게 정부서비스(Government Service Programs: GSP)와 생산자에 대한 직접 지불(Direct Payments to Producers: DP)로 분류하고 세부정책을 제시했다(〈표 7-20〉 참조).

또한 허용대상으로 분류된 정책들이 갖추어야 할 일반적 허용 기준을 ① 소비자로부터의 이전이 아닌 공공재정에 의한 보조일 것, ② 생산자에 대한 가격 지지효과가 없을 것 등으로 설정했다. 이와 같은 두 가지 일반적 기준과 정책별 구체적 기준을 동시에 만족해야 허용대상정책으로 분류된다.

따라서 최종안의 허용대상정책의 기준은 매우 엄격하고 제한적이기 때문에 적용받기 쉽지 않다. 농산물 수출국이 주장해온 허용대상정책으로 분류된 정책 이외의 모든 국내 보조를 감축대상으로 분류하는 원칙(positive approach)이 채택되었다. 이에 따라 시장가격 지지, 부족분 지불, 감축대상 직접 지불, 투입재 보조 등 기타 모든 보조를 감축대상 국내 보조로 취급했다.

또한 미국과 EU 간 합의에 따라 ① 일정 면적과 단수를 기준으로 한 직접 지불, ② 기준 생산 수준의 85% 이하에 대한 직접 지불, ③ 축산물의 경우 고정된 사육두수에 대한 지불 등 기준에 충족되는 생산 제한 정책하의 직접 지불을 감축대상에서 제외시켰다. 개발도상국 특별 우대를 고려한다는 인식하에 개발도상국에는 ① 농업에 대한 일반적 투자 보조, ② 저소득계층에 대한 농업 투입재 보조, ③ 마약작물 재배 전환 지원 등의 보조정책을 감축대상에서 제외시켜 감축 의무를 면제했다.

4) 수출경쟁

GATT는 출범과 더불어 엄격한 의미에서 농산물시장의 자유화를 위해 보조 문제에 큰 비중을 두고 이를 국제적으로 규제하기 위한 다양한 접근방법을 모색해왔으나 많은 어려움이 뒤따랐다. 이는 보조금 문제 자체가 복잡하며 무역을 왜곡시키는 효과가 발휘되는 보조와 그렇지 않은 보조를 변별하는 작업이 쉽지 않기 때문이다.

특히 농산물 수출 보조금의 경우 공산품과는 달리 금지 규정이 없었으며 상당수의 선진국에서 농산물 수출 보조금 지급이 관례화되어 있었다.

그러나 1980년대 초 이후 농산물 공급 과잉으로 농산물 수출국은 과다하게 수출 보조금을 지급해왔고 이로 인해 세계농산물 교역 질서를 왜곡시켰다. 이에 따라 UR 협상에서는 여타 보조에 앞서 수출 보조금의 대폭적인 감축이 이루어져야 한다는 주장이 지배적이었다.

UR 협상 수출 보조 분야에서는 수출 보조금을 정의하고 이를 기초로 향후 감축할 수출 보조금의 범위를 확정함과 동시에 구체적인 보조 삭감 방법 등을 논의해왔다.

5) 관세화 특별 조치

UR 협상이 진행되는 과정에서 한국과 일본은 쌀을 식량안보가 주축인 비교역적 관심사항으로 취급하고 관세화 불가를 지속적으로 주장했고 캐나다도 유제품에 예외 없는 관세화를 적용할 수 없다고 계속 주장해왔다.

결국 이들 국가의 요구가 부분적으로 수용되어 관세화 특별조치가 최종 협정문에 포함되었다. 일반적인 관세화 특별조치와 특정 개발도상국을 대상으로 1개 품목에 대한 관세화 특별조치가 여기에 해당되었다.

농산물 중에서 ① 선정된 품목의 수입이 기준 연도를 기준으로 국내 소비량의 3% 미만이고, ② 기준 기간 이후 선정된 품목에 대한 수출 보조가 없고, ③ 효과적인 생산 통제가 시행되어야 하며, ④ 식량안보 및 환경보전 등과 같은 비교역적 관심사항(NCT) 품목으로 각국의 계획서에 명시될 것 등의 조건을 만족시키는 품목에 관세화를 유예시켰다. 이를 일반적인 '관세화 특별조치'라 하는데 일본의 쌀이 여기에 해당된다. 유예기간은 1995년부터 2000년까지 최대 6년간으로 했다.

특별 취급대상으로 선정된 품목은 관세화를 유예하는 대신 일정 수준의 시장접근을 보장해야 했다. 즉, 이행 초기인 1995년에는 소비량의 4%를 MMA 물량으로 보장하고 잔여 이행 기간 동안 매년 0.8%씩 증가해 2000년에는 8%까지 높이도록 규정했다.

한편 6년간의 유예기간이 종료된 이후 특별 취급의 지속 여부는 이해당사국과의 협상을 통해 유예기간 종료 전에 결정되도록 규정했다. 만일 유예기간 종료 이후 특별 취급을 계속 적용하기로 할 경우 해당국과 이해당사국과의 협상에서 결정된 대로 추가적이고 수용 가능한 양허를 제공해야 하는 것으로 규정했다.

또한 특정 개발도상국에 대한 관세화 특별 조치를 결정했다. 원문에는 특정 개발도상국의 전통적인 식품 소비 형태상 일차적으로 중요한 1개 농산물로 되어 있으나 이는 여타 개발도상국이 적용할 수 있는 조항이 아닌 한국의 쌀 1개 품목만을 지칭한 것이었다.

물론 특정 개발도상국의 특정 품목 1개에 적용 가능할 것으로 생각할 수도 있으나 이는 UR 협상에서 미국을 위시한 대부분의 국가가 한국의 쌀만을 고려하기 위해 추가적으로 만든 조항임을 확인한 바 있으며 여타 개발도상 회원국들도 여기에 동의했다.

아울러 사실상 예외 없는 포괄적 관세화에 공식적으로 반대한 개발도상국은 멕시코와 인도네시아뿐이었으며, 이들 국가 역시 최종 협상에서 포괄적 관세화를 수용하는 쪽으로 입장을 변경했다.

1995년에서 2004년까지 10년간 관세화를 유예하도록 결정한 반면 다음과 같은 조건을 이행하도록 규정했다.

첫째, 유예기간 첫해 기준 기간 동안의 해당 품목의 경우 국내 소비량의 1%를 시장접근기회로 설정하고 이후 5년차까지 2%가 되도록 시장접근기회를 매년 0.25%씩 균등 증가시켜야 한다.

둘째, 유예기간 6년차에는 국내 소비량의 2%를 시장접근기회로 설정하고 이후 매년 0.5%씩 증가시켜 유예 최종연도에는 4%가 되도록 해야 한다.

한편 10년간의 유예기간 이후 특별 취급의 지속 여부는 이해당사국 간 협상을 통해 유예기간 종료 전에 결정되도록 규정했다. 만일 유예기간 종료 이후 특별 취급을 계속 적용하기로 할 경우 해당 국가는 이해당사국과의 협상에서 결정된 대로 추가적이고도 수용 가능한 양허를 제공해야 한다고 규정했다.

5. 쌀 재협상 및 무역 분쟁

1) 쌀 재협상

(1) 쌀 재협상 전개 과정

UR 협상에서 한국 쌀은 비교역적 기능을 인정받아 10년간 관세화 유예 혜택을 받았다. 유예기간이 종료되는 2004년에 재협상을 벌여 관세화 유예기간 연장 여부를 결정하기로 규정했다. 물론 한국이 자발적으로 관세화로 전환하면 재협상이 불필요하다.

관세화로 넘어갈 것인지 재협상으로 관세화 유예를 연장시킬 것인지에 대한 결정 권한은 한국 측에 있었다. 관세화로 이행한다면 국내 가격과 국제 가격과의 차액, 이른바 관세상당치를 관세로 부과할 수 있다. 동시에 낮은 관세로 의무 수입해야 하는 물량인 관세율할당(Tariff Rate Quota: TRQ)을 2000년에 수입한 실적으로 고정시킬 수 있었다.

그러나 2001년에 출범한 DDA 협상에서 논의된 관세율 삭감과 관세율 상한선 설정에 대한 협의내용을 고려할 때 관세화로 진행하면 위험부담이 크다는 판단이 지배적이었다. 관세화가 유리하다고 결론 내린다 해도 농업인을 비롯한 국민 설득이라는 지난한 과정을 감수해야 했으므로 정치적인 입장에서 받아들이기 어려운 처지였다.

한국은 쌀 재협상 의사를 WTO에 제기했고 회원국 중 9개국이 재협상에 참가한다고 통보해왔다. 이 중 자포니카계 쌀을 생산하는 나라는 미국, 중국, 호주, 이집트 등 4개국이었고 인디카계를 생산하는 나라는 태국, 인도, 아르헨티나, 파키스탄 등 4개국이었다.

제1차 본회의는 2004년 4월 5일, 6일 양일간 워싱턴에서 진행되었고 수차례에 걸친 회의를 거쳐 2004년 12월 타결되었다. 한국은 미국과의 협상과정에서 관세화 이행을 배수의 진으로 활용해 유리한 고지를 점할 수 있었다. 중국의 자포니카계 쌀이 미국산 자포니카계 쌀에 비해 경쟁력이 강하므로 한국이 관세화로 이행하면 미국 쌀 수출이 상대적으로 불리한 처지에 놓인다는 사실을 십분 활용한 셈이었다.

쌀 재협상 체결내용은 2005년 11월 국회 비준을 받았고 2005년 1월 1일로 소급 적용되어 수입할당량의 수입과 일정량의 시판의무를 이행하게 되었다.

(2) 협상 결과

관세화 유예기간의 10년 연장과 이행 기간 만료 후 자동 관세화 이행에 합의했다. 반면 낮은 관세로 의무적으로 수입해야 하는 쌀 TRQ는 4%에서 출발해 매년 증량해나가기로 했다(〈표 7-21〉). 수입할당량을 산정할 때 적용한 기준은 1988년에서 1990년까지 국내 소비량의 3개년 평균치였다.

쌀 수입을 국가가 관리하는 국영 무역을 인정하지만 수입할당량의 일정 비율을 반드시 시중에 판매해야 하는 시판 의무를 부여했다.

〈표 7-21〉 쌀 TRQ 물량과 국가별 쿼터 및 시판 물량

(단위: 천 톤, %)

구분	국가별 쿼터	중국	미국	태국	호주	총량쿼터	TRQ	시판 물량	
2005	205	116	50	29	9	20	225	22(10)	매년 15,127톤씩 늘어남
2006	205	116	50	29	9	40	245	37(14)	
2007	205	116	50	29	9	61	266	52(18)	
2008	205	116	50	29	9	81	286	67(22)	
2009	205	116	50	29	9	101	306	83(26)	
2010	205	116	50	29	9	122	327	98(30)	
2011	205	116	50	29	9	142	347	104(30)	매년 6,140톤씩 늘어남
2012	205	116	50	29	9	162	368	110(30)	
2013	205	116	50	29	9	183	388	116(30)	
2014	205	116	50	29	9	203	408	122(30)	

주: 괄호 안은 TRQ에 대한 시판물량의 비율.
자료: 한국가공식품협회 홈페이지(http://www.krfa.or.kr).

2) 미국산 쇠고기 수입 협상

쇠고기에 수입할당제를 적용해 수입을 규제해왔으나 UR 협상에 의거 2001년부터 관세화로 이행했다. 양허관세율이 40% 수준에 불과해 국내산 쇠고기

는 큰 타격을 받을 것으로 염려되었다. 미국산 쇠고기가 본격적으로 수입되던 2003년 12월 미국 소에 광우병이 발견되었고 한국은 즉시 미국산 쇠고기 수입 금지 조치를 감행했다.

2005년 한국 측이 미국 측에 한미 자유무역협정을 제의했다. 실무 협상이 진행되는 과정에서 쇠고기 수입 제한을 비롯한 네 가지 수입 장벽이 해결되지 않은 처지에서 FTA를 논의하기는 시기상조라는 미국 측 의의제기가 있었다. 이것이 한미 FTA 체결을 위한 '4대 선결조건'이다.

한국 측은 이를 받아들여 2006년 1월에 30개월 미만의 살코기를 수입하기로 결정했다. 그해 6월 미국 앨라배마 주에서 광우병이 나타나 일시적으로 수입을 중단시켰다가 9월부터 재개했다. 그러나 통관 과정에서 전수조사를 감행했고 X선 투과 시 뼛가루가 검출되면 반송 조치했으므로 실제로 수입되는 쇠고기 양은 적었다.

우여곡절을 겪은 후 2007년 4월에 한미 FTA는 체결되었다. 국제수역사무국에서 미국을 광우병 통제가능국가로 지정함에 따라 미국이 요구하는 수입 재개 협상에 응하지 않을 수 없는 처지였다.

참여정부 시기인 2007년 10월 미국산 쇠고기 수입 확대를 협의하기 위한 제1차 협상이 개최되었다. 우리 측은 30개월 미만인 소를 수입하겠다고 주장했고 미국 측은 연령 제한을 두지 말아야 한다고 했지만 협의점을 찾지 못하고 중단되었다.

2008년 새 정부가 출범했고 이해 4월 11일 제2차 회담이 열렸다. 한미 정상회담 하루 전인 4월 18일에 전격적으로 '미국산 쇠고기 및 쇠고기 제품 수입위생조건'이 타결되었다. 주요 골자는 다음과 같다. 첫째, 생후 30개월 미만의 쇠고기는 제한조건 없이 수입한다. 둘째, 30개월 이상인 소의 경우 광우병 위험물질(SRM)을 제외하고 수입한다. 광우병 위험물질은 뇌, 두개골, 척수, 배근신경절, 눈, 편도, 회장원부위 등 일곱 부위다.

미국에서 광우병이 발생해도 국제수역사무국이 미국을 광우병 통제가능국가로 지정하는 한 수입 제한조치를 취할 수 없다고 합의함에 따라 검역 주권을 포기한 굴욕적인 협상이라는 비난이 쏟아졌다.

이러한 쇠고기 재협상 결과를 두고 졸속 협상, 굴욕 협상이라는 비난이 쏟아졌고 심지어 한미 정상회담에서 잘 보이려고 조공을 바친 격이라는 혹평도 있었다. 더구나 MBC에서 〈미국산 쇠고기 과연 광우병에서 안전한가〉라는 제목으로 방영된 TV 프로그램이 국민에게 충격을 가해 쇠고기 수입 반대 촛불시위로 비화되었다.

쇠고기 수입 개방으로 국민 건강에 위협을 가하는 일이 있다면 우선적으로 수입을 금지시키겠다고 대통령이 발표했지만 촛불시위는 진정될 기미를 보이지 않았다. 결국 5월 15일 고시하기로 예정된 미국산 수입 이행 조건을 21일로 연기한다고 발표했다.

여론에 굴복해 미국 측이 재협상에 응했으며 수출업자들이 자율적으로 30개월 이상의 쇠고기를 수출하지 않는다는 자율 규제를 미국 정부가 보장하는 수출증명제도를 시행하기로 합의했다.

3) 한중 마늘 분쟁

(1) 분쟁 발생 경위

UR 협상이 타결되기 전까지 국내 마늘 생산자의 소득을 지지하기 위한 국경 조치로 마늘에 수입할당제를 적용해왔다. UR 협상에 따라 마늘 관련 제품에도 관세화가 적용되었고 품목에 따라 적용하는 관세에 현격한 차이를 두었다. 신선 마늘과 냉장 마늘에는 관세상당치를 적용해 400%에 달하는 고율의 기본 관세율을 적용했다. 이에 비해 냉동 마늘에는 30%, 초산 저장 마늘에는 40%에 불과한 양허관세율을 적용했다.

그런데 마늘은 양념으로 이용되며 그 특성상 소비자가 식품의 안전성과 맛에 민감하게 반응하지 않는다. 국내산 마늘일지라도 냉동 마늘을 양념으로 이용하면 신선 마늘에 비해 맛에 큰 차이가 나지 않는다. 보통 가정에서도 신선 마늘을 찧어 냉동해두었다가 이용하기도 한다.

수입 관세 40%에 불과한 초산 저장 마늘과 수입 관세 30%인 냉동 마늘이 중국으로부터 대량 수입되고 외식업체가 이를 이용하면서 중국산 마늘의 국내시장 잠식 비율이 일시에 35%에 달했고, 국내산 신선마늘 수요가 위축되어 마늘가격이 폭락하는 사태가 벌어졌다.

따라서 UR 협상에 의거 9월 30일에 농협은 무역위원회에 중국산 마늘 피해구제를 신청했다. 이를 접수한 무역위원회는 실사를 거치고 국내 마늘 생산자가 입은 피해액을 3,500억 원으로 판정했다.

이에 재정경제부는 2000년 3월 17일 WTO 협정에 의거해 세이프가드(Safe Guard: SG)를 발동하기로 공식발표했고, 외교통상부는 2000년 6월 1일 관세부과와 관련해 실무 협상을 거쳐 중국산 냉동 마늘, 초산 저장 마늘에 315% 관세를 3년간 적용하기로 결정했다.

당시 WTO에 가입하지 않았던 중국은 2000년 6월 7일 한국산 휴대전화와 폴리에틸렌 수입 중단이라는 보복조치를 단행했다. 당황한 한국 정부가 2000년 6월 29일 베이징에서 한중 마늘협상을 개시해 같은 해 7월 15일 합의했다.

결국 국내산 마늘에 치명적인 타격을 가하는 내용으로 합의된 셈이었다. 한국은 긴급 수입 제한조치(SSM)를 1회만 발동하고, 냉동 마늘과 초산 저장 마늘의 수입 쿼터를 받아들이기로 합의해, 현실적으로 긴급 수입 제한조치를 발동하지 않았을 때와 동일한 결과를 초래했다. 2000년도 수입 쿼터는 2만 톤이었고 낮은 관세로 수입해야 하는 MMA 물량이 1만 189톤이었으므로 전년도 수입량과 큰 차이가 없었다. 냉동 마늘과 초산 저장 마늘의 수입 쿼터량도 긴급 수입 제한조치를 발동한 3년 동안 매년 증가시키기로 합의했다.

긴급 수입 제한조치가 완료된 이후 중국에서 낮은 관세로 냉동 마늘과 초산 저장 마늘이 매년 대량 수입되자 국내산 마늘 산업이 위축되었고 고품질 마늘로 명맥만 유지하는 처지가 되었다. 당시 무역 실무자들이 마늘의 특수성을 이해하지 못해 냉동 마늘과 초산 저장 마늘의 양허관세를 낮은 수준으로 양보했는지, 아니면 국내 물가 안정을 고려해 국내산 마늘가격 상승을 억제시킬 목적으로 알고도 모르는 척 양보했는지 알 수 없다.

6. WTO체제하의 DDA

1) DDA 협상 출범

UR 협상이 타결된 지 얼마 지나지 않아 농산물 수출국은 UR 협상이 세계 농산물 교역 확대와 농업 개혁에 긍정적인 효과를 발휘하지 못하는 것으로 평가했다. 이의 근거로 당시 세계시장의 곡물 재고가 누증되고 국제 곡물가격이 하락한 점을 제기했다.

이에 비해 농산물 수입국에서는 상반된 견해를 드러냈다. 즉, 관세율 인하, 시장접근기회 확대, 국내 보조금 감축 이행 등의 교역 확대조치로 농산물 교역이 늘어나 수출국의 이익이 반영되었으며, 이 때문에 수입국의 농업이 위축되었다고 주장했다. 곡물 재고가 누증되고 가격이 하락한 것은 WTO 출범 이후 아시아 각국이 직면한 외환외기와 경제 불황 때문에 농산물 수입이 일시적으로 위축되었기 때문이라고 반박했다.

미국과 케언스그룹은 UR 농업 협상이 미흡한 수준이었다고 지적했다. 구체적인 실례로 ① 관세나 관세상당치 수준이 높게 설정되었고, ② 시장접근물량에 수입을 제한하거나 수입한 물량을 관리하는 방식의 규제가 미흡했고, ③ UR 협상 타결 전에 실시한 국내 보조 감축실적을 인정한 점 등을 제시했다.

WTO 출범 이듬해인 1996년 싱가포르에서 WTO 제1차 각료회의가 열렸고, 1998년 5월 제네바에서 개최된 제2차 각료회의에서 뉴라운드(New Round)를 준비하기로 합의했다. 뒤이어 1999년 12월 미국 시애틀에서 개최된 제3차 각료회의에서 뉴라운드 출범을 선언할 예정이었으나 개발도상국과 비정부기구(NGO)의 반대로 무산되었다.

뉴라운드 출범 준비와는 별도로 농업협상이 전개되었다. 제1차 WTO 각료회의 결정에 따라 '분석 및 정보 교환(Analysis and Information Exchange: AIE) 회의'가 개최되었다. 여기서는 UR 농업협정을 이행하는 과정에서 드러난 주요 문제점과 향후 진행될 협상에서 해결해야 할 주요 사항을 주로 논의했다.

시애틀에서 열린 WTO 제3차 각료회의가 무산되자 WTO 농업협정문 제20조에 의거 2000년 3월에 WTO 농업특별위원회가 개시되어 2001년까지 지속되었으며 이를 제1단계 협상이라 한다. 2001년 3월부터 제2단계 협상이 진행되었고 이 과정에서 6차에 걸친 공식회의 및 비공식회의가 개최되었다.

제2단계 농업협상이 진행되는 와중에 2001년 11월 9일부터 14일간 카타르 도하에서 WTO 제4차 각료회의가 개최되어 21세기 국제 교역질서를 정립하기 위한 뉴라운드 출범이 선언되었으며 이를 DDA라 명명했다.

핵심 의제는 ① 시장접근의 실질적 개선, ② 무역을 왜곡하는 국내 보조의 실질적 감축, ③ 수출 보조의 점진적 폐지 등이었다.

한편 DDA 협상에서는 일괄 수탁방식(Single-Undertaking)이라는 타결방식을 채택하고 향후 농업협상 일정을 다음과 같이 구체적으로 제시했다.

첫째, 농업 보조 및 감세 감축에 관한 세부 협상원칙을 정하는 모달리티(Modality)를 2003년 3월말까지 확정한다. 둘째, 2003년 9월 14일 멕시코 칸쿤에서 개최되는 WTO 제5차 각료회의 개시 전까지 국별 보조감축 및 관세 삭감 계획서를 제출한다. 셋째, 2005년 1월 1일까지 DDA 협상을 완료한다.

2) DDA 협상의 전개 과정

원래 계획은 2003년 3월 이행세부원칙인 모달리티를 채택할 예정이었다. 이 일정에 맞추고자 스튜어트 하빈슨(Stuart Harbinson) 의장이 초안을 제시했지만 농산물 수출국과 수입국 간 이해관계가 첨예하게 대립해 채택되지 못했다. 결국 2003년 9월 칸쿤에서 개최된 제5차 각료회의에서 기본 골격 협상에 실패했다.

2004년 7월까지 우선 기본 골격을 타결시킬 목적으로 협상을 진행했으며, 2004년 8월 1일 WTO 일반의사회에서 기본 골격을 채택하고 2005년 7월 세부원칙 초안을 마련하려고 시도했으나 역시 실패했다.

2005년 10월 이후 미국, EU, G10, G20, 아프리카·카리브해·태평양지역국

〈표 7-22〉 주요 국가 그룹 및 회원국

구분	대상 국가	기본 입장	비고
G6	미국, EU, 호주, 브라질, 인도, 일본	-	농업 협상 주요국 그룹
G10	한국, 일본, 스위스, 노르웨이, 대만, 이스라엘, 아이슬란드, 리히텐슈타인, 모리셔스	· 농산물 수입국 입장 대변 - 관세 상한 설정 반대 - 관세 감축의 신축성 제안	수입국 그룹
케언스 그룹	캐나다, 칠레, 브라질, 아르헨티나, 파라과이, 우루과이, 인도네시아, 필리핀, 태국, 호주, 뉴질랜드, 콜롬비아, 말레이시아, 남아공, 볼리비아, 코스타리카, 과테말라	· 농산물 수출국 입장 대변	수출국 그룹
G20	아르헨티나, 브라질, 볼리비아, 중국, 칠레, 에콰도르, 과테말라, 인도, 멕시코, 파라과이, 필리핀, 남아공, 태국, 쿠바, 파키스탄, 베네수엘라, 이집트, 나이지리아, 인도네시아 등	· 개발도상국 입장 대변 - 선진국의 국내 보조 대폭 감축, 수출 보조 철폐 - 개발도상국 우대 강화	강경 개발도상국그룹
G33	한국, 중국, 도미니카, 온두라스, 인도네시아, 자메이카, 케냐, 마다가스카르, 모리셔스, 몽골, 모잠비크, 나이지리아, 니카라과, 파키스탄, 파나마, 페루, 필리핀, 세네갈, 스리랑카, 터키, 우간다, 베네수엘라 등	· 개발도상국 입장 반영 - SP 품목 및 개발도상국 SSM에 중점	특별 품목 그룹
G90	ACP, 최빈개발도상국(LDC), 아프리카그룹 국가로 구성, 모리셔스, 남아공, 이집트 등	· 아프리카, 중남미, 아시아 일부 국가 포함	
ACP 그룹	아프리카·카리브해·태평양지역 77개 국가	· 개발도상국 특혜 관세 혜택 유지 주장	

자료: 서진교 외, 「TRQ 관리제도의 효율적 개선방안」(농림부, 2004).

가(ACP) 등 주요 국가 그룹 및 주요국이 제출한 제안서를 토대로 본격적으로 논의되었다(〈표 7-22〉 참조). 2005년 12월에 개최된 홍콩 각료회의에서 향후 DDA 협상 일정을 마련하고 수출 보조 철폐 일시에 합의함으로써 DDA 협상 진전의 모멘텀을 유지했다.

2006년 7월 24일 국내 보조, 시장접근 등 주요 의제에서 미국과 EU의 의견이 좁혀지지 않아 파스칼 라미(Pascal Lamy) 사무총장은 협상 잠정중단을 선언했다. 2006년 11월 16일 협상 재개를 선언했으나 다자간 협상 차원이 아닌 쌍무적 혹은 비공식적 방식으로 논의가 이루어져 협상의 투명성 문제가 제기되었다.

2007년 1월 27일 스위스 다보스포럼을 계기로 WTO 소규모 각료회의가 개최되었고 DDA 협상을 본격적으로 재개하기로 합의했다. 미국, EU, 브라질, 인도 등 주요국은 6월 19일부터 고위급 회의를 개최해 향후 DDA 협상 일정, 관세 감축폭, 민감 품목 등의 주요 쟁점을 두고 논의했으나 2007년 6월 21일 결렬되었다.

G20, G10, G33, 케언스그룹 등 주요 이해관계 그룹도 민감 품목, 특별 품목 등에 관해 합의를 도출하고자 물밑 작업을 진행했다.

DDA 협상 그룹의 크로퍼드 팔코너(Crawford Falconer) 의장은 국내 보조, 시장접근 분야 등 핵심적인 쟁점에 관해 논의를 진전시키려는 의도로 2007년 4월과 5월 두 차례에 걸쳐 의장문서(center of gravity)를 제시했다.

미국 행정부는 무역촉진권한(Trade Promotion Act: TPA) 연장을 희망했지만 의회로부터 승인받지 못하고 2007년 7월 1일부로 TPA의 효력이 만료되었다.

팔코너 의장은 2007년 6월 22일 세부원칙 초안을 마련해 7월 17일 전 회원국에 배포했다. 이 초안에는 관세 감축률, 민감 품목, 특별 품목, 국내 보조 감축률 등에 관해 최종적으로 합의를 유도할 수 있는 구체적인 수치가 제시되어 있다.

3) DDA 협상의 주요 쟁점

(1) 관세 감축 및 상한선 설정

UR 농업협상에서는 예외 없는 관세화에 합의했다. 관세 부과 이외의 수단으로 수입을 제한해온 품목을 관세화로 전환했을 때 수입국이 받는 일시적인 충격을 완화하는 대안으로 양허관세 설정방식을 마련했다. 즉, 관세상당치를 관세로 부과할 수 있도록 규정했다. 즉, 양허관세가 설정되어 있지 않은 품목을 대상으로 양허관세를 설정할 때 이 관세상당치를 양허관세로 인정했다. 관세상당치를 산정할 때 적용하는 기준은 1985~1988년까지의 3개년 평균가격

〈표 7-23〉 이해그룹별 관세 구간과 감축 비율

		EU		미국	G20	G10	ACP
		10.13 제안	10.28 제안				
시장접근	구간경계	· (선진국) 30-60-90 · (개발도상국) 40-80-120	· (선진국) 30-60-90 · (개발도상국) 40-80-130	20-40-60	· (선진국) 20-50-75 · (개발도상국) 30-80-130	· (선진국) 30-60-90 · (개발도상국) 40-80-120	· (선진국) 30-60-90 · (개발도상국) 40-80-120
	관세감축률	· (선진국) 30-60-90 · (개발도상국) 40-80-120	· (선진국) 30-60-90 * 최하위 (20~45%) · (개발도상국) 40-80-120 * 최하위 (10~40%)	60-70-80-90	· (선진국) 45-55-65-75 · (개발도상국) 25-30-35-40	· (예시1) 27-31-37-45 · (예시2) 32±7±36±8-42±9-50±10	· (선진국) 23-30-35-42 · (개발도상국) 15-20-25-30
	관세상한	· (선진국) 100%	· (선진국) 100% · (개발도상국) 150%	· (선진국) 75% · (개발도상국) X%	· (선진국) 100% · (개발도상국) 150%	반대	반대
	민감품목	8%	8%(축소 가능) 관세 감축 1/3~2/3 수준	1%	· (선진국) 1% · (개발도상국) 1.5%	일정 비율 (10~15%)	-
	특별품목	제한적 인정	제한적 인정	한시적 인정	특별 품목 지지	-	· 관세 감축 면제 · TRQ 증량 면제
	GI	-	모든 농산물 대상 GI 보호	-	-	-	-
국내보조	AMS	· EU·일본 70% 감축 · 미국 60%	· EU·일본 70% 감축 · 미국 60% · 기타 50%	· EU·일본 83% 감축 · 미국 60% · 기타 37%	· EU·일본 80% 감축 · 미국 70% · 기타 60%	· EU 70% 감축 · 미국·일본 60% · 기타 40%	
	무역왜곡보조총액	-	· 1구간 70% 감축 · 2구간 60% · 3구간 50%	· EU 75% 감축 · 미국·일본 53% · 기타 31%	· EU 80% 감축 · 미국·일본 75% · 기타 70%	· EU 5% 감축 · 미국·일본 65% · 기타 45%	
	de-minimis	최소 65% 감축	· 선진국 80% 감축	· 50% 감축	AMS 없는 개발도상국 감축 면제	-	
	Blue Box	신규 블루박스(Blue box) 제한규정 필요	신규 블루박스 제한규정 필요	농업 총생산액의 2.5%(상한)	Blue Box 제한	신규 블루박스 추가 논의 필요	
	Green Box	현행 규정 유지	현행 규정 유지	현행 규정 유지	개발도상국 관련 규정 완화	현행 규정 유지	

자료: 서진교, 「DDA 농업협상의 최근 동향과 전망」(대외정책연구원, 2006).

이었다.

수출국에서는 관세와 관세상당치를 삭감해나가도록 규정해도 매년 적용하는 삭감비율이 너무 낮아 농산물 교역 증대에 크게 기여하지 못한다고 강력하게 주장했다. 이런 분위기가 반영되어 DDA 농업 협상의 핵심 과제는 관세 삭감 분야가 되었다.

미국을 위시한 농산물 수출국 측에서 관세 삭감비율을 확대할 목적으로 다양한 대안을 제시했다. 각 농산물에 적용하는 관세를 기준으로 구간을 나누고 관세율이 높은 구간대일수록 더 높은 삭감비율을 적용하는 방안을 제시했다. 여기서 수출국과 수입국 간 이해가 첨예하게 대립된 지표는 설정 구간 수와 각 구간에 적용하는 관세 감축비율이었다. 수출국에서는 구간 수를 많이 설정하고 상위 구간에는 더 높은 삭감비율을 적용해야 한다고 제시했지만 수입국에서는 그 반대의 경우를 주장했다. 주요 이해그룹에서 제시한 구간과 관세 감축비율이 〈표 7-23〉에 제시되어 있다.

농산물 수입국의 입장에서 보면 구간별 관세 삭감을 수용하길 꺼리겠지만 이보다 더 엄격한 관세 삭감 대안이 관세 상한선 설정이다. 연차적으로 관세를 삭감해나간 후 목표 연도 이후에 적용할 수 있는 관세 상한치를 미국은 75%, EU는 100%, G20 그룹은 100%를 각각 제시했다.

(2) 민감 품목 및 특별 품목

식량 사정, 농업이 수행하는 비교역적 기능 등의 각 분야에서 드러난 특이점은 나라마다 다르다. 이 점을 감안해 구간대별 관세 삭감 및 관세 상한선을 적용하지 않는 예외 품목으로 민감 품목을, 개발도상국에는 민감 품목과 더불어 특별 품목을 각각 지정하는 대안을 제시했다. 민감 품목 설정에 합의해야 하는 주요 관심사항은 품목 수와 적용하는 관세 감축률 그리고 시장접근을 보장하기 위해 낮은 관세로 의무 수입해야 하는 TRQ 설정 등이다.

수출국 측에서는 민감 품목을 최대한 적게 설정하고 TRQ를 최대한 증량하려 노력하지만 수입국 측은 그 반대의 처지에 놓여 있다. 미국과 G20 등 수출국 측에서는 민감 품목을 전체 세 번의 1% 이내로 제한할 것으로 주장했고 수입국 측에서는 이 안에 강력하게 반발했다. EU는 전체 세 번의 8% 정도, G10에서는 15%를 요구했다. 세 번 1% 정도로 합의한다면 한국은 세 번 기준 15개 품목을 민감 품목으로 지정할 수 있고, 15%를 적용한다면 세 번 기준 218개 품목을 민감 품목으로 적용할 수 있다.

개발도상국의 식량안보, 농촌 개발, 생계유지 등 비교역적 기능을 수용한다는 차원에서 민감 품목 외에 별도로 특별 품목을 지정해 보호하는 대안이 논의되었다. 특별 품목 설정을 두고 품목 수, 관세 감축 수준, TRQ 증량폭 등의 분야에서 첨예하게 의견이 대립되었다. 인도, 인도네시아 등이 주축인 G33 그룹에서는 특별 품목을 전체 세 번의 20% 이상으로 설정하자고 요구하는 실정이다.

(3) 국내 보조 삭감

국내 보조를 감축대상 보조, 최소 허용 보조(deminimis), 생산 제한 전제하의 직접지불제인 블루박스 등으로 분류한 것을 무역 왜곡에 일조하는 보조로 규정했다. 이를 무역 왜곡 보조 총액(Overall, Trade-Distorting Support: OTDS)이라 했으며, 이는 DDA협상에서 등장한 개념이다. 항목별로 감축 규정을 제시하고 동시에 총액을 감축하는 조치를 채택하면 이중 효과를 거둘 수 있다고 판단했다. 개별 항목의 구성비가 국가마다 다르고 개별 보조 감축비율이 상이하게 결정되어 있어 현실적으로 보조 수준이 높다고 지적했고, 이를 차단하는 조치로 OTDS를 감축시키는 방안이 제기되었다. 보조 총액을 구간으로 나누어 각 구간마다 감축비율을 달리해야 한다는 주장이 대두되었다.

허용 보조인 그린박스를 규정하는 분류 기준을 재검토하자고 합의했으나 구체적인 지침을 제시하지는 않았다. 케언스그룹, G20 등 농산물 수출국은 현행 허용 보조에 적용하는 기준 자체를 재검토하고 엄격한 규정을 제시해야 한다고 주장했다. 이에 비해 미국, EU, G10 등에서는 허용 보조 기준을 일부 개선하자는 주장에는 동의했지만 전면적인 개정에는 반대하는 입장이었다.

특히 G10 측에서는 농업의 비교역적 관심사항, 환경보전 등이 허용 보조에 충분히 반영되어야 한다는 입장을 표명했다.

2004년 8월 블루박스의 기본 골격을 마련할 때 생산제한 조건이 없는 새로운 블루박스를 인정해 농업 생산액의 5% 한도 내에서 보조금을 허용하는 대안에 합의했다. 미국은 2002년에 도입한 가격 보전직접지불제를 블루박스에 편입시키려는 의도로 이 대안을 제시했고, EU와 G20 측에서는 이를 견제하고자 2% 한도 내로 주장했으며 미국도 이를 수용했다.

G20 측에서는 블루박스 조건과 관련해 ① 기준 면적 및 생산량을 변동시키지 말 것, ② 보조금 지급을 생산 품목과 연계시키지 않을 것, ③ 특정 품목을 대상으로 허용 보조와 블루박스를 동시에 지급하지 말 것, ④ 목표가격의 자의성을 배제하기 위한 기준을 마련할 것, ⑤ 소득 감소 보전을 위한 가격차 보상을 제한할 것 ⑥ 품목별로 상한선을 설정할 것 등을 제한했다. 이에 비해 미국, EU, G20 등에서는 엄격한 기준 설정을 반대했다. 최소 허용 보조에 대한 논쟁이 전개되었다. UR 농업협상에서는 선진국의 경우 농업 총생산액의 5%, 개발도상국의 경우 농업 총생산액의 10%에 해당하는 보조금을 받을 수 있도록 합의했고 이를 최소 허용 보조라 했다. DDA에서는 이를 감축하기로 합의했으나 감축비율에 대해서는 미국과 EU 간에 의견이 첨예하게 대립해왔다. 미국 측은 총생산액의 2.5%를 감축해야 한다고 주장했지만 EU는 1% 감축을 제시했다.

7. FTA

1) FTA의 정의

FTA란 양국 간 혹은 특정 지역 내 국가 간 체결하는 특혜 무역협정이며, 비관세장벽과 관세장벽을 완화시키거나 철폐해 자유무역을 실현하는 데 의의를

〈표 7-24〉 한국 FTA 추진 현황(2011)

구분	대상국
발효 (5건: 16개국)	칠레, 싱가포르, 유럽자유무역연합(EFTA)*, 인도, 미국, EU, 페루
협상 진행 중 (7건: 12개국)	캐나다, 걸프협력회의(GCC)**, 멕시코, 호주, 뉴질랜드, 콜롬비아, 터키
공동연구/ 여건 조성 중 (8건: 15개국)	일본, 중국, 한중·일, 메르코수르(MERCOSUR)***, 이스라엘, 베트남, 몽골, 중미(6개국: 코스타리카, 파나마, 과테말라, 온두라스, 도미니카공화국, 엘살바도르)

* 4개국: 스위스와 노르웨이, 아이슬란드, 리히텐슈타인 등.

** 6개국: 바레인, 오만, 사우디아라비아, 쿠웨이트, 카타르, 아랍에미리트 등 걸프협력회의.

*** 4개국: 브라질, 아르헨티나, 우루과이, 파라과이 등의 남미 공동시장.

자료: 외교통상부 자유무역협정 홈페이지(http://www.fta.go.kr).

둔다. 상품 교역에 수반되는 관세 철폐뿐 아니라 원산지 규정, 서비스, 투자, 정부 조달, 지적재산권, 환경, 노동 등 광범위한 분야에 걸쳐 상호 합의해 통상원칙을 설정하는 협정이다.

한·칠레 FTA, 한·싱가포르 FTA, 미·호주 FTA 등이 대표적인 FTA 사례다. 미국, 캐나다, 멕시코 등 북미 3개국이 체결한 북미자유무역협정(NAFTA)의 예에서 보는 바와 같이 인접 국가 간 또는 일정한 지역을 중심으로 이루어진 '지역무역협정(Regional Trade Agreement)'이나 '지역통상협정(Regional Trading Arrangement)' 등도 광의의 FTA에 속한다.

WTO체제하에서는 모든 회원국의 최혜국 대우를 보장하는 '다자주의'를 원칙으로 한다. 이에 비해 FTA는 양국이나 특정 지역 국가에만 무관세 혹은 일정 관세를 적용하는 '양자주의' 또는 '지역주의'를 전제로 한 특혜 무역체계다.

근년에 들어와 다자간무역협상은 답보 상태이지만 국가 간 또는 지역 간에 체결되는 FTA는 급속하게 확산되는 추세다. DDA/WTO 협상이 2006년 7월 일시 중단되었다가 같은 해 11월 재개되었으나 국가 간 이해관계가 첨예하게 대립되어 예상대로 진전되지 못했다.

개방을 통해 경쟁을 심화시켜 생산성 향상에 기여한다는 측면에서 자유무역 개척자로 FTA가 부각되었다. 외국인의 투자 유입이 경제성장의 원동력이라는 공감대가 형성되어 외국인 투자를 가속시킬 수 있는 대안으로 FTA가 환영받았다. 전 세계에서 184여 개의 FTA가 체결되었으며 협상이 진행 중인 것도 2010년 당시 70여 개에 달했다.

한국의 FTA의 추진 현황은 〈표 7-24〉에 제시되어 있다.

2) 한·칠레 FTA

해외 의존도가 높은 한국으로서는 자유무역이 확대될수록 유리하지만 농업의 기반조건이 불리해 국내 농산물의 국제경쟁력이 약한 처지이므로 국가간 FTA를 체결하는 데 신중해야 한다.

그러나 한국은 개방·개혁정책을 지속적으로 추진해나간다는 국정 기조를 적극적으로 표방해 국제사회에서 신뢰를 구축해야 할 필요성이 높아졌다. 이에 첫 번째 FTA 체결 대상 국가로 칠레를 선택했다. 남반구에 위치해 농산물 생산 유형에 영향을 미치는 기후조건이 한국과 정반대이므로 관세를 철폐한다 해도 주로 단경기에 수입되므로 국내 농업에는 큰 타격을 미치지 않을 것으로 판단했다. FTA 체결을 시작하는 한국의 입장에서 판단할 때 경험을 쌓기에 적합한 상대로 판단했다고 볼 수 있다.

1998년 11월 말레이시아에서 개최된 아시아태평양경제협력체(APEC) 정상회의에서 한국, 칠레 양국 대통령이 FTA 체결에 합의한 후 장장 5년여의 우여곡절을 겪은 후 2003년 국회 비준을 받았다는 사실은 예상과는 달리 칠레와의 FTA 협상 과정이 만만치 않았다는 사실을 단적으로 드러낸다. 자동차, 전자제품 등 공산품의 수출 증대에는 크게 기여하지 못하고, 과수를 비롯한 국내 농산물 생산에는 큰 타격을 줄 것이라는 평가가 지배적이었다. 한·칠레 FTA(〈표 7-25〉 참조)의 체결 및 비준 과정에서 경험한 시행착오는 다음과 같이 요약된다.[1]

첫째, 정부는 한·칠레 FTA 체결에 따른 실익, 특히 경제적 효과를 면밀히

---

1) 윤석원, 『농산물시장 개방의 정치경제론』(한울, 2008), 63쪽.

〈표 7-25〉 한·칠레 FTA 추진 경과

일시	내용
1998. 11.	국무총리 주재, 대외경제조정회의에서 추진 결정
1998. 12.	한·칠레 FTA 추진위원회 구성 (5개 작업반 구성)
1999. 9.	APEC 정상회의 시 양국 정상, 협상 개시에 합의
1999. 12.	1차 협상(산티아고)
2000. 2.	2차 협상(서울)
2000. 5.	3차 협상(산티아고)
2000. 12.	4차 협상(서울)
2001. 10.	APEC 정상회담 중 고위급회담 개최 및 FTA 협상 지속 추진에 합의
2002. 2.	고위급협의 개최(LA)
2002. 8.	5차 협상(산티아고)
2002. 10.	칠레 측 우리 정부에 최종 양허안 제출
2002.10.18.~20.	6차 협상(스위스 제네바)
2002. 10. 25.	협상 타결 발표(서울 및 산티아고)
2003. 2. 15.	양국 정상 협정안에 서명(서울)
2004. 4. 1.	발효
2004.6.10.	제1차 자유무역위원회 개최(산티아고)
2004.9.16.~17.	2개 산하위원회(제1차 상품무역위원회, 제1차 투자 및 국경 간 서비스위원회) 개최(L.A.)
2004.11.12.	제1차 기술표준위원회 개최(서울)
2005.4.1.	발효 1주년 기념 세미나 개최(서울)
2005.4.18.	제1차 위생 및 식물위생조치위원회 개최(서울)
2005.5.31.	제2차 투자 및 국경간서비스위원회 개최(서울)
2005.6.1.	제2차 상품무역위원회 개최(서울)
2005.6.3.	제2차 자유무역위원회 개최(제주)
2005.9.8.	제2차 표준관련조치위원회 개최(경주)
2006.5.3.	제1차 전기통신표준위원회 개최(산티아고)
2006.9.22.	제3차 상품위원회 개최(원격회의)
2006.9.26	제2차 전기통신표준위원회 개최(산티아고)
2006.11.3.	제3차 자유무역위원회 개최(산티아고)
2007.10.24.~25.	제4차 상품무역위원회 개최(산티아고)
2007.11.5.	제3차 표준관련조치위원회 개최(서울)
2007.11.6.~7.	제4차 자유무역위원회 개최(서울)
2008.10.15.	제5차 상품무역위원회 및 제3차 투자 및 국경간서비스위원회 개최(산티아고)
2008.10.16.	제5차 자유무역위원회 개최(산티아고)
2009.10.21.	제6차 상품무역위원회개최(화상회의)
2009.10.23.	제6차 자유무역위원회개최(화상회의)
2010.10.29.	제7차 자유무역위원회 및 상품무역위원회 개최(화상회의)

자료: 외교통상부 자유무역협정 홈페이지(http://www.fta.go.kr).

검토하지 않고 국제사회에서 얻을 수 있는 정치적 효과에만 비중을 두고 협상을 졸속하게 추진했다. 이는 협상이 마무리되는 단계에 이르러 국책연구원의 분석결과가 제시되었다는 사실로 입증된다. 더구나 피해가 예상되는 농업 분야에 대한 사후대책을 마련하지 않은 채 추진해 협상체결 후 비준 과정에서 불필요한 국력을 허비했다.

둘째, 농산물 수확 시기가 우리와 정반대라는 사실을 중시한 결과 한국 농업에 미치는 피해를 과소평가하고 출발했다. 한국은 수입할당제를 비롯해 농산물 수입 제한조치를 다양하게 적용해왔지만 UR 협상 타결로 쌀을 제외한 전 품목이 관세화로 이행됨에 따라 수입량이 증가해 국내 농업이 타격을 받는 실정이었다. 수입 증가에 대비한 구조 조정이 진행되는 중 한·칠레 FTA 체결로 과수, 축산 등 주요 농산물의 수입 관세가 감축되어야 하는 처지였으므로 농업 측에서 이를 감내하기 어려운 실정이었다.

셋째, 칠레는 인구 1,500만 명에 1인당 국민소득이 5,000달러에 불과한 소국이며 빈부의 격차가 심해 구매력이 약한 실정이므로 공산품 수출이 대폭 확대되리라 기대할 수 없어 한국이 누릴 수 있는 있는 경제적 이점은 크지 않을 것이라는 판단이 지배적이었다. 이런 평가는 한·칠레 FTA가 체결되고 국회 비준을 받는 과정에서 드러나 비준을 받기까지 장기간이 소요되었다.

한·칠레 FTA에서 얻을 수 있는 경제적 이점과 농업이 감내할 수밖에 없는 피해에 대한 면밀한 분석이 전제되지 않은 채 국회 비준을 받기 위해 상정된 법안을 두고 논란이 비등했고, 이 과정에서 비로소 농업 피해에 대한 사후대책이 마련되었다. 국회에서는 국민 여론을 감안해 비준을 앞두고 「FTA이행특별법」, 「부채경감특별법」, 「농업인의질향상특별법」, 「농특세법」 등 4대 특별법을 제정했다. 정부 측에서는 이 특별법에 의거해 한·칠레 FTA 발효 이후 10년간 119조 원을 농업 분야에 지원하기로 확정했다.

3) 한미 FTA

(1) 한미 FTA 선결 조건

참여정부 출범 후 2004년 초에 우리 정부가 먼저 한미 FTA를 미국 측에 제시했고, 미국은 이를 받아들여 2005년 1월부터 6개월간 한미 FTA 체결을 위한 사전 실무점검회의를 가졌다.

이 과정에서 미국 측은 4대 선결조건, 즉 ① 광우병으로 유발된 쇠고기 수입금지 조치, ② 스크린쿼터 폐지, ③ 자동차 배기가스 배출 유예기간 연장, ④ 의약품 수입 장벽 철폐 등이 해결되지 않은 상태에서 FTA를 논의하는 것은 의미가 없다고 주장했다. FTA 체결을 갈망한 우리 측 협상실무단은 2006년 1월 미국이 제시한 4대 선결조건을 양보했다.

즉, 광우병으로 수입 금지 조치를 내렸던 미국산 쇠고기를 대상으로 사육기간이 30개월 미만인 뼈 없는 살코기만 수입하기로 양보했다. 영화관의 국산 영화 상영 비율을 연간 40% 이상으로 규정한 스크린쿼터를 연간 20%로 하향 조정했다. 또한 자동차 배출 기준 유예기간을 2년으로 연장했으며, 의약품은 FTA 협상에서 구체적으로 논의하기로 합의했다.

2006년 1월 18일 신년 연설에서 대통령이 미국과의 FTA를 추진할 것이라 발표했고, 뒤이어 2006년 2월 3일 김현종 통상교섭본부장과 미국 무역대표부의 롭 포트먼(Rob Portman)대표가 한미 FTA 협상 출범을 선언했다.

(2) 협상시한 검토

미국 '헌법' 제1조에는 외국과의 통상협정 체결 권한이 의회에 있다고 규정되어 있다. 신속하고 실속 있는 통상협정을 체결하기 위해 의회는 TPA에 의거해 협상권한을 정부에 위임했다. TPA에 의거해 정부가 마련한 외국과의 협상 관련 법안을 의회에 제출하면 의회는 타 법률과는 달리 이 법안을 신속하게 처리한다. 법안에 대한 토론 시간은 상원, 하원 각각 20시간 내로 제한되어 있으며 법안 수정은 불가능하며 15일 이내에 찬반 표결에 붙여 비준 여부를 결정한다.

한미 FTA를 교섭하던 당시 발효 중인 TPA의 유효기간은 2007년 6월 30일까지였고, 진보계인 민주당이 상하 양원 의석의 과반수를 차지하는 상태였다. 부시 행정부는 TPA의 유효기간 연장이 어렵다고 예상했다. 실제로 부시 정부는 한미 FTA가 체결된 후 2007년 7월에 TPA 연장을 의회에 요청했으나 거절당했다.

미국 대통령은 FTA 관련 법안을 국회 의결 90일전에 의회에 제출해야 한다. 그러므로 TPA가 연장되지 않는다고 전제하다면 한미 FTA 협상의 마감 시한은 2007년 3월 31일로 볼 수밖에 없었다.

미국은 TPA에 근거한 기일 내에 체결하지 못하면 정부가 제출하는 일반법안과 동일한 절차를 거쳐 의회에서 심의·의결한다. FTA와 관련한 미국 각 주의 이해관계가 복잡하므로 한미 FTA 관련 법안이 의회를 통과하길 기대하기 어려운 실정이었다.

(3) 본회의 전개 과정

제1차 본회의는 2006년 6월 5일에서 9일까지 5일간 미국 워싱턴 D.C.에서 개최되었다(〈표 7-26〉 참조). 17개 협상 분야 중 13개 분야에서 기본적인 합의에 접근했다. 양국 간 이해가 첨예하게 대립되는 섬유, 농업, 자동차, 위생 검역, 의약품 및 의료기기 등의 분과에서는 기본적인 합의마저 이루어지지 못하고 상견례로 마무리되었다.

제2차 본회의는 2006년 7월 10일에서 14일까지 5일간 서울에서 열렸다. 농산물을 제외한 일반 상품 분야에는 우리 측이 제시한 양허안에 미국 측이 합의했다. 농업 분과에서는 양허안을 제시하지 못했다. 9월에 개시할 제3차 본회의에 대비해 한국 측은 8월 농산물 양허안을 제시했다.

전 농산물을 대상으로 ① 관세 철폐 품목, ② 5년 이내 철폐 품목, ③ 10년 내 철폐 품목, ④ 15년 내 철폐 품목, ⑤ 미정 품목(Undefined) 등의 양허안을 제시했다. 쌀, 대두, 감자, 고구마, 사과, 쇠고기, 돼지고기 등 수입으로 피해

〈표 7-26〉 한미 FTA 추진 경과

일시	내용
2006. 2. 2.	공청회(한국)
2006. 2. 3.	협상 개시 선언(한국+미국)
2006. 3. 6. ~ 7.	비공식 협의(미국 측 한국 방문)
2006. 4. 17. ~ 18.	비공식 협의(한국 측 미국 방문)
2006. 6. 5. ~ 9.	1차 협상(미국)
2006. 7. 10. ~ 14.	2차 협상(한국)
2006. 9. 6. ~ 9.	3차 협상(미국)
2006. 10. 23. ~ 27.	4차 협상(한국)
2006. 12. 4 ~ 8.	5차 협상(한국)
2007. 1. 15. ~ 19.	6차 협상(미국)
2007. 2. 10 ~ 15.	7차 협상(미국)
2007. 3. 5. ~ 6.	농업 분과 고위급 협상(미국)
2007. 3. 8. ~ 12.	8차 협상(미국)
2007. 3. 19 ~ 30	고위급 협상(미국, 한국)
2007. 3. 31. ~ 4. 1.	협상시한 연장. 고위급 협상(한국)
2007. 4. 2.	협상 타결
2007. 5. 29. ~ 6. 6.	법률 검토 회의(워싱턴)
2007. 6. 21. ~ 22.	추가 협의(서울)
2007. 6. 25. ~ 26.	추가 협의(워싱턴)
2007. 6. 30.	한미 FTA 서명(워싱턴)
2007. 9. 7.	한미 FTA 비준 동의안 17대 국회 제출
2008. 10. 8.	한미 FTA 비준 동의안 18대 국회 제출
2009. 4. 22.	국회 외교통상통일위원회 통과
2010. 11. 30. ~ 12. 3.	한미 FTA 통상장관 회의 개최 (메릴랜드주 콜럼비아시) - 12.3 추가 협상 타결
2011. 2. 10.	한미 FTA 추가 협상 합의문서 서명 및 교환
2011. 5. 4.	한미 FTA 비준 동의안 철회 (외교통상통일위원회)
2011. 6. 3.	한미 FTA 비준 동의안 국회 제출
2011. 9. 16.	한미 FTA 비준 동의안 외통위 상정
2011. 10. 03	한미 FTA 이행법안의 미 의회 제출
2011. 10. 05	미 하원 세입이 한미 FTA 이행법안 통과
2011. 10. 11	미 상원 재무위 한미 FTA 이행법안 통과
2011. 10. 12	미 상·하원 본회의 한미 FTA 이행법안 통과
2011. 10. 21	미 버락 오바마(Barack Obama) 대통령 한미 FTA 이행법안 서명
2011. 11. 22	한미 FTA 비준 동의안 국회 통과
2011. 12. 05~12. 06	한미 FTA 이행 준비상황 점검 협의(워싱턴)
2011. 12. 19~12. 20	한미 FTA 이행 준비상황 점검 협의(워싱턴)
2012. 1. 27~1. 28	한미 FTA 이행 점검 협의 (LA)
2012. 2. 19~20	한미 FTA 이행 준비상황 점검 협의(시애틀)
2012. 2. 21	발효일자 합의(외교 공한 교환)
2012. 3. 15	한미 FTA 발효
2012. 5. 15~18	제1차 한미 FTA 공동위원회 (워싱턴)

자료: 외교통상부 자유무역협정 홈페이지(http://www.fta.go.kr).

를 입을 주요 민감 품목을 미정 품목으로 처리했다.

2006년 9월 6일에서 9일까지 4일간 미국 시애틀에서 제3차 본회의가 개최되었다. 8월 15일 농산물 양허안을 교환한 후 처음으로 농산물 품목에 관한 논의가 이루어진 것이다. 우리 측은 관세 감축안 내에 미정으로 남아 있는 민감 품목을 집중적으로 설명했다. 우리 농산물 수입 관세에 관한 미국 측의 관심을 파악하는 데 주력했다. 미국 측은 한국 농산물 중 미국으로부터 수입액이 100만 달러 이상인 농산물에 관심을 보였으며 양허안을 수정할 것을 주장했다. 우리 측은 양허안을 수정하는 전제조건으로 농업 세이프가드(Agricultural Safeguard: ASG)를 주장했다.

2006년 10월 23일부터 27일까지 제주도에서 제4차 본회의가 개최되었다. 농업 분과에서 제시한 농산물 수입 관세 양허안을 미국은 외면하고 초지일관 예외 없는 관세 철폐를 주장했다. 한국 측은 즉시 철폐, 5년, 10년, 15년 이내에 철폐할 농산물을 확대하고 미정 품목을 235개로 축소하는 양허안을 제시했다.

2006년 11월 4일에서 8일까지 미국 몬태나 주에서 제5차 본회의가 열렸다. 양국 간 핵심 쟁점 분야로 부각된 무역 구제, 자동차, 의약품 및 의료기기, 농업 등의 분과에서는 합의점을 찾지 못하고 대립이 첨예화되는 양상을 나타냈다. 북한의 개성공단에서 생산한 제품을 한국산으로 인정하라는 주장을 제기하지도 못한 처지였다. 원사의 원산지를 직물 원산지로 간주하는 얀 포워드(yarn forward) 방식에 따른 섬유제품 원산지 인정방식을 수정하라는 주장도 제기하지 못했다.

2007년 1월 17일에서 19일까지 서울에서 제6차 본회의가 개최되었다. 제5차 회의에서 진전되지 못한 무역 구제, 섬유, 자동차, 의약품, 농업 분야 등에 관한 내용을 이번 회의에서 집중적으로 논의하기로 합의했다. 한국 측 협상 실무단은 비등한 국내 여론을 감안해 양허안을 집중적으로 논의하지 못하고 차기 본회의로 이월시켰다.

2007년 2월 11일부터 14일까지 4일간 워싱턴 D.C.에서 제7차 본회의가 개최되었다. 상품무역 분과에서는 상당한 진전이 있었다고 보고되었다. FTA 발효와 동시, 즉시 관세 철폐에 합의한 공산품의 비율은 한국 85.2%, 미국 85.0%에 달했다. 우리 측의 주요 관심 품목인 자동차의 조기 관세 철폐 요구에 미국 측이 소극적인 자세를 보여 합의점에 도달하지 못했다. 서비스/투자, 금융 서비스, 통신 분야에서는 합의점에 도달한 것으로 보고되었지만 농산물 협상은 크게 진전되지 못했다.

신국제통일상품분류(HS) 10단위 기준에 따라 분류한 농업 분야 협상대상 품목은 총 1,531개에 달했으며, 이 중에서 300여 개 품목이 미해결 상태로 남아 있었다. 이를 더 큰 단위로 분류해 농산물로 대별하면 쇠고기, 돼지고기, 닭고기, 낙농품, 오렌지, 사과, 포도 등 주요 농산물 32개 품목이 되는데, 이는 관세를 삭감하면 큰 타격을 입는 품목이었다.

쌀에 관해 구체적으로 논의된 바는 없지만 관세화 예외 품목으로 인정받을 수 있을 것으로 묵인된 상태였다. 주요 농산물 협상에 대비한 우리 측 전략은 관세 감축, TRQ, 무역 구제 등이며, 이를 적절하게 조합시켜 대책을 마련하려 노력했다. 그러나 미국은 제1차 본회의부터 제7차 본회의까지 초지일관 전 품목 관세 철폐를 주장해왔으므로 우리 측의 주장은 우이독경일 뿐이었다.

이에 따라 농업 분야 협상은 진전되지 못하고, 고위급 회담 혹은 정치적 결단을 통해 일괄적으로 타결될 가능성이 높은 것으로 예상되었다.

미국의 TPA가 연장되지 않을 것을 전제로 마지막 본회의로 단정한 제8차 회의가 3월 8일에서 12일까지 서울에서 열렸다. 통관 절차 간소화 및 신속화 제도 도입 등을 규정한 통관 분과 협상과 중앙정부기관 양허 하한선 인하, 입찰 낙찰조건으로서 조달 실적 금지 등을 골자로 한 정부 조달 분과 협상 등 양국 간 이해를 조정하기 쉬운 8개 분과는 타결되었다.

기술 장벽, 전자상거래, 환경 등의 분과에서는 일부 내용을 확인하는 조건에서 타결되었지만 양국 간 이해가 첨예하게 대립된 분야는 타결되지 못했다.

농업 분야는 첨예하게 대립되는 실정이었다. 한국은 쌀을 관세화 예외 품목으로 다루고 주요 농산물을 민감 품목으로 허용하며 ASG를 설정해야 한다고 주장했다. 이에 미국 측은 초지일관 예외 없는 관세 철폐를 주장했다. 미국 측은 섬유산업 보호를 근거로 섬유 분야에서는 물러서지 않았다.

한국은 미국 측에 전 섬유제품을 대상으로 5년 내에 관세를 철폐해야 하며 85개 품목에 관해 원사 생산지를 원산지로 인정하는 규정을 철폐하라고 주장했다. 양국은 자동차 분야에서도 첨예하게 대립되어 있었다. 한국은 미국에 자동차 수입 관세를 즉시 철폐하라고 주장했다. 미국은 한국이 배기량 기준으로 자동차세를 부과하는 제도를 철폐하고 수입 관세를 5~10년에 걸쳐 철폐하라고 주장했다.

서비스 분야에서도 대립되었다. 한국은 미국 측에 전문직 자격증을 상호 인정하는 대상을 확대하고 전문직 비자 쿼터 설정을 주장했다. 이에 미국 측은 방송·통신 융합시장을 개방하고 기간 통신 사업자 외국인 지분 규제를 완화하라고 요구했다.

개성공단 생산 제품에 대한 논쟁도 해결되지 않았다. 한국 측은 북한의 개성공단에서 가공한 제품을 한국산으로 인정하라고 주장했다. 이에 미국은 유엔 가입국인 북한에서 생산한 제품을 한국산으로 인정하라는 주장은 억지라고 반박했다.

(4) 고위급 및 장관급 회담

양국 간 첨예하게 이해가 대립되는 무역 구제, 자동차, 섬유, 농업 분과 등의 분야는 실무자 협상으로는 타결될 기미조차 보이지 않았다. 한미 FTA 협상은 경제적인 타당성과 더불어 정치적 이해관계가 얽혀 있는 실정이었고 협상 실무단에서 타협하기에는 정치적 부담이 너무 큰 편이었다.

2007년 3월 19일에서 21일까지 워싱턴 D.C.에서 수석 대표급 회의를 개최했으나 타협점에 도달하지 못하다 2007년 3월 26일에서 4월 2일 새벽까지 열린 장관급 협상을 거쳐 최종 타결되었다. TPA에 의거한 협상 시한에 맞춰 타결한 셈이다.

(5) 협상 결과

① 상품 분과

체결된 협정의 기본 내용을 요약하면 다음과 같다.

첫째, 양국은 각국의 관세 철폐 양허계획에 따라 상대국에서 생산한 공산품과 임·수산물에 관세를 철폐하고 자유무역을 실현한다. 둘째, 상대국의 상품에 원칙적으로 자국민 대우를 부여한다. 셋째, 상대국으로 수출되는 상품에 수출세 부과를 금지한다. 넷째, 신규로 수입허가제를 도입할 경우 신규 허가 발효 전에 정부기관지에 게재하거나 인터넷 등을 통해 공개해야 한다.

주요 공산품과 수산물에 합의된 양국의 관세 철폐 양허안이 〈표 7-27〉에 제시되어 있다. 상품분과 쟁점사항에 대한 합의내용을 요약하면 다음과 같다. 미국 측의 수입 관세율이 높고 한국산 제품의 수출가능성이 높은 분야는 섬유 분야였으며 협상 과정에서 진통을 겪어왔다. 미국 측이 수입 관세를 철폐한다 해도 원사 기준 원산지 표시, 즉 얀 포워드 방식에 의거한 섬유제품 원산지 표시방법을 한국제품에 한해 양보하지 않는 한 수출 증대 효과를 기대할 수 없는 처지였다.

섬유제품에 대한 협의는 우여곡절을 겪고 타결되었다. 양국은 자국의 원사를 사용하는 섬유제품에 한해 원산지를 인정하는 얀 포워드 방식을 도입했다. 즉, 실 → 직물→ 섬유완제품일 때만 섬유제품의 원산지로 인정하기로 했고 리넨, 여성 재킷, 남성 셔츠 등 우리의 주력 상품과 레이온, 리오셀, 아크릴 등 원사 공급 부족 분야에만 예외를 인정하기로 합의했다. 또한 섬유 생산을 위한 투입재 공급 부족 시 원산지 기준 개정을 위한 협의절차를 마련하는 것으로 합의했다.

수출품에 수출국 세관이 원산지 검증을 수행하고 한국 기업이 우회 수출 우려가 없다는 사실을 미국 세관이 사전 입증할 수 있도록 정보를 제공해야 하는 것으로 타결되었고, 관세 철폐에 대한 보완조치로 섬유제품에 세이프가드를 도입했다.

개성공단 생산제품을 한국산으로 인정할 것인지에 관한 문제 또한 협상쟁

〈표 7-27〉 양국이 협상한 양허 단계별 주요 품목

구분	한국	미국
즉시 철폐	승용차(8), 크실렌(5), 통신용광케이블(8), 항공기엔진(3), 에어백(8), 전자계측기(8), 백미러(8), 디지털프로젝션TV(8) 등	3,000cc 이하 승용차(2.5), LCD모니터(5), 캠코더(2.1), 귀금속장식품(5.5), 폴리스티렌(6.5), 컬러TV(5), 기타 신발(8.5), 전구(2.6), 전기앰프(4.9) 등
3년 내	요소(6.5), 실리콘오일(6.5), 폴리우레탄(6.5), 치약(8), 향수(8) 등	DTV(5), 3,000cc 이상 승용차(2.5), 컬러TV(5), 골프용품(4.9), 샹들리에(3.9) 등
5년 내	톨루엔(5), 골프채(8), 면도기(8), 살균제(6.5), 바닷가재(20) 등	타이어(4), 가죽의류(6), 폴리에테르(6.5), 스피커(4.9) 등
10년 내	페놀(5.5), 볼베어링(13), 콘텍트렌즈(8) 등	전자레인지(2), 세탁기(1.4), 폴리에스테르수지(6.5), 모조장신구(11), 베어링(9), 섬유건조기(3.4), 화물자동차(25) 등
10년 이상	명태(30), 민어(63), 기타 넙치(10) 고등어(10) 등	특수 신발

주: 괄호 안 숫자는 현행 수입 관세율임.
자료: 외교통상부 자유무역협정 홈페이지(http://www.fta.go.kr).

점이었다. 개성공단을 비롯해 역외가공지역(Outward Processing Zone: OPZ)을 지정해 특혜 관세를 부여하는 것을 인정하기로 합의했다. 일정 기준을 충족시키면 양국이 설치하는 한반도역외가공지역위원회에서 OPZ를 지정할 수 있는 별도 부속서를 채택했다. 이때의 일정 기준이란 한반도 비핵화 진전, 남북관계에 미치는 영향, 노동 환경기준 충족 등을 말한다.

② 농업 분과

한미 FTA가 체결되면 농업은 직접적으로 큰 피해를 입는 분야이므로 협상 초기부터 초미의 관심 분야로 첨예하게 대립되어왔다. 한국 측은 제3차 회담 전에 양허안을 제출했으나 미국 측은 8차 회담 후 최종 결판 단계인 장관급 회담 이전까지 초지일관 예외 없는 관세 철폐를 주장했다.

농업 분야 협상은 크게 네 가지 내용으로 구성되어 있다.

첫째, 쌀과 그 관련 제품은 관세 철폐 대상에서 제외되었다. 둘째, 쌀을 제외한 전 품목이 국내 농업에 미치는 영향의 민감도에 따라 한국이 제시한 양허계획에 합의했다. 셋째, 민감 품목에는 TRQ를 인정했다. 넷째, 민감 품목을 대상으로 수입량이 과다해 국내 농업에 피해를 줄 경우 수입 관세를 높이거나

〈표 7-28〉 한미 FTA 양허 유형별 주요 품목

양허 유형	주요 품목
양허 제외	쌀
현행 관세, 수입 쿼터	오렌지(성출하기), 식용대두, 식용감자, 탈지·전지분유, 연유, 천연꿀
계절 관세	포도, 칩용 감자
세 번 분리, 장기 철폐	사과, 배
장기 철폐, ASG	쇠고기, 돼지고기(냉장), 고추, 마늘, 인삼, 보리, 맥주맥·맥아, 전분
15년	호두(미탈각), 밤, 잣, 감귤, 송이버섯, 표고버섯, 필터담배
12년	닭고기(냉동가슴살, 날개), 냉동양파, 수박, 보조사료
10년	복숭아, 감, 단감, 감귤주스, 잎담배, 자두
9년	신선초본류딸기
7년	맥주, 아이스크림, 살구, 팝콘용 옥수수
2014.1.1 철폐	돼지고기
6년	옥수수유, 호두(탈각)
5년	완두콩, 감자(냉동), 토마토주스, 오렌지주스(기타), 위스키, 브랜디
3년	해조류
2년	아보카도, 레몬
즉시 철폐	오렌지주스(냉동), 산 동물, 화훼류, 커피, 포도주, 밀, 사료용 옥수수, 채유용 대두, 아몬드

자료: 외교통상부 자유무역협정 홈페이지(http://www.fta.go.kr).

수입량을 제한할 수 있는 ASG를 인정하기로 합의했다.

양허 유형별 주요 품목을 분류한 것이 〈표 7-28〉에 제시되어 있다.

주요 식량의 관세를 삭감하지 않고 현행대로 유지하며 TRQ를 허용하기로 합의했다. 수입 관세율이 487%인 식용 대두에는 현행 관세를 유지하는 반면 무관세로 수입해야 하는 물량을 2만 5,000톤에서 출발해 매년 3%씩 증량해나가기로 합의했다.

식용 감자에 적용하는 현행 관세율 304%는 유지하며 무관세로 수입하는 물량을 3,000톤에서 출발해 매년 3% 증량해나가는 수입 쿼터 제공에도 합의했다.

일부 식량작물에는 15년 이내에 관세를 철폐하는 반면 무관세 수입 쿼터를 제공하고 ASG를 설정하기로 했다. 겉보리(324%)와 쌀보리(299.7%)는 TRQ를 2,500톤에서 매년 2%씩 증량시켜나가야 한다. 맥아(269%)와 맥주맥(513%)의 TRQ는 9,000톤에서 출발해 매년 2%씩 증량시켜나가야 한다.

주요 조미채소류와 양념곡류 중에는 15년 이내에 관세를 철폐하는 반면 18

년간 ASG를 적용하는 품목이 다수에 달한다. 조미채소류 중에는 고추(270%), 마늘(360%), 양파(135%), 생강(377.3%) 등이 있다. 참깨·참기름(630%), 땅콩(230.5%) 또한 여기에 해당된다.

인삼(222.8~754.3%)류 중 수삼, 백삼, 홍삼 등 7개 품목에는 18년 이내 관세 철폐와 20년간 ASG를 적용한다.

국내산에 직접적인 타격을 입히는 오렌지(50%)에는 계절 관세를 적용한다. 성출하기(9~2월)에는 현행 관세를 유지하는 반면 무관세 TRQ를 2,500톤에서 출발해 매년 3%씩 증량시켜나간다. 비출하기(3~8월)에는 수입 관세를 30%에서 시작해 7년 이내에 철폐한다.

사과(45%)에는 관세를 부과하는 수입 품목을 세분하고 관세 철폐기간과 ASG를 차별화했다. 국내산 주품종인 부사에는 20년 이내 관세 철폐와 23년간 ASG를 적용한다. 기타 사과 품종에는 10년 내 관세 철폐와 10년간 ASG를 적용하기로 했다.

배(45%)의 경우 동양 배 품종에는 20년 이내 관세를 철폐하고, 기타 품종은 10년 내 철폐하고, TRQ와 ASG는 적용하지 않는다.

포도(45%)는 계절 관세를 부과하고 TRQ와 ASG는 적용하지 않는다. 성출하기(5월~10.15)에는 17년 내에 관세를 철폐한다. 비출하기(10.16~4월 말)에는 24%에서 시작해 5년 내에 철폐한다.

감귤(144%)과 참다래(45%)는 15년 내에 철폐하고 TRQ와 ASG는 해당되지 않는다. 복숭아·단감(45%), 감(50%) 등은 10년 내 철폐한다.

직접적인 타격을 입을 축산 분야는 현행 관세율이 낮아 관세 철폐 기간의 장단에 큰 의미가 없다. 쇠고기(40%)의 관세 철폐기간은 15년이며 대미 수입량의 90% 이상을 차지하는 도체, 이분도체, 부분육, 육우, 식용설육, 가공육에 대해서는 ASG를 적용한다. 돼지고기(22.5~25%) 중 향후 수입이 증가할 가능성이 높은 냉장육 중 삼겹살, 목살에 대해서는 10년 내 철폐하고 ASG를 적용하며 나머지는 2014년 1월 1일까지 철폐한다. 닭고기(18~20%)의 경우 10~12년에 걸쳐 철폐한다.

천연 꿀(243%)에는 현행 관세를 유지하는 반면 무관세 TRQ를 200톤에서 시작해 매년 3%씩 증량해나간다. 탈지·전지분유(176%), 연유(89%)에는 현행 관세를 유지하고 무관세 TRQ를 5,000톤에서 매년 3%씩 증량한다.

③ 주요 협의사항

수입 쿼터 관리방식에 관해 미국 측에서는 선착순 관리방식을 주장했지만 선착순, 수입권 공매, 과거실적 기준 배분 등 다양한 방식을 도입하기로 합의했으며, 품목별 특성을 고려해 관리 규범을 차별화했다.

미국 측은 용도 제한 금지, 쿼터 물량 배정시기 등에 관해 엄격한 규범을 요구했으나 품목별로 예외 규정을 두는 것에 합의했으며, ASG의 경우 수입 물량이 발동 기준을 초과하는 경우 추가 관세가 부과되는 방식을 도입하기로 합의했다. 또한 사과, 고추, 마늘, 양파, 인삼 등 주요 품목을 대상으로 관세 철폐 후에도 일정 기간 ASG를 유지하기로 합의했다.

(6) 비준과 발효

한미 FTA 체결을 위한 제1차 협상이 2006년 3월 개시된 이래 2007년 3월에 개최된 제8차 협상에 이르기까지 험난한 과정을 겪었다. 정기협상에서는 타결되지 못하고 고위급 회담의 담판을 거쳐 2007년 4월에 극적으로 타결되었다.

그러나 타결 후 의회의 비준을 받기까지도 험난한 과정을 거쳤다. 특히 한국은 한미 FTA 체결에서부터 비준받기까지의 정치적 배경이 미묘한 처지였다. 반미 민족공영이라는 외교노선을 표방하고, 자유보다는 평등을 내세우는 정치이념으로 무장했고, 성장보다 분배를 우선시하는 경제정책 기조를 내세운 참여정부가 한미 FTA를 추진한 목적이 애매하다는 오해를 불러일으킨 처지였다.

반대여론을 무릅쓰고 한미 FTA를 체결한 참여정부에서는 대통령 임기 내에 국회 비준을 받는다는 의도로 한미 FTA 비준 동의안을 2007년 정기국회에 제출했으나 받아들여지지 않았다. 2008년에 들어와 시장원리를 존중하는 보수진영 정부가 출범했으나 한미 FTA를 조속히 처리하기에는 정치적인 부담이 컸다.

2008년 10월에 18대 국회에 제출해 외교통상위원회에서 통과되었으나 그 이후 비준까지 험난한 과정을 거쳤다. 미국 측의 요청으로 한미 FTA 재협상이 2010년 11월 30일부터 개시되어 12월 3일 타결되었다.

한미 FTA는 미국 측에서 먼저 발효되었다. 2011년 10월 12일 상·하원 본회의에서 한미 FTA 이행법안이 통과되었고, 뒤이어 10월 21일 오바마 대통령이 이 법안에 서명했다.

한국에서는 미국에서 먼저 한미 FTA가 발효된 후인 2011년 11월 22일에 한미 FTA 비준동의안이 국회를 통과했다. 양국에서 비준 절차가 마무리되고 한미 FTA 이행 점검 협의를 거친 후 2012년 2월 21일 발효일자에 최종 합의했으며, 한미 FTA는 2012년 3월 15일 발효되었다.

4) 한·EU FTA

(1) 한·EU FTA 추진 배경

2007년 5월 한국과 EU 사이에 FTA 체결을 위한 협상이 시작되었다. 한미 FTA 협상 타결을 계기로 거대 경제권과의 전략적 FTA의 중요성이 부각되어 EU와 FTA를 체결해야 한다는 주장이 지배적이었다.

EU는 27개의 회원국을 자랑하고 인구 4억 8,700만 명으로 중국의 13억 명과 인도 11억 명에 이은 세계 3위의 거대한 단일시장을 형성했다. 2006년 당시 EU 25개 회원국의 국내총생산(GDP)은 약 14조 달러로 미국의 13조 달러를 상회하는 수준에 이르렀다. 더욱이 EU는 2006년에 수출 증가와 기업 투자 확대에 힘입어 2.9% 성장했고, 뒤이어 2007년에도 2.5%의 안정적인 성장을 이어갔다.

이처럼 유럽 통합의 심화와 확대에 따라 EU의 정치적·경제적 영향력이 확

〈표 7-29〉 한·EU FTA 협상 추진 경과

기간	진행 경과
2003. 8.	FTA 추진 로드맵상 미국, 중국과 함께 EU를 중장기적 FTA 추진 대상국으로 선정
2006. 5. 15.	한·EU 통상장관회담 FTA를 전제하지 않고 양측 간 예비 협의를 추진하기로 협의
2006. 7. 19. ~ 20.	제1차 한·EU FTA 예비 협의 개최
2006. 9. 26. ~ 27.	제2차 한·EU FTA 예비 협의 개최
2006. 11. 24.	한·EU FTA 추진 관련 공청회 개최
2007. 5. 1.	한·EU FTA 협상 출범 결정
2007. 5. 6.	한·EU FTA 협상 출범 공식선언
2007. 5. 7. ~ 11.	한·EU FTA 제1차 협상(서울)
2007. 7. 16. ~ 20.	한·EU FTA 제2차 협상(브뤼셀)
2007. 9. 17. ~ 21.	한·EU FTA 제3차 협상(브뤼셀)
2007. 10. 15. ~ 19.	한·EU FTA 제4차 협상(서울)
2007. 11. 19. ~ 23.	한·EU FTA 제5차 협상(브뤼셀)
2008. 1. 28. ~ 2. 1.	한·EU FTA 제6차 협상(서울)
2008. 5. 12. ~ 15.	한·EU FTA 제7차 협상(브뤼셀)
2009. 3. 23. ~ 24.	한·EU FTA 제8차 협상(서울)
2009. 7. 13.	협상 타결
2009. 10. 15.	한·EU FTA 가서명
2010. 10. 6.	한·EU FTA 정식서명
2010. 10. 25.	한·EU FTA 비준동의안 국회 제출
2011. 2. 7.	한·EU FTA 동의안 유럽의회 상임위 통과
2011. 2. 17.	한·EU FTA 동의안 유럽의회 본회의 통과
2011. 4. 28.	한·EU FTA 비준동의안 우리 국회, 외교통상통일위원회 통과
2011. 5. 4.	한·EU FTA 비준동의안 우리 국회 본회의 통과
2011. 7. 1	한·EU FTA 잠정 발효
2011. 10. 12	제1차 한·EU 무역위원회 개최(서울)

자료: 외교통상부 자유무역협정 홈페이지(http://www.fta.go.kr).

대되면서, 한국의 입장에서도 주요 교역 대상국인 EU와의 경제관계를 더욱 긴밀히 발전시킬 필요가 있다는 인식이 확산되었다. EU는 중국에 이어 한국의 2대 수출 대상국이며 일본, 중국, 미국에 이어 제4대 수입국의 위치를 차지한다. 더욱이 EU는 한국에 대한 외국인 직접 투자에서 높은 비중을 차지하는 등 최대 투자권으로 부상해왔다. 이에 따라 한국이 EU와 FTA를 추진할 경우 한국의 GDP가 증가할 것으로 예상되는 등 경제적으로 긍정적인 효과를 유발할 것으로 기대되었다.

2006년 5월 필리핀에서 개최된 한·EU 통상장관회담에서 양측은 한·EU

FTA의 추진 가능성을 검토하기로 합의했고, 이를 위해 두 차례에 걸쳐 한·EU FTA 예비 협의를 개최한 바 있다. 뒤이어 2006년 7월 개최된 제1차 예비 협의에서는 비관세장벽 및 규제, 기술 표준, 동식물 검역, 정부 조달, 서비스 등 5개 분야를 중심으로 합의가 진행되었다. 9월 제2차 예비 협의에서는 상품, 원산지, 통관 절차, 투자, 지적 재산권, 분쟁 해결, 경쟁, 환경, 노동 등 다양한 분야에 걸쳐 상호 관심 사항에 대한 논의가 진행되었다.

이처럼 두 차례의 예비 협의를 통해 한국과 EU 측은 정식 협상을 시작하기에 앞서 한·EU FTA에 대한 양측의 기대 수준을 확인했으며, 본 회담을 추진할 때 상반되는 문제점을 사전에 검토하는 기회를 가질 수 있었다. 그 결과 한국과 EU 양측은 한·EU FTA를 추진하는 데 원칙적으로 합의하기에 이르렀다.

이후 한국은 2006년 9월 공청회를 개최해 이해관계자의 의견을 청취하는 등 협상 개시를 위한 준비에 착수했다. EU 역시 11월 개최된 일반 이사회에서 한국을 주요 FTA 대상국으로 선정하는 등 한·EU FTA 협상을 개시하기 위한 준비를 진행했다. 2007년 5월 서울에서 한·EU FTA 체결을 위한 제1차 협상이 개최된 이래 2009년 3월까지 8차례에 걸쳐 관심 분야 쟁점에 관한 협상이 진행되었다(〈표 7-29〉 참조).

(2) 협상의 전개 과정(농업 중심)

제1차 한·EU FTA 협상은 서울에서 개최되었다. 농림식품부는 상품, 서비스/투자, 기타 규범, 분쟁 해결/지속가능한 개발 4개 분과로 구성되어 진행된 협상에서 상품 분과 및 기타 규범 분과에 참여했다.

상품 분과에서는 우리 측이 제시한 협정문 잠정안에 관해 양측의 입장을 교환하고 제2차 협상 전 교환할 양허안 작성방식을 논의했다. 우리 측은 상품 협정 분과 양허안 논의 과정에서 농산물의 민감성이 반드시 고려되어야 한다는 점을 강조했고 EU 측도 우리 측의 입장에 이해를 표명했다. 양측은 양허안 작성 시 품목 수와 수입액 기준으로 95% 이상을 관세 철폐 범주에 넣기로 하는 것을 목표로 하되, 민감한 품목에는 관세 철폐 예외, TRQ 등 예외적인 처리 방안을 구체적으로 표시하기로 했다.

위생 및 검역 분야는 상품 분과 내 임시 작업그룹에서 논의하기로 하고 1차 협상에서는 EU 측이 관심을 표명한 양자 간 협의체계, 지역화 인정 문제 등에 관한 양측의 기본적인 입장을 확인하는 선에서 간단히 논의되었다. 양측은 양국 간 검역 현안은 FTA 협상과 분리한다는 데 입장을 같이했다. 기타 규범 분과에서는 양측이 운영하는 GI에 대한 현황을 파악하고 향후 추가적으로 필요한 정보를 교환하기로 했다. 또한 EU 측은 GI를 상표와는 별개로 운영한다고 설명하고 한국의 GI와 상표제도의 관계에 관심을 표명했다.

제2차 한·EU FTA 협상은 2007년 7월 16일에서 20일까지 벨기에 브뤼셀의 EU 대표부에서 개최되었다. 2차 협상에서 양측은 상대방이 제시한 상품 분야 양허안을 전반적으로 평가하고 향후 양허 협상을 진행하는 방향에 관해 의견을 교환했다. 아울러 위생·검역(SPS), 원산지 등 농업 관련 분야의 협정문 논의도 진행되었다.

농산물 양허안에 대한 논의에서 우리 측은 농업의 민감성과 대외 개방 확대에 대한 농업계의 우려를 전달하면서 EU 측의 관심 품목과 우선순위를 파악하는 데 주력했다.

EU 측은 전반적으로 볼 때 우리 측 양허안의 개방 수준이 낮다고 강한 불만을 표명하고 개선을 요구했으며 농산물에 관해서는 예외적 취급을 다소 인정할 수 있으나 가능한 한 최소화하고 양허 초안에서 미정으로 분류한 품목의 양허 유형도 구체화할 것을 요구했다(〈표 7-30〉 참조).

한미 FTA 협상결과와 비교할 때 돼지고기, 포도주, 맥주, 위스키, 체리, 가공 토마토 등에 대한 양허안에서 차이가 많다고 예시하면서 관심을 표명했다. 우리 측은 양허안이 다소 보수적이나 이의 개선을 위해서는 EU 측 양허안 중 일부 공산품에 비관세장벽 해결 조건을 부가한 것을 철회해야 한다고 주장했다. 아울러 농산물의 경우 양측의 농업 여건이 다른 점을 감안, 결국 양측의 양허 내용이 불균형을 이룰 수밖에 없다는 점을 분명히 했다. 양측은 각자의 양허안에 대한 상대측 평가를 감안해 제3차 협상 전 수정 양허안을 마련하기

〈표 7-30〉한·EU FTA 양허 유형별 주요 품목

양허 유형	주요 품목
양허 제외	쌀
현행 관세	감귤, 고추, 마늘, 양파(신선, 냉장, 건조), 감자(신선, 냉장), 흑설탕, 대두, 보리(겉보리, 쌀보리), 인삼(미삼, 본삼, 수삼, 잡삼)
현행+TRQ	전탈지분유, 연유, 천연꿀
계절+TRQ	오렌지
계절 관세	포도
15년+TRQ	치즈, 보리(맥주맥, 맥아)
12년+TRQ	보조사료, 변성전분
10년+TRQ	버터, 조제분유, 유장(식용)
20년	사과(후지), 배(동양배)
18년	참기름, 참깨, 땅콩, 녹차, 생강
16년	설탕(백설탕)
15년	육우, 젖소, 쇠고기, 계란, 우유, 표고버섯, 송이버섯(조제 저장 처리), 주정, 메밀, 전분(감자, 고구마, 매니옥, 옥수수 등), 사료용 근채류, 녹두, 녹용, 녹각, 대추, 밤, 잣, 호도(미탈각), 키위, 인삼류(홍삼, 홍삼엑스), 혼합조미료 등
13년	닭고기(냉동가슴, 냉동날개), 오리고기, 난황, 고구마, 옥수수(팝콘용), 스위트콘(건조), 대추(냉동) 등
12년	고사리, 들기름, 송이버섯(냉동, 건조), 양파(냉동), 멜론, 수박, 혼합 주스(포도) 등
10년	돼지고기(냉동 삼겹살, 냉장 삼겹살·목살·갈비), 양고기, 혼합분유, 발효유, 마요네즈, 누룩, 잎담배, 감, 강낭콩, 수수(종자용), 쌀 배아, 양배추, 느타리버섯, 팽이버섯, 당근, 무(신선, 냉장), 들깨, 복숭아, 망고, 파인애플, 매실, 과일주스(딸기, 복숭아 등), 메주, 춘장, 인조 꿀, 레몬 등
7년	과일주스(레몬 등), 잼, 맥주, 밀, 무화과, 아이스크림, 살구(신선), 죽순, 파(건조), 칠면조고기, 토마토(신선, 냉장) 등
6년	돼지고기(냉동족, 밀폐용기제품), 호도(탈각)
5년	테킬라, 보드카, 브랜디, 초콜릿, 사탕, 비스킷, 인스턴트커피, 식빵, 돼지고기(족, 밀폐용기용 등), 소시지, 배추, 양배추, 양송이, 옥수수(종자용), 감자(냉동, 건조), 완두콩, 팥, 녹두, 카레, 고추장, 간장, 과일주스(라임, 레몬 등), 바나나, 그레이프프루트, 올리브(조제저장처리), 김치, 두부, 콩 등
3년	밀가루, 마가린, 오렌지주스, 스카치위스키, 쇼트닝 등
2년	레몬, 자두(건조), 아보카도(신선)
즉시 철폐	홍차, 커피(생두), 포도주, 코코넛, 아몬드, 코코아 조제품, 파스타, 돼지비계, 가죽(소, 뱀, 악어 등), 식물성유지[팜유, 베르가못유(Bergamot oil), 자스민유 등], 올리브, 토마토페이스트, 장미, 국화, 종자(잔디 등), 향신료(샤프란, 강황 등)

로 합의하고 2차 협상에서 개별 품목에 대한 논의를 개시하지는 않았다.

위생·검역 분야에서는 EU 측이 마련한 협정문 초안에 대한 질의·답변을 통해 문안 작성 배경과 목적을 파악하는 데 주력했다. EU 측은 동물복지는 자국이 체결하는 모든 FTA에 반영하는 주요 관심사항이라고 강조하고 한·EU FTA

에서도 반드시 포함되어야 한다는 입장을 견지했다. 다만 교역과는 직접 관련이 없으며 세미나·워크숍 등을 통한 협력 증진을 목적으로 하는 것임을 분명히 했다.

EU 측은 지역화 인정 문제가 최대 관심사이며 국제 기준에 따라 지역화 개념을 상호 인정해야 한다고 강조했다. 우리 측은 동물복지 및 지역화 인정 절차 마련 등은 신중히 고려되어야 하며 내부 논의가 필요한 사안이라고 대응했고, 아울러 협정문 초안을 EU 측이 마련했으므로 양측 입장을 반영한 수정 문안을 우리 측이 작성해 제3차 협상에서 논의하자고 제안했으며 EU 측도 이에 동의했다.

원산지 및 통관절차 협상은 EU 측이 제시한 협정문을 바탕으로 양측 의견을 교환하는 방식으로 진행되었다. 농산물의 원산지 판정 기준에 대한 양측의 입장은 매우 유사한 것으로 파악되었다. 육류, 화훼, 채소, 과실, 곡물 등 신선 농산물은 자국에서 기르거나 재배한 경우에만 특혜 관세를 인정하는 완전 생산 기준을 적용했다.

기타 의견인 GI는 EU 측이 마련하기로 한 초안을 제시하지 않아 2차 협상에서 논의되지 않았다.

국가 보조에 관해 EU 측은 EU 회원국이 이미 실시하는 국가 보조의 감축 또는 철폐방식을 한국과의 FTA에도 반영하기를 희망했다.

제3차 한·EU FTA 협상은 2007년 9월 17~21일 벨기에 브뤼셀에서 개최되었다. 3차 협상에서는 상품 분야 협정에 다소 진전이 있었으나 품목별 양허안은 구체적으로 논의되지 못했다. 농업 분야에서는 우리 측의 수정 양허안을 전반적으로 설명하면서 민감한 품목에 대한 예외적 취급을 강조했다. EU 측은 우리 측 수정안이 한미 FTA 결과와는 차이가 많다는 점에 불만을 표시하고 돼지고기, 닭고기, 주류, 낙농품, 초콜릿 등에 관심을 표명했다. 우리 측은 한미 FTA가 기준이 될 수는 없다는 점을 강조하면서 ASG 등 민감성 반영을 주장하고 EU 측 수출 보조에 관해서도 문제를 제기했다.

제4차 협상(〈표 7-31〉 참조)은 2007년 10월 15~19일 서울에서 개최되었으며

〈표 7-31〉한·EU FTA의 EU 측 농산물 양허 유형

(단위: 천 달러, %)

양허 유형	품목 수	비중	對 EU 수출액*	비중	해당 품목
즉시 철폐	1,896	91.8	45,333	88.3	면류, 돼지고기, 닭고기, 맥주, 아이스크림, 인조 꿀, 녹차, 화훼류, 비스킷, 음료, 간장 등
3년 철폐	10	0.5	443	0.9	꽃양배추, 샐러리, 완두, 콩 등
5년 철폐	119	5.8	5,309	10.3	쇠고기, 마늘, 고추류, 천연꿀, 오렌지, 감귤 등
양허 제외	39	1.9	249	0.5	쌀
합계	2,064	100	51,333	100	

* 2004~2006년 평균.

자료: 외교통상부.

농업 분과 협상에서는 제3차 협상에 이어 농산물 양허안 작성을 위한 품목별 논의가 이루어졌다. 제3차 협상에서 논의되지 못한 축산물, 원예작물(과일, 채소, 견과류)을 중심으로 논의되었고, EU 측은 한국의 양허안 중 자국 관심 품목에 대한 양허요구안(Request List)을 제시했다. 8월 15일 교환한 1차 양허안에 비해 일부 개선된 내용을 담은 한국의 수정 양허안도 제시했다.

제5차 한·EU FTA 협상은 2007년 11월 19~23일 기간에 브뤼셀에서 개최되었다. 농림식품부는 품목별 관세 인하 계획안을 논의한 양허 협상에서 우리 양허안 개선내용을 품목별로 제시했다. 이러한 양허 개선의 조건으로 요구한 민감 품목 예외적 조치, ASG, 수입 쿼터 등에 관해서도 자세히 설명했다. 우리 측이 제시한 방안에는 쌀을 협상 대상에서 제외하고, 기타 민감 품목의 경우 현행 관세 유지, 계절 관세, 관세 부분 감축 등 예외적인 방식으로 취급하며 수입 증가 가능성이 높은 품목은 ASG나 수입 쿼터방식을 적용한다는 내용이었다.

EU는 한국의 민감 품목에 대한 예외적 조치에 비교적 긍정적인 반응을 보였으나 이는 자국의 이익이 걸린 관심 품목을 한미 FTA 수준으로 양허할 경우에만 허용할 수 있다는 반응을 보였다. 우리 측은 한미 FTA 결과와 비교하는 것은 수용할 수 없다는 입장을 분명히 밝히고, 우리가 이번에 제시한 안은 협상 타결을 위한 진지한 입장이므로 EU 측이 이견이 있을 경우 구체적인 요

구사항과 그 사유를 분명히 밝힐 것을 요구했다.

GI 분야에서는 우리 「농산물품질관리법」상의 지리적 표시 등록 품목이 효과적으로 보호되도록 하는 데 주안점을 두고 논의되었으며 지리적표시와 상표의 관계에 관해서도 의견 교환이 있었다.

위생·검역 분야 협정문 논의에서는 양측이 상당수의 조문 내용 및 문안에 합의하는 진전이 있었지만 지역화 인정, 육류 수출작업장 승인절차, 검사 비용 등 일부 사안에 관해서는 여전히 이견이 있음을 확인했다. 우리 측이 국제기준 및 이에 따른 수출국의 검역 조치를 존중하나 구체적인 수입조건을 결정하는 것은 수입국의 권리라는 점을 강조하자 EU 측이 이러한 취지를 반영한 수정문안을 다시 작성해 추후 논의하기로 했다.

제6차 협상은 2008년 1월 28일~2월 1일까지 서울에서 개최되었다. 이 협상에서는 상품 양허 협상은 개최되지 않았으나 무역 구제 분야에서는 ASG를 도입하기로 합의하는 성과가 있었다. ASG는 적용대상 품목의 수입 물량이 사전에 정한 수준 이상으로 급증하면 자동적으로 관세를 올리는 보호장치로서 피해조사 등 별도의 사전절차를 거치지 않고 발동할 수 있다는 특징이 있다. 농림부는 ASG 발동 기준 물량, 적용 관세율 등 구체적 운영방안을 품목별 양허 협상 과정에서 계속 논의해나가기로 했다.

제7차 협상은 2008년 5월 12~15일 벨기에 브뤼셀에서 개최되었다. 이 협상에서는 농수산업 관련 분야인 위생·검역, 품목별 원산지 기준 및 GI 등의 협상에 참여했다. 7차 협상에서는 상품 양허 협상이 개최되지 않아 농수산물 양허 협상은 이루어지지 않았다.

위생·검역 분야에서는 지역화 인정 절차, 작업장 승인 절차 등이 주로 논의되었으며 우리 측은 주로 수입국의 입장에 있는 만큼 상기 절차에서 수입국의 검역 권한이 침해받지 않도록 문안을 조정할 것을 제안했다. 이에 EU 측은 긍정적 반응을 보였으며 양측은 이러한 상호이해를 바탕으로 최종 문안을 정리해나가기로 했다.

농수산물 분야에서 별다른 입장 차이를 보이지 않은 품목별 원산지 기준

협상은 지난번에 비해 뚜렷한 진전을 보이지 않았다. 우리 측은 지난 협상에서 이미 제시한 내용인 제3국산 원료를 사용한 가공식품의 원산지 기준 작성 배경을 재차 설명했고, EU 측은 우리 측 입장을 검토 중이라고 하면서 회원국과의 입장 조율을 거쳐 협의에 임하겠다는 의사를 표시했다.

제8차 협상은 2009년 3월 23~24일 서울에서 개최되었다. 한국과 EU 양측은 8차 협상을 통해 한·EU FTA 협상의 거의 모든 쟁점이 협상단 차원의 잠정적 합의를 도출했으며 이에 동 내용을 통상장관에게 보고하기로 했으나 관세환급, 일부 원산지 관련 쟁점 등 정치적 성격의 이슈에는 합의하지 못했다.

한미 FTA에 비해 한·EU FTA는 협의 과정이 순탄하게 진행되어 2009년 7월 13일 타결되었으며, 국회 비준 절차도 무리 없이 진행되었다. 2010년 10월 25일 한·EU FTA 비준동의안이 국회에 제출되어 2011년 5월 4일 본회의를 통과해 2011년 7월 1일 발효되었다.

제8장
농업 구조 조정정책

1. 농업 구조의 기본 체계

1) 농업 구조의 정의

농업 구조란 '농업의 성과를 밑바탕에서 규제하는 기본 틀'[1]로 정의되고, 편의상 광의(廣義)와 협의(狹義)로 구분된다. 넓은 의미의 농업 구조란 농지기반조건, 농업용수시설 등의 하드웨어 측면과 생산주체의 성격과 분포, 농산물 생산 구조 등 소프트웨어 측면을 총망라한다.[2]

하드웨어 쪽의 농업 구조가 완비되어 있을지라도 농업경영주체의 성격에 따라 농업의 성과가 상이하게 나타난다. 이에 따라 통상 농업 구조 개선 혹은 농업 구조 조정정책에서 말하는 농업 구조는 소프트웨어 측면 중에서 농산물 생산주체의 성격과 분포로 한정된다. 이 장에서도 협의의 농업 구조에 국한시켜 고찰했다.

농업 구조 조정정책은 농업이 바람직한 성과를 올릴 수 있도록 생산주체를

---

1) 이정환, 「농업 구조의 개념과 구조이론: 시론」, ≪농촌경제≫, 제7권 4호(1984), 27쪽.

2) 嘉田良平, 「農業構造政策の經濟理論」, 賴平編 編, 『農業政策の基礎理論』(家の光協會, 1987), pp. 260~262.

육성하는 것을 목표로 한다. 여기서 말하는 '바람직한 성과'란 농업이 처한 사회적·경제적 여건에 따라 변할 수 있지만 그 기본 골격은 변하지 않는다.

즉, 농업 내적으로는 농업 종사자가 타 산업 종사자에 버금가는 수준 이상의 소득을 올릴 수 있는 자립 경영체를 유지해야 하며 외적으로는 국민이 바라는 농산물, 즉 싸고 안전하며 고품질의 농산물을 생산해내는 역할을 수행해야 한다. 아울러 개방경제하에서는 국제경쟁력을 갖춘 농산물을 생산하는 경영주체만이 살아남을 수 있다.

농업이 처한 사회경제적 여건이 변하면 여기에 부응해 농업 구조도 탄력적으로 조정되어야 하지만 농업이 갖는 특수성 때문에 구조 조정이 늦어졌다. 또한 한국과 같이 농산물 수요 구조는 서구화되었지만 농업의 기반조건이 열악해 생산 측면의 구조 조정이 순탄하게 진행되지 못하는 사례도 허다하다.

2) 농업 구조 조정정책의 의의

우리는 호당 경작규모가 영세한 소농 구조이며 농가소득에서 차지하는 농외소득의 비율이 높은 편이다. 경작규모가 영세한 소농과 겸업농이 지배적인 농업 구조로 국민이 바라는 농업 성과를 낼 수 있을까? 국제경쟁력을 갖춘 고품질의 안전한 농산물을 생산할 수 있을까? 이러한 문제에 강한 의문이 든다.

농업 구조가 바람직한 방향으로 진행되지 않는다면 정상궤도에 진입하도록 유도하는 정책수단을 동원해야 한다. 1950년에 단행된 '농지 개혁'이 대표적인 사례라 하겠다.

또한 바람직한 방향으로 진행되지만 그 진행 속도가 완만해, 방치해두면 국내 농업이 위축될 우려가 있다는 판단하에 구조 조정을 가속화시킬 목적으로 정책수단을 동원한다. 농지 임차를 통한 경작규모 확대를 가속시키고자 1986년에 제정한 「농지임대차관리법」이 이에 해당한다.

1990년대에 들어와 농산물시장 개방이 불가피해짐에 따라 국내 농업의 국제경쟁력을 강화하려는 목적으로 획기적인 농업 구조 개선정책을 채택했다.

정부가 수행하는 구조정책은 크게 둘로 나눌 수 있다. 우선 바람직한 생산주체를 규정해 이를 육성하기 위한 정책수단을 채택하고 정책자금을 투입하는 사업을 들 수 있다. 농업인 후계자 육성, 전업농 육성, 농업회사법인 지원, 농어촌진흥공사를 통해 수행된 영농규모화 사업 등이 여기에 속한다.

또한 농가의 고정자산, 특히 농지의 소유와 이용을 규제해 간접적으로 특정 농업경영체를 육성하거나 규제하는 정책을 들 수 있으며, 그중 농지제도 정립이 대표적인 사례라 하겠다. 한국처럼 수도를 비롯한 토지 이용형 작물 위주의 생산 구조라면 농지의 소유와 이용을 규제하는 농지제도가 농업 구조 개선을 규정하는 기본 골격이다. 이런 중요성을 감안해 이 책에서는 농지제도를 별도의 장으로 다루었다.

3) 농산물 생산주체의 분류

1949년에 재정한 「농지개혁법」에 의거해 단행한 농지 개혁으로 이 땅에는 가족노작적인 자작농, 이른바 농가가 생산주체로 정착되었다. 소작농을 자작농으로 발전시킨 구조 개혁이 이루어졌지만 호당 경작규모가 영세해 자립 경영체로 존속되지 못했다. 가족 내 식량 자급마저 어려운 처지에 놓인 농가가 다수였고 단경기가 닥치면 연례행사처럼 보릿고개를 겪어야만 했다.

1960년대에 들어와 수출주도형 공업화에 중점을 둔 경제성장정책이 성공해 농업에 일대 혁신을 불러일으켰다. 비농업 분야에 취업 기회가 확대되어 농업 인구가 유출되면서 농지 및 농지 용역에 유동성이 나타났고 이에 따라 농가의 경작규모가 확대되었다. 이를 두고 통상 농가계층의 분화가 야기되기 시작했다고 한다.

경제주체인 농가는 경제성장에 부응해 경제활동을 탄력적으로 조정해나가야 할 것이다. 비농업 분야에서 취업 기회가 확대되면 농가의 경제활동에 충격을 준다. 농가로 남아 영농하기로 결정했다면 도시가계에 버금가는 수준의 생활을 지속할 수 있을 정도의 농가소득을 획득할 수 있는 대안을 모색해야 한다. 즉, 경영규모를 확대하거나 생산 구조를 개선해 농업소득을 증대시키거나 농외 취업해 농업소득을 확대해야 할 것이다. 이는 경영주체인 농가의 성격변화를 의미하며 이것이 바로 농업 구조 개혁이다.

이런 측면에서 한국 농가는 경제성장 과정에서 다양하게 변천해왔음을 알 수 있다. 이 과정을 〈그림 8-1〉에 제시했고 이를 요약하면 다음과 같다.[3)]

첫째, 토지 이용형 작목이 주소득원인 주업형 농가의 변천 과정을 들 수 있다. 가족노동력을 주로 벼농사에 투입하는 농가 계층이 여기에 속한다. 경제성장과 더불어 다수의 농가는 규모 확대를 추구해 대규모 경영으로 성장하고 일부 농가는 겸업하거나 농외 취업해 토지 이용형 전업농에서 탈락한다.

둘째, 기술 및 자본집약형으로 경영하는 주업형 농가의 정착을 지적할 수 있다. 시설원예, 축산 분야 전업농이 여기에 해당한다. 이 농가층은 주된 수입원이 시설이용형 경종 또는 축산이며 토지 이용형 작물은 보완 작목에 지나지 않는다.

셋째, 겸업이나 농외 취업이 주 소득원이며 농업이 부업형태인 안정겸업형 농가그룹을 지적할 수 있다. 이들 농가는 주로 벼농사를 비롯한 토지 이용형 경종 분야를 경영하며 주요 작업을 농기계에 의존하고 주말에 가족노동력을 활용해 작업한다. 특히 수도작의 농기계 위탁 작업이 잘 갖추어져 있으므로 겸업농가는 경운·정지, 이앙, 수확 등 주요 작업을 '농기계 위탁 작업단'에 의뢰하고 방제작업 등 노동력이 소요되는 작업은 주말에 가족노동력을 활용해 해결할 수 있다. 온대몬순지역에 수도작을 경영하는 안정겸업 농가가 정착한 요인이 바로 이것이라 할 수 있다.

넷째, 농업을 경영할 수 있는 노동력을 보유하지 않아 사실상 탈농한 농가를 들 수 있다. 전 작업을 위탁해 해결하는 위탁경영형이거나 농지를 임대하고 재촌지주로 남는 경우다. 수도작의 농기계 수탁 작업이 잘 갖추어져 있으

3) 김정호, 「농지 개혁 후 자작농의 성격변화」, 『한국농촌사회의 변화와 발전』(한국농촌경제연구원, 2003a), 429쪽.

〈그림 8-1〉 농가계층의 유형 분류

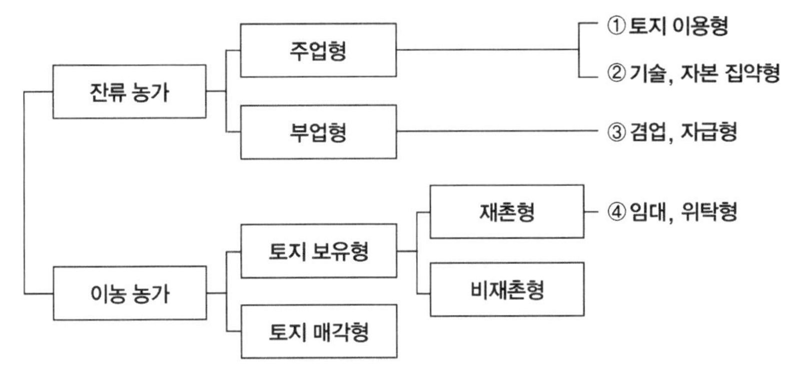

자료: 김정호, 「농지 개혁 후 자작농의 성격변화」, 429쪽.

면 위탁경영이 가능하다.

전업농의 경영규모를 확대하고자 65세 이상의 고령자 농가를 대상으로 '경영이양직불제'를 실시한다. 즉, 고령 경영주를 농업에서 은퇴시켜 재촌지주로 안주시키는 제도인데, 소기의 정책 효과를 거두지 못했다.

국민이 바라는 농업의 성과를 발휘할 수 있는 생산주체를 육성하는 것이 농업 구조 조정정책의 목표라고 전제한다면 우선 바람직한 농업경영주체를 규정해야 한다. 농업경영체는 경제발전과 더불어 다양하게 전개되어왔다.

우선 생산요소의 이용형태를 기준으로 개별 가족농과 조직 경영체로 나누는데 전자를 통상 농가라 부른다. 가족농은 규모를 확대해 전업농으로 발전해 간다. 동시에 가족농의 한계를 극복하고자 조직 경영체를 조직해 대처한다.

조직 경영체는 회사형태와 협업 경영형태로 대별되는데 회사형태는 상법에 규정된 유한, 합명, 합자, 주식회사 등으로 나뉜다. 1996년 1월부터 발효된 「농지법」에 의하면 일정한 자격 요건을 갖춘 회사법인은 농지를 소유하고 농업 생산활동에 참여할 수 있다.

또한 1990년에 제정된 「농어촌발전특별조치법」에는 협업 경영체로서 영농조합법인을 규정했다. 「농지법」 발효 이전에는 이 영농조합법인이 농지를 소유할 수 있는 유일한 조직 경영체였다.

가족농인 경우 가족의 노동력 이용형태에 따라 전업농과 겸업농으로 나뉜다. 연간 30일 이상 비농업에 종사하는 가족이 있으면 겸업농으로 규정한다. 비농업에 종사하는 형태는 두 가지인데 임업, 수산업, 상업 등 농업 외 타 사업을 겸업해 사업 소득을 획득하거나 비농업 분야에 취업해 노임을 벌어들이는 유형으로 나뉜다.

또한 경영규모를 기준으로 농가를 소농, 중농, 대농으로 분류한다. 경영규모를 측정하는 척도는 토지와 자본이며 토지 이용형 경종농업에서는 주로 경작규모를 기준으로 농가를 분류한다.

토지 이용유형에 따라 가족농을 자작농과 임차농으로 나누고 임차농 중에서 자작지가 없는 임차농을 순임차농이라 부른다. 물론 소작농과 임차농을 구분하는 기준은 명확하지 않다.

4) 농업 구조와 농가계층 분화

격동기를 치른 후 경제 안정기에 접어든 시점부터 현재에 이르기까지 농업 구조 개선은 농정의 중심축으로 회자되어왔다. 특히 개방농정 이후 농업 구조 개선이 농정의 핵심 과제로 대두되었으므로 농업 구조에 대한 정의와 농업 구조의 변천 과정에 대한 이해가 무엇보다 중요하다.

한국의 경우 농가가 농업 생산주체로 정착되어 있으므로 경제성장 과정에서 전개된 농가의 분포, 즉 농가의 계층 분화에 대한 이해가 전제되어야만 농업 구조 개선을 거론할 수 있으며 농정을 제대로 평가할 수 있다.

이런 점을 감안해 〈표 8-1〉에는 경작규모별 농가 호수를, 〈그림 8-2〉에는 이 자료를 바탕으로 한 농가 호수 구성비를 나타냈다.

여기에 제시된 자료와 선행연구[4]를 참조해 농지 개혁 이후부터 현재까지 농가계층 분화의 전개 과정을 제4기로 나누어 그 특징을 정리했다. 편의상

4) 박진도, 『WTO체제와 농정 개혁』, 18~45쪽.

〈표 8-1〉 경작규모별 농가 분포(1965~2010)

(단위: 천 호, %)

구분	0.5ha 미만	0.5~1.0	1.0~1.5	1.5~2.0	2.0~3.0	3.0ha 이상	합계
1965	901 (35.9)	794 (31.7)	415 (16.6)	228 (9.1)	140 (5.9)	29 (0.8)	2,507 (100.0)
1970	787 (32.6)	824 (34.2)	446 (18.5)	193 (8.0)	124 (5.1)	37 (1.6)	2,411 (100.0)
1975	691 (30.2)	828 (36.2)	431 (18.9)	187 (8.2)	112 (4.9)	36 (1.6)	2,285 (100.0)
1980	612 (28.8)	748 (35.2)	438 (20.6)	191 (9.0)	109 (5.1)	31 (1.3)	2,128 (100.0)
1985	534 (28.4)	686 (36.4)	390 (20.7)	160 (8.5)	87 (4.6)	23 (1.4)	1,880 (100.0)
1990	483 (27.7)	544 (31.2)	352 (20.2)	191 (11.0)	129 (7.4)	44 (2.5)	1,743 (100.0)
1995	433 (29.3)	432 (29.2)	265 (17.9)	153 (10.4)	123 (8.3)	70 (4.9)	1,477 (100.0)
2000	440 (32.1)	379 (27.6)	219 (15.9)	132 (9.6)	114 (8.3)	85 (6.5)	1369 (100.0)
2005	457 (36.4)	330 (26.3)	174 (13.8)	107 (8.5)	93 (7.4)	93 (7.4)	1254 (100.0)
2010	473 (40.6)	288 (24.7)	142 (12.1)	87 (7.6)	78 (6.6)	97 (8.4)	1165 (100.0)

주: 경종농가 외의 농가는 제외.
자료: 농림부, 「농림업 주요 통계」(해당 연도판).

〈그림 8-2〉 경영규모별 농가 분포의 추이

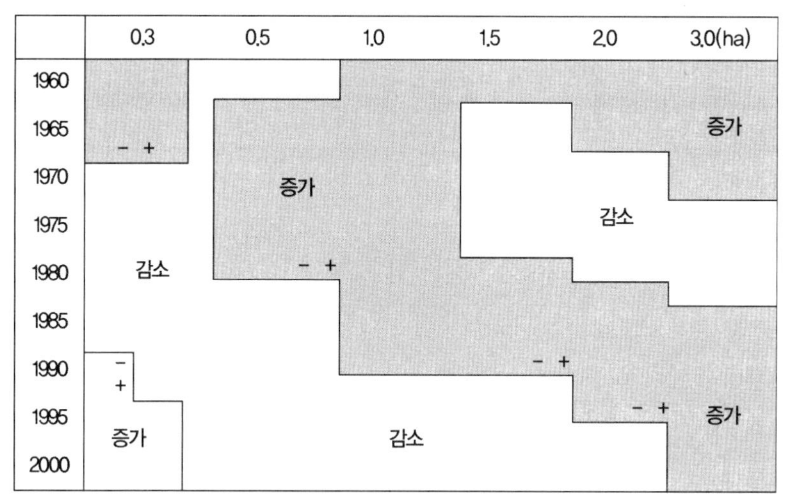

자료: 김병택·김정호, 「쌀농업 구조 조정의 당위성과 한계」, 『농업경영·정책연구』(한국농업정책학회, 2005).

0.5ha 미만 계층을 소농, 0.5~1.5ha 계층을 중농, 1.5ha 이상을 대농으로 규정했다.

제1기는 농지 개혁이 완료된 시점부터 총 농가 호수가 증가한 1967년까지의 기간이다. 0.1ha 미만 계층과 3.0ha 이상 계층의 농가가 중간층의 농가에 비해 상대적으로 증가했기 때문에 미미하긴 하지만 양극 분해의 단계라고 볼 수 있다.

제2기는 총 농가호수가 감소하기 시작한 1968년부터 1983년까지의 기간이며, 0.5~1.5ha 계층인 중농이 상대적으로 증가했으므로 '중농화'가 진행된 시기로 규정할 수 있다.

제3기는 1984년부터 1989년까지 전 계층이 상향 이동하는 기간으로 양극분화(兩極分化)의 과도기라고 지칭할 수 있을 것이다.

제4기는 1990년 이후부터 현재까지 지속되는 0.5ha 미만의 소농계층과 3ha 이상의 대농계층이 상대적으로 증가하고 중농계층이 감소하는 전형적인 양극분화의 현상을 나타낸다. 물론 소농계층의 경우, 겸업농가보다는 고령 농가가 주축을 이룬다는 사실을 간과해서는 안 될 것이다.

2. 농업 구조 조정정책의 전개 과정

1) 농지 개혁과 1950년대의 농업 구조 조정

광복 직후 한국 농업은 경작규모가 영세한 전형적인 소작농 구조였다. 1945년 경작규모에 대한 소작지 비율은 65%, 총 농가에 대한 소작농 비율은 84%에 달했다. 더구나 자작지가 없는 순 소작농이 무려 49%에 달했다.

이러한 소작농 구조로는 농업이 바람직한 성과를 수행하리라 기대하기 어려웠다. 즉, 내부 경영목표인 자립 경영을 이룩할 수 없었을 뿐 아니라 산업으로 수행해야 하는 역할, 이른바 값싸고 질 좋은 식량을 공급하는 기능도 감당할 수 없었다.

헐벗고 굶주리는 소작농을 질곡에서 벗어나게 해야 한다는 형평성의 가치 기준에서 판단할 때, 아울러 자작지가 소작지에 비해 생산성이 높다는 효율성 기준에서 평가할 때, 소작농 구조는 바람직하지 않은 경제현상으로 규정된다. 이러한 농업 구조를 배경으로 한 사회적·경제적 문제를 해결할 수 있는 대안은 농지 개혁 외에는 없었다.

북한은 '무상몰수 무상분배'의 원칙하에 1946년 토지 개혁을 단행했다. 아울러 일본에 진주한 미군정도 1946년 농지 개혁을 단행했다. 그러나 전체 농가의 85%에 달하는 소작농이 고율의 소작료 명분으로 착취당하며 기아에 허덕이는 암담한 현실임에도 남한에서는 지주계층의 반발로 농지 개혁이 차일피일 미루어졌다.

미군정 당국은 우선 소작농을 보호해 사회 안정을 도모한다는 취지로 1945년 10월 '최고소작통제령'을 공포해 소작료는 수확량의 1/3을 초과할 수 없다고 고시했다. 그러나 이것은 현실적으로 실행이 불가능한 정치적인 구호에 지나지 않았다.

북한의 농지 개혁에 자극을 받아 소작농 계층이 동요하는 조짐이 나타났고 좌익 측에서는 남한도 무상몰수 무상분배의 원칙하에 농지 개혁을 단행해야 한다는 주장이 나왔다. 군정 당국은 심각한 사회분위기를 인식해 급한 대로 동양척식주식회사를 위시한 일본 회사와 일본인 소유농지, 이른바 '귀속농지'를 소작농에게 매각했다. 농지 개혁이 절실히 필요했는데도 미군정 당국이 결단을 내리지 못해 결국 대한민국 정부 수립 이후로 미뤄졌다.

정부 수립 후 갑론을박의 진통을 겪고 1949년 12월 「농지개혁법」을 제정해 농지 개혁을 단행했다. 자경하지 않는 일체의 농지와 3ha를 초과한 자경지를 정부가 강제로 매수해 소작농과 농업 노동자, 나아가 경작규모가 영세한 자작농에게 유상으로 분배했다.

농지 개혁으로 전형적인 소작농 구조가 영세 자작농 구조로 개선되었다. 농업 구조를 바람직한 방향으로 바꾸기 위해 농지 개혁이란 극약처방을 내린 셈이다.

농지 개혁을 단행해 농업 구조를 개선한 덕분에 농업 생산력이 확대되었지만 만성적인 식량 부족에서 벗어나지 못했다. 6·25전쟁 중에는 외국의 식량 원조로 위기를 극복했으나 휴전 협상이 체결되고 농업 생산이 원상으로 회복되자 생산이 수요를 충족하지 못하는 만성적인 식량 부족 현상이 나타났다. 수리시설 등 농업 생산기반이 취약하고 비료, 농약 등 생산요소 투입이 적정 수준에 미치지 못해 토지 생산성도 낮아졌다.

생산기반을 구축하고 투자를 늘려 생산력을 증대시킴으로써 식량을 확보하는 정책수단 대신 외국으로부터 식량을 무상으로 도입함으로써 식량 문제를 해결했다.

1954년에는 미국에서 '상호보장법(MSA)'과 '농업교역진흥및원조법(PL480)'이 제정되었다. '상호보장법'에 의거해 1955년부터 무상으로 식량이 도입되었고 한미 간 잉여 농산물 도입협정이 체결되어 1956년부터 잉여 농산물이 도입되었다.

미국으로부터 무상으로 농산물이 대량 도입됨에 따라 부족한 식량을 해결할 수 있었고 물가를 안정시킬 수 있었던 반면 농업 생산은 위축되고 농가경제는 어려움에 직면했다. 즉, 농업 구조는 식량마저 자급하지 못하는 전형적인 소농 구조로 정착되었다.

2) 1960년대의 농업 구조 조정

제1차 경제개발 5개년계획을 시점으로 본격적인 경제성장정책이 추진됨에 따라 농업정책에도 변혁이 일어났다. 즉, 정책 당국은 농산물가격 상승이 경제성장을 저해한다는 전제하에 농산물시장에 개입하기로 결정하고 1961년산 쌀부터 '정부매입제'를 도입했다.

뒤이어 1962년 7월 농림부장관의 자문기관으로 '농업 구조 개선 심의회'를 설치했다. 농업 생산력을 제고해 농가소득을 높이기 위해 농업 구조를 개선해야 한다는 당위성을 제시했다. 심의회는 생산 구조 개선, 소득 및 유통 구조 개선, 농촌사회 구조 개선 등을 정부에 건의했다. 여기서의 생산 구조는 농산물 생산조직이라는 측면보다는 농업경영조직 개편을 위한 기본 틀이라 할 수 있다.

생산주체를 ① 영세성을 탈피하기 위한 협업 경영체, ② 자립할 수 있는 가족 경영체, ③ 농기업 등으로 다양하게 정의하고 육성방안을 제시했는데 특히 협업 경영을 강조했다.

소농 구조의 한계를 탈피하는 데 협업 경영이 바람직하다는 공감대가 형성되었고 그 실천 수단으로 전국에 5개의 '협업 개척 시범농장'을 마련했다. 소농이 모여 자발적으로 협업 경영체를 결성한 것이 아니라 정부가 산간지대의 농지를 개간해 협업형태로 경영하도록 지원한 것인데 결국 실패로 끝났다. 소농경제하에서 생산성을 높이려면 협업 경영이 바람직하다는 이상을 실현시키려 했지만 현실과 거리가 멀었다.

또한 기업농이 제시되었지만 농업의 경우 특정한 분야를 제외하면 규모의 경제가 발휘되는 정도가 약하기 때문에 기업 경영이 존립하기 어렵다는 사실을 감안하지 않은 채 대규모 경영이라는 명분을 내세우는 데 급급했다. 당시에는 가족농의 경영규모 확대도 어려운 실정이었으므로 기업농이 대두될 만큼 경제여건이 성숙하지 않았다고 단정할 수 있다.

1965년과 1966년 2개년에 걸쳐 '자립·안정 농가 육성 사업'이 실시된 바 있으나 형식적인 시책에 지나지 않았다. 농업 구조 개선과 관련해 1960년대에 제시된 획기적인 조치가 바로 1967년 1월에 공포된 「농업기본법」이라 할 수 있다. 여기에는 농정의 이념과 기본 방향, 특히 농업 구조 개선정책의 기본 골격이 제시되어 있다. 즉, 농업 구조 개선을 위한 대안으로 자립 가족농을 육성하고 기업농·협업농을 조장할 것을 제시했다.

농업 구조 개선의 기본 골격으로 자립 가족농 육성을 내세우고 가족농을 보완하는 측면에서 기업농·협업농을 제시했다. 이는 1962년 '농업구조 개선 심의회'에서 제시한 농업 구조 개선책과 대립된다고 하겠다. 즉, 농업구조 개선심의회에서 제시한 대안은 이상형이었고 「농업기본법」에서 제시한 자립가족농 육성은 현실적인 대안이라 할 수 있다.

그러나 농업을 둘러싼 경제현상을 명확하게 인식하고 농업 구조를 바람직한 방향으로 유도하기 위한 제도적 장치로 「농업기본법」을 제정했다고 평가하는 것은 현실과 거리가 멀었다. 왜냐하면 1960년에 들어와 총 농가호수가 지속적으로 증가해 소농 구조로 고착되어왔기 때문이다. 즉, 생산주체를 바람직한 방향으로 유도하는 농업 구조 개선의 필요성이 나타나지 않았다.

1961년 일본에 「농업기본법」이 제정되자 한국도 「농업기본법」이 필요하다고 인식하고 1964년 2월 농업 기본 법안이 국회에 제출되었고 우여곡절을 겪은 후 1967년에 통과되었다.

3) 1970년대의 농가계층 분화와 농업 구조 개선

수출주도형 공업 개발 위주의 경제개발정책이 성공해 비농업 분야 취업 기회가 늘어남에 따라 농업 노동력이 비농업 분야로 유출되기 시작했다. 성장거점도시 개발방식과 산업기지 개발방식을 통한 공업화를 추진한 결과 도농 간 소득격차가 심화되어 향도이촌하는 농업 노동력이 급증했다.

이에 따라 농업 내부에 구조 변동이 일어나기 시작했다. 지속적으로 증가해온 농가호수는 1967년 정점에 달한 후 1968년부터 감소하기 시작했다. 탈농·이촌한 농가 중 농지를 매각하지 않고 남겨두고 떠난 농가가 출현해 농지 용역의 유동이 촉진되었다.

자경하지 않는 농지는 국가에서 매수한다고 「농지개혁법」에 규정되어 있는데도 국가는 농지 개혁이 완료된 이후 이농자(離農者)가 남겨둔 농지를 매수하지 않았다. 결국 농지를 두고 이농한 농가는 농지를 임대하고 부재지주가 된 셈이었다.

상대적으로 경작규모가 영세한 소농계층 입장에서 보면 농지를 임차해 얻는 경영소득이 농업 노동자의 노동보수보다 많다면 기꺼이 농지를 임차하려할 것이므로 소농계층의 임차료 지불능력이 상대적으로 높았다고 할 수 있다.

이에 따라 농지를 두고 떠난 부재지주의 농지를 소농계층이 임차함에 따라 경작규모가 확대되어 중농계층으로 상향 이동하는, 이른바 농가의 계층 분화가 일어났다.

한편 농업 노동력 유출로 연고(年雇)체제가 무너져 노동력을 확보하기 어려워졌고 농촌 노임이 상승함에 따라 대농계층은 경영비 압박으로 어려움을 겪었다.

반면에 수확량의 절반 이상 수준의 임차료를 지불하고 농지를 임차하려는 소농계층이 있었으므로 대농계층 중에는 농지를 소농계층에 임대하고 가족노동력으로 경작할 수 있는 정도로 경작규모를 축소시킨 농가도 나타났다.

이에 따라 소농계층과 대농계층이 상대적으로 감소하고 중농계층이 상대적으로 증가하는 '중농화' 현상이 나타났다. 〈표 8-1〉에 나타나 있는 바와 같이 1965년에는 소농의 구성비가 35.9%였으나 1970년에는 32.6%로 감소했고 대농의 구성비는 15.8%에서 14.7%로 축소되었다. 반면 중농의 구성비는 48.3%에서 52.7%로 커졌다. 이를 두고 농가계층이 '중농화'로 분화되었다고 주장하는데[5] 이 현상은 1975년, 1980년에 현저하게 드러났다.

소농이 중농계층으로 이동했다는 것은 자립농가가 증가했다는 사실을 내포한다. 이런 측면에서 보면 비록 일본의 「농업기본법」을 모방해 제정했지만 「농업기본법」에서 제시한 자립적 가족농 육성이라는 농업 구조 개선 방향 설정은 바람직했다고 단정할 수 있다.

그러나 농가계층이 '중농화'로 진행되는 단계에서는 경작규모를 확대하기 위한 구조 개선정책에 큰 의미를 부여할 수 없다.

이런 경제현상이 반영되어 1970년대에는 경영주체를 바꾸려는 농업 구조 개선정책이 대두되지 않았다. 이 시기에는 형평성의 관점에서 도농 간 소득

---

5) 김성호 외, 『농지 보전제도 및 농지 보전에 관한 조사연구』(한국농촌경제연구원, 1984), 120쪽.

격차 또는 농가계층 간 소득격차를 줄이는 데 농정의 초점이 맞추어졌다. 즉, 농가소득을 높여 공산품의 내수기반을 구축한다는 정책목표를 내세워 1969년부터 쌀과 보리쌀을 대상으로 '이중가격제'를 도입했다.

이중가격제에서 발생한 '양특적자'를 한국은행 차입으로 메우는 편법을 동원함으로써 인플레이션이 촉진되었다. 생산자 소득을 지지하고 도시 저소득계층의 가계비 부담을 경감시킨다는 목적으로 실시한 이중가격제는 농가와 저소득계층 입장에서 보면 부메랑이 되어 돌아온 격이었다.

또한 만성적인 식량 부족을 해결하기 위해 증산정책을 펼쳤다. 즉, 다수확 신품종인 통일벼를 개발해 보급했고 가격 지지 및 생산요소 보조정책을 도입했다.

아울러 새마을운동을 전개해 농촌지역의 사회간접자본 확충에 크게 기여했다. 새마을운동이 소기의 성과를 거둘 수 있었던 사회적·경제적 배경으로 농가계층의 '중농화'를 지적할 수 있다. 즉, 소농이 중농으로 상향 이동함에 따라 농가 계층 간 갈등이 줄어들고 동질성이 강화되어 '근면·자조·협동'이라는 새마을 정신에서 공감대를 형성할 수 있었고 농촌 주민이 새마을운동에 적극적으로 참여할 수 있었다.

이처럼 1970년대에는 중농계층에 속하는 가족농이 확대되었으므로 당시의 시대적 상황에서 보면 농업 구조가 바람직하게 개편되었다고 할 수 있다. 이에 따라 농업 구조 개선정책을 도입할 여지가 크지 않았다.

4) 1980년대의 개방경제와 농업 구조 조정

(1) 경영규모 확대와 영농 기계화

1980년대에 들어와 점진적으로 개방경제체제로 전환함에 따라 농산물 수입이 확대되었다. 아울러 중화학공업 위주의 산업 구조 개편 시 불가피한 저임금체제를 유지하기 위한 방편으로 농산물가격 지지정책을 후퇴시키기에 이르렀다.

농산물 수입이 확대됨에 따라 농업 구조는 일대 전환기에 직면했다. 즉, 1970년대에는 식량 증산과 농가소득 증대라는 형평성을 실현한다는 가치기준하에 농정수단이 동원되었으나, 개방농정이 진행되면서 농업 생산의 효율성을 높이도록 강요받았다.

즉, 효율성 제고는 바로 생산비 상승 억제 또는 감축을 의미하며 여기에는 경영규모 확대가 선행되어야 한다. 이에 따라 정책 당국에서도 1980년대 농정의 기본 방향으로 영농규모 확대에 중점을 둔 농업 구조 개선을 강조했다.

농업경영체를 육성하고자 1980년 9월 '농어민 후계자 육성방안'을 발표했고 이를 위한 제도적 장치로 11월 「농어민후계자육성기금법」을 제정했다.

한편 농업 내부에서는 농업 노동력이 지속적으로 유출됨에 따라 농작업의 기계화가 절실히 요청되었다. 농정 당국에서는 호당 경작규모가 1ha 전후인 소농경제하에서 트랙터, 이앙기, 바인더, 콤바인 등 이른바 대형 농기계를 개별 농가가 소유하고 이용하면 과도한 기계화를 초래하므로 공동 소유 공동 이용이 바람직하다는 판단을 내렸다.

농가로 하여금 '새마을기계화영농단'을 조직하게 해 농기계 구입자금의 50%를 보조하고 40%를 융자하는 등 생산요소 보조정책을 채택했다. '새마을기계화영농단'의 적정 경작규모를 10ha 수준으로 제시했다.

그러나 공동으로 소유하고 이용하는 영농조직체는 나타나지 않고 대부분 개별적으로 소유했다. 대형 농기계 보조 사업으로 농기계를 소유한 대농계층의 임차료 지불능력이 상대적으로 높게 나타났고 농지를 두고 떠나는 부재지주의 농지를 대농계층이 임차했다. 이에 따라 대농계층이 상대적으로 증가하는 대농화 현상이 나타났으나 진행속도가 너무 느렸다.

(2) 겸업농가 육성

농촌 내부에 농외 취업 기회가 늘어나면 중농계층의 분화가 일어날 것으로 예상할 수 있다. 즉, 농업소득만으로 가계비를 충당하지 못하는 중농계층은 경작규모를 확대해 농업소득으로 가계비를 충당할 수 있는 대농계층으로 상향 이동하거나 경작규모를 축소시켜 농외 취업 혹은 겸업한다.

이렇게 되면 중농이 상대적으로 감소하고 소농계층과 대농계층이 증가하는 이른바 농가계층의 '양극분화'가 일어날 것으로 예측했다.[6] 이 양극화를 M자형 농가 구조라 부르기도 한다.

그런데 한국은 성장거점도시 개발방식 또는 산업기지 개발방식의 공업화 정책을 추진함에 따라 농촌공업화 수준이 낮아 농외 취업 기회가 낮은 실정이었다.

농기계 구입자금 보조 사업으로 대농계층의 소득 수준이 향상되어 농촌 내부에서는 계층 간 소득격차 문제가 대두되었다. 개방경제로 전환됨에 따라 농산물 수입이 확대되고 농산물가격 지지로 농업소득 증대정책의 한계를 인정하지 않을 수 없었다.

또한 농촌 인구가 도시에 집중됨에 따라 유입되는 인구를 부양하기 위한 간접자본 확충 한계비용이 급증해 농업 인구의 농촌 정착 대안을 모색했다. 아울러 농업 측에서는 농업소득 증대의 한계를 극복하기 위해 농외 취업 기회를 찾고 동시에 농가계층 간 소득격차를 해결하기 위한 대안으로 농외소득 증대방안이 본격적으로 거론되었다.

재촌 농외 취업 기회가 확대되어 향도이촌하는 인구가 농촌에 정착하면 농촌 과소화와 도시과밀화 문제를 동시에 해결하는 일석이조의 효과를 누릴 수 있다는 판단하에 그 정책대안으로 농외소득원 개발정책이 대두되었다.

또한 농외 취업 기회가 확대되면 중농계층의 분해가 일어나 소농과 대농이 상대적으로 증가해 농업 구조가 개선될 것이라는 가정이 깔려 있었다. 그러나 농가의 겸업화가 확대되어 농지를 재산 증식수단으로 소유함으로써 농지가격 상승을 초래하는 등 역기능은 고려되지 않았다.

---

6) 김성호 외, 『농지 보전제도 및 농지 보전에 관한 조사연구』, 131쪽.

(3) 농어촌종합대책

1980년대에 추진한 농업 구조 개선정책의 기본 골격은 전업 가족농을 대상으로 한 경작규모 확대와 영세 소농계층을 위한 농외소득원 개발정책이라 할 수 있다. 즉, 상충관계에 있는 효율성과 형평성을 상호 보완관계로 유도하려는 의도하에 정책수단을 동원했다.

개방경제로 전환함에 따라 이에 적극적으로 대응하는 조치로 1986년 3월 '농어촌종합대책'을 마련했다. 농가가 경작규모를 확대하려면 농지 매입보다 농지 임차가 현실적이고 바람직하다는 판단하에 이를 촉진하기 위해 1986년에 「농지임대차관리법」을 제정했다. 효력이 정지된 「농지개혁법」에 의거해 형식적으로 금지되어왔던 농지임대차를 합법화한 데 의의가 있다.

이 종합대책에 의거해 농가의 경영규모 확대를 도모하고자 1988년부터 농협을 통해 장기저리의 농지 구입자금을 지원하기 시작했다.

5) 1990년대의 본격적인 구조 조정정책

(1) 획기적인 구조 개선 대책

1990년대에 들어와 직면한 개방농정에 부응해 획기적인 농업 구조 개선이 요청되었으며, 이에 부응해 농업 구조 조정정책이 농업정책의 중심이 되었다. 경제성장과 더불어 농가 호수가 감소함에 따라 1990년 이후부터 농가계층의 양극화가 진행되었다. 소농계층이 상대적으로 증가하긴 했지만 바람직한 양극화로 진행되지 못했다. 소규모로 경작하는 겸업농이 증가해 양극화가 진행될 것으로 기대되었다.

1980년대에 들어와 대대적인 농외소득원 개발정책을 추진했지만 겸업농은 크게 증가하지 않았고 소농계층은 주로 고령자 농가였다. 이러한 농업 구조를 감안해 전업농의 규모 확대를 근간으로 하는 구조정책이 농정기조의 전면에 부각되었다.

상품 생산을 지향하는 전업농을 육성하기 위해 영농규모를 확대하고 기술

혁신으로 생산력을 높여 국제경쟁력을 강화한다는 정책목표를 설정했다.

구체적인 대안으로 ① 농지 유동 촉진을 포함한 농업 구조 개선 사업을 담당할 농어촌진흥공사 설립, ② 전업농의 경작규모 확대를 지원한 농지기금 설립, ③ 전업농 중심의 농업인력 개발, ④ 농지 장기 임대제도 개발, ⑤ 영농조합법인과 위탁영농회사 육성, ⑥ 농업진흥지역 지정, ⑦ 농수산업 구조 조정 기금 설치, ⑧ 농외 취업 촉진, ⑨ 농어민 연금제 실시 등 농업 구조 조정과 관련된 정책이 총망라되었다.

(2) 조직 경영체 육성

획기적인 농업 구조 개선계획을 마련하고 42조 원에 달하는 구조 개선 자금을 투입해 문민정부가 대대적으로 추진한 농업 구조 개선정책은 소기의 성과를 거두지 못했다는 평가를 받는다.

외적인 실패 요인으로는 외환위기를 지적하지만 근본적으로 구조 개선 방향이 잘못된 점을 지적하지 않을 수 없다. 국제경쟁력을 갖춘 농산물을 생산해낼 수 있는 경제주체로서 전업농과 조직 경영체를 육성했다. 조직 경영체는 영농조합법인과 농업회사법인인데 우리 실정에 맞지 않는 농업 생산주체로 밝혀졌다. 그런데도 정부의 투융자 사업 대상자를 선정할 때 이러한 조직 경영체에 우선권을 부여했다.

전업농을 대상으로 지원 농가를 선정하면 민원의 소지가 많지만 영농조합법인이나 농업회사법인을 지원 대상으로 선정하면 우선순위를 결정할 때 파생되는 부작용이 없다. 자치단체 농정 담당자들은 조직 경영체를 결성하도록 유도하고 투융자자금을 우선적으로 배정했다.

아울러 검증되지 않은 기술을 대대적으로 보급했다. 비닐온실이나 페트온실에 비해 막대한 투자금이 소요되는 유리온실이 시기상조라는 주장을 무시하고 전국적으로 보급했다. 정상적인 경영조건하에서도 수익성 보장이 불투명한 처지인데 설상가상으로 외환위기를 맞아 연료비가 폭등해 경영수지 압박을 가져왔다.

또한 농업 구조 개선을 위해 구체적으로 제시한 사업이 공급자 위주였다. 즉, 농림부는 각 담당 부서별로 다양한 사업을 마련하고 투융자자금을 할당해 수요자에 제시했다. 개별 농가와 조직 경영체의 농장 경영조직이 무시된 채 정부가 제시한 사업을 신청하고 지원 대상자로 선정되면 원래 제시한대로 사업을 수행해야 하므로 경영주가 의도한 사업 효과를 거둘 수 없었고 자원 배분이 왜곡되는 결과를 가져왔다.

6) 경제위기하 농업 구조 조정정책

획기적인 '농업 구조 개선계획'을 마련하고 42조 원에 달하는 농업 구조 개선 자금을 투입해 범국민적 차원에서 추진한 구조 개선 사업은 소기의 성과를 거두지 못하고 외환위기를 맞이했다.

IMF 관리체제하 여야 간 정권 교체로 탄생한 '국민의 정부'는 당면한 농업 위기를 극복하고자 과감한 개혁을 시도했다.

특히 「농업·농촌기본법」 제3장에서는 농업 구조 개선을 규정했다. 가족농의 경영 안정과 후계 농업인·전업농·여성 농업인·영농조합법인·농업회사법인 등의 생산주체 육성을 위한 정부 지원을 규정했다. 아울러 농지의 이용 증진과 보전시책, 농업 생산기반 정비, 영농규모화, 농업 기계화, 농업기술 개발, 벤처 농업, 정보화 등에 관해 규정했다.

또한 국민의 정부는 농업 구조 개혁의 일환으로 하드웨어 측면의 농업 구조를 담당하는 주체를 정비했다. 즉, 농업 생산기반을 조성하고 관리하는 업무가 농어촌진흥공사, 농지개량조합연합회, 농지개량조합 등 3개 단체에 분할되어 있었다. 농지기반과 관련된 사업을 효율적으로 관리하려는 의도로 1999년 1월에 「농업기반공사및농지관리기금법」을 공포해 3개 기관 및 단체를 '농업기반공사'로 통합했다.

7) 농업·농촌 종합대책과 구조정책

문민정부와 국민의 정부에 걸쳐 10년간 막대한 투융자자금을 투입해 농업 구조 개선정책을 대대적으로 펼쳤지만 소기의 정책 효과를 거두지 못했다.

대규모로 경영하는 전업농은 크게 증가하지 않은 채 정부 투융자자금을 바라고 조직경영체가 우후죽순 격으로 대두했지만 농업 생산에 참여하는 조직 경영체는 극소수였다. 즉, 국민이 바라는 농업의 성과를 거두는 농업경영체를 육성하려 의도한 농업 구조 조정정책은 실패한 셈이었다.

참여정부는 농업·농촌의 활로를 모색하고자 2004년 '농업·농촌 종합대책'을 제시했다. 여기에는 농정대상인 농업인, 농업, 농촌의 고유 영역을 강조하는 농정기조가 제시되었다. 농업 구조정책은 전면에 대두되지 않았고 농업인 대책의 일환으로서 전업농 육성방안이 강조되었고 조직 경영체는 거론되지 않았다.

농업·농촌 종합대책의 목표연도였던 2013년까지 6ha 규모로 경영하는 쌀 전업농 7만 호, 원예 선도 농가 11만 호, 축산 전업농 2만 호를 육성한다는 계획을 수립했다. 이 대책에는 농업경영을 담당할 정예 인력과 여성 농업인을 육성할 계획이 제시되어 있다(〈표 8-2〉 참조).

쌀 전업농을 육성하기 위한 정책대안으로 영농규모화 사업, 경영이양직불제를 지속해왔다. 또한 농지와 농지 용역 유동을 활성화하려는 의도로 2006년부터 농지은행 사업을 수행해왔다.

농업 생산에 참여한 농업회사법인을 육성하고자 농지를 소유할 수 있는 농업회사법인의 자격요건을 대폭 완화했으나 조직 경영체를 활성화하려는 구조정책은 크게 성공하지 못했다.

시장원리를 강조한 이명박 정부에서는 농업 생산의 주체로 조직 경영체의 역할을 재조명하고 조직 경영체를 육성하려는 의도하에 2009년 「농업경영체 육성법」을 제정하고 이를 통해 조직 경영체 육성방안을 제시했다.

〈표 8-2〉 농업·농촌 종합대책의 농업인력 육성 정책 및 사업

시책	사업	비고
정예인력 육성	· 후계 농업경영인 육성	· 창업농 후견인제도('05) · 사업성과에 따른 추가 지원 · 대학생 창업 연수('05) · 농업인턴제('05)
	· 농업전문학교 개편	· 학제 개편(3+1년제) · 직업훈련 과정 신설 · 조직 개편(한국농업대학 등)
	· 농업인 교육훈련	· 직업훈련 과정을 통해 연간 1,000명의 신규 창업농 육성 · 교육훈련 바우처 제도 도입 · 수요자에 맞춘 교육훈련
	· 농업경영컨설팅 지원	· 체계적인 지원시스템 마련 · 현장밀착형 컨설팅 강화 · 컨설팅 사후 관리 강화
	· 유통 전문 인력 양성	· 지방의 특화된 전문교육 과정 신설 · 농산물 품질 관리사 활용도 제고 · 농산물 유통대상 신설('05)
	· 농업벤처 육성	· 창업보육센터 추가지정 및 보육 사업비 지원 확대
	· 농업경영체 활성화	· 세제 개선 · 농업회사법인 진입 제한 완화 · 지원제도 정비
여성 농업인 육성	· 정책 추진 기반 구축	· 1차 5개년 계획 중간평가 및 2차('06~'10)계획 수립
	· 정책의 성별 영향 분석 평가제도 도입	· 매년 연구용역 평가 실시

자료: 박성재 외, 「선진국형 농정으로의 전환을 위한 연구: 한국 농업의 구조변화와 관련정책 평가」(한국농촌경제연구원, 2007b), 32쪽.

3. 농업인 후계자 육성

1) 전개 과정

경제성장과 더불어 농업 노동력이 비농업 분야로 유출되면서 농업인력 부족이 심각한 사회 문제로 대두되었다. 특히 기간 농업 노동력이 탈농·이촌함에 따라 노동력의 노령화가 심화되어 영농후계자 육성이 시급한 정책과제로 부각되었다.

이에 대응해 정부는 1980년 9월에 농어민 후계자 육성방안을 발표했고 이를 수행하기 위한 제도적 장치로 그해 11월 「농어민후계자육성기금법」을 마련했다.

독지가(篤志家)의 기부재산, 정부, 정부 투자기관의 출연금 등 다양한 모금 방법을 동원해 육성기금을 조성했다. 초기 단계에는 농어민 후계자가 영농 및 영어 정착 사업에 필요한 자금을 융자할 때 그 용도를 한정했으나 1983년 관련법을 개정해 농어민 후계자의 자질 향상을 위한 교육훈련비로 사용할 수 있도록 완화했다.

후계자 육성 사업의 정책 효과를 극대화하고자 융자를 받은 후계자가 그 자금을 타 용도에 전용하거나 사업장을 이탈한 경우 자금의 상환기간 이전일지라도 융자금의 전부 또는 일부를 회수할 수 있도록 조치했다.

이와 같이 농어업인 후계 인력 육성에 기여한 「농어민후계자육성기금법」은 1990년에 와서 「농어촌발전특별조치법」으로 흡수 통합되었고, 재원도 '농어촌특별회계'로 편입되었다. 「농어촌발전특별조치법」 제4조에 보면 "농어촌에 정착해 농수산업을 경영하고 있거나 경영할 의사가 있는 청소년을 농어민 후계자로 선정해 지원한다"라고 되어 있다.

1991년 수립된 '농어촌 구조 개선 대책'에 의거 향후 10년간 매년 1만 명씩 농어민 후계자를 선발하는 내용을 골자로 하는 후계자 육성계획을 확정했다. 아울러 농어민 후계자를 희망하는 청소년을 정책대상으로 포용하기 위해 '예비 후계자제도'를 도입했다.

1994년 농어촌발전대책을 수립하는 과정에서 후계자 육성 사업을 중점적으로 검토해 내실화를 도모했다. 즉, 매년 경영실태를 파악해 이를 토대로 자금 지원을 차등화하는 동시에 경영교육과 사후 관리를 강화했다.

또한 1994년 10월 「병역법」을 개정해 병역 특례에 의한 산업기능요원에 농어민 후계자를 포함시켰다. 1995년에는 전역해 영농할 의사가 있는 직업군인을 국방부장관이 추천하면 농어민 후계자로 선정할 수 있도록 조치했다.

1995년 7월에는 「농어촌발전특별조치법」이 개정됨에 따라 농어민 후계자 명칭이 농업인 후계자, 임업인 후계자, 어업인 후계자로 분화되었다. 이듬해인 1996년 7월 해양수산부가 신설되어 어업인 후계자 육성 사업은 해양수산부로 이관되었다. 이에 따라 농업인 후계자 육성 목표 인원을 매년 7,000~9,000명으로 조정했다.

한편 1991년 3월 농어민 후계자의 전국조직체인 '한국 농어민 후계자 중앙 연합회'가 창립되었다. 이 연합회는 1996년 8월 '한국 농업경영인 중앙 연합회'로 명칭이 바뀌었다.

2) 사업 추진체계

1981년 농어민 후계자 육성 사업이 도입된 이래 농림수산부는 매년 '농어민 후계자 육성 사업 실시요령'을 관계기관에 하달해 사업을 수행해왔다. 1995년부터는 농림부가 수행하는 일체의 정책 사업이 '농림 사업 실시요령'에 의거해 추진됨에 따라 농업인 후계자 육성 사업도 여기에 포함되었다.

선정 대상자가 갖추어야 할 자격의 기본 골격은 병역을 필했거나 면제받은 농어촌 청소년으로 농업에 대한 신념이 확고하고 영농 정착 의지가 강한 자로 규정되어 있지만 구체적인 자격요건은 매년 변경되었다.

또한 농업경영의 후계자를 확보한다는 취지로 1981년 사업 시행 초기에는 지원 대상자의 연령을 35세 이하로 제한했으나 1992년 이후부터 만 40세 미만으로 상향 조정해 오늘에 이르렀다.

1991년에 와서 자격요건이 강화되었다. 즉, 농업인 후계자 육성 대상자가 갖추어야 하는 자격요건은 농촌지도소에 예비후보자로 등록되어 있는 자 또는 생산자단체에 가입해 활동하는 자 중 당해 품목별 생산자단체의 장이 추천하는 자로 규정했다. 병역미필자로서 산업기능요원의 농업인 후계자로 편입된 날로부터 복무기간이 2년 이상 경과한 자로 한정했다.

자격요건을 갖춘 희망자가 주소지 관할 읍·면사무소에 신청하면 읍·면장은 읍·면 지도협의회를 구성해 자격요건을 심사한다. 즉, 영농 정착 의지, 학력,

영농 교육훈련, 영농 경력, 영농 기반, 신용상태, 사업자금 융자 적격 여부 등 다각적인 측면에서 평가한 후 적격자에 한해 관련 서류를 첨부해 농업기술센터소장에 통보한다.

센터소장은 분야별 전문 심사위원을 구성하고 읍·면으로부터 통보받은 지원자를 대상으로 사업계획서, 심의자료 등을 검토·평가한 후 적격자에 한해 지원 대상자 우선순위와 지원 금액을 산정해 시장·군수에 추천한다. 시장·군수는 농업기술센터 품목별 생산자단체장의 추천을 받은 자를 대상으로 시군 농어촌발전심의회를 거쳐 지원 대상자 우선순위와 지원 금액을 결정한다.

3) 육성자금 지원 규모와 조건

후계자 육성 지원자금은 전액 융자이며 1인당 지원 규모는 지원자의 영농 설계에 따른 차등 지원으로 정해져 있었다. 사업 초기인 1981년에는 평균 400만 원 정도 수준으로 지원했으나 그 이후 1인당 지원 한도는 매년 확대되어왔다. 1997년 당시의 지원 규모는 2,000만~5,000만 원 범위 내에서 차등 지원되었으며 벼농사는 3,000만~5,000만 원, 축산 분야는 2,000만~3,000만 원, 기타 분야는 2,000만~5,000만 원 규모로 지원되었다.

지원자금의 대출 금리는 1981년 이래 연리 5% 수준으로 큰 변동이 없었지만 원금의 상환조건이 완화되어왔다. 사업 초기에는 3년 거치 4년 균분 상환이었으나 1990년부터는 5년 거치 10년 균분 상환으로 개선되었다.

지원자금은 비료, 농약, 유류 구입 등 농장 운영비로 사용할 수 없고 영농기반을 조성하는 고정자본으로만 사용할 수 있도록 제한했다(〈표 8-3〉 참조).

후계자 지원자금을 지정한 사업 목적 외에 사용할 수 없도록 사업 초기부터 엄격하게 관리해왔다. 즉, 자금을 융자받은 후 상환기일 이전에 사업장을 이탈하거나 목적 외에 사용해 융자금의 회수 사유가 발생했을 경우 읍·면장은 즉시 시장·군수에게 보고하도록 조치했다.

시장·군수는 보고 내용을 토대로 사업 취소나 융자금을 회수해야 하는 사

〈표 8-3〉 농업인 후계자 육성 사업의 지원 대상(1998)

분야별	사업 작목	지원 대상 사업내역
경종농업 분야	수도작, 원예(채소, 화훼 등), 과수, 특작, 복합영농 등	농지 구입, 고정식 온실, 하우스시설, 수경재배시설, 과수원 조성, 묘목 구입, 버섯재배사, 저장시설, 관수시설, 대형 농기계, 컴퓨터 구입, 기타 농업 기반시설
축산 분야	한(육)우, 낙농, 양돈, 양계, 기타 축산 등	축사 신축 및 시설 개선, 가축 입식, 폐수 처리시설, 초지 조성, 사료포 조성, 대형 농기계, 사료 저장시설, 컴퓨터 구입, 기타 축산 기반시설

자료: 농림부 농촌인력과.

유가 타당하다고 인정될 때에는 사업 대상자에게 15일 이내에 시정할 것을 즉시 통보해야 한다. 만약 사업 대상자가 이를 불이행할 경우 도지사의 승인을 얻어 지체 없이 대상자에게 사업 취소와 융자금 상환을 재통보하도록 의무화했다.

이와 동시에 융자기관에도 융자금을 회수할 것을 통보해야 한다. 이때 시·도지사도 사업 취소와 융자금 회수 사유가 적합하다고 인정될 때에는 지체 없이 사업을 취소하고 융자금을 회수하도록 조치함과 동시에 농림부장관에게 보고하도록 했다.

4) 추진 실적과 성과

농어민 후계자 육성 사업을 통해 지원받은 농업인 후계자는 1981년부터 1998년까지 총 10만 5,032명이었고(〈표 8-4〉 참조), 지원 금액은 총 1조 6,016억 원으로 1인당 평균 1,500만 원에 달했다. 특히 농어촌 구조 개선 사업이 출범한 1992년부터 지원자 수와 1인당 지원 금액이 급증했다. 1인당 지원 금액의 추이를 보면 1981년 초기에는 1인당 평균 400만 원 정도였으나 매년 지원액 규모가 증가했다. 1992년부터는 지원 대상자 및 지원액 규모가 크게 확충되어 1998년에는 1인당 지원액이 3,000만 원에 달했다.

이들 농업인 후계자의 품목별 분포를 보면 1998년의 경우 축산 부문이 39.0%로 압도적으로 많았으며 그다음으로는 벼농사가 18.8%, 원예가 17.3%

〈표 8-4〉 농업인 후계자의 연도별 육성 현황(1981~1998)

(단위: 백만 원)

연도별	지원자 수		지원 금액	
	인원 수	구성비	총금액	1인 평균
1981	1,795	1.8	7,517	4.2
1982	1,846	1.9	11,718	6.4
1983	1,808	1.9	12,526	6.9
1984	4,480	4.6	31,324	7.0
1985	9,021	9.3	63,151	7.0
1986	9,063	9.3	63,599	7.0
1987	7,684	7.9	63,423	8.2
1988	3,600	3.7	31,620	8.8
1989	1,850	1.9	17,932	9.7
1990	1,850	1.9	19,923	10.8
1991	1,350	1.4	17,550	13.0
1992	9,000	9.3	140,000	15.5
1993	9,000	9.3	150,000	16.7
1994	8,340	8.6	138,000	16.5
1995	9,730	0.0	185,000	18.0
1996	8,227	8.5	181,275	22.0
1997	8,526	8.8	227,072	26.6
1998	7,862	7.5	240,000	30.5
합 계	105,032	100.0	1,601,630	15.2

자료: 농림부 농촌인력과.

〈표 8-5〉 농업인 후계자의 품목별 분포(1998)

품목별	인원 수	구성비(%)
쌀	1,481	18.8
원예	1,360	17.3
과수	547	7.0
특작	364	4.6
복합	1,049	13.3
한(육)우	2,193	27.9
낙농	337	4.3
기타 축산	531	6.8
합계	7,862	100.0

자료: 농림부 농촌인력과.

〈표 8-6〉 농업인 후계자의 사업 취소자 현황(1998)

(단위: 명)

구분	합계	사망	신병	전업	이주	무단이탈	기타
인원 수 (구성비)	15,279(100.0)	862(5.6)	98(0.6)	4,665(30.5)	5,237(34.3)	2,775(18.2)	1,642(10.8)

자료: 농림부 농촌인력과.

를 차지했다(〈표 8-5〉 참조).

반면에 지금까지 정책자금을 지원받은 농업인 후계자 중에서 당초의 목적대로 사업을 수행하지 않고 이탈한 후계자도 상당수에 달했다. 농림수산부에서 행정계통을 통해 1998년 말까지 사업이 취소된 후계자를 조사 집계한 결과를 보면 사업 취소자는 총 1만 5,279명으로 파악되었다(〈표 8-6〉 참조). 이는 1998년까지 지원된 농업인 후계자 전체의 14.5%에 해당했으며, 사업 취소의 주된 사유는 이주, 전업, 무단이탈 등이었다.

농업인 후계자 육성 사업은 약간의 시행착오를 겪었지만 비교적 일관성 있게 지속적으로 추진되어온 사업으로 긍정적인 평가를 받는다. 1981년부터 1998년까지 10만 명 이상의 영농후계자를 육성했으며, 특히 농어촌 구조 개선 사업이 착수된 1992년부터는 전업농 육성 사업과 연계해 사업규모를 확충함으로써 젊은 농업인이 안정적인 농업경영자로 정착할 수 있었다. 이 사실을 감안하면 후계자 육성 사업이 농업 발전에 크게 기여했다고 평가할 수 있다.

4. 전업농 육성

1) 전업농의 의의

농업소득만으로 도시가계에 버금가는 수준의 소득을 획득하는 농가를 '자립농가', '기간농가', '중핵농가'라고 했는데, 개방경제로 전환됨에 따라 '전업농'이라는 용어가 대두되었다. 이 '전업농'이란 용어는 1990년 제정된 「농어촌발전특별조치법」에 공식적으로 제기되었다.

정책대상으로 전업농이라 부를 때 그 개념에는 자립 경영이라는 목표가 밑바닥에 깔려 있으며, 자립 경영을 판단하는 기준으로 개방경제를 전제로 해 소득 균형 목표와 완전 취업이라는 지표를 이용한다.

즉, 농업경영체가 자립하기 위해서는 타 산업 종사자에 버금가는 수준의 소득을 달성해야 하며, 동시에 농업경영에 참여하는 노동력이 최대한의 능률을 발휘할 수 있는 규모를 확보해야 한다. 아울러 전업농이 생산하는 농산물이 국제 상품이라면 국제경쟁력을 갖추어야만 존립할 수 있다.

따라서 전업농 육성을 농정목표로 제시했다면 소규모로 생산하는 다수의 겸업농으로 이루어진 농업 구조로는 국제경쟁력을 갖춘 양질의 농산물을 생산할 수 없다는 전제가 깔려 있다. 농어촌발전대책에 설정되어 있는 전업농의 개념은 다음과 같다.

첫째, 가족 구성원 중 연간 200일 이상 농림어업 경영에 종사하는 자가 있어야 한다. 종사 일수에는 농작업뿐 아니라 경영계획, 생산물 처분, 경영평가 등에 소요되는 작업 일수도 포함된다.

둘째, 한 개 이상의 전문 품목을 경영해야 한다. 불가피한 경우 시설원예의 경우처럼 품목군 경영을 포괄한다.

셋째, 인근 타 분야 자영업자에 뒤지지 않는 소득 수준을 유지하고 투입된 고정자본과 경영에 대해서도 적정수준의 수익을 보장할 수 있는 수준이어야 한다. 다만, 인근에 있는 타 분야 자영업자의 소득 통계가 정비되기까지는 도시근로자 가구의 상위 30% 계층 평균소득에 확대 재생산 투자분을 포함시켜 이용한다.

넷째, 앞에서 제시한 소득 수준을 계속 유지할 수 있는 경영규모를 보유해야 한다. 여기서 말하는 경영규모에는 임차농지도 포함된다.

다섯째, 전업농 규모를 경영하는 데 필요한 기계시설·장비의 조작 및 일상적인 정비능력을 보유하는 능력을 갖춰야 한다.

전업농이 갖춘 농산물 생산 구조를 기준으로 단작 전문 경영농가와 복합경영농가로 대별할 수 있다. 전문화의 장점으로는 생산성을 높여 경쟁력을 강화할 수 있다는 점이 거론된다. 반면 단점으로는 가격 변동 혹은 단위수확량 변동에 따른 위험부담이 크고 경종작물의 경우 노동수요의 계절성이 나타나 연간 가족노동 투입량이 적다는 점이 지적된다.

개방경제하에서는 국제경쟁력을 갖춘 농산물을 생산하는 전업농을 육성해야 한다. 그러므로 국제상품인 농산물을 생산하는 경영주체는 되도록 전문 경영농가로 육성해야 한다. 주요 소득원이 수도 외의 지역 특화작목이지만 ① 자가식량 확보 목적으로 수도를 재배하거나, ② 시설원예 생산에서 염류집적 피해 또는 연작 피해를 줄이기 위해 수도작을 재배하는 경영체, ③ 수도작의 주요 작업을 농기계 수탁 작업에 맡기고 경영에만 참여하는 경우 등에 한해서는 전문 경영농가로 정의하는 것이 바람직하다고 판단된다.

2) 사업 추진 경과

1989년에 마련된 '농어촌발전대책'의 일환으로 전업농 중심의 농어업인력 개발촉진계획이 수립되면서 전업농 육성 사업이 구체화되기 시작했다. 농어민 후계자 육성 사업으로 정착한 농업경영인에 대한 후속 지원시책이 절실히 요구되었다. 이를 반영해 1990년 제정된 「농어촌발전특별조치법」 제3조에 "농수산업의 경영규모 적정화와 경영 합리화를 도모함으로써 생산성을 향상시킬 수 있도록 경영능력과 영농 의욕이 있는 농어가를 전업농어가로 육성한다"라고 규정했다.

또한 시행규칙 제2조에 "농수산업의 구조 조정에 필요한 정책자금을 우선적으로 지원한다"라고 규정했다. 전업농 육성 사업은 농어촌 구조 개선 사업이 본격적으로 시작된 1992년부터 연간 1,000명 정도의 농어가를 선정해 5,000만 원의 정책자금을 융자하는 사업으로 시작했다. 지원 대상이 소수이고 지원 규모가 작으며 분야별로 전업농을 선정하지 못해 자금 운용이 경직되는 문제가 있었다. 1992년에는 '전업농어가를 매년 4,000호 육성한다'라는 대통령 공약이 제시되었고, 1993년에는 '신농정' 10대 전략사업으로 농과계대학 졸업자 및 농어민 후계자 중에서 '선도개척농'을 선발해 전업농으로 육성하려는 계획이 수립되었으나 위화감을 조성한다는 우려로 본격적으로 추진되지 못하고 사라졌다.

UR 협상이 타결된 이후 1994년부터 전업농 육성 사업이 본격적으로 수행되었다. 1994년 6월에 발표된 '농어촌발전대책'에서 농어업의 경쟁력 강화를 위한 핵심 과제로 전업농 육성 사업이 선정되었고 2004년까지 10년간 전문적인 가족 단위의 전업농어가 15만 호를 육성하기로 발표했다.

뒤이어 1996년에는 전업농 육성목표를 일부 수정했다. 2004년까지 5~20ha 규모로 경영하는 쌀 전업농 6만 호, 축산 3만 호, 밭작물·채소·과수·화훼·특작 3만 호 등 모두 12만 호 전업농을 육성하는 계획을 수립했다. 특히 축산 전업농에는 1995년부터 축종별 경쟁력 제고 사업을 통해 기반 조성 및 사육과 유통시설 등을 지원해왔다.

전업농 육성 사업의 핵심은 쌀 전업농이라고 해도 과언이 아니며 사업비의 대부분이 쌀 전업농 육성에 집중되었다. 1996년에 마련된 '쌀 산업 발전종합대책'에서 쌀 전업농 육성 사업의 내실화를 도모할 수 있도록 육성목표를 6만 호로 조정했다. 1997년부터 고령 농가의 영농 은퇴를 촉진하고 농지를 유동화해 쌀 전업농의 경영규모 확대에 기여하고자 규모화 촉진 직접 지불 사업을 도입했다.

3) 사업내용

농업인 후계자 육성 사업을 발전시킨다는 취지하에 전업농 육성 사업이 수립되었다. 이에 따라 사업 초기였던 1992년에는 지원 대상자를 '농어민 후계자 육성자금을 지원받아 사업을 착수한 후 3년 이상 경과한 자'로 한정했다. 그리고 지원 대상자 선정이나 자금 지원방법과 절차도 특별한 경우를 제외하고는 후계자 사업과 유사한 방식 및 절차로 추진되었다.

그러나 1994년의 '농어촌발전대책'에 의거해 전업농에 지원되는 자금규모가 확대되고 뒤이어 1995년부터 '농림사업실시요령'에 의거해 농업 분야 투융자 사업이 확정됨에 따라 전업농 지원 사업은 독자적인 지원체계를 갖추었다.

1998년도에 제시한 실시요령에 따르면 전업농 육성 사업의 목적은 우리농업의 경쟁력 강화를 주도해나갈 전문화·규모화·현대화된 가족 경영체를 확보

〈표 8-7〉 전업농 육성 관련 사업 지원내용(1998)

(단위: 억 원)

품목별	사업 명, 지원내용	지원 조건
쌀	전업농 육성 사업: 농기계 구입 지원, 농지 규모화 지원	보조 20%, 융자 70%(4.5%, 1년 거치 4~7년 상환)
원예, 특작	전업농 육성 사업: 영농기반 조성	융자(6.5%, 5년 거치 5년 균분 상환)
한우	경쟁력 강화 사업: 기반, 사육시설장비	융자 70%, 자부담 30%(5년 거치 10년 균분 상환)
젖소	경쟁력 강화 사업: 기반, 사육시설장비	융자 70%(5%, 5년 거치 10년 균분 상환)
돼지	경쟁력 강화 사업: 기반, 사육시설장비	융자 70%(5%, 5년 거치 10년 균분 상환)
닭	경쟁력 강화 사업: 기반, 사육시설장비	융자 70%(5%, 5년 거치 10년 균분 상환)
기타 가축	기타 가축 육성 사업	융자 70%(현재 5%, 5년 거치 10년 균분 상환)
축산	조사료 생산기반 확충: 기반, 조사료생산, 볏집 사료화 등	보조 30~50%, 융자 40~50%(5%, 5년 거치 10년 상환)
공통	선도 농업경영체 육성 사업: 경영시설, 교육장비	융자 80%(연리 3%, 5년 거치 10년 상환)

주: 축산 부문 사업의 예산액은 생산조직 및 법인에 대한 지원분과 합한 금액.
자료: 농림부, 「'99 농림사업시행지침서」(1998d).

하기 위해 타 산업 부문 종사 가구와 소득 균형을 이루며 일정 수준의 농산물을 안정적으로 생산, 공급할 가족 단위의 전업 경영체를 육성하는 것에 있다.

전업농의 경우 1994년까지 후계자 자금과 마찬가지로 작목 구분 없이 국고 융자 5,000만 원이 지원되었다. 1995년부터는 쌀 전업농과 그 밖의 전업농으로 구분했고 지원 금액도 차별화했다. 쌀 전업농에게는 보조 50%, 융자 40%, 자부담 10% 조건으로 농기계 구입자금을 보조해주었다. 1997년부터 보조금이 줄어들었는데 1998년도 사업 실시요령에 따르면(〈표 8-7〉 참조), 쌀 전업농에 대한 호당 평균 농기계 구입자금 지원액은 2,350만 원이었다. 이 중 보조가 20%, 융자가 70%였다.

또한 전업농 육성 사업의 일환으로 농촌진흥청이 주관한 선도개척농 육성 사업이 실시되었다. 이 사업은 1993년 출범한 김영삼 대통령 정부가 추진한 신농정의 일환으로 창안되어 대학 졸업자를 영농에 정착시키려는 취지하에 '학사개척농'이라는 명칭으로 출발했다. 지원 대상자는 35세 미만인 전문대 졸업 이상의 학력 소지자이면서 3년 이상 영농에 종사한 자로 본인 소유 또는 승계 대상 영농기반을 갖추어야 하며, 병역을 필했거나 면제된 자여야 하는 등 비교적 엄격한 자격요건을 갖추어야 했다.

선정된 학사 개척농은 연리 5%, 5년 균분 상환조건으로 1인당 1억 원의 융자 지원을 받았다.

4) 추진 실적과 성과

전업농 육성 사업 실시 초기인 1992년부터 1994년까지 지원받은 전업농은 〈표 8-8〉에 제시되어 있는 바와 같이 매년 1,000명 수준으로 규모가 작았다. WTO 출범 이후인 1995년부터 대상자를 늘리고 경영능력과 성장 잠재력을 갖춘 농어가를 대상으로 중점 지원했다. 1998년까지 총 8만 3,077호가 선정되었으며 이 가운데 쌀 전업농이 7만 3,348호로 가장 많았고 축산 전업농 1,458호, 기타 전업농 8,131호, 선도개척농 140호 등이었다.

이와 같이 전업농 육성 사업을 통해 정책대상으로 선정된 농가는 총 7만 3,000호였으나 그밖에 축산 부문의 경쟁력 제고 사업, 원예 분야의 생산·유통 지원 사업 등으로 지원된 농가도 상당수에 달했다. 물론 이들 농가는 전업농을 지향하는 농가일 뿐 전업농 수준에 도달해 있는 농가는 아니었다. 한편 이렇게 지원된 전업농 중 당초의 사업 목적을 수행하지 않고 이탈한 농가는 1997년 6월까지 211호로 전체 지원자의 0.33%에 해당했다.

전업농 육성정책의 가장 큰 성과는 농업 구조 개선에 미친 효과라 할 수 있는데, 특히 농업경영이 전문화·규모화되어 국제경쟁력이 강화되었다는 점이 높이 평가된다.

〈표 8-8〉 전업농 지원 현황(1992~1998)

(단위: 호, 백만 원)

구분		1992	1993	1994	1995	1996	1997	1998	합계
쌀 전업농	인원	172	91	54	11,435	12,908	38,713	9,975	73,348
	사업비	8,600	4,550	2,700	510,000	566,500	505,170	473,301	2,070,821
기타 전업농	인원	403	420	442	1,697	1,707	1,614	1,848	8,131
	국고 융자	20,150	21,000	22,100	84,950	85,350	102,400	80,500	416,450
선도 개척농	인원			30	30	25	30	25	140
	국고 융자	-	-	3,000	3,000	2,500	3,000	2,500	14,000
계	인원	575	511	1,070	13,162	14,640	40,357	11,848	71,644
	사업비	28,750	50,000	25,500	597,950	654,350	610,570	556,301	2,501,271

자료: 농림부 농촌인력과.

5. 영농법인체 육성

1) 조직 경영체 육성 배경

농산물 수입 개방으로 무한경쟁 시장에 던져진 우리 농업이 지속적으로 발전해나가려면 국제경쟁력을 길러나가야 할 것이다. 즉, 가격경쟁력 또는 비가격경쟁력을 강화해야 하며 전자를 택한다면 호당 경영규모를 확대해 노동 생산성을 제고해야 한다. 즉, 규모의 경제가 발휘된다는 전제하에 대규모 경영의 이점을 살려 생산비를 감축해야 한다.

그런데 수도작에서 보는 바와 같이 호당 경영규모가 0.9ha에 불과한 전형적인 가족 경영체만으로는 경영규모 확대의 한계를 수긍하지 않을 수 없는 처지였기 때문에 보완책으로 조직 경영체를 육성해나가야 한다는 주장이 대두되었다.

한편 국내 농산물의 비가격경쟁력을 높이려면 고품질의 농산물을 생산해 규격화·등급화·소포장하고 상표를 붙여 외국산과 차별화해야 한다. 이를 위해서는 생산기술과 유통 분야에 일대 혁신이 뒤따라야 하며 개별 생산자 혹은 기존의 유통업자에게 맡겨두기만 해서는 이를 기대하기 어렵다는 판단이 지배적이었다. 농업인이 참여하는 조직 경영체를 결성해 유통에 참여하면 유통 혁신이 가속화되리라고 기대했다.

또한 국제경쟁력을 높이려면 노동 생산성을 제고시켜야 하고 이를 위해서는 농작업의 기계화가 수반되어야 한다. 그러나 경작규모가 영세한 농가가 개별적으로 농기계를 소유하고 이용한다면 과도한 기계화를 초래해 생산비 상승으로 이어지기 때문에, 이를 해결할 수 있는 대안으로 농기계 위탁 작업이 대두되었다. 경운·정지, 이앙, 수확 등의 주요 작업을 농기계 작업단에 위탁하면 생산비를 절감할 수 있다고 판단했다. 이에 따라 농기계 수탁 작업을 효율적으로 수행할 영농조직체를 육성해야 할 필요성이 대두되었다.

2) 영농법인체 관련 제도의 변천

농업법인제도는 농업 구조를 개선하기 위한 보완 시책으로 1989년 '농어촌종합대책'에서 처음으로 제안되었고 1990년 「농어촌발전특별조치법」이 제정됨에 따라 제도적 기반이 마련되었다. 이 법에서는 협업 경영을 위한 영농조합법인과 영농을 대행하는 위탁영농회사를 규정했고, 1994년 동법 개정으로 위탁영농회사는 농업회사법인으로 그 명칭을 바꿨다.

영농조합법인은 농업인이 자율적으로 설립할 수 있는 협업 경영체로서 1990년 당시에는 소규모 영세농의 협업농으로 출발했으나 1993년, 1994년의 법 개정으로 설립 요건, 조합원 자격, 사업 내용 등이 크게 확충되었다(〈표 8-9〉 참조).

즉, 영농규모 1ha 미만의 농가만이 조합원 자격이 있다는 요건을 폐지했고 사업 영역이 농산물의 가공·판매·수출 등으로 확대되었다. 이에 근거해 농산물 판매를 목적으로 하는 유통조직체로서의 영농조합법인이 다수 설립되기 시작했다.

1994년 12월 「농어촌발전특별조치법」의 개정과 1995년 6월 시행령 공포에 의거해 영농경력, 거주 제한 등을 규정한 조합원 자격이 폐지되었고 준조

〈표 8-9〉 영농조합법인 관련 제도의 변천

구분	1990년 제정	1993년 개정	1994년 개정
설립 목적	농업경영의 합리화로 농업 생산성 향상 및 농가소득 증대	농업경영의 합리화로 농업 생산성을 높이고 농산물의 공동 출하, 가공 및 수출을 통해 농가소득 증대	협업적 농업경영을 통해 생산성을 높이고 농산물의 공동 출하 및 가공·수출
설립 주체	당해 시군에서 1ha 이하의 규모로 3년 이상 영농에 종사하는 농민	· 당해 시군에서 3년 이상 영농에 종사하는 농민 · 법인 소재지와 동일하거나 인접 시군에 거주하는 자	농업인과 농산물의 생산자 단체 중 정관이 정하는 자 (영농경력, 거주 제한 폐지)
사업	· 농수산업의 경영 및 그 부대사업 · 농업에 관련된 공동 이용 시설의 설치 또는 운영 · 농작업의 대행 · 기타 정관에 의한 사업	· 농수산업의 경영 및 그 부대사업 · 농업에 관련된 공동 이용 시설의 설치 또는 운영 · 농작업의 대행 · 기타 정관에 의한 사업 · 농산물의 공동 출하 · 가공 및 수출	· 농수산업의 경영 및 그 부대사업 · 농업에 관련된 공동 이용 시설의 설치 또는 운영 · 농작업의 대행 · 기타 정관에 의한 사업 · 농산물의 공동 출하 · 가공 및 수출

합원제도가 도입되었다. 이에 근거해 소규모 영농조합을 구성원으로 하는 연합회 성격의 영농조합법인이 설립되기 시작해 지역의 단위 농협 또는 전문협동조합과 사업이 중복되면서 서로 경합하는 문제점이 드러났다.

당초 위탁영농회사는 농업 생산활동을 영위할 수 없고 농기계 수탁 작업만 하도록 규정되어 있었다. 1994년 「농어촌발전특별조치법」이 개정되면서 농업회사법인으로 명칭이 바뀌었고 사업영역이 확대되었으며, 뒤이어 1996년에 시행된 「농지법」에 의거해 농지 소유도 가능해졌다(〈표 8-10〉 참조). 주식회사 형태의 농업회사법인은 농지를 소유할 수 없게 되었다.

제도 도입 초기인 1990년에는 농업법인에 대한 정책 지원이 개별 농업인에 대한 지원과 큰 차이가 없었다. 오히려 위탁영농회사는 농업경영주체는 물론 생산자 조직으로도 대우를 받지 못했다.

그 후 1994년 6월 수립된 '농어촌발전대책'에서 농업법인을 생산자단체로 규정하고 정책자금 지원을 확충했다. 이렇게 정책 지원이 확대됨에 따라 1995년부터 법인 설립의 과열 문제와 함께 일부 법인의 부실화 문제가 표면화되었다. 이를 해결하고자 정부는 1996년 7월 정책 사업의 자격기준 강화를

〈표 8-10〉 농업회사법인 관련 제도의 변동

구분	1990년 제정	1994년 개정
명칭	위탁영농회사	농업회사법인
설립 목적	농업 노동력의 부족 등으로 농업경영이 곤란한 농가의 영농 편의와 농업 생산성 향상 도모	기업적 농업경영을 통해 생산성을 향상시키거나 생산된 농산물을 유통, 가공, 판매함으로써 농업의 부가가치를 높이고 노동력 부족 등으로 농업경영이 곤란한 농업인의 농작업을 대행해 영농의 편의를 도모
설립 주체	농업인	농업인과 농산물의 생산자단체 및 농지개량조합
사업	· 위탁 농업경영 및 농작업 대행 · 소규모 관개시설의 유지 관리 · 농기계 장비의 임대·수리 등 기타 부대사업	· 농업경영, 농림수산물 유통·가공·판매, 농작업 대행 · 부대사업

비롯한 법인경영체 운영 개선 대책을 마련했다.

3) 사업내용

농업법인 경영체를 육성하는 목적은 농업의 경쟁력을 제고하기 위해 대규모 경영체를 육성해 자본·기술집약적 농업을 실현하고자 하는 데 있다.

「농어촌발전특별조치법」 제6조에는 영농조합법인의 설립 목적을 "협업적 농업경영을 통해 생산성을 높이고 농산물의 공동 출하 및 가공, 수출 등에 의한 소득 향상"으로 규정했다.

농업인과 생산자단체에 속해 있는 비농업인도 준조합원으로 가입할 수 있었다. 다만 조합원 1인의 출자 한도를 출자 총액의 1/3 미만으로 제한했다. 여기서 준조합원이란 생산자재나 생산기술 공급자, 생산물의 대량 수요자, 유통 가공업자 등이다.

5인 이상의 농업인이 정관(定款)을 작성해 자율적으로 설립할 수 있고 사업영역은 농업경영, 공동시설 운영, 농작업 대행, 공동 출하, 가공, 수출 등이다.

「농어촌발전특별조치법」 제7조에 "농업회사법인은 기업적 농업경영을 통해 생산성을 향상시키고, 농산물을 유통, 가공, 판매함으로써 농업의 부가가치를 제고하고 농작업의 전부 또는 일부를 대행하는 것을 목적으로 한다"라고

〈표 8-11〉 영농조합법인과 농업회사법인의 비교

구분	영농조합법인	농업회사법인
성격	협업적 농업경영	기업적 농업경영
법적 근거	「농어촌발전특별조치법」 제6조	「농어촌발전특별조치법」 제7조
설립자격	농업인, 농업 생산자단체	농업인, 농업 생산자단체, 농지개량조합
발기인 수	농업인 5인 이상	합명(무한2인), 합자(유무한각1인), 유한(유한2-50인), 주식(3인)
출자 제한	조합원 1인의 출자액은 총출자액의 1/3을 초과할 수 없음. 준조합원의 출자액 합계는 조합법인 총출자액의 1/3을 초과하지 못함	비농업인의 출자액의 합계는 그 농업회사법인의 총출자액의 1/2을 초과할 수 없음(단, 주식회사는 1/3)
의결권	1인 1표	출자지분에 의함
농지 소유	농지 소유 가능	농지 소유 가능(주식회사는 불가)
타법 준용	민법 중 조합에 관한 규정	상법 중 회사에 관한 규정
설립 운영	농업인 자율적으로 설립·운영	농업인 자율적으로 설립·운영

규정되어 있다.

법인의 형태는 상법상의 유한회사, 합명회사, 합자회사 등이며 주식회사로도 설립할 수는 있으나 비농업인은 총출자액의 50% 미만의 범위 내에서 출자할 수 있다.

사업영역은 농업경영, 농작업 대행, 공동 출하, 가공, 수출 등과 부대사업 등을 포함한다. 주요 부대사업은 종묘를 비롯한 영농자재의 생산 공급 사업, 농산물 매취 및 비축 사업, 농기계의 수리 및 임대 사업, 소규모 수리시설의 수탁관리 사업 등이다.

영농조합법인과 농업회사법인의 차이점을 정리해 〈표 8-11〉에 제시했다. 영농조합법인과 농업회사법인의 가장 큰 차이는 법인형태에 따른 의결권 형태다. 영농조합법인은 기본 성격이 민법상의 조합이기 때문에 조합원은 출자액에 따른 의결권의 수에 차이가 없이 모두 1인 1표 주의를 준수해야 한다.

그러나 농업회사법인은 회사형태이기 때문에 출자지분에 의해 의결권이 결정되며 또한 비농업인에 대해도 자본 출자를 허용하므로 출자 지분에 따른 의결권을 갖는다. 의사결정에서도 영농조합법인은 구성원의 합의제를 원칙으로 하지만 농업회사법인은 대표자의 권한이 크다.

영농조합법인은 협동조합과 같이 경제적으로 약자의 처지에 있는 농어민이나 중소 상공업자 또는 소비자가 상부상조의 정신에 입각해 경제적 이익을 추구하는 조직체다. 따라서 그 설립과 운영에서 다음과 같은 특징을 갖는다.

즉, 조합을 임의로 설립하고 조합원 또한 임의로 가입하고 탈퇴할 수 있으며 조합원은 모두 평등한 의결권을 가지고 1인 1표제에 의해 의사결정을 하고 조합원에 대한 이익 분배의 한도를 반드시 정관으로 정해야 한다.

이와 같이 영농조합법인은 자본 결합체가 아니고 인적 결합체이기 때문에 진정한 민주적 운영을 목적으로 하는 법인이 아니므로 실비주의를 원칙으로 한다는 점이 회사법인과는 다른 운영상의 특징이다.

4) 세제 및 재정 지원

농업법인은 개별 농가의 협동이 기본이므로 생산자단체로 간주하고 정책사업자금 지원을 받는다. 영농조합법인은 영리를 목적으로 하는 법인이 아니므로 회사법인에 비해 더 많은 세제상 혜택이 부여된다.

영농조합법인에 대한 세제상 혜택은 법인과 조합원으로 나눌 수 있다. 법인은 법인세, 교육세가 면제되며 여기에는 농지소득 전액과 기타 소득의 일정액이 해당된다. 그리고 농약·비료·농기계 등 농자재를 구입하는 경우 부가가치세의 영세율이 적용된다. 농지세는 법인 과세를 하지 않고 조합원별로 부과한다. 영농조합법인이 고유의 업무를 위해 취득하는 재산에는 취득세·등록세·재산세 전액이 감면된다. 종합토지세를 적용할 때 법인 소유농지에는 분리 과세가 적용된다.

조합원에게 소득세·교육세를 과세하는 경우 법인의 농지소득에 대한 배당소득은 면세하고, 기타 배당소득은 분리 과세한다. 또한 영농조합법인에 출자하는 농지에는 양도소득세가 면제된다.

1994년 6월 수립된 '농어촌발전대책과 농정 개혁 추진 방안'에 의거 농업법인이 생산자단체로 규정됨으로써 정책자금 지원이 크게 확충되었다. 특히 품목별 전문 경영체로 육성한다는 취지하에 영농조합법인을 정책 지원 대상자로 우선 선정하도록 조치했다. 1995년부터는 농업인과 동등하게 영농규모 적정화 사업의 대상자로도 신청할 수 있었다. 또한 농업회사법인에도 영농자금, 농기계자금, 농지 구입자금, 유통·가공자금 등을 지원할 수 있도록 조치했다.

그러나 정책 지원이 확충되면서 단순히 정책자금을 지원받을 목적으로 법인을 설립하는 과열현상이 나타났다. 이에 정부는 농업법인에 대한 정책 지원 내용을 보완해 1997년부터 정책 사업대상 자격 요건을 총출자액 1억 원 이상, 조합원 5가구 이상, 설립 후 1~3년간의 운영실적 평가 등으로 강화했으며 경영실적이 우수한 법인에 운영자금을 추가 지원할 수 있도록 했다. 또한 법인 경영체의 운영 현황을 카드화해 지도소, 농·축협에 비치함으로써 기술 지도 및 경영 상담을 강화하고 경영기술 향상을 위한 교육 프로그램을 운영해왔다.

5) 추진 실적과 성과

(1) 추진 실적

농림부에서 시군으로 하여금 '농업법인경영체 관리카드'를 작성하게 해 이를 집계한 바에 따르면 1998년 말까지 전국에 설립된 농업법인 총수는 6,381개소였으며(〈표 8-12〉 참조), 이를 법인 형태별로 보면 영농조합법인이 4,711개소로 73.8%를 차지하고 농업회사법인이 1,670개소였다.

영농조합법인은 1994년 이후부터 설립이 크게 증가하다가 1996년부터는 증가 속도가 다소 완화되는 추세였다. 특히 1994년 추진한 채소·과수, 화훼, 특작 분야의 생산·유통 지원 사업의 대상자를 선정할 때 영농조합법인에 우선권을 부여함에 따라 영농조합법인이 급증했다. 최근 영농조합법인 설립이 증가한 것은 ① 농업인에 비해 자금 지원을 받기가 용이하고 지원 금액도 많았으며, ② 농업인이 농자재의 공동 구매나 농산물의 공동 출하를 위해 기존의 농협조직 등을 활용하기보다 법인체를 결성해 직접 사업에 참여하기를 선호했고, ③ 회사법인은 상법상 최소요건을 갖추어야 하나 조합법인은 농업인 5인 이상이면 자율적으로 설립할 수 있었기 때문이다.

〈표 8-12〉 농업법인의 설립 추이(1990~1998)

(단위: 개소)

구분	1990	1991	1992	1993	1994	1995	1996	1997	1998	합계
영농조합	-	25	64	231	1,015	1,261	1,143	634	338	4,711
농업회사	5	63	164	281	341	341	297	133	45	1,670
합계	5	88	228	512	1,356	1,602	1,440	767	383	6,381

자료: 농림부 농촌인력과.

〈표 8-13〉 농업법인의 사업별 설립 현황(1995~1998)

(단위: 개소, %)

구분	농업 생산	가공산업	유통 사업	영농 대행	기타	계
영농조합	3,458 (73.4)	459 (9.8)	595 (12.6)	96 (2.0)	103 (2.2)	4,711 (100.0)
농업회사	240 (14.4)	20 (1.2)	9 (0.5)	1,390 (83.2)	11 (0.7)	1,670 (100.0)
합계	3,698 (58)	479 (7.5)	604 (9.4)	1,486 (23.3)	114 (1.8)	6,381 (100.0)

〈표 8-14〉 농업법인의 운영 실태(1998)

(단위: 개소, %)

구분	운영 중	준비 중	운영 중단	실적 없음	개별 영농	계
영농조합	2,913 (61.8)	415 (8.8)	303 (6.4)	894 (19.0)	186 (4.0)	4,711 (100.0
농업회사	1,465 (87.7)	25 (1.5)	32 (1.9)	51 (3.1)	17 (5.8)	1,670 (100.0)
합계	4,378 (68.6)	440 (7.0)	335 (5.2)	945 (14.8)	283 (4.4)	6,381 (100.0)

자료: 농림부 농촌인력과.

농업법인의 사업별 설립 동향을 보면(〈표 8-13〉 참조) 73.4%에 해당하는 영농조합법인이 농업 생산을 주요 사업으로 하는 것으로 나타났으며 농업회사법인은 83.2%가 영농대행, 즉 농기계 수탁 작업을 주요 사업으로 진행했다. 영농조합법인이 참여한 생산 분야를 품목별로 보면 축산과 원예 작물 분야가 상대적으로 많은 편이었는데, 이는 생산·유통 지원 사업을 수행할 때 영농조합을 우선적으로 지원했기 때문이다. 농업 생산에 참여한 영농조합법인은 대부분 이름만 남아 있는 실정이었다.

농업법인의 운영 상태를 보면(〈표 8-14〉 참조) 1998년 말까지 설립된 법인 총 6,381개소 중에서 80.6%만이 운영 중 또는 운영 준비 중이며 나머지는 운영 중단 또는 실적이 없거나 개별 경영으로 전환되는 사례까지 있는 것으로 나타났다.

6. 영농규모화 사업

1) 전개 과정

농업 구조 개선 사업의 일환으로 경영규모 확대를 촉진하려는 목적하에 정부 대행으로 농협이 1988년부터 농지 구입자금 지원 사업을 실시해왔다. 뒤이어 1990년 4월에 「농어촌진흥공사및농지관리기금법」을 제정했고 농어촌공사가 정부 대행으로 농지 매매 사업, 농지 장기 임대차 사업, 농지교환·분합 사업을 시행했다.

농지 매매 사업이란 비농가, 전업하거나 은퇴하려는 농가가 소유한 농지를 농어촌진흥공사가 매입해 영농규모를 확대하고자 하는 경영주에게 매도하는 제도다. 매입대상 농지는 농업진흥지역 내의 논, 밭, 과수원이며 당초에는 평당 2만 5,000원을 지원했고 그 이후 3만 원으로 상향 조정되었다. 농업진흥지역 내의 농지는 주로 논이므로 농지 매매 사업은 수도작 경작규모 확대에 기여할 것으로 기대할 수 있다.

농지 구입자금 지원 사업이란 농업인이 비농가, 탈농 또는 은퇴하는 자의 농지를 구입하고자 할 때 구입자금을 장기 저리로 융자해주는 사업이다. 농지 구입자금의 지원 대상은 농민 후계자, 상속농지를 구입하는 영농자녀, 영농조합법인, 전업농 육성 대상자 등이다. 대상농지는 농업진흥지역 내의 전, 답, 과수원으로 평당 가격이 2만 5,000원 이하인 농지다. 이 농지 구입자금 지원 사업은 1998년부터 시행되었으나 1994년부터 농지 매매 사업에 통합되었다.

장기 임대차 사업이란 탈농하고자 하는 자의 농지를 농어촌공사가 장기간

〈표 8-15〉 영농규모화 사업 실적(1988~2010)

(단위: ha, 백만 원)

구분	농지 매매 사업		농지 구입자금 지원		농지 장기 임대차		농지 교환·분합		합계	
	면적	금액	면적	금액	면적	금액	면적	금액	면적	금액
1988	-	-	13,135	1,994	-	-	-	-	13,135	1,994
1989	-	-	9,959	1,998	-	-	-	-	9,959	1,998
1990	1,969	934	5,286	1,420	3	1	-	-	7,258	2,354
1991	5,616	2,633	1,678	595	8	2	50	3	7,352	3,233
1992	6,687	3,156	366	150	36	8	18	2	7,107	3,316
1993	7,591	3,679	893	422	180	40	120	10	8,784	4,151
1994	4,354	2,152	-	-	792	200	248	30	5,394	2,382
1995	5,079	2,350	-	-	1,795	400	189	50	7,063	2,800
1996	4,932	2,665	-	-	2,806	650	152	50	7,890	3,365
1997	3,477	2,112	-	-	9,701	1,295	190	77	13,338	3,484
1998	3,059	2,285	-	-	9,078	1,235	153	79	12,290	3,599
1999	1,701	1,257	-	-	6,324	1,165	108	58	8,133	2,480
2000	1,624	1,235	-	-	5,655	1,150	74	52	7,353	2,437
2002	3,007	2,209	-	-	3,682	886	85	62	6,774	315,866
2003	2,318	1,679	-	-	5,678	1,401	73	40	8,069	312,060
2004	2,560	1,839	-	-	5,507	1,215	61	37	8,128	309,212
2005	3,951	2,903	-	-	7,892	1,838	64	27	11,907	476,938
2006	3,856	2,855	-	-	6,538	1,458	33	26	10,427	434,112
2007	2,770	2,100	-	-	5,058	1,273	27	27	7,855	340,000
2008	2,800	2,389	-	-	3,040	796	23	17	5,863	320,358
2009	1,966	1,695	-	-	3,238	798	16	18	5,220	251,235
2010	1,751	1,507	-	-	2,523	600	8	10	4,282	211,760
합계	71,068	43,634	31,317	6,579	79,534	16,411	1,692	625	183,581	3,009,134

자료: 농어촌공사 구조 개선처.

임차해 전업농, 농업회사법인, 영농조합법인에 장기로 임대하는 제도다. 전업농은 장기간 안심하고 임차함으로써 경영규모 확대에 기여한다.

농지 교환·분합 사업은 노동 생산성을 높이기 위해 농지를 한 곳에 모으도록 지원하는 사업이다. 이 사업은 농어촌공사가 주관해 시행하는 사업과 농업인 상호 간에 시행하는 사업으로 나뉜다.

농지 매매나 농지임대차가 성행해 농지 혹은 농지 용역의 유동이 촉진되어야 전업농이 경영규모를 확대할 수 있다. 여기서 말하는 농지 용역은 농지임대차를 말한다. 농지 유동은 자유시장기구에 맡기는 것이 바람직하지만 농지와 농지 용역의 유동이 정체되어 있는 실정이었기 때문에 영농규모 확대를 촉진하고자 정부가 농지 또는 농지 용역 시장에 개입하기에 이르렀다.

〈표 8-16〉 지역별 영농규모화 사업 실적

(단위: 호, ha)

도별	농지 매매			농지 임대차			합계		
	총농가	총면적	호당 면적	총농가	총면적	호당 면적	총농가	총면적	호당 면적
경기	7,232	4,728	0.65	3,518	3,726	1.06	11,793	8,562	0.73
강원	4,558	2,743	0.60	1,765	1,675	0.95	6,915	4,500	0.65
충북	5,752	2,705	0.47	2,349	2,012	0.86	8,905	4,801	0.54
충남	11,654	7,154	0.61	4,643	4,774	1.03	18,369	12,225	0.67
전북	11,418	7,563	0.66	4,297	4,673	1.09	17,133	12,450	0.73
전남	17,741	9,787	0.55	7,256	6,076	0.84	27,408	16,100	0.59
경북	16,864	6,441	0.38	6,968	4,812	0.69	25,491	11,436	0.45
경남	12,694	4,563	0.36	4,093	2,939	0.72	17,788	7,598	0.43
제주	510	375	0.74	27	37	1.37	537	412	0.77

주: 1988~2000년까지의 실적, 교환·분합 사업은 실적이 저조해 분리하지 않고 합계에 포함시킴.
자료: 농어촌공사 구조 개선처.

1988년부터 정책수단을 동원하고 2010년까지 무려 30조 원이란 막대한 자금을 투입해 시행한 영농규모화 사업으로 이룩한 농지 유동의 실적이 18만 4,000여ha에 지나지 않았다(〈표 8-15〉 참조).

또한 농지 매매 사업과 장기 임대차 사업 실적이 매년 감소해왔다. 이는 한국 농지 문제의 실상을 적나라하게 드러내는 것이며 영농규모 확대의 한계를 보여주는 것이기도 하다.

농지가격의 수준이 높아 막대한 자금을 투입해도 농지 매매 사업 실적은 저조했다. 아울러 농지 장기 임대차 사업 실적도 미미했는데, 이는 농지를 농업 생산요소가 아니라 고정재산 증식수단으로 보유했다는 사실을 단적으로 나타낸다.

농지 규모화 사업 실적을 시도별로 고찰해보면 지역의 특수성이 잘 반영되어 있다(〈표 8-16〉). 경남의 농지 매매 사업 실적을 보면 지원 대상 농가 수는 상대적으로 많았으나 대상 농지는 적어 호당 면적이 0.43ha로 전국에서 가장 낮은 수준이었다.

경남은 상대적으로 소농지대로 시설원예가 특화작목으로 정착되어 있으며 농지가격 수준이 타 지역에 비해 높기 때문에 농지 유동의 한계가 더 크다는 사실을 부인할 수 없다.

농지 매매와 농지임대차 사업 간에 호당 면적을 비교하면 후자 쪽이 더 크다. 이는 농지 매입을 통한 규모 확대보다는 농지 임차를 통한 규모 확대가 더 일반적이라는 사실을 의미한다.

영농규모화 사업 지원 대상은 주로 수도작 농가였고, 수도작 전업농 지원 사업과 연계해 수행된다. 수도작 전업농 육성 사업의 근간은 농기계 구입자금 지원인데 지원 농가로 선정되면 농기계 구입자금의 50%를 보조받는다. 영농규모화 사업 실적을 높이거나 수도작 전업농을 육성하려는 의도하에 경영규모를 확대해야 한다는 논리를 내세워 두 사업은 결합되어 시행된다.

'농림수산산업통합실시요령'에 나타난 쌀 전업농 선정 기준 일순위에 농지 규모화 사업 대상자가 포함되어 있다.

지역에 따라서 대규모로 경작하는 수도작 전문 경영농가를 육성하기에는 한계가 있으며 아울러 그 필요성도 크지 않다. 영농규모화 사업은 지역 특성에 맞게 탄력적으로 운영되어야 한다. 시설원예지대의 경우 농지를 임차해 시설원예를 경영하는 젊은 경영주가 임차한 농지를 매입할 수 있도록 지원하면 시설원예 경영 안정화에 크게 기여할 것이다.

제9장
농지제도

1. 농지제도의 기본 골격

1) 농지제도의 의의

자본주의경제하에서도 공공복리를 목적으로 개인의 경제활동을 제한하는 사례가 많으며 이때는 반드시 제도적 장치가 뒷받침되어야 한다. 기존의 제도를 개선하거나 새 제도를 마련하고자 한다면 반드시 다음의 요건 중 하나를 만족시켜야 한다.

첫째, 경제현상이 바람직한 방향으로 진행되지 않을 때 이를 바로잡기 위해 기존 관련 법규를 수정·보완하거나 제도적 장치를 새로 마련해야 한다.

둘째, 경제현상이 바람직한 방향으로 진행되고 있지만 이를 가속시키기 위해 제도를 마련한다. 경제현상이 바람직한 방향으로 진행되는지 여부를 판단하는 기준은 사회가치관이며 그 핵심요소는 형평성, 효율성이다.

자본주의의 기본 골격은 ① 사유재산제도, ② 영업활동의 자유, ③ 영리추구 등이다. 농지는 사유재산에 속하므로 일반 토지와 마찬가지로 소유와 이용을 제한하지 않는 것이 원칙이다. 이럴 경우 농지도 여타 토지와 마찬가지로 민법의 규제를 받으며 이를 통상 '민법상의 농지 소유와 이용'이라 한다. 한국에서는 농지 개혁 이전까지 농지의 소유와 이용에 관해 민법의 규제를 받도록 했으므로 여기에 해당된다.

그러나 농지의 소유와 이용을 자유시장에 맡기고 민법의 규제대상으로 방치했을 때 농지를 둘러싼 경제현상이 바람직하지 못한 방향으로 진행된다면 농지의 소유와 이용을 제한하는 특별법을 제정해야 하고 이럴 경우를 통상 '특별법상의 농지 소유'라 한다. 특별법은 민법에 우선한다.

농지를 둘러싸고 일어난 바람직하지 못한 경제현상이란 형평성의 기준에서 판단할 때 소작문제 등 사회문제가 발생하는 사태를 말한다.

2) 농지제도의 핵심

(1) 농지 소유자격

국민이면 누구나 농지를 소유할 수 있는 것을 민법상의 농지 소유라 한다. 농지의 소유자격을 제한하지 않은 결과 농지를 둘러싼 사회문제가 심각하게 대두되었고 이에 따라 소유자격을 제한하는 특별법을 마련했는데, 1996년 1월 발효된 「농지법」이 바로 여기에 해당한다.

(2) 농지 소유 상한선 및 하한선 설정 여부

농지 소유 상한선 설정 여부와 상한선을 설정할 경우 그 규모 등이 농지제도의 주요 골격이 된다. 효율성을 중시해야 하는 경제현상이라면 경작규모 확대를 촉진한다는 측면에서 상한선을 철폐한다. 비농민도 농지를 소유할 수 있도록 소유자격을 완화했을 경우 통상 소유 상한선을 설정한다.

아울러 농지 소유자격을 농가에 국한시켰을 경우 소유 하한선 설정 여부를 결정한다. 일체의 소작을 금지하고 300평 이상의 농지를 경작하는 가구를 농가로 정의한다면 소유 하한 규모가 300평으로 설정되어 있는 것으로 간주할 수 있다. 또한 농지가 다수의 겸업농가로 분산 소유되는 것을 막기 위해 소유 하한제도를 설정하기도 한다.

(3) 임대차 허용 여부 및 임차료 상한선 설정 여부

농지 소유자격을 제한하지 않을 경우 농지도 일반 토지와 마찬가지로 민법에 의거해 임대, 임차된다.

농지 소유자격을 농가에 국한시켰을 경우 농가 간 임대차 허용 여부를 결정한다. 아울러 농가 간에 농지임대차를 허용하는 경우 임차료 상한선 설정 여부도 결정한다.

(4) 부재지주 처리

'농지 개혁'처럼 일종의 극약처방으로 지주의 농지를 유상으로 몰수한 사례도 있다. 「농지법」 제정에 즈음해 이농으로 발생한 부재지주를 어떻게 처리하느냐에 대한 논쟁이 심각해지자 극약처방으로 대처하자는 주장이 대두되었고 재산세를 과중하게 부담시켜 매각을 유도하는 방안도 검토되었다. 그러나 1996년 1월 「농지법」이 발효되기 이전의 부재지주를 인정하기로 했다.

2. 농지 관련 제도의 변천[1)]

1) 농지 개혁

(1) 농지 개혁 이전의 농지 문제

일제강점기하에서는 토지를 둘러싼 경제현상이 바람직하지 못한 방향으로 진행되었다. 즉, 1945년 당시 자작농은 전체 농가의 14.2%에 불과했고 자작농겸 소작농은 35.6%, 자작지가 없는 순 소작농이 무려 50.2%에 달했다. 또한 소작지는 총 농지의 65%에 이르는 144만 7,000정보(町步)에 달했고 소작료

---

1) 한국농촌경제연구원, 『한국농정40년사』(1987), 67~114쪽의 내용과 『한국농정50년사』, 189~195쪽의 내용을 바탕으로 정리하였음.

는 지역에 따라 격차가 컸지만 수확량의 50~80% 수준에 달했다.

광복 이후 한반도는 남북으로 분단되었고 소련세력을 등에 업고 북한에 들어온 김일성은 사회주의체제를 구축하고자 1946년 3월 '무상몰수 무상분배' 원칙하에 토지 개혁을 단행했다.

이와 동시에 일본에 진주한 미군정은 1946년에 농지 개혁을 단행했고 공산당에 밀려 대만으로 달아난 국민당 정부도 1949년에 농지 개혁을 단행했지만 광복 이후 남한은 농지 개혁을 둘러싼 갑론을박의 논쟁만 일삼았다.

(2) 농지 개혁 논쟁

광복 후 농지를 둘러싼 경제문제가 심각하게 대두되었다. 전체 농가의 85%에 달하는 소작 농가는 고율의 소작료를 매개로 착취당했다고 주장할 수 있으므로 형평성의 관점에서 볼 때 심각한 사회문제가 대두되었다고 판단해도 결코 무리는 아니다.

이러한 사회적 배경하에 미군정 당국은 1945년 10월 미군정 법령 제9호로 최고 소작료 통제명령을 공포했다. 즉, 가혹한 고율 소작료로 신음해오던 '반노예 상태'의 소작농이 증가한 상황을 '국가적인 비상사태'로 규정했다.

이를 해결하기 위한 대안으로 모든 종류의 소작료는 수확량의 1/3을 초과할 수 없다고 명시했다. 그러나 이 법령은 아무도 지키지 않는 소리 없는 아우성에 불과했다. 북한의 토지 개혁에 자극 받은 미군정 당국은 1947년 7월 미군정의 자문기관인 과도 입법회의에 농지 개혁안을 제시했지만 입법회의의 다수당이며 지주 출신으로 구성된 한민당의 저지로 농지 개혁 입안은 무산되었다. 또한 지주들과 한민당의 사주를 받은 조선상공회의소가 농지 개혁을 강력히 반대했다.

농지 개혁이 무산되자 무상몰수, 무상분배의 원칙하에 단행된 북한의 농지 개혁에 자극받은 소작농의 동요가 나타나기 시작했다. 특히 좌익계는 남한도 무상몰수, 무상분배의 원칙에 의거해 토지 개혁을 단행하도록 투쟁하자고 궐기했다.

〈표 9-1〉 농지 개혁 전후의 소작지 비교(1945~1959)

(단위: 천ha, %)

구분	자작지	소작지			합계
		소계	소작지	귀속농지	
1945	779(35.0)	1,447(65.0)	1,160(52.1)	287(12.9)	2,226(100.0)
1947	868(39.6)	1,325(60.4)	1,038(47.3)	287(13.1)	2,193(100.0)
1949	1,470(71.0)	601(29.0)	601(29.0)	-	2,071(100.0)
1950	1,870(94.9)	100(5.1)	100(5.1)	-	1,970(100.0)
1959	1,877(92.3)	156(7.7)	156(7.7)	-	2,033(100.0)

자료: 농림부, 「농림통계연보」(해당 연도판).

사태가 험악해지자 군정 당국은 일본인 소유농지, 즉 귀속농지 매각을 공포했다. 즉, 1948년 3월 법령에 의거해 신한공사를 해체시키고 중앙토지행정처로 개편해 귀속농지를 매각하기 시작했다. 총 28만 6,000정보 중 약 85%인 24만 3,000정보가 분양되었다(〈표 9-1〉 참조).

2정보를 초과하지 않는 한도 내에서 당해 토지를 경작하는 소작인에게 매수권을 우선적으로 부여했다. 분양 시가는 평년작의 300%였고 매년 20%씩 15년 동안 현물로 분할 상환하기로 결정했다. 그런데 이 분양 시가는 농지 개혁이 단행된 후 평년작의 150%로 인하되었다.

(3) 농지 개혁 단행

정부 수립 이후에도 농지 개혁을 둘러싼 갑론을박이 이어졌으며 우여곡절을 겪은 후 1949년 12월 비로소 「농지개혁법」이 공포되었다. 이듬해인 1950년 3월에는 동법 시행령이, 4월에는 시행규칙이 마련되었다. 농지 개혁은 모든 농민의 염원이었으므로 단기일에 단행될 수 있었다. 6·25전쟁이 발발하자 김일성은 '농지개혁반'을 내려 보냈으나 남한은 이미 농지 개혁이 완료된 상태였다.

경자유전(耕者有田)의 이념을 실현하고 자본주의경제체제 구축에 기여할 수 있는 농지제도를 마련하고자 유상몰수·유상분배의 원칙하에 농지 개혁을 단행했다. 자영하지 않는 일체의 농지와 3정보를 초과한 자경 농지를 정부가 매수한다고 규정했다. 그러므로 농지 소유자격은 농가에 국한되었고 소유 상한

규모는 3정보였다.

정부가 매수한 농지를 ① 당해 농지를 경작하는 농가, ② 경작능력보다 과소한 농지를 경작하는 농가, ③ 농업경영에 경험을 가진 순국열사의 유가족, ④ 영농력을 가진 피용자 농가, ⑤ 국외에서 귀환한 농가 등으로 분배했다.

유상몰수와 유상분배의 상한규모를 3정보로 설정했으므로 농지의 소유 상한 규모는 3정보로 귀결된 셈이었다. 농지가격은 평년작의 150%였으며 매년 30%씩 5년간 분할해 현물로 상환하도록 규정했다. 「농지개혁법」에는 '일체의 농지에 소작, 임대차, 위탁경영 등의 행위를 금지한다'라고 명시되어 있으므로 농지임대차는 일체 허용되지 않았다.

2) 농지 관련 법규의 난립

농지 개혁이 완료된 후 농지 개혁의 기본 이념을 유지·발전시켜나갈 제도적 장치로 「농지법」을 마련했어야 했지만 그러지 못했다. 정부 당국에서는 1958년에 처음으로 「농지법」 제정을 제시한 이래 1978년까지 제6차에 걸쳐 시도했으나 실패했다. 「농지개혁법」이 항구적인 효력을 발휘할 수 있다고 믿는 사회분위기를 극복하기 어려운 실정이었다. 그러나 「농지개혁법」은 한시적인 효력을 발휘하는 사업법이라는 사실이 1980년대에 와서 밝혀졌다.

「농지법」을 마련하지 못한 처지에서 경제성장과 더불어 농지를 둘러싼 경제 여건이 변해 농지의 소유와 이용을 바꾸는 제도적 장치를 마련할 필요성이 대두되었고 미봉책으로 관련 법규가 제정되었다.

경제성장과 더불어 농지를 비농업용으로 전용하는 사례가 증가함에 따라 농지를 합리적으로 보전하고 효율적으로 이용하기 위한 제도적 장치로 1972년 「농지의보전및이용에관한법률」이 제정·공포되었다.

또한 「농지개혁법」에는 소작과 임대차를 금지한다고 규정되어 있었으나 농지의 임대차는 일반화되었다. 아울러 경작규모를 확대하기 위한 농지 임차는 불가피할 뿐 아니라 바람직하다는 판단하에 농지임대차를 허용하기 위한

〈표 9-2〉「농지법」 개정 내용

구분	주요 내용
1994.12.22	· 농지 유동화
1999.03.31	· 농지의 임대차기간 및 임차료 상한제도 폐지
1999.04.19	· 당해 세대주가 최근 5년간 농업인주택을 설치하기 위해 전용한 농지면적을 합산해 부지면적을 제한 · 농업보호구역 안에서 100m^2 이상 되는 일반음식점, 휴게음식점, 숙박시설 등을 설치할 수 없도록 함
2002.01.14	농업보호구역 안에서는 숙박시설, 위락시설 등의 설치를 제한
2002.03.30	· 농업보호구역 안에서 100m^2 미만인 경우 일반음식점, 안마시술소, 골프연습장 등의 설치가 가능했으나 앞으로는 이를 제한해 농업보호구역 안에 있는 농지의 관리를 강화함 · 임차농지 등을 포함한 농지의 총면적이 1,000m^2 이상이면 농지 취득자격 증명을 발급
2002.12.18	· 세대별로 1,000m^2 미만의 농지를 소유 · 농업 생산기반 정비 사업이 시행된 농지를 2,000m^2 이하로 분할할 수 없도록 함
2005.07.21	· 농업기반공사 등에 위탁해 전업농 등에게 장기간 임대할 수 있도록 함 · 농업경영에 이용하지 아니하는 농지에 대한 처분 명령제도의 완화
2006.01.20	· 농지 보전부담금 부과기준 마련
2006.08.29	· 휴양 펜션 사업시설에 대한 규제 완화
2007.06.29	· 농지의 범위 구체화 · 농지 전용허가 제한대상시설 축소
2008.06.05	· 농업진흥지역 해제 시 대체지 지정제도의 폐지 · 시도지사의 자율적 농업진흥지역 해제권한 확대 · 농수산물 가공 처리시설 설치 면적 제한 완화 · 시도지사의 농지 전용 허가 권한 확대
2008.06.20	· 농업 범위의 확대 및 업종 간 구별 기준 명확화 · 농업인의 기준 조정
2009.11.28	· 농지의 소유 및 임대제도 개선 · 농지 전용제도 보완 · 농지의 타 용도 일시 사용제도 간소화 · 농지 보존 부담금 감면 대상 및 감면비율 조정
2011.08.02	· 농업회사법인의 농지 소유 제한요건 폐지 · 농지임대차 규정 신설 · 농업진흥지역 농지 매수청구 제도 도입
2012.07.10	· 농지의 범위에 곤충사육사의 부지 포함 · 담보농지 취득기관에 새마을금고 중앙회 추가 · 농지임대차 기간의 예외사유 및 농지임대차 절차 규정 · 토지소유자에 대한 개별 통지. · 농업진흥구역에 설치할 수 있는 시설 확대 · 농지 보전 부담의 분할 납부 대상 확대

제도적 장치로 1986년 「농지임대차관리법」을 마련했다.

한편 개방경제로 전환되어 농산물 수입 개방이 확대됨에 따라 농업은 위기에 직면했다. 이러한 상황에서 획기적으로 농업 구조를 개선해 농업을 살려보자는 의도하에 1990년에 「농어촌발전특별조치법」을 마련했다. 이 조치법에는 농지의 소유, 이용, 보전에 관한 규정이 총망라되어 있다.

이처럼 경제성장과 더불어 농지와 관련된 법규가 난립했으므로 정비의 필요성이 높아졌고 UR 협상이 타결됨에 따라 농업 구조 개선에 기여할 수 있도록 농지제도를 마련해야 한다는 공감대가 형성되어 1994년 12월 「농지법」을 제정, 공포했으며 준비기간을 거쳐 1996년 1월 1일 발효되었다.

농지법이 공포·발효된 이후부터 현재까지 수차례에 걸쳐 수정되었으며 그 내용이 〈표 9-2〉에 제시되어 있다.

3. 농지 소유제도

1) 농지 소유자격

(1) 「농지개혁법」에 제시된 소유자격

경자유전의 이념을 구현하고자 1949년 마련된 「농지개혁법」에는 농지의 소유자격을 경작자인 농가에 국한한다고 되어 있다. 즉, 비농가의 소유농지와 농가라 할지라도 경작하지 않는 농지를 정부가 매수한다고 규정했다. 그러나 과수원, 묘포지 등의 농지의 경우 자영을 인정했다. 즉, 재촌지주를 인정한 셈이다.

그런데 농지 개혁이 완료된 이후 농지를 두고 떠난 부재지주의 농지를 정부가 매수하지 않아 부재지주를 묵인하는 결과를 초래했다. 이에 따라 「농지개혁법」은 농지 개혁을 단행하기 위한 사업법이며 항구적인 효력을 발휘하지 못한다고 보는 견해가 타당성을 갖게 되었다.

(2) 「농지임대차관리법」과 농지 소유자격

농지 개혁이 완료된 이후에도 농지 개혁의 이념을 유지·발전시켜나갈 수 있는 제도적 장치인 '농지법'을 제정하지 못했다. 또한 부재지주의 농지를 정부가 매수하지 않아 부재지주가 증가하고 농지임대차가 일반화되었으며, 농지를 매입해 등기하려면 농지 매매증명서를 첨부해야 했으므로 농지 매입에 대한 규제는 농지 개혁 당시와 크게 다를 바 없었다. 그러나 정부가 부재지주의 농지를 매입하지 않고 묵인한 처지였으므로 농지 매매증명제는 잘 지켜지지 않았다.

반면 농지의 매매 지가와 수익 지가의 격차가 확대되어 농가가 경작규모를 확대하기 위해서는 농지임대차가 불가피했다. 임차지 면적이 증가하는 사실을 두고 바람직한 경제현상이라고 판단했다.

농지임대차를 허용하고 이를 촉진하기 위한 제도적 장치로 「농지임대차관리법」을 마련했다. 여기에는 농지 소유 자격에 대한 직접적인 조항은 없고 단지 도시인의 농지 매입을 방지하기 위해 농지 매매증명제를 「농지개혁법」에 비해 더 엄격히 규정했다.

(3) 「농어촌발전특별조치법」에 의거한 농지 소유자격

농업의 국제경쟁력을 강화하려면 규모를 확대해야 하지만 가족농으로는 한계가 있다는 점을 묵인했다. 가족농을 보완하는 경제주체로 조직 경영체가 대두되었다. 「농어촌발전특별조치법」에서는 조직 경영체로 영농조합법인을 규정함으로써 농지를 소유해 생산활동을 수행할 수 있는 자격을 부여했다. 소농이 결속해 영농조합법인을 설립하도록 유도했으나 이런 영농조합법인은 대두되지 않았고 조직과 운영은 변질되어갔다.

(4) 「농지법」에 의거한 농지 소유자격

농업인과 더불어 농업법인에 농지의 소유자격을 부여했다. 지금까지 농업을 경영하거나 이에 종사하는 자를 농민으로, 농업에 종사하는 가구를 농가라 정의해왔지만 「농지법」에서는 농민 또는 농가 대신 농업인으로 정의했다.

「농지법」 시행령에는 농업인을 ① 1,000m^2 이상의 농지를 경작하거나 1년 중 90일 이상 농업에 종사하는 자, ② 고정 온실 등 농업용 시설을 설치해 고등 원예작물 또는 특수작물을 330m^2 이상 경작 또는 재배하는 자, ③ 대 가축 2두, 중 가축 10두, 소 가축 100두, 가금 1,000수 또는 양봉 10군 이상을 사육하는 자 등으로 규정했다.

'농업법인'이라 함은 「농어촌발전특별조치법」 제6조의 규정에 의거해 설립된 영농조합법인과 동법 제7조의 규정에 의거해 설립한 농업회사법인을 말한다. 농지를 소유할 수 있는 농업회사법인은 ① 합명회사·합자회사 또는 유한회사일 것, ② 농업인이 출자한 출자액의 합이 그 농업회사법인의 총출자액의 1/2을 초과할 것, ③ 농업회사법인을 대표하는 사원이 농업인일 것 등의 요건을 모두 충족시켜야 한다.

아울러 예외적으로 농지를 소유할 수 있는 주체를 ① 국가와 지방자치단체, ② 농지를 개간 간척한자, ③ 시험 실험용으로 이용할 학교, 농업연구기관, 종묘 기타 농자재 생산업자, ④ 농약의 생물학적 시험을 위해 농지를 취득하고자 하는 농약제조업자 또는 수입업자, ⑤ 농지를 상속받은 자, ⑥ 농지를 저당할 수 있는 농협, 수협, 축협, ⑦ 농어촌진흥공사 등으로 규정했다.

농지 소유자격을 농업인과 농업법인에 국한시켰으나 「농지법」이 시행되기 전에 농지를 소유한 자에 한해 예외를 인정했다. 아울러 8년 이상 영농한 후 이농하는 경우 농지를 소유할 수 있는데 그 규모는 1ha 이하로 한정했다.

「농지법」이 시행된 이후 구입한 농지를 자경하지 않는 경우 처분 의무를 부과했다. 처분 의무기간은 1년이며 이 기간 내에 처분하지 않으면 시장이나 군수가 6개월 이내에 당해 농지 처분 명령을 내릴 수 있다. 이때 처분 명령을 받고도 농지가 팔리지 않을 때는 농촌공사가 매입하도록 청구할 수 있다. 한편 처분 명령을 이행하지 않은 경우 매년 반복해 공시 지가의 20%에 해당하는 이행강제금을 부과한다.

2) 농지 취득자격 제한

(1) 「농지개혁법」

「농지개혁법」에는 농지 소유자격에 대한 규정이 없고 취득자격을 제한함으로써 소유자격을 제한하도록 되어 있다. 농지 취득자격을 농지 매매증명서 발급요건으로 대체했다. 즉, 농지를 매입해 소유권 이전 등기를 필하려면 농지 매매증명서를 첨부해야 했다. 농지 매매증명을 받고자 하는 자는 이·동 농지위원회, 즉 이장, 동장의 확인을 거쳐 읍·면장에 발급 신청을 해야 한다. 비농민이 농지를 매입하고자 할 때는 농지의 소재지에 주민등록을 이전하고 거주기간이 6개월을 경과해야 농지 매매증명을 발급받을 수 있었다.

그러나 농지를 두고 이농한 부재지주의 농지를 정부가 매입하지 않았으므로 「농지개혁법」은 효력이 없는 것으로 간주되어 농지 매매증명제는 잘 지켜지지 않았다. 그러다가 1988년에 「농지개혁법」 시행 규칙을 개정해 매입자격 제한을 더 엄격하게 규제했다.

(2) 「농지임대차관리법」

「농지임대차관리법」에는 농지의 소유자격에 대한 규정이 없고 단지 농지 취득자격을 「농지개혁법」에 비해 엄격하게 규제했다. 기존의 부재지주를 인정했지만 비농민의 농지 소유를 엄격하게 제한했다. 농지 매매증명을 받고자 하는 자는 대통령령이 정하는 바에 의거해 농지 소재지를 관할하는 농지관리위원회의 위원 2인 이상의 확인을 받아 시·구·읍·면의 장에게 발급을 신청해야 한다고 규정했다.

농지 소유자격이 있는 자는 ① 농민, ② 영농조합법인, ③ 농지 소재지에 전 가족이 주민등록을 이전하고 실제로 거주하는 자경 목적의 비농민 등이었다.

매입해 등기할 수 있는 농지의 범위는 매입자가 거주하는 시·구·읍·면 관할구역 내의 농지였다. 관할구역 밖의 농지이지만 거주지로부터 20km 내의 농지로 농지 관리위원 2인이 통작 가능하다고 인정하는 경우 20km 밖의 농지도매수할 수 있었다.

(3) 「농지법」

농지의 매입요건을 충족했다고 입증하는 농지 매매증명의 명칭을 '농지 취득자격증명'으로 변경했으며 발급요건을 완화했다. 농지를 취득하기 전에 농지가 소재하는 지역에 거주해야 한다는 규정은 폐지했다. 아울러 20km 통작거리를 폐지했고 영농할 목적이라면 도시에 거주하는 비농민이라도 농지를 매입해 이전 등기할 수 있도록 완화했다. 단, 영농하지 못할 경우 강제처분 조치를 받는다. 도시계획구역 내의 주거지역, 상업지역, 공업지역 내의 농지는 매매증명 발급대상에서 제외된다.

농지를 취득한 자는 농지가 소재하는 리·동에 거주하는 농지 관리위원 1인과 연접하는 리·동에 거주하는 위원 1인의 확인을 받아 읍·면장이 발급하는 '농지취득자격증명'을 첨부해야만 등기 이전할 수 있다. 이때 농지 관리위원은 다음 사항을 확인해야 한다.

첫째, 신청자가 농업인, 농업법인, 신규 농업경영자에 해당하는지 여부를 확인해야 한다.

둘째, 농업경영계획서 내용을 검토하고 실현 가능 여부를 판단해야 한다.

셋째, 소유농지 전부를 임대하거나 농작업의 전부를 위탁하는지 여부를 검토해야 한다.

3) 소유 상한제

(1) 「농지개혁법」

「농지개혁법」에는 3정보를 초과하는 자경농지를 정부가 매수한다고 규정했으므로 농지 개혁 당시에는 3정보 소유 상한이 설정되어 있었다. 그러나 농지 개혁이 완료된 이후 농지를 두고 떠난 부재지주의 농지와 3정보를 초과하는 부재지주의 농지를 정부가 매수하지 않았다. 그 결과 소유 상한 3정보라는 규정은 애매모호한 상태였다.

1988년 개정된 「농지개혁법」 시행규칙에 의거해 3정보 소유 상한이 설정되었다. 농지를 매수한 후 소유규모가 3정보를 초과하는지 여부를 농지위원이 확인하도록 규제했다.

(2) 「농지임대차관리법」

농지 취득자격을 엄격하게 규제했다. 즉, 농지를 매입한 후 소유규모가 3정보를 초과하는지 여부를 농지 관리위원 2인 이상이 확인하도록 규정했다. 따라서 소유 상한은 3정보였다.

(3) 「농어촌발전특별조치법」

농가당 농지 소유 상한을 농업진흥지역 안의 농지는 10ha, 농업진흥지역 밖의 농지는 3ha로 상향 조정했다. 또한 영농조합법인의 농지 소유 상한 규모는 농가당 농지 소유 상한 규모에 조합원 수를 곱한 면적으로 설정했다.

(4) 「농지법」

농지의 소유 상한제가 경영규모 확대의 제약요인이라 단정하고 이를 조정했다. 즉, 농업진흥지역 내 소유 상한을 폐지했고 농업진흥지역 밖의 농지에는 현행대로 소유 상한 3ha를 유지시켰다. 단 시장·군수가 인정할 경우 5ha까지 소유할 수 있었다.

농업진흥지역 밖의 농지를 3ha 이상 초과해 소유하고자 하는 농업인은 '농지 소유 인정 신청서'에 필요한 사항을 기재해 취득대상 농지의 소재지를 관할하는 시장·군수·구청장에게 제출해야 한다. 시장·군수는 신청자가 다음의 다섯 가지 구비 요건을 갖추었는지 여부를 심사하고 적합하다고 인정되면 접수일로부터 10일 이내에 '농지 소유 인정서'를 발급해야 한다.

① 인정을 신청하는 자가 취득하고자 하는 농지를 자경할 것이라는 점이 인정될 것.

② 취득 결과 소유하는 농지를 포함해 인정을 신청하는 자가 속하는 세대원이 농업진흥지역 밖에서 소유하는 농지의 전체 면적이 5만m^2 이내일 것.

③ 취득 결과 소유하게 되는 농지가 집단화되어 취득하는 농지를 포함한 소유농지 전부를 경작함으로써 생산성을 높일 수 있다고 인정될 것.

④ 인정을 신청하는 자가 취득 결과 소유하게 되는 농지를 포함한 소유농지 전부를 자경할 수 있는 농업용 기계, 장비를 보유하거나 보유계획이 확실할 것.

⑤ 소유농지의 생산성과 그 재배하고자 하는 작목의 수익성을 참작할 때 적정 수준의 농업소득을 확보하기 위해 3만m^2를 초과해 농지를 소유하는 것이 필요하다고 인정될 것.

4. 농지임대차 관리제도

1) 임대차 허용 여부

(1) 「농지개혁법」

「농지개혁법」에서는 임대차를 일체 허용하지 않았다. 즉, '자경하지 않는 일체의 농지를 정부가 매입한다'라고 규정하고 농지를 강제로 매입했다. 아울러 농지는 소작, 임대차, 위탁행위 등을 금지한다고 규정했다. 그러나 농지 개혁이 완료된 후 이농한 농가의 농지를 정부가 매입하지 않았으므로 소작을 묵인하는 결과를 초래했다.

(2) 「농지임대차관리법」

경제성장과 더불어 임차지 면적이 증가해왔으며 농지 임차에 의한 경작규모 확대가 바람직하다고 판단했다.

이러한 사회적·경제적 배경하에 영농규모 확대를 가속시킬 목적으로 1986

년 「농지임대차관리법」이 공포되었다. 이 법의 제정 목적으로 ① 농지의 합리적 이용, ② 농업의 생산성 제고, ③ 농지임대차 당사자 권익 보호, ④ 농가 생활의 향상, ⑤ 국민 경제의 균형 발전 등을 제시했다.

임대차는 농지의 소유자가 영농에 종사하는 상대방에게 그 농지를 사용·수익하게 하고 상대방이 이에 임차료를 지급할 것을 약정함으로써 성립하는 계약이라고 정의할 수 있다.

임대차 계약은 반드시 서면으로 이루어져야 하고 임대차 계약기간은 3년 이상으로 해야 한다. 임대차 계약의 당사자는 그 계약을 체결한 날로부터 60일 이내에 농지 소재지를 관할하는 시장, 구청장, 읍·면장에게 계약 내용을 신고해야 한다.

「농지임대차관리법」을 준수해 임대차 계약을 체결하는 사례는 찾아보기 어렵고 관례대로 구두로 계약되었고, 계약기간을 정하지 않고 이루어졌다.

(3) 「농지법」

원칙적으로 농지를 임대할 수 없다고 규정했고 임대할 수 있는 농지를 ① 비농민이 상속으로 소유한 1ha 범위 이내의 농지, ② 농지 이용 증진 사업을 통해 임대하는 농지, ③ 부득이한 사유로 일시적으로 농업경영을 할 수 없는 농지, ④ 법 시행 이전부터 소유한 농지, ⑤ 60세 이상으로 은퇴하는 농업인이 5년 이상 영농한 농지 등으로 한정했다.

또한 임대차 방법을 규정했다. 임대차 계약은 반드시 서면으로 체결하고 임대차 계약기간을 1년 이상으로 규정했다. 단지 다년생 식물을 재배하는 경우나 농업용 시설물을 설치해 농작물을 경작하는 경우에는 3년 이상으로 해야 한다.

2) 임차료 상한선 설정

(1) 「농지임대차관리법」

「농지임대차관리법」 제6조에 따르면 '임차료의 상한은 농지의 생산성 및 농작물의 수익성과 지역 실정 등을 고려해 대통령이 정하는 기준에 따라 지역별·농작물별, 농지 등급별로 시군의 조례로 정한다'라고 규정되어 있었다.

1990년에 「농지임대차관리법시행령」이 마련되었고 동 시행령 제6조에 '법 제6조 1항의 규정에 의해 시군의 조례로 임차료의 상한을 정하는 경우 전·답 과수원으로 구분해 시·구·읍·면별로 정한다'라고 규정되어 있다. 임차료의 상한을 농지의 생산기반, 정비 상태, 농지 과세표준 및 비옥도를 참작해 등급을 상중하 또는 상하로 세분해 정한다.

이러한 규정이 있었지만 자치단체의 조례로 임차료 상한선을 설정한 지역은 찾아보기 드문 실정이었다.

(2) 「농지법」

임차료의 상한은 대통령이 정하는 기준에 따라 지역별·농작물별로 농지의 소유지를 관할하는 농지관리위원회의 심의를 거쳐 시군의 조례로 정하는 것으로 규정되어 있다. 그러나 아직까지 임차료 상한선을 설정한 조례는 찾아보기 어렵다. 즉, 지역의 임차료는 지역 내 농지 용역의 수요와 공급에 따라 결정되는 것이 바람직하다고 인정하는 셈이다. 경제성장과 더불어 농지 용역의 공급이 증가하고 수요가 감소함에 따라 농지 임차료는 감소해왔으므로 임차료 상한선을 규제하는 행위 자체가 무의미한 처지다.

3) 위탁경영

「농지법」에서는 ① 「병역법」으로 징집 또는 소집된 경우, ② 6개월 이상의 국외여행 중인 경우, ③ 농업법인이 청산 중인 경우, ④ 질병, 취학, 선거에 의한 공직 취임, 수감 등으로 자경할 수 없는 경우, ⑤ 농지 이용 증진 사업에 의해 위탁경영하는 경우 등을 제외한 소유농지의 위탁경영을 금지한다. 물론 이때의 위탁은 전 작업 위탁을 말한다.

아울러 자가 노동력이 부족한 농업인은 농작업의 일부를 위탁할 수 있다고 규정했다. 이때 자가 노동력이 부족한 경우는 다음 조건 중 하나를 만족시킨 경우에 농지를 위탁할 수 있다.

첫째, 소유농지에서 농작물의 경작 또는 다년성 식물의 재배에 상시 종사하거나 농작업의 1/2 이상을 스스로의 노동력으로 경작 또는 재배하는 경우.

둘째, 주요 작물의 주요 농작업, 즉 ① 벼의 이식 또는 파종, 재배 관리 및 수확, ② 과수의 전정 또는 적과, 재배 관리 및 수확량의 1/3 이상을 자가 또는 세대원의 노동력으로 경작하거나 다년성 식물을 재배하는 경우.

셋째, 1년 중 45일 이상 작물별 주요 농작업에 직접 종사하는 경우.

5. 농지 보전제도

1) 농지 보전의 필요성

(1) 농지규모 및 식량 자급률

농지이용을 자유시장에 맡겨두면 될 텐데 왜 제도적인 장치를 마련해 농지를 관리하고 보전해야 할까? 이에 대한 해답은 지극히 간단하다. 한국은 1인당 농지 규모가 영세해 식량 자급률이 낮기 때문이다.

국민 1인당 농지면적이 가장 큰 나라는 호주인데 무려 25.6ha에 달한다(〈표 9-3〉 참조). 다음은 캐나다로 그 규모는 2.5ha이며 미국은 1.5ha 수준이다 . 이에 비해 한국의 국민 1인당 농지규모는 0.04ha로 호주의 1/3,085에 해당한다. 아시아 몬순기후하에 놓여 있는 나라는 대체로 농지규모가 영세한데 이웃한 일본은 우리와 비슷한 수준이고 중국은 한국의 10배 정도다.

〈표 9-3〉 주요 농업지표의 국제 비교(1996)

구분	총인구 (만 명)	국토 면적 (만 km^2)	농가 수 (만 호)	농지면적			곡물 자급률(%)
				총면적 (백만ha)	농가 호당(ha)	국민 1인당(ha)	
미국	26,994	936	206	392	190	1.5	138
캐나다	2,968	997	28	68	246	2.3	185
호주	1,805	774	12	436	4,011	25.6	297
EU	37,281	324	734	128	18	0.3	126
프랑스	5,833	55	73	28	39	0.5	198
독일	8,192	36	57	17	30	0.2	118
이태리	5,723	30	248	15	6	0.3	86
영국	5,837	24	23	16	70	0.3	130
중국	123,208	959	23,282	496	2.1	0.4	96
일본	12,535	38	339	4.99	1.4	0.04	29
한국	4,554	10	150	1.98	1.3	0.04	26

자료: FAO, *Production Yearbook*(1996); 농림부, 「농림업 주요 통계」(1998); 日本 農林水産省, 「農林水産業に関する主要指標」(1998).

1인당 농지규모의 크기는 식량 자급률과 직결된다는 사실을 간과해서는 안 되며 여기서는 편의상 곡물 자급률을 식량 자급률로 대체해 설명한다. 1996년 현재 호주의 식량 자급률은 297%로 세계에서 가장 높고 그다음은 프랑스로 198%이며 미국은 138% 수준이다. 한국의 식량 자급률은 1996년 현재 26%로서 일본의 29%보다 낮은 실정이다.

식량 자급률이 낮으면 국민이 장래의 식량 사정을 걱정하게 되는데, 이를 두고 국가안보 차원의 식량 문제가 심각하게 대두되었다고 말한다. 국민으로 하여금 장래 식량에 관해 안심하도록 하려면 식량 자급률을 일정 수준으로 유지시켜야 하고 이를 위해 농지를 합리적으로 관리하고 효율적으로 이용해야 한다.

또한 한국은 농가 호당 경지 규모가 1.3ha에 불과하므로 노동 생산성이 상대적으로 낮아 국제경쟁력이 약하다. 농가 호당 농지규모가 4,011ha에 달하는 호주, 246ha인 캐나다, 190ha인 미국과 경쟁해야 한다는 점을 고려하면 농지규모의 영세성에 관해 부언할 여지가 없다.

우리 농업의 국제경쟁력을 강화하려면 경영규모를 확대해야 하고, 특히 토지 이용형 농산물에서는 경작 규모를 확대해야 한다. 이를 위해서는 농지를 확장시키고 무분별한 농지 전용을 막아야 할 것이다.

(2) 농지 감소 및 전용 현황

국민 1인당 농지 규모가 영세해 식량 자급률이 낮은 수준인데도 농지는 매년 감소해왔다. 한국 총 농지규모는 1968년에 정점에 달했으며 그 이후 지속적으로 감소해왔다.

농지의 증가 요인은 개간, 간척 등의 농지 조성이며 감소 요인은 농지 전용, 유휴화, 농지 유실 등이다. 증가하는 농지보다 감소하는 농지가 많아 총 농지 규모는 매년 감소해왔다.

특히 중화학공업 위주의 산업 구조로 개편하기 위해 산업기지를 건설했고 이에 부응해 도시화가 가속된 시기인 1970년대 후반부터 1980년대 초반에 걸

〈표 9-4〉 지역별 농지 감소 현황

(단위: ha, %)

		전용	유휴·기타	합계
합계		76,801(52.0)	71,035(48.0)	147,836(100.0)
지목별	전	32,982(44.9)	40,499(55.1)	73,481(100.0)
	답	43,819(58.9)	30,536(41.1)	74,355(100.0)
시도별	서울	131(72.0)	51(28.0)	182(100.0)
	부산	989(61.5)	618(38.5)	1,607(100.0)
	대구	1,209(64.4)	668(35.6)	1,877(100.0)
	인천	1,813(62.6)	1,083(37.4)	2,896(100.0)
	광주	1,506(90.9)	151(9.1)	1,657(100.0)
	대전	797(82.2)	173(17.8)	970(100.0)
	경기	15,449(53.7)	13,326(46.3)	28,775(100.0)
	강원	6,470(39.5)	9,895(60.5)	16,365(100.0)
	충북	5,586(63.3)	3,244(36.7)	8,830(100.0)
	충남	8,633(54.0)	7,364(46.0)	15,997(100.0)
	전북	7,924(56.7)	6,062(43.3)	13,986(100.0)
	전남	4,336(54.6)	3,469(44.4)	7,805(100.0)
	경북	9,879(45.1)	12,046(54.9)	21,925(100.0)
	경남	11,471(49.2)	11,844(50.8)	23,315(100.0)
	제주	608(36.9)	1,041(63.1)	1,649(100.0)

주: 1995~1997년 3개년의 합계치.
자료: 농림부 농업정보통계관실.

쳐 농지 감소가 가속되었다. 아울러 1990년대에 들어와 농지 전용에 대한 규제를 완화했는데 이때부터 감소하는 농지면적이 급증했다.

요인별 농지 감소 면적이 〈표 9-4〉에 제시되어 있다. 1995~1997년까지 감소한 총 농지면적은 14만 9,000정보인데, 농지 전용에 따른 감소가 전체의 52%를 차지했다.

한편 지역별 감소면적을 보면 지역의 농업 기반조건 혹은 경제 여건이 잘 반영되어 있다. 도시화가 가속되는 경기 및 충북 지역에는 농지 전용으로 감소한 농지면적이 상대적으로 많다. 반면에 조건 불리 지역이 많은 강원, 경북, 경남지역에는 유휴화로 감소한 농지가 더 많은 것으로 나타났다.

2) 농지 관리수단

경제성장과 더불어 타 용도로 전용되는 농지가 늘어남에 따라 농지를 합리적으로 보전하고 효율적으로 이용하고자 노력해왔지만 전용되는 농지는 급증했다. 이는 농지 전용을 규제하는 제도적 장치에 허점이 있다는 사실을 나타낸다.

1996년 1월부터 발효된 「농지법」에 제시되어 있는 농지 관리수단은 ① 성실 경작을 실현하기 위해 농지의 취득자격 제한, ② 우량 농지를 항구적으로 확보하고 배타적으로 보전하기 위한 농업진흥지역 지정과 타 용도 전용 규제, ③ 효율적인 농지 전용을 유도하기 위한 농지 처분 명령제도와 대리 경작제도 등이다.

농지 보전에 관해서는 493쪽(3항 농지 보전제도의 전개 과정)에서 상세하게 고찰하므로 여기서는 농지 취득자격 제한과 농지 처분 명령제도를 간략하게 고찰한다.

농지 취득자격을 제한하는 수단으로 ① 통작거리 제한, ② 거주 제한, ③ 소유 상한 설정 등을 들 수 있다. 「농지법」이 제정되기 전에는 농지 취득자격을 엄격하게 제한했으나 「농지법」에서는 이를 대폭 완화했다. 즉, 통작거리와 거주 제한을 철폐하는 대신 농지를 취득한 후 본래 계획한 영농 목적에 의거해 성실하게 이용하도록 유도한다. 즉, 농지를 취득한 후 자영하지 않으면 처분하도록 유도하는 농지 처분 명령제도를 도입했다.

처분 명령 대상농지는 ① 취득한 농지를 정당한 사유 없이 자신의 농업경영에 이용하지 않는 경우, ② 농지를 소유한 농업회사법인이 갖추어야 할 요건을 상실한 경우, ③ 전용허가를 받아 농지를 취득한 후 2년 내에 본래의 사업을 착수하지 않은 경우, ④ 농지 소유 상한을 초과해 농지를 소유한 경우, ⑤ 부당한 방법으로 농지 취득자격 증명을 발부 받아 농지를 소유한 경우, ⑥ 정당한 사유 없이 농업경영계획의 내용대로 영농하지 않을 경우 등인데 대상농지의 이용실태를 조사해 처분사유에 해당하면 시장 군수는 처분의무 통지서를 발부해야 한다. 처분 명령을 받고 1년 내에 처분하지 않으면 농지가격의 20%에 해당하는 이행 강제금을 납부해야 한다.

이처럼 「농지법」을 통해 농지의 취득자격을 완화한 반면 취득 후 성실하게 농지를 이용하도록 유도했다. 그러나 이 농지 처분 명령제도는 원래 의도한 소기의 정책 효과를 거두지 못했다는 지적을 받는다. 수도작의 경우 경운, 정지, 이앙, 수확 등의 주요 작업을 농기계 수탁 작업에 맡겨 해결할 수 있으므로 도시인이 투기 목적으로 농지를 구입한 후 조방적으로 경영하면 농지 처분 대상에서 벗어날 수 있다. 농지 처분 명령제도는 소기의 정책 효과를 기대하기 어렵다고 판단되므로 투기 목적의 농지 소유를 방지하려면 농지 취득자격을 강화해야 할 것이다.

3) 농지 보전제도의 전개 과정

(1) 필지 보전방식

경제성장과 더불어 도시화·산업화가 진행됨에 따라 비농업 분야의 토지 수요가 증대해왔다. 특히 1960년대 후반부터 토지의 투기적 거래가 전국적으로 확산되고 지가가 앙등하기 시작했다. 국토의 난개발이 야기되고 자연이 파괴

〈표 9-5〉 용도지역 지정과 이용 행위

용도지역	용도
도시지역	「도시계획법」상의 도시계획에 의해 당해 지역의 건설·정비·개량 등을 시행해야 할 지역
취락지역	도시지역 외의 지역으로서 주민의 집단적 생활근거지로 이용되거나 이용될 지역
경지지역	주로 답작, 전작, 과수원, 상전, 원예 또는 축산업 등에 이용되고 있거나 이용될 지역
산림보전지역	목재의 생산, 채종 및 재해나 환경오염의 방지 등을 위해 산림지로서 보전할 필요가 있는 지역
공업지역	주로 공업과 주요산업시설 및 그에 부수된 용도에 이용되고 있거나 이용될 지역
자연환경 보전지역	자연경관·수자원·생태계 및 문화재 보전을 위해 필요한 지역
관광휴양지역	국민 여가 선용을 위한 휴양시설과 자연경관, 문화재 등을 탐방하는 관광객들을 위한 시설이 집단화되어 있거나 집단화되어야 할 지역
수산자원 보전지역	수산자원을 보호·육성하기 위해 필요한 공유 수면이나 그에 인접된 토지로서 수산자원의 보전을 위해 필요한 지역
개발 촉진지역	산림지·잡종지 기타 이용도가 낮은 토지로서 토지의 기능과 적성으로 보아 현재의 이용상태보다 더 효율적으로 이용하기 위해 농지·초지·대지·공장용지 등 다른 목적으로 전용해 개발할 필요가 있는 지역
유보지역	도시지역 등으로 용도를 지정하지 아니한 지역

자료: 「국토이용관리법」, 제6조.

되는 등 무계획적인 농지 전용이 성행했다. 이러한 사회적 배경하에 국토를 합리적으로 관리하고 효율적으로 이용하고자 1972년 「국토이용관리법」을 제정했다. 이 법을 바탕으로 국토 이용계획을 수립해 고시하고 용도지역을 지정했다.

「국토이용관리법」에서는 10개의 용도지역을 지정했고 구체적인 용도는 〈표 9-5〉에 제시되어 있다.

토지 소유자는 그 토지를 용도지역에 정해진 대로 적합하게 이용해야 한다. 행정기관장 또는 지방자치단체장이 타 법령에 의거해 허가, 인가, 승인 등으로 토지 이용행위를 허용할 때는 「국토이용관리법」에 의거한 토지 이용 행위 규제를 준수하도록 조치했다.

산업화와 도시화가 급속도로 진행됨에 따라 무분별한 농지 잠식이 일어났고 농업 측에서는 농지를 배타적으로 보전할 목적으로 1972년 「농지이용및보전에관한법률(농지보전법)」을 공포했다. 이 법에 의거해 모든 농지를 개별 필지 단위로 '절대농지', '상대농지'로 나누어 지정하고 전용을 규제했다. 개별 필지를 기준으로 타 용도로 농지가 전용되는 것을 규제했으므로 농지의 '필지 보전방식'이라 한다.

(2) 권역 보전방식

「농지보전법」에 의거해 개별 필지 단위로 절대농지, 상대농지를 지정하고 농지를 보전하는 필지 보전방식에 한계가 드러났다. 즉, 「도시계획법」 등 타 법규에 의거해 선긋기 식으로 농지를 잠식하는 것에 필지 보전방식으로는 탄력적으로 대항할 수 없었다.

아울러 비농업 분야의 농지 전용 규제가 너무 엄격하다는 비난이 높아졌다. 이에 부응해 점진적으로 전용 규제를 완화했고 전용할 수 있는 상한 규모를 대폭 상향 조정했다.

이에 따라 비농업 분야로 전용되는 농지가 매년 확대되었다. 아울러 개별 필지 단위로 농지를 보전해왔으므로 우량농지 주변에 있는 잡종지에 공장이나 시설물이 설치되는 등 필지 보전방식의 한계가 드러났다.

이러한 문제를 해결하고자 필지 보전방식에서 권역 보전방식으로 전환했다. 즉, 1990년 4월에 공포된 「농어촌발전특별조치법」에 집단화되어 있는 우량농지를 농업진흥지역으로 지정하도록 규정했다. 농업진흥지역을 지정함에 따라 전 농지는 농업진흥지역 내의 농지와 진흥지역 밖의 농지로 양분되었다. 농업진흥지역 내의 농지는 농업 생산 목적으로 사용하고 배타적으로 보전하는, 이른바 권역 보전방식을 적용했다.

그러나 농업진흥지역으로 지정된 농지는 97만 3,000정보로 전체 농지의 43.3%에 불과했다. 비농업 측에서는 기다렸다는 듯이 진흥지역 밖의 농지를 용이하게 전용할 수 있도록 「국토이용관리법」을 개정해 용도지역을 재조정했다. 농업 측에서 솔선수범해 권역 보전방식을 채택함에 따라 절반 이상의 농지를 내팽개친 결과를 초래했다.

4) 국토 이용관리체계 개편

1972년에 제정된 「국토이용관리법」에 의거해 전 국토를 10개의 용도지역으로 지정하고 관리했으나 1993년에 이 법을 전면적으로 개정해 기존의 용도지역을 ① 도시지역, ② 준도시지역, ③ 농림지역, ④ 준농림지역 ⑤ 자연환경보전지역 등 5개의 용도지역으로 재편했다(〈그림 9-1〉 참조). 재편한 용도지역별 사용 목적이 〈표 9-6〉에 나타나 있다.

아울러 경제성장과 더불어 토지 수요가 확대됨에 따라 산업용 토지 공급을 확대할 목적으로 토지 이용에 대한 규제를 완화했다. 즉, 토지 이용에 관한 규제방법을 개발 목적과 보전 목적으로 단순화했다. 개발지역의 행위규제를 완화함에 따라 개발 가능한 토지가 종래에는 전 국토의 15.6%였으나 용도지역을 단순화한 후에는 41.9%로 대폭 확대되었다. 종전에 경지지역으로 지정되어 있던 진흥지역 밖의 농지와 산림 보전지역 내의 보전 임지를 준농림지역으

〈그림 9-1〉「국토이용관리법」 개정에 따른 용도지역의 변경

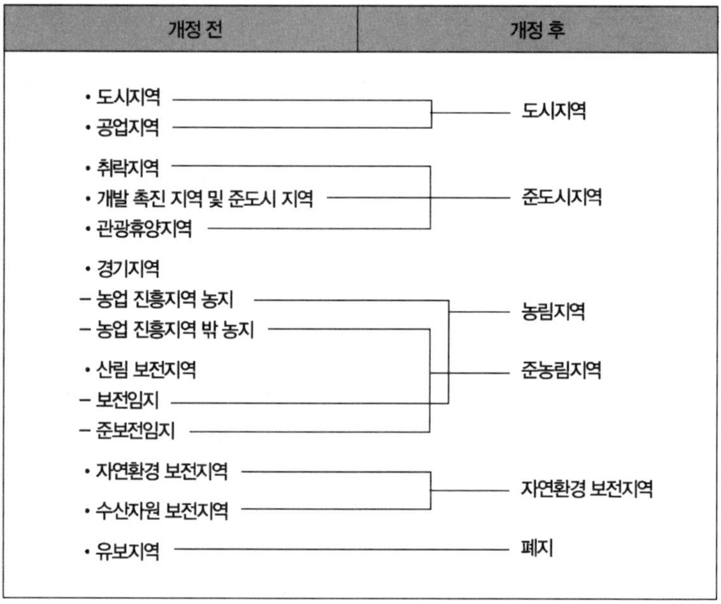

개정 전	개정 후
• 도시지역 • 공업지역	도시지역
• 취락지역 • 개발 촉진 지역 및 준도시 지역 • 관광휴양지역	준도시지역
• 경기지역 – 농업 진흥지역 농지 • 산림 보전지역 – 보전임지	농림지역
• 경기지역 – 농업 진흥지역 밖 농지 • 산림 보전지역 – 준보전임지	준농림지역
• 자연환경 보전지역 • 수산자원 보전지역	자연환경 보전지역
• 유보지역	폐지

〈표 9-6〉 용도지역별 용도

용도지역	용도
도시지역	· 도시계획법에 의해 당해 지역의 건설·정비·개량 등을 시행하였거나 시행할 지역 · 택지개발예정지구, 국가공업단지, 지방공업단지, 전원개발 사업구역 및 예상구역으로 지정해 개발하였거나 개발할 지역
준도시지역	· 도시지역에 준해 토지의 이용과 개발이 필요한 집단적 생활근거지 · 국민여가선용과 관광휴양을 위한 체육 및 관광 휴양시설 용지 · 농공단지, 집단묘지 기타 각종 시설용지로 이용되고 있거나 이용될 지역
농림지역	· 농업진흥지역 및 보전임지 등으로 농림업의 진흥과 산림의 보전을 위한 지역
준농림지역	· 농림진흥지역 밖 지역의 농지 및 준보전임지 등으로서 농림업의 진흥과 산림보전을 위해 이용하되, 개발용도로 이용할 수 있는 지역
자연환경 보전지역	· 자연경관·수자원·해안·생태계 및 문화재 보전과 수산자원의 보호 육성을 위해 필요한 지역

로 지정했으며, 이 지역은 전 국토면적의 26.1%를 차지한다. 산업용 토지 공급을 원활하게 하고자 준농림지역에 대한 개발행위 규제를 완화했다. 종전에는 할 수 있는 행위를 열거하는, 이른바 '허용행위 열거방식(Positive Check List System)'이었으나 이를 개정함으로써 하면 안 되는 행위만 열거하는, 이른바 '제한행위 열거방식(Negative Check List System)'으로 전환했다.

준농림지역에 대한 전용 규제가 완화되었고 농지 전용 허가권을 지방정부에 대폭 위임함에 따라 이른바 국토 난개발이 자행되었다.

5) 농지 전용절차

필지 보전방식, 권역 보전방식을 불문하고 농지 전용을 규제하는 행정절차는 크게 바뀌지 않았다. 농지 전용의 난이(難易)는 농지 전용 주체와 사용 목적에 따라 다르다. 농지 전용 주체를 국가, 지방자치단체, 공공단체와 민간으로 나누고 민간을 농가와 비농가로 나눈다.

농지 전용 규제방식은 협의, 동의 승인, 허가, 신고, 임의 전용으로 나눈다. 국가, 지방자치단체, 공공단체 등이 공용 또는 공공용으로 농지를 전용하려면 농지 관리 주무장관과 협의하거나 동의나 승인을 받아야 한다.

농업진흥지역 내 농지를 ① 국방 군사시설, ② 철도, 항만, 공항, ③ 농지개

〈표 9-7〉 농업진흥지역 안팎별 농지 전용 허가권자의 허가 범위

구분	농림부장관	시·도지사	시장·군수·구청장
농업진흥지역 안 농지	2만m^2 이상	2,000~2만m^2	2,000m^2 미만
농업진흥지역 밖 농지	6만m^2 이상	6,000~6만m^2	6,000m^2 미만

〈표 9-8〉 농업 보호 구역 안에서의 농지 전용 허용 면적

(단위: m^2)

구분	개정 전(1996년까지)	개정 후(1997년 이후)
공장	1,500 이하 허용	1,000 이하 허용
공동주택	3,000 이하 허용	2,000 이하 허용
숙박·위락시설	1,000 이하 허용	500 이하 허용
음식점·골프연습장	1,000 이하 허용	500 이하 허용
기타시설	1,000 이하 허용	500 이하 허용

량시설 국토 보전시설, ④ 다목적 댐의 시설 수몰 대상 농지, ⑤ 교육 시설의 확장 등의 용도로 전용하고자 할 때에는 당해 장관은 농림부장관과 협의해야 한다.

협의대상에 해당되지 않지만 공용 또는 공공용으로 전용하고자 할 때 전용주체가 국가라면 농림부장관의 동의를 얻어야 하고 전용주체가 지방자치단체일 때는 농림부장관의 승인을 받아야 한다.

비농가가 농지를 전용하고자 할 때는 허가를 받아야 한다. 농지 전용 허가권자는 농림부장관, 도지사, 시장·군수, 구청장이며 전용하고자 하는 농지가 진흥지역 내에 있는지 여부에 따라 허가 면적이 상이하다(〈표 9-7〉 참조).

농지 전용 허가권자는 허가 심사 기준에 따라 심사해 허가 여부를 결정해야 한다. 심사 기준은 ① 농지 전용 불허 시설에 해당되는지 여부, ② 전용하려는 농지가 전용 목적에 적합하게 이용될 수 있는지 여부와 그 면적이 적정 면적인지 여부, ③ 전용하려는 농지가 농업 생산기반 정비, 집단화 등 보전가치가 있는지 여부, ④ 전용으로 인한 도로 폐지, 토사 유출, 폐수 배출 등 영농과 생활환경에 피해를 주는지 여부와 그 피해 방지 계획의 타당성 여부, ⑤ 전용 목적 사업이 용수 취수를 수반하는 경우 영농 및 생활환경에 미치는 영향이 있는지 여부 등이다.

〈표 9-9〉 준농림지역 안에서의 농지 전용 허용 면적

(단위: m^2)

시설별	개정 전(1996년까지)	개정 후(1997년 이후)
공동주택	10,000 이하 허용	7,500 이하 허용
숙박시설·음식점·골프연습장 등	30,000 이하 허용	500 이하 허용
근린생활시설·청소년수련시설 등	30,000 이하 허용	1,000 이하 허용
공장·창고·판매시설	30,000 이하 허용	20,000 이하 허용
학교·연구시설등 기타	30,000 이하 허용	10,000 이하 허용

〈표 9-10〉 신고 전용의 대상

(단위: m^2)

시설의 범위	설치자 범위	허용 규모
농업인 주택	무주택 농업인	세대당 660 이하(1회)
자가 생산 농산물의 보관·건조시설과 탈곡장·잠실·애누애 사육장·잎담배건조실·농업자재생산 보관시설·농업용 관리사	농업인	1,500 이하
	농업법인	7,000 이하(진흥지역 밖)
		3,300 이하(진흥지역 안)
농업진흥지역 밖의 축사·야생 조수 사육시설·간이 양축시설·축산용 관리사와 축산자재 생산 보관시설	농업인, 농업법인	7,000 이하
농업진흥지역 밖의 자가 생산 농산물의 유통·가공시설	농림어업인	3,300 이하
농업진흥지역 밖의 조합원 생산 농산물의 유통·가공시설	생산자단체	7,000 이하
농업진흥지역 밖의 농업인의 공동생활 편익·이용시설	제한 없음	제한 없음
농수산 시험·연구시설	비영리법인	7,000 이하(진흥지역 밖)
		3,000 이하(진흥지역 밖)
농업진흥지역 밖의 양어·양식장	농어업인, 농업법인	7,000 이하(진흥지역 밖)
		3,300 이하(진흥지역 밖)
농업진흥지역 밖의 양어·양식장의 어업용 시설	농어업인, 농업법인	1,500 이하(진흥지역 밖)

주: 진흥지역 안 혹은 밖이라고 명시되어 있는 곳은 두 지역 다 전용할 수 있다는 사실을 명시함.

농업진흥지역 내의 농지를 농업진흥구역과 농업보호구역으로 구분했고 전자는 농업용 시설 외의 타 용도 전용을 엄격하게 규제했다(〈표 9-8〉 참조).

농업진흥지역 밖의 농지는 「국토이용관리법」에 의거해 지정한 준농림지역에 속한다. 이 지역 내에 있는 농지의 전용 상한 면적이 용도별로 상이한데 자

세한 내용은 〈표 9-9〉에 제시되어 있다.

1993년 용도지역을 조정할 때 농업진흥지역 밖의 농지는 준농림지역에 포함되었고 이 지역 안에서 할 수 있는 토지 이용 행위가 대폭 완화됨에 따라 농지 전용이 무분별하게 자행되었다. 농업 측에서는 농지를 엄격하게 보전하고자 1996년 「농지법」을 개정해 전용 허가 상한 규모를 축소했다.

농업인이 농가 주택 혹은 농업용 시설을 신축할 목적으로 농지를 전용하고자 할 때 일정 규모 내에서는 신고를 통해 전용할 수 있다. 물론 농업진흥지역 내의 농업진흥구역과 농업보호구역 내에서 할 수 있는 행위는 「농지법」에 명시되어 있다. 농업인, 생산자단체 또는 농업법인이 신고로 농지를 전용할 수 있는 용도와 상한규모가 〈표 9-10〉에 나타나 있다.

제10장
농외소득정책

1. 농외소득의 의의

1) 농외소득의 중요성

농가는 농업경영에서 얻는 농업소득만으로 도시 가계와 버금가는 수준의 소득을 획득할 수 있어야 한다. 그러나 농업 기반조건이 열악한 소농경제하에서는 농업소득 증대의 한계를 수긍하지 않을 수 없다.

농업 종사자의 소득이 비농업 종사자 소득에 비해 낮은 이유는 양자 간 노동 생산성 격차와 농가 교역 조건의 악화 때문이다. 노동 생산성을 높이려면 경영규모를 확대해야 하는데 수도작, 과수 등과 같은 토지 이용형 작물에서는 이를 경작규모의 확대라고 말한다. 이는 단기적으로 실현하기 어렵고 장기적인 구조 개선정책으로만 가능하다.

한편 농가 교역 조건을 개선하려면 농산물가격을 지지하고 생산요소가격을 보조해야 한다. 그런데 1980년대에 들어와 농산물 수입 개방 압력이 가중됨에 따라 농산물가격 지지는 한계에 봉착했다.

이처럼 농업소득 증대의 한계를 인정하지 않을 수 없다는 전제하에 농외소득 증대로 농가소득을 증대시킨다는 차선의 정책대안을 제시했다.

한편 농가가 보유한 토지, 노동, 자본 등의 제자원이 농업 생산에 충분히 활용되지 못한 결과 농가소득이 상대적으로 낮다면 농가가 보유한 자원을 비농업 분야에 활용해야 할 것이다.

특히 가족노동력이 비농업에 취업했거나 취업하려 한다면 적어도 다음 중 어느 하나에 해당한다고 할 수 있다.

첫째, 경작규모 혹은 영농규모가 영세해 가족 노동력이 농업 생산에 완전히 연소되지 못해 가족 노동력의 연간 보수가 비농업 종사자보다 낮다면 남는 노동력을 비농업에 활용해야 할 것이다.

둘째, 가족노동력이 농업 생산에 충분히 활용되었는데도 연간 보수가 비농업 취업자에 비해 낮다면 가족노동력의 연간 보수를 극대화할 수 있도록 농업 노동력을 농업과 비농업에 적절히 배분해야 할 것이다.

셋째, 수도작 지대에서는 벼 위주의 생산 구조이므로 농번기와 농한기가 뚜렷이 구분된다. 농업소득만으로 가계비를 충분히 확보하지 못하는 농가는 농한기에 비농업 분야에 취업해 노임소득을 획득해야 할 것이다.

토지, 자본, 노동 등 생산자원이 농업과 비농업 간에 자유로이 이동할 수 있다면 농업 종사자와 비농업 종사자 간 소득격차는 크지 않을 것이다. 그러나 농가소득이 낮아도 농업 노동력이 일자리를 찾아 떠날 수 없는 경우가 많고 설사 가능하다고 해도 이촌은 도시 문제를 악화시킨다.

농촌을 떠나지 않고 농외소득을 올릴 수 있는 대안은 농업 외 사업을 겸업하거나 비농업 분야에 취업하는 것이다. 겸업하면 농가가 보유하는 자본, 토지, 노동 등의 자원을 이용하고 취업하면 노동력만 활용한다.

2) 농외소득원 개발정책의 전개 과정

호당 경작규모가 영세해 가족노동력이 자가에서 경영하는 농지에 활용되지 못해 이를 타 분야에 활용함으로써 농외소득을 증대시키는 정책 대안은 광복 이후 지속적으로 추진되어왔다.

1945~1960년에는 유휴노동력과 농업 부산물인 짚을 이용하는 고공품 생산

장려정책이 추진되었다.

1963~1965년에는 농협중앙회가 주도한 농촌 가내공업 육성 사업, 1965년부터 농림부에서 추진한 자립 안정농가 조성 사업 등이 산발적으로 추진되었고 이러한 농가 부업 개발도 일종의 농외소득원 개발정책에 속한다.

1967년부터 농외소득원 개발 사업이 본격적으로 추진되었으며 사업 내용을 기준으로 이 시기부터 현재에 이르기까지 크게 3기로 나눌 수 있다.

제1기는 1967~1983년인데 농한기에 유휴노동력과 유휴자원을 활용할 수 있는 농가 부업 개발에 중점을 둔 시기다.

경작규모가 영세해 농촌에는 유휴노동력이 상존했으며 이를 농외소득 증대에 활용하려는 목적하에 1967년 '농어촌 부업단지 육성 사업'을 추진했다. 여기서는 주곡농사 외 농가소득을 획득할 수 있는 일 전부를 부업으로 정의했다. 농업 부산물과 임산물을 이용한 가공·생산, 유휴지를 이용한 소규모 과수·약초·화훼 재배·양봉 또는 중소 가축사육 등이 농가 부업에 포함되었다.

1968~1971년에는 제1차 '농어민 소득 증대 특별 사업'이 추진되었는데 이때는 위탁가공이나 수공업 등 농외 사업을 중심으로 농가 부업을 개발했다.

뒤이어 1972~1976년에는 '제2차 농어민 소득 증대 특별 사업'이 추진되었으며 대표적인 농외소득원 개발정책은 1972년부터 시작된 새마을공장 건설 사업이다. 공장을 지방에 분산시켜 농촌의 잠재 실업을 활용해 농외소득을 증대시키면 도농 간 소득격차 해소와 지역 균형개발이라는 정책 효과를 가져올 것으로 믿었다.

새마을공장 건설 사업에는 다음과 같은 구체적인 추진 방법이 채택되었다.

첫째, 1개 면에 1개 공장 이상을 건설한다는 목표를 설정하고 공장 입지조건이 유리한 지역부터 우선적으로 추진한다.

둘째, 지역 내에서 원료 조달이 가능하고 노동 집약적이며 계열화에 유리한 제품을 생산하는 공장을 우선적으로 건설하며 지역 여건과 원료생산 및 산업 간 관련 효과를 종합하고 조정하면서 추진한다.

셋째, 경영과 기술 및 판로 면에서 경쟁력을 갖춘 건실한 업체를 새마을공장으로 선정한다.

1972년부터 1983년까지 1,357개 사업체가 새마을공장으로 선정되었는데 새마을공장 건설 사업은 실패한 농외소득정책으로 평가된다.

제2기는 1983~1989년이다. 1980년에 들어와 도농 간 소득격차가 심화되었으나 개방경제로 전환됨에 따라 농업소득 증대의 한계를 수긍하지 않을 수 없어 차선책으로 획기적인 농외소득원 개발정책을 추진하기에 이르렀다.

아울러 농촌에 취업 기회가 확대되면 향도이촌이 둔화되므로 도시 문제 해결에도 보탬이 되고 도농 간 성장격차도 해결된다는 정책 의도가 이면에 깔려 있었다.

이러한 정책 효과를 누리고자 1983년 12월 「농외소득원개발촉진법」을 제정·공포했다. 여기에 의거해 '농공단지', '특산단지', '농어촌 관광소득원 개발', '농산물 가공산업 육성' 등의 농외소득원 개발 사업이 본격적으로 추진되었다.

종합적이고 체계적인 농외소득원 개발정책수단을 마련하고 막대한 자금을 투입해 추진한 농외소득원 개발 사업은 대개 실패로 끝났다.

1980년 중반 이후 농촌에는 비농업 분야에 취업할 노동력이 남아 있지 않아 값싼 노동력을 찾아 공장을 농촌지역에 설립함으로써 누릴 수 있는 이점이 없었다.

도시민의 여가 수요를 농촌에 유치해 도시민의 정서함양과 농외소득 증대에 기여하기 위해 개발한 휴양단지와 관광농원도 실패로 끝났다. 도시민의 여가 이용형태가 질적으로 향상되어 있다는 전제가 들어맞지 않았기 때문이다.

제3기는 1990년 이후부터 현재까지의 기간이다. 1989년 「농어촌발전특별조치법」을 제정해 본격적으로 농업 구조 개선 사업에 착수했다.

즉, 종전의 '농어촌 부업단지'를 '농어촌 특산품 생산단지(특산단지)'로, '농어촌지역 공업 개발 촉진지구'를 '농공단지'로 개칭하고 양대 사업을 확대했다. 아울러 임가공 사업, 산지농산물 가공 사업, 전통식품 개발 사업 등을 추진했다.

또한 민박마을 지정, 농어촌 휴양단지 개발 사업을 보강해 농어촌 관광 소득원 개발 사업을 확대했다.

그러나 UR 협상이 타결되고 WTO체제로 출범함에 따라 농외소득원 개발 정책은 뒷전으로 밀렸다. 즉, 국내 농업의 국제경쟁력 확보를 위한 농업 구조 개선 사업을 중점적으로 지원함에 따라 농어촌소득원 개발 사업에 대한 투자가 위축되었다. 이처럼 농외소득원 개발 사업이 후퇴한 것은 농외소득원 개발 사업이 성공하기 어렵다는 비관론이 크게 작용했기 때문이다.

설상가상으로 경제위기가 지속됨에 따라 농공단지는 운영위기에 직면했고 도시민의 여가 수요 또한 위축되어 관광소득원 개발 사업은 타격을 입었다.

2. 농공단지 개발

1) 개발 의의

농외소득원을 개발해 농가의 농외소득 증대를 도모하며 농촌 공업화를 통해 지역 균형 개발을 이룬다는 취지하에 1983년 12월 공포한 「농어촌소득원 개발촉진법」에 '농어촌지역 공업 개발 촉진지구(농공지구)'를 규정했다. 이후 1990년대에 공포된 「농어촌발전특별조치법」을 통해 '농어촌지역 공업 개발 촉진단지(농공단지)'로 개칭되었다.

사업 시행 초기에는 농공단지 개발지역을 군 지역과 인구 10만 명 이하 시 지역으로 국한하고 단지당 상한 규모를 5만 평, 시군별 상한규모를 10만 평으로 제한했다. 그런데 1986년 3월 시행된 농어촌종합대책에서는 농공단지 개발대상 지역이 군 지역과 인구 20만 명 이하의 시 지역으로 확대 조정되었다.

뒤이어 1986년 6월에는 '특별 지정제'가 도입되었다. 시장·군수가 농공단지를 개발하고 입주 기업을 선정해 입주시키는 개발방식을 '일반 지정제'라고 하며 여기에 해당하는 농공단지를 '일반 농공단지'라 했다. 이에 비해 3개 이상의 업체가 공동으로 시장·군수에게 농공단지를 개발해줄 것을 요청해 개발하

〈표 10-1〉 농공단지 조성 사업 관련 업무 분담체계

업무	법적 근거	주관 부서	비고
단지 지정	「산업입지및개발에관한법률」	건교부	-
부지 조성	「농어촌발전특별조치법」	농림부	부지 조성비 지원
용지 분양	「공업배치및공장설립에관한법률」	통상부	-
공단 관리	「공업배치및공장설립에관한법률」	통상부	공장시설 및 운영자금
환경 관리	「환경정책기본법」, 「수질(대기)환경보전법」	환경부	오폐수 처리 시설 지원비

자료: 농림부 농촌정비과.

는 방식을 '특별 지정제'라 하고 이 농공단지를 '특별 농공단지'라 한다.

상대적으로 농촌공업화가 낙후된 지역에 우선해 농공단지를 조성할 목적으로 1987년 '추가 지원 농어촌지역'을, 1989년 '우선 지원 농어촌지역'을 설정했다. 이에 따라 전국의 농공단지 개발대상 지역을 일반 농어촌지역(3개 시 28개 군), 추가 지원 농어촌지역(15개 시 42개 군), 우선 지원 농어촌 지역(1개 시 49개 군)으로 유형화하고 차등 지원했다.

1990년 1월에 농공단지 개발 사업의 근거법인 「농어촌소득원개발촉진법」을 폐지하고 관련 업무를 소관 부서별로 재조정했다. 즉, 건교부 소관인 「산업입지및개발에관한법률」, 산업자원부 소관인 「공업배치및공장설립에관한법률」, 농림부 소관인 「농어촌발전특별조치법」으로 각각 이관해 농공단지 관련 업무를 기능별로 분담했다(〈표 10-1〉 참조).

지원체제를 정비하고 막대한 자금을 지원해 농공단지를 개발해왔지만 소기의 정책 효과가 나타나지 않아 농공단지 개발 사업은 난관에 직면했다. 여기에 대응해 1994년 8월 '공업입지 정책심의회'가 주축이 되어 '농공단지 개발시책 통합지침'을 전면적으로 개정했고 이를 요약하면 다음과 같다.

첫째, 성공 가능성이 큰 지역을 우선적으로 개발하기 위해 지정 대상 지역을 시·읍 지역 및 시·읍과 연접한 면 지역으로 제한했다. 유형별 개발 상한면적을 철폐하고 일률적으로 30만 평으로 확대했다. 아울러 단지당 개발면적을 기존의 2만~7만 평에서 2만~10만 평으로 확대했다. 또한 농공단지 지정의 전제조건이던 환경영향 및 사업성 검토 등을 철폐하고 지역 내 농공단지의 미분

양 면적이 10% 이하인 지역에 한해 신규 단지를 개발하도록 했다.

둘째, 석재 가공이나 농산물 가공 등 농어촌지역의 부존자원을 활용하는 업체가 2/3 이상 입주하는 농공단지에는 지역의 유형과 관계없이 평당 국고보조 5만 원 및 융자 3만 원, 지방비 보조 5,000원 등을 특별 지원할 수 있도록 조치했다. 이는 농공단지 개발이 농촌지역경제와 밀접한 연계성을 가질 수 있도록 업종별로 지원 규모를 차등화한 것이었다.

셋째, 농공단지 입주 기업의 부담을 줄이기 위해 이제까지 별도로 취급하던 부대시설 면적도 부지조성비 지원 대상에 포함시키고 공동시설의 설치 및 운영 기준을 입주 기업이 자율적으로 결정할 수 있도록 완화했다. 아울러 부지 조성비에 대한 국비 융자금의 금리를 연리 8.5%에서 7%로 인하하고 분양가 산정 시 조성 원가 외에 10%의 이윤을 추가하던 것을 폐지함으로써 공장용지의 분양가를 인하했다.

넷째, 농공단지 조성 공사에 대한 조사 설계를 면제하고 환경오염의 영향이 적은 업종에는 입주 금지 규제를 완화하는 한편 시장 군수가 이를 판단하게 함으로써 농공단지 개발 및 입주 기업 유치에 소요되는 절차를 간소화했다. 또한 분양 대금을 완납하고 공장 설립을 완료한 후 공장 등록증을 교부받더라도 2년 내 매각 시 부지 조성비를 환수하는 조건으로 예치해야 했던 증권이나 증서예치제도를 폐지해 분양 받은 공장용지의 활용 규제를 완화했다.

다섯째, 입주 기업의 자금 지원을 위해 사업성을 검토할 경우 일단 불합격한 업체라도 그 사유가 해소되면 재신청할 수 있도록 하고 입주 기업에 대한 시설자금 지원 한도를 기존의 5억 원에서 7억 원으로 상향 조정했다. 아울러 부실 기업의 대체 입주를 촉진하기 위해 시가 감정액으로 하던 재분양가격을 환수가격에 일정 비율을 더한 금액으로 하향조정하고 분할 납부를 허용하는 한편 대체 입주 기업에도 시설 및 운전자금을 지원하기로 했다. 또한 자기 자금으로 입주한 업체도 경영 정상화를 위한 자금 지원 대상에 포함시켰다.

2) 농공단지에 대한 지원

농공단지 개발에 대한 지원은 크게 농공단지 개발에 대한 지원과 입주 기업에 대한 지원으로 나뉜다. 농공단지 개발에 대한 지원은 ① 행정 간소화, ② 부지조성 기금에 대한 금융 지원 등이고 입주 기업에 대한 지원은 ① 금융 및 세제 지원, ② 기술 지원 등이었다.

우선 행정절차의 간소화를 살펴보자. 농공단지 예정 지역 내에 있는 국유지나 지방자치단체 소유지에는 「국유재산법」이나 「지방재정법」에 구애받지 않고 수의계약으로 사업시행자에게 매각 또는 대부할 수 있었다.

지정된 농공단지의 입주 기업으로 선정되면 「토지수용법」, 「공업배치법」, 「도시계획법」 등에 규정한 허가·인가·면허·동의 등의 행정절차를 이행한 것으로 인정했다. 이처럼 농공단지 입주 기업에 대한 행정 절차를 파격적으로 간소화했다.

농공단지 조성비에는 국고나 지방비에서 보조 및 융자혜택이 주어지고 입주 기업에는 장기 저리 조건의 융자혜택과 세제지원 혜택이 주어졌다. 조건이 불리한 지역의 공업화를 촉진할 목적으로 대상지역 유형별로 차등 지원했다.

입주 기업에 대한 세제 지원을 보면 ① 소득세와 법인세는 최초 발생년도로부터 5년간 50% 감면, ② 원래의 공장 양도로 발생한 양도소득세와 특별부가세 50% 감면, ③ 수도권 및 광역시에서 이전한 공장인 경우 소득세와 법인세를 3년간 50%, 이후 2년간 30% 감면, ④ 이전준비금 손비 처리, ⑤ 취득세와 등록세 전액 면제, ⑥ 재산세와 종합토지세는 초년도 100%, 이후 3년간 50% 감면 등으로 파격적인 혜택을 받았다.

3) 추진 실적

농공단지는 1984~1985년의 시범 사업을 거쳐 1986년부터 본격적으로 추진되었다(〈표 10-2〉 참조). 1998년 현재까지 보조 3,245억 원, 융자 6,690억 원,

〈표 10-2〉 농공단지 개발 사업의 추진 실적(1984~1998)

연도	단지 수		분양 현황(평, %, 천원)			부지 조성비(백만 원)				평당 조성비(천 원)
	지정단지	조성단지	지정면적	분양률	평당분양가	합계	보조	융자	자부담	
1984	7	7	184,359	100	39	9,552	4,331	5,221	0	50
1986	24	24	798,220	100	46	44,759	17,873	19,761	7,125	53
1987	46	46	2,290,733	100	63	144,192	39,269	68,012	36,911	62
1988	45	45	2,166,303	99	71	191,701	56,614	100,291	34,796	78
1989	47	46	2,254,051	94	93	215,969	57,744	118,450	39,775	93
1990	48	47	2,309,760	95	103	238,339	60,302	141,404	36,633	104
1991	25	25	1,051,861	94	104	118,377	31,603	80,977	5,795	109
1992	8	7	375,626	83	162	49,703	11,372	30,543	7,788	146
1993	13	13	560,751	86	132	74,588	12,581	35,720	26,287	127
1994	6	6	249,168	97	95	29,380	8,931	20,449	-	116
1995	7	5	294,503	76	147	40,905	9,094	15,567	16,244	137
1996	10	0	470,726	22	79	56,789	13,509	30,609	12,671	121
1997	6	0	289,423	0	-	7,321	-	-	7,321	(33)
1998	3	0	111,254	0	-	3,267	1,250	2,017	-	(44)
합계	295	271	13,406,738	94	82	1,224,842	324,473	669,021	231,348	88

자료: 농림부 농촌정비과.

자부담 2,323억 원 등 총 1조 2,248억 원의 사업비를 투입해 295개 단지 총 1,340만 7,000평을 지정해 개발했다.

기간별로 보면 1986~1991년에 걸쳐 집중적으로 개발되었으나 그 이후에는 농공단지의 수요가 급격히 줄어 전국에 매년 10여 개 정도 개발되었다. 특히 1998년에 지정된 단지는 3개에 불과하다는 사실로 미루어볼 때 농촌지역에 더는 농공단지가 필요하지 않다는 사실로 귀착된다.

농공단지 입주 기업은 총 3,280개였으며 이 중 75.1%인 2,463개 기업이 가동 중이고 나머지는 휴업 또는 폐업한 것으로 나타났다. 가동 중인 업체 중 경영이 부실해 도산 위기에 처한 업체가 대다수인 것으로 드러났다.

고속도로 진입로 주변 또는 도시 근교 국도변에 위치한 농공단지에 입주한 기업은 경영상태가 대체로 양호한 편이지만 공장입지 조건이 불리한 지역에 위치한 농공단지에 입주한 기업 중 도산한 기업이 속출했다.

지역별로 보면(〈표 10-3〉 참조) 충남, 경북, 경남 등 상대적으로 공업화 수준

〈표 10-3〉 지역별 농공단지* 입주 기업의 고용 실태(1998)

도별	단지수	분양대상 면적(평)	분양률	업체 수(개소)			고용실태(명)				
				입주	가동	휴·폐업	필요 인원	현지인			외지인
								소계	농가	비농가	
경기	1	28,804	100	5	5	0	312	268	125	143	33
강원	24	789,407	93	337	224	75	9,923	7,010	1,447	5,563	1,729
충북	37	1,191,002	98	318	218	77	12,875	7,507	2,839	4,668	3,361
충남	57	2,137,660	94	607	390	136	16,351	10,008	5,094	4,914	5,144
전북	30	1,050.523	94	398	259	88	9,728	6,618	3,007	3,611	2,054
전남	36	1,607,060	94	639	395	143	10,869	5,800	2,041	3,759	4,524
경북	55	1,972,535	96	765	534	162	18,704	12,914	4,365	8,549	5,069
경남	52	1,630,054	91	622	410	125	17,156	8,291	2,971	5,320	7,431
제주	3	72,781	97	42	28	11	687	300	56	244	14
합계	295	10,479,826	94	3,733	2,463	817	96,605	58,716	21,945	36,771	29,419

* 행정구역 개편으로 대도시에 편입된 부산(1)과 울산(4)의 농공단지는 경남에, 대구(2)의 농공단지는 경북에, 광주(1)의 농공단지는 전남에 각기 포함.
자료: 농림부 농촌정비과.

이 높은 지역에 농공단지가 많았다. 이는 공업화가 뒤처진 지역에 우선적으로 농공단지를 개발한다는 당초의 정책 의지가 제대로 반영되지 않았다는 사실을 나타낸다. 또한 공장입지 조건이 유리한 지역, 즉 농공단지 개발이 절실하지 않은 지역에 농공단지가 우선적으로 개발되었다는 사실을 나타낸다.

농공단지에 입주한 기업의 입주 유형은 크게 현지 창업, 이전, 분공장 설립 등으로 나눈다. 일반적으로 분공장의 가동률이 가장 높고 휴·폐업한 기업체에서 창업한 공장이 가장 많은 것으로 나타났다.

3. 특산단지 개발

1) 개발 사업의 전개 과정

농가가 보유한 유휴자원을 활용해 농가소득을 증대시키는 방안은 광복 이후부터 추진되었다. 1945년에서 1960년까지는 농가의 유휴노동력을 활용하는 방안으로 가마니, 새끼 등 고공품 생산 장려정책이 추진되었다.

경제성장정책이 본격적으로 추진되기 시작한 기간인 1963~1965년에는 농촌의 가내수공업 육성 사업이 전개되었으며 주로 농협중앙회가 주관했다.

뒤이어 1966~1965년에는 지역사회 개발 사업의 일환으로 농촌 부업단지 육성 시범 사업을 농촌진흥원에서 추진했으며 지역사회를 개발한다는 취지하에 마을 단위로 협동 사업을 전개했다. 이 사업을 농림수산부가 이어받아 전국적으로 확대했다. 즉, 농가의 농외소득을 증대시켜 도농 간 소득격차를 줄인다는 정책목표를 설정하고 이를 달성하기 위한 수단으로 농어촌 부업단지 육성 사업이 대대적으로 전개되었다.

농업이 직면한 외부경제 여건과 내부 경영조건이 변함에 따라 농어촌 부업단지 육성 사업의 구체적인 사업내용이 변천되었는데 이를 시기별로 나누어 고찰해본다.

1968~1972년을 제1기라 규정한다. 이 기간에는 주곡위주(主穀爲主)의 농업생산 구조였으므로 농한기와 농번기가 뚜렷이 구분되었다. 농한기의 유휴노동력을 활용해 농외소득을 증대시키기 위해 고공품, 골풀(인초), 왕골(완초) 가공 등 시장 전망이 유망한 품목 중심으로 부업단지를 육성했다.

뒤이어 1973~1977년을 제2기라 하며 이때는 부업의 개념 정립이 잘못되었다고 할 수 있다. 주곡 이외의 농축산물 생산단지를 부업단지로 지정하고 육성했다. 이때부터 새마을공장 육성 사업이 시작되어 중소기업 유형을 갖춘 부업단지를 새마을공장으로 전환했다.

제3기는 1978년부터 1982년까지인데 농축산물 생산단지는 부업단지에서 제외하고 고유 농업으로 이관시켰으며 고공품 생산단지는 지정 대상에서 제외되었다. 즉, 부업단지의 개념을 제조업 분야로 한정하고 부실단지를 대폭 정비했다.

1990년부터 현재까지를 제5기라 하는데 「농어촌발전특별조치법」이 제정되고 '농어촌부업단지'를 '농어촌특산품생산단지(특단단지)'로 개칭했다.

1993년부터 음·식료품을 생산하는 단지를 모두 '전통식품 개발 사업'으로 전환하고 일반 공산품은 신규 지정대상에서 제외시켰다. 특산단지 개발 사업은 민속공예품에 중점을 두었다.

2) 사업내용과 추진 실적

농가가 보유한 기술과 농촌의 유휴자원을 활용해 농외소득을 증대시키는 데 목적을 둔 특산 단지의 개발대상은 농어촌지역으로 국한하는 것이 바람직하다. 따라서 사업 초기에는 시 지역을 제외한 읍·면 중 기존에 지정한 부업단지가 없는 지역으로 한정되었다.

그 이후 1983년에 제정된 「농어촌소득원개발촉진법」에 의거 대상지역을 '농공단지가 있는 지역과 인구 20만 명 이상의 시를 제외한 전국의 농어촌지역'으로 확대했다.

뒤이어 1990년 공포된 「농어촌발전특별조치법」에 의거해 농어촌지역에 대한 정의가 재정립되었고 1995년에는 행정구역 개편으로 광역시와 도농통합시가 나타났지만 농어촌지역 정의에는 큰 변동 없이 오늘에 이르렀다.

특산단지로 지정되면 자금 지원과 더불어 기술 지도 및 경영 지도, 나아가 판로지원 등 다양한 혜택이 주어지므로 경쟁자가 많아 사업 대상자를 선별해야 했다.

'마을 공동으로 농촌의 유휴자원을 활용해 농외소득을 증대한다'라는 취지에 따라 사업주체인 농민의 참여규모 및 방법, 대상 사업 등 선정기준을 규정했다.

사업주체에 대한 자격요건도 변천되어왔다. 당초에는 농어가 10호 이상 공동으로 참여해야 한다고 의무화했으나 1995년부터 개별 사업이 가능하도록 완화했다. 그러나 비농업인이 출자한 특산단지에는 임가공, 자가생산 또는 취업 등의 형태로 최소한 3인 이상의 농어가가 참여하도록 규정했다. 사업 초기에는 노동 집약적인 가공품을 생산해도 판로가 보장되었다. 그러나 경제성장과 더불어 농어민이 생산한 제품이 다양한 소비자 욕구를 충족시킬 수 없다고 판단되어 기술과 자본, 경영능력을 갖춘 전문가가 특산단지를 운영하도록 유도하기 위해 특산단지로 지정받을 수 있는 사업주체에 대한 규제를 완화했다.

특산단지에 대한 자금 지원은 시기에 따라 변천되어왔다. 1993년까지 단지당 1억 원 한도 내에서 장기 저리의 조건으로 융자혜택이 주어졌다. 1994년에는 지원 한도액을 2억 원으로 상향 조정했고 시설 현대화를 위한 기계 설비와 공장 건축, 포장 및 디자인 개선, 용기 개발 등에 소요되는 자금을 40% 한도 내에서 보조했다.

1995년부터 특산단지의 사업 형태, 출자자 수 등에 따라 ① 농어민 5호 미만이 출자하거나 농어민 출자 총액이 2억 원 미만인 경우와 비농어민 사업장인 경우 2억 원 한도, ② 농어민 5호 이상 출자하고 그 출자액이 2억 원 이상인 경우 2억 5,000만원 한도, ③ 농어민 10호 이상 출자하고 그 출자액이 3억 원 이상이면 3억 원 한도, ④ 개별 사업체 3개 이상이 1개 단지이면 5억 원 한도 등의 4가지 종류로 나누어 차등 지원했다.

특산단지의 생산 품목은 경제성장과 더불어 다양하게 변천해왔다. 초기에는 노동 집약적이고 기술 조방적인 품목 위주였으나 경제성장과 더불어 기술 집약적인 품목으로 발전해왔다. 즉, 농촌지역에 상대적으로 풍부한 자원을 활용하는 품목이 지정되었다가 소기의 목적을 달성하면 사양길로 접어들었다.

특산단지 개발 사업이 시작된 1968년경에는 왕골, 인조진주, 앙고라토끼, 수세미, 수편물, 싸리, 맥반, 한지, 명품 죽세공, 양봉 등 농촌지역의 자원을 활용해 가내부업 형태로 생산할 수 있는 품목이 지정되었다.

1970년대에 와서는 '특산단지' 대상품목으로 특용작물, 과수, 채소, 축산물 등 일반 식량작물을 제외한 농축산물이 지정되었는데 이는 특산단지에 대한 정의를 잘못 해석했기 때문이다. 특산단지 대상 고유 품목이 당시의 상공부에서 추진하던 '새마을공장 건설 사업'이나 '민예품 육성 사업'으로 전환해 이 같은 시행착오를 범했다.

1970년대 후반에는 기존의 수공예품, 농용자재, 농산 가공, 부업 농축산물 외에 자수, 편물, 홀치기, 완구, 조화, 장갑, 가발, 봉제품 등 일반 공산품을 추가시켰다.

〈표 10-4〉 농어촌 특산단지 개발 사업 대상품목(1998)

업종	품목 수	주요 품목
민속공예품	435	죽제품, 목공예, 석공예, 도자기, 한지, 패각, 갈포가공 등
농수산 자재	401	싸리제품, 비닐제품, 지물제품, 어망, 인삼발 등
일반 공산품	72	코르크제품, 소독저, 옷걸이, 목재가공제품 등
섬유·직물	96	모시, 면장갑, 마포, 삼베, 솜 가공, 타월, 자수 등
석재 분야	35	조경석, 숫돌, 돌 가공제품, 돌화병, 돌절구, 건축용 석재 등
기타	-	지역특산품으로 판단되는 제품

자료: 농림부 농촌소득과.

1978년부터 고공품 생산단지를 신규 지정대상에서 제외하고 농축산물 생산단지를 농특 사업으로 이관함에 따라 특산단지는 노동 집약적인 소규모 제조업이 주축을 이루었다.

1980년대 중반부터 농공단지를 집중적으로 조정함에 따라 농어촌지역에 농외 취업 기회가 확대되었다. 이에 따라 유휴노동력을 활용해 농외소득 증대를 도모하는 특산단지 사업의 위상을 재정립하지 않을 수 없었다.

즉, 농어촌지역의 유휴노동력을 활용하고 원료 조달이 안정적이고, 제품의 수요 전망이 밝으며, 부가가치의 창출효과가 크다고 인정되는 품목인 민속공예품 위주로 지원했다.

생산 품목을 기준으로 특산단지를 분류해보면(〈표 10-4〉 참조) 민속공예품이 435개로 절반 이상을 차지했다. 다음은 농수산 자재 101개 단지, 섬유·직물이 96개 단지 순으로 나타났다.

3) 사업성과

1967년부터 농어촌 부업단지 사업을 추진해왔는데 1990년에 공포한 「농어촌발전특별조치법」에는 이 부업단지를 「농어촌특산물생산단지(특산단지)」로 개칭하고 사업내용을 전면적으로 개편했다.

〈표 10-5〉에 제시된 바와 같이 1990년까지 부업단지로는 총 951개소가 지정되었는데 이 중 651개소가 취소되었다. 부업단지의 생산 품목은 지역 내의

〈표 10-5〉 농어촌 특산단지의 지정 및 운영 실태(1991~1997)

구분		부업단지 (1967 ~1990)	특산단지								합계
			1991	1992	1993	1994	1995	1996	1997	소계	
단지	지정	951(339)*	61(39)	66(52)	49(49)	75	72	84	92	499	1,450
	취소	651	24	24	10	1	1	-	-	60	711
	운영	300	37	42	39	74	71	84	92	439	739
자금 지원 (백만 원)	합 계	88,249	10,220	15,000	12,880	12,920	16,920	13,580	13,340	94,860	183,109
	국고	-	-	-	-	2,520	3,975	3,325	2,600	12,420	12,420
	융자	88,249	10,220	15,000	12,880	7,880	8,970	6,930	8,140	70,020	158,269
	지방비	-	-	-	-	2,520	3,975	3,325	2,600	12,420	12,420

* 괄호 안은 1993년에 전통식품 육성 사업으로 이관된 음·식료품 분야의 농어촌특산단지의 수치.
자료: 농림부 가공산업과.

부존자원과 유휴노동력을 활용하는, 이른바 노동 집약적이고 기술조방적인 품목이었다.

그러므로 경제성장과 더불어 소비자의 수요 구조가 바뀌자 쇠퇴 품목으로 전락하거나 농촌노동력 부족으로 노임이 상승함에 따라 사양 사업으로 전락하는 품목이 점차 확대되어갔다. 이에 따라 경영 부실을 가져온 부업단지가 증가했고 정부는 어쩔 수 없이 특산단지 지정을 취소했다.

1991년 이후 특산단지로 지정된 499개 단지 중에서 1997년 말 당시까지 전체의 12%에 해당하는 단지가 취소된 것으로 나타났다.

농촌지역이 보유한 고유기술과 지역 특화자원을 이용해 생산한 지역 특산품일지라도 그 수요 창출과 판로 확보가 사업의 성패를 좌우하는 것으로 나타났다. 이를 해결하기 위해 각 시·도별로 지역 특산물 전시 판매장을 설치해 운영했지만 소기의 성과를 거두지 못했다.

1997년 말 당시 전국에 지정되어 있는 특산단지는 총 664개였고 이 중 610개가 가동 중이었다. 지역별 분포를 보면(〈표 10-6〉 참조) 전북이 167개소로 가장 많았고 다음은 충남, 전남 순이었는데 공업화 수준이 낮은 지역에 상대적으로 많은 것으로 나타났다. 매출액을 기준으로 판단하면 사업규모는 영세하고 소득액 수준도 낮은 편이었다.

업종별로 보면(〈표 10-7〉 참조) 민속공예품이 373개로 가장 많았고 다음은

〈표 10-6〉지역별 농어촌특산단지의 지정 및 개발실태(1997)

시도	시군 수	단지 수		지정연도별		경영실태(백만 원)		
		합계	시군 당	부업단지	특산단지	매출액	수출액	소득액
대구	1	1(0.2)	1.0	-	1	91	-	31
광주	1	4(0.6)	4.0	4	-	1,136	-	243
인천	1	2(0.3)	2.0	1	1	539	62	381
경기	10	12(1.8)	1.2	7	5	2,797	372	1,537
강원	16	35(5.3)	2.2	17	18	9,381	770	3,119
충북	10	41(6.2)	4.1	12	29	12,238	1,699	3,287
충남	15	127(19.1)	8.5	54	73	37,970	3,084	12,314
전북	13	167(25.2)	12.8	84	83	32,211	400	9,238
전남	20	123(18.5)	6.2	62	61	34,756	477	13,551
경북	16	57(8.6)	3.6	23	34	9,406	336	3,824
경남	17	84(12.7)	4.9	44	40	19,453	413	6,323
제주	2	11(1.7)	5.5	7	4	963	-	420
합계	122	664(100.0)	5.4	315	349	160,995	7,613	54,168

자료: 농림부 가공산업과.

〈표 10-7〉 업종 및 참여 형태별 농어촌 특산단지의 개발 실태(1997)

참여 형태	합계	참여형태					연도별 참여형태	
		농산자재	민속공예	석재	섬유직물	공산품	1967~1990	1991~1996
공동생산	67	8(9)	46(12)	-	12(13)	1(1)	46(15)	21(6)
공동출자	37	8(9)	16(4)	5(16)	3(3)	5(7)	12(4)	25(7)
임가공	22	1(1)	12(3)	-	5(5)	4(5)	14(4)	8(2)
자가생산	33	2(2)	8(2)	-	23(25)	-	20(6)	13(4)
취업	493	73(78)	288(77)	27(84)	45(49)	60(80)	218(69)	275(79)
혼합	12	1(1)	3(1)	-	3(3)	5(7)	(2)	7(2)
합계	664	93(100)	373(100)	32(100)	91(100)	75(100)	315(100)	349(100)

자료: 농림부 가공산업과.

농수산자재, 섬유직물 순이었다. 민속공예품 외의 품목을 생산하는 특산단지의 경우, 생산제품이 독점력을 행사한다면 경쟁력을 확보하겠지만 완전경쟁시장에 놓인 상품이라면 경쟁력을 확보하기 어려웠던 것으로 판단된다.

지역주민이 특산단지에 참여하는 형태는 다양했다. 대부분이 취업형태로 참여했다. 즉, 특산품을 생산하는 공장을 농촌지역에 설립해 지역주민을 고용하는 경제적 효과를 가져왔다고 할 수 있다.

4. 농산물 가공산업 육성

1) 가공산업 육성의 의의

농가의 농외소득을 증대시키는 방안 중 하나는 농산물의 가공산업에 대한 농가 참여 사업이다. 물론 농가가 참여하는 형태는 다양하며 농가가 참여하려면 가공공장을 농촌지역에 입주하도록 유치해야 한다.

식품가공업체는 입지에 따라 크게 소비지형과 생산지형으로 나뉜다. 타 입지여건이 동일할 때 주원료 운송비가 생산제품 운송비보다 적게 소요된다면 소비지형이 상대적으로 유리하다. 반면에 생산지형 식품가공업체는 입지여건이 소비지형과 반대인 경우 입지상의 유리성을 확보한다.

소비지형의 경우 농산물 수요 창출 과정을 통해 농업소득 증대에 기여한다고 하겠으나 농촌노동력 고용과는 무관하며 식품가공 과정에서 창출되는 부가가치는 전부 비농업 분야에 귀속된다.

반면 농촌지역에 공장이 입지하면 농가의 농외소득 증대에 기여하며 그 효과는 농가가 경영에 참여하느냐 참여하지 않느냐에 따라 다르다. 경영에 참여하지 않더라도 농가의 가족이 식품가공공장에 취업하면 노임소득을 획득할 수 있다. 농가가 직접 경영에 참여한다면 식품가공으로 창출된 부가가치는 거의 전부 농가에 귀속된다.

즉, 〈그림 10-1〉에 제시되어 있는 바와 같이 지역농산물을 원료로 활용하면 유통비용 절감 등을 통해 원료 농산물의 농가 수취가격이 상승되어 농업소득 증대 효과를 가져온다. 물론 농가가 직접 경영에 참여하지 않더라도 공장이 농촌지역에 입주하면 동일한 효과를 얻을 수 있다.

농가가 보유한 전통기술과 자본을 제공해 경영에 참여하고 나아가 농가의 노동력을 고용하면 식품가공으로 창출된 부가가치는 전부 농외소득으로 농가에 귀속된다.

이러한 이점이 바로 농촌지역에 식품가공산업을 육성하는 명분을 제공하

〈그림 10-1〉 농촌형 식품가공산업의 개념도

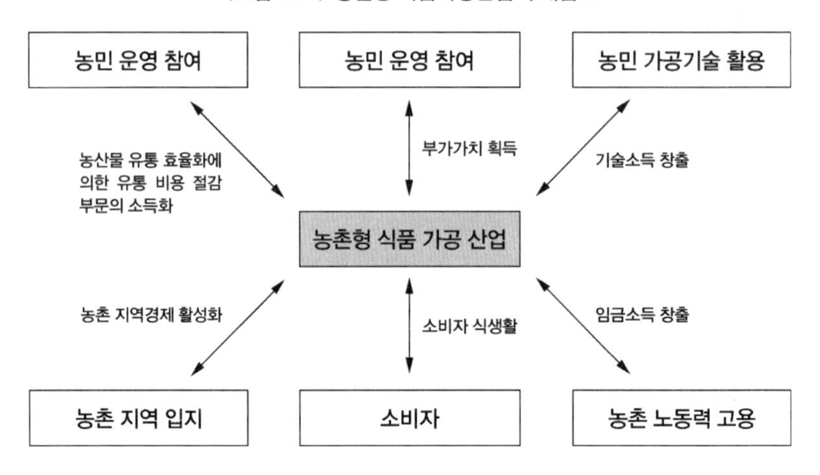

며 한국에서는 농가가 참여하는 유형의 가공공장이나 직접 경영에 참여하지 않으나 농촌노동력의 고용효과를 가져오는 식품공장을 지원한다.

2) 육성 사업의 전개 과정

식품가공공장이 농촌지역에 입지하도록 유도하거나 농가가 직접 참여하는 가공산업을 육성하는 지원정책이 다양하게 전개되어왔다.

농가의 보유자원을 활용해 농외소득을 증대시킬 목적으로 1968년부터 농어촌 부업단지 육성 사업을 전개해왔으며 여기에는 식품가공 분야가 가장 큰 비중을 차지했다. 이것이 1990년부터 특산단지로 개칭되었음은 앞에서 언급한 바와 같다.

1973년부터 새마을공장 지원 사업이 시작되었고 농외소득 증대 효과를 고려해 식품가공공장을 우선 선발했다. 새마을공장 지원 사업은 1977년까지 지속되었으나 실패한 것으로 평가된다.

농산물 가공산업 지원이라는 명분하에 식품 산업 육성을 처음으로 제도화한 것이 1983년 12월 공포한 「농어촌소득원개발촉진법」이다. 동법 18조에 의하면 농어촌지역에 농수산물 가공시설을 유치, 육성하기 위해 농수산물 가공공장을 지정할 수 있다고 규정되어 있다.

이 법에 의거해 '산지 복합 가공공장 건설 사업'이 추진되었다. 1987년까지 전국에 23개의 산지 가공공장을 지정하고 지원했으나 생산기술의 부족, 경영주의 경영능력 미숙 및 판로 확보의 어려움 등 때문에 소기의 성과를 거두지 못한 채 중단되었다.

1980년대 중반 이후 개방경제가 확대됨에 따라 1988년에 '농어촌발전종합대책'이 마련되었고 이를 제도적으로 뒷받침하는 장치로 1990년 「농어촌발전특별조치법」이 마련되었다. 동법 15조에는 전통식품을 개발하거나 농산물 가공시설을 설치 혹은 보수하는 데 지원할 수 있다고 규정되어 있다.

이를 실천하기 위한 구체적인 정책대안으로 농정 당국은 '전통식품 개발 사업'과 '산지계열 가공산업 지원 사업'을 추진했다.

한편 농산물 가공산업을 지원하기 위해 1993년에 「농수산물가공산업육성및품질관리에관한법률」을 제정했다. 이 법의 주요 내용은 ① 전통식품가공산업의 육성, ② 전통식품 명인(名人)제 실시, ③ 전통식품의 표준규격화, ④ 특산물 및 전통식품의 품질인증제, ⑤ 농수산물 및 가공식품의 원산지 표시제 등이었다.

3) 주요 정책내용

'농공단지', '특산단지' 등의 타 농외소득원 개발 산업에 비해 농산물 가공산업이 각광을 받은 것은 농업과 농촌에 미치는 파급효과가 크기 때문이다. 농산물을 원료로 가공품을 생산, 판매하면 농산물의 수요 증대와 부가가치 창출에 기여하고 창출된 부가가치는 농촌지역에 환원되므로 지역경제에 미치는 파급효과가 크다.

농산물 가공산업 육성정책은 크게 전통식품 개발 사업과 산지 계열별 가공공장 육성 사업으로 구분된다. 우리 고유의 전통식품을 전승 또는 발굴해 농

〈표 10-8〉 농산물 가공산업 지원내용(1998)

구분	전통식품 개발 사업	산지 계열 가공산업 육성
사업 대상	· 마을공동(농어가 5호 이상) · 생산자단체	· 생산자단체 · 산지 일반 업체
지원 규모	· 시설비 - 마을 공동: 1억 2,000만 원 기준 - 생산자단체 : 1억 5,000만 원 기준(50% 보조, 30% 융자, 20% 자부담) - 연리 5%, 3년 거치 7년 상환 · 포장 개선비 - 3,000만 원 기준(연리 5%, 1년 거치 4년 상환)	· 시설비 - 생산단체 : 10억 원 기준(50% 보조, 30% 융자, 20% 자부담) - 연리 5%, 3년 거치 7년 상환 · 일반 업체 : 10억 원 기준(70% 이내 융자)·연리 8%, 3년 거치 7년 상환

자료: 농림부 가공산업과.

가 직접 참여로 생산하면 농산물 수요 개발과 농외소득을 증대시키는, 이른바 일석이조의 정책 효과를 누릴 수 있다.

우선 원료 측면에서 개발 대상 품목을 고려해보면 원료 획득이 용이하고, 생산 확대가 가능한 품목이 유리하다. 기술 측면에서 볼 때 현지에서 기술인력과 노동력 확보가 용이하고 생산 공정이 비교적 단순하면서 농가가 보유한 비법을 이용하면 비교 우위를 확보하거나 독점력을 행사할 수 있는 품목을 생산할 수 있으므로 유리하다

전통식품업체 사업 대상은 5호 이상의 농가가 참여하는 공동 생산단체다. 전통식품 생산업체로 지정되면 보조와 융자혜택을 받을 수 있으며 구체적인 지원 규모와 융자조건은 〈표 10-8〉에 제시되어 있다.

한편 산지 계열 가공산업 육성 사업은 국내산 원료농산물의 수요를 확대해 가격을 안정시키고 취업 확대 및 부가가치 창출로 농가소득을 증대시키고 지역경제를 활성화하는 데 정책목표를 두었다.

대상 업체는 농어촌지역 내의 농수산물 가공업체나 농어민 생산자단체이며 지원 업체로 선정되면 〈표 10-8〉에 제시된 바대로 투·융자 지원을 받는다. 생산자단체일 경우 10억 원 한도 내에서 시설자금의 50%를 보조받고 30% 융자 혜택이 주어진다. 일반 가공 업체는 보조 지원은 없고 융자 혜택만 받았다.

4) 추진 실적

1980년 후반부터 본격적으로 추진해온 농어촌 구조 개선 사업의 일환으로서 가공산업에 대한 지원도 확대되었다.

〈표 10-9〉에 제시되어 있는 바와 같이 1998년까지 총 1,395개소의 식품가공업체에 시설비 3,118억 원을 지원했다. 지원업체는 전통식품업체가 1,086개로 전체의 77.8%를 차지했고 일반 산지가공업체는 309개에 불과했다. 지원받은 전통식품업체가 압도적으로 많았던 것은 1992년까지 특산단지로 지정받은 농산물 가공업체를 전부 전통식품 가공업체로 이관했기 때문이다. 그러므로 지원받은 업체 중 지원 대상 기준에 적합한 전통식품을 생산하지 못하는 가공업체가 상당수에 달했다.

농수산물 가공공장은 농어가의 부업형태로 이루어지는 전형적인 가내수공업에서부터 기업 형태에 이르기까지 시설규모와 운영 유형이 다양하지만 경제성장과 더불어 기업 형태로 발전해가는 추세다.

가내수공업은 산채, 메주 등을 생산하는 특산단지로 연중 가동 일수가 3개월 미만으로 농한기를 이용한 부업형이고, 연간 매출액도 1억 원 미만인 영세규모였으며, 지원 대상 업체의 30% 정도를 차지했다. 공장형 수공업형태는 김치, 한과 등 전통식품 또는 농산물을 가공하는 공장으로 연간 매출액 규모가 1억~10억 원 수준에 달하는 가공 업체였다. 기업형은 전체 농산물 가공 공장의 10% 정도를 차지해 자동화 설비를 갖춰 연중 가동되고 주스를 비롯한 음료를 생산했으며 연간 매출액은 10~300억 원 규모였다.

농촌지역에 소재하는 농수산물 가공산업이 농가와 지역경제에 미치는 효과를 감안해 이를 육성하고 지원해왔지만 운영상의 어려움이 많은 것으로 나타났다.

〈표 10-10〉에 제시된 바와 같이 생산능력을 기준으로 한 가동률은 평균이 34.9%에 불과했다. 이를 경영주체별로 보면 특산단지의 가동률이 24.7%로 가장 낮았고, 그다음은 농어가 공동 이용형태인 가공업체인 것으로 나타났다.

〈표 10-9〉 농산물가공 육성 사업에 대한 지원 실태

사업별			1989~1992	1993	1994	1995	1996	1997	1998	합계
공장 시설비	전통 식품	업체(개 소)	561	97	79	94	127	89	39	1,086
		금액(억 원)	392	70	93	168	264	181	91	1,259
	산지 일반	업체	82	43	31	61	50	35	7	309
		금액	320	236	241	459	322	233	48	1,859
포장 개선비		업체	102	70	109	146	291	186	107	1,011
		금액	12	10	14	19	63	29	9	157
원료 구입비		업체	135	130	200	500	448	418	678	2,509
		금액	140	250	300	700	700	859	1,460	4,409
합계		업체	880	340	419	801	916	728	831	4,915
		금액	865	566	648	1,346	1,439	1,302	1,608	7,784

자료: 농림부 가공산업과.

〈표 10-10〉 경영주체별 농산물 가공공장의 가동실태(1998)

경영주체	지원액(백만 원)			가동률 I (가동 일수 기준)		가동률 II(생산능력 기준)		
	업체 수	투자액	업체당	가동 일수	가동률	생산능력	생산실적	가동률
농·어가 공동	323	45,157	140	204.4	68.1	157.2	49.4	31.4
농업 협동조합	101	60,137	595	182.0	60.7	185.5	70.8	38.2
영농법인 등	135	58,515	433	195.2	65.1	121.4	41.3	34.0
일반단체	55	19,815	360	231.6	77.2	133.5	64.5	48.3
특산단지	238	16,675	70	184.7	61.6	167.4	41.3	24.7
전체	852	200,299	235	196.5	65.5	765.0	267.3	34.9

자료: 농림부 가공산업과.

특산단지는 전형적인 농가 부업형태이므로 가동률이 낮을 수밖에 없었고 노동력이 감소함에 따라 가공산업에서 퇴출될 수밖에 없었다. 또한 연간 300일 가동 시의 가동률을 100%라고 전제하고 산출한 가동률을 보면 전체 평균이 65.5%에 지나지 않았다.

농촌지역에 위치한 가공공장의 문제는 심각하고 다양했으므로 이들이 요구하는 기술 혹은 경영지도 내용의 범위 또한 워낙 방대해 충족시키기 어려운 실정이었다.

5. 농어촌 관광소득원 개발

1) 관광농업의 의의

경제성장과 더불어 국민 1인당 실질소득이 증가함에 따라 여가 수요가 늘어났으며 이 대표적인 예가 관광이다. 이는 자신의 일상생활권을 벗어나 휴양, 행사 참가 등과 관련된 활동으로 정신적·육체적 생활의 변화를 추구하는 행위를 말한다.

도시민의 여가 수요를 농촌에 끌어들여 도시민의 정서 함양과 농가소득 증대에 기여할 목적으로 농업과 주변의 자연경관을 활용해 서비스를 제공하는 산업을 서비스농업이라고 한다. 즉, 1차 산업인 농업과 3차 산업인 서비스업이 결합된 형태인데 서비스농업의 대표적인 예가 관광농업이다.

경제성장과 더불어 도시인의 관광이 질적으로 향상되어왔다. 단순한 구경이나 놀이 위주에서 탈피해 동적이고 자기 창조적인 관광으로 발전했으며, 특히 자연환경과 격리되어 사는 도시민은 자연을 감상하거나 자연 속에서 레크리에이션을 즐기기 위한 수단으로 농장을 찾는 경향이 증가했다.

한편 농업 측 입장에서 보면 개방경제하에서 농업소득 증대의 한계를 인정하지 않을 수 없자 농외소득을 증대시키기 위한 수단으로 관광농업을 비롯한 서비스농업을 개발하기에 이르렀다.

도시민의 여가활동을 농어촌으로 흡수해 도시민의 정서 함양과 농가의 농외소득 증대에 기여하려는 목적으로 농어촌의 쾌적한 생활공간을 활용해 농어촌의 새로운 서비스산업으로 정착시키려 시도해왔다.

관광농업이란 농업을 관광대상으로 한 여행 형태이며 좁은 의미로는 농장견학, 관찰, 농업 연수 등을 일컫고 광의로는 농업을 대상으로 하는 레크리에이션이라고 할 수 있다. 경영자 입장에서는 '관광농업'이며 이용자 입장에서는 '농업관광(agricultural tourism)'이라 볼 수 있다.

관광농업은 1차 산업인 농림어업을 레크리에이션에 제공하므로 1차 산업과 3차 산업과의 접합적 성격을 띤다. 따라서 관광농업이란 농림어업의 한 과정 혹은 전부를 레크리에이션 형태로 개발해 이용자에게 제공하거나 농장의 대여 혹은 농림수산물의 채취 기회 제공 등을 내용으로 하는 농림어업이라고 정의할 수 있다. 이를 통상 서비스농업이라고 부른다.

2) 개발 사업의 전개 과정

농어촌 휴양자원을 도시민의 여가 선용에 활용해 농외소득을 증대시키는 정책은 「농어촌소득원개발촉진법」에 근거를 둔다. 여기에 의거해 1984년에 관광농원 시범 사업을 시작했고, 그 이후 1991년까지 '농어촌 관광소득원 개발 사업 추진요령'을 마련해 실시해왔다. 이 추진요령에 의거해 1989년에 '농어촌 휴양단지 개발 사업'을 도입했고, 1990년에 마련된 「농어촌발전특별조치법」에 '농어촌 휴양단지', '관광농업', '민박마을' 등을 규정했고, 1991년부터 '민박마을' 조성 사업을 추진해왔다. 1994년 12월 공포한 「농어촌정비법」에 농어촌 휴양자원 개발 사업을 '관광농업 사업', '농어촌 휴양단지 사업', '주말농원 사업'으로 분류하고 사업내용을 구체적으로 명시했다.

역사가 깊고 가장 대표적인 농어촌 휴양자원 개발 사업이 관광농원 조성 사업이다. 관광농원 개발 사업은 ① 도시민의 정서 함양에 기여하고, ② 농어가 소득 증대에 기여하며, ③ 농어촌에 새로운 서비스산업을 육성하는 것을 그 목표로 한다.

이러한 정책목표를 달성하기 위해 제시한 관광농원 개발 산업의 추진방향은 다음과 같다.

첫째, 지역별 자연환경 및 농업여건을 고려해 특색 있는 관광농원을 개발함으로써 지역 개발의 촉진을 도모한다.

둘째, 관광농원은 「농어촌발전특별조치법」상 '농촌지역' 중 적지를 선정해 개발한다.

셋째, 농원의 운영주체는 농업인으로 한다.

〈표 10-11〉 1989년에 제시한 관광농원 개발 유형

유형	시설물 설치요령
아동 자연학습농원	· 기본시설* + 동·식물원, 민속자료관, 토산품 직매장, 어린이 놀이터, 기타
청소년 심신수련농원	· 기본시설 + 야영장, 민속자료관, 풀장, 기타 · 기본시설 + 야영장, 민속, 화훼원, 분재원, 축사, 농기구, 사내 수면장, 어린이 놀이터, 기타
산간지역·휴양농원	· 기본시설 + 민박, 야영장, 풀장, 기타
스포츠·레저농원	· 기본시설 + 테니스장, 풀장, 야영장, 민박, 기타
호수 근처·휴식농원	· 기본시설 + 방갈로, 낚시터, 기타

* 농원, 판매장, 휴게소, 진입로, 주차장, 화장실.
자료: 농림수산부, 「1989년도 농어촌 관광소득원 개발 사업 추진요령」(1989).

넷째, 농업인과 지역주민의 실질소득 증대에 기여할 수 있는 방향으로 운영해야 한다.

다섯째, 농원으로서의 특성이 나타날 수 있도록 반드시 일정 규모 이상의 작목을 입식해야 한다.

여섯째, 모든 시설물은 자연지형 및 경제적 여건을 고려해 자연경관과의 조화를 유지하면서 건전하게 개발해야 한다.

일곱째, 농원을 도시민에게 건전하고 생산적인 휴식장소로 제공하고 농촌사회와 농업 생산의 산 교육장으로 활용할 수 있어야 한다.

여덟째, 다수 농업인의 참여와 경영활성화를 위해 생산자단체, 5인 이상 농업인으로 구성된 영농조합법인, 작목반 등의 공동출자를 통한 개발을 권장하는 바 이를 위해 이들에게 우선적으로 지원한다.

정부가 제시하는 관광농원 개발 유형은 다양하게 전개되어왔다. 이른바 아동 자연학습형, 주말농원형, 청소년 심신수련형, 산간지역 휴양형, 스포츠레저형 등의 유형이 제시되었다(〈표 10-11〉 참조).

아울러 각 유형별로 갖추어야 할 기본 시설과 필요시설이 변경되어왔다. 기본 시설은 크게 바뀌지 않았지만 편의시설은 관광농원의 경영수지를 개선한다는 차원에서 크게 완화되었다(〈표 10-12〉 참조). 예를 들면 초기 단계에는 숙박시설로 민박을 권장했으나 1994년부터 고급여관이 허용되었다.

경제성장과 더불어 늘어나는 관광 수요를 농촌지역으로 끌어들여 농외소

〈표 10-12〉 1995년에 제시한 관광농원 개발유형

유형	시설물 설치요령
자연학습형	기본시설* + 동·식물원, 민속자료관, 식당, 캠프장, 운동장, 자연학습 관찰장, 놀이터 등
주말농원형	기본시설 + 주말농장, 농기구창고, 숙박시설, 식당, 특산품판매장, 낚시터, 놀이터, 야영장
심신수련형	기본시설 + 야영장, 민속자료관, 운동장, 수영장, 기타
농어촌휴양형	기본시설 + 숙박시설, 식당, 야영장, 휴게소, 특산품판매장, 기타

* 일정 규모 이상의 특색 있는 농장(과수원, 목장, 특수작물 재배지 등) 농수산물 판매시설(판매장 또는 직판장).

자료: 농림수산부, 「농림수산사업 통합실시요령」(1994).

득을 늘리려는 의도하에 1989년에는 시장·군수, 공공단체, 생산자단체가 개발하는 '농어촌 휴양단지 개발 사업'을 추진했다. 이 사업은 기존의 문화관광부에서 추진하던 관광 개발 사업과 차별화되지 않아 사업 추진에 어려움이 많았다.

경관이 수려한 지역의 농가가 산발적으로 수행하던 민박 사업을 조직적이고 체계적으로 지원하려는 의도하에 1991년부터 '농어촌 민박마을 조성 사업'을 추진했다.

3) 정책 지원

관광농원의 사업주체와 사업규모, 지원내용은 1984년 시범 사업이 실시된 이래 변천되어왔다. 1989년 당시 관광농원으로 지정 받기 위해 갖추어야 할 조건과 지원 규모는 〈표 10-13〉에 제시되어 있다.

1991년부터 추진한 민박마을의 지원 대상은 5호 이상의 농가이며 개별적으로 사업을 수행했다. 민박에 필요한 주택을 개·보수하거나 증·개축하는 데 소요되는 자금은 1,500만 원 범위 내에서 장기 저리의 조건으로 융자했다.

농어촌 휴양단지는 지방자치단체, 공공단체, 생산자단체가 사업주체이며 휴양단지를 조정해 민간에 분양하거나 임대할 수 있다.

1997년 말까지의 농어촌 휴양단지 개발 사업 추진 실적이 〈표 10-14〉에 제

〈표 10-13〉 농어촌 휴양자원 개발 사업 개요(1998)

구분	관광농원	민박마을	휴양단지
사업 주체	· 시장·군수, 농어촌진흥공사, 농축임협, 영농법인, 농업인 - 농업인은 1년 이상 현지 거주 토지 소유자(3호 이상 참여) - 생산자단체, 5인 이상 영농조합법인·작목반 등 우선	· 농업인	· 시장·군수, 농축임협, 농지개량조합, 농어촌진흥공사
규모	· 5만m^2 미만	· 농가 5호 이상	· 3만~10만m^2
지정 절차	· 농어촌발전심의회 심의를 거쳐 시장·군수가 지정	· 농어촌발전심의회 심의를 거쳐 시장·군수가 지정	· 농어촌발전심의회 심의를 거쳐 시장·군수가 지정
사업 내용	· 영농체험시설(농장), 편의시설(휴양, 숙박, 식당 등)을 갖추어 이용객에게 제공 - 농장은 전체 면적의 40% 이상 조성 의무화 - 작목면적은 400m^2이상	· 농촌주택 개·보수 및 증·개축	· 농업전시관 등 부대시설, 휴게소, 식당, 체육, 숙박, 편의시설을 포함한 단지를 조성해 분양 또는 임대
지원 내용	· 농원당 4억 5,000만 원 이내 (신규 2억 원, 기성 2억 5,000만 원) · 연리 9.5%, 5년 거치 5년 상환(융자 70%, 자부담 30%) · 농특회계 활용	· 마을당 3억 원 이내(농가당 1,500만 원) · 연리 6.5%, 2년 거치 3년 균분 상환 · 농특회계 활용	· 단지당 25억 원 내 · 연리 6.5%, 3년 거치 5년 균분 상환(융자 100%) · 농특회계 활용

자료: 농림부 농촌소득과.

〈표 10-14〉 연도별 농어촌 휴양자원 개발 사업의 추진 실적

(단위: 개소, 백만 원)

구분		1984~1989	1990	1991	1992	1993	1994	1995	1996	1997	합계
사업량	관광농원	96(7)	40(17)	22(9)	35(3)	34(9)	64(12)	63(3)	53(15)	60(10)	467(85)
	휴양단지	1	3	1	2	1	2	1	-	1(4)	12(4)
	민박마을	-	-	13	10	20	42	29(1)	50	46	210(1)
	소계	97	43	36	47	55	108	93	103	107	689
사업비	관광농원	6,716	6,470	3,201	7,597	6,735	15,389	19,690	19,190	19,250	104,238
	휴양단지	1,000	1,700	1,800	700	1,800	4,100	1,500	500	1,500	14,600
	민박마을	-	-	553	415	751	2,821	2,410	4,500	5,250	16,700
	소계	7,716	8,170	5,554	8,712	9,286	22,310	23,600	24,190	26,000	135,538

자료: 농림부 농촌소득과.

시되어 있다.

관광농원은 1984~1997년 중 1,042억 3,800만 원의 사업비를 투입해서 467개소를 지정했고, 그중 경영이 부실해 관광농원으로 갖추어야 할 구비조건을 상실한 85개소에 한해 지정을 취소했다.

농어촌 휴양단지는 146억 원의 사업비를 투입해 12개소를 지정했고, 그중 4개소를 취소했다. 전국에 걸쳐 매년 1~2개를 개설하겠다는 사실로 미루어보아 정책 효과를 기대하기 어렵다는 사실을 간접적으로 시사한다.

민박마을은 1991~1997년 중 167억 원의 자금을 투입해 210개 마을을 지정했다.

6. 그린투어리즘

1) 도입 배경

1980년대에 들어와 본격적으로 개방경제로 전환됨에 따라 농산물 수입 개방이 확대되었다. 이에 따라 농산물가격 지지를 통한 농업소득 증대방안이 한계에 직면하자 농외소득을 증대시켜 농가소득을 지지하고자 농외소득원 개발사업을 대대적으로 추진했다.

농외소득원 개발정책이 의도한대로 순조롭게 진행된다면 농가소득 증대, 영농규모 확대를 통한 농업 구조 개선, 도시 문제 완화, 지역 균형 개발 등 다양한 정책 효과를 거둘 수 있을 것으로 기대되었다.

이러한 정책목표를 달성하고자 농공단지 개발, 특산단지 지정, 산지 가공산업 육성, 농어촌 관광소득원 개발 등 다양한 정책수단을 동원하고 막대한 정부 투융자자금을 투입해 추진한 사업은 소기의 정책 효과를 거두지 못했다.

반면에 경제성장과 더불어 도농 간 소득격차가 확대됨에 따라 농외소득 증대정책이 절실히 요청되는 사회분위기였다. 이러한 사회경제적 배경을 바탕으로 농외소득원 개발정책의 대안을 제시한다는 차원에서 관광소득원 개발의 중요성이 다시 한 번 강조되어 유럽, 일본 등 선진 지역에서 성공했다고 평가된 그린투어리즘을 도입했다.

2) 그린투어리즘의 정의

그린투어리즘이 시행착오를 거듭한 관광농원 개발 사업의 한 대안으로 대두되었지만 명확하게 정체성을 확보하지 못한 처지였다. 구태의연한 농업관광, 농촌관광(rural tourism) 이후에 등장한 생태관광(eco tourism)과 그린투어리즘이 혼동되는 실정이다.

또한 대안적 관광(alternative tourism), 지속가능한 관광(sustainable tourism) 등과도 구분되지 않는다. 이처럼 명확하게 규정되어 있지 않은 용어의 관계를 도식화하면 〈그림 10-2〉와 같다.

농촌을 대상으로 한 관광으로서 대안적 관광과 지속가능한 관광은 일반적인 대중적 관광(mass tourism)에 대립되는 개념이다. 기존의 대중적 관광은 외지 자본을 유치해 대규모 관광시설을 설치하고 관광객을 유입시킴으로써 환경 파괴와 자원 고갈이라는 역기능을 야기했다. 이러한 부정적인 요소를 줄인다는 의도하에 대안적 관광 또는 지속가능한 관광이라는 개념이 도입되었다.

농업, 농촌, 생태관광을 전부 포괄하는 상위개념의 관광이 그린투어리즘이라 이해하면 된다. 이 점을 감안하면 그린투어리즘이 갖는 특징을 다음 세 가지로 요약할 수 있다.

첫째, 관광을 위한 인위적 시설을 최소화하고 되도록이면 농촌지역의 인문, 생태, 및 자연환경을 그대로 둔 상태로 추진한다는 점을 거론할 수 있다. 기존의 관광농업이나 농촌관광은 도시의 관광객을 유치하기 위해 농촌지역에 숙박과 위락시설을 설치하는 데 주력했다. 따라서 농촌관광도 도시의 대중적 관광의 아류를 답습한다는 비판이 비등해왔다. 정부가 지원한 관광농원이 실패한 것도 이 때문으로 지적된다.

〈그림 10-2〉 관광산업으로서 그린투어리즘의 위치와 영역

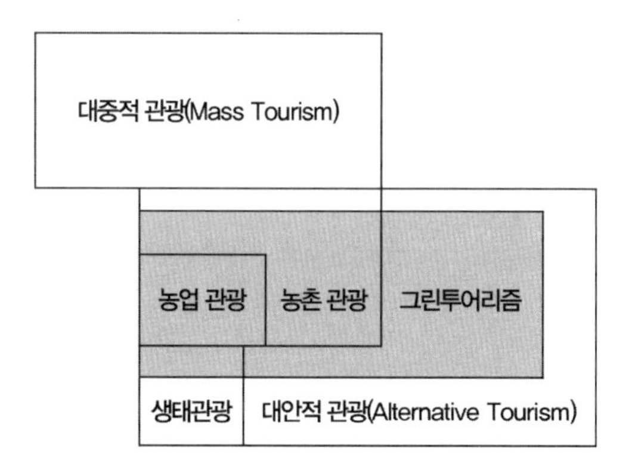

둘째, 도시의 관광객이 농촌을 방문해 농촌주민과의 인간적인 교류를 바탕으로 농업과 농촌문화를 체험하는 기회를 갖는다는 데 초점을 맞추었다.

셋째, 농촌의 아름다운 자연경관과 깨끗한 환경, 그곳에 사는 사람들의 정서적인 풍요와 문화를 추구하는 관광이므로 지역 가꾸기와 병행한다.

이러한 제반사정을 감안한다면 그린투어리즘을 '인위적인 시설을 최소화하면서 자연 그대로의 농촌생활문화, 농촌환경, 농촌 생태를 매개로 농촌지역을 방문하는 사람과 농촌 주민 간의 체험· 교류활동'으로 정의할 수 있다.

3) 녹색관광 사업 추진 현황

그린투어리즘이 농민의 어메니티를 유지시키며 농가의 소득 증대와 농촌지역경제에 기여할 수 있다는 판단하에 행정 당국은 앞 다투어 녹색관광마을을 개발해왔다.

산림청에서 1995년 산촌생태마을을 지정한 것이 녹색관광마을 육성 사업의 효시라 할 수 있다. 산촌 생태마을은 산촌 체험마을로 개칭되었고 2010년까지 총 132개 마을을 지정, 육성해왔다. 〈표 10-15〉는 그린투어리즘과 관련 있는 중앙부처에서 시행하는 녹색관광마을 육성 사업을 제시한 것이다. 여기

〈표 10-15〉 관광마을 육성 현황(2005~2010)

구분	아름다운 마을	녹색 농촌 마을	전통 테마 마을	산촌 체험 마을	어촌 체험 마을	문화 역사 마을	자연 생태 마을	합계
2005*	23	47	21	10	28	9	12	150
2006	-	67	25	20	14	-	22	148
2007	-	84	22	15	11	-	38	170
2008	-	90	27	18	18	-	24	177
2009	-	78	30	33	14	-	37	192
2010	-	74	44	36	2	-	39	195
합계	23	440	169	132	87	9	172	1032

* 2001년부터 2005년까지 수행한 실적의 합계.

〈표 10-16〉 부처별 관광마을 사업 추진 현황(2010)

부처	사업명	사업내용	시작연도	마을 수
농림부	녹색농촌체험마을	농촌관광을 위한 마을 기반 정비	2002	440
행정자치부	아름다운마을	소득 증대를 목표로 한 마을단위 종합개발방식	2001	23
농촌진흥청	전통테마마을	테마를 주제로 한 마을 단위 농촌관광 추진	2002	169
산림청	산촌생태마을	산촌종합개발	1995	132
해양수산부	어촌체험마을	어촌관광을 위한 기반 정비	2002	87
문화관광부	문화역사마을	향토문화 복원 및 보전	2003	9
환경부	자연생태마을	생태우수마을 홍보	2002	172

서 보는 바와 같이 사업을 시행하는 부서가 다수이고 녹색관광마을의 명칭도 다양하다.

시행하는 부서를 불문하고 녹색관광마을 육성 현황은 사업 명칭에 따라 분류되었고 그 실적이 〈표 10-16〉에 제시되어 있다.

2005년부터 녹색관광마을 육성사업이 시작된 이래 2010년까지 전국에 총 1,032개소에 달하는 녹색관광마을이 지정되었다. 그린투어리즘 사업은 시행 초기 단계이므로 농가의 농외소득 증대와 지역경제 활성화에 미치는 효과를 속단하기에는 이르지만 아직까지 시행착오만 거듭하며 소기의 정책 효과를 거두지 못한 것으로 평가된다.

4) 발전방향

현재 추진 중인 녹색관광마을 사업을 대상으로 주도면밀하게 분석해 발전방향을 제시해야 할 것이다. 여기서는 총론적인 입장에서 발전방향을 분석했다. 우선 공급 측면에서 고려한 발전전략을 요약하면 다음과 같다.

첫째, 지금까지 추진해온 경험과 시행착오를 바탕으로 사업 추진상의 애로요인과 성공요인을 주도면밀하게 분석해 녹색관광의 성공모형과 이를 달성할 수 있는 추진전략을 모색해야 할 것이다.

둘째, 농촌체험 관광과 관련 있는 인력자원을 대상으로 다양하고 전문화된 교육프로그램을 개발해 교육해야 한다.

셋째, 농촌관광 관련 조직을 네트워크화해 공동 마케팅을 전개하고 자매결연, 회원제 사업 등으로 고객을 안정적으로 확보해나가야 할 것이다.

넷째, 지역 간 연계관광 코스를 개발함으로써 도시민에게 볼거리, 먹을거리, 즐길거리를 다양하게 제공해야 할 것이다.

다섯째, 농림수산식품부에서 추진하는 농어촌지역 종합개발 사업을 농촌관광 활성화를 위한 물적 기반 확충 사업으로 활용해야 할 것이다.

또한 수요 측면을 감안해 강구한 그린투어리즘 활성화전략은 다음과 같이 요약할 수 있다.

첫째, 녹색농촌체험관광의 수요 측면을 보면 새로운 여가문화형태가 대두된 셈이다. 공급 측면에서 보면 농촌주민의 서비스 활동이 증대되었다고 할 수 있다. 수요 측면을 고려해 새로운 서비스산업이라는 시장을 형성함으로써 장기적으로 산업화한다는 전략이 전제되어야 한다.

둘째, 도시민을 농촌으로 유인할 수 있는 매력은 농촌의 문화, 환경, 생태, 농업 생산 활동 등이다.

셋째, 녹색관광 체험자뿐 아니라 관심을 가진 도시민을 대상으로 수요자 관리 및 수요자 형태와 욕구 변화를 정기적으로 파악해 관련 통계를 지속적으로 확보해야 한다.

넷째, 초기 단계에는 정부가 시범마을을 통해 가능성을 모색하고 성공사례를 제시하는 등 녹색관광 사업을 주도하지만 성장단계에서는 지방자치단체 간 민간이 주도하되 중앙정부는 물적 기반을 조성하고 법적·제도적 뒷받침을 통한 관광인프라 구축에 주력하는 등 주체 간 명확한 역할 분담에 따라 추진되어야 할 것이다.

제11장
농정의 선진화 방안

제1장과 제2장은 이 책의 총론에 해당한다. 제1장에서는 농업 문제를 인식하는 기준과 여기서 추론된 농정과제를 중점적으로 다루었다. 형평성과 효율성이라는 두 판단 기준에 의거해 농업 문제를 인식하고 이를 해결하기 위해 설정한 정책목표와 선정한 정책수단을 비롯한 정책 결정 과정을 고찰했다.

제2장에서는 광복 이후 현재에 이르기까지 전개된 농정을 시기별로 구분해 농정기조의 변천과정을 정리했다. 격동기농정, 삼위일체농정, 종합농정, 구조개선농정, 복지농정 순으로 구분해 농정이념과 이를 바탕으로 설정한 농정목표, 이 목표를 달성하기 위해 채택한 정책수단을 농정의 기본 골격으로 규정하고 정리했다.

제3장에서 제10장까지는 각론 장에 해당하며 광복 이후 현재까지 진행된 농업정책을 기능 기준으로 분류하고 고찰했다.

결론에 해당하는 이 장에서는 제1장에서 제10장에 걸쳐 고찰한 연구내용을 바탕으로 한국 농업·농촌의 발전을 위한 농정 선진화 방안을 제시했다. 우선 농업·농촌이 직면해 있는 외적 여건, 즉 대조류를 고찰했다. 또한 현재 우리의 농업·농촌이 처한 현실을 진단했다. 각론 장에 해당하는 제3장에서 제10장까지의 고찰에서 당면과제가 제시되었으므로 여기서는 재론하지 않았다. 각 장에서 도출된 농업·농촌이 처한 현실을 요약하면 다음과 같다.

첫째, 농업 부가가치가 지속적으로 감소하는 추세다.

둘째, 농업 구조가 취약하다. 농업 노동력의 노령화가 급속하게 진행되었다. 농업경영주의 노령화가 가속화되었지만 후계 영농인을 확보하지 못해 농업경영이 단절되는 농가가 속출했다. 호당 경작규모가 영세하며 농가계층은 바람직한 양극으로 분화되지 못하고 있다. 소농계층은 경작규모가 영세한 겸업농이 주축을 이루어야 바람직하지만 주로 고령자 농가로 구성되어 있다.

셋째, 취약한 농가소득 구조를 드러냈다. 즉, 농가소득에서 차지하는 농업소득의 비중이 약해지고 정부 보조가 주축인 이전소득의 비율이 높아졌다.

넷째, 도농 간 소득격차 및 농가 계층 간 소득격차가 심각하다.

다섯째, 개방화가 가속되었지만 농업의 국제경쟁력이 약하다.

여섯째, 농업성장의 정체, 교역 조건의 악화 등으로 농가소득의 불안정성이 높아졌고 부채 증가로 농가의 재무 구조도 악화되었다.

일곱째, 농업이 환경에 미치는 부화가 심화되고 있다.

여덟째, 농촌의 거주 환경이 악화되고 교육조건이 열악해 농업인의 삶의 질이 나빠졌다.

이러한 농업·농촌이 처한 현실을 바탕으로 농업·농촌의 당면과제를 정리했다. 당면과제를 해결하고 장기적인 농업·농촌의 발전방향을 제시하려는 의도하에 농정의 비전과 이념을 재정립했다. 이를 근거로 농정목표를 설정해 이를 달성하기 위해 새로 구축해야 하는 농정체계를 고찰했다.

합리적인 농정체계는 다음과 같은 요건을 구비해야 한다는 주장을[1] 받아들여 고찰하고 정리했다.

첫째, 국민적 합의를 거쳐 농정이념을 정립하고 여기에 의거해 기본적인 농정목표를 설정해야 한다.

둘째, 기본 목표를 뒷받침하는 세부목표를 명확하게 제시해야 한다.

셋째, 국민 경제라는 큰 틀 안에서 외생적으로 주어지는 여건 변화를 유기적으로 연결시켜 각 정책수단이 제약조건하에서 마련되어야 한다.

---

1) 성진근 외, 『한국의 농업정책, 틀을 바꾸자』(삼성경제연구소, 2004), 132~134쪽.

1. 농업이 직면한 대조류

1) 세계 경제의 글로벌화와 다극화

WTO체제하에서 진행 중인 제9차 다자간무역협상인 DDA는 소강상태에 있지만 머지않아 타결될 전망이다. 동시에 국가 간 혹은 지역 간 FTA가 동시다발식으로 체결되고 있다. 이러한 추세로 진행되면 국가 간에 걸쳐 있는 관세장벽이 철폐되거나 낮아지고 범세계적으로 시장 통합이 이루어질 것으로 예상된다.

세계 경제의 글로벌화와 더불어 전통적인 자유무역체계가 확대되었다. 이와 더불어 농업 생산, 환경, 기술을 둘러싼 각종 기준과 협약이 설정되었으며 여기에 의거해 각국의 정책과 경제활동에 가해지는 제약이 가중되었다.

세계 경제가 글로벌화되었으며 지식·정보산업혁명을 계기로 교통과 통신이 발달했다. 이를 바탕으로 상품을 비롯한 사람, 정보, 자본의 국제 교류가 활발하게 진행되었으며 그 규모도 확대되었다.

세계 경제는 미국에 대한 의존도가 낮아지고 다극화되었다. 중국, 인도, 러시아, 브라질 등 이른바 신흥경제권에 속하는 국가의 경제는 지속적으로 성장하며 세계 경제를 팽창시키는 중추적인 동력을 제공했다. 이처럼 세계 경제체제에 새로운 경제역량이 커지고 세계 경제 무대의 규칙이 변함에 따라 경제정책이 분산되어 다극화되었다.

세계 경제가 글로벌화 및 다극화되는 추세에 한국경제와 농업은 적극적으로 대응해나가야 할 것이다. 전반적으로 국가 관리 시스템을 선진화하고 경제체질을 강화해나가야 할 것이다. 더구나 국제경쟁력이 약한 한국의 농업은 전면적인 무역자유화에 대비해 적극적인 대응책을 마련해야 한다.

농산물의 신흥시장이 확대될 것에 대비해 적극적인 수출 농업으로 도약할 가능성도 검토해야 한다. 동시에 국제 농업 협력, 해외 농업 개발 등 해외 진출도 고려해야 할 것이다. 또한 개발도상국을 대상으로 한 농업 개발 협력과 식량 부족 국가에 대한 식량 지원 등을 적극적으로 추진해 무역규모 세계 9위, GDP 기준 경제규모 세계 15위라는 국격에 부합되는 농업역량을 발휘해야 할 것이다.

2) 인구증가와 고령화

미래의 경제환경에 크게 영향을 미치는 요인은 인구다. 향후 세계 인구는 급증할 것으로 전망되며 이를 누구나 수긍한다. 특히 아프리카를 비롯한 개발도상국의 인구가 급증할 것으로 보인다.

인구 증가와 더불어 고령화가 가속되고 있다. 특히 전 세계적으로 농촌 인구가 고령화되면서 농촌의 공동화가 급속도로 진행되었다. 세계 인구가 급증하는 동시에 개발도상국의 경제가 급성장함에 따라 농식품의 수요가 증가했으며 이러한 추세는 향후 가속될 전망이다.

세계 인구의 고령화가 진행됨에 따라 건강에 대한 관심이 높아져 건강식품, 안전식품, 고부가가치식품 등에 대한 수요가 증가했다. 농식품의 수요가 증가하면 우리에게는 농식품 시장이 확대되는 기회를 가져다줄 것이다. 생명공학기술을 비롯한 신기술을 농식품 산업에 적용하면 농업 발전의 성장동력으로 활용할 수 있다.

3) 과학기술 융·복합화

창의적인 아이디어에서 혁신이 일어나기 마련이지만 통상 기존의 아이디어와 기술을 재융합하는 과정에서 혁신이 유발된다.

범세계적으로 정보통신기술(IT), 생명공학기술(BT), 나노기술(NT), 환경기술(ET), 우주기술(ST), 문화기술(CT) 등 신과학 기술의 융·복합화가 가속되었다(〈그림 11-1〉 참조). 융·복합 기술의 발달로 각종 질병을 예방하거나 치료하는 데 효능을 갖춘 기능성 식품이 크게 확대될 것으로 전망된다.

〈그림 11-1〉 기술의 융·복합 현상

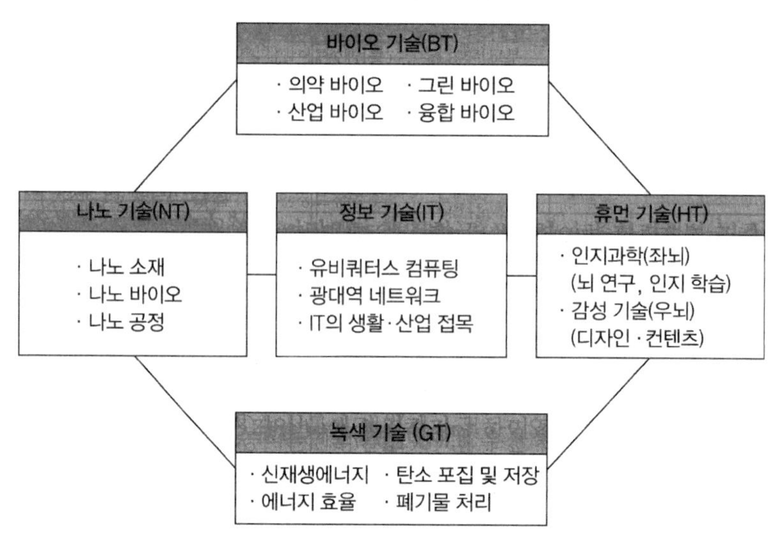

자료: 박성재 외, 『농어업·농어촌 비전과 전략』(한국농촌경제연구원, 2010), 10쪽.

4) 지구온난화와 부존자원의 한계

지구촌에 산업화와 도시화가 확산되어감에 따라 화석연료의 사용량이 급증했다. 이에 따라 지구온난화와 기후 변화가 가속되었다. 이와 더불어 부존자원에 대한 수요가 지속적으로 증가해 머지않아 자원 고갈 상태에 직면할 것으로 염려된다. 이처럼 지구촌의 환경이 오염되고 자원부족이 일어나면 인류를 위한 지속가능한 경제·농업 발전이 크게 위협받을 것이다.

5) 세계 농산물수급 불안정

세계의 식량 수요 인구는 지속적으로 증가하고 있다. 신흥경제권에 속하는 인구 대국의 경제성장으로 국민소득이 증가함에 따라 식량 수요가 급증했다. 화석 에너지의 가격 상승에 대응하고 지구온난화 방지 차원에서 대체 에너지인 바이오연료 생산량이 급증했다. 바이오연료용 곡물과 가축사료용 곡물의 수요가 급증했다.

이에 비해 곡물의 공급량은 증가하지 못하는 추세다. 또한 곡물 생산량의 연차 변동이 심하고 감소하는 추세다. 세계곡물의 수급 불안정으로 곡물가격이 지속적으로 상승할 전망이므로 농산물가격이 인플레이션을 주도하는, 이른바 애그리플레이션(agriflation)이 염려되는 실정이다.

6) 식품안전에 대한 관심 고조

실질소득이 증가하고 취업하는 가정주부가 늘어남에 따라 식품 소비패턴의 사회화가 가속화되었다. 가정에 의존하는 비중이 높은 식생활에서 외식과 가공식품의 비중이 늘어나는 현상을 사회화라 한다.

이에 따라 소비자들은 자신이 소비하는 식품과 음식의 재료가 어디에서 어떻게 생산되는지에 대한 정보를 얻고자 한다. 특히 BT, NT 등의 기술발달로 각종 기능성 식품이 개발되고 수입식품이 증가함에 따라 식품안전성에 대한 관심이 커졌다. 여기에 부응해 식품안전과 관련된 기술 개발의 중요성이 높아질 전망이다.

농업 생산에서는 ① 생물농약 개발기술, ② 환경친화형 방제기술, ③ 유기질 및 생물비료 개발기술, ④ 항생제 대체용 약제 개발기술 등이 요구된다. 식품 가공 부분에서는 친환경 천연첨가물, 대체 감미료, 친환경 가공 공정기술 등이 요망된다.

아울러 선진국에서는 식품과 농업 사이의 거리를 줄이기 위한 대안으로 로컬푸드시스템을 구축하려는 정책 개발이 전개되었으며 한국에서도 근년에 들어와 이에 대한 관심이 높아졌다.

7) 친환경농업 부상

농화학 자재를 과다로 투입해 농산물을 생산하는 방식으로 단작 위주의 대량생산체제를 지속해왔다. 이로 인해 농업이 환경오염을 가중시키는 주범이라는 비난을 면하지 못하는 실정이다.

이처럼 농업에 대한 부정적인 인식이 팽배하고 안전과 건강에 대한 관심이 고조됨에 따라 세계 각국에서는 환경농업과 유기농업이 급속하게 성장했다. 식품의 안전성에 대한 소비자의 관심이 높아짐에 따라 친환경 농축산물 및 안전한 가공식품의 수요가 증가할 전망이다.

도시 소비자는 농식품을 구매할 때 가격보다는 안전성, 맛, 원산지 등에 더 큰 관심을 보인다.

2. 농업·농촌의 당면 과제

1) 다양한 농업경영체 육성

(1) 기본 방향

우리 농업의 효율성을 제고하기 위해 경영규모 확대를 시도했지만 가족농으로는 그 한계가 크다는 사실을 받아들이지 않을 수 없었다. 제1차 구조 개선농정에서는 조직 경영체인 영농조합법인과 농업회사법인을 육성하고자 시도했으나 성공하지 못했다.

그러나 농업 노동력의 노령화와 농지를 비롯한 농촌의 주요 자원의 유휴화가 급속히 진행되었다. 이러한 처지를 대변하는 용어가 바로 농촌공동화다.

농업·농촌을 둘러싼 내적·외적 여건이 급변하고 있는 상황에서 가족 경영을 중심으로 한 생산주체만으로는 지역농업을 유지·발전시키는 데 한계가 있음이 드러났으며 다양한 농업경영체를 육성해야 한다는 주장이 공감대를 형성했다.

바람직한 경영체로는 ① 대규모로 경영하는 전업농, ② 전업농·겸업농·영세·고령·여성 농가가 참여한 지역 단위 조직 경영체, ③ 농외기업의 농업 진입, ④ 귀농자의 농업경영 등 다양한 주체를 활용할 수 있다. 근년에 들어와 일반 기업이 농업에 진입하는 사례가 나타났다. 일반 기업이 생산기술, 품질 관리능력, 판매망 등 다방면에서 가족 경영에 비해 유리한 점을 갖추었다는 것도 사실이다.

기존의 농업경영체만으로 지역농업의 유지가 불가능한 경우 일반기업과 같은 농업 외부로부터의 농업 진입도 검토해볼 수 있다. 특히 기업의 농업 진입에 관해서는 지역농업과의 영향과 과제, 기업 진입 촉진을 위한 지원대책, 기업 진입 전제조건 등의 검토가 필요하다.

(2) 다양한 경영체의 육성과제

농업경영체의 발전방향을 제시할 때는 신중을 기해야 한다(〈그림 11-2〉 참조). 일정 규모 이상을 소유해 경영능력이나 의욕을 가진 전업농은 규모 확대를 가속화해 대규모 경영을 실현하도록 지원해야 할 것이다.

고령화와 과소화가 급속히 진행되었지만 현존하는 농업경영체만으로 지역농업의 유지·발전이 곤란한 지역에서는 영세농·고령농·여성 농업인 등의 경영주체가 기능별 또는 지역별로 조직화해 경영효율을 높여나가야 한다.

또한 기업의 농업 진입을 유도하면 지역농업을 진흥시키고 지역의 농업자원 보전방안을 기대할 수 있다. 단지 기업의 농업 진입에 관해서는 몇 가지 전제조건을 충족해야 한다.

첫째, 진입하려는 기업이 가진 경영능력 등의 제반 장점을 살린다고 해도 당해 지역의 영세한 가족 경영과 경합하지 않아야 한다.

둘째, 농업 진입을 계기로 우려되는 투기적 농지 소유나 농지에 대한 폐기물 처리 등도 방지되어야 한다. 이러한 제반요건을 충족시킨다는 전제하에 임대차에 의한 농업경영이 허용되어야 할 것이다.

먼저 농가와 농외기업과의 연대를 통해 경영성과를 높여나가는 것이 주요 과제다. 최근 식품제조업체나 식품유통업체, 외식업체 등과 다수의 농가 간 계열화를 통해 농외기업 지역농업 유지를 위한 농업경영체의 발전유형이 가

〈그림 11-2〉 지역농업 유지를 위한 농업경영체의 발전 유형

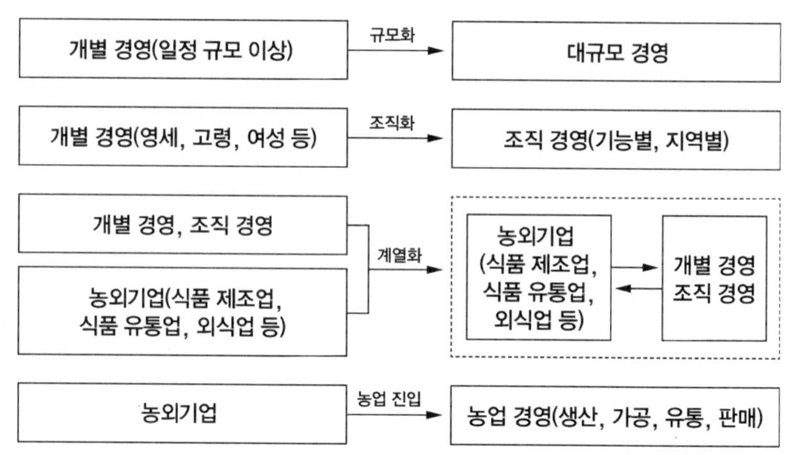

자료: 박성재 외, 『선진국형 농정으로의 전환을 위한 연구: 한국 농업의 구조변화와 관련정책 평가』, 89쪽.

진 제조기술이나 마케팅 능력을 농업에 활용하는 사례가 나타났다.

다음으로 기업의 농업 진입을 고려한다면 대기업보다는 농업경험은 적지만 지역사회 발전에 관심이 높은 중소기업의 창업을 유도하는 방안이 바람직하다. 단순한 농산물 생산만이 아니라 지역의 인적 능력 향상이나 지역자원, 자연환경, 역사와 문화 등의 보전·발전을 위한 역할도 진입하는 기업에 기대할 수 있다.

한편 농업 분야에 신규로 진입할 경우 문제점이 많다. 농업은 기본적으로 수익성이 낮다. 또 지역에 따라 토양, 강우량, 일조량 등 농업의 기반조건이 상이하고 변동이 심하다. 과잉 생산이나 수입에 따라 가격이 변동하는 등 사회환경에 영향을 받기 쉬운 면도 있다.

이 점에 대응해 새로운 경영 영역 개발이 필요하다. 단순한 식품·사료 생산에서 약재, 천연섬유, 에너지, 플라스틱, 건축자재 등의 원자재 생산으로 수요가 확대되었다. 이제는 다양한 원자재 생산에서 가공·유통·판매 등으로 새로운 경영 영역을 개발해야 할 때다.

이상에서와 같이 의욕이 있는 농업경영체가 존재하는 지역에서는 규모화

와 조직화로 지역농업을 유지할 수 있다. 이와 같은 농업경영체가 부족한 지역에서는 기업과의 연대 또는 농외기업의 농업 진입 등 다양한 방안을 강구해야 할 것이다.

2) 경영효율 향상을 위한 농지제도

(1) 농지 문제의 실상

인구밀도가 높고 국민 1인당 농지규모가 영세한 한국에서는 경제성장과 더불어 농지 문제가 심각하게 대두되어왔으며 농지정책이 농정의 핵심으로 정착되었다.

무역규모는 제9위이며 GDP 세계 15위에 이르는 경제규모를 자랑하는 작금에 와서도 농지 문제는 여전히 농정의 기본 골격으로 자리매김했다. 농지 문제의 실상을 제대로 이해하려면 다음과 같은 세 가지 시각에서 면밀히 검토·파악해야 한다.

첫째, 국토를 효율적으로 이용해야 한다는 측면에서 농지를 농업과 비농업 간에 합리적으로 배분하는가?

둘째, 비농업에 활용할 경우 국가와 지방자치단체 간의 대립을 어떻게 잘 조절할 것인가?

셋째, 농업으로 이용할 때 야기되는 소유와 이용 간에 야기되는 대립을 어떻게 조정하고 조화를 이룰 수 있는가?

첫째와 둘째 과제는 농업과 비농업 간에 일어나는 갈등이다. 주어진 국토를 효율적으로 이용하고 합리적으로 이용할 것인가에 대한 과제는 경제성장과 더불어 심각하게 대두되어왔다.

근년에 들어와 심각하게 부각된 농지 문제의 실상을 다음과 같이 요약할 수 있다.

첫째, 농지의 소유자격에 대한 규제를 완화함에 따라 투기 목적으로 소유하는 농지가 증가했다. 1996년 시행된 「농지법」에 의거해 농지의 소유자격을 대폭 완화하는 대신에 성실 경작 의무를 부과했다. 이를 이행하지 않으면 농지 이용을 규제하는 제도를 강화했으나 현실적으로 엄격하게 집행되지 않는 실정이다. 「농지법」에서는 원래 '소유제 완화와 이용체제 강화'를 의도했으나 '소유체제 완화·이용체제 완화'로 진행되는 실정이다.

둘째, 농지면적이 감소했다. 산업화·도시화와 더불어 농업 외 타 용도로 전용되는 농지가 매년 급증했다. 아울러 농촌노동력의 노령화가 진행됨에 따라 유휴화·황폐화되는 농지가 급증했다. 폭우를 비롯해 자연재해를 당한 농지를 복원하지 않아 유실되는 농지가 증가했다.

셋째, 토지 이용형 농업에는 경영규모 확대가 원만하게 진행되지 않고 있다. 국제경쟁력을 강화하려면 노동 생산성을 제고해야 하며 이를 위해서는 호당 경작규모를 확대해야 한다. 1990년대에 들어와 대대적인 농업 구조 개선 정책을 추진했지만 수도작을 비롯한 토지 이용형 농업에는 호당 경작규모가 적정 수준으로 확대되지 못했다.

넷째, 농지가 분산되어 있어 농업경영이 효율적으로 이루어지지 않았다. 농가가 경작하는 농지를 모으기 위해 농지의 교환·분합을 추진해왔으나 소기의 정책 효과를 크게 거두지 못했다. 투기 혹은 재산가치 보전 목적으로 농지를 소유하는 사례가 많기 때문에 교환·분합이 잘 이루어지지 않았다. 또한 농지를 상속한다고 전제하면 농지의 교환이 잘 진행하지 않기 마련이다. 농지 분산을 해결하기 위해 마을 단위의 영농조직을 결성해 농지의 단지화를 시도해야 할 것이다.

다섯째, 농지의 임대차는 확대되었지만 농지 이용권은 약화되었다. 농지의 수익지가에 비해 매매지가가 높아 영농규모를 확대하려면 농지 매입보다는 농지 임차가 유리하다. 이에 따라 전업농의 농지 임차가 매년 급증해왔다. 농지이용권이 확립되지 않아 쌀소득 보전직접직불제에서는 부재지주가 고정직불금을 수령하는 사례가 나타났다.

(2) 농지정책의 방향

농업정책의 목표는 ① 국민에게 일정 수준의 식량을 안정적으로 공급하고, ② 농업의 다원적 기능을 제대로 발휘하고, ③ 효율적인 농업경영을 실현할 수 있도록 농업 구조를 개선하는 데 있다. 이러한 정책목표를 달성하기 위해 수행해야 하는 정책과제는 다음과 같이 요약할 수 있다.

첫째, 국민에게 적정량의 식량을 안정적으로 공급할 수 있도록 우량농지를 확보하고 보전해야 한다. 농업진흥지역 내의 농지 전용을 엄격히 규제하고 진흥지역 밖의 농지를 진흥지역으로 편입하는 것을 고려해야 한다.

둘째, 경영개념을 도입해 농지를 효율적으로 이용해야 한다. 이를 위해서는 규모를 확대하는 동시에 농지의 단지화를 병행해야 한다. 호당 경작규모가 영세하고 농지가 필지별로 분산되어 있는 '영세·분산' 농업 구조에서는 경영규모를 확대하기도 어렵지만 규모 확대의 효율성이 크게 발휘되지 않는다. 이를 해결하기 위한 방안으로 전업농, 겸업농, 영세농, 고령농 등이 참여하는 마을 단위의 영농조직체를 결성하는 대안도 마련되어야 할 것이다. 이를 실현하기 위해서는 농지의 소유권과 이용권을 분리하고 둘 다 권리로 확립해야 할 것이다.

셋째, 농지를 비롯해 전 국토를 계획적으로 이용하고 효율적으로 관리하는 체계를 확립하는 것이 국가 정책의 기본 과제다. 물론 농업 측에서 농지를 합리적으로 보전하고 효율적으로 이용하기 위해 수행하는 농지 보전방식을 비롯한 농지제도를 농업경영효율을 향상시키는 방향으로 재정립해야 할 것이다

3) 삶의 질 향상을 위한 농가소득 지지

(1) 도농 간 소득격차 심화

경제성장과 더불어 도농 간 소득격차가 확대되었다. 이는 국가의 기초산업인 농업이 지속적으로 성장해나갈 수 있는 기반이 위축되었다는 사실을 내포한다. 개방경제에 들어와 농가소득이 위축되는 악순환 과정이 〈그림 11-3〉에

〈그림 11-3〉 농가소득 문제의 전개 과정

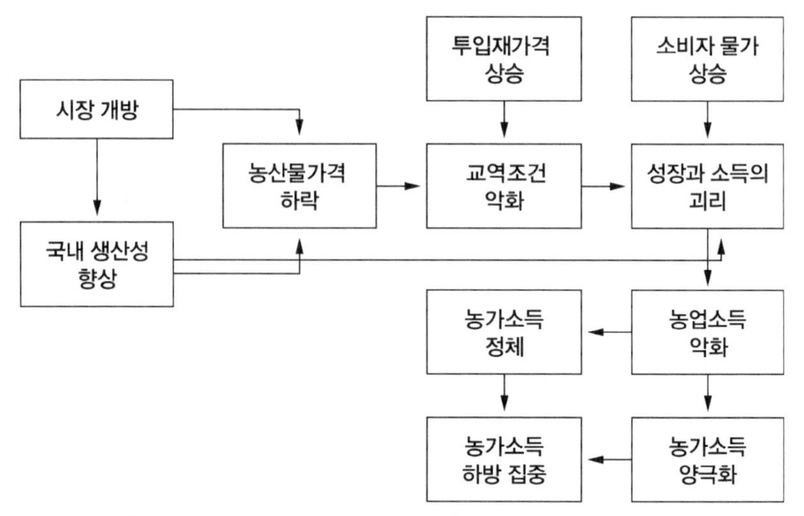

자료: 이정환, 「지금 우리는 어디에, 그리고 어디로」, 『차기정부의 농정과제』(한국농업경제학회, 2012), 28쪽.

제시되어 있다. 형평성이라는 농정이념으로 판단할 때 도농 간 소득격차는 시급히 해결해야 할 정책과제다.

아울러 농가계층 간 소득격차가 확대되었다. 토지 이용형 농업에서 농업소득이 낮은 소농계층에 속하는 농가의 경우 농외소득을 획득해 농가소득을 높여야 한다. 그러나 1980년대 이후 획기적인 농외소득원 개발정책을 채택하며 농외소득 증대정책을 추진했으나 소기의 정책 효과를 거두지 못했다.

2004년에 제시된 농업·농촌종합정책에서는 이전소득을 확충해 농가소득을 지지한다는 기본 방침을 수렴하고 다양한 직접지불제를 도입해 시행해왔으나 소기의 정책 효과를 거두지 못했다.

(2) 소득 지지 대안

농가소득은 경상소득과 비경상소득으로 구분해 정의하지만 소득 증대정책의 대상은 경상소득이다. 경상소득은 농업소득, 농외소득, 이전소득으로 구성되어 있으며 소득 증대와 관련된 정책수단이 〈그림 11-4〉에 제시되어 있다.

〈그림 11-4〉 농가소득과 관련된 정부정책

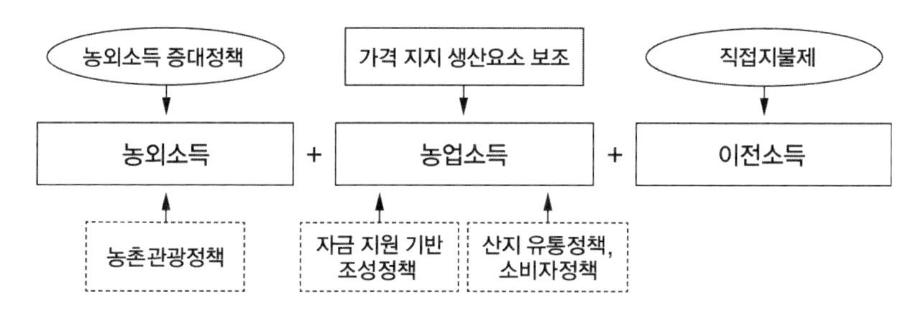

농업소득을 증대시키는 직접적인 정책수단은 농산물가격 지지와 생산요소 보조이지만 WTO체제하에서는 둘 다 감축대상으로 규정된 정부 보조이므로 정책대상으로 적합하지 않다. 농업소득을 증대시키려면 간접적인 정책수단을 동원할 수밖에 없다.

농외소득을 증대시키려면 비농업 분야에 취업할 수 있는 기회를 제공해야 한다. 그러나 지식·정보산업으로 산업 구조의 고도화가 진행되었으므로 농촌 공업화를 실현하기 어려운 실정이다. 농외소득을 증대시키고자 그린투어리즘을 전개했으나 확산되지 않았으며 소기의 정책 효과를 거두지 못했다.

이런 관점에서 판단하면 농가소득 증대에 실효성이 확실한 정책수단은 이전소득을 지지하는 공적 보조금이다. 현재 시행하는 각종 직접지불제가 여기에 해당한다. 직접지불금의 지원 수준을 높이고 효율적인 직접지불제를 개발해나가야 할 것이다.

4) 농업경영의 안정화

농업경영의 효율성을 높여 농가소득을 증대시키고 불확실성을 감소시켜 농가소득을 안정시키려면 농업경영 안정정책이 수반되어야 한다. 농업경영을 안정시키기 위한 정책수단은 ① 위험원인 제거정책, ② 위험 대처능력 향상정책, ③ 보상 및 보험 등으로 구분할 수 있다.

위험원인 제거정책에는 ① 생산기반 정비 및 용수대책, ② 재해 방지시설,

〈그림 11-5〉 현행 소득 및 경영 안정제도와 선진화 방향

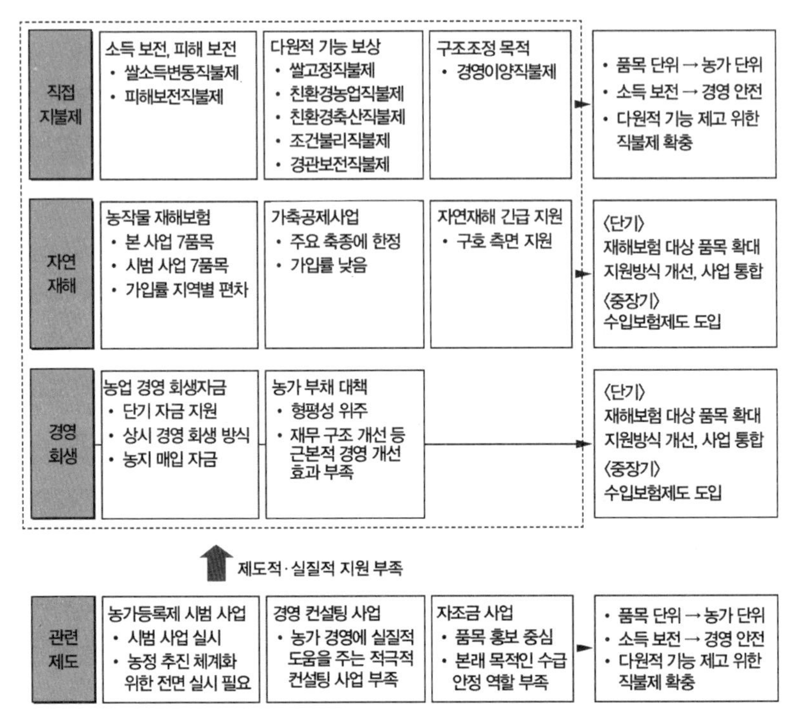

자료: 박성재 외, 『선진국형 농정으로의 전환을 위한 연구: 한국 농업의 구조변화와 관련정책 평가』, 116쪽.

③ 재해에 강한 품종 개발 및 보급, ④ 검역 및 방역체계 확립, ⑤ 식품안전성 관리체계, ⑥ 안정적인 수출입정책 등이 해당된다.

위험에 대처하는 능력을 향상시키려면 우선 위험을 분산시켜야 한다. 경영의 다각화, 복합영농 등이 여기에 해당된다. 아울러 선물시장, 계약 재배 등 위험을 회피할 수 있는 정책수단을 다양하게 개발해야 한다.

보상 및 보험으로 경영을 안정시킬 수 있는 정책수단은 재해 보상, 재해 보험, 작물 보험, 소득 보험 등 다양하다. 재해를 입은 피해 농가를 대상으로 생계를 안정시키고 영농을 회생시킬 목적으로 구원하는 차원에서 수행하는 정책수단이 다양하지만 지원 수준이 낮다. 농작물 재해보험이 개설되었지만 대상 작물이 사과를 비롯한 7개 과수에 제한되어 있다.

농작물 재해보험을 통해 농업경영을 안정시키려면 전 작물과 전 농가를 대상으로 재해보험을 확대해나가야 할 것이다.

농업경영을 안정시키기 위해 현재 채택하는 정책수단과 이의 선진화 방향이 〈그림 11-5〉에 제시되어 있다.

5) 효율적인 농산물 유통체계 정립

실질소득이 증가함에 따라 식품 소비는 고급화·다양화되었으며 취업하는 가정주부가 늘어남에 따라 사회화 및 편의화가 급속하게 진행되었다. 동시에 안전한 고품질의 먹을거리를 선호하는 추세로 진행되었다. 이러한 소비패턴의 변화는 농산물의 생산과 유통에 큰 변화를 야기했다.

향후 농산물 유통시스템의 변화가 예측된다. 산지에 흩어진 농가의 판로가 다양화되고 유통채널의 선택폭이 확대될 것이다. 산지에서는 농산물판매 상대를 달리하는 출하그룹이 다양하게 전개될 것이다.

이러한 유통환경의 변화에 대응해 농산물 유통정책은 농업소득의 안정화에 기여하고 국내 농산물의 경쟁력을 확보하는 방향으로 추진되어야 한다.

유통효율화를 위한 농산물 유통 개선의 기본 방향은 다음과 같이 요약할 수 있다.

첫째, 정부의 개입 방안을 재검토해야 한다. 지금까지는 정부가 유통 개선 방안을 설계하고 주도해왔지만 앞으로는 유통주체가 자율적으로 추진하고 정부는 간접적으로 지원해나가야 한다. 이러한 체제 내에서 정책대안이 원만하게 작동되도록 불합리한 규제를 철폐해야 한다. 아울러 유통시설을 대상으로 한 직접 보조 혹은 브랜드 육성 사업을 지양해야 한다. 반면, 품질 관리시스템, 유통정보, 공정거래 확립 등 유통 조성 기능에 대한 정책을 강화해야 한다.

둘째, 불필요한 유통 단계를 축소시켜야 한다. 생산자조직 → 도매시장 또는 대형 유통업체 물류센터 → 소매시장의 경로로 단순화할 필요성이 대두되었다.

셋째, 유통 생산성 향상을 위해 유통기관의 규모화가 절실히 요구되었다. 농산물 유통에 종사하는 유통주체가 영세하고 비능률적이므로 규모 확대가 절실하다. 특히 농산물 도매시장 내의 중도매인의 규모화가 절실히 요구된다.

넷째, 농산물의 산지출하 구조를 개선해야 할 것이다. 무, 배추, 수박 등의 채소류에는 여전히 밭떼기 거래가 성행한다. 농협이 주도해 산지에서 소비지까지 일괄 유통시키는 유통 개선이 절실히 요청된다.

다섯째, 도매시장 운영을 혁신해야 할 것이다. 도매시장은 도매시장 법인 → 중도매인 → 하매인의 중층적 구조이므로 효율성이 낮은 것으로 평가되고 있다. 효율성이 높은 거래제도를 보완해야 할 것이다.

여섯째, 로컬푸드시스템(Local Food system)을 확립해나가야 할 것이다. 지역에서 생산된 농산물을 가까운 시장에 판매해 푸드마일리지를 감축시켜나가는 방안이 바람직하다.

일곱째, 소비자가 농산물을 신뢰할 수 있어야 한다. 이를 위해서는 저온 유통시스템을 갖추어 소비자단계까지 신선도를 유지해야 한다. 아울러 GAP제도, 생산이력제 등을 확대해 농산물의 안전성을 제고해야 한다.

6) 친환경농업 정착

1997년 12월 공표한 「환경농업육성법」에 의거해 다양한 정책수단을 동원해 친환경농업을 정착시키려 노력했지만 소기의 정책 효과를 거두지 못했다.

친환경농업의 목표는 농업과 환경의 조화다. 이를 달성하려면 친환경농산물의 생산주체를 재조정해야 한다. 농가 혹은 친환경농업단체 주도의 친환경농업에서 탈피해 지역이 친환경농업을 주도해나가야 할 것이다. 마을 단위로 친환경농업을 실천한다면 지역순환체계가 정착될 수 있다. 전업농, 겸업농, 고령자농가 등이 결성한 지역단위의 조직 경영체가 농산물 생산주체로 육성되면 친환경농업이 정착될 수 있을 것이다.

현재 시행 중인 친환경농업의 정책수단과 이를 보완해 선진화할 수 있는

〈그림 11-6〉 친환경농업의 선진화 방향

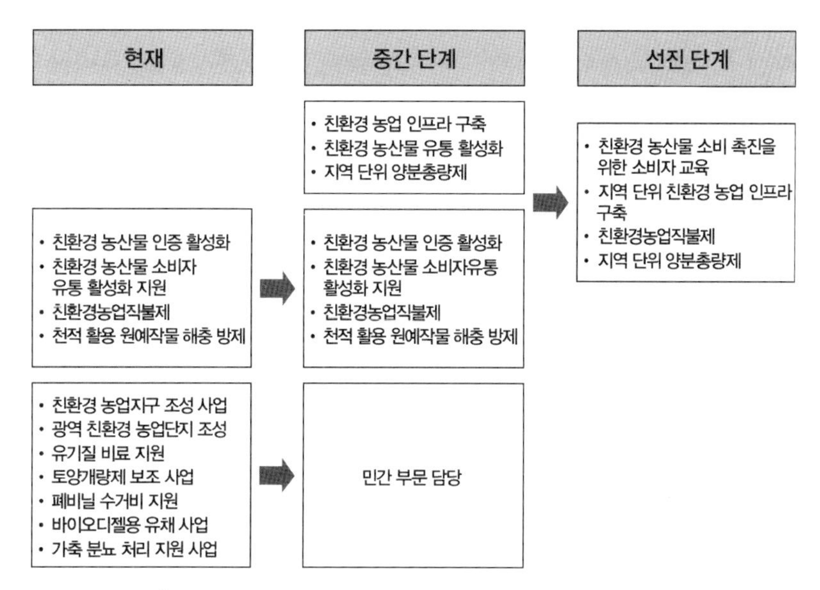

자료: 박성재 외, 『선진국형 농정으로의 전환을 위한 연구: 한국 농업의 구조변화와 관련정책 평가』.

기본 방향이 〈그림 11-6〉에 제시되어 있다. 현재 추진 중인 친환경농산물 인증, 소비자 유통 활성화 지원, 친환경농업 직불제를 장기적으로 지속시키고 지원 또한 확대해야 한다.

다수의 정책수단 중 친환경농업이 점차 정착되어가는 추이를 감안해 적절한 수정·보완을 거쳐 시행하고 소기의 목표를 달성한 정책수단은 과감하게 도태시켜야 할 것이다.

7) 식품안전성 확보

소비자는 본인이 먹는 농산물과 식품이 안전한가에 대한 의구심을 갖는다. 수입하는 먹을거리가 증가함에 따라 식품안전성에 대한 관심이 고조되었지만 이에 부응하는 적절한 식품정책은 펼치지 못했다.

농식품의 안전성을 확보하기 위해 농식품안전정책 수립을 추진해야 할 것

〈그림 11-7〉 농식품정책의 선진화 방안

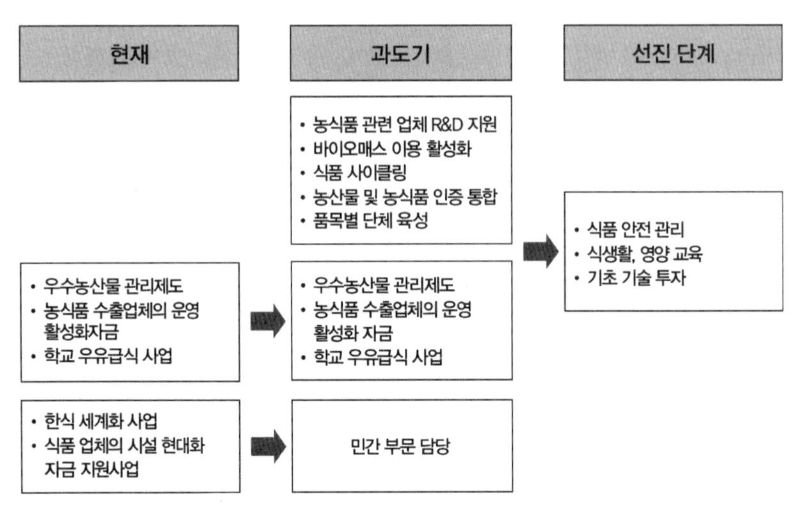

자료: 박성재외, 『선진국형 농정으로의 전환을 위한 연구: 한국 농업의 구조변화와 관련정책 평가』, 158쪽.

이다. 이 정책의 목표는 식품과 관련해 발생하는 안전사고를 사전에 예방하고 농장에서 식탁까지 일관된 농식품안전관리체계를 구축해 농식품안전성에 대한 소비자의 욕구를 만족시키는 데 있다. 이를 위한 추진전략은 다음과 같이 요약된다.

첫째, 국민 건강 증진에 기여하는 식품안전 관리시스템을 구축해야 한다. 특히 골드체인시스템, 생산이력제 등을 정착시켜 식품유통 과정에서 안전성을 제고해야 한다.

둘째, 식품안전에 관련된 정보를 소비자에게 공개해 신뢰를 쌓아야 한다. 농수축산물의 안전정보시스템을 갖추면 소비자로부터 정책의 투명성에 대한 신뢰를 얻을 수 있고 동시에 유해물질에 대한 위해성 평가 절차와 결과, 식품안전 부적합률, 오염지역 정보 등 식품안전 정보에 소비자가 쉽게 접근할 수 있다.

셋째, 수입농산물의 안전성을 확보하기 위해 현지 모니터 요원을 확보해 정보를 수집하고 수입 대상국의 안전기준을 일괄 적용할 수 있도록 제도를 갖추어야 한다.

넷째, 영세한 외식업체의 식품안전 문제를 해결하려면 작물 위생 관리 프로그램을 시행하고 요식업체가 준수해야 할 기준을 강화하고 인·허가제를 재검토해야 한다.

선진국에 비해 발전 수준이 낮은 식품산업을 고부가가치산업으로 육성해야 하며 이를 위해서는 선진화된 농식품정책이 뒤따라야 할 것이다. 농식품정책의 선진화 방안이 〈그림 11-7〉에 제시되어 있다.

8) 식량 수급에 대응한 식량안보

(1) 기본 방향

향후 지구촌의 식량 수급 사정을 낙관적으로 전망하느냐 비관적인 시각에서 판단하느냐에 따라 식량안보에 대한 대처방안이 상이하다. 지금까지 분석·검토한 결과에 따르면 낙관적인 전망을 불허한다는 사실을 받아들이지 않을 수 없다.

식량 수요는 급증할 것으로 예상되며 식량 수요 증가요인은 다음과 같이 요약된다.

첫째, 세계인구가 급증함에 따라 식량 수요도 증가할 것이다.

둘째, 경제성장으로 실질소득이 증가하면 육류 수요량이 증가하므로 사료용 곡물 수요가 늘어날 것이다. 특히 인구가 많은 브라질, 인도, 중국 등 개발도상국의 경제가 성장함에 따라 식량 수요가 급증할 것이다.

셋째, 지구온난화의 가속화를 방지하고자 곡물을 이용한 바이오에너지 생산량이 증가할 것이다.

이에 비해 세계 식량 공급은 크게 증가하지 않을 것으로 전망된다. 이 요인은 다음과 같이 요약된다.

첫째, 세계에서 곡물을 생산하는 농지는 총 7억ha이고 더는 확대하기 어려운 실정이다.

둘째, ① 지구온난화에 따른 사막화, ② 과도한 방목, ③ 산림벌채, ④ 염류 집적 등의 요인으로 연평균 500만ha에 달하는 가용 농경지가 황폐화된다.

세계 곡물시장이 구조적으로 불안정하다는 사실도 장래의 세계 식량 수급 문제를 걱정하게 하는 요인으로 작용한다. 곡물 수출국은 미국, 캐나다, 아르헨티나, 호주 등 소수이고 수입국은 다수인 전형적인 과점시장 양상을 띤다.

더구나 주요 곡물메이저들이 수출시장을 장악하고 지배력을 강화해 세계 곡물시장의 불안요인을 가중시켰다. 국민이 세계 식량사정에 관해 안심할 수 있도록 대비해야 한다.

식량안보를 확보·지속시키기 위해 선택할 수 있는 주요 정책수단은 ① 국내 생산 유지, ② 수입 관리, ③ 공공 비축 등이다. 세계 식량 수급 사정이 불안정한 처지에서 최소한 농업규모를 설정하고 이를 지켜나가야 한다는 공감대가 형성될 수 있는 방안을 강구해야 할 것이다.

(2) 식량안보 확보방안

국민이 식량 수급 문제에 안심할 수 있도록 최소한의 국내 식량 생산 규모를 유지해나가야 할 것이다. 이는 식량 자급을 목표로 하고 이를 지켜야 한다는 의미다. 이를 실현할 수 있는 정책대안은 다음과 같이 요약된다.

첫째, 우량농지를 확보해 이를 합리적으로 보전해야 한다. 농업진흥지역으로 지정된 농지는 86만ha로 전체 농지의 절반 이하다. 농림지역의 타 용도지역에 위치한 농지일지라도 우량농지가 집단화되어 있으면 농업진흥지역으로 편입하는 방안도 검토해야 할 것이다. 아울러 진흥지역 내의 농지 전용을 엄격하게 규제해야 한다.

둘째, 농업경영의 효율성 향상 측면에서 우량농지를 효율적으로 활용할 수 있도록 농지제도를 재정비해야 한다.

셋째, 농지의 유휴화를 방지해야 한다. 농지의 기반조건이 불리하고 농업노동자의 노령화가 진행됨에 따라 유휴화되는 농지가 증가했다. 한계농지의 결정 수지가 확보될 수 있도록 각종 지위제도를 구비해 농지의 유휴화를 막아야 한다.

9) 지속가능한 농촌지역사회 개발

(1) 농촌 문제의 실상

농산물의 생산공간이요 농업인의 삶의 터전인 농촌은 농정의 주요대상이지만 경제성장 과정에서 농촌의 중요도는 기복이 심했고 개발방식은 다양하게 전개되어왔다.

광복 이후 1970년대까지는 마을 개발이 농촌정책의 근간이었다. 1950년대에 시작한 '지역사회개발사업(Community Development: CD)'이 1960년대까지 지속되었다. 1970년대에 들어와서는 새마을운동이 대대적으로 전개되었다.

1980년대의 종합농정에서 농촌 개발이 정면에 부각되었다. 농외소득을 증대시키고자 농공단지 조성 사업을 대대적으로 펼쳤고, 아울러 농외소득원 개발 사업을 지원하는 차원에서 농어촌 소득원 도로 개설사업을 전개했으며, 시군 단위 농촌 종합 개발 사업을 추진했다. 1990년대에 들어와 개방경제에 대응한 농촌 개발 투자가 확충되었다. 주거환경 개선, 농어촌학교 및 보건 의료시설 확충 등이 대표적인 농촌 개발 사업이었다.

2000년대에 들어와 도농 교류의 일환으로 도시민을 농촌에 유치하는 사업이 활발하게 진행되었다. 아울러 농어촌관광소득원을 개발하고자 농·산·어촌 체험마을을 중심으로 그린투어리즘이 전개되어왔다. 생산·생활공간인 농촌을 개발하고자 경제성장 과정에서 다양한 정책을 시도해왔지만 농촌 문제는 누증되어왔으며 이를 요약하면 다음과 같다.

첫째, 농촌 인구가 지속적으로 감소했다. 지식·정보화산업으로 산업 구조가 고도화됨에 따라 지역 중심도시의 인구가 수도권으로 집중되었으며 이는 농촌 인구 감소를 가속화시켰다.

둘째, 농촌 인구의 고령화가 빠르게 진행되었으며 노인 독거 가구 수도 증가했다.

셋째, 농촌지역경제에서 차지하는 농업의 비중이 낮아지고 공공이 주도하는 서비스산업의 비중이 높아졌다.

넷째, 농촌에 다문화가정이 증가하고 도시에서 이주한 주민이 늘어나 다양성이 증가함에 따라 전통적인 농촌공동체가 약화되었다.

다섯째, 농촌사회에서 동질성이 약화되고 이질성이 강해지면서 갈등이 증폭되었다. 특히 한정된 공간에 토지 수요가 경합함에 따라 갈등과 긴장이 고조되었다.

여섯째, 생활여건은 개선되었지만 삶의 질 만족도는 여전히 낮았다.

농산물의 생산공간이자 농업인의 생활공간 기능이 농촌의 주된 역할이었지만 경제성장과 더불어 다양한 역할을 수행하도록 강요받는 실정이다. 특히, 도시민의 휴식공간으로서의 역할, 나아가 농업·농촌이 수행하는 공익적 기능이 강조됨에 따라 농촌 어메니티의 조성이 대두되었다.

(2) 지속가능한 농촌

지역이 처해 있는 입지조건을 비롯한 제반여건, 부존자원, 지역의 특성을 살려 주민의 삶의 질 향상과 지속가능성 확보에 농촌 개발정책의 목표를 두어야 한다. 이를 실현할 수 있는 구체적인 정책과제는 다음과 같이 요약된다.

첫째, 농촌을 농촌답게 가꾸어나가야 한다.

둘째, 농촌을 농촌 주민과 농촌을 찾는 도시민이 행복한 삶을 영위할 수 있는 공간으로 가꾸어야 한다.

셋째, 농업·농촌의 가치를 활용해 경제활동의 기반을 조성해야 한다.

넷째, 농촌의 인적자원과 부존자원, 농업인과 비농업인의 혼재 정도를 감안해 지역 실정에 적합한 개발방식을 강구해야 한다.

다섯째, 농촌의 개발 주체를 조정해야 한다. 지금까지는 정부가 농업인 중심으로 농촌 개발을 추진해왔지만 지속가능한 농촌을 개발하려면 지방자치단체, 주민, 다양한 이해관계자 등이 연합해 개발을 주도하는 방식으로 추진해나가야 할 것이다.

3. 농정의 선진화 방안

1) 기존의 농정 패러다임

절대빈곤에서 벗어나지 못했던 격동기하에 펼친 농정이념에 관해서는 거론할 여지조차 없다. 그러나 정책체계를 갖춘 농정이 추진되기 시작한 1962년부터 현재에 이르기까지 농정이념의 양대 축은 형평성과 효율성이었다.

농정대상인 농업인, 농업, 농촌이 안고 있는 문제의 양상에 따라 형평성과 효율성 중 어느 한 쪽에 비중을 두고 농정목표를 설정하고 정책수단을 선정해 집행해왔다. 삼위일체농정시기에는 양대 이념이 혼합되어 있는 실정이었다. 1960년대 식량이 절대적으로 부족한 시기에는 증산정책에 비중을 두었다.

1970년대에 들어와 형평성이 농정이념으로 대두되어 농가의 농업소득을 증대시키는 정책수단이 부각되었다. 즉, 농가 교역 조건을 개선하고자 쌀과 보리를 대상으로 이중가격제를 실시했다. 아울러 비료가격 보조를 비롯한 생산요소 정책을 펼쳤다. 이러한 정책 덕분에 도농 간 소득격차가 어느 정도 완화되기도 했다.

1980년대의 종합농정시기에는 농정이념으로 형평성이 부각되었다. 개방농정으로 전개되어 농산물 수입이 확대되어감에 따라 농산물가격 지지만으로는 농업소득 증대에 한계가 있다는 사실을 받아들여 농외소득을 증대시켜 농가소득을 늘리고자 농외소득원 개발정책을 대대적으로 펼쳤다.

1990년대 구조 개선농정 시기에는 형평성보다 효율성이 농정이념으로 부각되었다. 농산물 수입 개방이 확대됨에 따라 국내 농산물의 국제경쟁력을 강화하고자 농업 구조 개선정책을 대대적으로 펼쳤다. 국내 농산물의 국제경쟁력을 향상시키고 동시에 농업소득을 증가시키려면 농업의 노동 생산성을 제고해야 한다. 이를 위한 대안이 바로 농업 구조 개선정책의 근간을 이루었다.

농업·농촌 종합대책이 제시된 2003년 이후, 즉 복지농정 시기에는 형평성이 부각되었다. 농가소득을 지지하는 정책대안으로 직접지불제를 도입했다.

즉, 농가소득은 농업소득, 농외소득, 이전소득으로 구성되어 있으며 복지농정에서 이전소득을 증대시켜 도농 간 소득격차를 최소화하는 정책을 채택했다고 할 수 있다.

2) 지속가능한 농정 패러다임

(1) 농정 패러다임의 변천

경제개발협력기구(OECD) 회원국을 비롯한 선진국에서는 농업·농촌 발전을 위한 농정이념으로 전후에는 형평성이 중심축을 이루었다가 1980년대 이후에는 효율성이 전면에 부각되었다. 즉, 제2차 세계대전 이후에는 농업 보호주의 패러다임이 농정의 주축이었으나 1980년 이후에는 구조 조정 패러다임으로 발전했다고 할 수 있다.

그러나 효율성을 강조한 구조 조정 패러다임에서 식품안전, 환경 문제가 유발되어 그 한계를 드러냈다. 이러한 시대적 변화를 받아들여 지속가능한 농정 패러다임이 대두되었다.

(2) 지속가능한 농정 패러다임의 차별성

새로 대두된 농정 패러다임의 기본 골격을 기존의 농정 패러다임과 대비해 〈표 11-1〉에 제시했다. 농업·농촌으로 양분된 지속가능한 농정 패러다임의 특징을 요약하면 다음과 같다.

첫째, 환경성을 강조한다. 기존 패러다임의 정책이념에는 형평성과 효율성이 강조되었으나 지속가능한 패러다임의 기본 이념에는 '환경성'이 부각되었다. 환경성에 효율성과 형평성을 결합시킨 지속가능성이라 할 수 있다. 기존 패러다임이 식량 증산에 기초한 식량안보 혹은 식량 무역을 통한 안정적인 식량 확보를 강조했으나 지속가능한 패러다임에서는 농산물의 안전성, 즉 '식품안전'을 중시한다.

따라서 지속가능한 패러다임의 정책이념은 농업의 환경성에 기초한 '지속

〈표 11-1〉 농정 패러다임의 유형과 전망

			보호주의 패러다임	구조 조정 패러다임	지속가능성한 패러다임
농업	정책	이념	· 농업 보호(형평성) · 식량 증산(식량안보)	· 농업의 효율성(경제성) · 식량무역(안정 확보)	농업의 환경성(지속가능성)안전식품의 안전 공급(안정성)
		목표	농산물 증산	농업 구조 조정	지속가능한 푸드시스템
		대상	생산자 중심	소비자 중심	소비자, 생산자, 미래 시대의 조화
		수단	시장 개입/ 보호무역 (패리티+가격 지지)	자유시장/ 자유무역 (디커플링+소득직불제)	시장, 무역과 제도장치의 결합(더블디커플링+소득·환경직불제)
	시장	수요	단순 식량(기초 식량 수요)	다양하고 저렴한 농산물(다양한 식량 수요)	고품질식품, 바이오매스 및 소재(식량을 넘어선 다차원적 수요)
		유통	· 정부의 유통 개입 · 푸드마일 증대	· 시장, 무역의 활성화 · 푸드마일 급증	· 신뢰형 시장거래, 계약형 직거래 · 푸드마일 축소
		공급	· 소품종 증산주의 · 소규모 개별 경영	· 소품종 원가주의 · 대규모 개별 경영	· 다품종 품질주의 · 지역 단위 협력 경영
	기술		환경오염형 고투입 농법(녹색혁명기술)	고투입 농법의 완화(녹색혁명기술의 퇴조)	· 품질 혁신, BT기술 · 저투입·유기농법 (생태적 기술혁신)
농촌	정책	이념	농업 중심의 공간	농업, 비농업의 병존	어메니티와 문화의 보전
		목표	농촌정책의 부재(농업=농촌의 단선 접근)	농공병진적 지역 개발(농업≠농촌의 분리 접근)	· 지속가능한 농촌 개발(다양성의 융합 접근)
		수단	-	도시적 개발지원	지역역량 강화와 거버넌스
		대상	-	농민과 기업가	농촌주민, 국민, 미래세대
	토지계획		농지 중심(농지확대와 전용제한)	농지 및 비농지 용도(농지 유동화와 농지 전용)	복합적 용도(농촌경관 보전)

자료: 박성재 외, 『농어업·농어촌 비전과 전략』, 176쪽.

가능성'과 고품질의 안전한 식품에 기초한 '식품안정성'의 결합으로 구성되며 양자는 서로 긴밀하게 연관되어 있다. 환경성은 환경 보전을 위해서도 중요하지만 식품안전과도 밀접한 관련이 있기 때문이다. 그뿐 아니라 농산물 수입국의 경우 식품안전은 자국 농산물과 식품의 경쟁력을 강화할 수 있는 수단이기 때문에 자국의 식량안보에도 긍정적인 효과를 발휘할 수 있다.

둘째, 지속가능한 푸드시스템을 추구한다. 기존의 농정 패러다임이 추구한 정책목표는 농산물 증산이나 농업 구조 조정이었다. 이에 비해 지속가능한 패러다임이 추구하는 정책목표는 안전한 식품체계와 지속가능한 농업이 결합된 '지속가능한 푸드시스템'이다. 이는 농산물의 생산에서 유통·가공에 이르기까지 전 과정에 걸쳐 환경과 건강에 유해한 자원을 축소하거나 무해한 자원으로 전환함으로써 식품의 안전성과 환경보전을 동시에 달성하는 것을 의미한다.

셋째, 정책대상의 차별성이다. 보호주의 패러다임에서는 정책대상이 생산자였다면 구조 조정 패러다임에서는 소비자가 정책대상이었다. 지속가능한 패러다임의 정책대상은 생산자, 소비자, 미래세대를 모두 포괄한다.

즉, 안전한 식품과 지속가능한 농업은 생산자에게 새로운 부가가치 창출을 통해 소득 증대의 기회를 제공한다. 소비자에게는 안전한 농산물과 식품 공급으로 건강과 안심을 제공한다. 아울러 그 과정에서 깨끗하게 보전된 자연환경은 현재 세대와 미래세대에 혜택을 제공한다. 이런 의미에서 지속가능한 푸드시스템은 생산자, 소비자, 미래세대 간에 조화를 추구하는 패러다임이라고 할 수 있다.

넷째, 소득 지지의 차별성이다. 보호주의 패러다임에서는 '패리티원칙'을 준거로 소득 지지를 위한 가격 지지 제도를 중심으로 했다. 구조 조정 패러다임은 가격 지지와 소득 지지를 분리하는 '디커플링원칙'하의 직접직불제 중심이라고 할 수 있다. 이에 비해 지속가능한 패러다임은 '가격 지지와 소득지지 간 디커플링, 즉 '가격 디커플링'에 농업 생산과 환경오염 간의 디커플링인 '환경 디커플링'을 결합한 '더블 디커플링원칙(double decoupling)'하에서 소득직불제 및 환경직불제를 중시한다.

아울러 보호주의 패러다임에서는 정부의 시장 개입을 중요시했다. 구조 조정 패러다임에서는 시장 및 무역활성화를 도모하고자 시장자유주의를 강조했다. 지속가능한 패러다임에서는 효율성, 형평성, 환경성과 더불어 조화를 추구하기 위한 시장, 무역과 제도장치 간의 결합을 추구한다.

(3) 지속가능한 농정 패러다임의 특징

지속가능한 패러다임에서는 정책만이 아니라 시장 및 기술의 성격도 기존 패러다임과 달라질 가능성이 높다. 이를 요약하면 다음과 같다.

첫째, 농산물 수요 구조의 변화를 가져왔다. 보호주의 패러다임하에서 소비자의 수요는 단순한 식량 수요였다. 또한 구조 조정 패러다임에서는 농산물 무역 확대와 소득 증가로 소비자의 선호가 변함에 따라 농산물 수요 또한 다양해졌다. 이에 비해 지속가능한 패러다임하에서는 소비자의 선호 변화와 에너지, 식량 수급 패러다임의 변화 때문에 고품질의 안전한 식품, 바이오에너지와 소재 등과 같이 농산물 수요가 식량을 넘어 다차원으로 확대된다.

둘째, 농산물 유통에 혁신을 일으켰다. 과거 보호주의 패러다임하에서는 국가의 시장가격 지지라는 명분하에 정부의 유통 개입이 일상화되었고 도시화의 진전으로 푸드마일도 증대되었다. 구조 조정 패러다임하에서는 자유시장과 자유무역의 확산으로 정부의 유통 개입이 축소되는 반면 농산물무역의 확대로 푸드마일이 급증했다.

이에 비해 지속가능한 패러다임하에서는 유통 과정이 단순한 시장거래에서 벗어나 안전성과 환경성 이념에 기초한 신뢰형 시장 거래로 크게 발전했다. 에코라벨링, 생산이력제도, 원산지표시제, 식품 위해요소 중점 관리 기준(HACCP) 등이 여기에 해당한다. 직거래, 생협 등 이른바 네트워크형 거래가 중요한 제도적 장치로 등장했다. 아울러 온실가스 규제, 로컬푸드, 식품의 신선도 유지와 관련한 푸드마일 축소 정책 대안이 대두되었다.

셋째, 공급 측면에서도 변화가 일어났다. 보호주의하에서는 가격 지지와 증산정책의 결합으로 소규모 가족 경영이 유지되었다. 구조 조정 패러다임하에서는 시장경쟁이 격화되어 가족농이라도 대규모 경영으로 진행되었다.

이에 비해 지속가능한 패러다임하에서는 개별 농가나 경영만으로는 지역 단위의 자연 환경, 나아가 농촌 어메니티 보전이 불가능하기 때문에 지역 단위의 경영 협력과 조직화가 중요하다. 특히 소농 구조가 지배적인 국가나 지역에서는 이러한 요청이 절실한 처지다. 이 때문에 농가 단위의 개인적·경제적 동기가 부각될 가능성이 높으며 이는 농업 생산의 경쟁력 제고에도 유용하다. 아울러 가격 경쟁이 아닌 안전성 중심의 품질 경쟁에서는 소품종 대량생산보다 다품종 소량생산의 장점이 부각될 수 있으며 이 과정에서 자연스럽게 농산물과 환경 공공재의 결합 생산이 가능해진다.

넷째, 기술 구조도 뚜렷한 차이를 보인다. 보호주의 패러다임하에서는 가격 지지를 통한 증산 유인으로 환경오염형 고투입기술이 일반화된다. 구조 조정 패러다임하에서는 경영 효율화와 보조금 축소로 고투입기술이 퇴조하기는 하지만 농화학자재의 투입 자체는 지속된다.

이에 비해 지속가능한 패러다임에서는 환경보전과 식품안전을 위한 유기농법과 BT기술이 새로운 흐름으로 등장한다. 아울러 관행농법의 연장선상이기는 하나 저투입농법(INM, IPM)이나 정밀농업 역시 감량화 측면의 지속가능한 패러다임에서 매우 중요하다.

한편 지속가능한 패러다임 내에서 농촌 부문이 지닌 특징을 요약하면 다음과 같다.

첫째, 농촌공간을 보는 시각에 차이가 있다. 기존 패러다임하에서는 농업이든 공업이든 농촌공간을 생산공간으로만 인식해왔지만 지속가능한 패러다임에서는 생산공간을 포괄하면서도 어메니티와 더불어 문화 등 다양성의 복합공간으로 인식한다.

둘째, 농촌정책이 진일보했다. 보호주의 패러다임에서는 '농업 발전=농촌 발전'이라는 관점하에 농촌정책이 농업정책과 동일시되었다. 구조 조정 패러다임에서는 농촌지역을 농업 이외의 산업공간으로 인식하고 농업정책과 농촌정책을 분리하는 관점을 취한다.

이에 비해 지속가능한 패러다임의 농촌정책은 산업공간을 포함한 다양성의 복합공간으로 인식하면서 어메니티, 지역 문화 및 자원에 기초한 다양한 활동을 융합시키는 지속가능한 개발을 지향한다.

셋째, 농촌정책의 수단과 대상에서 뚜렷한 차이를 드러낸다. 보호주의하에서는 농민에 대한 농업 지원이 중심이었다. 구조 조정 패러다임에서는 농민과 기업을 위해 농촌을 도시형으로 개발하는 데 지원 및 투자가 이루어진다.

이에 비해 지속가능한 패러다임하에서는 단순한 투자·지원을 넘어 농촌의 어메니티에 기초한 다양한 지역 개발을 위한 지역역량 강화와 거버넌스 구축이 중시된다.

넷째, 공간정책 중 토지계획에서 차별성이 드러난다. 보호주의 패러다임에서는 농지의 관점이 중시되었고 구조 조정 패러다임하에서는 농지를 비농업용으로 전용해 개발하는 데 역점을 두었다. 이에 반해 지속가능한 패러다임하에서는 농촌 어메니티에 기초한 융합 접근이 중시된다.

3) 농정 패러다임의 진전 필요성

새로운 시대가 요구하는 다양한 가치관을 받아들여 농업, 농촌, 식품, 환경, 자연에너지 등 폭넓은 관점을 포괄하는 농정 혁신의 틀을 마련해야 한다. 이를 위해서는 기존의 농정 패러다임을 근본적으로 전환해야 할 것이다. 즉, 식품안전과 환경보전을 최우선 과제로 설정하고 기존의 효율과 형평을 존중하는 농정이념으로 전환해야 할 것이다.

농업·농촌을 지속적으로 발전시켜나가려면 농업 중심에서 벗어나 식품의 밸류체인 및 타 산업을 포괄하는 지역산업으로 발전해야 할 것이다.

나아가 고용효과를 중시해야 하며 산업통합적인 관점에서 농업·농촌의 발전방향을 강구해야 할 것이다. 경관, 환경을 중시하는 국토 이용체계 등 공간통합적인 관점에서 농촌의 발전방향을 모색해야 할 것이다.

식품안전, 품질 제고, 식량, 에너지, 자원문제 등 새로운 농정과제에 대응하려면 지식과 기술을 확충하고 전파하는 역할을 강조하는 기술혁신정책을 중시해야 할 것이다. 이로써 농업 혁신을 가져오고 부가가치를 창출하는 잠재력을 제고할 수 있다.

농정대상을 규정하는 관점에서도 개혁이 이루어져야 할 것이다. 보조 중심의 농정에서는 농업, 농업인, 농촌이 정책대상이었고 구조 조정 농정에서는 여기에 소비자를 포함시켰다. 미래농정에서는 미래세대도 포함시켜야 한다.

4. 농정의 비전·이념·목표

1) 농업의 비전

농업인, 농업, 농촌을 바람직한 방향으로 발전시켜나가려면 농정을 선진화시켜야 할 것이다. 이를 위해서는 농정의 이념을 올바르게 정립하고 이를 바탕으로 농정의 기본 목표를 설정하고 추진전략을 제시해야 할 것이다.

이러한 과제를 수행하려면 무엇보다 먼저 우리 농업이 지향해야 할 비전을 제시해야 할 것이다. 농업 비전을 통해 우리 농업의 존재 이유를 명쾌히 밝히고 미래 모습을 제시해야 한다. 즉, 우리 농업이 왜 존립을 지속해야 하며 무엇을 추구해야 하는가에 대한 농업 비전을 명쾌하게 제시해야 한다.

질소를 비롯한 무기질을 바탕으로 식물체가 존립하며 이 식물체는 태양에너지에 의존해 탄소와 물을 식물성 에너지로 합성한다. 나아가 식물체를 동물성으로 전환시켜 인간에게 필요한 에너지를 제공하는 역할이 농업의 고유 기능이다. 이 기능은 어떤 산업으로도 대체될 수 없다. 이러한 농업의 기본 역할이 〈그림 11-8〉에 제시되어 있다.

농업은 인간의 생명을 유지시키는 데 없어서는 안 될 산업이다. 아울러 환경 측면에서 보면 탄소 중립적이고 친환경적인 녹색산업이므로 필수적으로 존재해야 하는 산업이다. 이러한 산업이 존재하는 곳이 농촌이므로 농업과 농촌은 불가분의 관계에 있다.

농업·농촌을 둘러싸고 야기된 문제는 정부가 해결해야 한다. 따라서 ① 생산되는 농산물의 안전성이 높지 않을수록, ② 태양에너지 이외의 에너지를 많이 사용할수록, ③ 외부에서 공급되는 영양소의 공급이 많을수록 농업의 필수적 존재 가치는 감소한다. 반면에 탄소, 질소 등 무기물을 순환해 이용할수록

〈그림 11-8〉 농업의 기본 이념

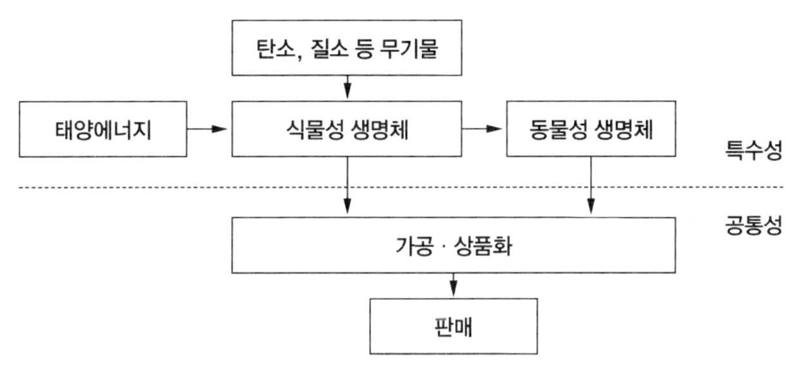

자료: 이정환, 「지금 우리는 어디에, 그리고 어디로」, 30쪽.

농업의 존재가치는 높아진다.

물론 농업도 생산물을 상품화하고 판매하는 과정을 통해 수익을 창출한다는 점에서 타 산업과 다를 바 없다. 그러나 태양에너지를 이용해 생명체를 생산한다는 농업의 가치야말로 농업을 다른 산업과 차별화하는 특징이다.

또한 국민의 입장에서 판단하면 농업의 존재가치로 미래 모습이 분명해 진다. 즉, 국민은 기본적인 식량을 우리 농업이 안정적으로 공급해주길 바라므로 이를 만족시킬 수 있는 최소한의 농업규모를 유지해야 할 것이다. '최소한의 농업규모'는 다음 요건을 구비해야 한다.

첫째, 식량안보라는 농업의 고유기능을 수행하는 데 필요한 최소한의 농업규모를 유지해야 한다.

둘째, 자연환경과 국토 보전 등 농업이 수행하는 공익적 기능을 지속시켜 나갈 수 있도록 농업규모를 유지해야 한다.

셋째, 농촌지역사회 유지에 필요한 농업규모를 유지해야 한다.

넷째, 비농업에 고용될 수 없는 노령 인구, 산간지, 한계농지 등 한계자원의 유휴화를 막을 수 있도록 최소한의 농업규모를 유지해야 한다.

아울러 우리 농업이 수출산업으로 성장해나가길 바라기보다는 수입 농산물로 대체할 수 없는 안전한 국내산 농산물을 제공해주길 원한다. 우리 농촌은 다양한 욕구를 충족할 수 있는 공간이 되길 바란다. 이러한 기본 요건을 바탕으로 설정한 우리 농업·농촌의 미래 모습은 구체적으로 다음과 같이 요약할 수 있다.[2)]

첫째, 시장경쟁을 통해 농업 구조가 변화될 것이다. 소비자의 욕구를 충족할 수 있는 상품과 경영체는 시장경쟁을 통해 존속 여부가 결정되며 존속되는 곳에 생산이 집중되어 소비자 가치를 지속적으로 창출해나갈 것이다. 지금까지는 정부가 경쟁력을 갖출 수 있는 상품, 공정(Process), 사람을 선택해 집중적으로 지원함으로써 경쟁력을 향상시키려는 구조였다. 앞으로는 농기업, 전업농, 겸업농, 부업농가, 취미농가, 자급농가 등 다양한 경영체와 생산자가 공정하게 경쟁하며 공존할 것이다.

둘째, 생산자가 철저하게 자각해 농산물의 안전성을 보장하는 시스템을 확보한다면 국내산 농산물의 안전성에 대한 소비자의 불안감이 없어지고 신뢰도 또한 높아질 것이다. 위험 분석(risk analysis) 원리에 따라 안전성 기준이 설정되고 관리되며 인증제도가 확립되어 소비자에게 투명하게 공개된다. 이러한 제도가 정착되면 '국내산 농산물은 어느 나라 농산물보다 안전하다'라는 사실을 보장할 수 있고 소비자 또한 이를 신뢰할 것이다.

셋째, 엄격한 농촌 환경보전 시스템이 정착되어 아름답고 깨끗한 농촌으로 변한다면 국민이 원하는 여가와 휴양공간으로 발전할 것이다. '농산물은 수입할 수 있어도 환경은 수입할 수 없다'라는 인식이 보편화되어 농업 생산의 집약도가 양분 균형을 이룸으로써 환경친화형 농업으로 정착할 것이다. '계획 없이는 이용도 없다'라는 원칙이 관철되면 농촌공간의 토지 이용과 전용이 계획적으로 이루어질 것이며 농촌의 경관도 아름답게 보전될 것이다.

넷째, 탄소 사이클과 양분 사이클을 통해 농업이 저탄소 녹색 환경산업으로 발전해나갈 것이다(〈그림 11-9〉). 경종농업과 축산이 분뇨와 사료를 상호교환하는 양분 사이클을 충실히 이행함으로써 외부로부터의 사료 수입, 외부로

---

2) 이정환, 「지금 우리는 어디에, 그리고 어디로」, 30쪽.

〈그림 11-9〉 농업의 탄소 사이클과 양분 사이클

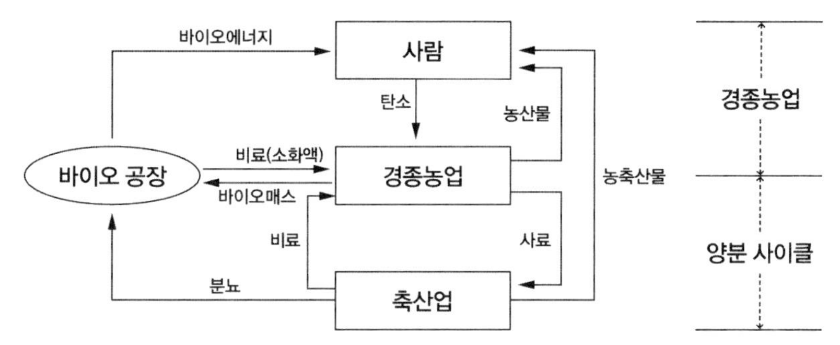

자료: 이정환, 「지금 우리는 어디에, 그리고 어디로」, 35쪽.

의 양분 배출을 가능한 한 최소화할 것이다. 나아가 농·축산업에서 배출되는 바이오매스를 바이오에너지로 전화하고 농업 생산을 통해 탄소를 흡수하는 탄소순환 사이클에 충실해 탄소 제로 농업을 지향해나갈 것이다.

2) 농정의 이념과 비전

지속적인 농업·농촌의 발전가능성을 확보하려면 미래 농정의 비전을 설정해야 할 것이다. 우선 식품안전과 환경보전을 추구해 국민의 요구와 환경가치에 농업·농촌을 긴밀하게 연계시켜야 한다. 또한 성장과 혁신을 추구하며 지속가능한 농업·농촌과 안정적이고 안전한 푸드시스템을 구축하고 나아가 국토 및 환경보전을 위한 유기적인 체계를 구축해야 할 것이다. 이를 구체적으로 제시하면 다음과 같다.

첫째, 범세계적으로 수행과제로 부각된 환경과 안전을 중시하는 관점에서 지속가능한 친환경농업 시스템을 구축한다.

둘째, 국민이 안심하고 먹을 수 있는 식품을 안정적으로 공급한다.

셋째, 농촌을 중요한 삶의 터전으로 가꿔 농업·농촌이 지닌 다원적 가치를 최대한 발휘하도록 유도한다. 생산자가 시장에서 고품질의 안전한 농산물 공급 대가를 제값으로 받도록 유도하고 시장에서 평가되지 않는 다원적 기능을 정부가 보상하는 시스템 구축이 필요하다.

농업과 농촌이 지속적으로 발전해나갈 수 있는 바람직한 모습이 바로 농정의 비전으로 제시되어야 한다. 이를테면 세계 경제의 글로벌화와 개방화에 대비해 경쟁에서 이길 수 있는 농업이 미래의 바람직한 모습이다. 동시에 농업인이 행복하게 살아가며 국민과 소비자가 사랑하는 농촌이 바로 우리가 바라는 미래의 농촌모습이다. 세계 일류의 고부가가치형 기술농업, 누구나 찾고 머무르고 살고 싶은 공간인 농촌을 농정의 비전으로 설정한다.

농정비전을 뒷받침하는 기본 이념으로 형평, 효율, 환경, 안전을 제시한다. 형평은 농업인과 도시민의 소득격차를 해소하고 농촌과 도시 간에 야기된 제반 격차를 해소한다는 것을 의미한다. 효율은 구조농정에서 강조한 바대로 농업이 소비자를 만족시킬 수 있도록 시장환경이 조정되어야 한다는 것을 의미한다. 환경은 농업 생산시스템이 환경친화형으로 진행되어야 한다는 뜻이다. 안전은 국민에게 안전한 먹을거리를 제공해야 한다는 개념이다.

3) 비전 실현을 위한 농정목표

비전을 실현할 수 있는 5대 목표로 ① 고부가치형 첨단농업기술, ② 안전한 농식품의 안정적인 공급, ③ 중소농의 소득·생활 안정화, ④ 농촌 공간 가치 재창출, ⑤ 지구촌과 호흡하는 앞서가는 농정 등으로 설정한다(〈그림 11-10〉 참조).

세계인이 찾는 농산품을 만들어내면서 동시에 국민이 요구하는 깨끗한 생태를 보전하는 농업으로 육성해나가야 하는 어려운 목표를 달성해야 한다.

농업 생산공간으로서만의 농촌이 아니라 도시인이 지속적으로 찾아와 소비하는 가치 창출의 공간으로서 농촌을 만들지 않으면 더는 발전해나갈 수 없다. 농촌공간에서 생산된 생산물과 농촌 공간 자체가 모두 가치 있는 소비재가 되어야 농업·농촌의 활로를 찾을 수 있다.

고부가가치형 첨단기술농업을 실현하기 위해서는 시장 개방을 도약의 기

〈그림 11-10〉 미래의 농정비전 및 목표와 전략

미래 농정 비전
• 농업: 고부가가치형 기술 농업 • 농촌: 찾고, 머무르고, 살고 싶은 공간

농정의 5대 목표	
• 고부가 가치형: 첨단 농업 기술	• 농촌공간 가치 재창출
• 식품의 안심·안전·안정적 공급	• 지구온난화 대응 농업
• 중소농소득 생활 안정화	

목표 달성을 위한 4대 전략
• 정부와 지역의 역할 조정으로 정책의 효율성 향상 • 수요 창출, 수출, 식품 산업, 녹색성장 등 전략 부문 육성 • 농업·농촌의 조직화로 경쟁력을 세계 일류로 제고 • 중소농의 생활 안정으로 농촌 갈등 해소와 안정화

자료: 박성재 외, 『선진국형 농정으로의 전환을 위한 연구: 한국 농업의 구조변화와 관련정책 평가』, 193쪽.

회로 삼아 새로운 시장을 확보하고 기술과 인적 자원을 활용한 고부가가치형 농업성장전략을 채택해야 한다.

안심하고 선택할 수 있는 농식품을 안정적으로 공급하기 위해서는 국민에게 균형을 갖춘 영양과 안전한 식품을 공급해 국민의 신뢰 속에 성장하는 확보방안이 구축되어야 한다.

중소농의 소득과 생활을 안정시켜 선진국으로 연착륙시키기 위해서는 농가의 특성에 맞는 맞춤형정책을 일관되게 추진해야 하고 은퇴 연령에 가까운 고령 농업인을 대상으로 사회안전망을 확충해야 할 것이다.

참 생명의 에너지를 느낄 수 있도록 어메니티를 증진시키는 환경친화형 휴양, 관광, 주거공간으로 농촌을 개발해야 한다.

지구촌과 호흡을 같이 하는 앞서가는 농정이란 국제규범을 준수하면서 남북통일, 또는 새로운 여건 변화에 대비하는 준비된 농정을 실현하자는 의미다. 지구온난화가 지속적인 경제성장을 제약하는 요인이 되었다. 농업 부문도 지구온난화에 적응함과 동시에 이를 방지하는 대책을 강구함으로써 온난화 문제 해결에 기여해야 한다.

정책목표를 달성하기 위한 4대 전략으로 ① 정부와 지역의 역할 조정에 따른 정책의 효율성 제고, ② 농산물의 수요 창출과 수출, 식품산업, 녹색성장 등 전략 부문의 집중투자로 성장 잠재력 향상, ③ 농업·농촌의 조직화로 세계 수준의 경쟁력 제고, ④ 중소농 생활안정의 달성과 농정신뢰 회복으로 농촌사회의 갈등 해소와 안정화 등을 설정했다.

참고문헌

강봉순. 1995.「농축산물 시장 개방에 따른 수입관리 방안」(정책자료 95-04). 대외경제정책연구원.

강봉순 외. 1977.「농가소득의 결정요인 분석」(연구조사보고 77-9). 한국개발연구원.

강정일 외. 1988.「농업 기계화 사업의 장기정책방향연구」(연구보고 C88-05). 한국농촌경제연구원.

_____. 1989.「식품가공산업 관련행정업무와 합리화 방안」. 한국농촌경제연구원.

_____. 1990.「기계화영농단의 효율적인 관리 및 육성방향」. 한국농촌경제연구원.

_____. 1991.「2000년대 농업기계의 전망과 과제」. 한국농촌경제연구원.

_____. 1993.「위탁영농회사의 운영 실태와 정책 지원방향」. 한국농촌경제연구원.

강정일·이두순. 1996.「농업의 여건변화와 농업기술 개발정책의 방향」. ≪농촌경제≫, 제19권 1호. 한국농촌경제연구원.

강창용 외. 1990.「농기계이용조직의 변천에 관한소고」. ≪농촌경제≫, 제13권 2호. 한국농촌경제연구원.

경제기획원. 1984.「농어촌소득원개발기본 방침」.

과학기술처. 1991.「UR 협상 대응 농업기술 개발 대책수립 조사연구」.

권승구. 2000.「농산물 유통 개혁에 관한 비판적 고찰」. ≪식품유통연구≫, 제17권 제2호. 한국식품유통학회.

권오상. 2003.「OECD 다원적 기능관련 논의동향과 대응논리 개발」.『2001년 농업경제학회 하계학술대회 논문집』. 농업경제학회.

권오상·윤태연. 2004.「논 농업의 경관가치평가」. ≪농업경제연구≫, 제45권 제2호. 한국농업경제학회

권용덕. 2007.「경남 농산물산지유통센터의 활성화 방안 연구」. 경남발전연구원.

권용덕·이상학. 2004.「산지 유통시설의 부실경영 유형화에 관한 실증연구」. ≪농업경제연구≫, 제45권 2호, 1~27쪽.

권용덕·장우환. 2004.「산지유통센터 생산전략의 유형분류와 경영성과 분석」. ≪농업경영·정책연구≫, 31권 4호, 585~608쪽.

권원달. 1999.「농산물시장 및 유통」.『한국농정50년사』. 농림부.

김대경. 1989.「농업 생산자재」.『한국농정40년사』. 한국농촌경제연구원.

김동원 외. 2004.「농산물 전자상거래의 성과요인분석」. ≪농촌경제≫, 제27권.

김동환. 2000.「농산물 유통 개선 사업」.『농어촌 구조 개선 사업백서』. 한국농촌경제연구원.

_____. 2003. 「농식품 신유통 시스템과 전자상거래」.
_____. 2012. 「차기정부의 농정방향: 농산물 유통 및 협동조합분야」. 『차기정부의 농정과제』. 농업경제학회.
김동환 외. 2002a. 「농수산물종합유통센터의 운영성과와 발전 방안」. (사)농식품신유통연구원.
_____. 2002b. 「유통경로 다원화 추세하의 도매시장 발전방안에 관한 연구」. (사)농식품신유통연구원.
_____. 2004. 「농산물산지유통센터 투자방향에 관한 연구」. (사)농수산식품신유통연구회.
_____. 2005. 「산지유통센터의 운영 효율화」. 농식품신유통연구원.
김동환·강명구. 2005. 「산지거점 농산물 유통센터(APC)의 경제성 분석 및 투자 방향에 관한 연구」. ≪식품유통연구≫, 22권 4호, 한국식품유통학회, 67~86쪽.
김동희 외. 1979. 『전환기의 한국농업』(연구총서 1). 한국농촌경제연구원.
김명환 외. 1991. 「전환기 양정의 종합적 개선방안」(연구보고 R246). 한국농촌경제연구원.
_____. 1994. 「양정제도 개편에 따른 농협의 역할」(연구보고 C94-12). 한국농촌경제연구원.
_____. 1995. 「농산물 포장센터 설치 및 운영방안」. 한국농촌경제연구원.
김명환·유남식·안기옥·이계임. 1992. 「미곡종합처리장의 경제성과 운영에 관한 연구」. 한국농촌경제연구원.
김문식. 1982. 『농업경제학 개론』. 일조각.
김병률. 2004. 「농산물 유통의 선진화를 위한 과제」. 선진국형 농정 전문가 토론회. 한국농촌경제연구원.
김병률 외. 1999. 「농산물 유통협약 및 유통명령제 도입방안 연구」. 한국농촌경제연구원.
_____. 2000. 「농협 유통활성화사업 컨설팅 결과보고서」. 한국농촌경제연구원.
_____. 2001. 「중장기 농산물 유통정책방향」. 『2001 농정현안 대응전략과 경북지역농정』. 한국농업정책학회.
김병대. 1982. 『한국농업경제론』. 한국농어민.
김병택. 1985. 「1940년대에 있어 양곡시장 전면통제의 이론분석」. ≪농업정책연구≫, 제12집. 한국농업정책학회.
_____. 1986. 「수도작 기계화 유형별 농기계이용의 효율성분석」. ≪농업자원이용연구소보≫, 제20호. 경상대학교 농업자원이용연구소.
_____. 1987. 「시설원예지역 답 임대차구조와 임차료 지불능력」. ≪농업정책연구≫, 제14집. 한국농업정책학회.
_____. 1988. 「지역농업진흥을 위한 농지 보전제도 개선방안」. 한국농촌경제연구원.
_____. 1989. "경지지역 내 공장분산과 농지 보전". ≪농업자원이용연구소보≫, 제23호. 경상대학교 자원이용연구소.

_____. 1991a. 「경상남도 농외소득원 개발전략」. 한국농촌경제연구원.
_____. 1991b. 「특산단지개발 사업의 평가와 발전방향」. ≪지역개발연구≫, 제2집, 경상대학교 지역개발연구소.
_____. 1992. 「시설원예지대 농지임대차구조」. ≪지역개발연구≫, 제3집. 경상대학교 지역개발연구소.
_____. 1993. 「지역특산품 개발 사업의 기본 방향」. ≪지역개발연구≫, 제4집. 경상대학교 지역개발연구소.
_____. 1994. 「관광농원의 운영실태와 발전방향」. 경남개발연구원.
_____. 1995. 「영농조합법인의 운영실태와 발전방향」. ≪지역개발연구≫, 제6집. 경상대학교 지역개발연구소.
_____. 1996a. 「전업농 육성 사업의 발전방향」. ≪지역개발연구≫, 제 7집. 경상대학교 지역개발연구소.
_____. 1996b. 「경남의 농업 구조 개선 및 영농주체육성방안」. 경남개발연구원, 1996. 12.
_____. 1997. 「농업 구조조정정책의 전개 과정과 발전방향」. ≪지역개발연구≫, 제 8집. 경상대학교 지역개발연구소.
_____. 2000a. 「농업인력과 경영체 육성 사업」. 『농어촌 구조 개선 백서』. 한국농촌경제연구원.
_____. 2000b. 「농지 보전방식의 개선방향」. ≪지역개발연구≫, 제11집. 경상대학교 지역개발연구소.
_____. 2002. 『한국의 농업정책』. 한울.
_____. 2003. 「개방화시기의 농업·농촌」. 『한국 농업·농촌 100년사』. 농림부.
_____. 2004. 『한국의 쌀 정책』. 한울.
김병택 외. 1992. 「한국의 농지 문제와 농지제도 개선방안(Ⅰ)」. ≪지역개발연구≫, 제3집. 경상대학교 지역개발연구소.
_____. 1993. 「한국의 농지 문제와 농지제도 개선방안: 농지법시안을 중심으로」. ≪농업정책연구≫, 제20권 제1호. 농업정책학회.
_____. 1995. 「한계농지의 유휴화 요인과 활용방안」. 경상대학교지역개발연구소.
_____. 1996. 「낙후특정 지역의 한계농지 유휴화요인과 활용방안」. ≪지역개발연구≫, 제7집. 경상대학교 지역개발연구소.
김병택·김정호. 2005. 「쌀농업 구조조정의 당위성과 한계」. ≪농업경영·정책연구≫. 한국농업정책학회.
김성용·이계임. 2002. 「농가의 소비지출구조 분석」(연구보고 438). 한국농촌경제연구원.
김성호. 1989. 「농지제도」. 『한국농정40년사』. 한국농촌경제연구원.
김성호 외. 1984. 「농지 보전제도 및 농지 보전에 관한 조사연구」. 한국농촌경제연구원.

_____. 1988a.「농지 개혁사」. 한국농촌경제연구원.
_____. 1988b.「농지의 보전 및 이용합리화 방안」. 한국농촌경제연구원.
김성훈 외. 1990.「상하농하의 유통전략」. 한국농수산유통연구원.
_____. 1994.『한국농업의 위기와 재편방향』. 창작과 비평사.
김연진 외. 1982.「농지임대차에 관한 조사연구」. 한국농촌경제연구원.
김영생·김정호. 2006.「농업경영체 활성화를 위한 제도혁신 방안」. 한국농촌경제연구원.
김영식 외. 1979.『농업 구조 개선과 기계화전략』. 한국농촌경제연구원.
_____. 1981.『영농 기계화와 농업 구조 개선에 관한 연구』. 한국농촌경제연구원.
김영환. 2006.「농산물전자상거래의 발전방안에 관한 연구」.
김옥경. 1999.「동물검역」.『한국농정50년사』. 농림부.
김완배. 2001.「농산물 유통환경의 변화와 대응 방향, 서울대학교」.
김완배 외. 1993.「농어민 후계자 직판장 실태조사와 운영 개선에 관한연구」. 한국농수산유통연구원.
_____. 2007.「효율적인 농정추진체계의 구축방향」. 서울대학교.
김용택 외. 2000,「농업 생산성 제고방안」. 한국농촌경제연구원.
_____. 2003.『농림투융자 성과분석 및 향후 투융자 방향에 관한 연구』. 한국농촌경제연구원.
_____. 2004.「농가소득 보전 및 소득안전망 확립 방안」. 한국농촌경제연구원.
_____. 2005.『지방자치단체 농정평가체제 개편방안에 관한 연구』. 한국농촌경제연구원.
김원진. 2000.「농업기술 개발 사업」.『농어촌 구조 개선 사업백서』. 한국농촌경제연구원.
김위상. 1989.「농산물무역」.『한국농정40년사』. 한국농촌경제연구원.
김정부. 1999.「농지제도」.『한국농정50년사』. 농림부.
김정부 외. 1990.「농지의 이용 및 유동화 전개방향」. 한국농촌경제연구원.
_____. 1994.「농지 소유 및 전용제도 개편의 영향과 대책에 관한 연구」. 한국농촌경제연구원.
_____. 1998.「농지의 효율적 보전방안에 관한 연구」. 한국농촌경제연구원.
김정호. 1993a.「자립 경영의 목표와 규모기준에 관한 고찰」. ≪농촌경제≫, 16권 4호. 한국농촌경제연구원.
_____. 1993b.「농가의 정의에 관한 연구」. 한국농촌경제연구원.
_____. 1994.「영농조합법인의 실태와 육성방안」. 한국농촌경제연구원.
_____. 1997a.「농업 구조정책의 성과와 과제」. ≪농촌경제≫, 20권 4호. 한국농촌경제연구원.
_____. 1997b.「농업법인의 운영실태와 정책과제」. 한국농촌경제연구원.
_____. 2003a.「농지 개혁 후 자작농의 성격변화」.『한국농촌사회의 변화와 발전』. 한국

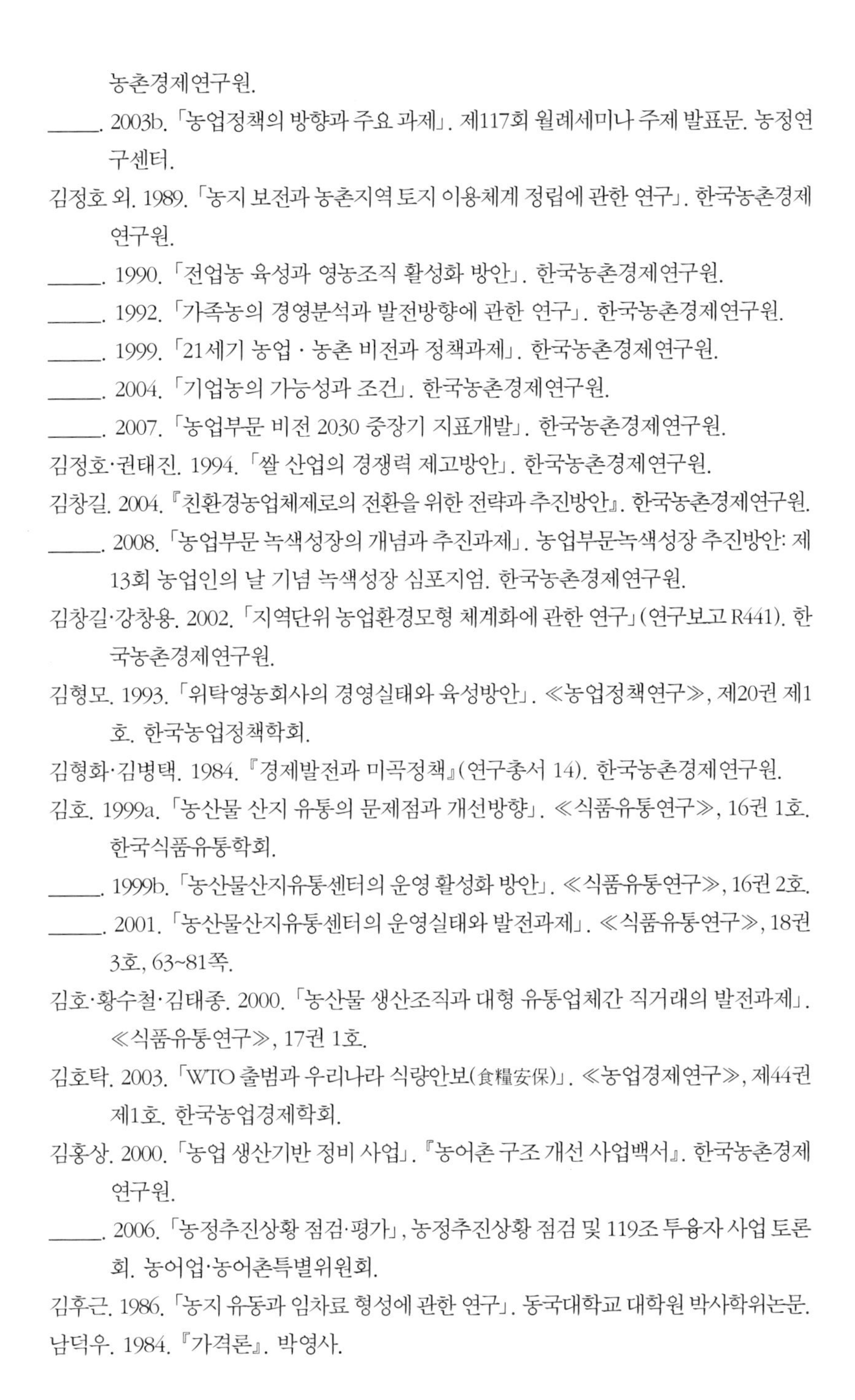

농촌경제연구원.

_____. 2003b.「농업정책의 방향과 주요 과제」. 제117회 월례세미나 주제 발표문. 농정연구센터.

김정호 외. 1989.「농지 보전과 농촌지역 토지 이용체계 정립에 관한 연구」. 한국농촌경제연구원.

_____. 1990.「전업농 육성과 영농조직 활성화 방안」. 한국농촌경제연구원.

_____. 1992.「가족농의 경영분석과 발전방향에 관한 연구」. 한국농촌경제연구원.

_____. 1999.「21세기 농업 · 농촌 비전과 정책과제」. 한국농촌경제연구원.

_____. 2004.「기업농의 가능성과 조건」. 한국농촌경제연구원.

_____. 2007.「농업부문 비전 2030 중장기 지표개발」. 한국농촌경제연구원.

김정호·권태진. 1994.「쌀 산업의 경쟁력 제고방안」. 한국농촌경제연구원.

김창길. 2004.『친환경농업체제로의 전환을 위한 전략과 추진방안』. 한국농촌경제연구원.

_____. 2008.「농업부문 녹색성장의 개념과 추진과제」. 농업부문녹색성장 추진방안: 제13회 농업인의 날 기념 녹색성장 심포지엄. 한국농촌경제연구원.

김창길·강창용. 2002.「지역단위 농업환경모형 체계화에 관한 연구」(연구보고 R441). 한국농촌경제연구원.

김형모. 1993.「위탁영농회사의 경영실태와 육성방안」. ≪농업정책연구≫, 제20권 제1호. 한국농업정책학회.

김형화·김병택. 1984.『경제발전과 미곡정책』(연구총서 14). 한국농촌경제연구원.

김호. 1999a.「농산물 산지 유통의 문제점과 개선방향」. ≪식품유통연구≫, 16권 1호. 한국식품유통학회.

_____. 1999b.「농산물산지유통센터의 운영 활성화 방안」. ≪식품유통연구≫, 16권 2호.

_____. 2001.「농산물산지유통센터의 운영실태와 발전과제」. ≪식품유통연구≫, 18권 3호, 63~81쪽.

김호·황수철·김태종. 2000.「농산물 생산조직과 대형 유통업체간 직거래의 발전과제」. ≪식품유통연구≫, 17권 1호.

김호탁. 2003.「WTO 출범과 우리나라 식량안보(食糧安保)」. ≪농업경제연구≫, 제44권 제1호. 한국농업경제학회.

김홍상. 2000.「농업 생산기반 정비 사업」.『농어촌 구조 개선 사업백서』. 한국농촌경제연구원.

_____. 2006.「농정추진상황 점검·평가」, 농정추진상황 점검 및 119조 투융자 사업 토론회. 농어업·농어촌특별위원회.

김후근. 1986.「농지 유동과 임차료 형성에 관한 연구」. 동국대학교 대학원 박사학위논문.

남덕우. 1984.『가격론』. 박영사.

농림기술관리센터. 1998. 「농업기술 개발 중장기 기본계획」.
농림부 농정기획심의관실. 1998. 「업무자료」.
농림부. 1956~1966. 『농림통계연보』.
_____. 1996. 「1997년 농어촌 관광휴양 자원 개발 사업 추진 요령」.
_____. 1997. 「농업경영 변동분석」.
_____. 1998a. 「친환경농업육성정책」.
_____. 1998b. 「친환경지속가능한농업」.
_____. 1998c. 「환경농산물 유통활성화」.
_____. 1998d. 「98' 농림사업시행지침서」.
_____. 1998e. 「환경농업육성정책」.
_____. 1998f. 「국민의 정부 농정추진 평가와 과제」.
_____. 1999. 「99환경농업육성시책」.
_____. 1999. 『한국농정 50년사』.
_____. 2000a. 「농산물 유통계획 추진상황」.
_____. 2000b. 「농림부분 정보화계획」.
_____. 2001. 「쌀 브랜드 현황」.
_____. 2003a. 『국민의 정부 농정 개혁 백서』.
_____. 2004a. 『농업·농촌 종합대책 세부추진계획』,
_____. 2004b. 『농업·농촌 종합대책』.
_____. 2005. 「농촌지역개발과 연계한 효율적 생산기반 정비 사업 시행에 관한 연구」.
_____. 2010. 「농수산물도매시장통계연보」.
농림수산부. 1989. 「1989년도 농어촌 관광소득원 개발 사업 추진요령」.
_____. 1994. 「농림수산사업 통합실시요령」.
_____. 1994. 「농어촌발전대책 및 농정 개혁 추진방안 세부실천계획」.
_____. 1995. 「영농조합법인 업무편람」.
농산물유통공사. 2000. 「주요농산물 유통실태」.
농수산부. 1978. 『한국양정사』.
농지 개발연구소. 1997. 「경지 정리 사후평가 및 효율적인 추진방안에 관한 연구」.
농촌진흥청. 1995. 「농업기술 세계화를 위한 작목별 대응방안」.
농협중앙회 조사부. 1981. 「농산물 유통정책의 현황과 과제」.
농협중앙회. 1977. 「농촌부업단지실태조사보고서」.
_____. 1993. 「관광농원 경영실태와 발전방향」. 조사연구보고 93-10.
류선무. 1997. 「관광농업연구」. 백산출판사.
문팔용. 1973. 『곡가정책의 계획화』(연구총서 2). 한국개발연구원.

문팔용·유병서. 1974.「정부주요 비축 사업 효과분석」. 한국개발연구원.

_____. 1975.『농산물가격분석론』(연구총서 5). 한국개발연구원.

박기혁. 1983.『농업경제: 이론과 정책』. 박영사.

박동규. 2001.「국내 쌀생산 및 수요전망」,『새천년 좋은 쌀 새로운 시작』. 한국쌀연구회.

_____. 2003.「미곡종합처리장사업성과평가」. 한국농촌경제연구원.

박동규 외. 2000.「논농업직불제」(연구보고 C2000-7). 한국농촌경제연구원.

_____. 2004.「중장기 직접직불제 확충 방안 연구」. 한국농촌경제연구원.

박상우. 2000.「21세기 농업과학기술의 좌표와 정책방향 연구」. 한국과학재단.

박석두. 2002.「농지 소유 및 이용구조의 변화와 정책과제」. 한국농촌경제연구원.

박성재. 2006.「119조 농림투융자 사업 평가」. 농정추진상황 점검 및 119조 사업평가 토론회. 농어업 · 농어촌 특별위원회,

박성재 외. 2007a.『농업·농촌 종합대책 집행평가 및 조정방안 연구』. 한국농촌경제연구원.

_____. 2007b.「선진국형 농정으로의 전환을 위한 연구: 한국 농업의 구조변화와 관련정책 평가」. 한국농촌경제연구원.

_____. 2010.『농어업·농어촌 비전과 전략』. 한국농촌경제연구원.

박시현 외. 2006.「농촌의 미래 모습, 농촌공간 2020」. 한국농촌경제연구원.

박영훈 외. 1994.「2000년을 향한 과학기술발전 장기계획」. 과학기술정책관리연구소.

박원규. 1999.「농업 기계화정책」.『한국농정50년사』. 농림부.

박진도. 2003.「참여정부의 농정 패러다임」. ≪계간 농정연구≫, 봄호. 농정연구센터.

_____. 2005.『WTO체제와 농정 개혁』. 한울.

박해상. 1999.「식물검역」.『한국농정50년사』. 농림부.

반성환. 1974.『한국농업의 성장』. 한국개발연구원.

사공용. 1999.「융자수매제와 약정수매제의 경제적 기능」.『농업경제연구』, 제40집.

_____. 2007.「소득 보전직불제의 생산연계성 계측」. ≪농업경제연구≫, 제 48권 제 11호.

서동권. 2001.「농업의 다원적 기능연구와 평가사례」. ≪농업의 다원적 기능과 평가방법≫(농업경영자료, 제63호). 농촌진흥청.

서종석. 2003.「효율적이고 안정적인 경영체의 육성방안」.『참여정부의 농업정책 전개방향』. 농정연구센터.

서종혁. 2003.「자생력 있는 농업 생산 구조의 확립방안」.『참여정부의 농업정책 전개방향』. 농정연구센터.

_____. 2007.『한국농업기술이노베이션: 성과와 전략』. 한국농촌경제연구원.

서종혁 외. 1986.「농촌공업과 농공지구개발의 효율적인 추진방안」. 연구보고133. 한국농촌경제연구원.

_____. 1991.「농외소득원 개발정책의 평가와 장단기 발전전략」. 한국농촌경제연구원.

_____. 1992.「유기농산물의 생산 및 유통실태와 장기발전방향」. 한국농촌경제연구원.
_____. 1996.「WTO체제하의 농업 지원제도 조사연구: 직접 지불제를 중심으로」.
서진교. 2006.「DDA 농업협상의 최근 동향과 전망」. 대외정책연구원.
서진교 외. 2004.「TRQ 관리제도의 효율적 개선방안」. 농림부.
성기환. 2000.「대체법을 이용한 농업의 환경보전적 기능 계량화 평가」. ≪농업의 다원적 기능 평가방법≫(농업경영자료, 제63호). 농촌진흥청.
성명환·이규천·이중웅. 2000.「21세기 식량안보 확보방안」. 한국농촌경제연구원.
성배영. 1982.「농수산물 유통경제」(연구총서 7). 한국농촌경제연구원.
_____. 1985.「농수산상품 시장 분석」(연구총서 16). 한국농촌경제연구원.
_____. 1987.「시장개발과 유통근대화」(연구총서 18). 한국농촌경제연구원.
성배영 외. 1989.「농축산물의 효율적 수입관리체제에 확립에 관한 연구」. 한국농촌경제연구원.
성영호. 1989.「농지 개발」.『한국농정40년사』. 한국농촌경제연구원.
성진근. 1994.「한국농업의 국제화」. ≪농민신문≫.
_____. 1995.『국민 경제와 한국농업』. 을유문화사.
성진근 외. 2000.「농산물 신물류시대에 대응하기 위한 산지 유통의 효율화 방안」. 충북대 첨단원예 기술 개발 연구센터.
_____. 2004.『한국의 농업정책, 틀을 바꾸자』. 삼성경제연구소.
송필용. 2003.「농가 수취가격제고를 위한 도매시장 출하전략」. 농산물 출하정보.
신보경. 2004.「농산물 전자상거래의 운영실태와 개선에 관한 연구」.
안재숙. 1999.「농업 생산기반 정비」.『한국농정50년사』. 농림부.
오내원 외. 2001.「경영체별 소득안정화 방안 연구」. 한국농촌경제연구원.
오세익. 1993.「기술농업의 육성방향」. ≪농촌경제≫, 제16권 제2호, 한국농촌경제연구원.
오세익 외. 1995.『환경보전과 농업 발전을 위한 기초연구』(연구보고 R321). 한국노촌경제연구원.
_____. 1997.「환경보전형 농업 발전을 위한 정책과제」(연구보고 R361). 한국농촌경제연구원.
오세익·김수석. 1999.「21세기 첨단농업기술의 발전방향과 정책과제」. ≪농업경제연구≫, 제40집 제2권. 한국농업경제학회.
오세익·김수석·강창용. 2001.「농업의 다원적 기능의 가치평가 연구」. 농림부
오호성. 1981.『경제발전과 농지제도』(연구총서 5). 한국농촌경제연구원.
_____. 1992.「지속적농업과 신농업정책방향」. ≪농업경제연구≫, 제33집. 한국농업경제학회.
_____. 1996.「환경보전형 농업의 정착을 위한 정책과제와 제도개선」. ≪농업경제연구≫,

제37집. 한국농업경제학회.
유승우 외. 1997.「관광농원개발 사업의 평가와 개선방안」. 연구보고 R372. 한국농촌경제연구원.
유진채·공기서. 2001.「CVM에 의한 친환경농업의 비시장적 가치평가」. ≪농업경영·정책연구≫, 제28권 제2호. 한국농업정책학회.
윤석원. 2008.『농산물시장 개방의 정치경제론』. 한울.
윤석원 외. 2002.「쌀 유통 실태 및 개선방안」.『우리나라 유통 쌀의 문제점 및 개선 대책』. 한국쌀연구회.
이규천·김정호. 1999.「농업정책평가 분석모형개발」(연구보고 R397). 한국농촌경제연구원.
이동필. 2000.「농외소득원개발 사업」.『농어촌 구조 개선 사업백서』. 한국농촌경제연구원.
_____. 2003.「농외소득의 저위요인」.『한국농촌사회의 변화와 발전』. 한국농촌경제연구원.
이동필 외. 1993.「전통가공식품육성방안」. 연구보고 291. 한국농촌경제연구원.
_____. 1995.「농촌지역 2 · 3차산업의 활성화방안」. 용역보고 C-95-2. 전국경제인연합회.
이두순. 1984.「비료가격정책의 경제적 효과에 관한 연구」. 건국대학교 석사학위논문.
이석주. 1999.「농약정책」.『한국농정50년사』. 농림부.
이성우. 2001.「우리나라 전자상거래 정책의 현황과 과제」. 서울행정학회.
이성호. 2000.「농업 기계화 사업」.『농어촌 구조 개선 사업백서』. 한국농촌경제연구원.
이영기. 1998.「한국의 농업경제」. 동아대학교출판부.
이왕재. 1989.「주요농산물의 수입자유화가 농가소득에 미치는 영향」. 서울대학교 석사학위논문.
이용선. 1999.「농협 산지 유통사업의 문제점과 개선방향」. ≪식품유통연구≫, 16권 2호. 한국식품유통학회.
이은종. 1999.「농업기술 개발」.『한국농정50년사』. 농림부.
이재옥. 1999.「통상정책」.『한국농정50년사』. 농림부.
이재옥 외. 1991.「UR이후 농산물 무역정책의 방향」(연구보고 243). 한국농촌경제연구원.
_____. 1992.「UR 이후 농산물가격정책의 방향」(용역보고 C-92-12). 한국농촌경제연구원.
_____. 1993.「UR 타결에 따른 농축산물 시장 개방의 파급영향 분석」. 한국농촌경제연구원.
_____. 1994a.「우루과이라운드 농산물협상 백서」(연구자료 D94). 한국농촌경제연구원.
_____. 1994b.「WTO체제하의 농산물 수입관리방안에 관한 연구」. 한국농촌경제연구원.
이정환. 1984.「농업 구조의 개념과 구조이론: 시론」. ≪농촌경제≫, 제7권 4호, 27쪽.
_____. 1997.『농업의 구조전환』(연구총서 21). 한국농촌경제연구원.
_____. 1998.「농업의 구조전환 그 시작과 끝」. 한국농촌경제연구원.

_____. 2012. 「지금 우리는 어디에, 그리고 어디로」. 『차기정부의 농정과제』. 한국농업경제학회.
이정한 외. 1978. 「공업의 지방분산이 농촌경제에 미치는 영향」. 한국농촌경제연구원.
_____. 1987. 「농가소득의 결정과 분배」(연구보고 149). 한국농촌경제연구원.
_____. 1995. 「WTO 출범과 농업부문 직접 지불제도」. 한국농촌경제연구원.
_____. 1996. 「쌀 산업 발전 종합대책 구상」(연구보고 D121). 한국경제연구원.
_____. 1997. 「곡물의 중장기 수급전망과 대응정책」(연구보고 C97-6). 한국농촌경제연구원.
_____. 1996. 「21세기 농업 농촌의 좌표와 정책과제」. 한국농촌경제연구원.
이정환·조덕래·조재환. 1991. 「경제사회 발전과 농림수산업의 역할 변화」(연구보고 236). 한국농촌경제연구원.
이질현. 1986. 「관광농업개발론」. 아세아문화사.
이태호·주현정. 2005. 「DEA를 이용한 미곡종합처리장(RPC)의 효율성분석」. ≪농촌경제≫, 31권 3호, 52~72쪽.
임정빈·한두봉. 2003. 「한국 쌀 산업 부문의 식량안보 가치 분석: 정부의지모형의 응용」. ≪농업경제연구≫, 제44권 제4호. 한국농업경제학회.
장상환·김병택. 1991. 「농지 소유제한 조정에 따른 농가사례 연구」. 한국농촌경제연구원.
장원석. 1999. 「농산물 산지 유통시설의 운영활성화 방안에 관한 연구」. 단국대 협동문화경제연구소.
전창곤. 2003. 「농산물전자상거래의 현황, 특성 및 발전가능성」.
정기환. 1993. 『농가의 성격변천에 관한 연구』(연구보고 296). 한국농촌경제연구원.
정영일. 2003. 「농정 패러다임의 재정립을 위해」. 『참여정부의 농업정책 전개방향』. 농정연구센터.
정영일. 2006. 「전환기 한국농업의 선택」. 박영률출판사.
정훈. 2004. 「전자상거래 활성화 방안에 관한 연구: 국내 농산물을 중심으로」. 호서대학교 석사학위 논문.
조홍수·김동민. 「WTO체제하 수입농산물 검사·검역의 현황과 발전방향」. 『농업정책연구』, 제22집. 한국농업정책학회.
최양부. 1999. 「신유통시스템의 패러다임과 발전과제」. ≪농업경제연구≫, 제40집 제2권, 한국농업경제학회.
최양부 외. 1984. 「농공지구개발의 방향과 정책과제」. 연구보고82. 한국농촌경제연구원.
_____. 1989. 「21세기를 향한 농림수산경제의 갈등과 새 도전」. 한국농촌경제연구원.
_____. 1998, 「농산물 신유통시스템 정립과 물류센터 발전방향」, 농식품신유통연구회
_____. 2000. 「농산물 산지유통센터의 성격과 기능정립에 관한연구」. ≪식품유통연구≫,

제17권 제3호. 한국식품유통학회.
_____. 2002. 「신유통시스템 구축을 위한 산지유통센터 발전 방향」. 농식품신유통연구회.
최양부·김동한. 1999. 「농식품 신유통시스템의 패러다임과 발전과제」. ≪농업경제연구≫, 40권 2호.
_____. 2000. 「농산물 산지유통센터의 성격과 기능 정립에 관한 연구」. ≪식품유통연구≫, 17권 3호, 한국식품유통학회.
최영만. 2004. 「농산물 전자상거래 활성화 방안에 관한 연구」, 제 31권 제4호. 한국농업정책학회.
최지현. 1999. 「비료정책」. 『한국농정50년사』. 농림부.
최지현 외. 2000. 「칼로리 자급률의 개념 정립과 목표 설정」. 한국농촌경제연구원.
_____. 2005. 「권역별 거점산지유통센터 최적배치방안 및 운용지침 연구: 최적배치부문」. 한국농촌경제연구원.
통계청. 2010. 「사이버 쇼핑몰 취급상품범위·상품군별 거래액」.
_____. 2012. 「농가경제통계」.
한국농업경제학회. 2007. 「참여정부의 농정평가와 차기 정부의 농정과제」. 2007년 하계 학술대회 발표 논문집.
_____. 2012. 「차기정부의 농정과제」. 2012년 하계학술대회 발표논문집.
한국농업과학협회. 1994. 「첨단농업과학기술의 현황과 발전방향」.
한국농촌경제연구원. 1995a. 「국가경쟁력 제고를 위한 농림수산기술 개발정책 방향」.
_____. 1995b. 「농어촌발전대책의 성과와 과제」.
_____. 1999. 『한국농정50년사』. 농림부.
_____. 2001. 「미곡종합처리장 경영개선 및 중장기 발전모델개발」.
_____. 2002. 『농어촌 구조 개선 사업백서』.
_____. 2003. 『한국 농업·농촌 100년사』. 농림부.
_____. 2007. 『농업전망 2007』.
한국농촌경제연구원·농림사업평가위원회. 1997. 「농림사업평가」.
한성금. 1989. 「농업 기계화」. 『한국농정40년사』. 한국농촌경제연구원.
허길행. 1995. 『농수산물 유통 개혁백서』. 한국농촌경제연구원.
_____. 2000. 『민간 미곡종합처리장 운영 활성화 방안』. 한국농촌경제연구원.
_____. 2002. 「해방 후 농산물시장과 유통」. 『한국 농업 구조의 변화와 전망』. 한국농촌경제연구원.
허길행 외. 1992. 「농수산물 도매시장 관리 · 운영체계에 관한 고찰」. 한국농촌경제연구원.
_____. 1998. 「농협농산물 유통사업의 경쟁력 강화 방안」. 한국농촌경제연구원 연구보고 C-98-8.

허길행·이용선. 1997. 「21세기에 대응한 농수산물 유통 개선 대책 연구」. 한국농촌경제연구원.
허신행. 1982. 『농산물가격정책』(연구총서 10). 한국농촌경제연구원.
_____. 1983. 「무역정책과 농업 발전」. 한국농촌경제연구원.
허신행·김병택. 1980a. 「농산물가격 변동분석과 및 예측과 수매비축 사업의 효과분석」(연구보고 25). 한국농촌경제연구원.
_____. 1980b. 「분해법에 의한 주요농산물의 도매가격 변동 분석과 예측」. ≪농업경제연구≫, 21집. 한국농업경제학회.
황수철. 2001. 「농산물 유통시설사업의 개선방안과 향후 유통정책 추진방향」. 예산운영평가 및 세출구조 개선에 관한 연구. 한국조세연구원. 884~117쪽.
황수철·한두봉. 2003. 「농정추진체계의 개편방향」. 『참여정부의 농업정책 전개방향』. 농정연구센터.
황연수. 2005. 「개방경제하 농가소득정책 정립방향」. ≪농업경영·정책연구≫, 제32권 1호.
황의식 외. 2004. 「산지 유통 혁신전략과 농협의 역할」. 한국농촌경제연구원 연구보고 R472.
황홍도·김병택. 1990. 「농공지구 개발효과의 조사연구」. 경상남도.
_____. 1993. 「농공단지개발실태 및 효과분석 연구」. 경상대학교 지역개발연구소.

「국토이용관리법」, 제6조
한국은행. 「경제통계연보」
농림부. 「농림업 주요 통계」
농수산물유통공사. 「농산물산지유통센터 운영 실태」.
http://www.afmc.co.kr

中嶋千尋. 1983. 『農家主體均衡論』. 富民協會.
嘉田良平. 1987. 「農業構造政策の經濟理論」, 賴平 編, 『農業政策の基礎理論』. 家の光協會.
農林水産省. 1998. 「農林水産業に関する 主要指標」.

FAO. 1996. *Production Yearbook*.

지은이 김병택(金秉鐸)

서울대학교 농과대학을 졸업하고 동 대학원에서 농업경제학과 경제학 석사학위를, 일본 교토대학 대학원에서 농림경제학과 농업경제학 박사학위를 받았다. 농림수산부 정책자문위원회 위원과 경상남도 농어촌발전심의위원회 위원, 농림부 농정평가자문위원회 위원, ≪경남일보≫ 객원논설위원을 역임했으며, 현재 경상대학교 식품자원경제학과 교수로 재직하고 있다. 대표 저서로 『한국의 쌀 정책』, 『한국 농업·농촌 100년사』(공저), 『경제발전과 미곡정책』(공저), 『지방의 도약』(공저) 등이 있고, 대표 논문으로 「농업 구조 및 소득정책의 평가와 과제」 외 다수가 있다.

한울아카데미 1673
한국의 농업정책(개정증보판)

지은이 • 김병택
펴낸이 • 김종수
펴낸곳 • 도서출판 한울

책임편집 • 이교혜
편집 • 신유미

초　　판 1쇄 발행 • 2002년 4월 15일
개정증보판 1쇄 발행 • 2014년 3월 27일

주소 • 413-756 경기도 파주시 광인사길 153 한울시소빌딩 3층
전화 • 031-955-0655
팩스 • 031-955-0656
홈페이지 • www.hanulbooks.co.kr
등록번호 • 제406-2003-000051호

Printed in Korea.
ISBN 978-89-460-5673-2 93320(양장)
978-89-460-4841-6 93320(반양장)

* 책값은 겉표지에 표시되어 있습니다.